智能财会丛书
Intelligent Accounting



ACCOUNTING BIG DATA FOUNDATION

# 会计大数据基础

主　编◎程　平　　副主编◎夏　会

中国人民大学出版社
·北　京·

# 前言 PREFACE

这是我主编的第一本大数据著作，也是出版的第四本著作，历时三年有余。

写书辛苦，写教材更辛苦！一想到作为“互联网＋会计”的野蛮人，我的书可能会被万千读者情不自禁地关注和选择，一个不小心便会误人子弟，就心理负担较重，倍感压力。

什么是会计大数据基础？如果你问十个人，估计会有十个不同的答案，而且其内涵差异很大。当整个学界对这个名词的概念和内涵都没有形成大致共识的时候，贸然去写这本书的难度可想而知，但是，我喜欢挑战，喜欢创新，喜欢做不一样的烟火。

本书的写作是一个浩大的工程。在本书写作过程中，重庆翰智汇财信息技术有限公司主动与我们建立产教深度融合关系，分工协作研发了会计大数据实训平台，并且派出大数据工程师团队支持我们的案例研发。夏会博士和 CABD Team 2020 团队研究生也一起进行了大量的研讨，经常加班加点，为本书最后的成稿和定稿做出了卓越贡献。

在喧嚣嘈杂的声音中学会捂住自己的耳朵，自渡，才是人生的开始。慢下来，沉下去，在冗长的枯燥、迷茫、压力、疲惫中，不灰心，不懈怠，坚韧地向前走，做最好的自己。回首向来萧瑟处，归去，也无风雨也无晴。

当这本书即将出版的时候，心中怀揣的是教育天下的情怀，希望本书能够为中国会计数字化教育改革事业做出一点点贡献。

## 学习会计大数据的重要性

党的二十大报告强调，创新是第一动力，要加快实施创新驱动发展战略，增强自主创新能力，完善科技创新体系。同时，也提到要加快发展数字经济、加快建设数字中国等重要内容。在这个背景下，深入学习贯彻习近平总书记关于大数据的重要论述，对于我们更好地认识会计大数据、应用会计大数据、发展会计大数据具有重要意义。

首先，大数据不仅仅是技术问题，更是思想问题。在数字经济时代，数据已经成为一种重要的生产要素和战略资源。因此，我们必须从思想上高度重视大数据的重要性，充分认识到大数据在国家治理、经济发展、社会进步等方面的重要作用。同时，我们还要积极探索新的会计大数据应用模式和方法，充分利用会计大数据技术，提高工作效率，降低成本，为经济发展注入新活力。

其次，我们要深入挖掘会计大数据的价值。大数据不仅仅是一种工具，更是一种资源。它蕴含着巨大的价值，可以帮助我们更好地了解用户需求、预测市场走向、优化资源配置、提高经济效益和防范财务风险。同时，通过收集、整合、分析和管理海量数据，会计大数据技术为企业提供了有力的支持，有助于企业挖掘数据价值，形成具有商业价值的数字资产。

最后，会计大数据是数字经济的重要组成部分，也是推动我国经济高质量发展的重要支撑，可以帮助企业实现财务管理的智能化、精细化、可视化，从而提高企业的核心竞争力，助力企业转型升级。因此，我们必须积极响应国家的战略需求，加快会计大数据的建设和应用。这不仅有助于提高企业的财务管理水平，更能够为国家宏观经济决策提供有力的支持。

## 会计大数据基础学习什么

以大数据、人工智能为代表的现代信息技术的发展与应用，给会计的理论构建与实践应用带来了较大的影响和冲击。大数据在会计中的应用，形成了财务会计大数据和管理会计大数据体系，对会计信息的呈现、获取、使用方式和质量产生了较大的影响，促使财务会计朝业财融合方向发展，也使得会计人员从烦琐的记账、算账、报账等会计核算工作中解放出来，进而转向高层次的会计管理和决策工作，这给会计人员的学习目标和学习内容带来了巨大的变革。

那么，会计大数据到底学习的是什么呢？是学习大数据软件的操作使用吗？答案显然是否定的。会计大数据的学习，不仅是学习会计应用中的大数据技术，还要学习大数据技术与会计理论体系的融合与重构，更要学习用大数据的技术和思维去解决会计问题。作为会计大数据学习的基础，本书定位于会计大数据理论基础、会计数据库、会计数据仓库和会计数据可视化四大组成部分。

具体来说，会计大数据基础的学习，不仅要熟悉会计大数据的概念、特征、思维、内涵等基础理论以及采集、预处理、存储与管理、计算、分析与挖掘、可视化等关键技术，还要了解 Hadoop 会计大数据生态系统，掌握关系型数据库的基础理论与数据模型的设计，熟练运用 SQL 语言对数据库和数据表进行增删查改操作，掌握非关系型数据库 HBase 的基础理论与 HBase Shell 命令，在基本的、日常的事务处理基础上，构建用于查询统计与分析决策的数据仓库，对数据仓库的事实表和维度表进行设计，从而通过 ETL 过程完成数据的抽取、清洗、转换和加载，更重要的是能够灵活运用 OLAP 多维模型对数据仓库中的会计数据进行多维度的分析，以及在 Hive 中熟练地运用 HiveQL 语言分析会计数据，最后还需掌握会计数据可视化的方法与流程，熟练运用可视化工具 Tableau 完成会计数据的可视化分析，通过图表来展现会计信息的关键点，以此建立基于大数据在会计领域的数据管理与操作、数据处理与分析的核心竞争力。

## 如何讲授会计大数据基础课程

根据我们的教学实践，会计大数据基础课程的教学实施建议学时为 48 或者 64 个课时，包括课堂的理论教学与案例分析、会计大数据实训平台实验两部分。教具主要为《会计大数据基础》课程平台。教学方式包括课堂讲授、翻转课堂、情境教学、模拟训练等多种方式的融合应用。

基于本书开展教学，通过重现企业在销售活动、采购活动的业务工作和财务工作中的一些典型应用场景，让学生身临其境，通过理论讲解、案例研讨和模拟训练来进行会计大数据技术的应用分析，由浅入深，层层递进，逐步引导学生建立起这门课程的思维模式，培养学生的创新思维和团队协作能力。

课程设置了 12 次模拟实验，包括会计大数据技术、会计数据库、会计数据仓库和会计数据可视化 4 个部分。整体而言，学生需明确每个实验的目的和要求，了解实验环境，从给定的实验内容和步骤开始跟着完成实验内容，以及实验拓展的独立思考。

首先是会计大数据技术模块，包括 3 个模拟实验，让学生熟悉会计大数据平台与数据操作分析过程，掌握 Hadoop 大数据平台与基本操作命令，掌握 Hadoop HDFS 基本命令；其次是会计数据库模块，包括 5 个模拟实验，分别为 MySQL 会计关系型数据库基本 SQL 操作、MySQL 会计关系型数据库高级 SQL 操作、MySQL 会计关系型数据库的视图和索引操作、HBase 会计非关系型数据库 DDL 操作和 HBase 非关系型数据库 DML 操作，通过案例场景和业务需求的铺垫，使学生置身于模拟的企业业务环境中，完成会计数据库的日常事务处理；再次是会计数据仓库模块，包括 3 个模拟实验，分别为 Hive 会计数据仓库模型构建与 Sqoop ETL 操作、Hive 会计数据仓库 OLAP 多维分析和 Hive 会计数据仓库高级数据分析，通过案例场景的铺垫，引出企业的业务需求，从而使用 ETL 实现数据抽取、清洗和转换，再加载到 Hive 数据仓库，使用 OLAP 多维分析法对销售业务数据进行分析，强化学生的逻辑思维能力与分析能力，发散学生思考问题的维度，为培养学生数据分析能力和日后从事数据分析工作打下基础；最后是会计数据可视化模块，包括 1 个模拟实验，使用可视化工具 Tableau 将在数据仓库中分析的业务进行图表呈现，让学生直观、快速地了解会计数据的关键点，进一步培养学生的数据分析能力。

## 内容组织

本书内容从逻辑上分为五大部分：第一部分是会计大数据理论基础，第二部分是会计数据库，第三部分是会计数据仓库，第四部分是会计数据可视化，第五部分是综合案例。读者可以根据自己的前期基础、专业领域或兴趣爱好，有选择地进行阅读。

第一部分的内容包括第 1～2 章，主要介绍大数据对会计的影响，以及会计大数据的概念、特征、内涵和技术，另外，还包括 Hadoop 会计大数据平台及其组成部分。

第二部分的内容包括第 3～6 章，主要介绍会计数据库的概念、结构、设计等，着重详细介绍关系型数据库和非关系型数据库的命令，从这部分开始引入会计业务案例，读者应该将其作为学习的重点。

第三部分的内容包括第 7～9 章，主要介绍会计数据仓库相关内容。通过会计场景，了解会计数据仓库的构建与应用，掌握 Hive 数据仓库的使用，是读者学习与运用的重点。

第四部分的内容包括第 10～12 章，主要介绍会计数据可视化。阐述相关理论和方法，并将本书前面的案例进行数据可视化效果呈现，使得读者能够全面理解会计大数据技术的一体化应用。

第五部分的内容包括第 13 章，主要介绍会计大数据综合案例。该部分将本书第二、

三、四部分的原理和方法进行整合，结合会计工作中可能出现的诸多场景和数据，根据本书的方法论进行案例的设计，这部分内容是读者学习和应用会计大数据的闭环。

## 本书特色

本书的最大特点是理论与实践兼顾，信息量大，知识点紧凑，案例丰富，实用性强，在目标定位、内容设计、情景设计、应用转化、模拟实训方面具有显著特色。

**目标定位：**本书的目标是帮助读者在“互联网＋会计”这个会计和大数据技术交叉领域的会计数据分析运用方面具有核心竞争力。本书主要适用于会计学、财务管理、审计学等专业的专科生、本科生和研究生，以及从事数据分析工作的实务人员。通过学习本书，能够理解会计数据分析的原理，掌握会计数据分析的具体应用方法，帮助企事业单位做出科学决策。

**内容设计：**本书的内容设计主要基于会计场景业务分析目标驱动，根据业务分析需求，将采集到的业务数据采用大数据的数据库进行数据管理，采用数据仓库进行数据分析，采用数据可视化进行故事演绎并得出分析结论，从而达到业务分析目标。通过良好的内容框架和体系架构设计，只要跟着章节进行理论学习、案例研讨和平台模拟实训，就可以由表及里、由浅到深系统地掌握会计数据分析的工作原理和内在逻辑。

**情景设计：**本书的案例场景描述和会计数据分析方案设计全部基于重庆蛮先进智能制造有限公司的会计数据分析场景模拟，让读者身临其境，激发学习兴趣。结合大数据技术，通过有目的地为读者创设生动有效、恰如其分的会计数据分析情境氛围，既能帮助读者有效地理解会计数据分析内容，提高教学效率，又能引起读者的共鸣，使学习到的理论知识在这里得到很好的理解与运用。

**应用转化：**本书在应用层面系统梳理了大数据技术在企业会计中的典型应用，并聚焦企业会计核算、会计管理和会计决策应用场景，对企业内外部产生的大规模、多样化的会计数据采用大数据技术进行采集、存储、处理、计算与分析。同时，基于会计大数据课程平台给出的具体实现步骤，让读者通过学习这部分内容，就可以直接对标企业会计数据分析需求，构建企业自身的会计数据分析应用框架体系，并快速地落地实施应用于实际工作中。

**模拟实训：**全书共设计了12个会计大数据模拟实验，这些实验具有较强的体验性、实战性、综合性和有效性，读者根据本书提供的案例准备文件、数据资源和操作步骤，在会计大数据实训平台上可以一步步完成操作。

## 配套资源

本书提供：

● 与重庆翰智汇财信息技术有限公司共同研发的会计大数据实训平台，可随平台提供与案例配套的准备文件、数据和操作命令等相关资源。

● 凭开课证明，可为基于本书开设课程的高校提供配套的教学大纲、教学日历、教学课件，样章内容可以在中国人民大学出版社网站 www. crup. com. cn 注册后下载。

●“云会计数智化前沿”微信公众号的课程学习与认证平台提供部分学习视频，另外可以通过平台参加会计大数据基础课程认证和能力认证考试获取相应证书。

## 勘误和支持

由于编者水平有限，书中难免会出现一些错误或者不准确的地方，恳请读者批评指正。读者可以通过以下途径反馈建议或意见。

- 即时通信：添加个人 QQ（4961140）或微信（chgpg2018）反馈问题。
- 直接扫描二维码添加作者个人微信或者关注“云会计数智化前沿”微信公众号。

- 电子邮件：发送电子邮件到 4961140@qq. com。

## 致　谢

在本书的撰写过程中，得到了多方的指导、帮助和支持。

首先，感谢中国会计学会会计教育专业委员会主任委员、中国会计教育专家委员会主任委员刘永泽教授，全国会计专业学位研究生教育指导委员会副主任委员、教育部高等学校会计学专业教学指导分委员会副主任委员、中国人民大学商学院王化成教授，中国会计教育专家委员会秘书长杨政教授对本书的指导、支持、帮助和推荐。

其次，感谢上海国家会计学院副院长刘勤教授对本书撰写的指导、建议和审定，以及中国人民大学出版社财会分社李文重社长及其团队为本书的撰写提供的方向和思路指导、审核、校验等工作，以及其他背后默默支持的出版工作者。

再次，感谢重庆翰智汇财信息技术有限公司和重庆翰海睿智大数据科技股份有限公司为本书的撰写提供了大数据团队技术支持，并为本书配套研发了会计大数据实训平台，使得本书的理论和实践能够得到有效的结合，实现了教学和实践的有机统一。

此外，还要感谢重庆理工大学会计学院硕士研究生、我的 2020 级研究生团队成员常吉、李天臣、晏露、杨双、柳婷、徐丹青、张菁、罗婷匀、谢佳芯、何家钰、汤远萍、万梦竹、谭智杰、李岱峰等参与本书的编写工作，以及前期的实验和测试铺垫，杨双、柳婷、常吉、晏露在组织管理和任务分解协同方面做出了重要贡献。

最后，感谢我的家人和朋友，尤其是夫人陈艳女士对我工作的大力支持，她把家里料理得井井有条，并悉心辅导即将“小升初”的桐少小朋友，使得我有充足的时间和精力完成本书的撰写工作。

谨以此书献给致力于中国会计数字化教育改革、致力于企业财务数字化转型、致力于未来成为卓越会计师的读者，愿大家身体健康、生活美满、事业有成！

程　平

# 目录
CONTENTS

# 第1章 会计大数据概述

## 学习目标

- 了解信息技术的发展过程及应用
- 了解大数据对会计的影响
- 掌握大数据的相关概念、特征及关键技术等
- 理解会计大数据的内涵、概念
- 理解会计大数据思维
- 熟悉会计大数据实训平台

## 思维导图

## 蛮有数洞

世界处于百年未有之大变局下，才三月初始，重庆就开始有点夏天的味道了。

早上，通勤忙碌于家和公司“两点一线”的打工人就已经穿上短袖，即使春天的生机遍地，也抵挡不了这些打工人在地铁车厢里补觉。同样，挤在地铁车厢里准备前往公司的还有来自某理工大学会计信息化专业的大四学生——家桐，他今天要去蛮先进公司实习。看着沿路的迎春花，他对接下来的实习充满了期待。

家桐是被学院会计信息化系的老师特别推荐去这家公司实习的，对于他来说机会非常难得，因为他大学期间成绩一般，既没有拿过奖学金，也没有评过先进或者优秀。他要去的这家公司名为重庆蛮先进智能制造有限公司（简称蛮先进公司），是一家集研发、生产和销售为一体的机械制造型企业。除了生产的智能机械产品在整个行业认可度较高之外，蛮先进公司的智慧财务应用也是整个行业中知名度非常高的，听说这种智慧财务实现了企业的大数据财务分析，应用效果特别好。

对标全球一流的财务管理体系，蛮先进公司注重管理会计应用，财务体系设置了财务总监、财务经理、财务主管等职位。在周一的例会上，财务总监程平安排了分管的财务部和数字化赋能中心通力合作，协同销售部门，针对第二季度的业务和财务数据，进行销售财务数据分析。

“接下来会有数字化赋能中心的实习生家桐参与进来帮忙，财务部门非常需要他的帮忙，他的专业贴合技术财务，如果财务部和数字化赋能中心有任何问题，可以直接和家桐交流。”财务总监程平说。

“那太好了，有了这个实习生，沟通就方便很多，和数字化赋能中心有些人沟通不太方便，他们好像更忙一些。”财务经理常吉点头回应道。

这对于谭智杰这个财务人员来说真的是大好的消息，因为他是财务部唯一的男性，所以平时的苦活都由他来干，“那我是不是直接给家桐发消息，让他帮我收集资料送上来就可以了？”

“你好懒，要不你去数字化赋能中心工作吧？”谢佳芯在旁边调侃他。

“不，他们的加班强度我可受不了。”

会议过后，财务部开始整理大数据和会计大数据相关的内容和知识，为应对接下来的安排，还是早早准备较好。这种带薪学习知识的机会，谁不期待呢？

## 1.1 大数据时代的到来

在新时代背景下，我国正面临着前所未有的发展机遇。党的二十大报告为我们指明了新时代中国特色社会主义事业的发展方向，强调要全面贯彻新发展理念，着力推动高质量发展。与此同时，大数据时代的到来为我国经济社会发展带来了新的动力，提供了更为广阔的发展空间。将党的二十大精神与大数据时代相结合，旨在探索一条符合时代特征、具有中国特色的创新发展之路，为实现中华民族伟大复兴的中国梦奠定坚实基础。

大数据时代赋予我们前所未有的数据资源和创新能力，为经济社会发展提供了强大引擎。党的二十大报告提出加快实施创新驱动发展战略。在这一战略指引下，我们将紧密围绕大数据技术的发展，深入挖掘数据资源的价值，推动数字经济蓬勃发展，为我国经济的持续增长注入新动能。

### 1.1.1 新一代信息技术的发展与应用

2010年10月10日，国务院在《国务院关于加快培育和发展战略性新兴产业的决定》（国发〔2010〕32号）中，把节能环保、新一代信息技术、生物、高端装备制造、新能源、新材料、新能源汽车作为现阶段七个重点发展的战略性新兴产业。新一代信息技术

（new generation of information technology）作为国务院确定的七个战略性新兴产业之一，主要包括下一代通信网络、物联网、三网融合、新型平板显示、高性能集成电路和以云计算为代表的高端软件六个方面。

当前，世界经济正在进入以新一代信息技术为主导的发展时期，深入探讨新一代信息技术的发展趋势，全面把握新一代信息技术在企业数字化转型中的新需求、新应用和新机遇，是国家数字经济发展的需要。信息技术的快速发展正在改变这个世界，加速推进全球产业分工细化和经济结构调整，重塑全球经济竞争格局，从产业模式和运营模式到消费结构和思维方式，信息技术对城市地区甚至国家的发展进程的影响程度将会越来越深，如图 1-1 所示。

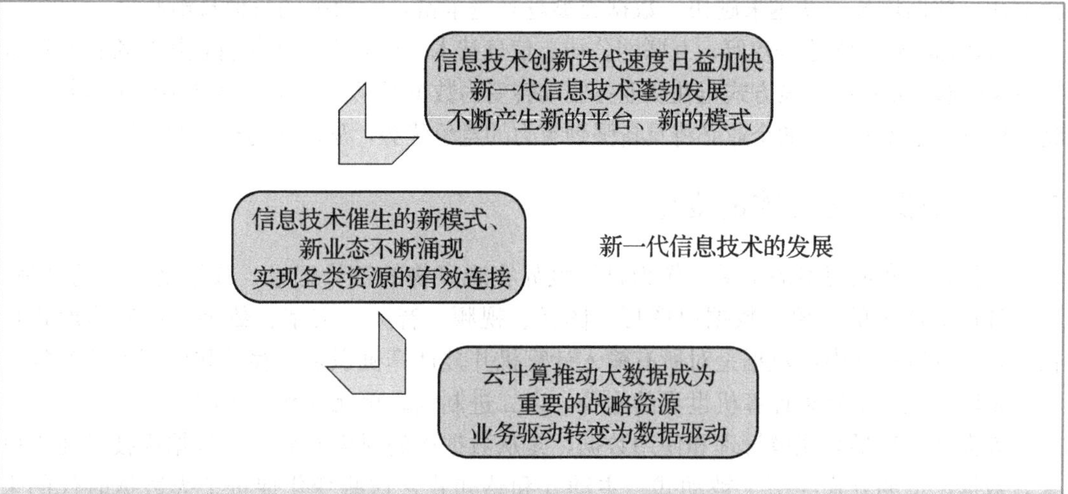


**图 1-1　新一代信息技术的发展**

**1. 信息技术创新迭代速度日益加快**

以云计算、物联网、大数据和人工智能、区块链为代表的新一代信息技术蓬勃发展，先进计算、高速互联、智能感知等技术领域创新方兴未艾，类脑计算、深度学习、机器视觉、虚拟/增强现实乃至无人驾驶、智能制造、智慧医疗等技术及应用创新层出不穷，面向未来的新技术体系正在加速建立，竞争的焦点从单一产品转向技术产品体系和生态体系。伴随网络化、融合化和体系化发展，全球范围内信息领域技术与产品形态正不断创新发展，新的阶段的技术和产业演进脉络日渐清晰，并不断产生新的平台、新的模式。

**2. 信息技术催生的新模式、新业态不断涌现**

新一代信息技术引领的新一轮科技革命和产业变革加速兴起，推动全球从工业经济向数字经济加速迈进，数字化转型成为不可逆转的时代潮流。与此同时，新一代信息技术的发展，正加速推进全球产业分工深化和经济结构调整，重塑全球经济竞争格局。新一代信息技术创新异常活跃，技术融合步伐不断加快，催生出一系列新产品、新应用和新模式，极大地推动了新兴产业的发展壮大，进而加快了产业结构调整，促进了产业转型升级，改变了传统经济发展方式。2020 年新冠肺炎疫情的突然来袭，使新一代信息技术支撑的云办公、线上经营、智能化制造、无接触生产等新模式、新业态快速发展。

新一代信息技术能实现各类资源的有效连接，促进各种要素跨界跨类多重整合，进而显著提高资源整合效率、生产效率和交易效率。加快构建以国内大循环为主体、国内国际双循环相互促进的新发展格局，必然要发挥新一代信息技术产业的引领作用。

**3. 云计算推动大数据成为重要的战略资源**

云计算作为新一代信息技术的重要发展方向，已被广泛认为是支撑信息化应用和业务模式创新的核心，其技术与产业发展以及应用的推广普及，对完善社会管理手段、转变经济发展方式具有重要战略作用。在云计算技术的支撑下，大数据已经成为新时代重要的战略资源。随着经济社会信息化日臻成熟，以及移动互联网和物联网等新一代信息技术的广泛应用，数据增长速度越来越快，数据类型越来越丰富，大数据的价值日渐凸显。

大数据时代，无论是政府、互联网公司、信息技术（IT）企业还是行业用户都面临巨大挑战及机遇。企业的决策方式正在从业务驱动转变为数据驱动。真正能够利用好大数据，并将其价值转化成生产力的企业必将具备强劲有力的竞争优势，从而成为行业的领导者。

## 1.1.2 数据产生方式的变化

数据是事实或观察的结果，作为显示世界客观事物的符号记录，数据是信息的载体，也是计算机加工的对象。数据以图形、图像、视频、音频、文字、数字、符号等形式存在。在计算机科学中，数据是对所有输入计算机并被计算机识别、存储和处理的符号的总称，是联系现实世界和计算机世界的途径，以二进制信息单元 0 和 1 表示。

人类社会较早大规模管理和使用数据，是从数据库的诞生开始的。数据库技术诞生以来，数据产生的方式经历了被动式、主动式和感知式，这些变化促进了大数据时代的来临，如图 1－2 所示。

**图 1－2　数据产生方式**

**1. 被动式产生**

数据库技术给数据带来的最大便利就是简化数据的保存与管理操作。被动式产生数据就是数据随业务系统运行而产生，业务系统在运行时产生的数据可以直接保存到数据库中。这是运营式系统阶段，该阶段所产生的数据是被动的。

数据库技术是该阶段产生数据的核心，当时大型零售超市交易系统、医院医疗系统、企业客户管理系统等大量运营式系统，都建立在数据库基础上，数据库中保存了大量结构化的企业关键信息，用来满足企业各种业务需求。这些数据被动产生，只有当企业有实际业务发生时，才会产生新的记录并存入数据库。比如，对于股市交易系统而言，只有当发生一笔股票交易时，才会有相关记录生成，这些数据真实发生过，且记录日期和详细信息。同样，没有发生交易时是不会凭空产生这些数据的。

**2. 主动式产生**

物联网的诞生将生活万物与网络进行连接，尤其是全面数字化发展促使网络使用高度贴合用户生活，大量上网用户本身就是内容的生成者，如此根据上网用户生成的数据是主动的。主动式产生的数据的一大特点是传播更加快捷，不需要借助物理存储介质传播数据。

移动互联网用户大规模增加，这真正地加快了数据产生的速度，使得人类社会数据量开始呈现井喷式增长。人们可以通过手机等移动终端，随时随地产生数据。与被动式产生数据不同的是，主动式产生数据是用户主动提交了自己的行为，从而形成数据，再以 Wiki、博客、微博、微信等自服务模式来传播数据，产生其他数据。比如，由于大量移动终端设备的出现，用户可以和自己的社交圈进行实时互动，随时随地使用手机发微博、传照片，进入社交移动时代，因此数据大量地产生，且这类数据具有极其强烈的传播性。

**3. 感知式产生**

物联网的传感技术使得数据生成方式彻底地改变，通过传感器检测行为，进而产生感知数据，这种自动产生数据的方式将在短时间内生成更密集、更大量的数据。

物联网的传感技术还应用于温度传感器、湿度传感器、压力传感器、位移传感器、光电传感器等，与主动式产生数据相比，物联网中的这些设备每时每刻都在自动产生大量数据，感知式数据使得人类社会迅速步入大数据时代。感知式数据的产生摆脱了互联网的束缚，物理行为、动作等都可以被采集为信息数据，比如遍布城市各个角落的摄像头等数据采集设备源源不断地自动采集并生成数据。

### 1.1.3　什么是大数据

“大数据”这一词语最早出现在未来学家托夫勒 1980 年所著的《第三次浪潮》中，托夫勒热情地将大数据称颂为“第三次浪潮的华彩乐章”。这一概念最初起源于美国，是由思科、威睿、甲骨文、IBM 等企业倡议发展起来的。直到 2009 年前后，“大数据”成为互联网信息技术行业的流行词汇。

世界著名管理咨询公司麦肯锡最早开始对大数据进行应用，并给出了大数据的定义：一种规模大到在获取、存储、管理、分析方面大大超出了传统数据库软件工具能力范围的数据集合。研究机构高德纳也给出了定义：大数据是需要新处理模式才能具有更强的决策力、洞察发现力和流程优化能力的海量、高增长率和多样化的信息资产。

由于项目、供应商、从业者和商业专业人士使用它的方式完全不同，因此大数据的确切定义很难界定。为了统一理解，本书对大数据定义如下：大数据（big data）指的是需要新一代信息技术的处理才能更有价值、更加灵活的海量数据资产，这类数据资产种类多样化，无法在一定时间范围内用常规软件工具进行捕捉、管理和处理。

大数据需要一系列的特殊技术去处理海量数据，这些技术包括大规模并行处理（massively parallel processing，MPP）数据库、数据挖掘、分布式文件系统、分布式数据库、云计算平台、互联网和可扩展的存储系统等。大数据的采集、开发和利用已经成为当今社会的潮流之一，人们普遍认为，大数据的分析与应用对于政府和企业的决策支持是有效的，影响也是非常深远的。

### 1.1.4 大数据与云计算、人工智能的关系

大数据时代，数据价值成为大数据的关键，云计算和人工智能成为大数据背景下的核心技术。一方面，互联网用户规模的快速增长为云计算技术的应用提供了广阔的空间；另一方面，大数据的发展为人工智能开辟了一个全新的时代。

**1. 大数据与云计算的关系**

云计算是基于互联网的相关服务的增加、使用和交付模式，通过互联网来提供动态易扩展且经常虚拟化的资源。2009 年，美国国家标准与技术研究院对云计算的定义是：云计算是一种按使用量付费的模式，这种模式提供可用、便捷、按需的网络访问，进入可配置的计算资源共享池（资源包括网络、服务器、存储、应用软件、服务等），这些资源能够快速提供，只需投入很少的管理工作或与服务供应商进行很少的交互。云计算以按需付费的模式向用户提供服务。

云计算注重资源分配，是硬件资源的虚拟化，而大数据是海量数据的高效处理。大数据与云计算的概念并非独立，而是相互关联的，无论是在资源的需求上还是在资源的再处理上，都需要二者共同运用。具体来理解，大数据是一种移动互联网和物联网背景下的应用场景，各种应用产生的巨量数据需要处理和分析，挖掘有价值的信息；云计算是一种技术解决方案，利用这种技术可以解决计算、存储、数据库等一系列 IT 基础设施的按需构建的需求问题，两者并不是同一个层面的产物。在实际的运用中，大数据是云计算非常重要的应用场景，而云计算则为大数据的处理和数据挖掘提供了最佳的技术解决方案。

从技术来看，大数据与云计算的关系就像一枚硬币的正反面一样密不可分。大数据无法用单台的计算机进行处理，必须采用分布式架构。它的特色在于对海量数据进行分布式数据挖掘，但它必须依托云计算的分布式处理、分布式数据库和云存储、虚拟化技术。大数据的价值挖掘和场景运用，可以通过云计算得到支持，而云计算并非大数据实现计算处理的唯一方式。

从应用目的来看，云计算是以提供虚拟化技术为核心，来为一些小型企业提供计算资源的。云计算就像我们所用的自来水一样，只要有网络（管道）就可以租用和使用“自来水”。而大数据更多的是寻找数据之间的关联性而非因果性。

从具体部署来看，大数据平台可以部署到云计算上，企业通过租用云计算的资源，可以达到快速部署大数据平台或者数据中心的目的。但大数据平台不一定必须在云计算中部

署，如果是一些小型业务，完全可以自己购买简单的计算机进行搭建。大数据与云计算的关系如图 1－3 所示。

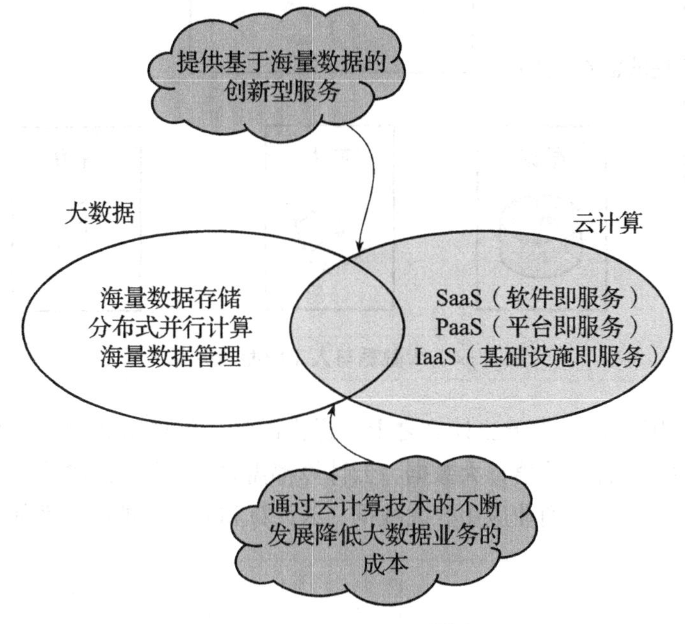


**图 1－3　大数据与云计算的关系**

### 2. 大数据与人工智能的关系

人工智能是近年来常被提到的一种技术或一个学科，它研究、开发用于模拟、延伸和扩展人的智能的理论、方法、技术及应用系统。人工智能是计算机科学的一个分支，通过了解智能的实质，生产出一种新的能以人类智能相似的方式做出反应的智能机器，该领域的研究包括机器学习、自然语言处理、自动推理与知识表示、计算机视觉、机器人和专家系统六大方向。人工智能是对人的意识、思维的信息过程的模拟，它不是人的智能，但能像人那样思考，也可能超过人的智能。

大数据作为人工智能发展的三个重要基础（数据、算法、算力）之一，本身与人工智能就存在紧密的联系。从技术的角度来看，大数据分析是与人工智能的一个重要结合点。人工智能需要大量的数据作为思考和决策的基础，而大数据也需要人工智能技术进行数据价值化操作，比如机器学习就是大数据重要的分析方式之一。人工智能的核心在于算法，但它是根据大量的历史数据和实时数据对未来进行预测的。大量的数据对于人工智能的重要性也就不言而喻，它可以处理和从中学习的数据越多，预测的准确率也会越高。大数据与人工智能的关系如图 1－4 所示。

### 3. 三者之间的关系

从大数据、云计算和人工智能三者的关系来看，云计算是基础，提供偏向底层的服务，包括网络的架设、服务器虚拟化、数据的承载等，没有云计算就无法实现大数据存储与

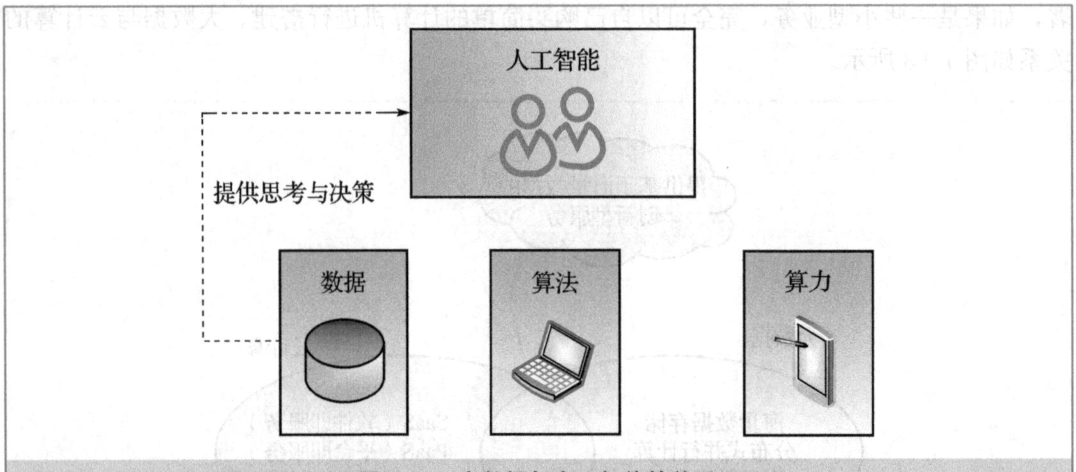


图 1-4　大数据与人工智能的关系

计算；大数据是应用，它存在于云计算之上，提供海量数据的分析整理与汇总，没有大数据，云计算就缺少了目标与价值；大数据、云计算都需要人工智能的参与，人工智能是互联网信息系统有序化后的一种商业应用。大数据、云计算和人工智能的关系如图 1-5 所示。

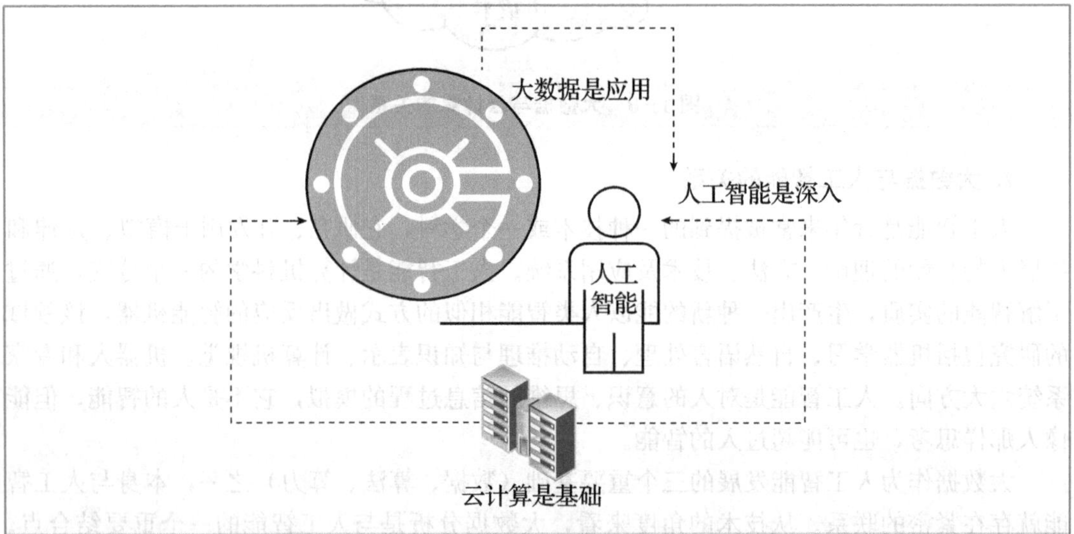


图 1-5　大数据、云计算和人工智能的关系

## 1.2　大数据对会计的影响

### 1.2.1　大数据对财务会计的影响

大数据的应用对会计信息的呈现、获取、使用方式和质量产生了较大的影响，促使财务会计朝业财融合方向发展，如图 1-6 所示。

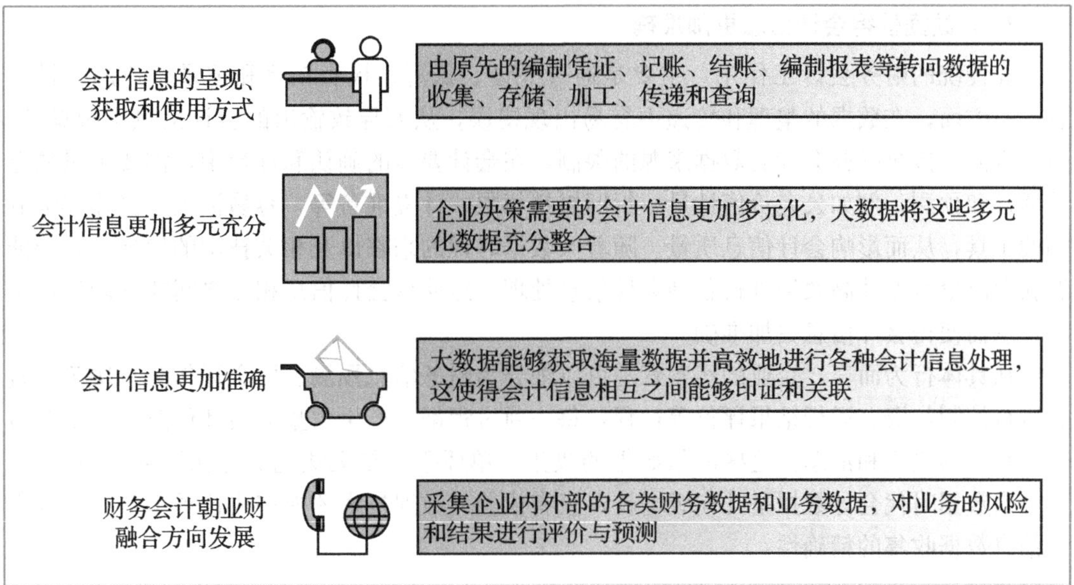


图 1-6　大数据对财务会计的影响

**1. 大数据改变了会计信息的呈现、获取和使用方式**

大数据的广泛运用，使得财务会计工作的重点由原先的编制凭证、记账、结账、编制报表等转向数据的收集、存储、加工、传递和查询。传统的会计信息建立在以历史成本对已发生的会计业务进行确认、计量的基础上，披露环节也以会计分期假设为前提，因此具有阶段性、后向性和专业性。这导致难以及时有效地利用会计信息进行企业经营管理决策或者投资决策。

大数据通过扩展会计数据的来源渠道，可以收集到海量、种类更多、更细粒度、实时变化的数据，基于此运用各种大数据技术实现对数据的及时处理、存储与分析，进而可以实现利用分析结果实时支持企业的经营管理决策。这将从根本上改变现有会计信息（如定期财务报告）无法支撑企业经营和投融资决策的局面。传统的会计时空观念将会被颠覆，企业内部业务部门和财务部门将会深度融合，可视化分析技术的深度运用将会降低会计信息的理解难度，改变会计信息的呈现、获取和使用方式。

**2. 大数据使得会计信息更加多元充分**

传统模式下，会计信息的使用者一般使用财务报表对企业的发展情况进行了解，但是这些片面信息并不能很好地满足企业决策的需要。当前，面对激烈的市场竞争，企业决策者需要更加多元充分的相关会计信息，海量数据的产生以及大数据处理技术的发展为满足这种需求提供了可能。

传统的会计信息主要是结构化数据类型，结构化数据相对容易分析，并且能够更好地被利用，但是大数据背景下的会计信息主要是非结构化数据类型，包括来自企业内部的财务数据和非财务数据，以及外部的宏观经济形势和微观个体经济行为数据等。大数据技术能够将这些多元数据进行充分整合，分析和挖掘数据之间的相关性，为企业低成本、高效率地提供更加丰富有效的会计信息，帮助企业更加科学地进行管理和决策。

**3. 大数据使得会计信息更加准确**

在传统的财务会计工作中，主要是通过凭证、账簿、报表核算和记录企业的会计信息。一方面，在数据的整理和传递中容易出现错误，从而导致输出的会计信息出现偏差；另一方面，传统财务会计受数据来源的限制，在会计要素的确认和计量中，需要大量的会计估计和预测，例如公允价值计量、折旧摊销年限、计提准备等，容易被人为当作操纵利润的工具，从而影响会计信息质量。随着大数据时代的来临以及相关技术的发展，企业能够获取海量数据并高效地进行各种会计信息处理，这使得会计信息相互之间能够印证和关联，从而使得会计信息更加准确。

从具体行为而言，企业的经营管理可以细分为财务信息预测、资金运作分析决策、资金运行控制与资金运行结果评价等过程，每一项过程都会产生大量的会计信息，需要进行分门别类的收集和汇总。这些海量数据的收集，单凭手工是无法完成并保证数据质量的，因为大数据时代会计数据呈几何级增长，只有依赖大数据技术才能完成这项工作，提升会计信息数据收集的精确性。

**4. 大数据促使财务会计朝业财融合方向发展**

在传统的会计理论和实践中，会计是对企业各类业务活动过程和结果的如实反映。新一代信息技术的发展与应用使得企业经营管理实现全面信息化和数字化，即会计信息将直接来源于各种业务数据的加工处理。因此，当前的财会工作内容变成企业相关数据的收集、处理、分析和管理，其工作范畴延伸到企业的计划、供应、生产、销售等各个经营环节。业务人员在企业的各个信息系统中进行相关业务处理时，传统意义上的会计记录工作就同时完成了。

在大数据时代，基于大数据平台，财会人员可以实时采集企业内外部的各类财务数据和业务数据，对业务的风险和结果进行评价与预测，进而支撑企业的经营管理决策。由此可见，大数据环境下传统意义上的会计与管理的边界事实上早已经突破，财务会计和业务的融合是大势所趋。

## 1.2.2 大数据对管理会计的影响

管理会计的主要任务是向企业管理层提供及时有效的信息，帮助企业管理层合理配置资源和优化决策，并对当前和未来的经济活动进行预测、决策、规划、控制和考核评价，最终提升企业的核心竞争力。因此，管理会计作为对数据客观分析、解读、形成结论到决策的一个过程，必将与大数据相融合。大数据技术与企业管理会计应用的深度融合，能够帮助会计信息使用者更好地掌握和理解数据，实时、精准地洞察和理解市场。大数据对管理会计的影响如图 1－7 所示。

**1. 大数据助推财务会计和管理会计的深度融合**

在传统的会计理论和会计实践中，财务会计和管理会计有较为严格的区分。财务会计侧重将会计信息披露给会计信息使用者，协助其做出科学合理的投融资决策，财务会计披露的会计信息侧重反映企业在过去特定时间内的收支平衡情况。管理会计更关注企业经营

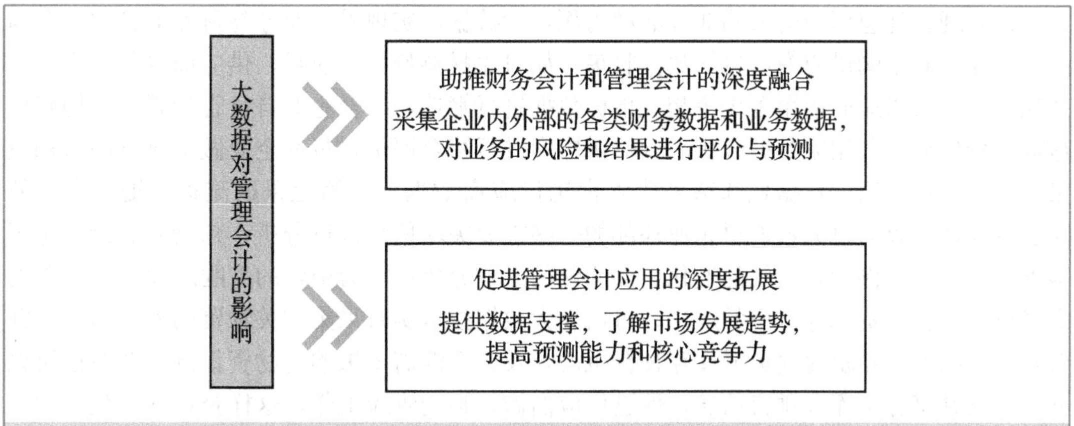


图 1-7　大数据对管理会计的影响

决策、投资决策和发展战略决策，侧重通过企业内部的行政管理和激励机制等方式对各个部门的日常经营行为加以记录和审核，以辅助实现企业资源效用最大化。二者在职能目标、会计主体、核算依据、资料时效、精确程度、编报时间和法律效力等方面均有不同。但是随着大数据时代的到来，财会人员依托大数据平台，借助大数据技术，能够及时获取高质量的会计信息，高效便捷地完成财务会计的职能，还能基于已有数据，对企业进行预算管理、成本管理、定期绩效考核等，合理调配会计资源，提升企业经营管理效率，最终实现财务会计与管理会计的深度融合。

在大数据时代，财务会计与管理会计的深度融合，本质上体现为业财融合，而业财融合的关键是要实现企业内部的财务数据、业务数据和外部的各种数据等多维数据的全面融合。在过去，企业更关注的是收入、成本、利润、资产、负债这些财务数据形成的财务报表，但是财务报表只披露结果信息，而不是过程信息，企业所提供的产品和服务能否满足市场需要，资产是否能够变现，以及不能变现的原因是什么都无从得知。可以说，仅靠财务数据已经不能实时反映企业运营的状况和快速做出战略决策。但是，在整个业财融合的过程中，财务数据通过和与用户、渠道、供应商、产品相关的业务数据，以及反映行业趋势、商业模式、用户行为等的外部数据融合，能够很好地解决这个问题。

**2. 大数据促进管理会计应用的深度拓展**

根据管理会计应用的数据要求，企业内部的数据采集已经不仅是财务数据，还包括销售、运营、员工等诸多业务方面的数据。过去管理会计的应用受数据采集能力、处理技术等限制，主要侧重财务账表数据的采集和利用。随着大数据时代的到来，管理会计分析数据不再限于财务事后数据，而是延伸到企业整体甚至企业以外，因此数据的来源更全面、更实时、更快捷。以前数据量少，信息不对称，许多用户、供应商、竞争者对于信息无法掌握，甚至企业内部信息不畅造成的一定程度的数据不完整现象将逐步消失。现在管理会计可以在更大范围内对产品、服务、成本、销售等有关数据进行分析与挖掘，由于数据实时、全面、快捷，因此通过数据进行分析得出的结论更加准确，这就为管理会计的充分应用提供了数据支撑，从而有利于及时了解市场的变动及趋势，提高企业的预测能力，及时调整生产经营策略，加强经营规划与控制，提升企业运营效率和核心竞争力。

以管理会计应用中的采购业务活动为例，大数据可实现采购业务与财务信息的共享与融合，通过对采购供应商信息的数据收集，如对原材料价格、质量，供应商供货能力、服务质量，以及供应商信用等级等相关指标数据进行筛选，结合企业自身管理要求，构建供应商评价模型，利用大数据分析平台对供应商进行综合评价，帮助企业做出科学的采购决策；同时，可利用大数据甄选结果建立常用供应商数据库，简化采购流程，提高采购效率。企业还可以通过大数据对企业外部的一些重要关联信息进行分析，判断采购活动是否能够正常进行，例如，天气的变化、供给侧的行业分析均能为企业的采购决策提供重要的参考价值。在存货库存方面的应用，可借助大数据技术实时采集有关物资的库存信息，并针对不同的产品需求建立最低库存预警机制，及时反馈需要采购的物资信息。企业还可以向供应商共享存货库存预警信息，促进供应商做好物资供应工作，这样企业既避免了存货风险，又降低了存货成本。

在销售活动应用方面，对基础信息进行收集录入系统，包括客户信息、商品信息、订单信息、计划信息等，通过大数据分析平台对其收集的相关数据进行筛选、分析，展现多维度的分析报告供管理者决策。比如通过各类基础数据的分析，进一步分析本行业的市场结构和产品竞争力，对标同行业竞争者，并预测市场前景，指导产品研发方向，从而保持市场竞争优势。在成本控制应用方面，可通过物联网、互联网技术对重要设备进行监控，实时反映设备当前的工作状态、效率及设备质量，并通过数据监测与分析，测算设备在生产过程中发生故障的概率，预测设备使用寿命，及时对设备或相应零部件进行维修与更换，保障生产正常进行的同时将消耗成本降到最低。在风险控制应用方面，通过对相关数据进行大数据分析，可以发现其关联因素并实现风险预测，同时还可利用大数据挖掘技术来发现隐藏在数据中的有价值的信息，并通过创建数学模型，运用关联分析、聚类分析、偏差分析等方法对数据进行加工处理，同时与预警系统进行关联，实现准确及时的财务风险信息反馈，加强内部控制管理，从而改善内部经营环境。

## 1.2.3 大数据对会计工作的影响

大数据在给财务会计和管理会计带来变化的同时，也给会计工作模式和会计人员的职业发展带来了深刻的影响，如图 1-8 所示。

**1. 大数据对会计工作模式的影响**

大数据要求企业的会计人员必须重新审视财务会计工作，企业的财务管理模式也需要随之转变，以适应大数据环境下企业的发展策略，为企业的发展决策提供准确的会计信息。在大数据时代，面对海量数据信息，传统会计工作模式具有较强的可变性、复杂性与层次性，企业财务会计工作只有转变工作模式，才能利用大数据为企业创造更多价值。

在工作模式方面，大数据环境下会计人员的工作由电子记账逐渐变为系统对业务的自动识别入账，对业务的核算也不再是会计人员的主要工作。会计工作模式的转变要求会计人员掌握一定的大数据技术，借助大数据手段，对所采集到的信息进行有用化处理，会计人员的目标不再是对企业的业务进行核算，更多地是提供有价值的决策支持和相关建议。由于会计工作模式的转变，必须构建基于大数据技术的管理平台，完善相应的软件基础设

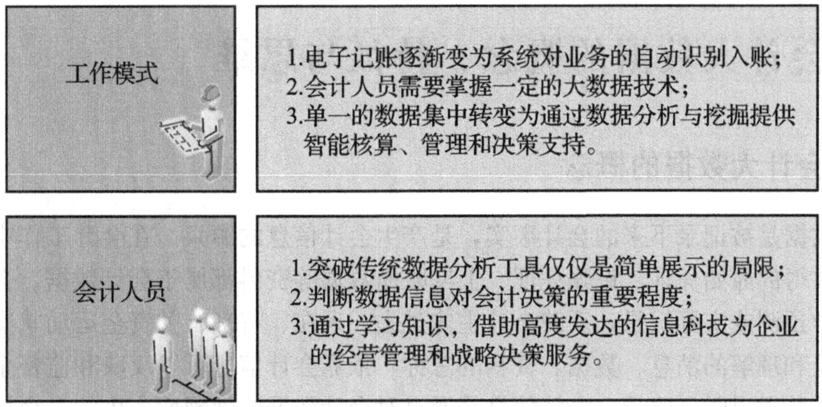


图 1-8　大数据对会计工作的影响

施，配置管理会计大数据岗位，才能为大数据时代的会计工作提供技术支撑。同时，针对集团企业，还需要进一步强化企业财务共享中心的职能，由以往各部门单一的数据集中转变为通过数据分析与挖掘提供智能核算、管理和决策支持。

**2. 大数据对会计人员的影响**

大数据时代的到来，使得会计人员从烦琐的记账、算账、报账等会计核算工作中解放出来，进而转向高层次的会计管理和会计决策工作。在过去，会计人员主要通过编制财务报表反映企业的财务状况、经营成果和现金流量，通过对报表数据的分析简单地为企业内外部信息使用者提供数据依据。随着企业之间的竞争越来越激烈，信息使用者早已不满足基于财务报表的简单数据分析，这就需要会计人员突破传统数据分析工具仅仅是简单展示的局限，充分利用大数据技术从不同的层级和维度分析与企业发展相关的各种数据，并从横向和纵向等不同角度出发，客观全面地对企业的经营成果进行评价，从中发现企业的不足和内外部存在的挑战与威胁，从而为企业管理者进行战略调整提供明确的方向。

大数据时代，大量数据的涌现意味着对数据采集和处理技术提出了更高的要求，需要利用数据库、数据仓库等技术实现数据的共享，推动数据分析和挖掘的应用与发展。会计人员应当提高大数据分析能力和技术应用能力。数据分析能力要求会计人员在海量信息中甄选出有用、相关的会计信息。各种数据聚集使分析数据的真实性成为一大考验，会计人员需要辨别数据来源是否真实。采集的会计数据中包含大量与决策不相关的信息，需要会计人员来甄别信息是否对决策有用。虽然大数据技术在一定程度上减少了会计人员的主观判断，但是判断数据信息对会计决策的重要程度是大数据对会计人员的另一要求。

技术应用能力要求会计人员加强自身综合能力的培养，突破行业标准建立的困难等，跳出原有的框架束缚，借助大数据技术简化数据采集和处理手段。在熟练掌握会计业务技能的同时，熟悉互联网、大数据平台、云计算、各种财务软件系统的使用和管理，借助大数据技术将会计工作做得更好。提升技术应用能力的重要路径就是提高会计人员的继续教育意识，会计人员应通过学习知识，借助高度发达的信息科技为企业的经营管理和战略决策服务，只有与时俱进，才能避免被时代淘汰。

# 1.3 会计大数据的概念、特征与思维

## 1.3.1 会计大数据的概念

会计数据是被记录下来的会计事实，是产生会计信息的源泉。在会计工作中，从不同来源渠道取得的原始凭证、记账凭证、上期账面数据等资料都属于会计数据。会计信息是指通过科学预测或实际记录，反映会计主体过去、现在、将来有关资金运动状况的各种可被人们接受和理解的消息、数据、资料的总称。依靠会计信息可以反映和监督企业的生产经营活动，并做出财务决策。会计信息是通过对会计数据的处理而产生的，会计数据只有按照一定的要求，经过加工或处理才变成会计信息。会计数据和会计信息是相对概念，有时没有截然的界限。

会计大数据是建立在互联网和云计算基础上，面向会计核算、会计管理和会计决策应用场景，对企业内外部产生的大规模、多样化的会计数据进行采集、存储、处理、计算与分析的一系列数据处理技术。简单地说，会计大数据就是大数据及相关技术在财务会计体系、管理会计体系中的应用，它仍以传统会计体系为核心，只是在原来的基础上增加了一个技术手段而已，并未涉及传统会计体系的根本变化。

会计大数据的概念中所指的会计数据不只包含传统财务会计下的会计数据，还包括来自企业业务信息系统的结构化数据，以及外部或者互联网上的半结构化数据（如网页）和非结构化数据（如图像、文本等）。会计大数据除了能够完成财务会计的会计核算和会计监督职能，还能够通过业财数据融合和大数据挖掘技术，完成管理会计的预测、决策、规划、控制和评价职能。

## 1.3.2 会计大数据的特征

会计大数据作为大数据技术在会计中的深度应用，其特征可以用“5V”来概括，具体指规模性（volume）、多样性（variety）、高速性（velocity）、价值性（value）、真实性（veracity），如图 1-9 所示。

**1. 规模性**

规模性用来形容数据量非常大。随着信息技术的高速发展，数据开始爆发性增长。大数据中的数据不再以 GB 或 TB 为单位来衡量，而是以 PB（1 000TB）、EB（100 万 TB）或 ZB（10 亿 TB）为计量单位。

计算机软硬件技术的不断发展以及企业的全球化经营，驱动着企业的全数字化转型，使得符合大数据标准的数据集容量大幅增长；与此同时，随着企业财务和业务管理的标准化、规范化与数字化，更广泛、更深度地获得账务管理、成本管理、资金管理、预算管理、投融资管理等会计管理和业务管理的全流程数据成为可能。这种过程性数据大大增加了会计数据量，形成了海量会计数据。以成本会计为例，成本概念由微观转向宏观，成本

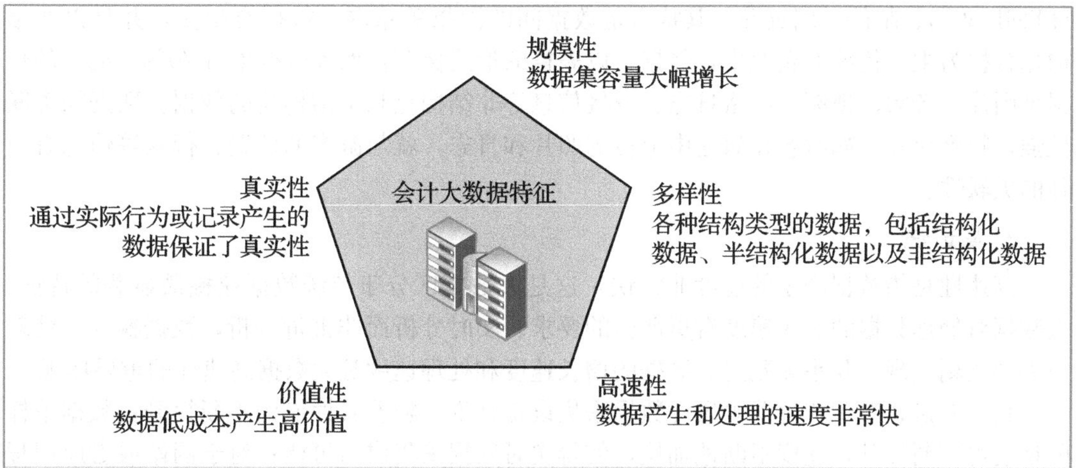


图 1-9　会计大数据特征

管理的对象由有形转为无形，成本管理的方式由单纯生产过程管理转为全产业链管理。这种由会计自身的变革引起的会计实务的变化可以充分利用大数据进行分析、评价和控制，同样有效增加了会计数据量。

**2. 多样性**

多样性指的是数据的类型多样，包括结构化数据、半结构化数据以及非结构化数据三种类型。

结构化数据也称作行数据，是由二维表结构来逻辑表达和实现的数据。数据格式和长度有严格的规范，在表结构中提前设定好，这类数据主要通过 MySQL，SQL Server 等数据库管理系统来存放。例如，人力资源部保存财务部员工的基本信息，包括工号、姓名、性别、出生日期等，可以建立一个对应的员工表，所有信息都可以像这样简单地用一个表中的字段进行对应。半结构化数据是一种适用于数据库集成的数据模型，它可以描述包含在两个或多个数据库中的数据，这些数据库含有不同模式的相似数据，可以通过灵活的键值调整获取相应信息。半结构化数据的格式不固定，同一键值下存储的信息可能是数值型的，也可能是文本型的，还可能是字典或者列表，这类数据可以通过 NoSQL 数据库存储。例如，人力资源部存放的每个财务部员工的简历可以大不相同，有的简历简单，只包括教育背景和工作经历情况；有的简历却很复杂，包括家庭、出入境、技术技能等情况，甚至有的员工简历还需要有居住证明、社会关系等附件内容。非结构化数据是指数据结构不规则或不完整，没有预定义的数据模型，不方便用数据库二维逻辑表来表现的数据，例如出租车票图片、所有格式的办公文档、文本和音频/视频信息等。

多样性主要体现在数据来源多、数据类型多和数据间关联性强这三个方面。

数据来源多是指企业所面对的传统数据主要是交易数据，而互联网和物联网的发展带来了诸如社交网络、传感器等多种来源的数据。数据来源于不同的应用系统和不同的设备，决定了大数据形式的多样性。其大体可以分为三类：一是结构化数据，如财务系统数据、资金管理系统数据、预算管理系统数据等，其特点是数据间因果关系强；二是非结构化数据，如视频、图片、音频等，其特点是数据间没有因果关系；三是半结构化数据，如

HTML 文档、邮件、网页等，其特点是数据间的因果关系弱。数据类型多，并且以非结构化数据为主。传统的企业中，数据都以表格的形式保存，而大数据中有 70%～85%的数据是图片、音频、视频、网络日志、链接信息等非结构化和半结构化的数据。数据间关联性强，频繁交互，如游客在旅途中上传的照片和日志，就与游客的位置、行程等信息有很强的关联性。

**3. 高速性**

高速性是指数据产生的速度非常快，这是大数据区分于传统数据挖掘最显著的特征。大数据对处理数据的响应速度有更严格的要求。实时分析而非批量分析，数据输入、处理与丢弃立刻实现，几乎无延迟。数据的增长速度和处理速度是大数据高速性的重要体现。

具体来讲，对于传感器等硬件数据采集设备来说，随着其性能的不断提升，数据采样的精度也不断提升，速度不断地加快，使得实时数据采集成为可能；对于网站或者应用程序（App）等数据的收集，随着相关数据采集技术的不断成熟（如埋点、连接线等），数据的生成和处理速度不断加快，最终使得数据分析由离线的批处理向结合实际场景的实时处理转换。此外，实际应用中对于事务操作和决策结果的及时性需求驱动大数据必须具备高速特性。大数据技术体系下，数据从生成开始，利用实时采集、缓存存储、准实时计算、实时落地、实时展示、实时分析等技术，使数据的处理速度达到秒级甚至毫秒级别。

**4. 价值性**

价值性指的是低成本创造高价值。现实生活中产生的数据中，有价值的数据所占的比例较小，而大数据最大的价值在于从大量不相关的各种类型的数据中，挖掘出对未来趋势与模式预测分析有价值的数据。通过统计学、机器学习、人工智能等技术挖掘出有趣的知识、有意义的规则等，并结合会计领域知识，将发现的知识和规则等应用于采购、研发、生产、制造、销售等企业价值链上的各个管理会计环节，以期创造更大的价值。

事实上，大数据技术自身并不能产生直接的经济效益，人们通过数据提供的结果做出正确的决策并执行才能产生价值，即数据通过辅助决策来创造价值。以大数据在电子商务行业的应用为例，电子商务网站通过大数据预测商品的销售对象，并预先把商品派送到目标客户所在小区，当客户下单时即可实现迅速送货上门。在这一过程中，大数据技术提供商品预测结果，平台或商家相关人员决定是否基于预测结果进行商品派送，数据通过决策的制定和执行间接实现价值。值得注意的是，数据的价值具有不确定性，可以被利用，也可以被忽视。

**5. 真实性**

真实性指数据的质量和保真性。大数据环境下的数据应具有较高的信噪比，这里的信噪比与数据源和数据类型无关。

大数据中的内容是与真实世界中发生的事件息息相关的，研究大数据就是从庞大的网络数据中提取出能够解释和预测现实事件的过程。通过大数据的分析处理，最终能够解释结果和预测未来，但它的前提是所提取的各类信息系统网络和各种终端的行为数据是真实和准确的。沃尔玛通过大数据获取并分析用户提供的信息，可以知道用户独特的需求和喜好，并能够预测出用户下一步的动作，在用户行动前向用户推送信息。

## 1.3.3　会计大数据的思维

大数据通过对资源的集成和处理，为各个领域提供了不可估量的数据支持，正在改变人们认识和理解世界的新技术和新方法，也为商业组织和社会组织带来了新的运行模式。对于会计领域而言，大数据不仅改变了会计信息收集的方式和内容，也改变了部分会计实务工作模式，能够有效解决传统会计中的难题，甚至对会计理论基础提出了挑战，如会计分期作为传统会计的四大基本假设之一，在大数据环境下就失去了意义。事实上，大数据时代的到来不仅使传统会计理论和实务工作面临重大的挑战与机遇，也要求人们能够提升自己的思维方式，透过数据认识和理解世界。会计大数据的思维从定量、全样本、效率、相关性四个方面得以体现，如图 1－10 所示。

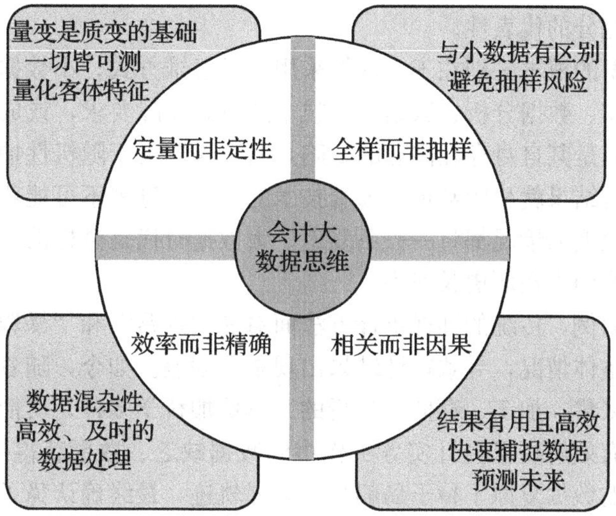


**图 1－10　会计大数据思维**

**1. 定量而非定性**

定量思维方法是对事物进行数量分析，掌握事物的数量关系，其原则是一切皆可测。定量思维是思维过程中分析与综合的一个基本依据。量化是从数量上揭示客体特征，即说明确定特征之间属性的一种形式。在实际活动中，固然要认识事物的本质，分清事物是什么，但认识事物仅停留于事物是什么还不够，在对事物做进一步的分析时，就需要掌握它的数量关系，依据数量分析，确定其质的轻、重、缓、急。自然界和人类社会中的各种事物在数量上的变化，都是事物发生质变的基础。因此，运用测量方法从数量上对客观事物进行比较、分类、抽象、概括，是思维的重要内容和条件。

不仅销售数据、价格这些客观标准可以形成大数据，甚至连顾客情绪（如对色彩、空间的感知等）都可以测得，大数据包含与消费行为有关的方方面面。但是，量只是事物的一种特征，借助数量的变化说明一切，过分夸大定量思维，单纯地以数量变化定是非，忽视数量变化本身的定性分析，以及数量比较中的可比与不可比因素，会削弱定量思维的科学作用。同时，定量分析不可随意进行，即不能为了定量分析而随意地去找数量关系及数据，事物的数量关系同事物的质一样，也有主要和次要之分，有直接同事物的质相联系和间接同事物的质相联系之分；更不可能主观地编出一些数量关系，或主观地扩大某些数量关系，把事物朝有利于自己的方向解释。

大数据是人们在事物量化基础上寻求事物本质过程中的一大进步，过去对事物的认识处于理论假设和定性层面，而现在通过对事物的数据化，帮助人们在定量分析基础上进行定性分析，拥有大量的数据为人们深刻认识世界打开了一扇新的大门。

**2. 全样而非抽样**

全样是指在大数据环境下，要分析与某事物相关的所有数据，而不再仅仅是依靠少量的样本数据，其优势是深入挖掘数据的额外价值，避免传统做法的抽样风险。抽样又称取样，是从欲研究的全部样品中抽取一部分样品单位，其基本要求是要保证所抽取的样品单位对全部样品具有充分的代表性。

大数据与小数据的根本区别在于大数据采用全样思维方式，小数据强调抽样。抽样是数据采集、数据存储、数据分析、数据呈现技术达不到实际要求，或成本远超过预期的情况下的权宜之计，但是其自身存在固有的缺陷，其效果取决于随机性抽样过程，一旦抽样过程存在偏见，分析结果就相距甚远。随着技术的发展，过去不可能获取全样数据，不可能存储和分析全样数据的情况都将一去不复返。大数据时代是全样的时代，抽样的场景适用于小数据，最终将消失在历史长河中。

以獐子岛事件为例，传统的抽样审计方法面对易“跑路”和“暴毙”的扇贝，其局部抽样结果难以代表整体情况，导致审计结果出现重大偏差。如今，随着科学技术水平的不断提升，用于数据采集、加工、存储和分析的工具更加科学多样，所能获得的数据量、数据种类大大增加，有效解决了会计实务工作中的数据缺乏、数据获得受限等难题。例如，证监会借助北斗导航数据复原了獐子岛船只的采捕轨迹，最终确认獐子岛公司的财务违规方式。随着科学技术的不断进步，社会科学可以充分应用大数据技术而不再单纯地依赖抽样调查进行数据分析。

**3. 效率而非精确**

早在 1927 年，德国物理学家海森堡就提出不确定性原理，即世界的不确定性让我们无法预知未来。随着社会经济的不断发展，世界处在新的历史十字路口，巨大的不确定性是所有国家和人类面临的巨大挑战。数据处理中适用于小数据时代的高精确度追求变得既无必要也不可行，甚至变得不受欢迎。相应地，充分利用大数据手段获得更多的信息，以尽可能地降低和消除不确定性成为新阶段需要的新方法。

大数据标志着人类在寻求量化和认识世界的道路上前进了一大步，过去不可计量、存储、分析和共享的很多东西都被数据化，拥有大量的数据和更多不那么精确的数据为理解世界打开了一扇新的大门。然而，大数据纷繁多样、优劣掺杂，精确度不再是分析事物的主要考虑因素，能否高效及时地对数据进行处理从而得到对事物的进一步认知，已经成为新时代的新追求。随着大数据应用范围的不断扩展，以及程度的不断加深，只要能够得到对一个事物更加完整的概念，人们越来越能接受对事物认知模糊和不确定性的存在。就像印象派的画风一样，近看画中的每一笔都感觉是混乱的，但是退后几步就会发现这是一幅伟大的作品，因为退后几步的时候就能看出画作的整体风格。与数据获取能力有限的小数据相比，大数据时代以牺牲精度为代价，注重数据的完整性和混杂性，帮助人们进一步认识事物的全貌和真相。

大数据让企业的决策更科学，由关注精确度转变为关注效率的提高，大数据分析能提高企业的效率。利用互联网、大数据提高企业效率的趋势下，快速就是效率，预测就是效率，预见就是效率，变革就是效率，创新就是效率，应用就是效率。大数据能提高生产效率和销售效率，原因是大数据能够让我们知道市场的需要，以及顾客的消费需要。在快速变化的市场，快速预测、快速决策、快速创新、快速定制、快速生产、快速上市成为企业行动的准则，也就是说，速度就是价值，效率就是价值，而这一切离不开大数据思维。

**4. 相关而非因果**

长期以来，寻找因果关系是人类发展过程中形成的传统习惯。事实上，寻求因果关系非常困难，尤其是正确地寻找隐含在事物背后，涉及因素错综复杂的因果关系的难度非常大。与此同时，相关关系作为因果关系的必要不充分条件，统计学上的判别方式相对丰富和简单，且判定过程更加快速清晰。因此，相比耗时耗力的基于思维逻辑和实验验证得到的因果关系，用以确凿数据为基础的相关关系判断事物运行的结果更加有用和高效。

以财务风险评价为例，当前对财务风险评价指标的选取往往是基于指标与风险结果的相关性展开的。但这并不意味着要忽略因果关系，事实上，理论分析贯穿于大数据分析的方方面面。对于会计领域而言，相关性分析能够帮助发现隐含在事物背后的联系，由此出发有利于发现更加隐蔽复杂的因果关系。以财务风险评价为例，对与风险结果密切相关的财务风险指标变化的分析归纳，有利于寻找形成财务风险的原因，进而能更好地实现对财务风险的管理。因此在会计大数据处理过程中，应同时注重事物的相关关系和因果关系，前者可以高效快速地捕捉到事物的现在和预测未来，后者用于挖掘本质，指导对于事物的管理。

## 1.4 会计大数据的内涵

会计大数据是大数据及相关技术在财务会计体系、管理会计体系中的具体应用，可以从会计的职能层面对会计大数据的内涵进行诠释，如图 1－11 所示。

### 1.4.1 财务会计大数据

财务会计是现代企业的一项重要的基础性工作，通过一系列会计程序，提供决策有用的信息，并积极参与经营管理决策，提高企业经济效益，服务于市场经济的健康有序发展。财务会计大数据是大数据及相关技术在财务会计中的应用，具体体现为大数据及相关技术在会计核算和监督职能中的具体实现。

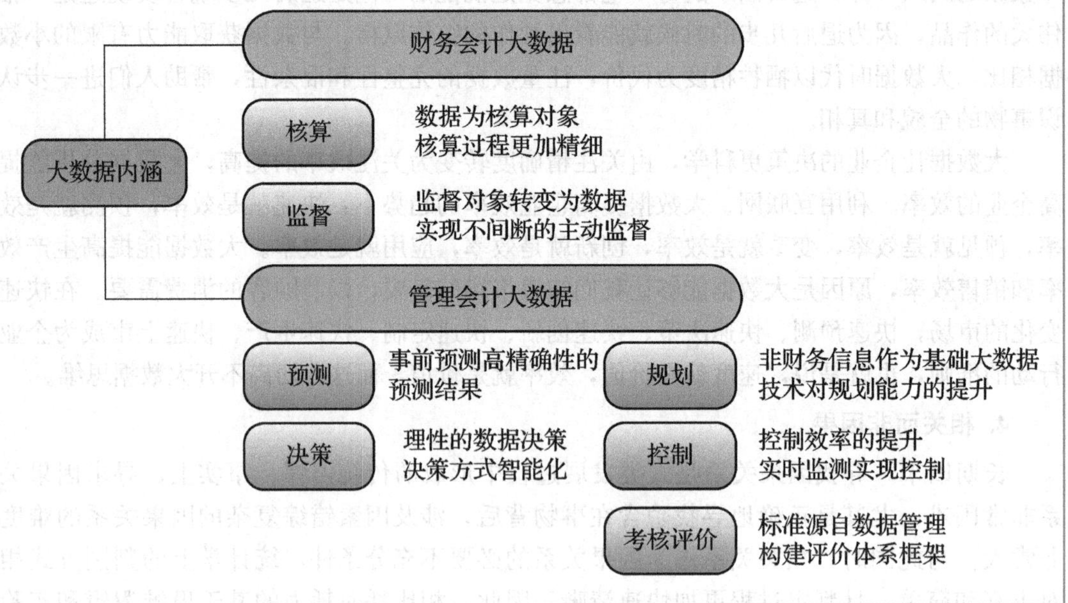


图 1-11　会计大数据的内涵

**1. 核算**

核算职能是对以货币计量的经济活动进行确认、计量、记录和报告。传统信息化模式下的会计核算工作中，财务人员基本被定位在收集单据、编制凭证、复核、结账、报告、归档等工作的软件操作，其处理的数据主要是结构化类型的会计数据。而在财务会计大数据下，财务人员所面对的不只是会计数据和原始单据，而更多的是海量的业务数据，这些数据的类型包括结构化数据、半结构化数据和非结构化数据，并且更多的是非结构化数据。财务人员需要收集和分析会计数据和业务数据，并将有用的数据放置在合理的资源中，通过高效的核算流程输出有价值的会计数据。

财务会计大数据下，大数据采集、存储、处理和计算使得会计核算更精细。例如，企业在进行成本核算时，不管采用什么方法，重点都是要确定成本定额的大小。财务会计大数据下，企业通过采集、存储海量数据，来分析同行业企业的成本定额标准，从而根据企业的财务状况，制定更加合理的成本定额标准。所以，财务会计大数据能够让企业的会计成本核算更加精细，为企业节约成本。

财务会计大数据下，大数据的传播、处理和计算的速度提升了会计核算的及时性。例如，企业在发出或者购进货物时，只需要将购进或者发出货物的单价和数量输入系统，就可以将这些数据立即传输给会计核算人员，马上进行会计处理和分析，这有利于相关管理者和决策者做出最佳的选择。

财务会计大数据下，大数据使财务会计报告更加及时。大数据技术将推动财务报告从定期报告向实时报告转化，大数据的特点就是数据的处理速度非常快，实时报告是大数据技术与会计的完美结合，极大地促进了财务会计报告的及时性，使投资者等财务报告使用者能随时了解企业的财务状况和未来的发展趋势。

**2. 监督**

监督职能是会计人员在进行会计核算的同时，对特定主体经济业务的真实性、合法性和合理性进行审查。在大数据背景下，审查的对象由凭证、账簿等转变为多种类型的会计数据。

在财务会计大数据下，会计监督工作迫切需要利用大数据技术对自身加以优化完善，而这主要体现在会计数据的大量化、多样化、高效化这三个方面。通过对会计数据、会计信息对比模型的引入，打通与采购部门、生产部门、销售部门间的数据信息堡垒，推动会计监督数据融合与共享的同时，可以实现会计数据全天候、不间断的主动监督。

在财务会计大数据下，大数据技术应用于会计信息归集、处理、分析形成财务成果的过程，帮助扩大其自主权和独立性的同时，通过对各个流程数据的汇总与对比，借助非结构化数据的提取和利用，可以加强会计内部监督的职能，为不同的使用者提供高质量的会计信息。

当前，基于大数据背景的会计职能早已从反映过去向预测未来进行转变，财务报告也从事后报告向实时报告转型。所以，结合大数据技术与大数据思维，为会计监督工作构建一个行之有效的防范机制，对可能存在的风险问题加以防控，则成为加强事前、事中监督的关键。

需要注意的是，在财务会计大数据下，由于非结构化数据的比例增加，会计信息结构日益复杂，会计监督工作中传统的统一的信息判断标准开始失效，因此，需要对会计信息的质量标准提出新的观察维度，会计监督工作需要在信息的数量与精确性间找到有效平衡。

## 1.4.2　管理会计大数据

管理会计是面向企业内部的会计，是一个从数据到决策的过程。对于管理会计，大数据的理念和技术为企业管理层合理配置资源和优化决策并对当前和未来的经济活动进行预测、决策、规划、控制和考核评价提供了更多可能。从某种程度来说，大数据是预测分析、决策分析、成本控制、责任会计等管理会计应用得到良好运用的基础。此外，大数据还可以突破当前管理会计工作中的限制，实现高效的信息管理与存储，深入挖掘相关数据的价值，提高管理会计在实际工作中的效率。

管理会计大数据是大数据及相关技术在管理会计中的应用，具体体现为大数据及其相关技术，尤其是分类、聚类、关联、预测等数据挖掘算法在会计预测、决策、规划、控制、考核评价职能中的具体实现。在数据挖掘算法中，常见的分类算法有C4.5、简单的贝叶斯、支持向量机（support vector machine，SVM）、K最邻近（K-nearest neighbor，KNN）、AdaBoost、分类回归树算法（classification and regression tree，CART）等，聚类算法有K-means、最大期望算法（expectation maximization，EM）等，关联算法有Aprior、频繁模式增长树（frequent-pattern growth，FP-G）、FreeSpan及PrefixSpan等，预测算法有人工神经网络、时间序列预测等。

**1. 预测**

预测是管理会计的一个重要职能，它是对历史数据用一定的统计方法进行销售预测、成本预测、利润预测等，比较常用的预测方法有因果预测和回归分析。传统的预测方法都有一个共同的缺陷，就是在对数据的处理上为了节约成本要对数据进行简单处理，这使得预测结果的准确性大大降低。而在管理会计大数据下，因为可以利用详细的数据，所以预测结果的精确性得以大幅提高。

利用管理会计大数据可以进行事前预测，及时提供合理的决策信息，从而有助于企业做出科学合理的决策。例如，为了预测某大型建设项目的前景，需要使用管理会计避免市场前景受因素的制约，而利用大数据技术来预测市场前景就能够很好地解决这个难题。大数据能够较准确地预测出在某一销售地区活动的人数，帮助企业挖掘顾客需求，生产适销对路的产品，通过电信运营商提供的位置服务，再参考其他的数据做出合理的决策，如经济发展、人均收入水平等数据，较准确地对建设项目进行量本利分析。

在过去，销售预测一般都是通过简单的统计技术，基于历史数据和预期销售，利用传统模型得出的。但由于传统技术的局限性，企业没能将同行业、同类产品、市场状况、天气和消费者行为习惯等其他外部信息考虑在内并对其进行深入分析，造成预测的准确性受到很大的影响。而在管理会计大数据下，通过数据挖掘技术，利用趋势分析、时间序列分析等方法，将这些因素进行整理、存储、分析、挖掘，将有助于更好地预测销售、成本、资金等信息，进而提高预测的准确度，比如对市场调研的数据分析可以帮助企业建立更加科学规范的销售预测体系。

大型投融资项目涉及金额大，成本高，一旦决策失误，将给企业带来很大的损失。企业想要在瞬息万变的市场经济中高质量发展，就要求管理会计利用尽可能多的数据进行财务分析，通过向研发、生产、采购、销售、人力资源等多个领域延伸，高度融合企业财务数据与业务数据，深入分析各活动因素之间的关系，对项目进行精准预测，以此提升企业的核心竞争力。

**2. 决策**

现代管理会计的主要职责之一是为决策部门提供决策支持。企业的经营决策主要包括战略目标决策、短期经营决策、长期经营决策等，这些决策的产生都需要大数据分析的支持，而这正是需要管理会计大数据的地方。

在管理会计大数据下，通过积累的大量历史数据和利用统计学、机器学习、数据挖掘等技术，能够让依赖个人经验的决策让位于理性的数据决策。例如，贷款方不是靠信贷员的判断而是由模型预测结果来决定是否给予贷款，利率应该是多少；零售店不是靠管理人员判断采购哪些产品及采购数量，而是依赖模型数据分析的结果给出判断依据；定价决策可能不单纯依赖成本，而是结合客户特征、偏好与以往购买行为，甚至能够针对每一个客户给出不同的定价。

在管理会计大数据下，决策方式的转变使得企业更加智能化，同时由于不同企业掌握的数据类型和特征的差异，各个企业能够构建独特的基于自身的核心竞争力，无法被其他企业简单模仿，也不用担心具有丰富经验的员工离职给企业带来损失。当然，这将会使得企业管理方式、管理人员在企业中扮演的角色等都发生很大转变。

**3. 规划**

规划是企业选择和制定正确战略的基础，是对未来整体性、长期性、基本性问题的思考和考量，是通过编制各种计划和预算实现的。它要求在最终决策方案的基础上，将事先确定的有关经济目标分解落实到有关预算中，从而合理有效地组织协调企业供、产、销及人、财、物间的关系，并为控制和责任考核创造条件。

管理会计以面向未来为基点，以决策为主体，帮助企业各个管理者对未来进行战略规划，为决策提供最优信息，为企业的预算提供决策依据。非财务信息是企业进行战略规划的基础，宏观环境、行业竞争度、价值链等非财务信息有助于企业选择正确的战略行动，而管理会计大数据的应用将有效提升企业在规划方面的能力。

在应用过程中，利用大数据技术，如网络搜寻、关键词获取等，全面掌握行业环境、价值链等各类关键信息，可以辅助企业进行战略决策；此外，大量运营的非财务数据有助于提升企业投资规划能力，如利用水质监测积累的大数据来提高污水处理企业的投资收益分析能力。

**4. 控制**

控制职能就是将经济活动的事前控制与事中控制有机地结合起来，通过事前确定科学可行的各种标准，根据执行过程中实际与计划发生的偏差进行原因分析，并及时采取措施进行调整、改进工作，确保经济活动的正常进行。管理会计中的流程管理和内部控制等，将极大地加强企业对于运营的控制，从而保证运营效率。控制的关键在于事先确定的标准，而明确标准的基础在于对企业研发、采购、生产、营销等各环节关键信息的掌握，尤其是非财务信息数据的积累、分析与应用，是最大限度地改进控制能力、提高企业整体运营效率的关键。

大数据时代强调对企业日常全面经营管理活动进行记录与分析，将对控制效率的提升具有决定性作用。管理会计大数据下的控制职能可以采用指标体系，进行偏差的查找，将数据量化后建模，达到计算指标的目的，偏差很容易就被识别，这一过程还发挥监测的作用。但识别偏差的前提是有一个标准，大数据的数据计算能力能够满足这一前提。

大数据能够完善目前管理会计工具的应用，比如用作业成本法来核算成本时，利用互联网收集作业层面的数据，使得直接费用更真实，间接费用也容易找到分配的因子，可以更好地实现成本控制的目标。大数据还能够系统地管理成本，传统成本控制和管理所需的信息来自企业内部，但在管理会计大数据下，企业可以将外部信息收集起来并与内部信息结合，以达到全面、系统地控制成本的目的。

在利用非财务信息进行控制方面，全面质量管理的基础就是利用统计数据强化对残次品率的控制；成本控制的关键则取决于各项成本信息的细化与分析，从而形成控制的基本标准。没有对日常大量关键非财务信息的存储与分析，要想实现精确的控制异常艰难。以非财务信息为基础的控制将更具有及时性，能够让企业更快速地采取措施，纠正错误。

**5. 考核评价**

管理会计履行考核评价经营业绩的职能，是通过建立责任会计制度来实现的，即在各部门、各单位及每个人均明确各自责任的前提下，逐级考核责任指标的执行情况，找出成绩和不足，从而为奖惩制度的实施和未来工作改进措施的形成提供必要的依据。作为管理会计，其评价对象不是企业，而是组织内部的个人、分支机构或业务条线；其评价标准不一定是财务信息，而是大量非财务信息或经调整后的财务信息，以此来规避财务信息评价的缺陷。目前，大量企业管理控制与评价的标准都来自数据管理。

企业管理中经常通过数据来查看、评价员工的工作动态及绩效考核，绩效评价一直以来都是管理会计工作的一大难题，其难点之一在于实际评价时难以收集到所有与绩效有关的信息，不管用什么样的评价方法都不能完全客观、准确地评价绩效的高低。管理会计大数据为数据信息的价值实现构建管理体系框架，可以建立实时的员工和管理者动态绩效评价体系，通过各种社交媒体获得数据源。通过收集和分析各项数据，企业能够了解本企业各部门、员工与管理者的工作与学习绩效。

为了提高员工绩效考核的科学性和合理性，管理会计有必要通过对大数据的收集、整理和分析，遵循先进且公平的考核和奖惩制度，当员工的积极性受到极大鼓舞时，这种激情将快速地反馈至企业，促使企业实现强劲的发展。另外，在评价客户信用方面，利用管理会计大数据可以准确评价客户信用，预测企业风险。客户能否按期支付所欠货款，决定了企业需要承担的坏账风险的大小。通过建立管理会计大数据平台，构建多维数据库，从不同渠道获得客户不同维度的数据，可以将事后分析转为事先引导。

针对责任成本制的企业，成本中心、利润中心和投资中心都需要利用大数据仓库的数据，通过数据挖掘技术进行责任预算的编制以及实际中心数据和相关市场数据的确定，并且通过实际数据和预算数据的对比分析，对各中心的绩效做出评价与考核。

## 1.5 会计大数据的关键技术

会计大数据是一套完整的“场景＋需求＋数据＋技术”的解决方案，其本质是运用大数据采集、预处理、存储与管理、计算、分析与挖掘、可视化这一系列关键技术来服务财务会计体系和管理会计体系的应用场景。

### 1.5.1 大数据采集

最早在 2 500 年前，古希腊的数学家毕达哥拉斯提到“万物皆数”，在当下的数字经济时代，一切皆可数据化，一切皆可量化也在逐步实现。大数据的采集可以从采集的数据源及分类、采集技术的特点、采集方法与技术、采集方式四个方面进行理解，如图 1－12 所示。

**1. 大数据采集的数据源及分类**

大数据采集通过射频识别（RFID）数据、传感器数据、社交网络数据、移动互联网数据等方式获得结构化、半结构化、非结构化等多种类型的海量数据。

大数据采集从数据源上可以分为四类：Web 数据（包括网页、视频、音频、动画、图片等）、数据库数据、日志数据、其他数据（感知设备数据等）。互联网上会产生大量的日志、网页、音频、视频等 Web 数据，价值密度较低，收集难度大。数据库数据主要源自会计信息系统和业务信息系统，其中，会计信息系统包含大量的财务结构化数据，价值密度高，收集难度较小，而业务信息系统包含大量的结构化业务数据。感知设备上的数据包

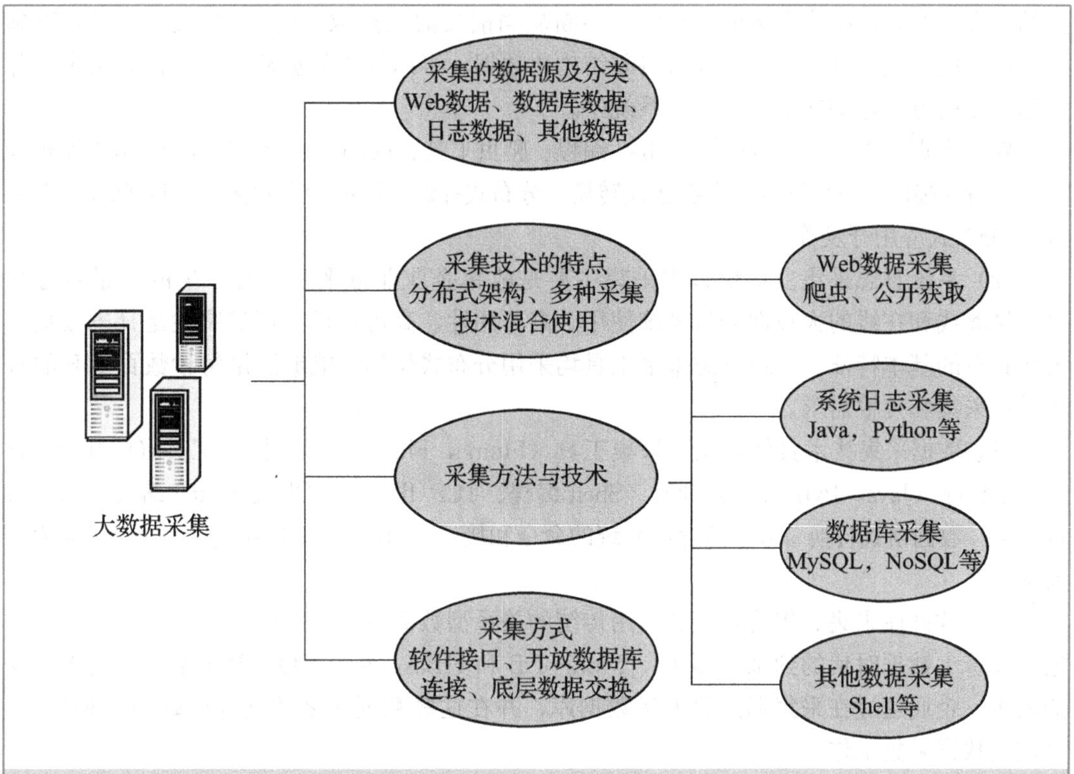


图 1-12　大数据采集

括大量音频、视频和图片数据，价值密度较低，收集难度大，可以从数据服务提供商直接获取。

**2. 大数据采集技术的特点**

传统的数据采集来源单一，且存储、管理和分析数据量相对较小，大多采用关系型数据库和并行数据仓库即可处理。大数据采集技术面临诸多挑战：一方面数据源的种类多，数据的类型繁杂，数据量大，并且产生的速度快；另一方面需要保证数据采集的可靠性和高效性，同时要避免数据重复。

和传统的数据采集技术相比，大数据采集技术有两个特点：

(1) 大数据采集通常采用分布式架构。大数据采集的数据流量大，数据集记录条数多，传统的单机采集方式在性能和存储空间上都无法满足需求。

(2) 多种采集技术混合使用。大数据采集不像普通数据采集那样单一，往往是多种数据源同时采集，而不同的数据源对应的采集技术通常不一样，很难有一种平台或技术能够统一所有的数据源，因此大数据采集时，往往是多种技术混合使用，要求更高。

**3. 大数据采集方法与技术**

针对不同的数据源，所采用的数据采集的方法和技术也不相同。

(1) Web 数据采集。Web 数据采集是指通过网络爬虫或网站公开 API 等方式从网站上获取数据信息的过程。网络爬虫会从一个或若干初始网页的 URL 开始，获得各个网页上的内容，并且在抓取网页的过程中，不断从当前页面上抽取新的 URL 放入队列，直到满足设置的停止条件为止。这样可将非结构化数据、半结构化数据从网页中提取出来，并以结构化的方式存储在本地的存储系统中。

Web 数据采集技术具体包括：Shell 编程、爬虫工具、HTTP 协议、TCP/IP 基本原理及 Socket 编程接口、编程语言、数据格式转换、分布式存储系统的命令和接口（HDFS，HBase 等）、分布式应用开发等。

（2）系统日志采集。系统日志采集主要是收集企业业务平台日常产生的大量日志数据，供离线和在线的大数据分析系统使用。高可用性、高可靠性、可扩展性是日志收集系统所具有的基本特征。系统日志采集工具均采用分布式架构，能够满足每秒数百 MB 的日志数据采集和传输需求。

日志数据采集技术具体包括：采集工具（Flume，Fluentd 等）、接入工具（Kafka）、日志采集程序（Java，Python 等）开发、Shell 编程、TCP/IP 基本原理及 Socket 编程接口、编程语言、数据格式转换、分布式存储系统的命令和接口（HDFS，HBase 等）、分布式应用开发等。

（3）数据库采集。传统企业会使用传统的关系型数据库 MySQL 和 Oracle 等来存储数据。随着大数据时代的到来，Redis，MongoDB 和 HBase 等 NoSQL 数据库也常用于数据的采集。企业通过在采集端部署大量数据库，并在这些数据库之间进行负载均衡和分片，完成大数据采集工作。

数据库数据采集技术具体包括：Shell 编程、采集工具（Flume，Fluentd 等）、数据库采集程序（Java，Python 等）开发、SQL 查询语言及编程接口、关系型数据库连接（如 JDBC 等的使用）、TCP/IP 基本原理及 Socket 编程接口、编程语言、数据格式转换、分布式存储系统的命令和接口（HDFS，HBase 等）、分布式应用开发等。

（4）其他数据采集。其他数据采集主要是感知设备数据采集，它是指通过传感器、摄像头和其他智能终端自动采集信号、图片或录像来获取数据。大数据智能感知系统需要实现对结构化、半结构化、非结构化的海量数据的智能化识别、定位、跟踪、接入、传输、信号转换、监控、初步处理和管理等，其关键技术包括针对大数据源的智能识别、感知、适配、传输、接入等。

其他数据采集技术具体包括：Shell 编程、采集工具（Flume，Fluentd 等）、接入工具、采集程序（Java，Python 等）开发、特定数据源接口使用、TCP/IP 基本原理及 Socket 编程接口、编程语言、数据格式转换、分布式存储系统的命令和接口（HDFS，HBase 等）、分布式应用开发等。

**4. 大数据采集方式**

根据数据的来源，数据采集方式可以分为以下三种：

（1）软件接口方式。这种方式是各个软件厂商提供数据接口，实现数据采集汇聚。

（2）开放数据库连接方式。通过接口连接数据库，这是最直接获取数据的方式。

（3）基于底层数据交换的数据直接采集方式。该方式基于底层网络分析等技术采集目标软件产生的所有数据，将数据转换与重新结构化输出到新的数据库供软件系统调用。

按照采集的时间，数据采集方式可以分为以下两种：

（1）实时采集。主要用于互联网数据采集，通过对数据源执行的各种操作行为的记录，实现对数据的流式存储。实时采集类似于流式处理的 ETL 过程，常用工具是分布式日志采集工具 Flume。Flume 是一个可扩展、适合复杂环境的海量日志收集系统。它将数据从产生、传输、处理到最终写入目标的路径的过程抽象为数据流。此外，爬虫作为获取公开网络信息的重要方式，通过模仿用户浏览网页的机制，将所想要的网页的信息保存下来，可以有效采集互联网数据。

（2）离线采集。通常是在数据仓库应用中，针对具体的业务情境，将数据从传统数据库等数据源中进行提取（extract）、转换（transform）和加载（load）。在对数据的 ETL 操作中需要对数据进行格式变换和标准化处理，对异常数据进行检测与过滤，以保证数据的完整性和数据质量。常用的 ETL 工具是 Sqoop 组件，主要用于 Hadoop 与传统的数据库间进行数据的传递，可以将一个关系型数据库（例如 MySQL，Oracle，PostgreSQL 等）中的数据导入 Hadoop 的 HDFS，用 Hive 组件进行查询，也可以将 HDFS 的数据导入关系型数据库。

## 1.5.2　大数据预处理

现实中的数据大多是脏数据，其特点如不完整，缺少属性值或仅仅包含聚集数据；含噪声，包含错误或存在偏离期望的离群值，比如 Salary=“－98”，明显是错误数据；不一致，用于商品分类的部门编码存在差异，比如 Age=“46”，但 Birthday=“02/08/1980”。而我们在使用数据的过程中对数据要求一致性、准确性、完整性、时效性、可信性、可解释性等。由于获得的数据规模过于庞大，数据不完整、重复、杂乱，在一个完整的会计数据分析与挖掘过程中，数据预处理往往至少要花费 60%左右的时间。

大数据预处理是指通过数据清洗、数据集成、数据变换、数据规约等一系列数据操作，达到审核、筛选、排序等目的，它区别于大数据分析阶段的数据处理，如图 1－13 所示。当采集到的数据量较小时，只需要简单的数据处理就可以得到有效的数据，但是大数据复杂的特点意味着在获取数据的时候，得到的部分数据是脏数据，也就是说，源系统中的数据不在给定的范围内或对于实际的会计业务毫无意义，或是数据格式非法，以及在源系统中存在不规范的编码和含糊的会计业务逻辑等。由于脏数据无法进行数据分析和挖掘，因此需要对大数据进行预处理。下面对大数据预处理的具体技术进行介绍。

**1. 数据清洗**

数据清洗是保证数据质量的重要手段之一。并非所有采集到的数据都是有价值的，有些数据可能与分析和挖掘需求无关，有些甚至是完全错误的干扰项。因此要对数据过滤、去噪，从而提取出有效的数据。

数据清洗包括对缺失值、噪声数据和不一致数据的处理。对于缺失值，可用全局常量、属性均值、可能值填充或者直接忽略该数据等方法处理。对于噪声数据，即存在错误或偏离期望值的数据，可用分箱（对原始数据进行分组，然后对每一组内的数据进行平滑处理）、聚类、计算机人工检查和回归等方法去除噪声。对于不一致的数据，可以手动更正。

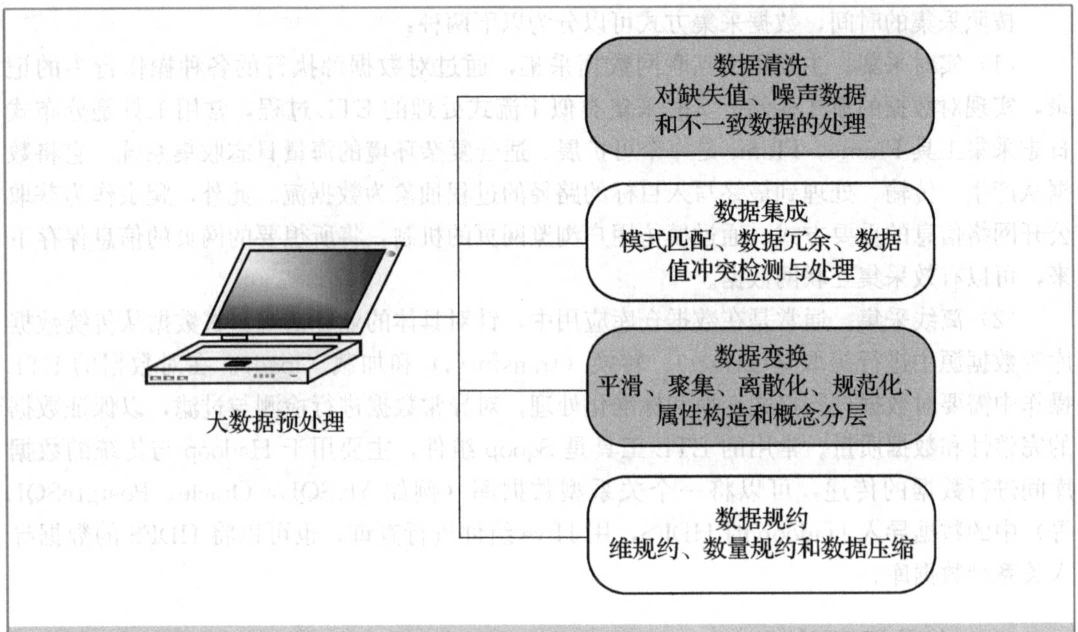


图 1-13 大数据预处理

**2. 数据集成**

数据集成是把不同来源、格式、特点、性质的数据在逻辑上或物理上有机地集中，从而为企业提供全面的数据共享。在这个过程中需要重点解决模式匹配、数据冗余、数据值冲突检测与处理三个问题。

由于来自多个数据集合的数据在命名上存在差异，因此等价的实体常常具有不同的名称。如何更好地对来自多个实体的不同数据进行匹配是处理好数据集成的首要问题。

数据冗余可能来源于数据属性命名的不一致。在解决数据冗余的过程中，可以利用皮尔逊积矩来衡量数值属性，绝对值越大表明两者之间相关性越强。对于离散数据，可以利用卡方检验来检测两个属性之间的关联。

数据值冲突问题主要表现为来源不同的统一实体具有不同的数据值。

**3. 数据变换**

数据变换是指对数据进行规范化处理，从一种表示形式变换为另一种表现形式的过程，以达到适用于大数据分析和挖掘的目的，它包括平滑、聚集、离散化、规范化、属性构造和概念分层等方式。

（1）平滑。去掉噪声，包括分箱、回归、聚类。

（2）聚集。对数据进行汇总或聚集，通常为多个抽象层的数据分析构造数据立方体。

（3）离散化。属性的原始值用区间标签或概念标签替换。

（4）规范化。对数据按比例缩放，使其落入特定的小区间。

（5）属性构造。由给定的属性构造新的属性，并添加到属性集中。

（6）由标称数据产生概念分层。将标称属性泛化到较高的概念层。

**4. 数据规约**

数据规约是指在尽可能保持数据原貌的前提下，最大限度地精减数据量，包括维规约、数量规约和数据压缩三个方面。

维规约是指减少考虑的随机变量或属性的个数，或者把原数据变换或投影到更小的空间，具体方法包括小波变换、主成分分析等。

数量规约是指用替代的、较小的数据表示形式替换原数据，具体方法包括抽样和数据立方体聚集等。

数据压缩包含无损压缩和有损压缩两种方式。无损压缩能从压缩后的数据重构恢复原来的数据，不损失信息，而有损压缩只能近似重构原数据。

## 1.5.3　大数据存储与管理

大数据存储与管理是对海量数据进行归档、整理和共享的过程。在大数据下，从多个渠道获得的数据通常缺乏一致性，数据结构混杂，且数据不断增长，更何况任何计算机都会有内存容量、硬盘容量、处理器速度等物理上的限制。这就导致对于单机系统来说，即使不断及时提升硬件配置也很难跟上数据规模增长的速度，因此需要在硬件限制和性能之间做取舍。所以，对于那些希望从存储和使用成本更高的数据中获得价值的企业和组织来讲，有效的数据存储和管理变得比以往任何时候都更加重要。

大数据存储与管理技术需要重点解决大数据的可存储、可表示、可处理、可靠性及有效传输等关键问题，具体包括海量文件的存储与管理，海量小文件的传输、索引和管理，海量大文件的分块与存储，系统可扩展性与可靠性方面的内容。大数据存储与管理概念、技术、内容和方式的理解如图 1－14 所示。

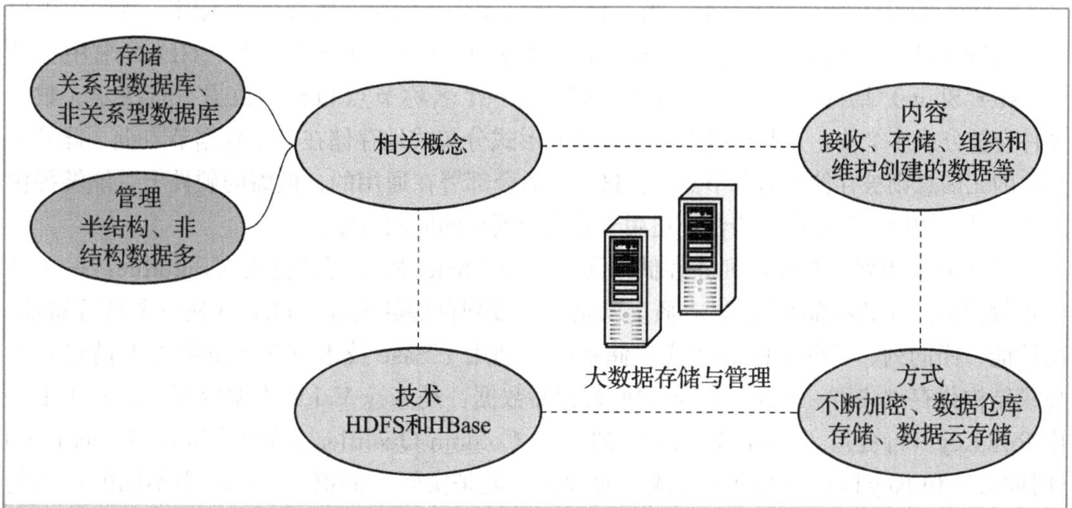


**图 1－14　大数据存储与管理**

**1. 大数据存储与管理的相关概念**

数据流在加工过程中产生的临时文件或加工过程中需要查找的信息，会以某种格式记录在计算机内部或外部存储介质上。一般的存储介质包含磁盘以及磁带。数据存储与管理是利用分布式文件系统、数据仓库、关系型数据库、非关系型数据、云数据库等，实现对结构化、半结构化和非结构化海量数据的存储和管理。数据管理是对数据进行收集、存储、处理、应用的过程，达到充分发挥数据作用的目的。

一个长期存储在计算机内的、有组织的、可共享的、统一管理的大量数据的集合就是数据库，它是用来进行数据存储与管理的。数据库通常有关系型数据库和非关系型数据库。关系型数据库是由二维表及其之间的联系所组成的一个数据组织，常见的关系型数据库有 MySQL，Oracle，SQL Server，SQLite，可以实现进行复杂操作、使用方便、易于维护等目标，但是其读写性能稍差，固定的表结构导致灵活度稍欠。非关系型数据库（NoSQL）是一种数据结构化存储方法的集合，非关系型数据库成本低、格式灵活、操作速度快，但是不提供 SQL 支持，无事务处理，数据结构相对复杂，复杂查询方面稍欠，其中最常用的就是 HBase。

与传统数据管理不一样的地方在于，传统数据多是结构化的数据，使用普通的关系型数据库管理就可以。而在大数据中出现了大量半结构化和非结构化的数据，使用传统的关系型数据库无法很好地管理所有数据，所以在大数据的数据管理中，通常使用非关系型数据库。

**2. 大数据存储与管理技术**

大数据存储与管理技术对整个大数据系统至关重要，其好坏直接影响到整个大数据系统的性能表现。大数据存储技术的核心是 Hadoop 的分布式文件系统 HDFS（Hadoop Distributed File System）和分布式实时列式存储数据库管理系统 HBase（Hadoop Database）等。

HDFS 的设计理念非常简单，当一台计算机无法存储所有需要的数据时，就使用多台机器共同存储，当机器数量越来越多时，就形成了一个大规模的集群。HDFS 采用主从（Master/Slave）结构模型，一个 HDFS 集群由一个名称节点和若干数据节点决定。数据文件会被分成多个块，这些块按照存一备三的形式分布式地存储在各个数据节点上，此外上述块的元信息则被存储在名称节点上。HDFS 适合部署在通用的、低廉的硬件上，能够提供高吞吐量的访问，具有高容错性，适用于超大数据集的应用程序。

HBase 采用列族存储，列族存储来源于 Fay Chang 所撰写的论文《Bigtable：一个结构化数据的分布式存储系统》，本质上就是一个按列存储的大表。HBase 是一个高可靠性、高性能、面向列、可伸缩的分布式存储系统，利用 HBase 技术可在廉价硬件上搭建起大规模结构化存储集群。HBase 以表的形式存储数据，是 Key-Value 类型数据库，其中 Key 由 RowKey（行键）、ColumnFamily（列族）、Column Qualifier（列修饰符）、TimeStamp（时间戳）和 KeyType（类型）组成，而 Value 就是实际上的值。HBase 中不同的行所包含的列不需要相同，因此非常适用于非结构化数据的存储，可以实现海量数据的低成本存储。

关系型数据库的行式存储和非关系型数据库的列式存储区别较大。行式存储按行存储数据，这样一张表的数据都是在一起的，如果只需要查少数几列的数据，查询会进行大量的输入/输出（Input/Output，IO），浪费大量时间和资源。而对于列式存储，数据按相同字段存储在一起，每一列单独存放，不同的列对应不同的属性，属性也可以根据需求动态增加。这样就可以只查询相关的列，减少了系统的 IO。

**3. 大数据存储与管理的内容**

大数据存储和管理并不只是被定义为接收、存储、组织和维护创建的数据，它还包括更多的内容：

（1）对数据进行分类；

（2）聚合、收集和解析数据的元数据；

（3）保护数据和元数据不受自然和人为中断的影响；

（4）在内部部署和地理上移动数据，以进行共享、归档、复制、数据保护、存储系统技术更新和迁移，并访问所需的分析引擎，从而对该数据进行更深入的研究；

（5）在进行一次或多次移动后，保持用户和应用程序对数据的透明访问；

（6）提供用户可定义的策略，这些策略可自动移动、复制和删除数据；

（7）部署人工智能和机器学习以优化和自动化大多数数据管理功能；

（8）搜索数据并提供可行的信息和见解；

（9）使数据符合个人识别信息法律和法规；

（10）将数据管理快速扩展到数百 PB 甚至 EB 的数据。

**4. 大数据存储与管理的方式**

在大数据存储和管理发展过程中，出现了三种较为有效的存储和管理大数据的方式。

（1）不断加密。对于任何一个企业来说，任何类型的数据都可能是至关重要且私有的，只有在自己能控制的范围内才可以说是安全的。然而，很多行业头部企业容易成为黑客攻击的首要目标，许多企业会对此有危机感。随着企业为保护资产而全面开展对于黑客的反击，加密技术成了应对网络威胁的可行途径。通过将所有内容转换为代码，使用加密信息，只有收件人可以解码。如果没有其他的要求，则加密保护数据传输，增加在数字传输中有效地到达正确人群的机会。

（2）数据仓库存储。随着数据量的增大，企业可以根据主题域，将数据精简后统一集中到数据仓库进行存储。通过对数据的存储、校验、整合及输出，对数据进行集中分层次管理，在保证数据时效性、生态性的同时，还能够对数据完成不同程度的处理。比如，可以按主题域的方式对数据进行分类和存储，包括费用、成本、应收、应付、合同、订单、项目、产品、客户、供应商、财务报表等。

（3）数据云存储。随着数据量的持续增加，现有的数据存储技术在物理层面很可能让数据面临存储空间的约束，这个时候可以采用云存储服务。通过云存储服务，企业可以随时随地访问数据并进行备份，这也意味着如果出现网络攻击，云端可以采用将数据从 A 迁移到 B 甚至到 C 的方式来确保数据安全。

### 1.5.4　大数据计算

大数据计算包括分布式离线计算框架 MapReduce、分布式内存计算框架 Spark、流式实时计算框架 Storm 等技术。在会计大数据的实际应用中，应该根据具体的业务需求选择对应的解决方案。比如对于离线、非实时、静态数据的处理可以选用批处理方案，而对于在线、实时、动态的数据处理，或者低延迟的场景，则可以选用流处理方案。

MapReduce 作为典型的离线计算框架，其思想来自谷歌 2004 年发表的论文，用于在集群环境下处理海量的、结构复杂的数据文件。MapReduce 通过对输入的数据集进行切分，形成若干独立的数据块，由 Map 任务对各个数据块进行处理，得到处理的中间结果；对结果进行 Shuffle 操作，实现对结果的排序，并在此基础上对结果进行 Reduce 操作，实现对数据的汇总。事实上，MapReduce 是一个基于集群的高性能并行计算平台，采用分而治之的思想，把对大规模数据集的操作分发给一个主节点管理下的各分节点共同完成，然后通过整合各个节点的中间结果得到最终结果。

Spark 是一种与 Hadoop 相似的开源集群环境，是专为大规模数据处理而设计的快速通用的计算引擎，利用主控节点、工作节点和协调节点实现集群的状态维护和配置管理。Spark 是加州大学伯克利分校的 AMP 实验室（UC Berkeley AMP Lab）所开源的类 Hadoop MapReduce 的通用并行框架。Spark 拥有 Hadoop MapReduce 所具有的优点，但不同于 Hadoop MapReduce 的是，其 Job 中间输出结果可以保存在内存中，从而不再需要读写 HDFS，因此 Spark 能更好地适用于数据挖掘与机器学习等需要迭代的 MapReduce 的算法。Spark 与 Hadoop 之间的不同之处使 Spark 在某些工作负载方面表现得更加优越，换句话说，Spark 启用了内存分布数据集，除了能够提供交互式查询外，它还可以优化迭代工作负载。

随着越来越多的场景对 Hadoop MapReduce 的高延迟无法容忍，比如网站统计、推荐系统、预警系统、金融系统（高频交易、股票）等，大数据实时处理解决方案（流计算）的应用日趋广泛，目前已是分布式技术领域关注的重点，而 Storm 更是流计算技术中的主流技术之一。Storm 作为典型的流式计算框架，是一个免费开源的分布式实时计算系统。Storm 为用户提供了丰富的服务和编程接口，大大提高了用户管理的效率，降低了学习和开发的门槛。此外，Storm 提供了可靠性保障，不仅提供对分布式的组件级的容错，而且提供不丢失数据的记录及容错保证，这为实时分析、在线学习和挖掘等提供了开放、强大的解决方案。

## 1.5.5 大数据分析与挖掘

大数据分析与挖掘都是从数据中提取一些有价值的信息，大数据分析更多地是利用一定的工具和专业知识分析数据。下面对大数据分析与挖掘进行具体介绍。

### 1. 大数据分析

大数据分析是将采集到的大量数据通过汇总、理解并消化，发现数据的价值。最初的数据分析来源于统计学家和经济学家的一些理论，进而结合一定的实际应用场景解决问题，更多地偏重业务层次。常见的大数据分析编程工具包括 SAS，R，SPSS 等。

大数据分析常用的手段是基于数据仓库的联机分析处理（OLAP）。在大数据环境下，以特定主题为导向，数据仓库将各个业务系统中与分析有关的数据通过 ETL 操作整理在一起，实现对目标数据的管理和维护。在此基础上，利用 OLAP 工具对数据进行切块、切片、旋转、上钻、下取等操作，有利于从不同维度、不同粒度对数据进行观察理解，提取和总结有价值的知识。在大数据的实际应用环境中，数据仓库和 OLAP 通常采用 Hive 工具实现对用户的动态多维分析，包括跨维计算和建模等。这里的 Hive 是基于 Hadoop 的一个数据仓库工具，主要用来进行数据提取、转化、加载，是一种可以存储、查询和分析 Hadoop 中的大规模数据的机制。

在进行会计大数据分析之前，需要从业务和财务的角度，对数据分析的维度进行规划和定义。例如差旅费用，就涉及出差时间、出差地区、差旅出行标准、所属项目、核算公司、核算部门、费用大类、费用明细类型、发票类型、发票税目信息等内容。这些维度信息都将用于从各个分析维度对数据进行分析，发现数据的相关性、异常数据、数据的趋势规律。

在建立好各个主体域的数据、各个分析维度的数据后，就需要规划会计大数据分析所希望的目标和结果。以应收账款为例，如果目前的应收账款回收周期过长，坏账风险高，就要规划希望得到的分析结果，如图 1-15 所示，具体示例如下。

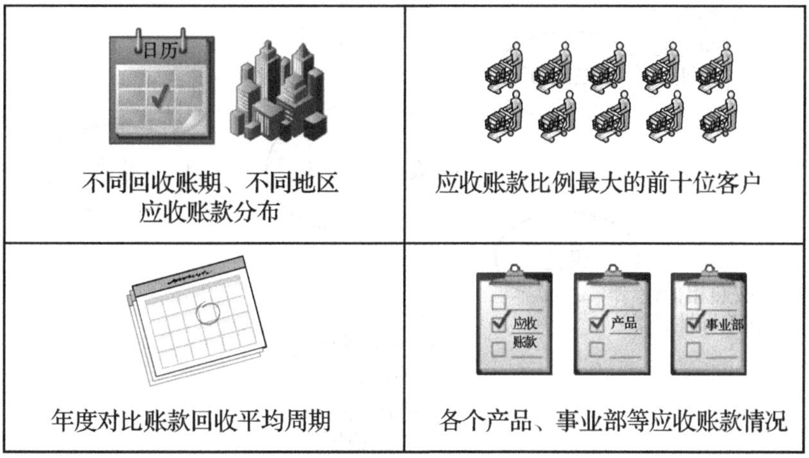


**图 1-15　大数据分析**

（1）按不同的回收周期（6 个月、1 年、2 年、2 年以上，周期可灵活自定义），应收账款的分布情况如何？不同地区、不同省市的回收周期分布情况又是如何的？

（2）应收账款比例最大的前十位客户是哪些？所占比例有多少？回收周期有多长？优质客户（销售额高，账款回收期短）是哪些？

（3）按年度对比分析，每年的账款回收平均周期是多少天？是在上升还是在下降？离目标基准线和风险预警线还有多远？

（4）各个项目、各个产品、各个事业部、各个销售团队、各个销售人员对应的应收账款是多少？超出平均回收期的有哪些？

**2. 大数据挖掘**

大数据挖掘是从海量数据中获取有效的、新颖的、潜在有用的、最终可理解的模式的技术。通常利用统计、在线分析处理、情报检索、机器学习、专家系统（依靠过去的经验法则）和模式识别等技术实现。

常用的大数据挖掘工具包括 Rapid Miner，Orange，Weka，Knime，Apache Mahout，SSDT（SQL Server 数据工具），Sisense，IBM SPSS Modeler，Oracle 数据挖掘等。其中，Rapid Miner，Orange，Weka，Knime，Apache Mahout 等均是开源工具，侧重对数据的挖掘分析和可视化操作，而 Apache Mahout 是基于 Hadoop 的一个机器学习库，主要关注分类、聚类和协同过滤问题，用于从海量数据中找到人们未知的、可能有用的、隐藏的规则。

常用的数据挖掘方法主要有分类、回归分析、聚类、关联规则等，它们分别从不同的角度对数据进行挖掘，如图 1-16 所示。

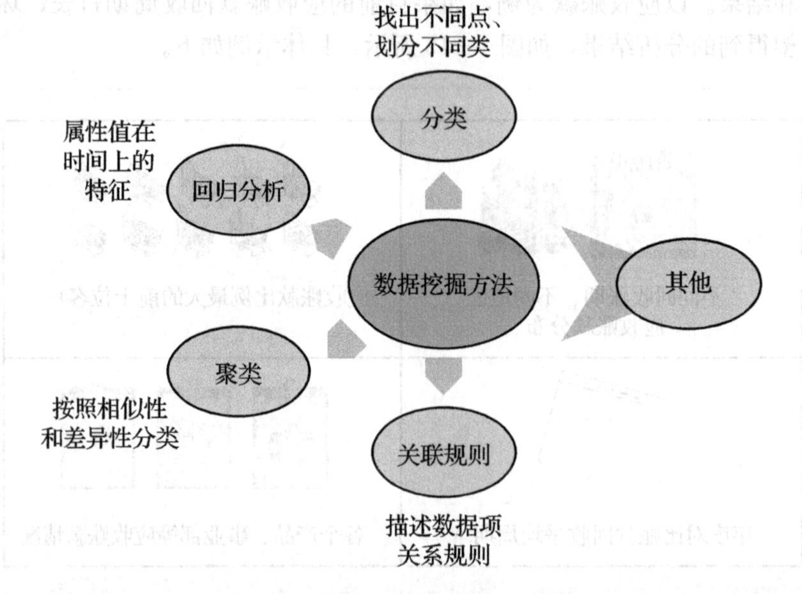


图 1-16　大数据挖掘

（1）分类。分类即找出数据库中一组数据对象的共同特点，并按照一定的分类模式将其划分为不同的类。可以应用于客户的分类、客户的属性和特征分析、客户满意度分析、客户的购买趋势预测等。

（2）回归分析。回归分析反映的是事务数据库中属性值在时间上的特征。可以应用于市场营销的各个方面，如客户寻求、客户保持和预防客户流失、产品生命周期分析、销售趋势预测及有针对性的促销活动等。

（3）聚类。聚类是把一组数据按照相似性和差异性分为几个类别。其目的是使得属于同一类别的数据间的相似性尽可能大，不同类别中的数据间的相似性尽可能小。它可以应用于客户群体的分类、客户背景分析、客户购买趋势预测、市场的细分等。

（4）关联规则。关联规则是描述数据库中数据项之间所存在的关系的规则。可以应用于为产品定位、定价，客户寻求、细分与保持，市场营销与推销，营销风险评估和诈骗预测等决策支持提供参考依据。

### 1.5.6 大数据可视化

可视化技术为大数据分析和挖掘提供了一种直观的展示手段。

**1. 大数据可视化的内涵**

大数据可视化是将数据以不同的视觉表现形式呈现出来，包括相应信息单位的各种属性和变量，通过表达、建模，以及对立体、表面、属性、动画的显示，对数据加以可视化解释，清晰有效地传达与沟通信息。

大数据可视化的基本思想是将数据库中的每一个数据项作为单个图元元素表示，大量的数据集构成数据图像，同时将数据的各个属性值以多维数据的形式表示，可以从不同的维度观察数据，从而对数据进行更深入的观察和分析。图表、动态图的形式可将数据更加直观地展现给用户，从而减少用户的阅读和思考时间，更好地做出决策。

在企业的年度汇报或者分析中，销售部门、采购部门或生产部门等可以通过大数据可视化，将年度内销售、采购、生产商品的数量、成本、单价等有效展示出来，通过高效的方式刻画和呈现数据反映的本质问题，丰富视觉效果，以直观、生动、易理解的方式呈现给管理层以做出战略决策与调整。

**2. 大数据可视化的要求**

传统的数据可视化工具仅仅将数据加以组合，通过不同的展现方式提供给用户，用于发现数据之间的关联信息。随着大数据时代的来临，用户已经不再满足于使用传统的数据可视化工具来对数据仓库中的数据进行抽取、归纳及简单的展现。新型的数据可视化必须能够满足大数据需求，快速收集、筛选、分析、归纳、展现决策者所需要的信息，并根据新增的数据进行实时更新。

（1）实时性。数据可视化必须适应大数据时代数据量的爆炸式增长需求，快速收集分析数据，并对数据信息进行实时更新。

（2）操作简单。数据可视化具有快速开发、易于操作的特性，能适应互联网时代信息多变的特点。

（3）更丰富的展现。数据可视化需要具有更丰富的展现方式，能充分满足数据展现的多维度要求。

（4）多种数据集成支持方式。数据的来源不仅仅局限于数据库，数据可视化需要支持团队协作数据、数据仓库、文本等多种方式，并能够通过互联网进行展现。

**3. 大数据可视化工具**

数据可视化工具种类繁多，其中零编程工具包括 Tableau，Microsoft Power BI 等。

Tableau 将数据运算与美观的图表完美地结合在一起。它的程序很容易上手，各公司可以用它将大量数据拖放到数字画布上，转眼间就能创建好各种图表。这个软件的理念是，界面上的数据越容易操控，公司对自己在所在业务领域的所作所为到底是正确还是错误，就能了解得越透彻。

Microsoft Power BI 简单且快速，能够从 Excel 电子表格或本地数据库创建快速见解。同时，Microsoft Power BI 也可进行丰富的建模和实时分析，以及自定义开发。因此，它既是用户的个人报表和可视化工具，还可用作项目组、部门或整个企业背后的分析和决策引擎。

## 1.6 会计大数据实训平台

### 1.6.1 平台简介

进入 21 世纪后，随着信息技术的快速发展，大数据给现代财会提供了新技术、新方法，也为现代财会模式发展提供了新思路，极大地提升了财会工作效率，但同时对现代财会从业人员的综合素养提出了新要求。因此，培养出同时具备信息技术本领和财会专业能力的复合型人才尤为重要。

会计大数据实训平台是依托会计大数据基础课程搭建的实验环境。会计大数据基础是一门将大数据技术应用于财会领域的学科，涉及会计、财务、数据库、数据仓库、数据分析与可视化等相关知识，是会计学专业（会计信息化方向）的专业必修课。本课程主要内容包括 Hadoop HDFS 存储管理、Sqoop 数据传输、关系型数据库的理论与应用、非关系型数据库的理论与应用、数据仓库的理论与应用、数据可视化的理论与应用，同时采用财会业务案例贯穿整个教学，有效地将财会知识与大数据技术相融合。

通过对本课程的学习，学生不仅可以熟悉 Hadoop HDFS 存储管理、Sqoop 数据传输的理论与应用，还可以掌握会计关系型数据库、会计非关系型数据库、会计数据仓库、会计数据分析与可视化的理论与应用。同时，培养学生接受并自主学习新技术、新工具的能力，以及应用现代技术工具处理财会数据的能力。

根据课程教学目标，《会计大数据基础》课程平台主要包括大数据技术、会计数据库、会计数据仓库和会计数据可视化四个模块，如图 1 - 17 所示。

### 1.6.2 平台功能

**1. 课程建设**

会计大数据基础课程包括企业应用案例、资本市场案例两个模块，教师可以根据授课内容选择不同的模块。企业应用案例具体包括企业采购与应付数据分析案例、企业销售与应收数据分析案例、企业成本数据分析案例、企业费用报销数据分析案例、企业资金管理数据分析案例、企业税务数据分析案例。资本市场案例具体包括企业同群效应分析案例、企业财务水平分析案例、企业违规情况分析案例、企业舞弊风险分析案例、企业股票价值分析案例、企业高管信息分析案例，如图 1 - 18 所示。

图 1-17　《会计大数据基础》课程平台

图 1-18　平台课程案例

不同案例对应不同的数据集、数据处理过程、数据分析内容和结果，对于财会类学生，更有利于注重业务、财务、技术的有机融合。比如在企业财务水平分析案例中，学生通过对财务报表和财务指标的分析，了解公司的盈利能力、偿债能力、营运能力和发展能力，从而判断公司的资本结构是否合理，营运状况是否良好，发展是否具有可持续性。

**2. 教学管理**

教师可在会计大数据平台进行行政管理、题库管理、试卷管理、镜像及主机管理、评分管理等课程教学管理活动，如图 1-19 所示。

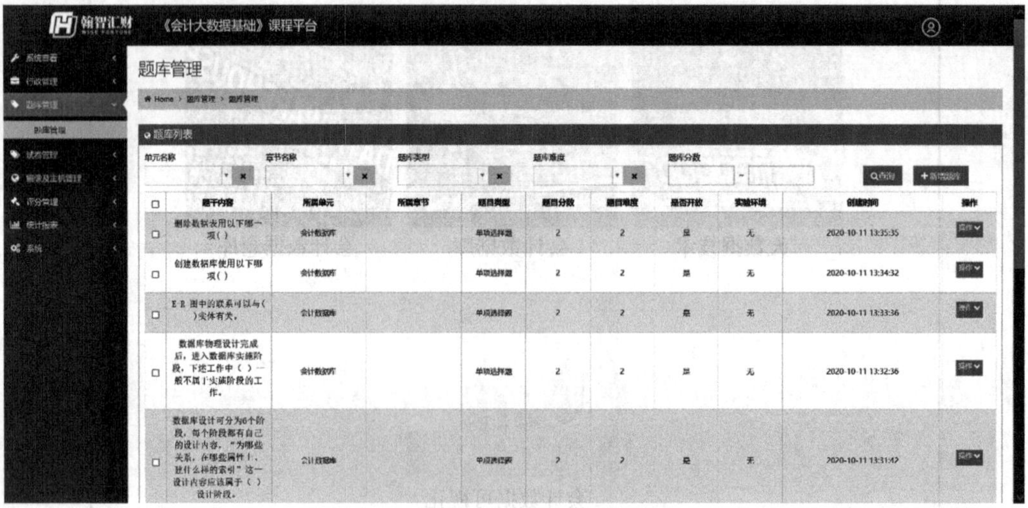


图 1-19 教学管理模块——题库管理

在行政管理中，教师可以新增、修改和删除教学班级，选择教学班级对学生进行管理，包括添加和移除学生。学生只有被添加到所在班级，才能进入该平台的教学班级，同样也可为班级选择授课教师。

在题库管理中，教师可以新增、修改、删除和查看题库信息，以及关闭题库。题库设计包括题干内容、所属单元、所属章节、题目类型、题目分数、题目难度、实验环境等信息。

试卷管理与题库管理类似，包括新增、修改、删除和查看试卷信息，以及关闭试卷。试卷设计包括试卷名称、试卷分值、及格分值、试卷时长等信息。

在镜像及主机管理中，教师可以对学生的虚拟机进行管理，包括对 Hive，HBase，MySQL，Spark 云主机的创建、删除、更新、开机和关机。

在评分管理中，教师可对学生的练习和考试进行评分。在练习评分管理中可以统计出班级的最高分、最低分、平均分等；在考试评分管理中可以分单元、章节进行考试，并统计学生的考试时长和分数。

**3. 数据统计**

在统计报表中，可以详细地统计出学生的考试、练习和实验情况，如图 1-20 所示。

教师端可以统计教学班级的总体情况，也可以查看每一个学生的学习情况；学生端仅可查看自己的学习情况。

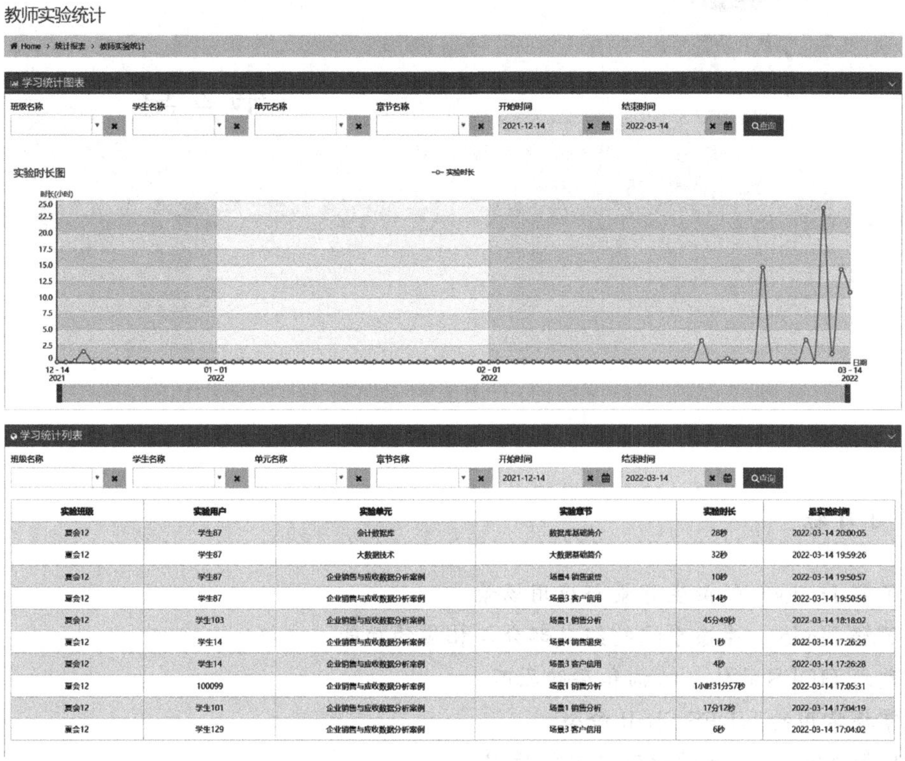


图 1-20　教师实验统计

## 思维拓展

1. 简单举例说明生活中的大数据体现在哪些方面。
2. 数据产生方式的变革经历了哪些阶段？
3. 请举例说明数据存储单位有哪些。
4. 请概述大数据思维。
5. 会计大数据的特征是什么？
6. 大数据给会计人员带来了哪些挑战？

# 第 2 章 Hadoop 大数据平台

## 学习目标

- 了解 Hadoop 的诞生背景与应用场景
- 了解 Hadoop 生态系统的组成部分与相应的功能
- 熟悉 HDFS 的体系结构和存储原理
- 掌握常用的 HDFS Shell 命令
- 理解 MapReduce 的框架与工作原理

## 思维导图

## 蚕有数洞

每月一次的蚕先进公司经营工作会议刚刚结束，财务总监程平在会上就公司的财务情况进行了详细的介绍。汇报结束之后，程平松了口气，这几天为了汇报熬了不少夜，如果大数据平台搭建好，应该可以节省很多时间和精力。

于是程平叫上财务经理常吉、销售经理张菁、高级数据分析师柳婷一起到会议室进行研讨，“现在大数据平台建立得怎么样了？我们现在需要通过大数据平台做会计数据分析，Excel 的数据处理与分析能力远远不能满足我们的需求了，特别是由于效率太低，每次月度汇报我们都要好几个人花好几天来对会计数据进行分析并做汇报的 PPT。我们要想办法加快进度了。”

高级数据分析师柳婷回答：“目前大数据平台的搭建还比较顺利，但是大家都有各自的工作需要完成，如果要加快进度，可能要再找一个人来协助大数据平台的推进。”

程平思考了一下，对柳婷说：“没问题，我来安排。”

柳婷心想，莫不是上次和财务部开会提到的实习生？常吉和柳婷对视一眼，柳婷立刻明白了程平提到的这个人就是前段时间说的实习生。虽然她有点不太愿意让实习生来接手这个工作，但毕竟是程平同意进公司的人，应该不会太差……

周一早上，办理好入职的家桐来到了高级数据分析师柳婷的办公室，柳婷向他介绍了岗位的主要工作，顺便介绍了大数据平台：“现在公司数据冗杂，通过原始的 Excel 和数据库，很难实现想要的数据分析。同时，每次月度汇报程总都要将信息形成 PPT 汇报，之前用 Excel 形成相应的图表，效率太低了，需要几个人做很久。所以我们公司大胆创新，引用 Hadoop 大数据平台对公司的经营数据进行数据筛选、数据清洗以及数据分析，最后形成分析结果并生成可视化报表。现在你的任务就是跟进整个项目，数字化赋能中心的同事人都很好，他们会给你安排工作任务，有不懂的随时问他们。”

还没等家桐思考，柳婷就回头问：“大致就是这个情况，明白了吗？”

家桐好不容易靠导师推荐进入蛮先进公司，即使当时没听明白，他也要点头回应。

回到工位，家桐搜索了一下 Hadoop 大数据平台，但还是有很多问题不知从何问起，比如，什么是 HDFS 和 MapReduce？它们是怎样工作的？他又能在这个工作中完成什么任务呢？

## 2.1　Hadoop 概述

随着网络和信息技术的不断发展，数据呈现爆发式增长。Hadoop 是一个能够对大量数据进行分布式处理的软件框架，具有可靠性高、效率高、可扩展性强等特点。下面将详细介绍 Hadoop 的起源、发展、特点和在财务与金融领域的应用。

### 2.1.1　Hadoop 简介

Hadoop 是 Apache 软件基金会旗下的一个用 Java 语言实现的开源软件框架，是一套开源的用于大规模数据集的分布式存储和处理的工具平台。

Hadoop 以分布式文件系统 HDFS 和 MapReduce 分布式计算框架为核心，为用户提供底层细节透明的分布式基础设施。HDFS 的高容错性、高伸缩性等优点，允许用户将 Hadoop 部署在廉价的硬件上，构建分布式文件存储系统，解决了海量数据存储问题。MapReduce 分布式计算框架则允许用户在不了解分布式系统底层细节的情况下开发并行、分布式的应用程序，充分利用大规模的计算资源，解决了传统高性能单机无法解决的大数据处理问题。

Hadoop 是业界公认的一套行业大数据标准开源软件，在分布式环境下能提供大数据存储和大数据分析的应用。目前，以谷歌、微软、英特尔、EMC、Teradata、思科等为代表的所有主流厂商，几乎都围绕 Hadoop 技术开发工具、开源软件、商业化工具和技术服务。

## 2.1.2 Hadoop 发展简史

Hadoop 是 Apache Lucene 创始人 Doug Cutting 创建的。Hadoop 最早起源于 2002 年的 Apache Nutch 项目，它是 Apache Lucene 的子项目之一。Apache Nutch 的设计目标是构建一个大型的全网搜索引擎，包括网页抓取、索引、查询等功能，但随着抓取网页数量的增加，遇到了严重的可扩展性问题：如何解决数十亿网页的存储和索引问题。

Hadoop 的发展简史如图 2－1 所示。

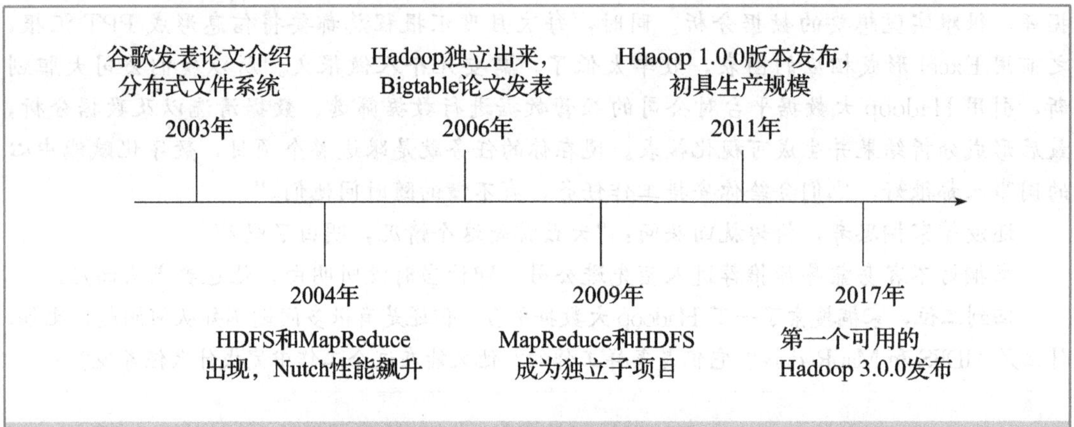


图 2－1 Hadoop 的发展简史

2003 年谷歌发表了一篇分布式文件系统论文，为解决数十亿网页的存储和索引问题提供了可行的解决方案。论文中描述的是谷歌的产品架构，该架构称为谷歌分布式文件系统（GFS），可以解决在网页爬取和索引过程中产生的超大文件的存储需求。

2004 年，谷歌发表论文介绍了谷歌版的 MapReduce 系统，受此启发的 Doug Cutting 等人用两年的业余时间实现了 DFS 和 MapReduce 机制，使 Nutch 性能飙升。然后，雅虎收购了 Doug Gutting 的项目。

2005 年，Hadoop 作为 Apache Lucene 的子项目 Apache Nutch 的一部分正式引入 Apache 软件基金会。

2006 年，其被分离出来，成为一套完整独立的软件，起名为 Hadoop。同时，谷歌发表了 Bigtable 论文，这促使了后来的 HBase 的发展。

2008 年 1 月，Hadoop 成为 Apache 顶级项目，迎来了它的快速发展期。

2008 年 6 月，Hadoop 的第一个 SQL 框架——Hive 成了 Hadoop 的子项目。

2009 年 7 月，MapReduce 和 HDFS 成为 Hadoop 项目的独立子项目。

2011 年 12 月，Hadoop 1.0.0 版本发布，标志着 Hadoop 已经初具生产规模。

2013 年 10 月，Hadoop 2.0.0 版本发布，标志着 Hadoop 正式进入 MapReduce v2.0 时代。

2017 年 12 月，继 Hadoop 3.0.0 的 4 个 Alpha 版本和 1 个 Beta 版本后，第一个可用的 Hadoop 3.0.0 版本发布。

总之，Hadoop 起源于谷歌的三大论文：GFS——谷歌的分布式文件系统；MapReduce——谷歌的 MapReduce 开源分布式并行计算框架；Bigtable——一个大型的分布式数据库。Hadoop 及其生态圈的发展离不开谷歌的贡献。

## 2.1.3 Hadoop 特点

Hadoop 以一种可靠、高效、可伸缩的方式进行数据处理，用户可以轻松地在 Hadoop 上开发和运行处理海量数据的应用程序，它具有 5 个方面的特点，如图 2-2 所示。

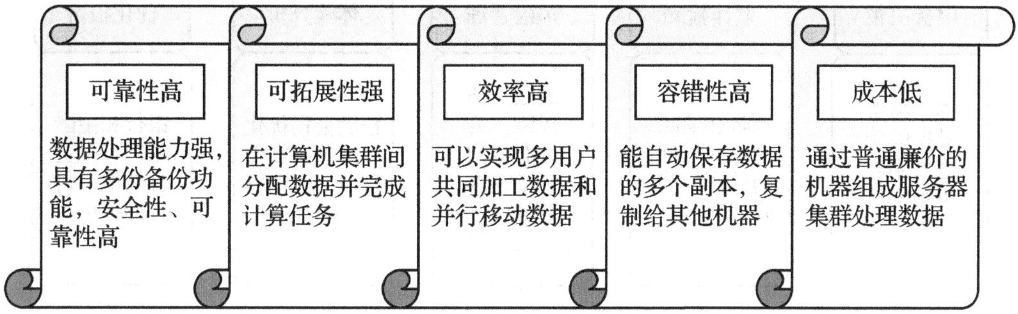


图 2-2　Hadoop 特点

**1. 可靠性高**

Hadoop 能够按位存储且处理数据能力强，对硬件要求较低，在处理数据时，Hadoop 往往会将数据备份多份分发至不同的机器进行保存，这样就避免了在处理数据时，机器宕机导致数据丢失的麻烦，保证了数据的安全性、可靠性。

**2. 可扩展性强**

Hadoop 作为分布式架构，它在可用的计算机集群间分配数据并完成计算任务，这些集群可以方便地扩展到数以千计个节点中。

**3. 效率高**

可以实现多用户共同加工数据，数据无须频繁传输交换。同时，Hadoop 能够在节点之间动态并行地移动数据，并保证各个节点的动态平衡。

**4. 容错性高**

Hadoop 能自动保存数据的多个副本，当某个节点宕机时，它可以自动地将副本复制给其他机器，保证数据的完整性，并且可以将失败的任务重新分发。

**5. 成本低**

Hadoop 通过普通廉价的机器组成服务器集群来分发以及处理数据，普通用户也能够很轻松地用自己的电脑搭建 Hadoop 运行环境，成本比较低。同时，Hadoop 是开源的，项目的软件成本因此大大降低。

## 2.1.4 Hadoop应用

Hadoop的功能非常强大，除了可以通过分布式存储对大数据进行存储，通过并行运算进行海量计算之外，还可以实现搜索引擎、日志处理、机器学习、推荐系统、数据分析、视频图像分析、用户行为特征建模和个性化广告推荐等功能。Hadoop强大的功能带来了丰富的应用，在财务与金融领域的主要应用场景如图2-3所示。

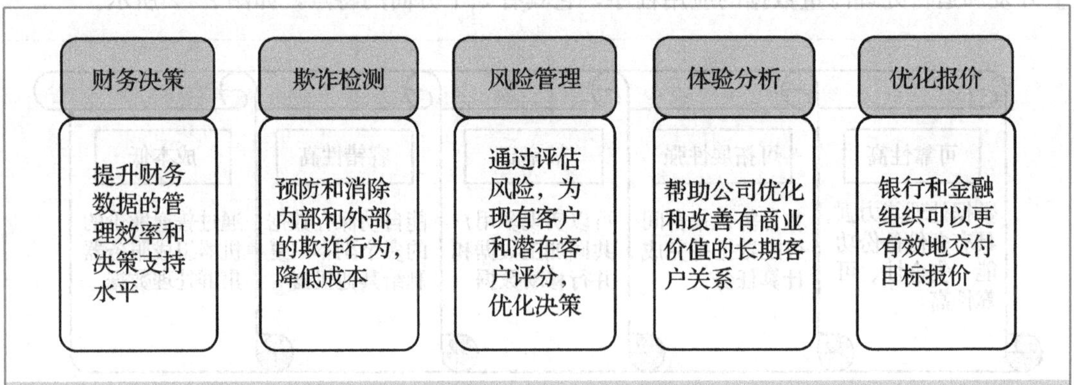


图2-3 Hadoop的主要应用场景

**1. 财务决策**

Hadoop在会计领域有诸多应用。例如，可以基于Hadoop的HBase和Hive构建财务数据预处理平台，实现对数据的清洗、集成和归约，利用噪声处理、数据缺失填补以及对数据属性维度的约简来完成财务大数据的预处理过程。同时，在此基础上，采用Hadoop Mahout机器学习算法提升财务数据的管理效率和决策支持水平。

**2. 欺诈检测**

利用Hadoop来存储所有的客户交易数据，包括一些非结构化的数据。Hadoop分析可帮助金融组织检测和发现客户的异常活动，预防和消除内部和外部的欺诈行为，并降低相关成本。分析销售点、授权和交易以及其他数据点有助于银行识别和减少欺诈。例如，大数据技术可以通过异常行为模式来提醒银行信用卡或借记卡已丢失或被盗，这将使银行有时间在联系其账户所有者的同时暂时保留该卡。

**3. 风险管理**

每个金融机构都需要准确评估风险，大数据解决方案使其能够通过有效评估信用风险来做到这一点。银行根据模拟的市场行为分析交易数据，以确定风险和敞口，为现有客户和潜在客户评分。Hadoop解决方案允许完整、准确地查看风险，使企业能够做出最佳、最明智的决策。

**4. 体验分析**

作为面向消费者的企业，金融机构需要利用各个业务部门所有信息系统“孤岛”中的客户数据，包括投资组合管理、客户关系管理、贷款系统、联络中心等数据。Hadoop大数据解决方案可以提供更好的洞察力和理解力，使公司能够将报价与现有客户或潜在客户的需求进行匹配，以帮助公司优化和改善客户的商业价值，从而维持稳定的长期关系。

**5. 优化报价**

大数据提供了一种了解粒度需求的方法，以便银行和金融组织可以更有效地交付目标报价。相反，这些更具个性化的报价会导致更高的接受率、更高的客户满意度、更高的盈利能力和更大的保留率。来自社交媒体和交易相关客户的详细信息可用于减少客户获取成本。

# 2.2　Hadoop 生态系统

## 2.2.1　总体框架

虽然 Hadoop 本身是一个开源框架，但是围绕 Hadoop 已经形成一整套解决方案，这些解决方案涉及数据存储（HDFS）、分布式计算、数据同步、数据查询、数据分析、数据呈现等一系列内容。只要是和海量数据应用相关的领域，几乎都有 Hadoop 的应用。

Hadoop 生态系统是以 Hadoop 为平台的各种应用组件，各个组件都有自己独立的功能，但组件间又相互关联，形成了一个独立的应用体系。Hadoop 生态系统的总体框架如图 2-4 所示。

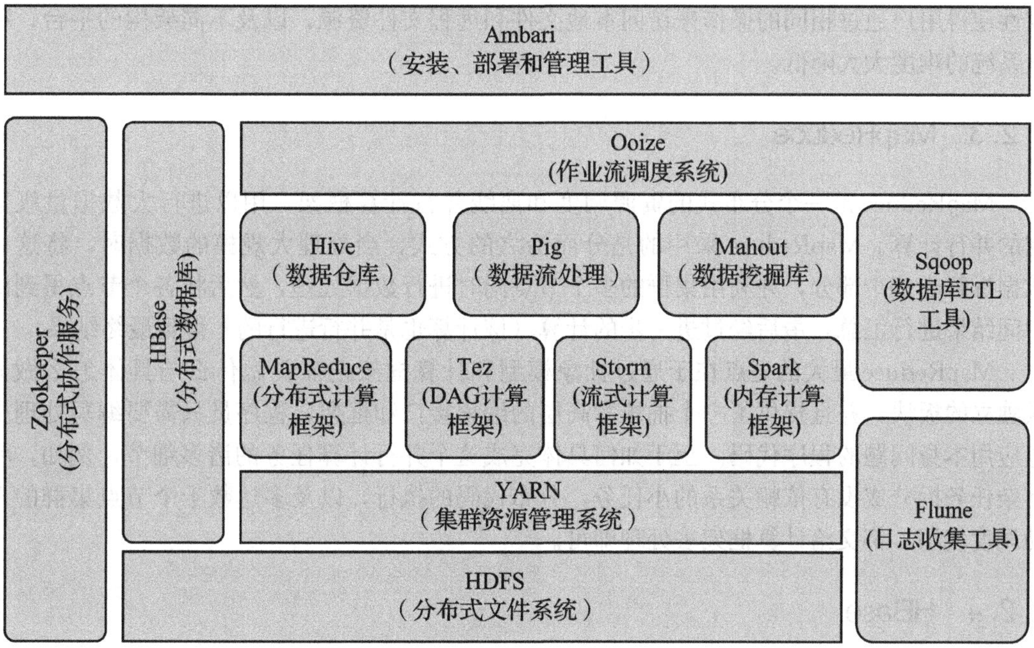


图 2-4　Hadoop 生态系统总体框架

Hadoop 生态系统包括 HDFS，MapReduce，HBase，Hive，Mahout，Pig，Flume，Sqoop 等主要功能组件，其中，HDFS 和 MapReduce 是两大核心，而整个 Hadoop 的生态系统主要是以 HDFS 的分布式存储作为底层数据支持的，并且会通过 MapReduce 来进行计算分析。在应用层面，基于 Hadoop 生态系统打造的大数据产品可以广泛部署在其他商业大数据平台上，这使得 Hadoop 成了一种大数据开发领域的标准。

### 2.2.2 HDFS

随着数据量越来越大，在单个服务器上已经无法存储所有的数据，将这些数据分配到不同的服务器来进行存储，可以降低对服务器的性能要求，从而提高读取效率。为了可以在不同操作服务器上对数据进行统一管理，分布式文件管理系统应运而生。

HDFS 是一种高可靠、高吞吐量的分布式文件管理系统，它提供了一种跨越多个机器存储大型文件的解决方案。HDFS 用于海量数据的存储，能够存储 TB 级文件，它将一个文件分成多个块，分别存储（拷贝）到计算机集群不同的节点上，为大量用户提供高性能的存取服务。HDFS 作为一个高度容错的系统，能够检测和应对硬件故障，在低成本的通用硬件上运行。HDFS 不支持低时间延迟的数据访问，它关心的是高数据吞吐量，不适合那些要求低时间延迟数据访问的应用。

HDFS 是 Hadoop 体系中 HBase 等工具存储和管理数据的基础。HDFS 应用需要一个“一次写入、多次读取”的文件访问模型，即一个文件经过创建、写入和关闭之后就不需要改变。这一假设简化了数据一致性问题，使得 Hadoop 通过流式数据访问能够同时进行高吞吐量应用程序数据访问，非常适合带有大型数据集的数据分析。同时，HDFS 简化一致性使得用户通过相同的操作来访问本地文件和远程文件资源，以及不同架构的平台，移植系统的难度大大降低。

### 2.2.3 MapReduce

MapReduce 是一个分布式的资源调度和离线并行计算框架，用以进行大数据量级数据的并行计算。MapReduce 采用的是分而治之的方式，当处理大规模的数据时，将这些数据拆解成多个部分，并利用集群的多个节点同时进行数据处理，然后将各个节点得到的中间结果进行汇总，最后经过进一步的计算（该计算也是并行进行的）得到最终结果。

MapReduce 最大的亮点在于通过抽象模型和计算框架把需要做什么与具体怎么做分成独立的板块，并且提供了一个抽象和高层的编程接口和框架，程序员只需要编写处理少量应用本身问题的程序代码。至于如何具体完成这个并行计算任务的诸多细节，例如，将复杂任务拆分成没有依赖关系的小任务，分布代码的执行，以及多达数千个节点集群的自动调度使用，都交给计算框架去处理即可。

### 2.2.4 HBase

HBase 是一个高可靠性、高性能、面向列、可伸缩、基于列存储模型的分布式列数据库，该技术来源于 Fay Chang 所撰写的谷歌论文《Bigtable：一个结构化数据的分布式存储系统》。就像 Bigtable 利用了谷歌文件系统所提供的分布式数据存储一样，HBase 在 Hadoop 上提供了类似于 Bigtable 的能力。

HBase 支持千万的 QPS，PB 级别的存储，提供了对大规模数据的随机、实时读写访问。同时，HBase 中保存的数据可以使用 MapReduce 来处理，它将数据存储和并行计算完美地结合在一起。利用 HBase 技术可在廉价的服务器上搭建大规模结构化存储集群。

HBase 是面向列的 NoSQL 数据库（非关系型数据库），它利用 HDFS 作为其文件存储系统，利用 Zookeeper 进行分布式协同服务管理。HBase 所有数据文件都存储在 HDFS 文件系统里，备份机制健全，同样具有高可靠性和高容错性。HBase 采用了 Bigtable 的数据模型——增强的稀疏排序映射表（Key/Value），其中，键由行关键字、列关键字和时间戳构成。HBase 不同于一般的关系型数据库，它是一个适用于非结构化数据存储的数据库，并且它是基于列而不是基于行的模式。

在实际应用中，大型的视频网站、电子商务平台产生的用户点击行为、浏览行为等数据可以存储在 HBase 中，为后续的智能推荐做数据支撑。电子商务平台上的消息和订单可以使用 HBase 进行数据存储。接下来，重点介绍基于 HBase 的两个典型应用。

**1. 搜索引擎应用**

HBase 是谷歌 Bigtable 的开源实现，而谷歌开发 Bigtable 是为了它的搜索引擎应用。谷歌和其他搜索引擎是基于建立索引来完成快速搜索服务的。该索引提供了特定词语，包含该词语的所有文档的映射。搜索引擎的文档库是整个互联网，搜索的特定词语就是用户在搜索框里输入的任何信息，Bigtable 和开源的 HBase 为这种文档库提供存储及行级的访问。

HBase 应用于网络搜索的逻辑过程。首先，网络爬虫持续不断地从网络上抓取新页面，并将页面内容存储到 HBase 中，爬虫可以插入和更新 HBase 里的内容；然后，用户可以利用 MapReduce 在整张表上计算并生成索引，为网络搜索做准备；接着，用户发起搜索请求；最后，搜索引擎查询建立好的索引列表，获取文档索引后从 HBase 中获取所需的文档内容，最终将搜索结果提交给用户。

**2. 获取增量数据**

数据通常是动态增加的，随着时间的推移，数据量会越来越大，例如网站的日志信息、邮箱的邮件信息等。通常通过采集工具捕获来自各种数据源的增量数据，再使用 HBase 进行存储。例如，这种采集工具可能是网页爬虫，采集的数据源可能是记录用户点击的广告信息、驻留的时间长度以及对应的广告效果数据，也可能是记录服务器运行的各种参数数据。

在线广告是互联网产品的一项主要收入来源。互联网企业给用户提供免费服务，在用户使用服务时投放广告。这种精准投放需要针对用户交互数据做详细的捕获和分析，以理解用户的特征；再基于这种特征，选择并投放广告。企业可使用精细的用户交互数据建立更优的模型，进而获得更好的广告投放效果和更多的收入。但这类数据有两个特点：它以连续流的形式出现，以及很容易按用户划分。在理想情况下，这种数据一旦产生，就能够马上使用。

HBase 非常适合收集这种用户交互数据，并且已经成功地应用于相关领域。它可以增量捕获第一手点击流和用户交互数据，然后用不同处理方式来处理数据，电子商务和广告监控行业都已经非常熟练地使用类似的技术。例如，淘宝的实时个性化推荐服务，中间推荐结果存储在 HBase 中，广告相关的用户建模数据也存储在 HBase 中，用户模型多种多样，可以用于多种不同场景，例如，针对特定用户投放什么广告，用户在电子商务门户网站上购物时是否实时报价等。

HBase 已成熟地应用于国内外的很多大公司，如脸书的 Social Inbox 系统，使用 HBase 作为消息服务的基础存储设施，每月可处理几千亿条消息；雅虎使用 HBase 存储检查近似重复的指纹信息的文档，它的集群中分别运行着 Hadoop 和 HBase，表中存储了上百万行数据；Adobe 公司使用 Hadoop＋HBase 的生产集群，将数据直接持续地存储在 HBase 中，并将 HBase 作为数据源进行 MapReduce 的作业处理；Apache 公司使用 HBase 来维护 Wiki 的相关信息。总之，HBase 适合用来存储各种类型的大规模的数据，可为用户提供实时的在线查询，同时支持离线的应用。但对于需要 JOIN 和其他一些关系型数据特性要求时，HBase 就不适用了，因此，还是要根据应用场景合理地使用 HBase，发挥 HBase 的优势。

## 2.2.5 Hive

Hive 最初是脸书为了满足对海量社交网络数据的管理和机器学习的需求而产生和发展的。Hive 是基于 Hadoop 的一个数据仓库工具，也是构建在 Hadoop 上的数据仓库，用来对数据进行提取、转化、加载，是一种可以存储、查询和分析在 Hadoop 中的大规模数据的机制。Hive 中所有的数据都存储在 HDFS 中，没有专门的数据存储格式。

Hive 可以将结构化的数据文件映射为一张数据库表，并提供类似 SQL 的查询语言 HiveQL 来管理这些数据。Hive 定义了一种类似 SQL 的查询语言（HQL），让不熟悉 MapReduce 的开发人员也能编写数据查询语句。Hive 查询操作过程严格遵守 Hadoop MapReduce 的作业执行模型，Hive 将用户的 HiveQL 语句通过解释器转换为 MapReduce 作业提交到 Hadoop 集群上，Hadoop 监控作业执行过程，然后将作业执行结果返回给用户。MapReduce 开发人员可以把自己写的 Mapper 和 Reducer 作为插件支持 Hive 进行更复杂的数据分析。HiveQL 与关系型数据库的 SQL 略有不同，但支持绝大多数的语句（如 DDL，DML）以及常见的聚合函数、连接查询、条件查询等操作。

在 Hadoop 大数据架构中，Hive 和 HBase 是协作关系，如图 2－5 所示。

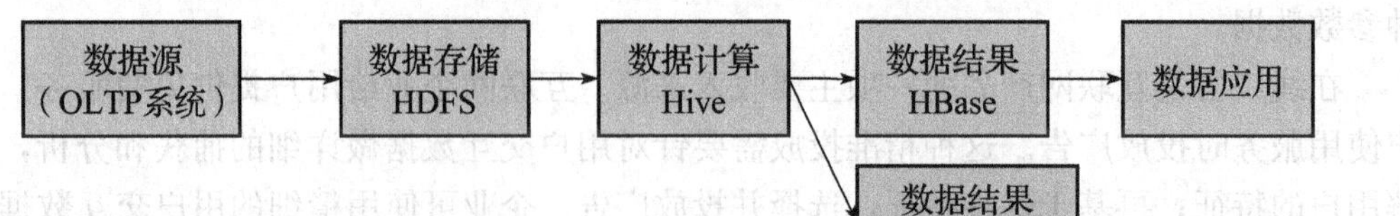


图 2－5 Hive 与 HBase 的关系

（1）通过 ETL 工具将数据源抽取到 HDFS 存储；

（2）通过 Hive 清洗、处理和计算原始数据；

（3）Hive 清洗处理后的结果，如果是面向海量数据随机查询场景的，则可存入 HBase；

（4）数据应用从 HBase 查询数据。

Hive 并非为联机事务处理而设计，不提供实时的查询和基于行级的数据更新操作。其最佳使用场合是大数据集的批处理作业，如网络日志分析和海量结构化数据离线分析。

对于蛮先进公司中海量的出库单数据，通过 Hive 来进行处理，不仅可以大幅降低对硬件配置的要求，也满足离线分析的条件，这极大地提高了财务人员处理数据的便捷性。通过 Hive，财务人员可以将出库单的各个信息通过不同的维度进行提取，如产品线、产品类型、地区等，处理好的数据将体现出不同产品的生产情况、销售情况、研发情况等。

## 2.2.6 Mahout

Mahout 起源于 2008 年，最初是 Apache Lucent 的子项目，它在极短的时间内取得了长足的发展，现在是 Apache 的顶级项目。

Mahout 是一个机器学习的算法库，主要目标是创建一些可扩展的机器学习领域经典算法，帮助开发人员更加方便快捷地创建智能应用程序。传统的 MapReduce 编程方式实现机器学习的算法时，往往需要花费大量的开发时间，并且周期较长，而 Mahout 能够极大地简化开发过程，加快开发进度。

Mahout 现在已经包含聚类、分类、推荐引擎（协同过滤）和频繁集挖掘等广泛使用的数据挖掘方法。除了算法，Mahout 还包含数据的输入/输出工具与其他存储系统（如数据库、MongoDB 或 Cassandra）集成等数据挖掘支持架构。

Mahout 当前已实现三个具体的机器学习任务：协作筛选、集群和分类。

在 Mahout 中实现的机器学习算法如表 2－1 所示。

**表 2－1　在 Mahout 中实现的机器学习算法**

| 算法类 | 算法名 | 含义 |
|---|---|---|
| 分类算法 | Logistic Regression | 逻辑回归 |
| | Bayesian | 贝叶斯 |
| | SVM | 支持向量机 |
| | Perceptron | 感知器算法 |
| | Neural Network | 神经网络 |
| | Random Forests | 随机森林 |
| | Restricted Boltzmann Machines | 有限波尔兹曼机 |
| 聚类算法 | Canopy Clustering | Canopy 聚类 |
| | K-means Clustering | K 均值算法 |
| | Fuzzy K-means | 模糊 K 均值 |
| | Expectation Maximization | EM 聚类（期望最大化聚类） |

续表

| 算法类 | 算法名 | 含义 |
| --- | --- | --- |
| 聚类算法 | Mean Shift Clustering | 均值漂移聚类 |
| | Hierarchical Clustering | 层次聚类 |
| | Dirichlet Process Clustering | 狄里克雷过程聚类 |
| | Latent Dirichlet Allocation | LDA 聚类 |
| | Spectral Clustering | 谱聚类 |
| 关联规则挖掘 | Parallel FP Growth Algorithm | 并行 FP Growth 算法 |
| 回归 | Locally Weighted Linear Regression | 局部加权线性回归 |
| 降维/维约简 | Singular Value Decomposition | 奇异值分解 |
| | Principal Components Analysis | 主成分分析 |
| | Independent Component Analysis | 独立成分分析 |
| | Gaussian Discriminative Analysis | 高斯判别分析 |
| 进化算法 | 并行化 Watchmaker 框架 | |
| 推荐/协同过滤 | UserCF | 基于用户的协同过滤算法 |
| | ItemCF | 基于物品的协同过滤算法 |
| | SlopeOne | 基于评分的协同过滤算法 |
| 向量相似度计算 | RowSimilarityJob | 计算列间相似度 |
| | VectorDistanceJob | 计算向量间距离 |
| 非 MapReduce 算法 | Hidden Markov Models | 隐马尔科夫模型 |
| 集合方法扩展 | Collections | 扩展了 Java 的 Collections 类 |

Mahout 最大的优点就是基于 Hadoop 实现，把很多以前运行于单机上的算法转化为 MapReduce 模式，这样大大提升了算法可处理的数据量和处理性能。

### 2.2.7 Pig

Pig 是一种基于 MapReduce 的数据分析工具，可加载数据、表达转换数据以及存储最终结果。Pig 拥有自己的表达语言，读写操作数据最终都存储在 HDFS 分布式文件系统上，它的目的是对 MapReduce 的实现进行简化。Pig 内置的操作使半结构化数据（如日志文件）变得有意义，同时 Pig 可扩展使用 Java 中添加的自定义数据类型并支持数据转换。

**1. Pig 的语言**

Pig 定义了一种类似于 SQL 的数据流语言 Pig Latin，Pig Latin 可以完成排序、过滤、求和、关联等操作，支持自定义函数。Pig 自动把 Pig Latin 映射为 MapReduce 作业，上传到集群运行，减少用户编写 Java 程序的苦恼。Pig Latin 语言与传统的关系型数据库中的数据库操作语言非常类似，但是 Pig Latin 语言更侧重对数据的查询和分析，而不是对数据进行修改和删除等操作。另外，由于Pig Latin可以在Hadoop的分布式的云平台上运行，因此具有其他数据库无法比拟的速度优势，能够在短时间内处理海量的数据。例如，处理系统日志文件，处理大型数据库文件，处理特定Web数据等。

相比Hive更适合数据仓库的任务，Pig赋予开发人员在大数据集领域更多的灵活性，并允许开发简洁的脚本用于转换数据流以便嵌入较大的应用程序。相比直接使用Hadoop Java APIs，Pig可大幅削减代码量。正因为如此，Pig吸引了大量的软件开发人员。

**2. Pig的运行模式**

Pig有两种运行模式——Local模式和MapReduce模式。当Pig在Local模式下运行时，只能访问本地一台主机；当Pig在MapReduce模式下运行时，它将访问一个Hadoop集群和HDFS的安装位置。这时Pig将自动地对这个集群进行分配和回收。因为Pig可以自动地对MapReduce程序进行优化，所以当用户使用Pig Latin语言进行编程的时候，可以不必关心程序的运行效率，Pig系统将会自动地对程序进行优化，这样能够大量节省用户的编程时间。

Local模式适用于用户对程序进行调试，因为Local模式下Pig只能访问本地一台主机，可以在短时间内处理少量的数据，这样用户不必关心Hadoop系统对整个集群的控制，这样既能让用户使用Pig的功能，又不至于在集群的管理上花费太多的时间。在MapReduce模式下，Pig需要把真正的查询转换成相应的MapReduce作业，并提交到Hadoop集群去运行（集群可以是真实的分布，也可以是伪分布）。Pig的Local和MapReduce模式都有三种运行方式，分别是Grunt Shell方式、脚本文件方式和嵌入式程序方式。

使用Grunt Shell方式时，需要首先使用命令开启Pig的Grunt Shell，只需在Linux终端中输入$pig-x local/mapreduce命令并执行即可。

使用脚本文件作为批处理作业来运行Pig命令时，实际上就是第一种运行方式中命令的集合，使用$pig-x local/mapreduce script. pig命令可以在本地模式下运行Pig脚本。其中，script. pig是对应的Pig脚本，需要正确指定Pig脚本的位置，否则，系统将不能识别。

使用嵌入式程序方式时，可以把Pig命令嵌入主机语言，并且运行这个嵌入式程序。和运行普通的Java程序相同，需要书写特定的Java程序，并且将其编译生成对应的class文件或package包，然后调用main函数运行程序。可以使用$javac-cp pig-*.*.*-core. jar local/mapreduce. java命令对Java源文件进行编译，其中，pig-*.*.*-core. jar放在Pig安装目录下，local. java为用户编写的Java源文件，并且pig-*.*.*-core. jar和local. java需要用户正确地指定相应的位置。当编译完成后，Java会生成local. class文件，然后用户可以通过$java-cp pig-*.*.*-core. jar:. Local/mapreduce命令调用执行此文件。

**3. Pig和Hive的区别**

Hive和Pig是Hadoop上的两个数据查询和处理的工具。Hive的语法与SQL很像。Pig是一种处理数据的脚本语言。如果不用Hive和Pig之类的工具，而是用Hadoop上的原生态的Java来查询数据，开发效率比较低。一个简单的SQL需要写一页代码。

Hive介于Pig与传统的RDBMS之间，和Pig一样，Hive也被设计为HDFS作为存储，但是它们之间有显著的区别。Hive的查询语言HiveQL是基于SQL的。任何熟悉

SQL 的人都可以轻松使用 HiveQL。和 RDBMS 相同，Hive 要求所有数据必须存储在表中，表必须有模式，而模式由 Hive 进行管理。但是，Hive 允许为预先存在于 HDFS 的数据关联一个模式。所以，数据的加载步骤是可选的。

### 2.2.8 Flume

Flume 是一个分布式、可靠和高可用的海量日志采集、聚合和传输的系统，用于有效地收集、聚合大量日志数据，并将其从许多不同的源移动到集中式数据存储中。Flume 支持在日志系统中定制各类数据发送方，用于收集数据；同时，Flume 提供对数据进行简单处理，并写到各种数据接受方（比如文本、HDFS、HBase 等）的能力。

Flume 将数据从产生、传输、处理到最终写入目标的路径的过程抽象为数据流，在具体的数据流中，数据源支持在 Flume 中定制数据发送方，从而支持收集各种不同协议数据。同时，Flume 数据流提供对日志数据进行简单处理的能力，如过滤、格式转换等。此外，Flume 还具有能够将日志写入各种数据目标（可定制）的能力。总的来说，Flume 是一个可扩展、适合复杂环境的海量日志收集系统。

Flume 基于流式架构，容错性强，也很灵活简单。Flume 的设计原理也是基于将数据流如日志数据从各种网站服务器上汇集起来存储到 HDFS，HBase 等集中存储器内。Flume 的使用不仅仅限于日志数据聚合。由于数据源是可定制的，Flume 可以用于传输大量事件数据，包括但不限于网络流量数据、社交媒体生成的数据、电子邮件消息和几乎所有可能的数据源。不仅如此，Flume 还可以和任意集中式存储进行集成，高效获取数据到 Hadoop。

Flume 作为 Cloudera 开发的实时日志收集系统，受到了业界的认可与广泛应用。

### 2.2.9 Sqoop

Sqoop 是 SQL-to-Hadoop 的缩写，是一个用来将关系型数据库和 Hadoop 中的数据进行相互转移的工具，帮助完成数据的迁移和同步。Sqoop 可以将一个关系型数据库（例如 MySQL，Oracle，Postgres 等）中的数据导入 Hadoop 的 HDFS（例如 HDFS，Hive，HBase），也可以将 HDFS 的数据导入关系型数据库，如图 2-6 所示。

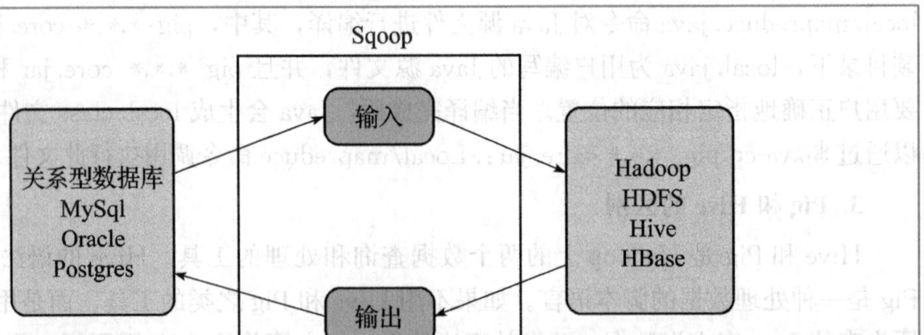


图 2-6 Sqoop 的数据迁移

Sqoop 类似于其他 ETL 工具，使用元数据模型来判断数据类型，并在数据从数据源转移到 Hadoop 时确保类型安全的数据处理。Sqoop 工具接收到客户端的 Shell 命令或者 Java API 命令后，通过 Sqoop 中的任务翻译器（task translator）将命令转换为对应的 MapReduce 任务，而后将关系型数据库和 Hadoop 中的数据进行相互转移，进而完成数据的拷贝。Sqoop 专为大数据批量传输设计，能够分割数据集，并创建 Hadoop 任务来处理每个区块。用户可以根据需要支持新的数据库。

Sqoop 是一个连接工具，用于在关系型数据库、数据仓库和 Hadoop 之间转移数据。Sqoop 利用数据库技术描述架构，进行数据的导入/导出；利用 MapReduce 实现并行化运行和容错技术。

在实际的业务中，我们首先对原始数据集通过 MapReduce 进行数据清洗，然后将清洗后的数据存入 Hbase 数据库，接着通过数据仓库 Hive 对 Hbase 中的数据进行统计与分析，分析之后将分析结果存入 Hive 表，而后通过 Sqoop 这个工具将数据挖掘结果导入 MySQL 数据库，最后通过 Web 将结果展示给客户，如图 2－7 所示。

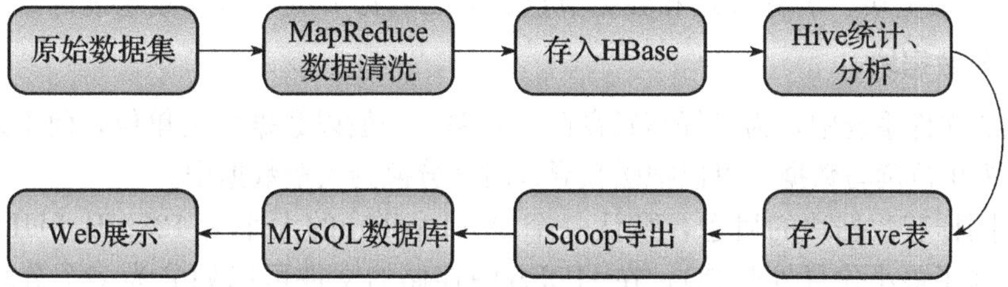


**图 2－7　大数据处理流程**

## 2.2.10　Ambari

Ambari 是一个对 Hadoop 集群进行监控和管理的基于 Web 的系统。目前支持 HDFS，MapReduce，Hive，HCatalog，HBase，Zookeeper，Oozie，Pig 和 Sqoop 等组件。

Ambari 框架采用的是 Server/Client 的模式，由 Ambari-server，Ambari-agent，Ambari Web，Ambari Ams 四部分组成。

**1. Ambari-server**

Ambari-server 主要管理部署在每个节点上的管理监控程序。它将集群的状态通过 WEB UI 或 RESTAPI 的形式呈现给用户，也通过这两种形式将用户的指令（比如 stop namenode，start datanode）下发到集群，从而完成用户与 Hadoop 集群的交互。

**2. Ambari-agent**

Ambari-agent 负责对集群内主机状态的采集以及执行 Ambari-server 发来的指令，将执行结果上报给 Ambari-server。

**3. Ambari Web**

Ambari Web 是 Ambari 服务的可视化 UI 界面。

**4. Ambari Ams**

Ambari Ams 是 Ambari 的核心监控中心。

## 2.3 HDFS

HDFS 建立在最有效的数据处理模式和一次写多次读的模式的概念上，HDFS 存储的数据集作为 Hadoop 的分析对象。HDFS 的设计适合一次写入、多次读出的场景，且不支持文件的修改，适用于数据分析。

### 2.3.1 HDFS 相关概念

HDFS 通过统一的命名空间——目录树来定位文件。作为分布式的文件存储系统，HDFS 由很多服务器联合起来实现其功能，集群中的服务器都有各自清晰的角色定位。下面将对 HDFS 数据块、名称节点和数据节点、第二名称节点等基本概念进行简单介绍。

**1. HDFS 数据块**

在传统的文件系统中，为了提高磁盘读写效率，一般以数据块为单位，而不是以字节为单位。以块为单位读写数据，可以把磁盘寻道时间分摊到大量数据中。

HDFS 同样有数据块的概念，默认一个块（block）的大小为 128MB（HDFS 的块这么大主要是为了最小化寻址开销），在 HDFS 中存储的文件可以划分为多个分块，每个分块可以成为一个独立的存储单元。与本地磁盘不同的是，HDFS 中小于一个块大小的文件并不会占据整个 HDFS 数据块。

HDFS 寻址开销不仅包括磁盘寻道开销，还包括数据块的定位开销。当客户端需要访问一个文件时，首先从名称节点获得组成这个文件的数据块的位置列表，然后根据位置列表获取实际存储各个数据块的数据节点的位置，最后数据节点根据数据块信息在本地 Linux 文件系统中找到对应的文件，并把数据返回给客户端。设计一个比较大的块，可以把上述寻址开销分摊到较多的数据中，降低单位数据的寻址开销。因此，HDFS 在文件块大小设置上要远远大于普通文件系统，以期在处理大规模文件时能够获得更好的性能。当然，块的大小也不宜设置过大，因为通常 MapReduce 中的 Map 任务一次只处理一个块中的数据，如果启动的任务太少，就会降低作业并行处理速度。

文件以块为单位进行存储，一个大规模文件可以被分拆成若干个文件块，不同的文件块可以被分发到不同的节点上，因此一个文件的大小不会受到单个节点的存储容量的限制，可以远远大于网络中任意节点的存储容量。同时，大大简化了存储管理，因为文件块大小是固定的，这样就很容易计算出一个节点可以存储多少文件块；另外，方便了元数据的管理，元数据不需要和文件块一起存储，可以由其他系统负责管理元数据。每个文件块都可以冗余存储到多个节点上，大大提高了系统的容错性和可用性。

**2. 名称节点和数据节点**

HDFS 中的文件在物理上分块存储，块的大小可以通过配置参数来规定。目录结构及文件分块位置信息（元数据）的管理由名称节点（NameNode）承担，名称节点是 HDFS 集群主节点，负责维护整个 HDFS 文件系统的目录树，以及每一个路径（文件）所对应的块信息（块的 ID 及所在的数据节点服务器）。文件的各个块的存储管理由数据节点（DataNode）承担，数据节点是 HDFS 集群从节点，每一个块都可以在多个数据节点上存储多个副本。

在 HDFS 中，名称节点负责管理分布式文件系统的命名空间（Namespace），保存了两个核心的数据结构 FsImage 和 EditLog。FsImage 用于维护文件系统树以及文件树中所有的文件和文件夹的元数据，操作日志文件 EditLog 中记录了所有针对文件的创建、删除、重命名等操作。名称节点记录了每个文件中各个块所在的数据节点的位置信息，但是并不持久存储这些信息，而是在系统每次启动时扫描所有数据节点重构得到这些信息。

名称节点在启动时，会将 FsImage 的内容加载到内存中，然后执行 EditLog 文件中的各项操作，使得内存中的元数据保持最新。这个操作完成以后，就会创建一个新的 FsImage 文件和一个空的 EditLog 文件。名称节点启动成功并进入正常运行状态以后，HDFS 中的更新操作都会被写入 EditLog，而不是直接写入 FsImage，这是因为对于分布式文件系统而言，FsImage 文件通常都很庞大（一般都是 GB 级别以上），如果所有的更新操作都直接往 FsImage 中添加，系统就会变得非常缓慢。相对而言，EditLog 通常都要远远小于 FsImage，更新操作写入 EditLog 是非常高效的。名称节点在启动的过程中处于安全模式，只能对外提供读操作，无法提供写操作。启动过程结束后，系统就会退出安全模式，进入正常运行状态，对外提供读写操作。

数据节点是分布式文件系统 HDFS 的工作节点，负责数据的存储和读取，会根据客户端或者名称节点的调度来进行数据的存储和检索，并且向名称节点定期发送自己所存储的块的列表。每个数据节点中的数据都会被保存在各自节点的本地 Linux 文件系统。

**3. 第二名称节点**

在名称节点运行期间，HDFS 会不断发生更新操作，这些更新操作都直接被写入 EditLog 文件，因此 EditLog 文件也会逐渐变大。在名称节点运行期间，不断变大的 EditLog 文件通常不会对系统性能产生显著影响，但是当名称节点重启时，需要将 FsImage 加载到内存中，然后逐条执行 EditLog 中的记录，使得 FsImage 保持最新。可想而知，如果 EditLog 很大，就会导致整个过程变得非常缓慢，使得名称节点在启动过程中长期处于安全模式，无法正常对外提供写操作，影响用户的使用。

为了有效解决 EditLog 逐渐变大带来的问题，HDFS 在设计中采用了第二名称节点（Secondary NameNode）。第二名称节点是 HDFS 架构的一个重要组成部分，具有两个方面的功能：首先，可以完成 EditLog 与 FsImage 的合并操作，减小 EditLog 文件，缩短名称节点重启时间；其次，可以作为名称节点的检查点，保存名称节点中的元数据信息。

## 2.3.2　HDFS 体系结构

HDFS 采用主从结构模型，一个 HDFS 集群是由一个名称节点和若干个数据节点组成的，其中名称节点作为主服务器，管理文件系统的打开、关闭、重命名文件或目录等命名空间操作和客户端对文件的创建、删除和复制等访问操作；集群中的数据节点管理存储的数据，负责处理文件系统客户端的读写请求。

名称节点作为管理节点，负责整个文件系统的命名空间，并且维护文件系统树和整棵树内所有的文件和目录，这些信息以两个文件的形式（命名空间镜像文件和编辑日志文件）永久存储在名称节点的本地磁盘上。除此之外，名称节点也同时记录每个文件中各个块所在的数据节点信息，但是不永久存储块的位置信息，因为块的信息可以在系统启动时重新构建。

HDFS的一个文件被分成一个或多个数据块，这些块存储在一组数据节点上。数据节点作为文件系统的工作节点，根据需要存储并检索数据块，定期向名称节点发送其所存储的块的列表。

HDFS的体系结构如图2-8所示。

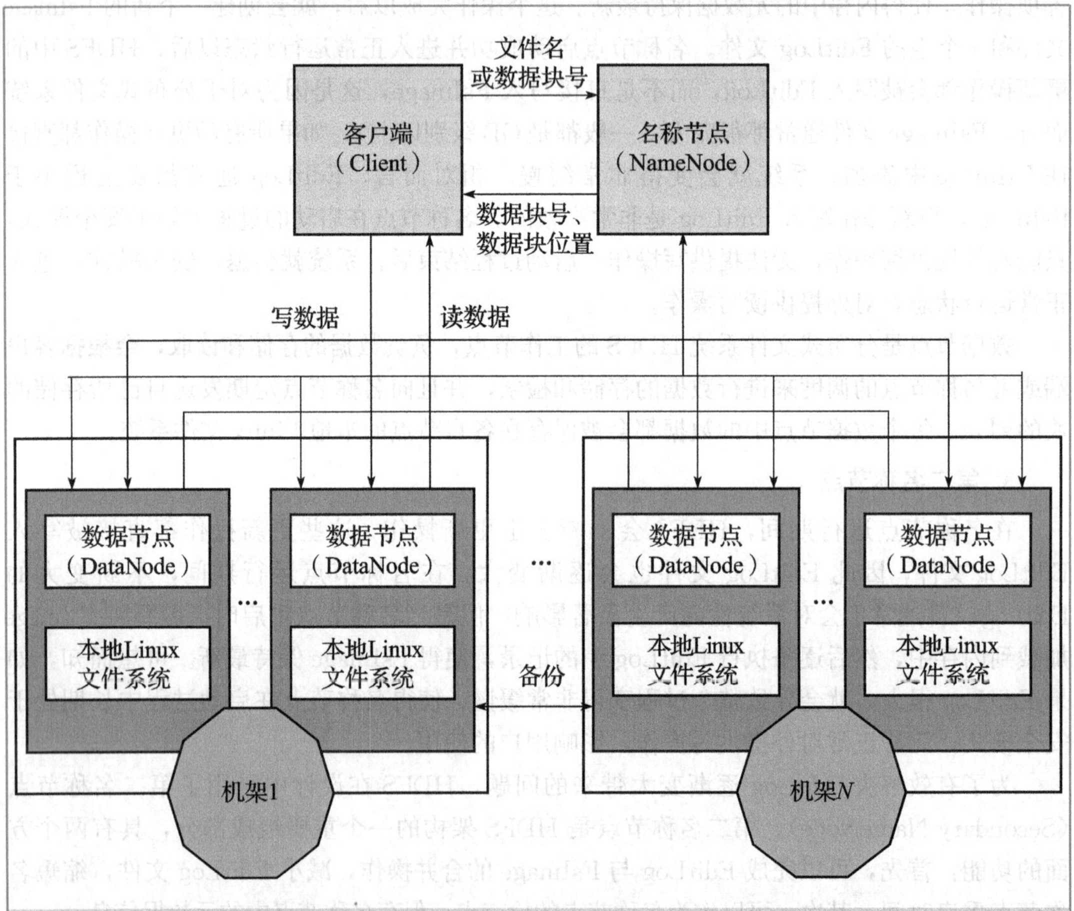


图2-8 HDFS的体系结构

**1. 客户端**

客户端能够切分文件，文件上传HDFS的时候，客户端将文件切分成一个个数据块，然后进行存储。客户端也可以与名称节点交互，获取文件的位置信息；与数据节点交互，读取或者写入数据。客户端还可以提供一些命令来管理HDFS，比如启动或者关闭

HDFS。客户端可以通过一些命令来访问 HDFS。

**2. 名称节点**

名称节点即 Master，是系统的主管、管理者。主要功能是掌管文件系统目录树、管理 HDFS 的名称空间、管理数据块映射信息、配置副本策略、处理客户端读写请求。作为存储元数据的地方，无论读写都需要经过它。

**3. 数据节点**

数据节点即 Slave，执行名称节点下达命令的操作。功能包括存储实际的数据块和执行数据块的读写操作，汇报存储信息给名称节点。

**4. 第二名称节点**

第二名称节点辅助名称节点，分担其工作量；主要任务是定期合并 FsImage 和 EditLog，并推送给名称节点。同时在紧急情况下，可辅助恢复名称节点。

## 2.3.3　HDFS 存储原理

HDFS 作为一个分布式文件系统，为了保证系统的容错性和可用性，采用了多副本方式对数据进行冗余存储，通常一个数据块的多个副本会被分布到不同的数据节点上，如图 2-9 所示。

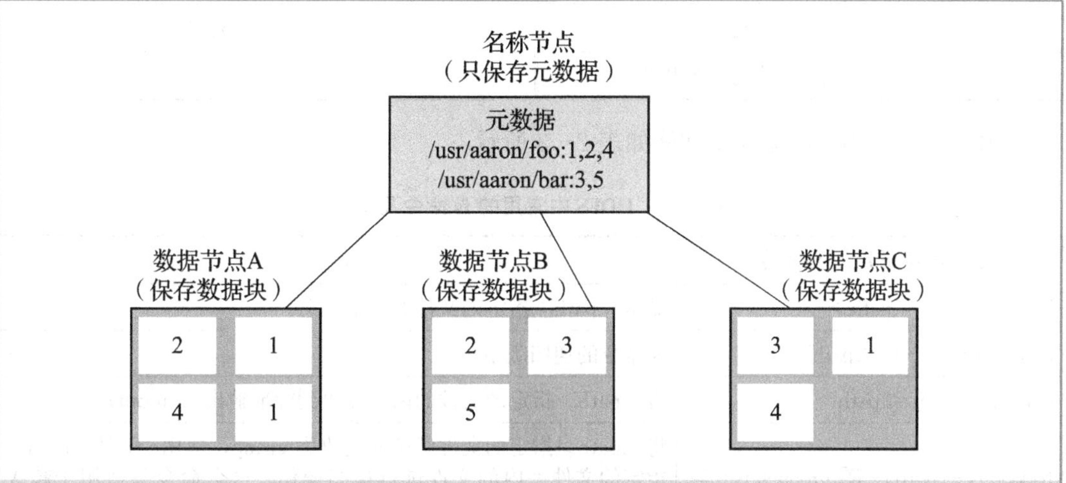


图 2-9　HDFS 数据块多副本存储

数据块 1 被分别存储到数据节点 A 和 C 上，数据块 2 被存储到数据节点 A 和 B 上，数据块 3 被存储到数据节点 B 和 C 上，数据块 4 被存储到数据节点 A 和 C 上。这种多副本方式具有能够加快数据传输速度、容易检查数据错误和保证数据可靠性的优点。但是，名称节点作为管理节点，它的地位是非同寻常的，一旦名称节点宕机，所有文件都会丢失，因为名称节点是唯一存储元数据、文件与数据块之间对应关系的节点，所有文件信息都保存在这里，名称节点毁坏后无法重建文件。因此，必须高度重视名称节点的容错性。

## 2.3.4 HDFS Shell 常用命令

在 Linux 命令行终端，可以利用 Shell 命令对 Hadoop 进行操作，以完成 HDFS 中文档的上传、下载、复制，查看文件信息，格式化名称节点等操作。HDFS 有很多命令，其中 fs 命令可以说是 HDFS 最常用的命令，可以查看 HDFS 文件系统的目录结构、上传和下载数据、创建文件等。命令行的格式如下：

hadoop fs [generic options]

[-appendToFile <localsrc> … <dst>]

[-cat [-ignoreCrc] <src> …]

[-getfattr [-R] {-n name | -d} [-e en] <path>]

HDFS Shell 常用命令行中符号的含义如表 2-2 所示。

**表 2-2　HDFS Shell 常用命令行中符号的含义**

<table>
<tr><th>符号</th><th>含义</th><th>符号</th><th>含义</th></tr>
<tr><td>[]</td><td>可选内容</td><td>-</td><td>后面连接单个字符，可多个组合使用</td></tr>
<tr><td><></td><td>必选内容</td><td>--</td><td>后面跟完整的单词</td></tr>
<tr><td>{}</td><td>分组</td><td>localsrc</td><td>本地源文件</td></tr>
<tr><td>|</td><td>二选一</td><td>dst</td><td>目标路径</td></tr>
<tr><td>…</td><td>同一内容可多次出现</td><td></td><td></td></tr>
</table>

HDFS 中常用的 fs 命令及功能如表 2-3 所示。

**表 2-3　HDFS 中常用的 fs 命令及功能**

| HDFS 中常用的 fs 命令 | 功能 |
|---|---|
| hadoop fs -ls <path> | 显示<path>指定的文件的详细信息。 |
| hadoop fs -ls -R <path> | ls 命令的递归版本。 |
| hadoop fs -cat <path> | 将<path>指定的文件的内容输出到标准输出（stdout）。 |
| hadoop fs -chgrp [-R] group <path> | 将<path>指定的文件所属的组改为 group，使用-R 对<path>指定的文件夹内的文件进行递归操作。这个命令只适用于超级用户。 |
| hadoop fs -chown [-R] [owner][:[group]] <path> | 改变<path>指定的文件的拥有者，-R 用于递归改变文件夹内的文件的拥有者。这个命令只适用于超级用户。 |
| hadoop fs -chmod [-R] <mode> <path> | 将<path>指定的文件的权限更改为<mode>。这个命令只适用于超级用户和文件的所有者。 |
| hadoop fs -tail [-f] <path> | 将<path>指定的文件最后 1KB 的内容输出到标准输出（stdout）上，-f 选项用于持续检测新添加到文件中的内容。 |
| hadoop fs -stat [format] <path> | 以指定的格式返回<path>指定的文件的相关信息。当不指定 format 的时候，返回文件<path>的创建日期。 |

续表

| HDFS 中常用的 fs 命令 | 功能 |
|---|---|
| hadoop fs - touchz <path> | 创建一个<path>指定的空文件。 |
| hadoop fs - mkdir [- p] <paths> | 创建<paths>指定的一个或多个文件夹，- p 选项用于递归创建子文件夹。 |
| hadoop fs - copyFromLocal <localsrc> <dst> | 将本地源文件<localsrc>复制到路径<dst>指定的文件或文件夹中。 |
| hadoop fs - copyToLocal [- ignorecrc] [- crc] <target><localdst> | 将目标文件<target>复制到本地文件或文件夹<localdst>中，可用- ignorecrc 选项复制 CRC 校验失败的文件，使用- crc 选项复制文件以及 CRC 信息。 |
| hadoop fs - cp <src><dst> | 将文件从源路径<src>复制到目标路径<dst>。 |
| hadoop fs - du <path> | 显示<path>指定的文件或文件夹中所有文件的大小。 |
| hadoop fs - expunge | 清空回收站（可参考 HDFS 官方文档以获取更多关于回收站特性的信息）。 |
| hadoop fs - get [- ignorecrc] [- crc] <src><localdst> | 复制<src>指定的文件到本地文件系统<localdst>指定的文件或文件夹，可用- ignorecrc 选项复制 CRC 校验失败的文件，使用- crc 选项复制文件以及 CRC 信息。 |
| hadoop fs - getmerge [- nl] <src> <localdst> | 对<src>指定的源目录中的所有文件进行合并，写入<localdst>指定的本地文件。- nl 是可选的，用于指定在每个文件结尾添加一个换行符。 |
| hadoop fs - put <localsrc><dst> | 从本地文件系统中复制<localsrc>指定的单个或多个源文件到<dst>指定的目标文件系统中，也支持从标准输入（stdin）中读取输入写入目标文件系统。 |
| hadoop fs - moveFromLocal <localsrc> <dst> | 与 put 命令功能相同，但是文件上传结束后会从本地文件系统中删除<localsrc>指定的文件。 |
| hadoop fs - mv <src><dest> | 将文件从源路径<src>移动到目标路径<dst>。 |
| hadoop fs - rm <path> | 删除<path>指定的文件，只删除非空目录和文件。 |
| hadoop fs - rm - r <path> | 删除<path>指定的文件夹及其下的所有文件，- r 选项表示递归删除子目录。 |
| hadoop fs - setrep [- R] <path> | 改变<path>指定的文件夹及其下的所有文件，- R 选项用于递归改变目录下所有文件的副本系数。 |
| hadoop fs - test -[ezd] <path> | 检查<path>指定的文件或文件夹的相关信息。不同选项的作用如下：<br>(1) - e 检查文件是否存在，如果存在则返回 0，否则返回 1。<br>(2) - z 检查文件是否为 0 字节，如果是则返回 0，否则返回 1。<br>(3) - d 如果路径是个目录，则返回 1，否则返回 0。 |
| hadoop fs - text <path> | 将<path>指定的文件输出为文本格式，文件的格式允许是 zip 和 TextRecordInputStream 等。 |

## 2.4 MapReduce 大数据处理

MapReduce 是一种并行计算编程模型，可以使用多种语言开发，如 Java，Python，C++等。MapReduce 的核心思想是把计算任务分配给集群内的服务器里执行，通过对计算任务的拆分，再根据任务调度器对任务进行分布式计算。Map 将数据进行拆分，即把复杂的任务分解为若干个简单的任务来并行处理。可以进行拆分的前提是这些小任务可以并行计算，彼此间几乎没有依赖关系。Reduce 对数据进行汇总，即对 Map 阶段的结果进行全局汇总。

### 2.4.1 Map 和 Reduce 函数

MapReduce 模型的核心是 Map 函数和 Reduce 函数，只需要关注如何实现 Map 和 Reduce 函数。并行编程中的其他各种复杂问题都由 MapReduce 框架负责处理，如分布式存储、工作调度、负载均衡、容错处理、网络通信等问题。Map 函数和 Reduce 函数都是以＜key，value＞键值对作为输入，按一定的映射规则转换成另一个或一批＜key，value＞进行输出，如表 2-4 所示。

**表 2-4 Map 和 Reduce 函数**

| 函数 | 输入 | 输出 | 说明 |
| --- | --- | --- | --- |
| Map | ＜k1,v1＞ | List(＜k2,v2＞) | (1) 将小数据集进一步解析成一批＜key,value＞对，输入 Map 函数进行处理。<br>(2) 每一个输入的＜k1，v1＞会输出一批＜k2,v2＞，＜k2,v2＞是计算的中间结果。 |
| Reduce | ＜k2,List(v2)＞ | ＜k3,v3＞ | 输入的中间结果＜k2,List(v2)＞中的 List(v2) 表示是一批属于同一个 k2 的 value。 |

Map 函数的输入来自分布式文件系统的文件块，这些文件块的格式是任意的，可以是文档，也可以是二进制格式的。文件块是一系列元素的集合，这些元素也是任意类型的，同一个元素不能跨文件块存储。Map 函数将输入的元素转换成＜key，value＞形式的键值对，键和值的类型也是任意的，其中键不同于一般的标志属性，即键没有唯一性，不能作为输出的身份标识，即使是同一输入元素，也可通过一个 Map 任务生成具有相同键的多个＜key，value＞。MapReduce 框架会自动将输出数据按照 key 的字典升序排序，通常会启动多个 Map 任务执行，Map 任务执行结束后将结果写入本地硬盘，而不是 HDFS 文件系统。

Reduce 函数的任务就是将输入的一系列具有相同键的键值对以某种方式组合起来，输出处理后的键值对，输出结果会合并成一个文件。用户可以指定 Reduce 任务的个数（如 $n$ 个），并通知实现系统，然后主控进程通常会选择一个 Hash 函数，Map 任务输出的每个键都会经过 Hash 函数计算，并根据 Hash 结果将该键值对输入相应的 Reduce 任务来处理。对于处理键为 k 的 Reduce 任务的输入形式为<k，<v1，v2，…，vn>>，输出为<k，V>。Reduce 函数以 Map 函数的输出结果作为输入，合并相同 key 的 value 值后生成另一系列 key/value 作为输出并将其写入 HDFS。MapReduce 框架会默认启动一个 Reduce，也可以通过配置设置 0 个或多个 Reduce 任务。

## 2.4.2 MapReduce 框架

MapReduce 提供一个统一的计算框架，可以完成计算任务的划分和调度、数据的分布存储和划分、处理数据与计算任务的同步、结果数据的收集整理、系统通信、负载平衡、计算性能优化处理和处理系统节点出错检测与失效恢复。

MapReduce 框架由 Client，JobTracker，TaskTracker 和 Task 四部分组成，如图 2 - 10 所示。

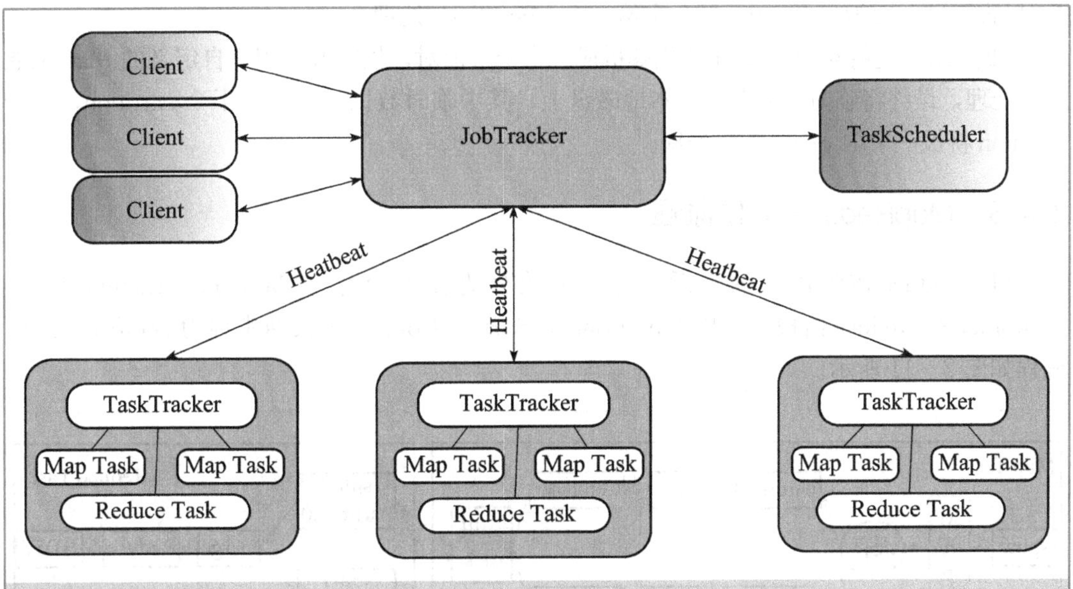


图 2 - 10 MapReduce 框架

**1. Client**

用户编写的 MapReduce 程序通过 Client 提交到 JobTracker 端，用户可通过 Client 提供的一些接口查看作业运行状态。

**2. JobTracker**

JobTracker 负责资源监控和作业调度。JobTracker 监控所有 TaskTracker 与 Job 的健康状况，一旦发现失败，就将相应的任务转移到其他节点。JobTracker 会跟踪任务的执行进度、资源使用量等信息，并将这些信息告诉 TaskScheduler（任务调度器），而 TaskScheduler 会在资源出现空闲时，选择合适的任务去使用这些资源。

**3. TaskTracker**

TaskTracker 会周期性地通过心跳机制将本节点上资源的使用情况和任务的运行进度

汇报给 JobTracker，同时接收 JobTracker 发送过来的命令并执行相应的操作（如启动新任务、结束任务等）。TaskTracker 使用 slot 等量划分本节点上的资源量（CPU、内存等）。一个 Task 获取到一个 slot 后才有机会运行，而 Hadoop 调度器的作用就是将各个 TaskTracker 上的空闲 slot 分配给 Task 使用。slot 分为 Map slot 和 Reduce slot 两种，分别供 Map Task 和 Reduce Task 使用。在执行任务的时候，TaskTracker 可以有 $n$ 个，JobTracker 只会有一个。

**4. Task**

Task 分为 Map Task 和 Reduce Task 两种，均由 TaskTracker 启动。Map Task 完成局部计算任务，Reduce Task 完成汇总计算任务。Map Reduce 的处理单位是 split。split 是一个逻辑概念，它只包含一些元数据信息，比如数据起始位置、数据长度、数据所在节点等，它的划分方法完全由用户自己决定。但需要注意的是，split 的多少决定了 Map Task 的数目，因为每个 split 只会交给一个 Map Task 处理。

Map Task 先将对应的 split 迭代解析成一个个键值对，依次调用用户自定义的 Map 函数进行处理，最终将临时结果存放到本地磁盘上，其中临时数据被分成若干个 partition，每个 partition 将被一个 Reduce Task 处理。

## 2.4.3 MapReduce 工作原理

MapReduce 按照执行的先后顺序，大致分为输入分片，Map，Partitioner，Sort，Combiner 和 Reduce 阶段，其中 Partitioner，Sort 和 Combiner 又通常称为 Shuffle，工作流程如图 2-11 所示。

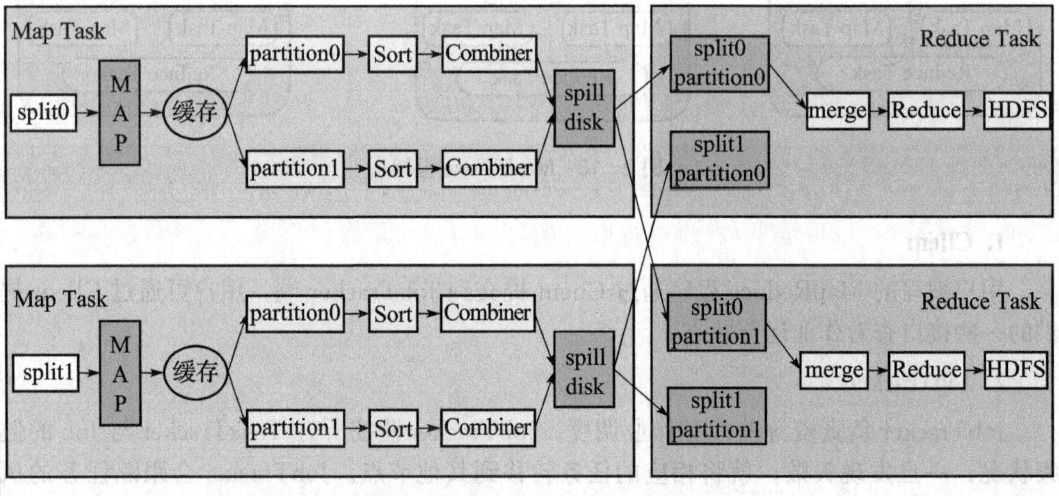


图 2-11 MapReduce 工作流程

**1. 输入分片（Input Split）**

在进行 Map 计算之前，MapReduce 会根据输入文件计算输入分片，每个输入分片会启动一个 Map 任务，也就是说 Map 任务个数是由输入分片决定的，Map 个数的计算公式为：splitsize=max(minimumsize，min(maximumsize，blocksize))。

blocksize 为数据块大小，minimumsize 和 maximumsize 可以在配置文件中设置，如果没有设置，则 splitsize 的大小默认等于 blocksize，即 128MB。假设有三个输入文件，大小分别是 64MB，129MB 和 256MB，那么 MapReduce 会把 64MB 的文件划分为一个输入分片，129MB 则是两个输入分片（128MB 和 1MB），256MB 也是两个输入分片（均为 128MB），一共有 5 个输入分片，分别启动 5 个 Map 任务，但是每个 Map 任务运算的数据量不一样。

**2. Map 阶段**

通过自定义 Map() 函数读入数据分片，输出的键值对放到环形内存缓冲区，这个缓冲区专门用来存放 Map 的输出结果，默认大小是 100MB，并且在配置文件里为这个缓冲区设定一个阈值（默认是 0.80，缓冲区大小和阈值都是可配置的）。如果缓冲区的内存达到了阈值，则会把内容以一个临时文件的方式存放到磁盘，这个过程叫 spill。另外 20%的内存可以继续写入要写进磁盘的数据，写入磁盘和写入内存操作是互不干扰的，如果缓存区满了，Map 就会阻塞写入内容的操作，让写入磁盘操作完成后再继续执行写入内存操作。

**3. Partitioner 阶段**

对 Map 产生的中间结果进行分片，以便将同一分组的数据交给同一个 Reduce 处理。一个 Partitioner 对应一个 Reduce 作业，也就是说有几个 Reduce 就会有几个 Partitioner。Partitioner 用来决定 Map 产生的 key 由哪个 Reduce 来处理，默认处理采用对 key 进行 Hash 运算后再对 Reduce 数取模。这种方式只是为了平均 Reduce 的处理能力，但在实际中可能会出现数据倾斜的情况。某个 key 有大量相同数据，比如一个 key 有 20 万条数据，而其他所有 key 加起来才有不到 200 条数据，若由两个 Reduce 处理，则会造成两个任务处理量严重不均衡，为了避免这种情况就需要用户自定义 Partitioner。

**4. Sort 阶段**

根据 key 按照字典升序排序。

**5. Combiner 阶段**

Combiner 阶段可以由用户选择是否执行，是一个本地化的 Reduce 操作。它是在 Map 生成中间文件前做一项合并重复 key 值的操作，这样可以减少磁盘存储和网络传输量。不是所有操作都要使用 Combiner，使用原则是 Combiner 的输出不能影响到 Reduce 的最终输入。例如，如果计算只是求总数、最大值或最小值，则可以使用 Combiner，但是求平均值就不能使用 Combiner，否则 Reduce 会求出比真实值大的结果。

**6. Reduce 阶段**

需要用户自定义实现，可以没有，比如只是对原始数据做一些格式转换。在 Reduce 执行前会将各个 Map 中 Partitioner 相同的数据合并排序，执行的结果保存在 HDFS 上。

## 思维拓展

1. 请简述 Hadoop 的发展历程。

2. 什么样的工作环境更适合使用 Hadoop?

3. HBase 与传统关系型数据库的区别是什么?

4. 名称节点和数据节点的作用分别是什么?

5. 早期版本的 HDFS，其默认块大小为 64MB，而较新的版本默认为 128MB，采用较大的块具有什么优缺点?

6. 一个 MapReduce 程序在运行期间所启动的 Map 任务数量和 Reduce 任务数量各是由什么因素决定的?

7. 是否所有的 MapReduce 程序都需要经过 Map 和 Reduce 这两个过程? 如果不是，请举例说明。

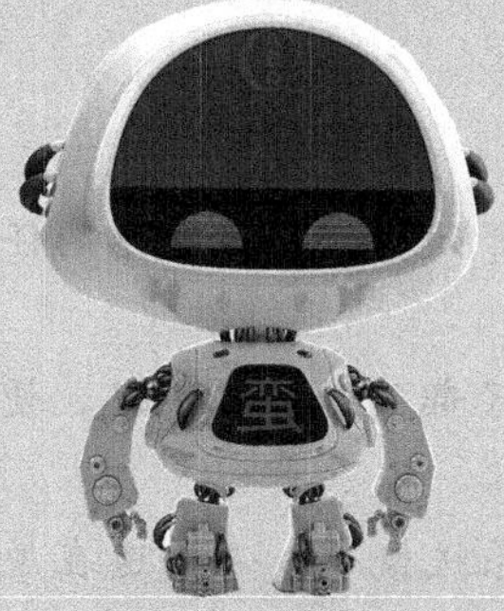

# 第3章 数据库系统概述

## 学习目标

- 掌握数据库系统的基本概念
- 熟悉会计数据的来源和特征
- 了解数据管理技术的发展
- 掌握数据模型的概念、分类和组成
- 掌握常用的数据模型应用
- 理解数据库系统的三级模式、两级映像
- 了解数据库的安全性威胁因素和控制方法

## 思维导图

## 蛮有数洞

家桐作为蛮先进公司的实习生，首次离开学校，怀着期待、喜悦的心情迎接新生活的到来。为此，家桐花高成本去大坪时代天街买了一件浅蓝色的衬衣和一条柔顺的西裤。家桐穿上这身装扮显得格外自信、阳光、帅气。

初入职场的第三天，家桐感到些许不适应，每天无事可做。正在这时，实习生微信群弹出一个通知："各位实习生请注意，现将对大家开展为期一周的数据库专题培训，方便大家知晓数字化赋能中心与各个部门的协同工作，请各位刚入职的实习生于今天上午

9：30到培训室开始培训。”家桐心想：“机会终于来了，那天柳婷给我安排的任务有点没太听懂呢。”

李岱峰是当天的培训讲师，他走进培训室，首先介绍了部门的基本情况，便开始了当天的培训。

李岱峰说：“各位新同事，今天的培训主题是数据库系统概述，不知道在座的各位有没有学过类似的知识，大家可以踊跃举手发言，我们将实行积分制奖励，回答一次问题我会给大家发卡片，一张卡片代表一分。培训结束后，积分榜前五名将获得一台空气炸锅作为奖励。”

听到空气炸锅，家桐兴奋了，立刻将右手举得高高的。

家桐说：“李老师以及各位新同事，早上好，我叫家桐。我知道数据库、数据库管理系统和数据模型都是这个主题相关的知识。其中，数据库是长期存储在计算机内、有组织、可共享的大量数据的集合，是一个按数据结构来存储和管理数据的计算机软件系统。

“数据库管理系统是一种操纵和管理数据库的大型软件，主要完成对数据库的操作与管理功能。目前市场上比较有代表性的数据库管理系统产品主要有Oracle，MySQL，Microsoft SQL Server等。

“数据模型是数据库设计中用来对现实世界进行抽象的工具。常见的数据模型有层次模型、网状模型以及关系模型。比如我们常见的二维表格就是关系模型样式。”

李岱峰被眼前这个穿蓝色衬衣的自信男孩吸引住了，他的回答条理清晰，简直太棒了。他想一定要给这个男孩三张卡片作为奖励。

李岱峰说：“家桐，我看你对数据库的了解还是挺多的，那你了解大数据环境下会计数据的来源、内容以及特征吗？”

家桐说：“这……我猜想会计数据应该是来源于企业的ERP系统；会计数据内容就是企业的账簿、凭证这一类；会计数据的特征是……

“不好意思，我不太清楚。”

李岱峰说：“你知道这些已经很棒了，现在将详细介绍刚才提到的每一点内容。”

## 3.1 基本概念

本节主要介绍数据、数据库、数据库管理系统、数据库系统、数据湖、数据中台这些基本概念的定义和内涵。

### 3.1.1 数据

数据（data）是数据库中存储的基本对象，是对客观事物的属性、数量、位置及其相互关系的抽象表示和逻辑归纳，是用于表示客观事物的未经加工的原始素材。数据可以是连续的值，比如声音、图像、视频，称为模拟数据；也可以是离散的，如符号、文字，称为数字数据。

数据的表现形式还不能完全表达其内容，需要经过解释。数据的解释是指对数据含义的说明。例如，10 万是一个数据，它可以是某商品一个月的销售量，也可以是某商品一个月的销售额。

数据是信息的表现形式和载体，而信息是数据的内涵，信息是加载于数据之上，对数据做具有含义的解释。数据经过加工后就成为信息。

### 3.1.2　数据库

数据库（database，DB），是长期存储在计算机内、有组织、可共享的大量数据的集合，是一个按数据结构来存储和管理数据的计算机软件系统。数据库中的数据按照一定的数据模型组织、描述和存储，具有较小的冗余度、较高的数据独立性和易扩展性，并可为各种用户所共享。

根据数据存储方式的不同，数据库可分为关系型数据库和非关系型数据库。关系型数据库把所有的数据都通过行和列的二元表现形式表示出来。与其相反，非关系型数据不适合存储在数据表的行和列中，而是以数据集的方式大块组合在一起，类似于键值对、图结构或者文档。

传统的关系型数据库采用表格的储存方式，数据以行和列的方式进行存储，要读取和查询都十分方便。在轻量或者小型的应用中，使用不同的关系型数据库对系统的性能影响不大，但是在构建大型应用时，则需要根据应用的业务需求和性能需求，选择合适的关系型数据库。

一般而言，数据库根据业务名称来命名，例如，销售基本业务数据库即用于存放销售基本业务相关数据的数据库。企业内部常见的数据库还有供应商筛选业务数据库、销售激励业务数据库、客户信用管理数据库等。

### 3.1.3　数据库管理系统

数据库管理系统（database management system，DBMS）是一种操纵和管理数据库的大型软件，主要完成对数据库的操作与管理功能，实现数据库对象的创建，数据库存储数据的查询、添加、修改与删除操作，以及数据库的用户管理、权限管理等。它的安全直接关系到整个数据库系统的安全。

数据库管理系统和操作系统都是计算机的基础软件，也是一个大型复杂的软件系统。目前市场上比较有代表性的关系型数据库管理系统产品主要有 Oracle，MySQL，Microsoft SQL Server，Microsoft Access 等，非关系型数据库管理系统产品主要有 HBase，MongoDB，Redis，Memcache 等。

数据库管理系统一般都具有以下六个基本功能。

**1. 数据定义**

数据定义语言（data definition language，DDL）是用于描述数据库中要存储的现实世界实体的语言，是一种有助于创建数据库模式的 SQL 命令。DDL 命令会影响整个数据库或表，用户利用 DDL 可以方便地定义数据库结构或数据库模式。DDL 可以将数据库中定义的数据的其他属性定义为属性域，还提供了指定一些约束以保持数据一致性的工具。

**2. 数据组织、存储和管理**

数据库管理系统要分类组织、存储和管理各种数据，包括数据字典、用户数据、数据的存取路径等。要确定以何种文件结构和存取方式在存储级上组织这些数据，如何实现数据之间的联系。数据组织和存储的基本目标是提高存储空间利用率和方便存取，提供多种存取方法来提高存取效率。

**3. 数据操纵**

数据操纵是对数据进行读写操作，其核心是数据操纵语言（data manipulation language，DML）。DML 是一种有助于检索和管理关系型数据库中数据的 SQL 命令。DML 命令会影响表中的一个或多个记录，用户可以使用它操纵数据，实现对数据库的基本操作，如查询、插入、删除和修改等。例如，查询销售基本业务数据库中 2019 年销售量最高的商品名称、更新产品的销售单价等。

**4. 数据库的建立和维护**

数据库的建立和维护包括数据库初始数据的输入、转换功能，数据库的转储、恢复功能，数据库的重组织功能和性能监视、分析功能等。这些功能通常是由一些实用程序或管理工具完成的。

**5. 数据库的事务管理和运行管理**

数据库在建立、运用和维护时由数据库管理系统统一管理和控制，以保证事务的正确运行，保证数据的安全性、完整性、多用户对数据的并发使用及发生故障后的系统恢复。

**6. 其他**

其他功能包括数据库管理系统与网络中其他软件系统的通信功能、一个数据库管理系统与其他数据库管理系统或文件系统的数据转换功能、异构数据库之间的互访和互操作功能等。

### 3.1.4 数据库系统

数据库系统（database system）是由计算机硬件、操作系统、数据库、数据库管理系统（及其应用开发工具）、应用程序和数据库系统人员等组成的存储、管理、处理和维护数据的系统。

**1. 硬件**

硬件是存储数据库和运行数据库管理系统的物质基础，其配置应满足整个数据库系统的需要。由于数据库系统数据量往往很大，因此，运行数据库系统的计算机要有足够大的内存、磁盘等硬件设备，以支撑对外存储器频繁访问，提高数据的传输效率。

**2. 数据库**

数据库是指长期存储在计算机内、有组织、可共享的数据的集合。数据库中的数据按一定的数学模型组织、描述和存储，具有较小的冗余、较高的数据独立性和易扩展性，并可为各种用户所共享。

**3. 软件**

数据库系统的软件主要包括：

(1) 数据库管理系统，数据库管理系统是为数据库的建立、使用和维护配置的软件；

(2) 支持数据库管理系统运行的操作系统；

(3) 各种应用程序；

(4) 具有与数据库接口的高级语言及其编译系统，便于开发应用程序。

**4. 人员**

数据库系统人员主要包括系统分析员和数据库设计人员、应用程序员、数据库管理员和最终用户四类。不同类别的人员具有不同的职责分工。

(1) 系统分析员和数据库设计人员。系统分析员负责应用系统的需求分析和规范说明，他们和用户及数据库管理员一起确定系统的硬件配置，并参与数据库系统的概要设计。数据库设计人员负责根据系统的功能需求设计和编写应用系统的程序模块，并进行调试和安装。

(2) 应用程序员。应用程序员负责编写使用数据库的应用程序。这些应用程序可对数据进行检索、建立、删除或修改。

(3) 数据库管理员。数据库管理员（database administrator，DBA）主要负责全面管理和控制数据库系统，决定数据库中信息的内容、存储结构和存取策略，定义数据库的安全性要求和完整性约束条件。同时，监控数据库的使用和运行，负责数据库的性能改进、数据库的重组和重构，以提高系统的性能。

(4) 最终用户。最终用户利用应用系统的用户接口或查询语言访问数据库。数据库系统的最终用户具有不同的层次，不同层次的用户对信息的需求不同。一般根据所需信息的复杂程度，将最终用户分为操作层、管理层和决策层。常用的接口方式有表格操作、菜单驱动、浏览器、随机查询等。

数据库系统的应用领域非常广泛，无论是家庭、企业还是政府部门，都需要使用数据库来存储数据信息。传统数据库很大一部分用于商务领域，如银行、医院、政府部门、证券机构等。例如，销售管理系统用于管理客户和销售人员，及时记录企业的库存、往来账款、产品等信息。

## 3.1.5 数据湖

数据湖（data lake）是一个存储企业的各种各样原始数据的大型仓库，其中的数据可供存取、处理、分析及传输。数据湖通常是企业全量数据的单一存储，包括源系统数据的原始副本，以及用于报告、可视化、高级分析和机器学习等任务的转换数据。数据湖可以包括来自关系型数据库（行和列）的结构化数据、半结构化数据（CSV、日志、XML、JSON）、非结构化数据（电子邮件、文档、PDF）和二进制数据（图像、音频、视频）。

数据湖能给企业带来多种能力，例如，能实现数据的集中式管理，结合先进的数据科学与机器学习技术能帮助企业构建更多优化的运营模型，也能为企业提供其他能力，如预测分析、推荐模型等，这些模型能刺激企业能力的后续增长。

数据湖是大数据应用最常用的数据共享方式，其数据共享机制如图 3-1 所示。

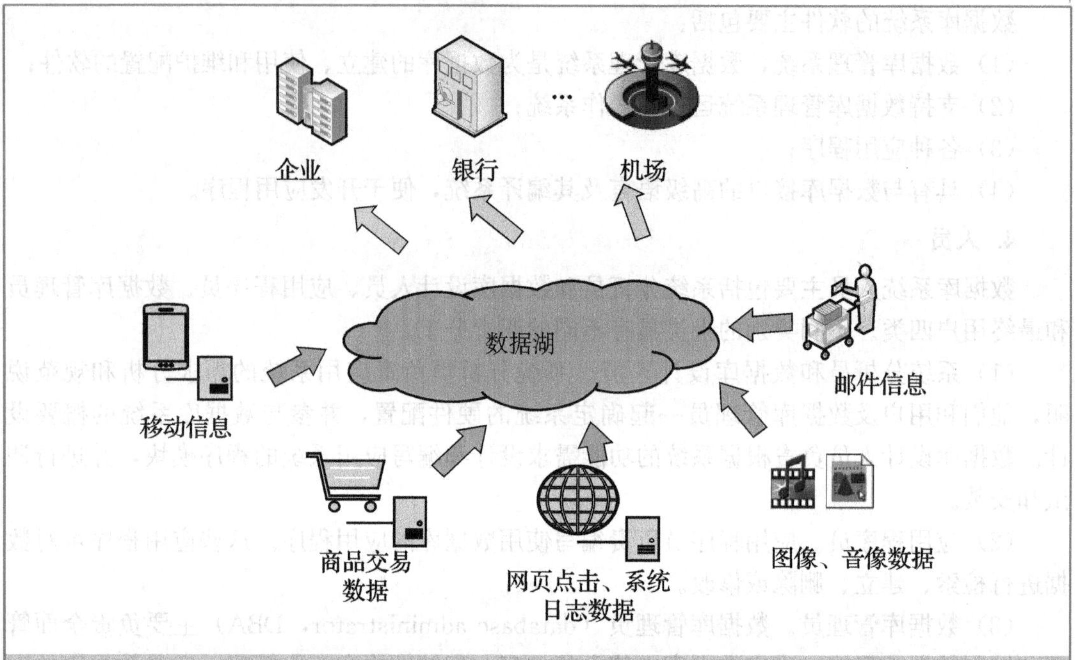


图 3-1 数据湖数据共享机制

数据湖中存储着大量数据，用户根据自身需求，向数据湖发出使用数据的请求，数据湖平台通过请求后，将数据发放给相关用户。然而，数据共享带来的隐私问题仍然是数据湖设计中缺失的部分。其主要表现在两个方面：一是由于整个原始数据集是在不完全信任的对等节点之间交换的，利用数据进行分析的用户可能会在未经数据提供者事先同意的情况下重新分发数据提供者共享的数据以获取利润；二是数据提供者可能无法完全信任数据湖，数据湖可能在没有经过数据提供者同意的情况下将数据重新分发给用户。

## 3.1.6 数据中台

数据中台作为近年来伴随大数据发展而产生的新概念，主要是指在数字化转型过程中，对各业务单元业务与数据的沉淀，构建包含数据技术、数据治理、数据运营等数据管理体系，实现数据赋能。数据中台利用各种数据技术对全域数据进行采集和统一，在优化集成的基础上，对复杂的原始数据进行存储和管理，并通过 DATA API 与各数据管理平台连接，提供高效的数据服务。数据中台不仅具有在大数据平台基础上已经沉淀的采集、计算和存储能力，统一规划数据并实现数据互联互通的治理能力，还可支持数据分析和决策支持等智能应用。

数据中台需要具备数据汇聚整合、数据提纯加工、数据服务可视化、数据价值变现四个核心能力，让企业员工、客户、伙伴能够方便地应用数据。数据中台在具体实施时，要结合技术、资产、数据、服务、运营等五个方面，逐步进行闭环建设，以形成服务应用的完整体系，其建设过程主要由五个关键步骤组成，如图 3－2 所示。

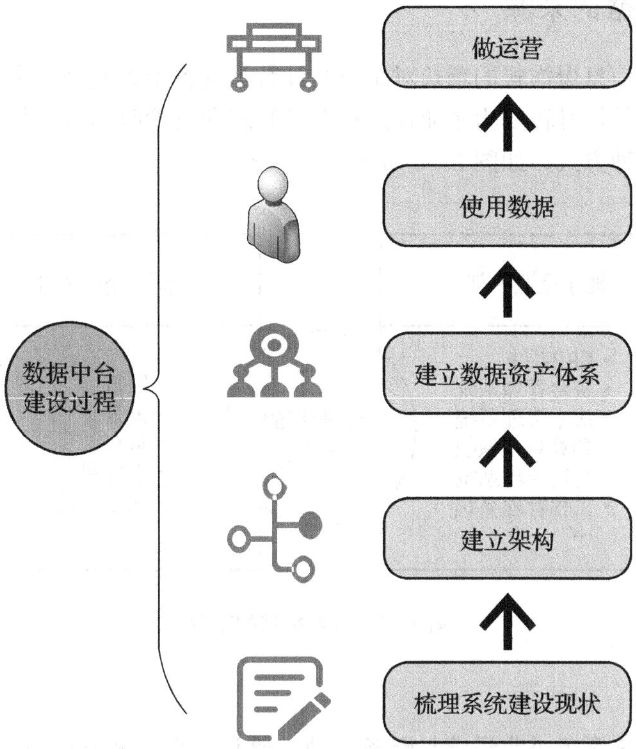


图 3－2　数据中台建设过程

一是理现状，即梳理现有的系统建设、已经拥有的数据以及业务特点等。二是立架构，根据现状形成整体的规划蓝图。三是建资产，结合数据架构的整体设计，构建既符合场景需求又满足数据架构要求的数据资产体系。四是用数据，从应用场景出发，将已经构建的数据资产通过服务化方式，应用到具体的业务中，发挥数据价值。五是做运营，数据应用于业务后，其产生的价值通过运营能力不断优化迭代，并让更多的人感知到数据的价值点。简言之，数据中台的目标是使数据持续使用，并通过其提供的工具、方法和运行机制将数据转化为服务能力，使数据更便于使用。

## 3.2　会计数据概述

会计数据是在会计事项处理中，以单、证、账、表等形式表现的各种未加工的数字、字母与特殊符号的集合。在大数据时代，会计数据类型可分为三类。一是结构化数据，这部分数据存储在系统的数据库中，能够用二维表的方式进行表示，比如报表、销售单等。二是半结构化数据，这种结构的数据大多存储在 Web 上，比如年报、季报等各种财务报告。因此，这种数据是可以被搜索的。三是非结构化数据，也就是能够被我们感知到的数据，例如视频、音频等。

### 3.2.1 会计数据的来源

大数据时代，信息爆炸式的增长对企业会计数据的各个方面都产生了不同的影响，会计数据由简单的记录符号转变为企业在进行财务管理和决策时的重要信息依据，其来源主要有内部和外部两种方式，如图 3-3 所示。

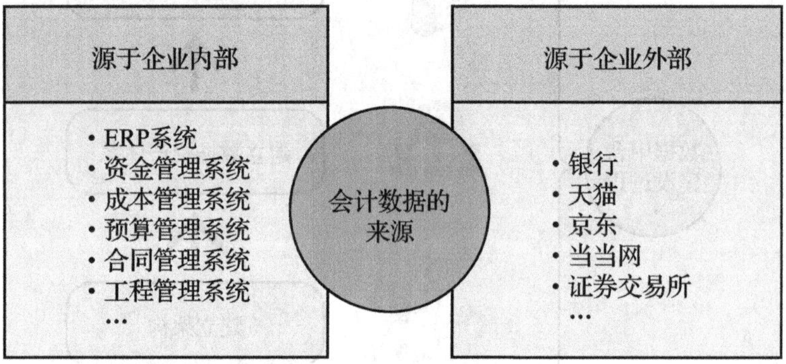


图 3-3 会计数据的来源

**1. 来自内部**

内部数据主要来源于企业经营与财务活动，通常表现为来自企业 ERP 系统、资金管理系统、成本管理系统、预算管理系统、合同管理系统、工程管理系统等软件系统的数据。对于这种会计数据来源，软件系统一般都提供 Excel/DBF/Text 等数据导出格式，可以通过软件系统提供的数据导出功能实现数据采集。如果软件系统没有数据导出功能，一方面可以进入系统数据库管理系统，通过 SQL 命令进行数据采集；另一方面可以使用 RPA 财务机器人，直接在软件系统数据操作窗口进行会计数据抓取。

**2. 来自外部**

外部数据来源更加复杂，较为广泛，包括来自银行、证券交易所等金融机构的交易数据、行情数据，以及天猫、京东、当当网等电子商务平台的交易数据和价格数据。类似于当当网这种通过互联网发展起来的网上书店，则通过存储顾客的搜索路径、浏览记录、购买记录等大量半结构化、非结构化数据来分析顾客的购买倾向，通过机器学习的方式来预测顾客感兴趣的书籍类型。在开展会计工作过程中，这些都是需要考虑的重要会计因素。这些半结构化、非结构化的会计数据是企业开展管理会计工作重要的数据来源。

### 3.2.2 会计数据的内容

随着企业会计工作重心由财务会计向管理会计的转移，现代企业的财务工作已经不再拘泥于单一的财务数据。而大数据时代的到来，使得企业的财务管理与决策不再是凭经验和直觉，而是更多基于财务数据和非财务数据的融合与分析、挖掘应用，这样才能从深度和广度上反映企业整个业务流程和业务链信息，综合地衡量企业业务运行状态和运行结果，为经营管理决策提供更有力、更全面的信息支持。此外，如何将企业的经济业务数据与会计、财务及资本市场数据结合起来，提高会计信息质量，建立经营业绩和公司财务绩效的相关性和因果关系，对企业的经营决策也具有重要的意义。

会计数据是各种未加工的数字、字母与特殊符号的集合，是服务于财务会计与管理会计的核心数据，其主要内容如图 3-4 所示。

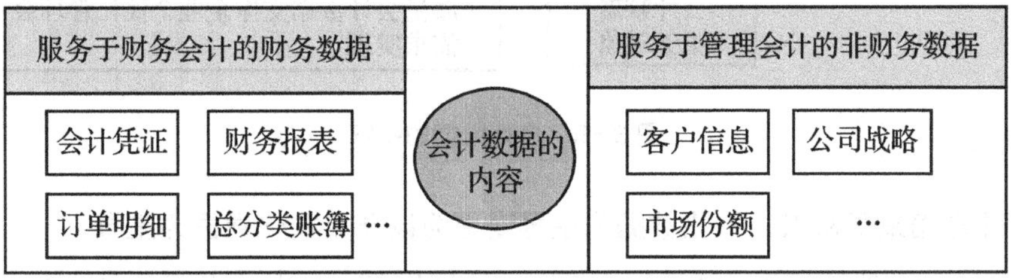


图3-4　会计数据的内容

**1. 服务于财务会计的财务数据**

财务数据主要服务于企业的财务会计应用。财务数据主要指会计凭证、财务报表、总分类账簿、订单明细等原始数据，主要反映资金运动方面的信息。这部分数据通常是结构化的，主要源自企业内部，易于分析、管理和使用。财务数据的数据量有限，时效性差。通常只能反映报表层面的一些信息，并不能反映企业所面临的机会和风险，也不能将企业的价值充分体现出来。在会计工作中，只有保障了财务数据的数量性，才能提高会计信息的质量以及多样性。大数据时代的到来、基于财务数据的积累以及机器学习算法和机器人流程自动化技术的应用，使得智能自动化的会计核算成为可能。

**2. 服务于管理会计的非财务数据**

非财务数据主要服务于企业的管理会计应用，这部分数据来源广泛，数量繁多，主要包括来自企业内部的结构化数据，以及来自企业外部的半结构化和非结构化数据。管理会计是企业内部的会计，是基于财务数据和非财务数据融合，从数据到决策的一个过程。这个过程需要大量的非财务数据做支撑，这就要求财务分析人员充分利用大数据技术进行数据的采集、清洗、集成、变换等预处理操作。非财务数据的应用能够弥补财务数据的局限性，增加决策的科学性，主要涉及传统管理会计的销售预测、业务预算等，以及战略管理会计的价值链分析、作业成本计算、竞争对手分析、产品生命周期成本计算、绩效评价、质量成本分析、目标成本计算、客户分析和人力资源管理会计等应用。

## 3.2.3　会计数据的特征

在大数据时代，会计数据在数据的来源、价值、形式等方面呈现出了重要的新特征，并且这些特征对企业的会计工作提出了新的要求，如图 3-5 所示。

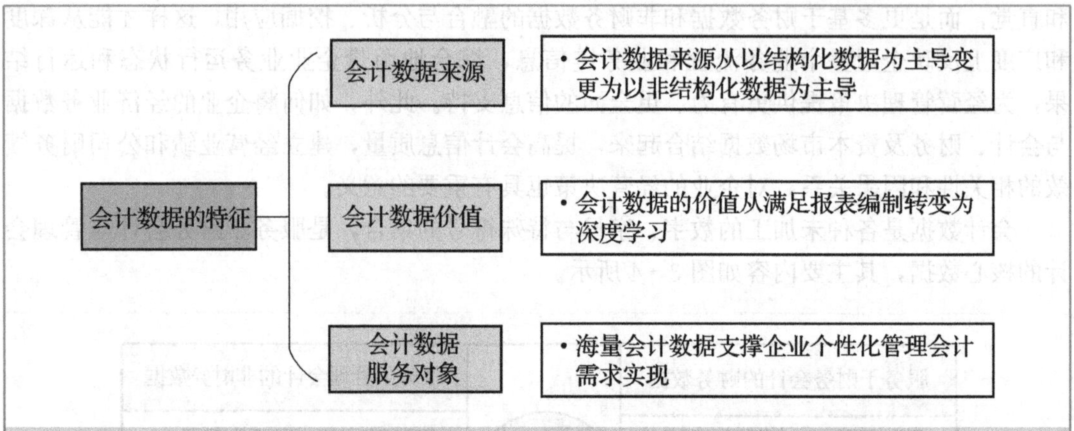


图 3-5　会计数据的特征

**1. 会计数据来源从以结构化数据为主导变更为以非结构化数据为主导**

随着云会计得到越来越广泛的运用，同一套软件要满足大量不同企业的需求，此时若还采取严格统一的结构化数据存储措施，必然将大大削弱云计算系统的灵活性。由于非结构化数据往往占据企业数据总量的70%以上，因此目前财务软件的开发厂商更关注非结构化数据的采集与结构化处理。对于企业会计工作而言，要把握新型会计数据中的巨大价值，进行深入分析和挖掘，挖掘得越多就越有竞争优势。

**2. 会计数据的价值从满足报表编制转变为深度学习**

随着大数据时代非结构化财务数据的大量涌入，简单提取数据已经无法最大限度地实现数据的价值，数据成为使用者深入学习的对象。对数据的深入学习要求使用者必须对数据进行文本分析、自然语言处理、深入挖掘内容等，才能够最大限度地获得数据的内在价值。对获得的会计数据进行详细的解读和定向的分析，甚至在会计数据的基础上加入对人们行为趋势的预判，使得会计数据具有预测未来趋势的能力。

**3. 海量会计数据支撑企业个性化管理会计需求实现**

大数据时代的会计是财务会计与管理会计协同，管理会计应用为重心的会计。企业建设的财务系统和业务系统会随着企业的生产经营活动不断生成与传播海量数据，这使得每一个会计期间都需要处理大量的数据。会计数据的容量呈现爆炸式增长，企业对于数据的分析与挖掘需求也在迅速膨胀，信息越来越容易获取，所以企业重在寻找对自己有价值、能够满足管理会计个性化需求的会计数据信息。

## 3.3　数据管理技术的发展

数据库技术是应数据管理任务的需要而产生的。数据管理是指对数据进行分类、组织、编码、存储、检索和维护，它是数据处理的中心问题。数据处理是指对各种数据进行收集、存储、加工和传播的一系列活动的总和。数据管理技术经历了人工管理、文件系统和数据库系统三个阶段，如图 3－6 所示。

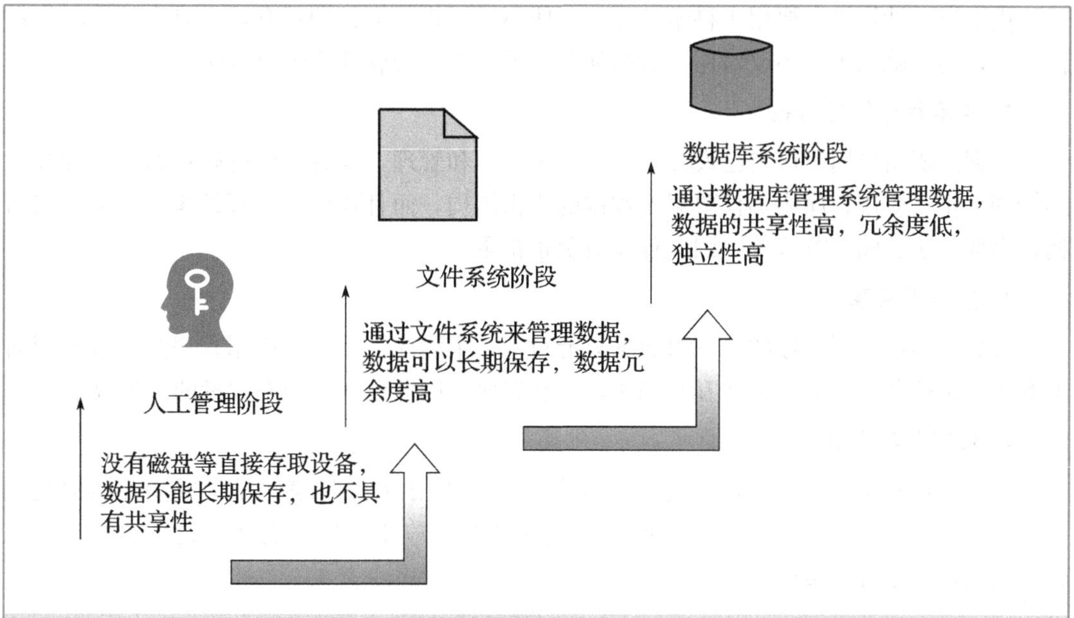


图 3－6 数据管理技术发展的三个阶段

## 3.3.1 人工管理阶段

在 20 世纪 50 年代初，计算机开始应用于数据处理。当时没有磁盘等直接存取设备，只有纸带、卡片、磁带等外存，也没有操作系统和管理数据的专门软件。对数据的管理没有统一格式，程序之间存在大量重复数据。数据处理的方式是批处理。人工管理阶段数据具有如下特点，如图 3－7 所示。

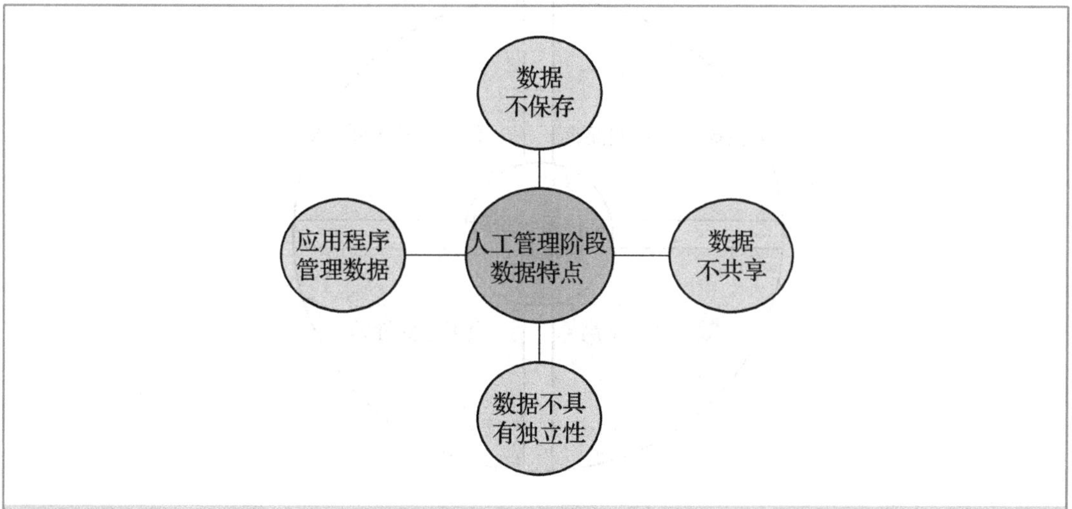


图 3－7 人工管理阶段数据特点

**1. 数据不保存**

由于当时计算机主要用于科学计算，一般不需要将数据长期保存，只是在计算时将数据输入，用完就撤走。不仅对用户数据如此处置，对系统软件有时也是这样。

**2. 应用程序管理数据**

数据需要由应用程序自己设计、说明（定义）和管理，没有专门的软件系统负责数据的管理工作。应用程序中不仅要规定数据的逻辑结构，而且要设计物理结构，包括存储结构、存取方法、输入方式等，因此程序员负担很重。

**3. 数据不共享**

数据是面向应用程序的，一组数据只能对应一个程序。当多个应用程序涉及某些相同的数据时必须各自定义，无法互相利用、互相参照，因此程序之间有大量的冗余数据。

**4. 数据不具有独立性**

程序依赖数据，如果数据的类型、格式或输入/输出方式等逻辑结构或物理结构发生变化，必须对应用程序做相应的修改。数据完全依赖应用程序，也就是说数据缺乏独立性，这就加重了程序员的负担。

## 3.3.2 文件系统阶段

从 20 世纪 50 年代后期到 60 年代末为文件系统阶段，应用程序通过文件系统来管理数据。文件系统为程序与数据之间提供了一个公共接口，使应用程序采用统一的存取方法来存取、操作数据，程序与数据之间不再是直接的对应关系，因而程序和数据有了一定的独立性。数据文件仍依赖应用程序，数据独立性较差，依然有较高的数据冗余。文件系统阶段数据特点如图 3-8 所示。

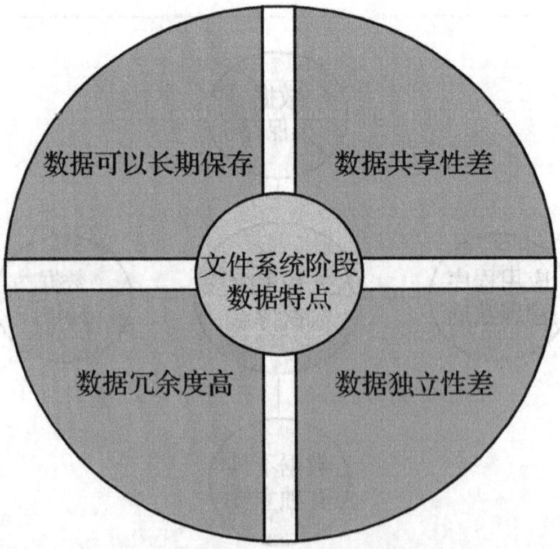


图 3-8　文件系统阶段数据特点

**1. 数据可以长期保存**

数据存放在数据文件中，数据文件可以长期保存在外存中，需要时把数据文件调入内存。因此，可经常方便地对文件进行检索、修改、插入和删除等操作。

**2. 由文件系统管理数据**

由专门的文件系统进行数据管理。文件系统把数据组织成相对独立的数据文件，利用按文件名访问、按记录进行存取的管理技术，提供了对文件进行打开与关闭、对记录读取和写入等存储方式。文件系统实现了记录内的结构性。但是，仍然存在以下不足之处。

（1）数据共享性差，冗余度高。在文件系统中，文件仍然是面向应用的。当不同的应用程序具有部分相同的数据时，也必须建立各自的文件，而不能共享相同的数据，因此数据的冗余度高。同时，由于相同数据的重复存储、各自管理，容易造成数据的不一致。

（2）数据独立性差。文件系统中的文件是为某一特定应用服务的，文件的逻辑结构是针对具体的应用设计和优化的，因此要想对文件中的数据再增加些新的应用有一定的难度，而且当数据的逻辑结构改变时，应用程序中文件结构的定义必须修改，应用程序中对数据的使用也要改变。所以数据依赖应用程序，缺乏独立性。可见，文件间是孤立的，不能反映现实世界事物间的内在联系。

## 3.3.3　数据库系统阶段

数据库系统阶段是20世纪60年代末在文件系统阶段基础上发展起来的。软件不断发展，人们克服了文件系统的不足，开发了一类新的数据管理软件——数据库管理系统，利用此软件系统进行数据管理，将数据管理技术推向更高的阶梯。与文件系统阶段相比，数据库系统阶段数据特点如图3-9所示。

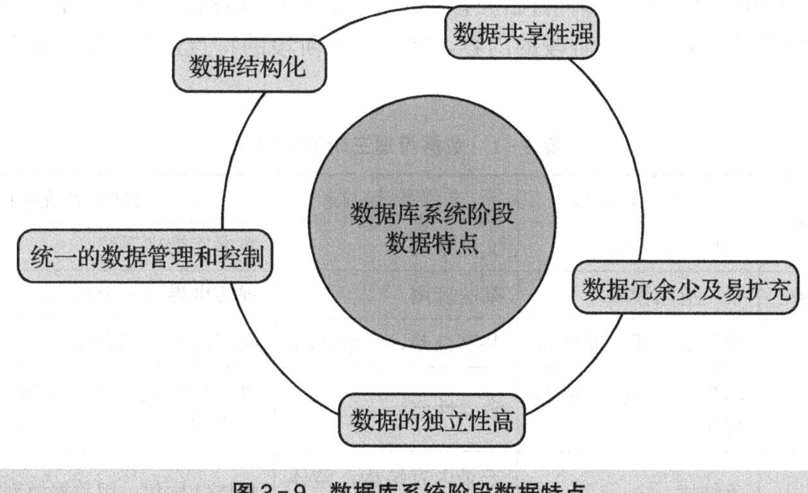


**图3-9　数据库系统阶段数据特点**

**1. 数据结构化**

有了数据库管理系统之后，数据库中的数据是公共的，其不属于任何应用。数据结构化是数据库的主要特征之一，也是数据库系统与文件系统的本质区别。在文件系统中，独立文件内部的数据一般是有结构的，但文件之间不存在联系，因此在文件系统阶段，从数据的整体上看是没有结构的。虽然数据库系统也常常分成许多单独的数据文件，并且文件内部具有完整的数据结构，但是它更注重同一数据库中各数据文件之间的相互联系，数据整体是有结构的。因此，数据库系统阶段在描述数据时不仅要描述数据本身，还要描述数据之间的联系。

**2. 数据的独立性高**

数据的独立性是指数据与应用程序之间的关联性。在数据库系统中，由于数据库管理系统的管理，应用程序既不存储数据，也不存储数据的逻辑结构。当用户需要数据时，数据库管理系统把数据库中的数据转换成用户需要的格式供用户使用。当数据库中数据的实际存储方式和逻辑结构改变时，数据库管理系统可以改变数据的转换方式，使得用户面对数据的逻辑结构保持不变。数据与程序的相互独立也减少了应用程序的维护工作。

**3. 数据共享性强、冗余少及易扩充**

数据不再针对某一个具体应用，而是面向整个系统，数据可被多个用户和多个应用共享使用，即可以同时存取数据库中的数据，甚至可以同时存放数据库中的同一个数据，而且很容易扩展增加新的应用，所以数据的共享性强且易扩充。数据共享可大大减少数据冗余。

**4. 统一的数据管理和控制**

为确保数据库数据的正确有效和数据库系统的有效运行，数据库管理系统提供数据安全性控制、数据完整性控制、并发控制、数据恢复四个方面的数据控制功能。在数据库管理系统的管理下，只有合法用户才可以访问其有权访问的数据，这极大提高了数据的安全性。同时，数据库管理系统提供并发控制手段，使得多个用户程序对数据库的数据进行操作时，能得到有效控制。

数据管理经历的各个阶段都有自己的背景及特点，数据管理技术也在发展中不断地完善，综合上述数据管理技术发展三阶段的内容，现将三个阶段的特点进行比较，归纳如表 3－1 所示。

**表 3－1　数据管理三阶段比较**

| 项目 | 人工管理阶段 | 文件系统阶段 | 数据库系统阶段 |
|---|---|---|---|
| 数据管理者 | 用户（程序员） | 文件系统 | 数据库管理系统 |
| 数据面向对象 | 某一应用程序 | 某一应用 | 现实世界（一个部门、企业等） |
| 数据共享程度 | 无共享、冗余度极高 | 共享性差，冗余度高 | 共享性强，冗余少 |
| 数据独立性 | 不独立，完全依赖程序 | 独立性差 | 具有高度物理独立性和一定的逻辑独立性 |
| 数据结构化 | 无结构 | 记录内有结构，整体无结构 | 整体结构化，用数据模型描述 |
| 数据控制能力 | 应用程序自己控制 | 应用程序自己控制 | 由数据库管理系统提供数据安全性、完整性，并发控制和数据恢复 |

# 3.4 数据模型

## 3.4.1 数据模型的概念

模型可更形象、直观地揭示事物的本质特征，使人们对事物有更加全面、深入的认识，从而可以帮助人们更好地解决问题。利用模型对事物进行描述是人们在认识和改造世界过程中广泛采用的一种方法。由于计算机不能直接处理现实世界中的客观事物，而数据库系统正是使用计算机技术对客观事物进行管理，因此就需要对客观事物进行抽象、模拟，以建立适合数据库系统进行管理的数据模型。

数据模型（data model）是数据特征的抽象，它从抽象层次上描述了系统的静态特征、动态行为和约束条件，为数据库系统的信息表示与操作提供一个抽象的框架。数据模型是数据库设计中用来对现实世界进行抽象的工具，是数据库中用于提供信息表示和操作手段的形式构架。数据模型是数据库系统的核心和基础。

## 3.4.2 数据模型的分类

数据模型的建立应满足三个方面的要求：一是能比较真实地模拟现实世界；二是容易理解；三是便于在计算机上实现。就目前来看，一种数据模型能同时满足三个方面的要求还比较困难。因此，在数据库系统中针对不同的使用对象和应用目的，采用不同的数据模型。按照应用的目的不同，数据模型可分为概念数据模型、逻辑数据模型和物理数据模型三类，如图 3-10 所示。

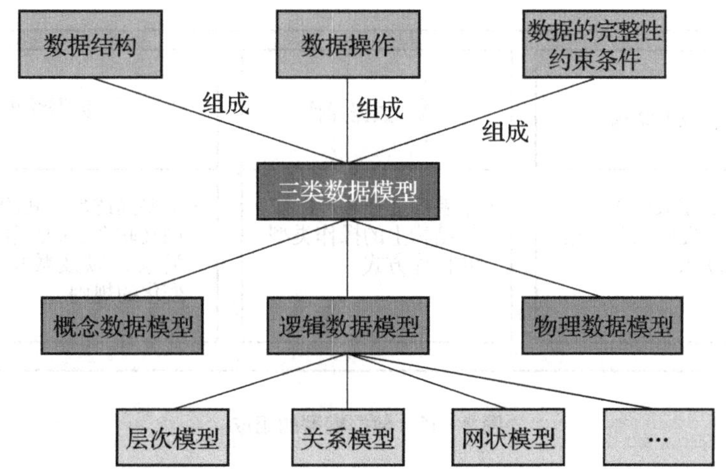


图 3-10 数据模型的分类

**1. 概念数据模型**

概念数据模型（conceptual data model），是按用户的观点来对数据和信息建模，是一种面向用户、面向客观世界的模型，主要用来描述世界的概念化结构，用于数据库设计。概念数据模型实际上是现实世界到机器世界的一个中间层次，用于信息世界的建模，是现实世界到信息世界的第一层抽象，是数据库设计人员进行数据库设计的有力工具，也是数据库设计人员和用户之间进行交流的语言。概念数据模型与具体的数据库管理系统无关，它必须换成逻辑数据模型，才能在数据库管理系统中实现。概念数据模型中最常用的是E-R模型、扩充的E-R模型、面向对象模型及谓词模型。

**2. 逻辑数据模型**

逻辑数据模型（logical data model），是一种按计算机的观点对数据建模、面向数据库系统的模型，它是具体的数据库管理系统所支持的数据模型，主要包括网状模型、层次模型、关系模型、面向对象数据模型、对象关系数据模型、半结构化数据模型等。这类模型既要面向用户，又要面向系统，主要用于数据库管理系统的实现。

**3. 物理数据模型**

物理数据模型（physical data model），是对数据最底层的抽象，是一种面向计算机物理表示的模型。该模型描述了数据在存储介质上的表示方式和存取方法，它不但与具体的数据库管理系统有关，而且与操作系统和硬件有关。每一种逻辑数据模型在实现时都有其对应的物理数据模型。数据库管理系统为了保证其独立性与可移植性，大部分物理数据模型的实现工作由系统自动完成，而数据库设计只设计索引、聚集等特殊结构。终端最终用户则无须考虑物理环节的设计。

## 3.4.3 数据模型的组成

数据模型通常由数据结构、数据操作和数据约束组成，如图3-11所示。

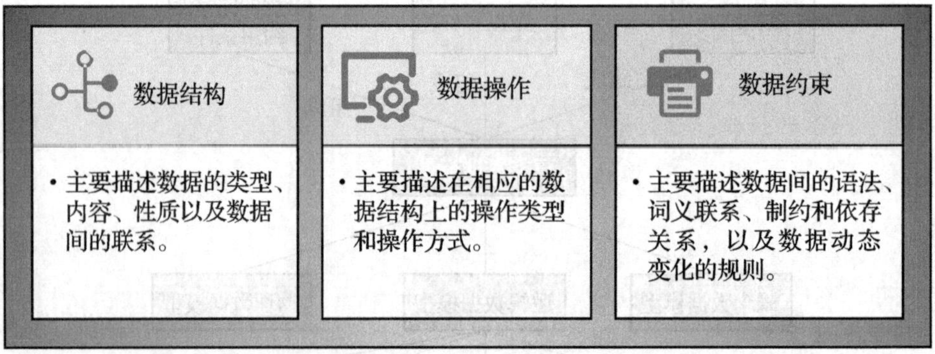


图3-11 数据模型的组成

**1. 数据结构**

数据模型中的数据结构主要描述数据的类型、内容、性质以及数据间的联系等。数据结构是数据模型的基础，数据操作和约束都建立在数据结构上。不同的数据结构具有不同的操作和约束。数据结构刻画数据模型性质的重要方面，通常用数据结构的类型来命名数据模型。例如，层次结构对应层次模型，网状结构对应网状模型，关系结构对应关系模型，以及非关系结构对应非关系模型。关系型和非关系型数据结构是本书讲解的重点，分别对应本书第 4 章和第 5 章关系型数据库以及第 6 章非关系型数据库的内容。

**2. 数据操作**

数据模型中的数据操作主要描述在相应的数据结构上的操作类型和操作方式，对数据库中各种对象的实例允许执行的操作的集合，包括操作及有关的操作规则。数据操作类型包括查询和更新（插入、删除、修改）操作。本书第 5 章、第 6 章将围绕销售基本业务对销售基本业务数据库中的数据进行操作。

**3. 数据约束**

数据模型中的数据约束主要描述数据结构内数据间的语法、词义联系、制约和依存关系，以及数据动态变化的规则，以保证数据的正确、有效和相容。数据约束是一组完整性规则的集合，包含实体完整性、参照完整性、用户定义完整性。数据约束反映和规定必须遵守的基本的通用的完整性约束条件，提供定义完整性约束条件的机制，以反映具体应用所涉及的数据必须遵守的特定的语义约束条件。例如，在某公司销售员的季度销售额必须达到 500 万元，否则无季度奖金。

## 3.4.4　常用的数据模型

数据发展过程中产生了层次模型、网状模型和关系模型三种基本模型。这三种模型是按其数据结构命名的。前两种采用格式化的结构，在这类结构中实体用记录型表示，而记录型抽象为图的顶点，记录型之间的联系抽象为顶点间的连接弧，整个数据结构与图相对应。其中，层次模型的基本结构是树形结构；网状模型的基本结构是一个不加任何限制条件的无向图；关系模型为非格式化的结构，用单一的二维表的结构表示实体及实体之间的联系，关系模型是目前数据库中常用的数据模型。

**1. 层次模型**

层次模型是数据库系统中最早出现的数据模型。层次模型将数据组织成一对多关系的结构，用树形结构表示实体及实体间的联系。在企业工作中，许多实体之间呈现一种很自然的层次关系，如销售部门的组织关系，如图 3－12 所示。

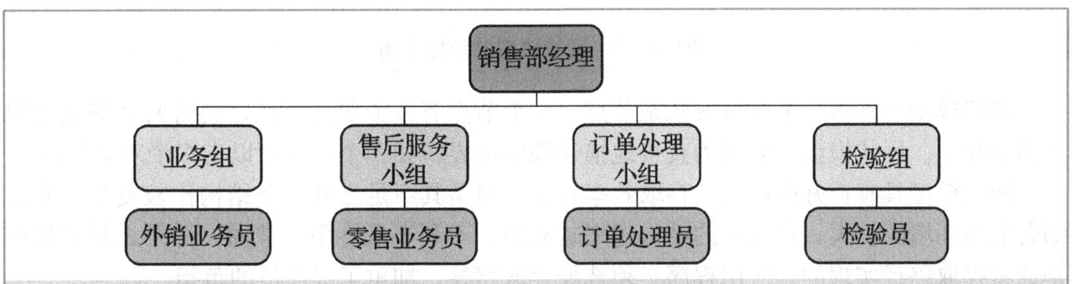


**图 3－12　销售部门的组织关系**

（1）层次模型的定义。同时满足两个条件的基本层次联系的集合为层次模型。一是模型中有且只有一个节点，没有双亲节点，这个节点称为根节点。二是根以外的其他节点有且只有一个双亲节点。

（2）层次模型有以下两个特点：

1）有且仅有一个根节点；

2）非根节点都有且仅有一个父节点。

（3）层次模型的优缺点。

层次模型具有以下优点：

1）数据结构比较简单清晰；

2）查询效率高，性能优于关系模型，不低于网状模型；

3）提供了良好的完整性支持。

同时，层次模型具有以下缺点：

1）节点之间的多对多联系表示不自然；

2）对插入和删除操作的限制多，应用程序的编写比较复杂；

3）在层次模型中查询子女节点必须通过双亲节点；

4）层次数据库的命令（语言）趋于程序化。

**2. 网状模型**

现实世界中事物之间的联系更多的是非层次关系的，用层次模型表示非树形结构很不直接，于是引出网状模型。网状模型用连接指令或指针来确定数据间的网状连接关系，是具有多对多类型的数据组织方式。

满足下面两个条件的基本层次联系的集合，称为网状模型。一是允许一个以上的节点无双亲节点；二是一个节点可以有多于一个的双亲节点。网状模型的数据结构如图 3－13 所示。

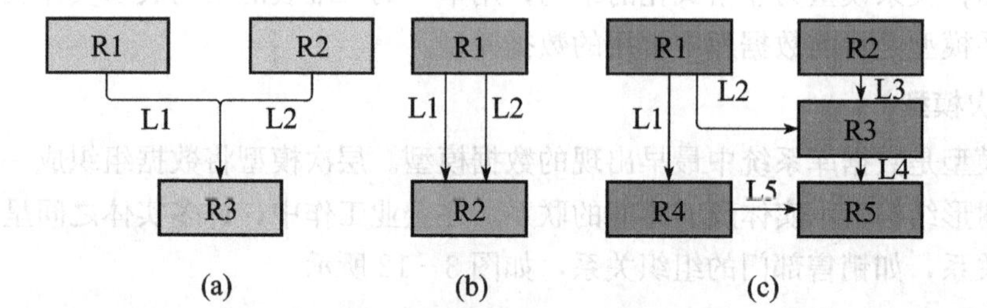


图 3－13　网状模型的数据结构

网状模型允许多个节点没有双亲节点，一个节点有多个双亲节点，同时两个节点之间有多种联系。网状模型能够更为直接地描述现实世界，如一个节点可以有多个双亲节点。

网状模型具有良好的性能，存取效率较高。但是其不足之处在于结构比较复杂，而且随着应用环境的扩大，数据库的结构越来越复杂，不利于最终用户掌握；记录之间的联系是通过存取路径实现的，应用程序必须选择存取路径，加重了程序员的负担。

**3. 关系模型**

关系模型以记录组或数据表的形式组织数据，便于利用各种实体与属性之间的关系进行存储和变换，不分层也无指针，是建立空间数据和属性数据之间关系的一种非常有效的数据组织方法。

(1) 关系模型的数据结构。与前面两种模型不同的是，关系模型由一组关系组成。在用户观点下，关系模型中数据的逻辑结构是一张二维表，如表3-2所示。关系型数据库系统采用关系模型作为数据的组织方式，计算机厂商推出的数据库管理系统几乎都支持关系模型。

**表3-2 商品信息表**

| 商品编码 | 商品名称 | 计量单位 |
|---|---|---|
| PRO0001 | 面包片油炸机 | 台 |
| PRO0002 | 漂洗机 | 台 |
| PRO0003 | 提升机 | 台 |
| PRO0004 | 无锈宽网带传送机（机架可拆） | 台 |
| PRO0005 | 圆筒式撒粉机 | 台 |
| PRO0006 | 中级油油炸机 | 台 |
| PRO0007 | 真空油炸机 | 台 |

(2) 关系模型的术语。了解关系模型中的常见术语是掌握关系模型的基础，关系模型的常用术语如表3-3所示。

**表3-3 关系模型的术语**

| 关系术语 | 概念 |
|---|---|
| 关系名 | 表名 |
| 关系模式 | 对关系的描述 |
| 关系 | 一个关系通常是（一张）二维表 |
| 元组 | 表中的一行 |
| 属性 | 表中的列 |
| 主属性 | 关系中某一属性组的值能唯一标识一个元组，而其子集不能 |
| 分量 | 一条记录中的一个列值 |

(3) 关系模型的特点。根据关系模型的结构特征，现将关系模型的特点归纳如下：

1) 关系的列是同质的，即每一列中的分量是同一类型的数据；

2) 关系中不同的属性要给予不同的属性名；

3) 关系中元组和属性的顺序可以任意交换；

4) 关系中的分量必须取原子值，即每一个分量必须是不可分的数据项。

(4) 关系模型的数据操纵与完整性约束。关系模型是集合操作，操作对象和操作结果都是关系，包括查询、插入、删除、更新。这些操作必须满足关系的完整性约束条件。关系的完整性约束条件包括实体完整性、参照完整性和用户定义完整性三大类，如表3-4所示。

表 3-4 关系的完整性约束

| 关系的完整性约束条件 | 规则 | 举例 |
| --- | --- | --- |
| 实体完整性 | 若属性 A 是基本关系 R 的主属性，则 A 不能取空值 | 销售业绩（姓名，职工号，销售额），其中职工号不能为空 |
| 参照完整性 | 如果属性集 K 是关系模式 R1 的主键，K 也是关系模式 R2 的外键，那么 R2 的关系中，K 的取值只允许有两种可能，或者为空值，或者等于 R1 关系中某个主键值 | 客户信息表（客户编码，地域编码，客户名称）<br>地域信息表（地域编码，地域名称） |
| 用户定义完整性 | 针对某一具体关系型数据库的约束条件 | 职工号只能由 3 个阿拉伯数字构成 |

（5）关系模型的优缺点。

关系模型的优点包括数据结构简单清晰，用户易懂。关系模型的存取路径对用户透明，因此具有更高的数据独立性、更好的安全保密性，简化了程序员的工作和数据库开发建立的工作。

关系模型也存在不足，由于存取路径对用户透明，查询效率往往不如格式化数据模型。为提高性能，必须对用户的查询请求进行优化，增加了开发数据库管理系统的难度。

## 3.5 数据库系统的体系结构

数据库系统的体系结构可分为三个层次：模式、外模式和内模式。外模式和模式之间的映像以及模式与内模式之间的映像由数据库管理系统来实现，内模式与数据库物理存储之间的转换则由操作系统来完成。

### 3.5.1 三级模式

数据库系统的三级模式结构由模式、外模式和内模式构成。一个数据库只有一个内模式和一个模式。一个模式对应多个外模式。一个外模式可以被多个应用程序使用，但是一个应用程序只能使用一个外模式，如图 3-14 所示。

**1. 模式**

模式也称逻辑模式（logical schema）或概念模式（conceptual schema），是数据库中全部数据的逻辑结构和特征的总体描述，是所有用户的公共数据视图。模式是数据库系统模式的中间层。一般而言，一个数据库只有一个模式。模式是数据库系统模式结构的中心，与数据的物理存储细节和硬件环境无关，也与具体的应用程序、开发工具及高级程序设计语言无关。

定义模式时不仅要定义数据的逻辑结构，例如数据记录由哪些数据项构成，数据项的名字、类型、取值范围等，而且要定义数据之间的联系，定义与数据有关的安全性、完整性要求。数据库管理系统提供模式数据定义语言（模式 DDL）来严格地定义模式。

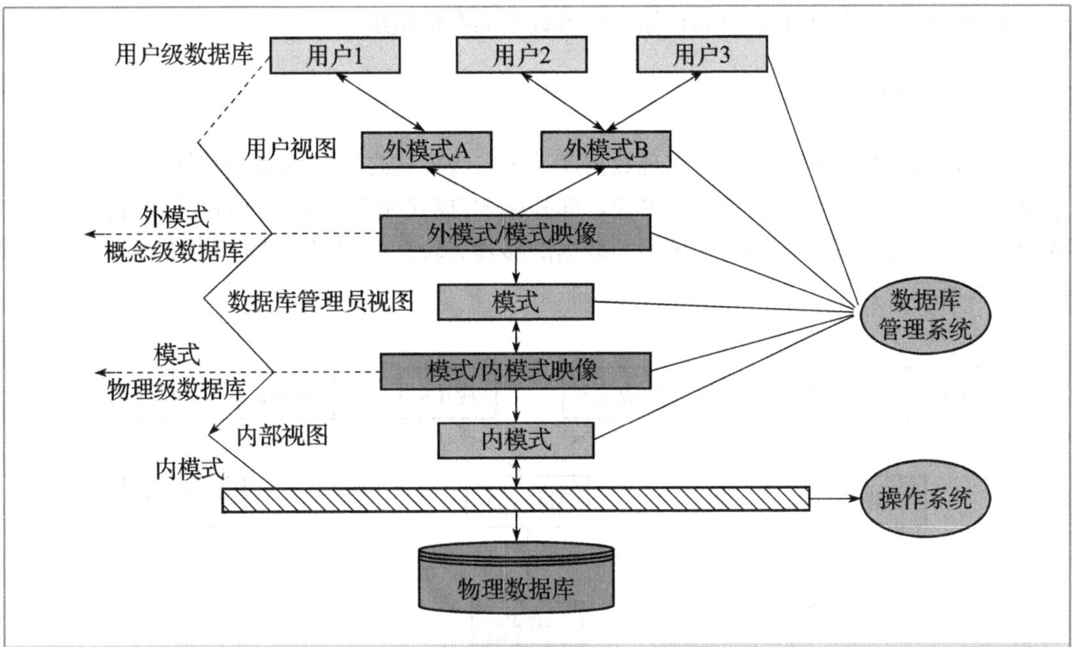


图3-14　数据库系统的三级模式结构

例如：学生记录。

记录型：(学号，姓名，性别，系别，年龄，籍贯)。

该记录型的一个记录值：(900201，李明，男，计算机，22，江苏)。

**2. 外模式**

外模式（external schema）也称为子模式（subschema）或用户模式（user schema），是数据库用户使用的局部数据的逻辑结构和特征的描述，是数据库用户能够看见和使用的局部数据的逻辑结构和特征描述，是与某一应用有关的数据的逻辑表示。一个外模式可以为多个应用系统所使用，一个应用程序只能使用一个外模式。

用户可以使用数据定义语言（DDL）和数据操纵语言（DML）来定义数据库的结构和对数据库进行操纵。外模式主要用来描述组成用户视图各个记录的组成、相互联系、数据的完整性和安全性、数据项的特征等。从安全性角度来看，外模式是保证数据库安全性的一项有力措施。

**3. 内模式**

内模式（internal schema）也称存储模式（storage schema）或物理模式（physical schema)，是数据物理结构和存储方式的描述，是数据在数据库内部的组织方式。例如，记录的存储方式是顺序存储、按照B树结构存储还是按Hash方法存储；数据是否压缩存储，是否加密；数据的存储记录结构有何规定，如定长结构还是变长结构，一个记录不能跨物理页存储；等等。一个数据库只有一个内模式。

内模式对应物理级数据库，内模式是所有模式中最低层的表示，不同于物理层，假设外存是一个无限性的地址空间，内模式定义的是存储记录的类型、存储域的表示以及存储记录的物理顺序，是指引索引和存储路径等数据的存储组织。

### 3.5.2 二级映像

为了能够在数据库系统内部实现数据库系统三级模式之间的联系和转换，数据库管理系统在这三级模式之间提供了两层映像，即外模式/模式映像和模式/内模式映像。数据库的两级映像功能保证了数据库系统中的数据能够具有较高的逻辑独立性和物理独立性，如图 3－15 所示。

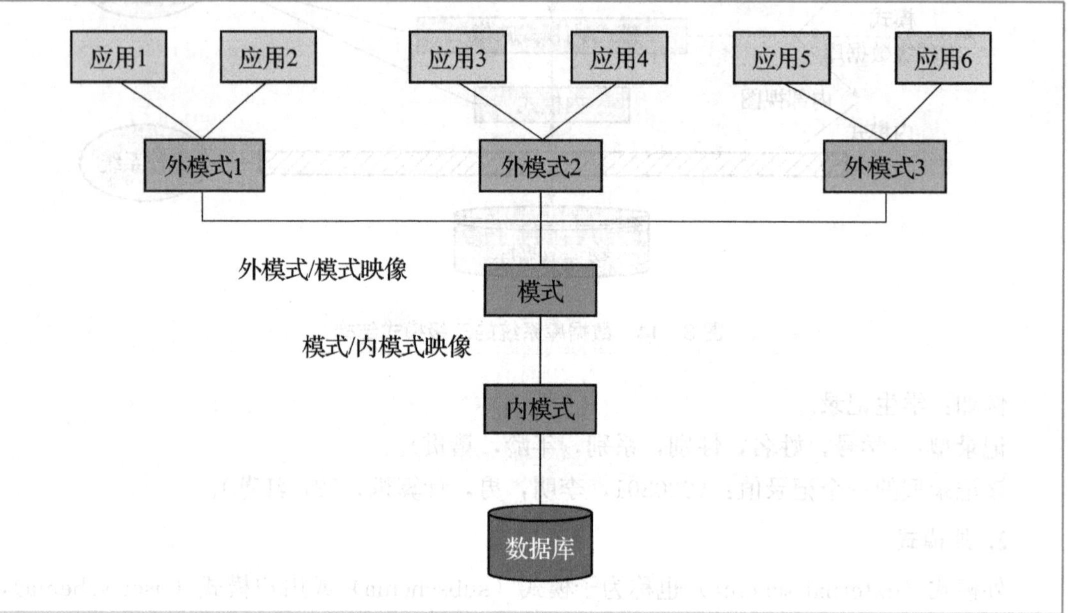


**图 3－15 数据库系统的二级映像**

**1. 外模式/模式映像**

外模式描述的是数据的局部逻辑结构，模式描述的是数据的全局逻辑结构。一个模式可以有任意多个外模式。对于每一个外模式，数据库系统都有一个外模式/模式映像，用于定义外模式和模式之间的对应性。

如果模式改变，如在原有的记录型之间增加新的联系，或在某些记录型中增加新的数据项，由数据库管理员对各个外模式/模式映像做相应的改变，可以使数据的局部逻辑结构不变，即外模式保持不变。由于应用程序根据数据的外模式编写，从而使应用程序不必修改，保证了数据和程序的逻辑独立性，这也称为数据的逻辑独立性。

**2. 模式/内模式映像**

数据库只有一个模式，也只有一个内模式，所以模式/内模式映像也是唯一的，其定义了数据全局逻辑结构和存储结构之间的对应关系。

如果数据库系统的存储结构改变，由数据库管理员对各个模式/内模式映像做相应的改变，可以使模式保持不变，即把存储结构变化的影响限制在模式之下，这使数据的存储结构和存储方法较高地独立于应用程序，通过映像功能保证数据存储结构的变化不影响数据的全局逻辑结构，从而使应用程序不必修改，保证了数据和程序的物理独立性，这也称为数据的物理独立性。

## 3.6 数据库的安全性

数据库的安全性是指保护数据库以防止不合法使用所造成的数据泄露、更改或破坏。安全性问题不是数据库系统独有的，所有计算机系统都有这个问题。只是在数据库系统中大量数据集中存放，而且被许多最终用户直接共享，安全性问题更为突出。

### 3.6.1 数据库安全性威胁因素

对数据库安全性产生威胁的因素主要包括以下三个方面，如图 3-16 所示。

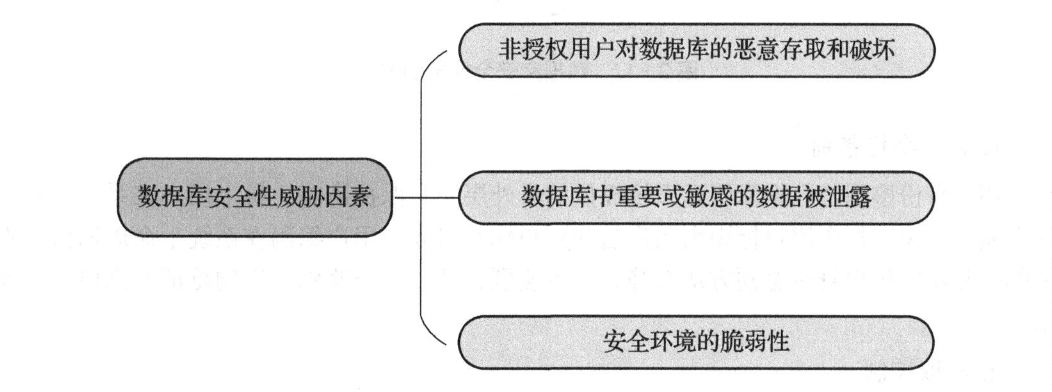


图 3-16　数据库安全性威胁因素

**1. 非授权用户对数据库的恶意存取和破坏**

一些黑客和犯罪分子在用户存取数据库时盗取用户名和用户口令，然后假冒合法用户盗取、修改甚至破坏用户数据。

**2. 数据库中重要或敏感的数据被泄露**

黑客和犯罪分子千方百计盗窃数据库中的重要数据，一些机密信息被暴露。

**3. 安全环境的脆弱性**

数据库的安全性与计算机系统的安全性紧密联系，包括计算机硬件、操作系统、网络系统等的安全性。操作系统安全的脆弱、网络协议安全保障的不足等都会造成数据库安全性的破坏。

### 3.6.2 数据库安全性控制方法

在计算机系统中，安全措施是层层设置的。下面简单介绍有关数据库安全性控制的几种常用方法，如图 3-17 所示。

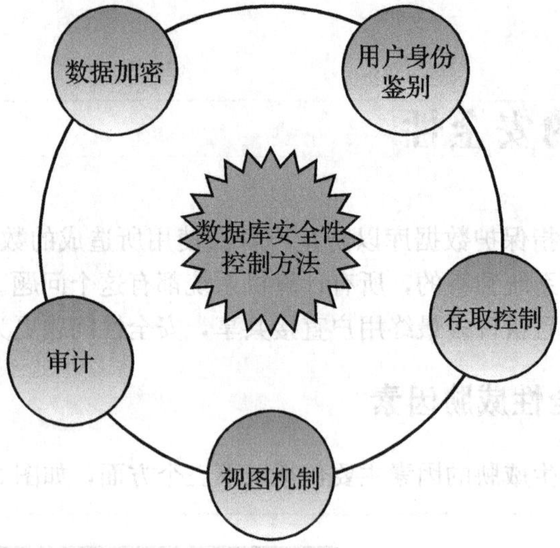


图 3-17　数据库安全性控制方法

**1. 用户身份鉴别**

用户身份鉴别是数据库管理系统提供的最外层安全保护措施。每个用户在系统中都有一个用户标识。每个用户标识由用户名和用户编码组成。用户编码在系统生命周期内是唯一的。常用的用户身份鉴别方法有静态口令鉴别、动态口令鉴别、生物特征鉴别以及智能卡鉴别。

**2. 存取控制**

通过用户权限定义和合法权检查确保只有具有合法权限的用户才能访问数据库，所有未授权的人员无法存取数据，例如 C2 级中的自主存取控制（I. AC）、B1 级中的强制存取控制（M. AC）。通过 SQL 的 GRANT 语句和 REVOKE 语句可以实现自主存取控制。

数据库安全最重要的一点就是确保只授予有资格的用户访问数据库的权限，同时令所有未授权的人员无法接近数据，这主要通过数据库系统的存取控制机制实现。

**3. 视图机制**

通过视图机制，对不同的用户定义不同的视图，确保把要保密的数据对无权存取的用户隐藏起来，从而对数据提供一定程度的安全保护。视图机制的主要功能是提供数据独立性，并间接地实现支持存取谓词的用户权限定义。

**4. 审计**

建立审计日志，把用户对数据库的所有操作自动记录下来放入审计日志。数据库管理员可以利用审计跟踪的信息，重现导致数据库现有状况的一系列事件，找出非法存取数据的人、时间和内容等。还可以通过审计日志分析，对潜在的威胁提前采取措施加以防范。

审计通常是很费时间和空间的，所以数据库管理系统往往都将审计设置为可选特征，允许数据库管理员根据具体应用对安全性的要求灵活地打开或关闭审计功能。审计功能主要用于对安全性要求较高的部门。

**5. 数据加密**

数据加密是防止数据库数据在存储和传输中失密的有效手段。加密的基本思想是根据一定的算法将原始数据——明文变换为不可直接识别的格式——密文，从而使得不知道解密算法的人无法获知数据的内容。

对于高度敏感的数据，例如公司内部的销售数据和财务数据、国家机密数据等，在前面提到的安全性措施基础上，还可以增加数据加密技术，以此作为防止数据库中的数据在存储和传输中失密的有效手段。

## 思维拓展

1. 请阐述数据库、数据库系统和数据库管理系统三者之间的关系。
2. 请描述数据管理技术发展的三个阶段的区别和联系。
3. 简述关系模型的概念，举出三个关系模型的实例。
4. 谈谈你对大数据时代的数据的认识。
5. 描述数据库三级模式结构的内容。
6. 简要描述你对数据库安全性控制方法的认识。

# 第4章 关系型数据库设计

## 学习目标

- 理解数据库设计
- 掌握正确的需求分析方法
- 掌握关系型数据库概念结构的设计
- 掌握关系型数据库逻辑结构的设计
- 掌握关系型数据库物理结构的设计
- 掌握关系型数据库的实施方法
- 了解关系型数据库的运行与维护
- 创新设计销售业务系统数据库

## 思维导图

## 蛮有数洞

重庆的七月，蔚蓝的天空上悬着火球似的太阳，云彩好似被太阳烧化了，消失得无影无踪。蛮先进公司的高级数据分析师柳婷边吃午饭边跟朋友感叹道：“在重庆的夏天，感觉自己要被融化了。”于是，她吃完午饭就匆匆回到开着空调的办公室。

回到办公室后，柳婷心想：“吃完午饭放松一下吧。”于是立马拿出手机准备跟朋友玩游戏，刚打开游戏的登录界面，就看到高高瘦瘦的财务主管谢佳芯耷拉着脑袋走了进来。

于是柳婷放下手机问道："佳芯，你这是怎么了？怎么愁眉苦脸的？跟我说说。"

谢佳芯说道："我是来请你拯救我的，公司财务部最近加强财务人员数据能力的培养，让我们学习数据库、数据仓库等方面的知识。但这不是重点，重点是今早财务总监程平来我办公室给我们两个部门布置了任务，让我们财务部和你们数字化赋能中心联合起来统筹做一个销售管理关系型数据库设计的方案，以便他们分析引进管理软件的类型和必要性。但是你知道，我们财务部对这些都不是很懂，所以想请你们部门成员过去给我们指导一下。"

柳婷一边回复朋友消息一边说："哦，这个事情程总跟我说了，不要担心。你们下次开会是什么时候？你们开会的时候叫我们就行，到时候一起讨论一下。"

谢佳芯说道："择日不如撞日，你看今天下午 2 点在 307 办公室开会，怎么样？如果可以，你到时候通过微信跟我说一声。"柳婷笑着点点头。不一会儿，谢佳芯便收到了柳婷发来的会议通知。

下午 2 点，会议室坐满了两个部门的成员。谢佳芯说道："关于设计销售管理关系型数据库，程总要求我们财务部和数字化赋能中心合作，因为我们有很多地方还不是很懂，所以召开这次会议，希望和数字化赋能中心共同探讨和交流，我先大致介绍一下销售管理的情况，然后看看各位有没有什么好的想法。"

谢佳芯简略地介绍完整个流程，然后回头询问各位同事。

柳婷首先发言说道："关于数据库的设计，我们其实还是比较熟悉，其设计过程主要分为 6 个阶段，分别是需求分析阶段、概念结构设计阶段、逻辑结构设计阶段、物理结构设计阶段、数据库实施阶段、数据库运行和维护阶段，设计过程中可能需要一些数据和资料，我们部门到时候可以负责设计，你们部门可以帮忙找找数据和资料，然后发给我们，你们看怎么样?"

谢佳芯答道："嗯，我感觉这个安排非常合理，你们到时候需要什么资料可以汇总一下发给我们，如果有关系型数据库设计相关资料也可以发给我们，我们进行学习。"

柳婷说道："好的，我到时候让家桐把资料发给你，希望我们两个部门接下来的合作能够发扬重庆船工精神，团结就是力量。"

谢佳芯连忙说道："嗯，本次项目非常感谢数字化赋能中心的支持，合作愉快。"

在回办公室的路上，家桐赶紧问柳婷："柳前辈，请问对于关系型数据库设计，你有什么推荐的资料可供参考吗?"

柳婷答道："我之前看过你们学校程教授主编的《会计大数据基础》这本书，书中这一块的知识点系统全面，并且结合案例还原场景，通俗易懂，你可以去看看，如果没问题就可以把这本书的资料发给财务部。"家桐连忙认可地点点头。

## 4.1 数据库设计概述

数据库设计是指根据用户的需求，在某一具体的数据库管理系统上，设计数据库的结构和建立数据库的过程。

### 4.1.1 数据库设计简介

数据库设计是指在某一具体的数据库管理系统上，构造最优的数据库模式，建立数据库及其应用系统，使其能够有效地存储数据，满足各种用户的应用需求，包括信息需求和处理需求。

信息需求表示一个单位所需要的数据及其结构，这部分的数据库设计是将应用系统所要用到的所有信息描述成实体、属性及实体间的联系，主要用来描述数据之间的联系。

处理需求表示一个单位需要经常进行的数据处理，这部分的数据库设计是将要进行的数据处理描述为操作的优先次序、操作执行的频率和场合，主要用来描述操作与数据之间的联系。

信息需求表达了对数据库的内容及结构的要求，是静态要求。处理需求表达了基于数据库的数据处理要求，是动态要求。

### 4.1.2 数据库设计任务

数据库设计是建立数据库及其应用系统的设计，是信息系统开发和建设中的核心技术。它是把现实世界中的数据，根据各种应用处理的要求加以组织，使其能够满足硬件和操作系统的特性，利用已有的数据库管理系统来创建能够实现系统目标的数据库。

数据库的设计主要包括数据库结构设计以及数据库行为设计。数据库结构设计是指根据给定的应用环境，进行数据库的模式设计或子模式设计。数据库是静态的、稳定的，一经形成，在通常情况下是不容易也不需要改变的，所以结构设计又称为静态模式设计。数据库行为设计是指数据库用户的行为和动作。在数据库系统中，用户的行为和动作是指用户对数据库的操作，要通过应用程序来实现，所以数据库的行为设计就是操作数据库的应用程序的设计。因此，行为设计是动态的，又称为动态模式设计。

设计数据库系统，应先进行结构设计，数据库结构设计是否合理，直接影响到系统中各个处理过程的性能和质量。另外，结构设计不能与行为设计分离，静态的结构设计与动态的行为设计分离，会导致数据与程序不易结合，增加数据库设计的复杂性。

### 4.1.3 数据库设计特点

数据库的设计需要结合多门学科的知识和技术，工作量大，而且比较复杂。由于数据库设计和用户的业务需求紧密相关，因此，它还有很多自身的特点。具体特点如下：

（1）数据库设计是硬件、软件和干件的结合。其中，技术与管理的界面就是干件。

（2）数据库设计应该和应用系统相结合。也就是说，整个过程中要把数据库结构设计和对数据库的处理紧密结合起来。

（3）数据库设计是涉及多学科的综合技术。大型数据库的设计与开发是一项复杂的工程，其开发周期长、耗资多、风险大。

### 4.1.4 数据库设计原则

关系型数据库设计遵循不依赖性、开放性、可扩展性以及检索和管理的高效性原则，如图 4-1 所示。

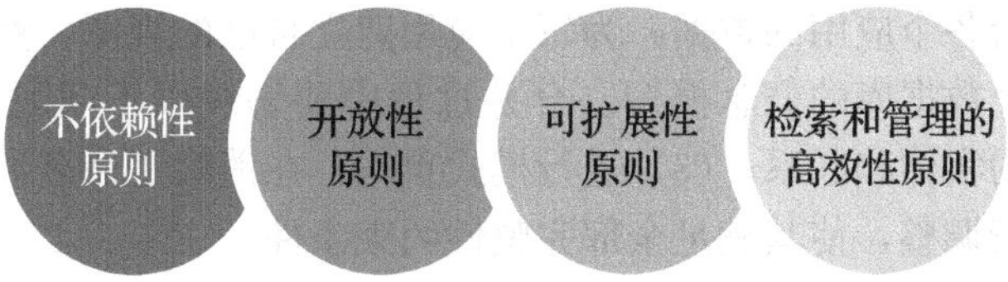


图 4-1 数据库设计原则

**1. 不依赖性原则**

不依赖性原则指数据库系统对各种原始成果数据的格式和内容进行存储和管理，对数据的存储和管理不依赖某个特定的软件系统。

**2. 开放性原则**

开放性原则指系统不限定数据的存储格式，即原则上能存储任意格式的数据，在系统中，数据的存储位置、存储方法、数据格式等对系统管理者来说是透明和开放的，原则上没有数据黑匣子。系统管理员能够知道数据以什么样的格式存放在系统中的什么位置，为实现真正意义上的数据管理（特别是数据备份）提供条件。

**3. 可扩展性原则**

随着新数据源的出现和用户需求的增加，今后数据库所包含的数据种类可能会比现在多，因此要求系统具有一定的可扩展性。当增加新种类的数据时，系统只要在原来的基础上增加一个对新数据的管理模块和若干数据库表，就可实现对新数据的存储和管理。此外，数据的可扩展性还包含数据服务的可扩展性，生产出的数据和建立的数据库系统不仅要能满足用户今天的要求，还应该考虑到用户在未来几年内可能提出的从数据的种类到数据服务的方式等方面的新需求。

**4. 检索和管理的高效性原则**

数据库系统的重点是对数据的管理和数据的提供，因此如何高效地实现知道有什么数据、知道数据在什么地方、迅速提取数据并加工成用户所要求的产品，是进行系统设计时考虑的一个主要因素。

### 4.1.5 数据库设计方法

目前，主流的数据库设计方法包括新奥尔良方法、基于视图概念的设计方法、基于 E-R 模型的设计方法、基于第三范式（3NF）的设计方法和面向对象的数据库设计方法等。

**1. 新奥尔良设计方法**

该方法把数据库设计分为需求分析（分析用户要求）阶段、概念设计（信息分析与定义）阶段、逻辑设计（设计实现）阶段和物理设计（物理数据库设计）阶段四个阶段，并采用一些辅助手段实现每个过程。其后，许多科学家对此进行了改进，认为数据库系统设计应分六个阶段进行，分别是需求分析、概念结构设计、逻辑结构设计、物理结构设计、数据库实施和数据库运行及维护。

**2. 基于视图概念的设计方法**

该方法是先分析各个应用的数据，为每个应用建立自己的视图，然后再把这些视图汇总起来，合并成整个数据库的概念模型。合并过程中要解决以下问题：（1）消除命名冲突；（2）消除冗余的实体和联系；（3）进行模式重构，在消除了命名冲突和冗余后，需要对整个汇总模式进行调整，使其满足全部完整性约束条件。

**3. 基于E－R模型的设计方法**

基于E－R模型的数据库设计方法是由P. P. S. Chen于1976年提出的，其基本思想是在需求分析的基础上，用E－R（实体-联系）图构造一个反映现实世界实体之间内在联系的数据库概念模型，然后转换成基于某一特定的数据库管理系统的概念模型，是数据库概念设计阶段广泛采用的方法。

**4. 基于第三范式（3NF）的设计方法**

基于3NF的数据库设计方法是由S. Atre提出的结构化设计方法，其基本思想是以关系数据理论为指导来设计数据库的逻辑模型，是数据库逻辑设计阶段可以采用的一种有效方法。在需求分析基础上识别并确认数据库模型中的全部属性及属性之间的依赖关系，将它们组织在一个单一的关系模式中，然后分析模式中不符合3NF的约束条件，将其进行投影分解，规范成若干个3NF关系模式的集合。

**5. 面向对象的数据库设计方法**

该方法用面向对象的概念和术语来说明数据库结构，可以描述面向对象的数据库结构设计，直接转换为面向对象的数据库。例如，我们需要有一张人物对象表，而教师对象表则是人物对象的实例，学生对象表亦然；我们有一张房间对象表，教室对象是房间对象的具体实例，德育处、校董会和图书馆亦然，都是房间的一个具体实例。

### 4.1.6 数据库设计步骤

按照规范设计的方法，考虑数据库及其应用系统开发的全过程，将数据库设计分为需求分析、概念结构设计、逻辑结构设计、物理结构设计、数据库实施、数据库运行与维护六个阶段，如图4－2所示。

**1. 需求分析阶段**

需求分析阶段是整个数据库设计的基石，没有良好的需求分析，就不会有合适的数据库设计。因此，在这个阶段要充分了解组织结构的运行情况，掌握好用户的需求，才能构建良好的数据库设计。

**2. 概念结构设计阶段**

概念结构设计阶段是整个数据库设计的关键，它的任务是通过对用户需求进行综合、

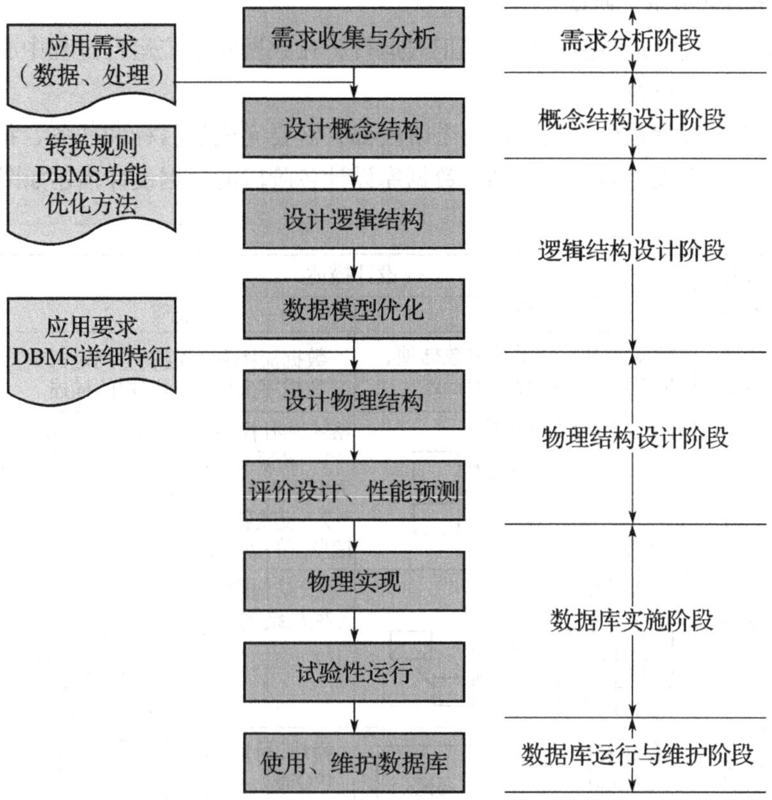


**图 4-2 数据库设计步骤**

归纳和抽象，形成一个独立于具体数据库管理系统的概念模型。概念模型是从用户角度看到的数据库，一般可用 E-R 图表示。

**3. 逻辑结构设计阶段**

逻辑结构设计阶段将概念结构转换为某个数据库管理系统所支持的数据模型（例如关系模型），并以关系数据理论为依据，对其进行优化，形成数据库的全局逻辑结构和每个用户的局部逻辑结构，使其在功能、性能、完整性约束、一致性和可扩充性等方面均满足用户的需求。

**4. 物理结构设计阶段**

数据库物理结构设计是为逻辑数据模型选取一个最适合应用环境的物理结构，即利用选定的数据库管理系统提供的方法和技术，以合理的存储结构设计一个高效的、可行的数据库物理结构，以获得数据库的最佳存取效率。

**5. 数据库实施阶段**

在数据库实施阶段，设计人员根据逻辑结构设计和物理结构设计的结果，运用数据库管理系统提供的数据库语言及各种工具建立数据库，编制与调试应用程序，组织数据入库，并进行试运行。

**6. 数据库运行与维护阶段**

数据库系统经过试运行后即可投入正式运行。在数据库系统运行过程中必须不断地对其进行评价、调整与修改。

规范化的设计过程是分阶段的，每个阶段都有需要完成的目标和任务，每个阶段产生的文档将会是下一个设计阶段的基础。数据库设计各阶段的数据设计描述如图 4－3 所示。

| 设计阶段 | 设计描述 | |
|---|---|---|
| | 数据 | 处理 |
| 需求分析 | 数据字典、全系统中数据项、数据流、数据存储的描述 | 数据流图和判定表（判定树）、数据字典中处理过程的描述 |
| 概念结构设计 | 概念模型（E-R图）<br>数据字典 | 系统说明书包括：<br>（1）新系统要求、方案和概图<br>（2）反映新系统信息流的数据流图 |
| 逻辑结构设计 | 某种数据模型关系<br>非关系 | 系统结构图（模块结构） |
| 物理结构设计 | 存储安排<br>方法选择<br>存取路径建立<br>⋮ 分区1 分区2 | 模块设计<br>IPO表<br>IPO表…<br>输入：<br>输出：<br>处理： |
| 数据库实施 | 编写模式<br>装入数据<br>数据库试运行<br>Create…<br>Load… | Main ( )<br>…<br>If … then<br>…<br>End |
| 数据库运行与维护 | 性能监测、转储、恢复数据库重组和重构 | 新旧系统转换、运行、维护（修正性、适应性、改善性维护） |

图 4－3　数据库设计各阶段的数据设计描述

## 4.1.7　设计过程中的各级模式

不同阶段的数据库设计形成数据库的各级模式，这些模式包括概念模式、阶段模式、外模式和内模式四种，如图 4－4 所示。

在需求分析阶段，集成各个用户的应用需求。在概念结构设计阶段形成独立于机器特点、独立于各个关系型数据库管理系统产品的概念模式。在逻辑结构设计阶段将概念模型转换成具体的数据库产品支持的数据模型，形成数据库逻辑模型，然后根据用户处理的要求，建立必要的视图，形成数据的外模式。在物理结构设计阶段，根据关系型数据库管理

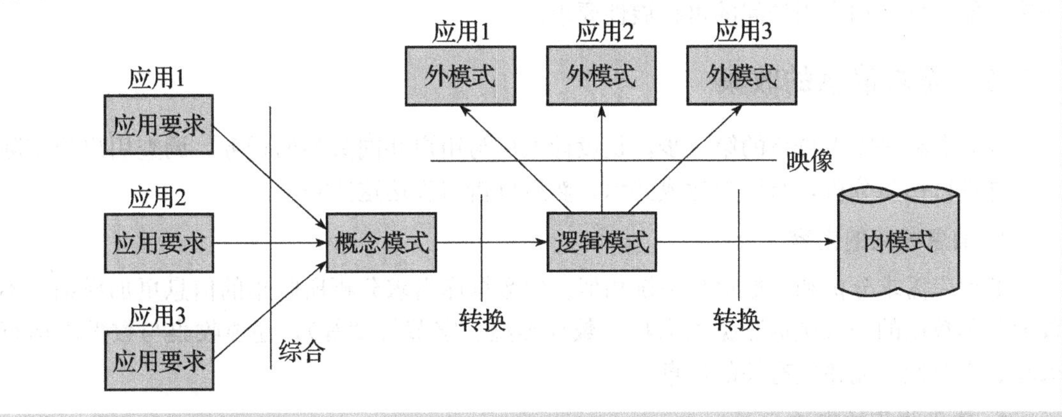


图 4-4　数据库的各级模式

系统的特点和处理的需要进行物理存储安排，形成数据库内模式。

## 4.2　需求分析

需求分析是分析用户的需求。需求分析是设计数据库的起点，其结果应准确反映用户的实际要求，将直接影响后面各阶段的设计，并影响设计结果是否合理和实用。为确定需求，必须先明确与数据库系统进行交互的其他信息系统部分。

### 4.2.1　需求分析的任务

需求分析的任务是通过详细调查现实世界要处理的对象（组织、部门、企业等），充分了解原系统（手工系统或者计算机系统）的工作概况，明确用户的各种需求，然后在此基础上确定新系统的功能。此外，必须充分考虑今后可能的扩展和改变，不能仅仅按当前应用需求来设计数据库。进行需求分析，需要先开展调查，调查的重点是数据和处理，通过调查、收集与分析，获得用户对数据库的如下要求。

**1. 信息要求**

信息要求是指用户需要从数据库中获得信息的内容与性质。根据用户的信息要求导出数据要求，即在数据库中需要存储哪些数据。

**2. 处理要求**

处理要求是指用户要求完成什么处理功能，对处理的响应时间有什么要求，处理方式是批处理还是联机处理。

**3. 系统要求**

系统要求主要从以下三个方面考虑。(1) 安全性。系统有几类用户使用，每一类用户的使用权限如何。(2) 使用方式。用户的使用环境是什么，平均要求有多少用户同时使用，最高峰时有多少用户可以同时使用，有无查询相应的时间要求等。(3) 可扩展性。对未来功能、性能和应用访问的可扩展性要求。

### 4.2.2 需求信息的收集

收集资料是需求分析的第一步，是设计人员与用户共同参与的任务。调查用户的实际需求并进行初步分析，与用户达成共识，然后分析与表达这些需求。

**1. 信息收集的内容**

数据库需求分析和一般信息系统相似。但数据库需求分析所收集的信息更加详细，不仅要收集数据的型（包括数据的名称、数据类型、字节长度等），还要收集与数据库运行效率、安全性、完整性有关的信息。

**2. 信息收集的方法**

确定用户的最终需求是一件非常困难的事情。一方面，用户缺少计算机知识，开始时无法确定计算机究竟能为自己做什么。另一方面，设计人员缺少用户的专业知识，理解用户真正的需求并不容易。因此，设计人员必须不断深入地与用户交流，才能逐步确定用户的实际需求。常用的调查方法有以下几种。

（1）跟班作业。通过亲自参加业务工作来了解业务活动情况与用户需求。

（2）开调查会。通过与用户讨论交谈来了解业务活动及用户需求。

（3）请专人介绍。

（4）询问。对某些调查中遇到的问题可以找专人询问。每个人所处地位不同，对新系统的理解和要求也不同，可以获得较全面的资料。

（5）设计调查表请用户填写。

（6）查阅记录。查阅与原系统有关的数据记录。

### 4.2.3 需求信息的整理

分析整理资料的目的是分析和表达用户的需求，信息收集完成后的分析整理工作主要是对信息进行抽象，即对实际事件进行处理，抽取共同的本质特征。

**1. 需求分析方法**

在调查了解用户的需求后，还需要分析和抽象用户的需求。用于需求分析的方法有多种，其中自顶向下的结构化分析方法（structured analysis，SA）是分析和表达用户需求的简单、实用的方法，如图 4-5 所示。

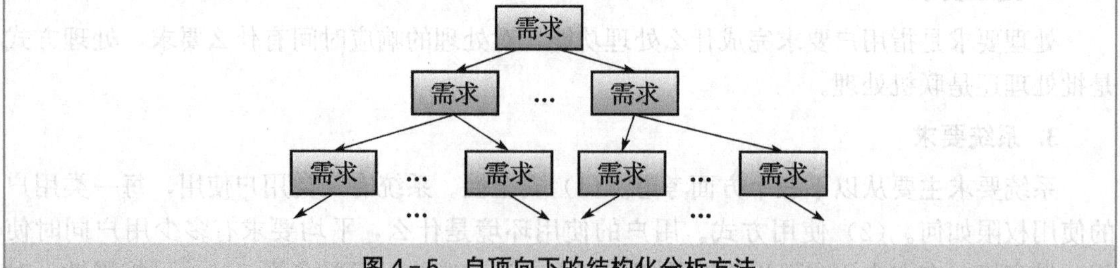


图 4-5 自顶向下的结构化分析方法

SA 方法从最上层系统组织结构入手，采用逐层分解的方式分析系统，并用数据流图和数据字典描述系统。任何一个系统都可以抽象为如图 4－6 所示的结构。

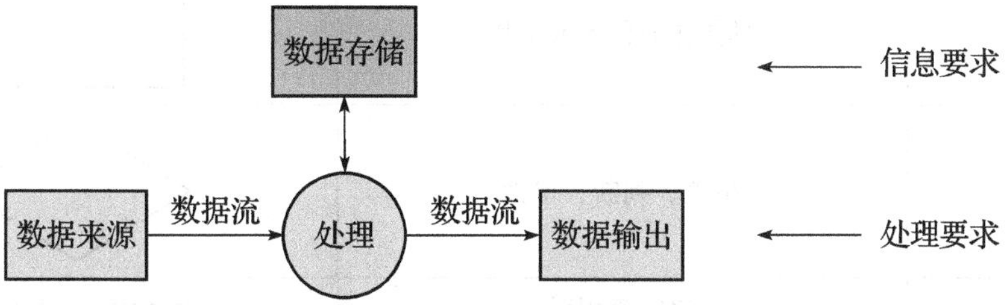


图 4－6　系统高层抽象结构

**2. 业务流程图**

业务流程图（transaction flow diagram，TFD）是用来描述业务流程的一种图，通过一些特定的符号和连线来表示某个具体业务的实际处理步骤和过程，详细地描述任务的流程走向，一般没有数据的概念。业务流程图按业务的实际处理步骤和过程绘制，用图形方式反映实际业务处理过程。

（1）业务流程图绘制工具。绘制业务流程图常用的工具有 Word，Visio 等，这两个工具各有特点，如表 4－1 所示。业务流程图设计人员可根据本企业流程设计的要求、个人的使用习惯等自由选择。

表 4－1　常用的业务流程图绘制工具

| 工具名称 | 工具介绍 |
|---|---|
| Word | 1. 普及率高<br>2. 方便发排、打印及流程文件的印制<br>3. 绘制的图片清晰，文件量小，容易复制到移动存储器中，容易作为电子邮件进行收发<br>4. 较费时，绘制难度较大<br>5. 与其他专用绘制软件相比，绘图功能不够全面 |
| Visio | 1. 专业的绘图软件，附带相关建模符号<br>2. 通过拖曳预定义的图形符号很容易组合图表<br>3. 可根据本单位流程设计需要进行组织的自定义<br>4. 能绘制一些组织复杂、业务繁杂的流程图 |

（2）业务流程图绘制符号。美国国家标准学会（American National Standards Institute，ANSI）规定了流程设计中绘制业务流程图的标准符号，常用的业务流程图绘制符号如表 4－2 所示。

表 4－2　常用的业务流程图绘制符号

| 序号 | 符号名称 | 符号 |
|---|---|---|
| 1 | 流程的开始或结束 | 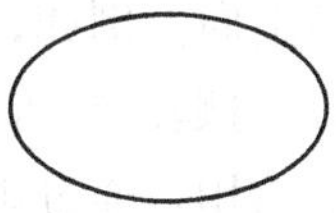 |

续表

| 序号 | 符号名称 | 符号 |
| --- | --- | --- |
| 2 | 具体作业任务或工作 | 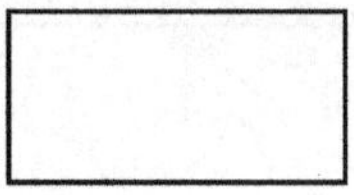 |
| 3 | 决策、判断、审批 | 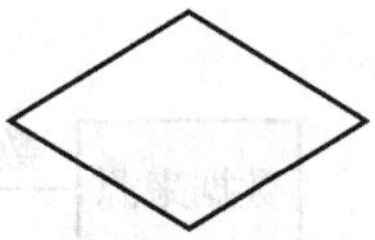 |
| 4 | 单向流程线 |   |
| 5 | 作业过程中涉及的文档信息 | 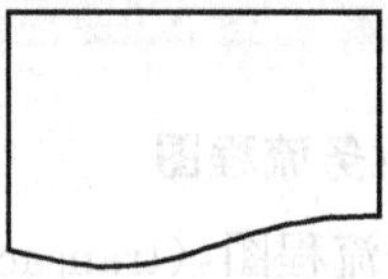 |
| 6 | 作业过程中涉及的多文档信息 | 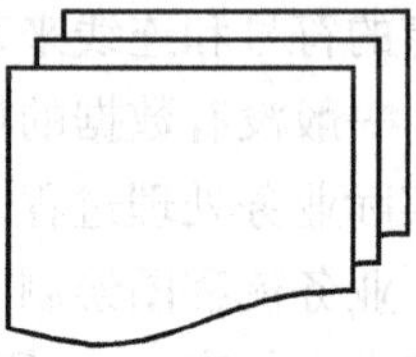 |
| 7 | 与本流程关联的其他流程 | 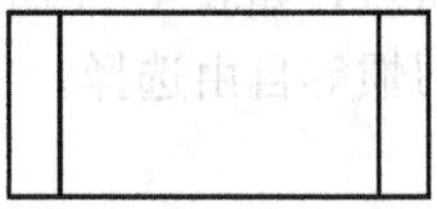 |

（3）业务流程图绘制要求。分析业务流程并将业务流程图表化可以帮助分析者了解业务如何运转，找到业务流程中不合理的流向。绘制业务流程图时需要遵循以下要求。

1）层次性。业务流程是有层次性的，这种层次体现在由上至下、由整体到部分、由宏观到微观、由抽象到具体的逻辑关系。这样一个层次关系符合人们的思维习惯，有利于企业业务模型的建立。为使得所建立的业务流程能够更顺畅地运行，业务流程的改进与企业组织结构的优化是一个相互制约、相互促进的过程。

2）简洁明了性。流程由活动组成，活动是个相对概念，很多活动本身是一个复杂的流程，流程中套着流程。因此，在绘制业务流程图时就存在取舍问题，要求业务流程图简洁明了。

3）表达完整性。表达完整性是指业务流程图应充分地描述企业流程的主题、流程的各组成活动及其相互关系。由流程的整体特性可以清楚地认识到，流程是由若干个活动通过一定方式的结合而形成的，它有自己明确的起始活动和终止活动及特定的接受对象。

（4）业务流程图的绘制。业务流程图的绘制按照业务的实际处理步骤和过程进行，主要描述业务走向。例如，销售商品给客户的业务流程图如图 4－7 所示。

1）客户订购。销售部与客户联系，客户提出采购需求，收到采购需求后客户信管部审核客户的信用，通过则生成销售订单，不通过则继续联系客户。

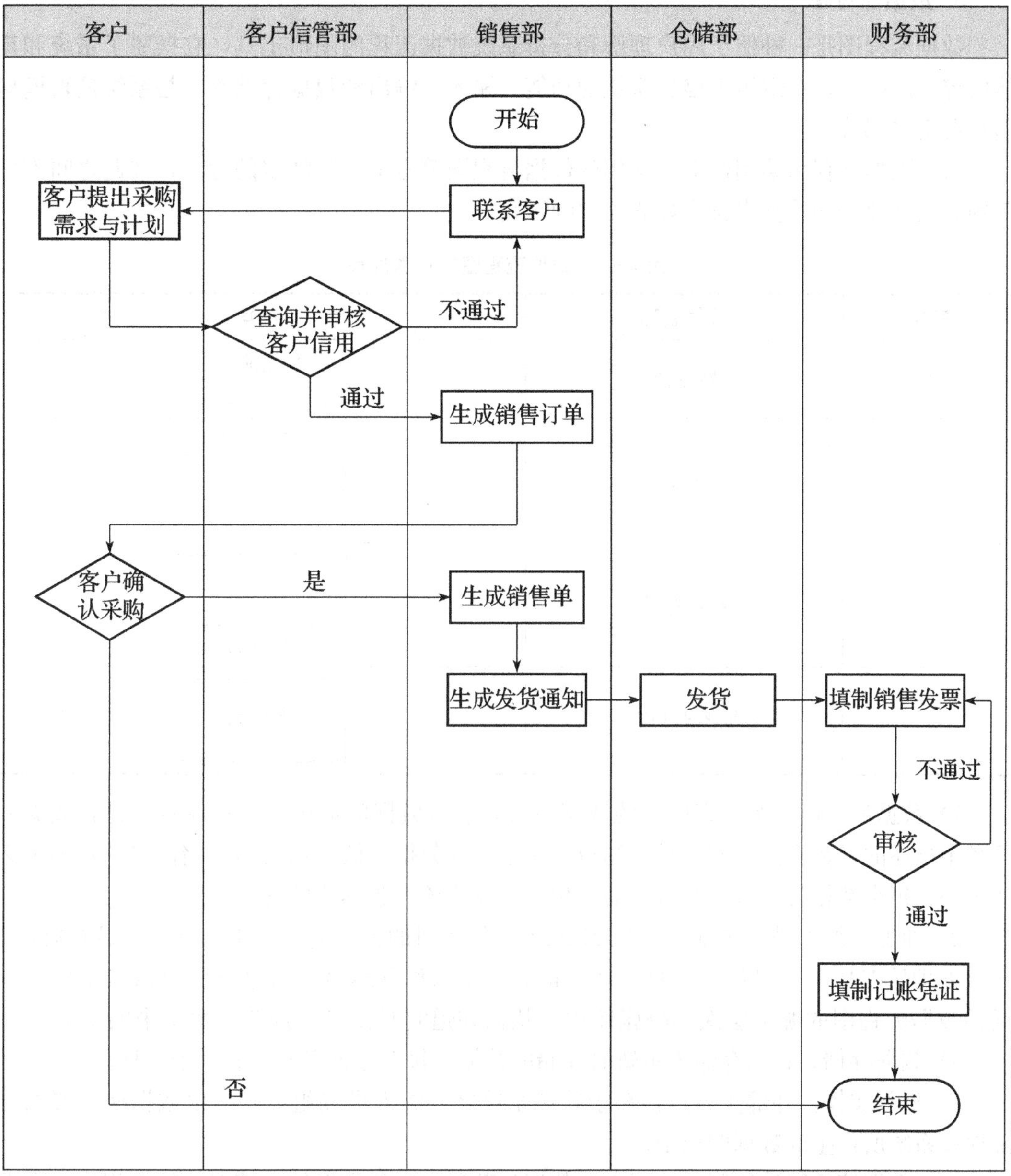


**图 4-7　销售业务流程图**

2）客户购买。生成销售订单后，客户如果放弃购买，则活动结束。如果客户确认购买，则销售部填制销售订单，并通知仓储部发货。仓储部发货以后，由财务部填制销售发票。

3）生成凭证。填制的销售发票由财务部审核，审核不通过则返回上一步要求修改销售发票，审核通过则填制记账凭证。

**3. 数据流程图**

数据流程图是一种便于用户理解和分析系统数据流程的图形工具，它摆脱了系统和具体内容，能精准地在逻辑上描述系统的功能、输入、输出和数据存储等，是系统逻辑模型的重要组成部分。

(1) 数据流程图绘制标准。常用的数据流程图符号都有其特定的含义，彼此之间不可乱用。数据流程图的基本符号如表 4-3 所示。

**表 4-3 数据流程图的基本符号**

| 序号 | 符号名称 | 符号 |
|---|---|---|
| 1 | 数据流 | 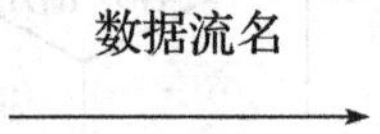 |
| 2 | 加工 |  |
| 3 | 数据存储 | 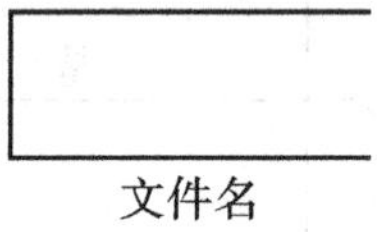 |
| 4 | 数据源点和终点 |  |

1) 数据流。由一组固定成分的数据组成，表示数据的流向。值得注意的是，数据流程图中描述的是数据流，而不是控制流。除了流向数据存储或从数据存储流出的数据不必命名外，每个数据必须有一个合适的名称，以及应该有数据流的含义。

2) 加工。加工描述了输入数据到输出数据之间的变换过程，也就是输入数据经过什么处理后变成了输出数据。每个加工都有一个名称和编号。编号能反映该加工位于分层的数据流程图的哪个层次和哪张图中，从而知道它是由哪个加工分解出来的子加工。

3) 数据存储。数据存储表示暂时存储的数据。每个数据存储都有一个名称。

4) 外部实体。外部实体是存在于软件系统之外的人员和组织，指出数据所需要的发源地或系统所产生的数据归属地。

(2) 数据流程图的绘制。为了表达数据处理过程中的数据加工情况，需要用多个数据流程图来表示。当数据流程图较多时容易看起来很不清晰，层次结构的数据流程图能很好地解决这个问题。按照系统的层次结构进行逐步分解，并以分层的数据流程图反映这种结构关系，能清楚地表达和理解整个系统。例如，开发一个销售管理系统，经过可行性分析和初步需求调查，抽象出销售管理系统最高层的数据流程图，如图 4-8 所示。

**4. 数据字典**

数据字典是关于数据库中数据的描述，是元数据，而不是数据本身，是数据收集和数据分析所获得的主要结果。数据字典通常包括数据项（数据的最小单位）、数据结构（若干

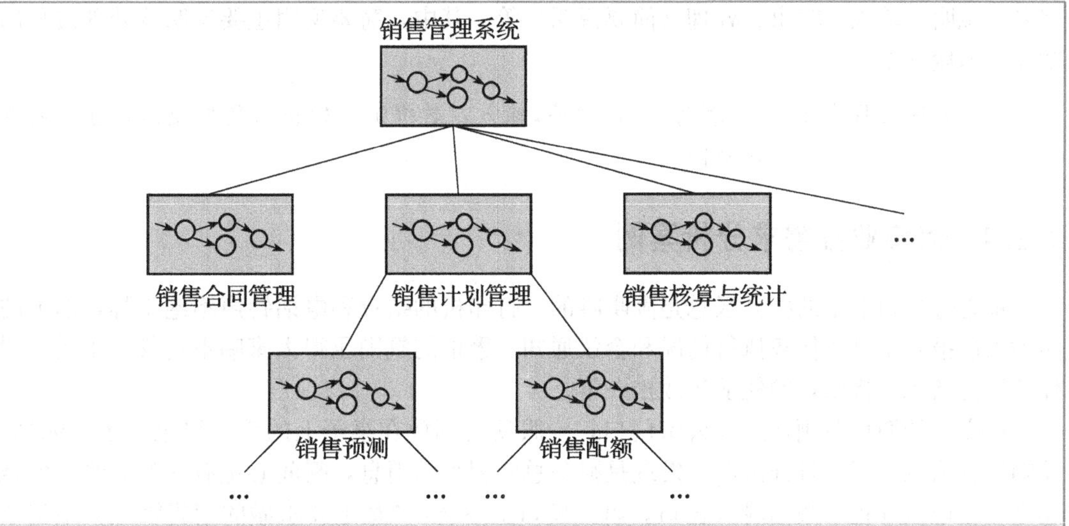


图4-8 销售管理系统数据流程图

数据项有意义的集合)、数据流（表达某一数据处理过程的输入和输出)、数据存储（处理过程中存取数据）和处理过程五部分。数据字典的主要内容如下：

（1）数据项。数据项是不可再分的数据单位，包含数据项含义说明、别名、数据类型、长度、取值范围、取值含义、与其他数据项的逻辑关系等。其中，取值范围、与其他数据项的逻辑关系定义了数据的完整性约束条件，是设计数据检验功能的依据。

数据项描述={数据项名,数据项含义说明,别名,数据类型,长度,取值范围,取值含义,与其他数据项的逻辑关系,数据项之间的联系}

（2）数据结构。数据结构反映了数据之间的组合关系，包含数据结构名、含义说明、组成等。

数据结构描述={数据结构名,含义说明,组成:{数据项或数据结构}}

（3）数据流。数据流是数据结构在系统内传输的路径，包括数据流名、说明、数据流来源、数据流去向、组成等。

数据流描述={数据流名,说明,数据流来源,数据流去向,组成:{数据结构},平均流量,高峰期流量}

（4）数据存储。数据存储是数据结构停留或保存的地方，也是数据流的来源和去向之一，包括数据存储名、说明、编号、输入的数据流、输出的数据流、组成（数据结构或数据项)、数据量、存取频度、存取方式等。其中数据量说明每次存取多少数据，固定时间存取的次数等信息；存取方法是指数据处理方式，例如，处理方式是选择批处理还是联机处理等。

数据存储描述={数据存储名,说明,编号,输入的数据流,输出的数据流,组成:{数据结构},数据量,存取频度,存取方式}

（5）处理过程。数据处理的具体处理逻辑一般用判定表或判定树来描述，包括处理过程名、说明、输入、输出、处理（简要说明）等。其中，简要说明主要说明该处理过程的功能，即做什么。

处理过程描述＝{处理过程名,说明,输入:{数据流},输出:{数据流},处理:{简要说明}}

### 4.2.4 销售业务需求分析案例

蛮先进公司下午的办公区总是闹哄哄的，打印机的杂音和电话铃声不绝于耳，墙上的滚动条播报着本月的任务执行情况和会议通知。繁忙的氛围压得大家喘不过气。于是，谢佳芯跑到茶水间接水，顺便适当放松一下。

接完水的谢佳芯刚走到办公室门口，一眼便看到放在桌子上的手机绿色指示灯闪烁，就知道有消息来了。打开微信，发现是财务总监程平的消息，瞬间心里有一丝紧张。但她还是缓缓地点开程平微信聊天窗口，聊天窗口上写着："最近要求做的销售管理关系型数据库设计的需求分析文档，你们做好了吗？发给我看看。"谢佳芯立刻回复："收到，我们还在设计，晚点发给您。"

重庆的夏天，下午 6 点就开始天黑了，随着同事们纷纷跟谢佳芯告别，她默默地看着跟数字化赋能中心万梦竹的聊天窗口，自我安慰道："快了快了，老万还有半小时就要发给我了。"时间一点一滴地过去，6 点半的时候，听到微信"叮"的一声，谢佳芯一下子绷直了身子，迅速打开微信，接收文件。

接收好文件后，立即双击文件，随着 Word 文档的启动，映入眼帘的便是根据公司的销售业务分析目标和现有的订购商品信息、销售商品信息、发票信息、客户信息等设计的销售管理关系型数据库需求分析报告。

销售管理关系型数据库设计方案的需求分析主要从功能需求和数据需求两个方面进行，如下所示。

**1. 功能需求**

销售管理系统主要供销售人员、财务人员以及管理员使用，主要包括销售记录和订购记录统计功能，工作人员、商品、客户和发票的信息管理功能，数据分析与统计功能和共享平台功能，具体如下所示。

（1）实现商品的销售记录统计功能；

（2）实现商品的订购记录统计功能；

（3）实现工作人员的信息管理功能，包括管理人员、操作人员的权限功能；

（4）实现商品的信息管理功能，包括商品的添加、修改、查询等基本功能；

（5）实现客户的信息管理功能，包括客户的添加、修改、查询等基本功能；

（6）实现发票的信息管理功能，包括发票的添加、修改、查询等基本功能；

（7）实现数据分析与统计功能，包括销售记录、商品信息等功能；

（8）实现系统的共享平台功能。

**2. 数据需求**

销售管理系统要求可以查询销售的基本信息、订购的基本信息、商品的基本信息、客户的基本信息和销售发票的基本信息，具体如下所示。

(1) 销售的基本信息包括单据编号、商品名称、客户名称、业务日期、开票日期、含税单据、销售数量、价税合计、销售区域；

(2) 订购的基本信息包括订购编号、商品名称、客户名称、订购日期、购买数量、商品单价、商品总价；

(3) 商品的基本信息包括商品编码、商品名称、计量单位、成本；

(4) 客户的基本信息包括客户编码、客户名称、所属区域；

(5) 销售发票的基本信息包括发票编码、开票公司、发票类型。

## 4.3 概念结构设计

需求分析阶段描述的用户应用需求是现实世界的具体需求，将需求分析得到的用户需求抽象为信息结构，即概念模型的过程就是概念结构设计。概念模型独立于任何计算机系统，并可以转换为计算机上任意数据库管理系统支持的特定数据模型。

### 4.3.1 概念结构设计简介

概念结构设计的目的就是根据需求分析的结果，将用户对数据的需求综合成一个统一的模型，其重点在于信息结构的设计，它是整个数据库系统设计的关键。人们提出了很多概念模型，其中最著名的一种是E－R模型，它将现实世界的信息结构统一用实体、属性及实体间的联系来描述。

概念模型作为概念结构设计的表达工具，是连接需求分析和数据库逻辑结构的桥梁，具有如下特点：

(1) 可以真实、充分地反映现实世界。其包括事物和事物之间的联系，能满足用户对数据的处理要求，是现实世界的一个真实模型。

(2) 易于理解。可以用它和不熟悉计算机的用户交换意见。用户的积极参与是数据库设计成功的关键。

(3) 易于更改。当应用环境和应用要求改变时，容易对概念模型修改和扩充。

(4) 易于向关系、网状、层次等各种数据模型转换。

### 4.3.2 概念结构设计原则

E－R模型是概念模型中的一种，又称实体-联系模型，它用简单的图形反映现实世界存在的数据及其之间的相互关系。它既不依赖具体的硬件特性，也不依赖具体的数据库管理系统的性能，它仅仅对应基本的事实。E－R模型一般都以E－R图作为工具来描述概念结构，设计E－R图有三个原则。

(1) 相对原则。实体、属性、联系等是对同一对象抽象过程的不同解释和理解，即建模过程，实际上是一个对对象的抽象过程。由于属性、联系在本质上都是实体，因此，不同的人或同一个人在不同的情况下，抽象的结果可能不同。

（2）一致原则。同一对象在建立系统的各子系统中的抽象结果要求保持一致。

（3）简单原则。为简化 E－R 模型，现实世界的事物尽量归为属性处理。

### 4.3.3 概念结构设计方法

概念模型是数据模型的基础，由于概念模型独立于数据库管理系统和计算机硬件，因此转换后的数据模型更加稳定。设计概念结构通常有以下四类方法。

（1）自顶向下。首先定义全局概念结构的框架，然后逐步细化，如图 4－9 所示。

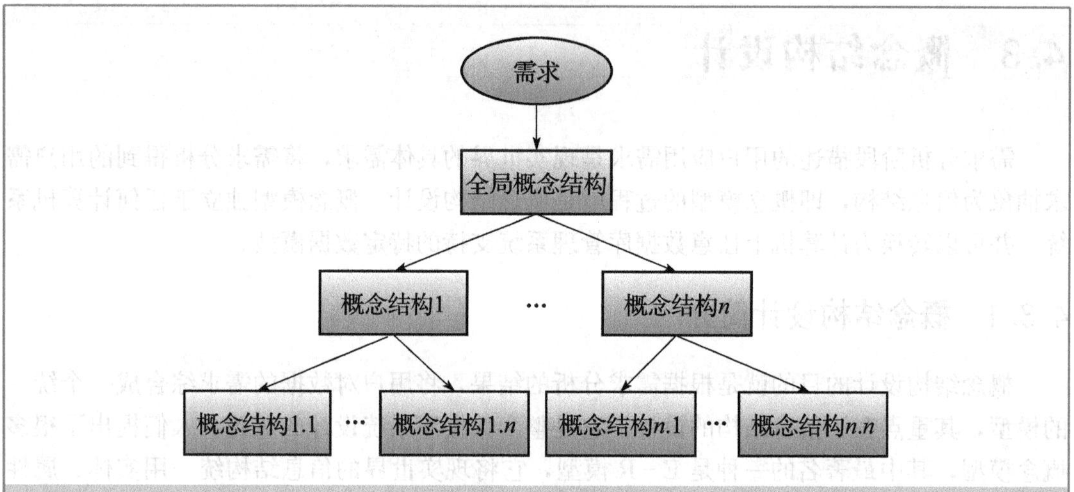


图 4－9　自顶向下的概念结构设计

（2）自底向上。首先定义各局部应用的概念结构，然后把它们集成起来，得到全局概念结构，如图 4－10 所示。

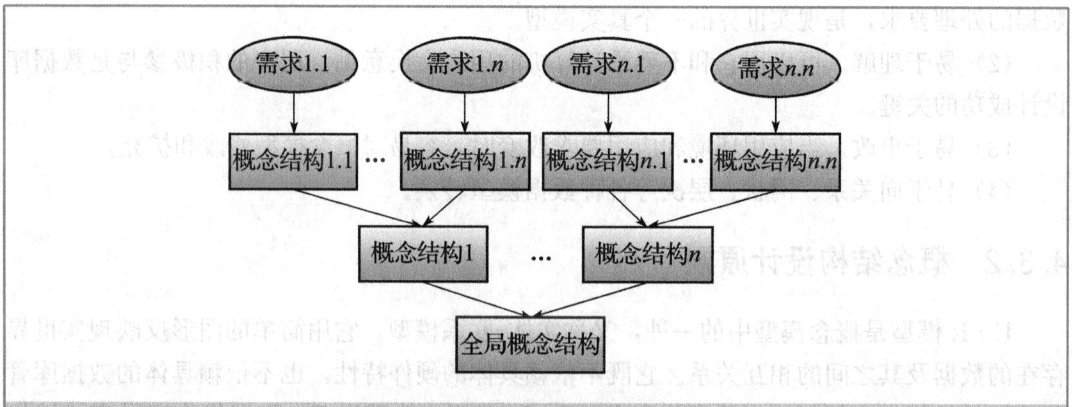


图 4－10　自底向上的概念结构设计

（3）逐步扩张。首先定义最重要的核心概念结构，然后向外扩充，以滚雪球的方式逐步生成其他概念结构，直至全局概念结构，如图 4－11 所示。

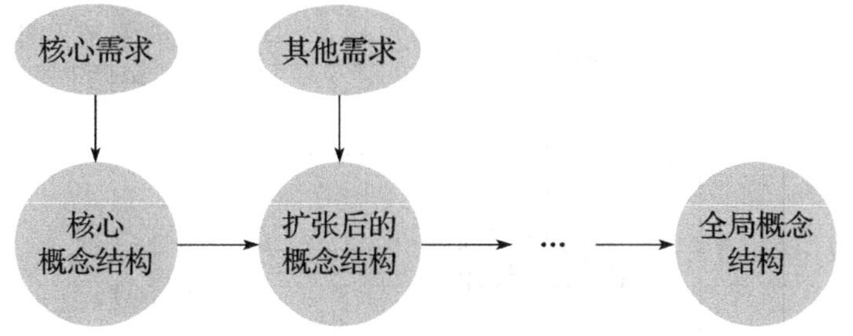


图 4-11　逐步扩张的概念结构设计

（4）混合策略。将自顶向下和自底向上相结合，用自顶向下策略设计一个全局概念结构的框架，以它为骨架集成用自底向上策略设计的各局部概念结构。

### 4.3.4　概念结构设计步骤

现在采用较多的方法是自顶向下分析需求与自底向上设计概念结构，即先自顶向下进行需求分析，建立各局部应用的概念结构，然后集成全局概念结构，如图 4-12 所示。

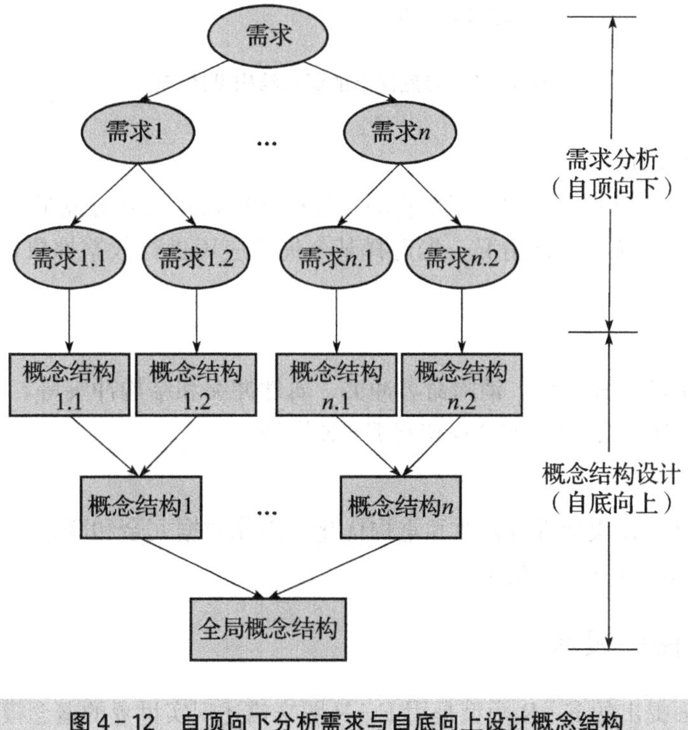


图 4-12　自顶向下分析需求与自底向上设计概念结构

自底向上概念结构的设计通常分为设计用户视图、视图集成和概念模型三个步骤，如图 4-13 所示。

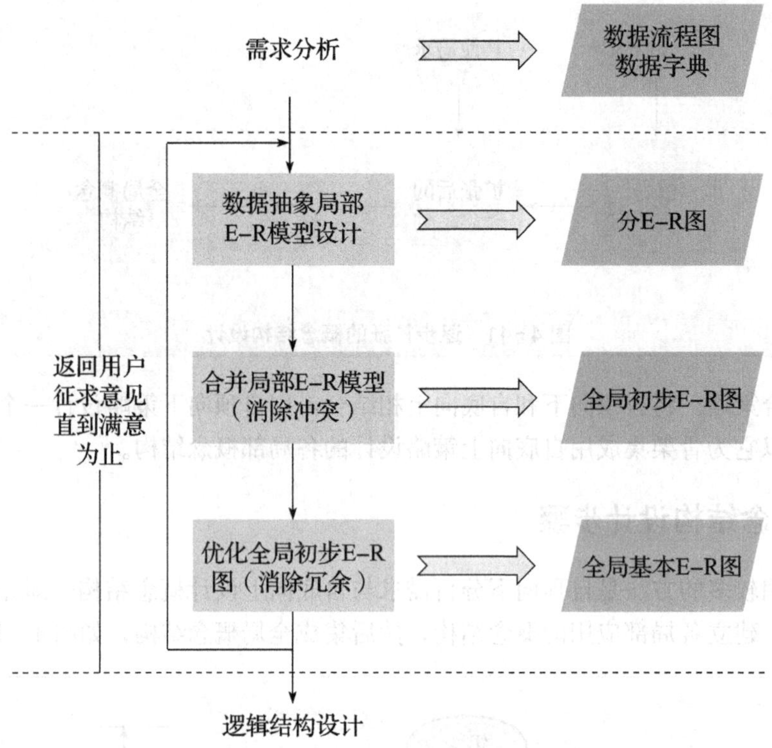


图 4-13　自底向上的概念结构设计步骤

**1. 设计用户视图**

在需求分析阶段得到了多层数据流程图、数据字典和需求分析说明书。在概念结构设计阶段，就是根据系统的具体情况，先选择某个局部应用进行数据抽象，设计局部 E-R 模型。

**2. 视图集成**

集成各个局部 E-R 模型，消除命名冲突、属性冲突和结构冲突等，形成一个能够为全系统用户所共同理解和接受的全局初步 E-R 模型。

**3. 概念模型**

对全局初步 E-R 模型进行修改和重构优化，消除数据冗余和联系冗余，得到代表用户要求的最终全局基本 E-R 模型。

### 4.3.5　E-R 图的表示

P. P. S. Chen 提出的 E-R 模型是用 E-R 图来描述现实世界的概念模型。用 E-R 图表示的概念模型独立于具体的数据库管理系统所支持的数据模型，是各种数据模型的共同基础，因而比数据模型更一般，更抽象，更接近现实世界。

**1. E－R 图的基本元素**

构成 E－R 图的基本元素有实体、属性、码、实体型、实体集和联系。

（1）实体。客观存在并可相互区别的事物称为实体。实体可以是人、事、物，也可以是抽象的概念或联系。例如，一个销售人员、部门的一次订货、一个部门等都是实体。

（2）属性。实体所具有的某一特性称为属性。一个实体可以由若干个属性来刻画。例如，销售人员实体可以由工号、姓名、性别、学历、所在部门等属性组成，属性组合（51200625，杨阳，女，研究生，销售部门）即表明了一个销售人员。

（3）码。唯一标识实体的属性集称为码。例如，工号是销售人员实体的码。

（4）实体型。具有相同属性的实体必然具有共同的特征和性质。用实体名及其属性名集合来抽象和刻画同类实体，称为实体型。例如，销售人员（工号，姓名，性别，学历，所在部门）就是一个实体型。

（5）实体集。同一类型实体的集合称为实体集。例如，全体销售人员就是一个实体集。

（6）联系。在现实世界中，事物内部以及事物之间是有联系的，这些联系在信息世界中反映为实体（型）内部的联系和实体（型）之间的联系。

**2. E－R 图的绘制标准**

E－R 图作为抽象和描述现实世界的有力工具，得到了广泛的应用。E－R 图提供了表示实体型、属性和联系的方法，如图 4－14 所示。

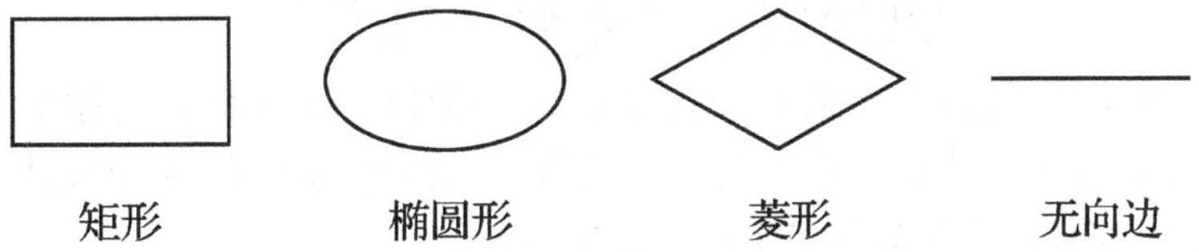


**图 4－14　E－R 图的成分**

（1）实体型用矩形表示，矩形框内写明实体名。

（2）属性用椭圆形表示，并用无向边将其与相应的实体型联系起来。

（3）联系用菱形表示，菱形框内写明联系名，并用无向边分别与有关实体型连接起来，同时在无向边旁标上联系的类型（1:1、1:$n$ 或 $m$:$n$）。

（4）如果一个联系具有属性，则这些属性也要用无向边与该联系连接起来。

**3. E－R 图的实体联系**

实体内部的联系通常是指组成实体各属性之间的联系，实体之间的联系通常是指不同实体型的实体集之间的联系。

（1）两个实体型之间的联系。两个实体型之间的联系可以分为一对一联系、一对多联系和多对多联系。两个实体型之间的三类联系如图 4－15 所示。

1）一对一联系（1:1）。如果对于实体集 A 中的每一个实体，实体集 B 中只有一个实体与之联系，反之亦然，则称实体集 A 与实体集 B 具有一对一联系，记为 1:1。

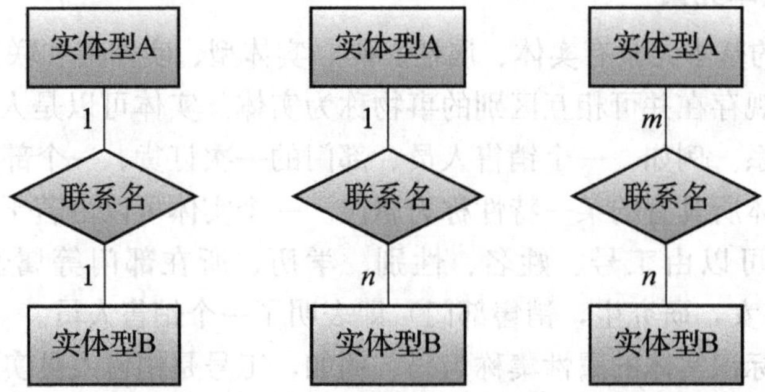


（a）1:1联系　（b）1:n联系　（c）m:n联系

图 4－15　两个实体型之间的三类联系

例如：宝马北京分公司的销售经理只负责管理该分公司的销售部。

2）一对多联系（$1:n$）。如果对于实体集 A 中的每一个实体，实体集 B 中至少有 $n$ 个实体与之联系，反之实体集 B 中的每一个实体，实体集 A 中只有一个实体与之联系，则称实体集 A 与实体集 B 具有一对多联系，记为 $1:n$。

例如：宝马北京分公司的一个销售人员负责多个客户的售后相关事宜。

3）多对多联系（$m:n$）。如果对于实体集 A 中的每一个实体，实体集 B 中至少有 $n$ 个实体与之联系，反之实体集 B 中的每一个实体，实体集 A 中有 $m$ 个实体与之联系，则称实体集 A 与实体集 B 具有多对多联系，记为 $m:n$。

例如：宝马北京分公司的汽车装饰供应商由多家企业构成，同时这些供应商也给其他品牌的汽车企业提供服务。

（2）两个以上的实体型之间的联系。一般，两个以上的实体型之间也存在一对一、一对多和多对多联系。

（3）单个实体型内的联系。同一个实体集内的各实体之间也可以存在一对一、一对多和多对多的联系。

通常，把参与联系的实体型的数目称为联系的度。两个实体型之间的联系度为 2，称为二元联系；三个实体型之间的联系度为 3，称为三元联系；$N$ 个实体型之间的联系度为 $N$，称为 $N$ 元联系。

### 4.3.6　销售业务概念结构设计案例

程平收到设计方案的销售业务需求分析报告后，很满意，他要求尽快设计销售管理数据库的概念结构。

谢佳芯立刻联系柳婷说："您看看销售管理数据库的概念结构设计这个部分我们怎么合作比较好。"柳婷说："我给你发一份模板，你照着模板把销售管理业务流程图做好发给我，然后剩下的 E－R 模型交给我就行了。"

不一会儿，柳婷就收到了谢佳芯传来的销售管理业务流程图。根据销售管理流程，柳婷开始设计 E－R 模型，主要内容包括客户订购商品，收到订购信息后根据客户要求发出商品，并开具发票给客户。

销售商品 E－R 模型如图 4－16 所示。

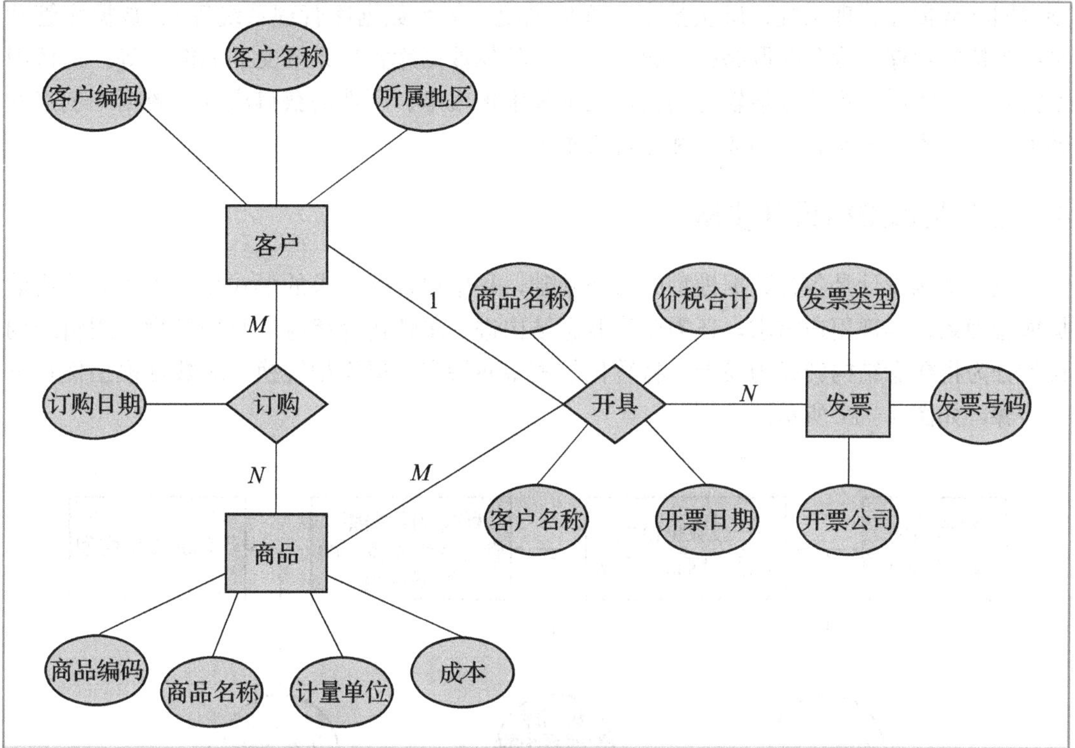


图 4－16　销售商品 E－R 模型

由销售商品 E－R 模型可知，该销售商品情景中主要有三个联系。

（1）一个客户可以订购多种商品，一种商品也可以被多个客户购买，所以联系是多对多。

（2）可以向多个客户开具发票，一张发票上只有一个客户，所以联系是一对多。

（3）发票上可以开具多种商品，一种商品可以在多张发票上，所以联系是多对多。

## 4.4　逻辑结构设计

逻辑结构设计是将概念模型转换成逻辑模型的过程，是建立数据库管理系统过程中最为重要的一环，它独立于任何一种数据模型。

### 4.4.1 逻辑结构设计简介

数据库的逻辑结构设计是把概念结构设计阶段设计好的基本 E-R 图转换为与选用数据库管理系统产品所支持的数据模型相符合的逻辑结构。它选择最适合用户的概念结构的数据模型，并从支持这种数据模型的多个数据库管理系统中选出最佳的，再根据选定的数据库管理系统的特点对数据模型做适当的调整。

选择数据库管理系统需考虑一系列因素，包括技术、经济及组织管理等。技术因素主要是数据库管理系统能否胜任所要完成的工作，需要考虑的问题包含数据库管理系统的类型（网状数据库管理系统、层次数据库管理系统、关系数据库管理系统等)、数据库管理系统支持的存储结构和存取路径、通过接口与其他数据库管理系统交互的能力等。经济因素需要考虑的问题主要包括软件的获得成本和维护成本、硬件的获得成本、数据库创建和转换成本、人员成本、培训成本和运行成本等。

### 4.4.2 逻辑结构设计步骤

概念结构设计是各种数据模型的共同基础，是用户数据要求的形式化，为了能够用数据库管理系统实现用户需求，还需要将概念结构进一步转化为相应的数据模型。逻辑结构设计分为将概念结构转换为模型、将转化的模型向特定数据模型转换、对数据模型优化三个步骤，如图 4-17 所示。

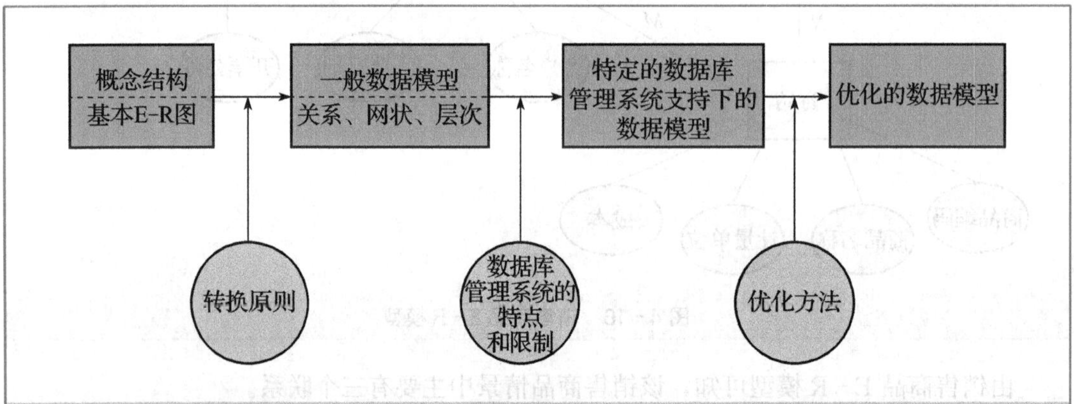


图 4-17 逻辑结构设步骤

(1) 将概念结构模型转换为一般的关系、网状、层次模型。

(2) 使用所选的数据库管理系统创建数据库的概念模式和外模式。不同的数据库管理系统使用各自的特性和约束来实现数据模型。

(3) 运用规范化理论对逻辑数据模型进行优化。

### 4.4.3 E-R 模型到关系模型的转换

关系模型的逻辑结构是一组关系模式的集合，E-R 图是由实体、实体的属性和实体之间的联系三个要素组成的。将 E-R 图转换为关系模型实际上是将实体、实体的属性和实体之间的联系转换为一组关系模式，这种模式一般遵循如下原则。

（1）一个 1:1 联系可以转换为一个独立的关系模式，也可以与任意一端对应的关系模式合并。

（2）一个 $1:n$ 联系可以转换为一个独立的关系模式，也可以与任意 $n$ 端对应的关系模式合并。

（3）一个 $m:n$ 联系可以转换为一个独立的关系模式，与该联系相连的各实体的码以及联系本身的属性均转换为关系的属性，各实体的码组成关系的码和关系码的一部分。

（4）三个或三个以上实体间的一个多元联系可以转换为一个关系模式。

（5）具有相同码的关系模式可合并。

例如：把客户订购商品部分情景中的 E-R 图转换为关系模型。关系的码用下划线标出。

（1）实体集：

客户（<u>客户编码</u>，客户名称，所属地区）

商品（<u>商品编码</u>，商品名称，计量单位，成本）

（2）联系：

订购（客户编码，商品编码，订购日期）

### 4.4.4　逻辑数据模型的优化

数据库逻辑设计的结果不是唯一的。为了进一步提高数据库应用系统的性能，还应根据应用需要适当地修改、调整数据模型的结构，这就是逻辑数据模型的优化。

**1. 考虑因素**

规范化理论是数据库逻辑设计的指南和工具，用规范化理论对产生的逻辑模型进行初步优化，是关系规范化理论的具体应用。优化时主要考虑三个方面。

（1）数据分析阶段，用数据依赖的概念分析和表示各数据项之间的联系。

（2）设计概念结构阶段，用关系规范化去消除 E-R 模型中的冗余联系。

（3）E-R 模型向数据模型转换的过程中，用模式分解的概念和方法指导设计，充分运用规范化理论的成果优化关系型数据库模式的设计。

**2. 具体方法**

关系数据模型的优化通常以规范化理论为指导，采取的具体方法有五种。

（1）确定数据依赖，分别写出每个关系模式内部各属性之间的数据依赖以及不同关系模式属性之间的数据依赖。

（2）对于各个关系模式之间的数据依赖进行极小化处理，消除冗余的联系。

（3）按照数据依赖的理论对关系模式逐一进行分析，考察是否存在部分函数依赖、传递函数依赖、多值依赖等，确定各关系模式分别属于第几范式。

（4）根据需求分析阶段得到的处理要求，分析对于这样的应用环境这些模式是否合适，确定是否要对某些模式进行合并与分解。

（5）对关系模式进行必要分解，提高数据操作效率和存储空间利用率。

### 4.4.5 设计用户外模式

将概念模型转换为全局逻辑模型后，还应根据局部应用需求，结合具体数据库管理系统的特点，设计用户的外模式。定义数据库模式主要从系统时间效率、空间效率、易维护等角度出发，而定义用户外模式更应注重考虑用户的习惯和方便，具体包括三个方面。

**1. 使用别名**

使用更符合用户习惯的别名。对于某些应用，由于改用不符合用户习惯的属性名，可能会使用户感到不方便，因此，设计用户的外模式时可以重新定义某些属性名，使其与用户习惯一致。

**2. 保证安全性**

针对不同级别的用户定义不同的视图，以保证系统的安全性。

例如：假设有关系模式商品（商品编码，商品名称，单价，销售数量，客户名称），可以在商品关系上建立以下两个视图。

（1）一般客户建立视图：

商品 1（商品编码，商品名称，单价）

（2）销售部门建立视图：

商品 2（商品编码，商品名称，单价，销售数量，客户名称）

**3. 简化使用**

如果某些局部应用中经常要使用某些复杂的查询，为了方便用户，可以将这些复杂查询定义为视图，用户每次只对定义好的视图进行查询，大大简化了用户的使用。

### 4.4.6 规范化设计范式

规范化的基本思想是消除数据依赖中不合适的部分，消除关系模式中的数据冗余，减少数据插入（insert）、删除（delete）和更新（update）时发生的异常操作。这要求关系型数据库设计出来的关系模式应满足一定的要求，满足不同程度要求的为不同范式。

范式的概念最早是由 E. F. Codd 提出，从 1971 那年起，Codd 相继提出了关系的三级规范化形式，即第一范式（1NF）、第二范式（2NF）和第三范式（3NF）。1974 年，Codd 和 Boyce 又共同提出了一个新的范式概念，即 Boyce-Codd 范式（BCNF）。1976 年，Fagin 提出了第四范式（4NF），后来又有人定义了第五范式（5NF）。

**1. 范式之间的关系**

各范式之间的联系可以表示为：BCNF⊂3CNF⊂2NF⊂1NF，即满足最低要求的称为第一范式，简称 1NF。在第一范式中满足进一步要求的为第二范式，简称 2NF。其余以此类推，如图 4－18 所示。各范式成立的条件如表 4－4 所示。

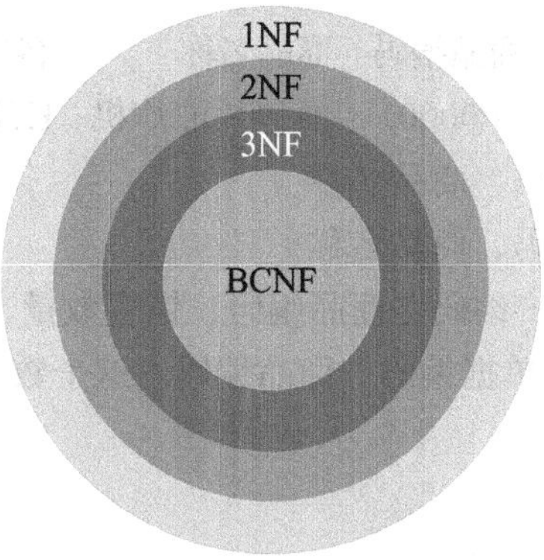


图 4-18　各范式之间的关系

表 4-4　各范式成立的条件

| 范式 | 条件 |
|---|---|
| 第一范式（1NF） | 元组中每一分量都必须是不可分割的数据项 |
| 第二范式（2NF） | 不仅满足第一范式，而且所有非主属性完全依赖其他候选码 |
| 第三范式（3NF） | 不仅满足第二范式，而且它的任一非主属性都不传递于任何候选码 |
| BCNF | 不仅满足第三范式，而且它的任一属性都不传递于任何候选码 |

**2. 关系模式的级别**

范式表示的是关系模式的规范化程序，即满足某种约束条件的关系模式，根据满足的约束条件的不同来确定不同范式。常用的三大范式主要是第一范式、第二范式和第三范式。

（1）第一范式。数据库表的每列都是不可分割的原子数据项，而不能是集合、数组、记录等非原子数据项。如果实体中的某个属性具有多个值，则必须拆分为不同的属性。简而言之，第一范式就是无重复的列。

例如：

| | | | |
|---|---|---|---|
| 修改前 | 单据编号 | 商品名称 | |
| | XSDD058154 | SP00001 面包片油炸机 | |
| 修改后 | 单据编号 | 商品编码 | 商品名称 |
| | XSDD058154 | SP00001 | 面包片油炸机 |

分析：商品名称对应的 SP00001 面包片油炸机，应改为两个字段，一是商品编码，二是商品名称，这样才满足第一范式。

（2）第二范式。要求数据表里的所有非主属性都要和该数据表的主键有完全依赖关系，如果任何非主属性只和主键的一部分有关，它就不符合第二范式。同时可以得出，如果一个数据表的主键只有单一字段，它就一定符合第二范式（前提是该数据表符合第一范式）。

例如：

| 修改前 | 单据编号 | 商品编码 | 商品名称 | 客户编码 | 客户名称 | 销售数量 |
|---|---|---|---|---|---|---|
| | XSDD058154 | SP00001 | 面包片油炸机 | KH00001 | 润康加工厂 | 2 |

修改后　客户：客户编码、商品名称

商品：商品编码、商品名称

订购关系：客户编码、商品编码、销售数量、单据编号

分析：修改前的关键字为单据编码、商品编码。这个数据库表不满足第二范式，因为存在如下决定关系：

(单据编号)→(销售数量)

(商品编码)→(商品名称)

即存在组合关键字中的字段决定非关键字的情况。修改后的数据库表是符合第二范式的，消除了数据冗余、更新异常、插入异常和删除异常。另外，所有关键字的数据库表都符合第二范式，因为不可能存在组合关键字。

(3) 第三范式。满足第二范式的前提下，如果某一属性依赖其他非主键属性，而其他非主键属性又依赖主键，这个属性就是间接依赖主键，这称作传递依赖主属性。

例如：

修改前　(单据编号)→(商品名称，商品类型，销售数量，价税合计)

修改后　销售：单据编号，销售数量，价税合计

商品：商品名称，商品类型

分析：修改前数据库符合第二范式，但是不符合第三范式，因为存在如下决定关系：

(单据编号)→(商品名称，销售数量，价税合计)→(商品类型)

即存在非关键字段“商品类型”对关键字段“单据编号”的传递函数依赖。它也会存在数据冗余、更新异常、插入异常和删除异常的情况。修改后的数据库表是符合第三范式的，消除了数据冗余、更新异常、插入异常和删除异常。

### 4.4.7 销售业务逻辑结构设计案例

重庆的早晨是柔软的，雾霭常年漫在山腰、楼群、河流上，或浓或淡，或停顿或悄移，滋养万物，也滋养着山城简单、纯朴的快乐。

蛮先进公司大厦里，谢佳芯正准备关闭电梯，就看到柳婷慌张地冲了过来，然后就听到提示音响起：“打卡成功。”谢佳芯打趣道：“柳婷，你这最后一分钟的打卡时间还赶上了，蛮厉害呀。”柳婷笑着回答：“我这就是懒人一个，必须要承担冒险的后果，对了，我昨晚发给你的概念结构设计你看了吗?”谢佳芯说：“嗯，我还看了之前你们发给我们的关系型数据库设计资料，发现你们做的内容真的很完善，等会儿有空我们一起讨论一下怎么把销售业务概念模型转换为逻辑结构的关系模型。”柳婷说了句：“好的。”然后各自回到了自己的办公桌。

早上10点，谢佳芯点开微信，便看到柳婷邀请大家一起讨论。于是，她抱着笔记本电脑并叫上家桐一起前往柳婷办公室。上午的美好时光在几个人讨论销售管理关系型数据

库设计的实体集和联系中结束。

销售管理关系型数据库设计的逻辑结构实体集与联系如下所示。

**1. 实体集**

蛮先进公司的销售业务实体集包括客户、商品和发票，下面详细介绍其属性。

客户（客户编码，客户名称，所属地区）

商品（商品编码，商品名称，计量单位，成本）

发票（发票号码，发票类型，开票公司）

**2. 联系**

蛮先进公司的销售业务不同实体间存在不同的联系，下面详细介绍其联系。

订购（订购日期）

开具（客户名称，商品名称，开票日期，价税合计）

## 4.5　物理结构设计

数据库存储在物理设备上，数据库在物理设备上的存储结构和存取方法称为数据库的物理结构，它依赖给定的数据库管理系统和计算机系统。

### 4.5.1　物理结构设计简介

数据库物理设计是在逻辑设计的基础上为确定的数据库逻辑结构设计一个最符合应用环境的物理结构的过程，包括存储结构、存取方法及为实现数据高效访问而建立的索引和任何完整性约束、安全策略等。物理结构设计的内容包括以下三个方面。

（1）准备工作。

1）充分了解应用环境，详细分析要运行的事务，以获得选择物理数据库设计所需参数。

2）充分了解所用关系型数据库管理系统的内部特征，尤其是系统提供的存取方法和存储结构。

（2）选择所需参数。

1）数据查询事务。其包括查询的关系、查询条件所涉及的属性、连接条件所涉及的属性、查询的属性等。

2）数据更新事务。其包括被更新的关系、每个关系上的更新操作条件所涉及的属性、修改需改变的属性值、每个事务在各关系上运行的频率和性能要求。

（3）设计的内容。

为关系模型选择存取方式、设计关系、索引等数据库文件的物理存储结构。

### 4.5.2　物理结构设计步骤

物理结构设计过程通常是分阶段反复进行的，要经历设计、评价、修改、再评价多次反复的过程，最后得到一个性能较好的存储模式。数据库的物理结构设计通常分为确定物理结构和评价物理结构两个步骤，如图 4-19 所示。

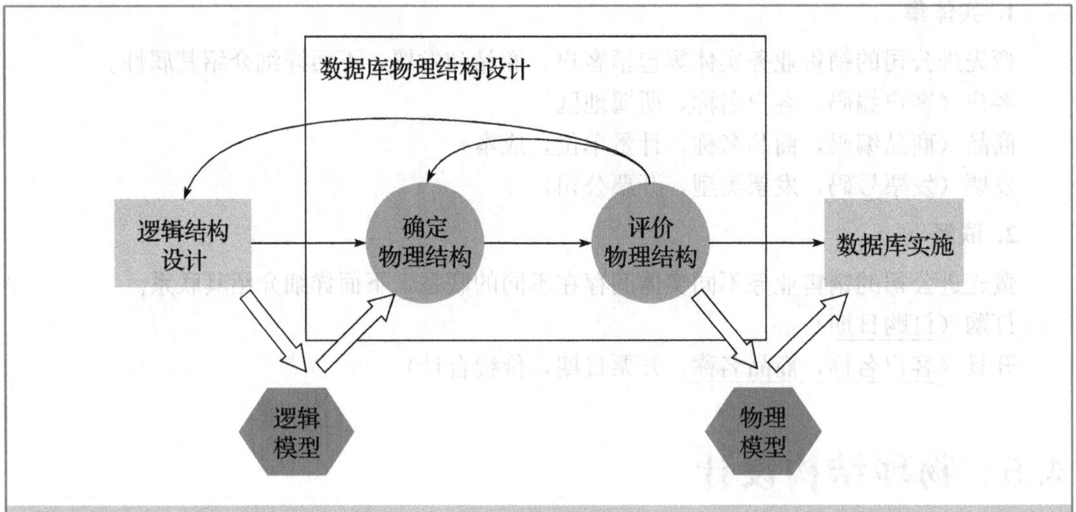


图 4-19 物理结构设计步骤

（1）确定物理结构。在关系型数据库中主要指存取方法和存储结构。

（2）评价物理结构。主要是评价物理结构的时间和空间效率。如果评价结果满足设计要求，则可进入物理实施阶段。否则，就需要重新设计或修改物理结构，有时甚至要返回逻辑设计阶段，修改数据模型。

### 4.5.3 确定物理结构

在确定数据库的物理结构之前，设计人员必须详细了解给定的数据库管理系统的功能和特点，特别是该数据库管理系统所提供的物理环境和功能，了解所设计的应用系统中各部分的重要程度、处理频率和了解外存设备的特性等，选择合适的存取方法和存储结构进行物理结构设计。

**1. 存取方法**

存取方法是快速存取数据库中数据的技术。数据库管理系统中常用的存取方法主要是B+树索引存取法、Hash 索引存取法和聚簇存取法。

（1）B+树索引存取法。根据应用要求确定对关系的哪些属性列建立索引，哪些属性列建立组合索引，哪些索引要设计唯一索引等，以此选择索引存取方法。B+树索引存取法是使用最普遍的存取方法，选择 B+树索引存取法一般有三个规则。

1）如果一个（或一组）属性经常在查询条件中出现，则考虑在这个（或这组）属性上建立索引（或组合索引）。

2）如果一个属性经常作为最大值和最小值等聚集函数的参数，则考虑在这个属性上建立索引。

3）如果一个（或一组）属性经常在连接操作的连接条件中出现，则考虑在这个（或这组）属性上建立索引。

关系上定义的索引并不是越多越好，系统为维护索引和查找索引会增加开销。

（2）Hash 索引存取法。选择 Hash 索引存取法的规则是如果一个关系的属性主要出现在等值连接条件中或等值比较选择条件中，而且满足下列两个条件之一，则此关系可以选择 Hash 索引存取法。

1）可以预知一个关系的大小，并且不会改变。

2）关系的大小动态改变，但数据库管理系统提供了动态 Hash 索引存取法。

（3）聚簇存取法。为了提高某个属性（或属性组）的查询速度，把属性上具有相同值的元组集中存放在连续的物理块中称为聚簇。该属性（或属性组）称为聚簇码。许多关系型数据库管理系统都提供聚簇功能。建立聚簇索引后，基于表中数据按指定的聚簇属性值的升序或降序存放，即聚簇索引的索引项顺序与表中元组的物理顺序一致。

1）聚簇的用途。聚簇大大提高了按聚簇属性进行查询的效率。例如，查询公司双十一的商品销售情况，设商品销售数量为 1 200 件，这 1 200 件商品所对应的数据元组分布在 1 200 个不同的物理块上，至少执行 1 200 次 I/O 操作。如果将同一时间的商品销售情况元组集中存放，则每读一个物理块可得到多个满足查询条件的元组，从而显著地减少访问磁盘的次数。

2）聚簇的局限性。建立与维护聚簇的开销是相当大的，聚簇只能提高某些特定应用的性能。对已有关系建立聚簇，将导致关系中元组移动其物理存储位置，并使此关系上原有的索引无效，必须重建。当一个元组的聚簇码发生改变时，该元组的存储位置也相应移动。

3）聚簇的使用范围。

① 聚簇不仅适用于单个关系，也适用于多个关系。即把多个连接关系的元组按连接属性值聚集存放，从而大大提高连接操作的效率。

② 当通过聚簇码进行访问或者连接是该关系的主要应用，以及与聚簇码无关的其他访问很少或是次要时，可以使用聚簇。尤其是当 SQL 语句中包含与聚簇码有关的 ORDER BY，GROUP BY，UNION，DISTINCT 等子句或短语时，使用聚簇码特别有利，可以省去对结果集的排序操作。

③ 设计候选聚簇时，对经常在一起进行连接操作的关系可以建立聚簇；如果一个关系的一组属性经常出现在相等比较条件中，则该单个关系可建立聚簇；如果一个关系的一个（或一组）属性上的值重复率很高，则该单个关系可建立聚簇。即对应每个聚簇码值的平均元组数不能太少，太少则聚簇的效果不明显。

④ 检查候选聚簇中的关系，取消其中不必要的关系。从聚簇中删除经常进行全表扫描的关系，从聚簇中删除更新操作远多于连接操作的关系，从聚簇中删除重复出现的关系。要从多个聚簇方案（包括不建立聚簇）中选择一个较优的，即在这一聚簇上运行各种事务的总代价最小。

**2. 存储结构**

确定数据库物理结构主要指确定数据的存放位置和存储结构，包括确定关系、索引、聚簇、日志、备份等存储安排和存储结构，确定系统配置。确定数据的存放位置和存储结构要综合考虑存取时间、存储空间利用率和维护代价三方面的因素。这三个方面往往是矛盾的，因此需要进行权衡，选择一个折中方案。

（1）确定存放位置。根据应用情况将数据的易变部分与稳定部分、经常存取部分与存取频率较低部分分开存取，可以提高系统性能。例如，数据库数据备份、日志文件备份等由于只有故障恢复时才使用，而且数据量很大，可以考虑存放在磁盘上。如果计算机有多个磁盘，可以考虑将表和索引分别放在不同的磁盘上，查询时由于两个磁盘驱动器分别在工作，因而可以保证物理读写速度比较快。可以将比较大的表分别放在两个磁盘上，以加快存取速度，这在多用户环境下特别有效。可以将日志文件与数据库对象放在不同的磁盘以改进系统的性能。

（2）确定系统配置。数据库管理系统产品评估的存储分配参数有同时使用数据库的用户数和对象数、使用的缓冲区长度和个数、时间片大小、数据库大小、装填因子、锁的数目等。系统都为这些变量赋合理的缺省值，但这些值不一定适合各种应用环境，物理结构设计时需要根据应用环境确定这些参数值，以使系统性能最优。物理结构设计时对系统配置变量的调整只是初步的，在系统运行时还要根据系统实际运行情况做进一步的调整，以期切实改进系统性能。

### 4.5.4 评价物理结构

数据库物理结构设计过程中需要对时间效率、空间效率、维护代价和各种用户要求进行权衡，其结果可以产生多种方案，数据库设计人员必须对这些方案进行细致的评价，从中选择一个较优的方案作为数据库的物理结构。

评价物理结构的方法完全依赖所选用的数据库管理系统，主要是从定量估算各种方案的存储空间、存取时间和维护代价入手，对估算结果进行权衡、比较，选择出一个较优的合理的物理结构。如果该结构不符合用户需求，则需要修改设计。如果结构满足设计要求，则可以进行数据库实施。实际系统开发时，往往需要经过反复测试才能优化物理结构。

### 4.5.5 数据的完整性

关系的完整性是指关系模型的数据完整性，用以确保数据的正确性和一致性。关系模型的完整性有实体完整性、参考完整性和用户定义完整性三大类。

**1. 实体完整性**

关系模型的实体完整性在 CREATE TABLE 中用 PRIMARY KEY 定义。对单属性构成的码有两种说明方法，一种定义为列级约束条件，另一种定义为表级约束条件。对多个属性构成的码只有一种说明方法，即定义为表级约束条件。

例如，在销售业务案例中创建客户信息表，要求记录的型包含客户编码（主码）、客户名称和所属片区。

（1）列级定义主码。

```
CREATE TABLE KHXXB(KHID VARCHAR(10) PRIMARY KEY,CUSTOMER VARCHAR
(20),AREA VARCHAR(5));
```

（2）表级定义主码。

```
CREATE TABLE KHXXB(KHID VARCHAR(10),CUSTOMER VARCHAR(20),AREA VAR-
CHAR(5),PRIMARY KEY(KHID));
```

插入或对主码列进行更新操作时，关系型数据库管理系统按照实体完整性规则自动进行检查。一方面检查主码值是否唯一，另一方面检查主码的各个属性是否为空。

**2. 参照完整性**

数据之间往往存在某种联系。在关系模型中，数据间的联系用关系描述。这样，关系间就存在某种引用。参照完整性也称为外键约束，关系模型的参照完整性在 CREATE TABLE 中用 FOREIGN KEY 短语定义哪些列为外码，用 REFERENCES 指明这些外码参照哪些表的主码。

例如，在销售业务案例中创建销售单表，要求记录的型包含订单编码（主码）、客户编码（外码）、销售数量和价税合计。

```
CREATE TABLE XSDB(DDID VARCHAR(10) PRIMARY KEY,KHID VARCHAR(10),
XSSL DOUBLE(10,2),JSHJ DOUBLE(10,2),FOREIGN KEY(KHID) REFERENCES
KHXXB(KHID));
```

如果对被参照表和参照表进行增加、删除、修改操作时，出现破坏参照完整性的情况，可以采取以下三种策略，如表 4－5 所示。

**表 4－5 可能破坏参照完整性的情况及违约处理**

| 被参照表（Goods） | 参照表（例如 SD） | 违约处理 |
|---|---|---|
| 可能破坏参考完整性 ← | 插入元组 | 拒绝 |
| 可能破坏参考完整性 ← | 修改外码值 | 拒绝 |
| 删除元组 → | 可能破坏参考完整性 | 拒绝/级联删除/设置为空值 |
| 修改主码值 → | 可能破坏参考完整性 | 拒绝/级联修改/设置为空值 |

（1）拒绝（NO ACTION）执行。不允许该操作执行。该策略一般设置为默认策略。

（2）级联（CASCADE）操作。当删除或修改被参照表的一个元组造成与参照表不一致时，删除或修改参照表中所有造成不一致的元组。

（3）设置为空值（SET-NULL）。当删除或修改被参照表的一个元组造成不一致时，将参照表中所有造成不一致的元组的对应属性设置为空值。

**3. 用户定义完整性**

用户定义完整性是指不同的关系型数据库系统根据应用环境的不同，设定的一些特殊约束条件。用户定义的完整性也称为域完整性或语义完整性。它说明某一具体应用所涉及的数据必须满足语义的要求。

（1）属性上的约束条件。CREATE TABLE 时定义属性上的约束条件，即属性值限制。其中包括：1）$n$ 列值非空（NOT NULL）。2）$n$ 列值唯一（UNIQUE）。3）$n$ 检查列值是否满足一个条件表达式（CHECK）。检查和违约处理时，查看属性上的约束条件是否满足，如果不满足，则操作被拒绝执行。

（2）元组上的约束条件。元组级的限制可以设置不同属性之间的取值的相互约束条件，$n$ 在 CREATE TABLE 时可以用 CHECK 子句定义元组上的约束条件。检查和违约处理时，查看元组上的约束条件是否满足，如果不满足，则操作被拒绝执行。

## 4.5.6 销售业务物理结构设计案例

温暖的阳光布满了桌上，许多细小的尘埃在飞舞，下午 2 点的闹钟把谢佳芯从梦乡中唤醒。

她用手摸了摸自己的下巴，自言自语地感叹道："还好没有流口水。"然后，她打开电脑查阅程平发过来的部署与预算资料。同时，心里想着，虽然前面的销售管理数据库的模型结构设计好了，但是公司应该选一个什么样的数据库才合适呢？

于是，她立刻在两个部门的合作交流群里发送消息咨询数字化赋能中心的成员。家桐看到后回复道："我建议采用 MySQL 作为销售数据库管理系统，它比较适合我们公司的规模，并且 MySQL 关系型数据库管理系统的功能目前已经比较成熟，系统也比较稳定。"其他成员纷纷附和。

谢佳芯看到回复后，立刻联系柳婷。然后，经过两个人的仔细探讨，她们觉得家桐的建议比较可行。于是，决定采纳家桐的建议，同时制作了人员分工安排表，让大家一起参与设计销售管理业务的表、字段等物理结构。

在大家一下午的共同努力下，黄昏时分，终于完成了销售管理物理结构的设计。

销售管理业务具体涉及的表、字段等如下所示。

（1）商品信息表（spxxb）记录蛮先进公司经营的商品信息。商品信息表中含有商品 ID（spid）、商品名称（spmc）、计量单位（jldw）和成本（cb）信息，商品信息表的部分数据示例如表 4-6 所示。

**表 4-6　商品信息表部分数据示例**

| spid | spmc | jldw | cb |
|---|---|---|---|
| PRO0001 | 面包片油炸机 | 台 | 13 500 |
| PRO0002 | 漂洗机 | 台 | 16 000 |
| PRO0003 | 提升机 | 台 | 12 700 |
| PRO0004 | 无锈宽网带传送机（机架可拆） | 台 | 16 500 |
| PRO0005 | 圆筒式撒粉机 | 台 | 15 700 |
| PRO0006 | 中级油油炸机（20＃电） | 台 | 14 200 |
| … | … | … | … |

（2）销售发票表（xsfpb）记录公司销售和退货的开票情况。销售发票表含有发票 ID（fpid）、开票公司（kpgs）和发票类型（fplx）信息，销售发票表的部分数据示例如表 4-7 所示。

表 4-7 销售发票表部分数据示例

| fpid | kpgs | fplx |
|---|---|---|
| XSFP00001 | 蛮先进公司 | 增值税专用发票 |
| XSFP00002 | 蛮先进公司 | 普通发票 |
| XSFP00003 | 蛮先进公司 | 普通发票 |
| XSFP00004 | 蛮先进公司 | 增值税专用发票 |
| XSFP00005 | 蛮先进公司 | 增值税专用发票 |
| XSFP00006 | 蛮先进公司 | 增值税专用发票 |
| XSFP00007 | 蛮先进公司 | 增值税专用发票 |
| XSFP00008 | 蛮先进公司 | 增值税专用发票 |
| XSFP00009 | 蛮先进公司 | 增值税专用发票 |
| … | … | … |

(3) 客户信息表 (khxxb) 记录与企业有业务往来的客户的基本信息。客户信息表中含有客户 ID (khid)、客户名称 (khmc) 和地区 (area) 信息，客户信息表的部分数据示例如表 4-8 所示。

表 4-8 客户信息表部分数据示例

| khid | khmc | area |
|---|---|---|
| CUST0001 | 广州中顺食品厂 | 华南片区 |
| CUST0002 | 深圳好在来连锁饭店 | 华南片区 |
| CUST0003 | 东莞王老大食品厂 | 华南片区 |
| CUST0004 | 悦来茶楼 | 东北片区 |
| CUST0005 | 海南椰子香连锁饭店 | 华南片区 |
| CUST0006 | 珠海海鲜大酒楼 | 华南片区 |
| CUST0007 | 好再来砂锅粥店 | 华北片区 |
| CUST0008 | 薯薯食品有限公司 | 华东片区 |
| CUST0009 | 天津新和豆浆 | 华北片区 |
| … | … | … |

(4) 订购信息表 (dgxxb) 记录客户向本公司订购商品的信息。订购信息表中含有商品 ID (spid)、客户 ID (khid)、订购日期 (dgrq)、订购数量 (dgsl)、商品单价 (spdj) 和商品总价 (spzj) 的信息，订购信息表的部分数据示例如表 4-9 所示。

表 4-9 订购信息表部分数据示例

| spid | khid | dgrq | dgsl | spdj | spzj |
|---|---|---|---|---|---|
| PRO0001 | CUST0033 | 2019/9/9 | 9 | 20 198.75 | 181 788.75 |
| PRO0003 | CUST0033 | 2019/9/9 | 1 | 20 340.00 | 20 340.00 |
| PRO0006 | CUST0033 | 2019/9/9 | 11 | 18 747.83 | 206 226.13 |
| PRO0005 | CUST0033 | 2019/9/9 | 14 | 21 133.26 | 295 865.64 |
| PRO0004 | CUST0030 | 2019/9/9 | 3 | 25 913.16 | 77 739.48 |
| PRO0001 | CUST0030 | 2019/9/9 | 1 | 21 696.00 | 21 696.00 |
| PRO0005 | CUST0030 | 2019/9/9 | 7 | 23 481.40 | 164 369.80 |
| PRO0003 | CUST0030 | 2019/9/9 | 7 | 18 936.54 | 132 555.78 |
| … | … | … | … | … | … |

(5) 销售单表（xsdb）记录公司商品销售情况。销售单表中含有单据 ID（djid）、商品 ID（spid）、客户 ID（khid）、业务日期（ywrq）、开票日期（kprq）、含税单价（hsdj）、销售数量（xssl）、价税合计（jshj）和状态（state）的信息，销售单表的部分数据示例如表 4-10 所示。

表 4-10 销售单表部分数据示例

| djid | spid | khid | ywrq | kprq | hsdj | xssl | jshj | state |
|---|---|---|---|---|---|---|---|---|
| XSDD058154 | PRO0001 | CUST0033 | 2019/9/9 | 2019/9/9 | 20 198.75 | 9 | 181 788.75 | 已出库 |
| XSDD058154 | PRO0003 | CUST0033 | 2019/9/9 | 2019/9/9 | 20 340.00 | 1 | 20 340.00 | 已出库 |
| XSDD058154 | PRO0006 | CUST0033 | 2019/9/9 | 2019/9/9 | 18 747.83 | 11 | 206 226.13 | 已出库 |
| XSDD058154 | PRO0005 | CUST0033 | 2019/9/9 | 2019/9/9 | 21 133.26 | 14 | 295 865.64 | 已出库 |
| XSDD058153 | PRO0004 | CUST0030 | 2019/9/9 | 2019/9/9 | 25 913.16 | 3 | 77 739.48 | 已出库 |
| XSDD058153 | PRO0001 | CUST0030 | 2019/9/9 | 2019/9/9 | 21 696.00 | 1 | 21 696.00 | 已出库 |
| XSDD058153 | PRO0005 | CUST0030 | 2019/9/9 | 2019/9/9 | 23 481.40 | 7 | 164 369.80 | 已出库 |
| XSDD058153 | PRO0003 | CUST0030 | 2019/9/9 | 2019/9/9 | 18 936.54 | 7 | 132 555.78 | 已出库 |
| … | … | … | … | … | … | … | … | … |

## 4.6 数据库的实施

数据库的实施是指根据逻辑结构设计和物理结构设计的结果，利用数据库管理系统工具建立实际的数据库结构，装入数据，实现应用程序编码与调试，并进行试运行，具体包括五个方面的内容，如图 4-20 所示。

图 4－20　数据库的实施内容

**1. 定义数据库结构**

利用数据库管理系统提供的 DDL 语句建立数据库及各种数据库对象，包括分区、表、视图、索引、存储过程、触发器、用户访问权限等。

**2. 数据载入**

数据载入是指数据库结构建立后，可向数据库中载入数据。由于数据的来源不同，其组织方式、结构、格式会不同，可能出现元数据与新数据库结构不相容的现象，这时可以先将元数据提取出来，存入计算机，然后分类转换，成为符合新数据库结构的数据，再存入数据库。

**3. 编写与调试应用程序**

数据库应用程序的设计应和数据库设计同步进行。在数据库实施阶段，数据库结构建立好后，就可以开始编制与调试数据库的应用程序。调试应用程序时由于数据入库尚未完成，可先使用模拟数据。

**4. 数据库试运行**

原有系统的小部分数据已输入数据库后，就可以开始对数据库系统进行联合调试，这称为数据库的试运行。这一阶段要实际运行数据库应用程序，执行对数据库的各种操作，测试应用程序的功能是否满足设计要求。如果不满足，对应用程序部分则要修改、调整，直至达到设计要求。

在数据库试运行时，还要测试系统的性能指标，分析其是否达到设计目标。在对数据库进行物理结构设计时已初步确定系统的物理参数值，但也要在试运行阶段实际测量和评价系统性能指标。试运行的工作主要有两项：

（1）功能测试。运行数据库应用程序，执行各种操作，测试程序是否满足设计要求，找出不足，改进现有程序直到符合设计要求。

（2）性能测试。测量系统的性能指标，分析是否符合设计目标。

**5. 整理文档**

在程序的编码调试和运行中，把发现的问题和解决方法记录下来，将它们整理存档作为资料，供以后正式运行和改进时参考。全部调试工作完成之后，应该编写应用系统的技术说明书和使用说明书，在正式运行时随系统一起交给用户。完整的文档资料是应用系统的重要组成部分。

# 4.7 数据库的运行与维护

数据库在经过调试运行的检查和测试，基本符合数据库设计要求后，就可投入正式使用，这标志着数据库设计工作告一段落。但这并不意味着整个数据库设计过程的终结，由于应用环境在不断变化，数据库运行过程中物理存储也会不断变化，对数据库设计进行评价、调整、修改等维护工作是一个长期的任务，也是设计工作的继续和提高。

数据库的日常运行与维护是一项专业性很强的工作，需要数据库管理员完成。这种工作就是软件产生后的售后服务，在数据库的运行和维护阶段，数据库管理员的主要工作包括四个方面的内容，如图 4－21 所示。

图 4－21 数据库的运行与维护内容

**1. 数据库的转储和恢复**

数据库的转储与恢复是系统正式运行后最重要的维护工作之一。数据库管理员应该为不同的应用要求制定不同的转储计划，以确保一旦发生故障就能尽快将数据恢复到某种一致的状态，并尽可能最大限度地减少对数据库的破坏。

**2. 数据库的安全性、完整性控制**

数据库管理员必须对数据库安全性和完整性负责。根据用户的实际需要授予不同的操作权限。另外，在数据库运行过程中由于应用环境发生变化，数据库的完整性约束条件也会发生变化，需要数据库管理员不断修正以满足用户要求。

**3. 数据库性能的监督、分析和改造**

在数据库运行过程中，监督系统运行，对监测数据进行分析，找出改进系统性能的方法，是数据库管理员的一个重要任务。目前，很多数据库管理系统提供了检测系统性能参数的工具，数据库管理员可以通过这些工具获取系统运行过程中参数的值，以判断当前数据库系统运行时存储空间的使用状况、响应时间及错误、故障、死锁发生的原因，并进行相应的整改。

**4. 数据库的重组织与重构造**

数据库运行一段时间后，记录不断增加、删除和修改，会使数据库的物理存储情况变坏，降低数据的存取效率，这时数据库管理员就要对数据库进行重组织或部分重组织。数据库管理系统一般都提供重组数据库的程序。在重组过程中，要按原设计要求重新安排记录的存储位置，调整数据的存储区，回收存储碎片，减少指针链等。

## 思维拓展

1. 数据库的设计过程一般包括几个阶段？分别是什么？
2. 数据库设计必须满足第三范式吗？
3. 如何理解关系型数据库的常见设计范式？
4. 关系型数据库中，关系的完整性约束包括哪几种？它们分别有什么作用？
5. 关系型数据库有哪些特点？
6. 关系型数据库单主键和联合主键各有哪些优点和缺点？
7. 关系型数据库适合哪些应用场景？请举 2～3 个例子说明。

# 第 5 章 关系型数据库标准语言 SQL

## 学习目标

- 了解 SQL 语言的基本概念、产生与发展、特点
- 了解 MySQL 数据库管理系统的安装和使用
- 熟悉销售基本业务数据库与数据表
- 掌握销售基本业务数据库的增删查改
- 掌握销售基本业务数据表的增删查改
- 掌握字段和数据的增加、修改和删除
- 掌握销售基本业务数据的简单查询和高级查询
- 掌握销售基本业务数据库中视图和索引的增删查改
- 掌握销售基本业务数据库中存储过程和触发器的增删查改

## 思维导图

## 蛮有数洞

一日清晨，迎着升起的朝阳，上班的人们脚步匆匆。蛮先进公司销售部的张菁经理化着精致的妆容，踩着高跟鞋走进了办公室，刚坐下把电脑打开，她就收到了财务总监程平的微信：“你来我办公室一下。”

她拿上笔记本，立马走向程平的办公室，面带笑容地敲响了办公室门：“程总，请问您找我有什么事呢?”同时在场的还有数字化赋能中心的高级数据分析师柳婷以及实习生家桐。

程平看着张菁说道:“是这样的，我们公司在进行数智化改革，财务部不想仅仅停留在做账，还打算往业务数据进行溯源。在这个大数据时代，海量的数据用传统的纸质、Excel 存储已经显得不够。所以我想要你们销售部也配合一下，同步搭建数据库环境，实现数据的统一管理和存储。”

程平继续说道:“我给你找来了帮手，是数字化赋能中心的两位同事，高级数据分析师柳婷和实习生家桐，他们擅长数据处理和分析，应该对你很有帮助。”张菁笑着回答道:“谢谢程总。”又冲着那两个人笑着说道:“还需要两位的帮忙，感谢!”柳婷回答道:“没问题。”

柳婷和家桐跟着张菁来到了销售部。柳婷看了数据之后说道:“张经理，那我们就开始吧，可能还需要你们把数据给我看一下。”“好的，可能需要稍等一下。”张菁叫来了销售部副经理杨双，让她去整理数据。

在等待的时间里，柳婷同时开始了数据库的知识普及，说道:“数据库的功能还是非常强大的。其操作语言是 SQL 语言，学起来非常简单，很容易上手。不仅能修改、增加和删除数据表和数据，也可以实现各种查询，还支持视图、索引、存储过程和触发器等，这些功能使得数据库用起来更加得心应手。”

张菁说道:“这样啊，长知识了。那你有什么推荐的学习资料吗?我好让我们部门都学学。”柳婷笑着把家桐叫到面前说:“这是我带的实习生，是某理工大学会计信息化专业毕业的。他的导师最近刚出了一本《会计大数据基础》，你可以看看。”家桐十分骄傲。“好，谢谢。”

张菁道完谢，杨双也过来了。柳婷说道:“没事，不用客气。数据来了，那我们就开始吧。我先安装一个数据库管理系统，然后根据你们的数据设计数据库、数据表，最后把数据导进去。你们以后有新的数据也可以继续导入，数据库能存放的数据远比 Excel 多。我待会儿弄好后，给你做个简单的导入导出教程。你也可以看《会计大数据基础》或者在网上自己学习一下 SQL 命令的使用，以及如何增删查改，很简单的。”

张菁不好意思地笑道:“真是太麻烦你了，正是因为你和程总，我们部门也迈出了数智化改革的第一步。”在柳婷的帮助下，销售部很快就搭建起了数据库环境，实现销售数据的更高效存储和管理。

## 5.1 概　述

结构化查询语言（structured query language，SQL）是一种数据库查询和程序设计语言，是介于关系代数与关系演算之间的语言，具有综合统一、高度非过程化、语言简洁和易学易用等特点。SQL 语言自产生以来经历了一系列的标准化过程，现已成为数据库领域的一种主流语言。

### 5.1.1 SQL 语言的含义

SQL 语言是一种特殊目的的编程语言，也是一种通用的、功能极强的关系型数据库语言，是关系型数据库的标准语言，用于存取数据以及查询、更新和管理关系型数据库系统。因此，其功能不仅仅是查询，还包括数据库模式创建、数据库数据的插入与修改、数据库安全性完整性定义与控制等一系列功能。

自SQL成为国际标准语言，各个数据库厂家纷纷推出各自的SQL软件或与SQL的接口软件。这就使大多数数据库均用SQL作为共同的数据存取语言和标准接口，从而使不同数据库系统之间的互相操作有了共同的基础。各厂家又在SQL标准的基础上进行扩充，形成各自的语言。SQL成为国际标准，对数据库以外的领域也产生了很大影响，有不少软件将SQL语言的数据查询功能与图形功能、软件工程工具、软件开发工具、人工智能程序集合起来。有人把确立SQL为关系型数据库语言标准及其后的发展称为一场革命。

由于SQL简单易学，目前已经成为关系型数据库系统中使用最广泛的语言。国际上很多计算机公司开发和经销的数据库管理系统产品都支持SQL的各种版本软件。无论是Oracle，Sybase，DB2，Informix，SQL Server这些大型的数据库管理系统，还是Access，Visual Foxpro，PowerBuilder这些笔记本电脑上常用的数据库开发系统，都支持SQL语言作为查询语言。编写数据检索查询语句及其他SQL语句的能力，并不依赖某个具体的数据库软件，而是依赖用户对该通用语言的掌握程度。

### 5.1.2 SQL的产生与发展

1970年，美国IBM公司的研究员E. F. Codd提出了关系模型后，由于关系代数或者关系数学理论性太强，难以被普通用户接受，因此1973年IBM公司开展了System R的研制工作。System R以关系模型为基础，但是摒弃了数学语言，以自然语言为方向，诞生了结构化英语查询语言（structured English query language，SEQUEL），负责人为Don Chamberlin博士，1980年更名为SQL，发音不变。System R获得1988年度ACM软件系统奖。

SQL语言经历了一系列的标准化过程。SQL标准指引厂商沿着恰当的开发方向前进，SQL标准提供了必要基本原则的框架，从而最终让不同的SQL之间保持一致性，更好地实现可移植性。

20世纪80年代，SQL标准的第一个版本公布并成为国际化标准。1986年10月，美国国家标准学会数据库委员会批准SQL作为关系型数据库语言的美国标准，同年公布了SQL标准文本（简称SQL-86）。1987年，国际标准化组织（International Organization for Standardization，ISO）也通过了这一标准，称为SQL1。1989年10月，美国国家标准学会又颁布了增强完整性特征的SQL-89标准，随后，ISO对标准进行了大量的修改和扩充。

20世纪90年代，SQL标准不断发展和完善，形成了SQL最基本和最核心的内容。在1992年8月又公布了功能更为强大的SQL-92标准，在该标准中，添加了一些新的语句并对已有的一些语句进行扩充，成为SQL2。甚至在完成SQL2之前，美国国家标准学会就已着手开发SQL3。1999年，该标准发布并更名为SQL-99，形成新标准SQL3。SQL3是变动最大的一个版本，也是最重要的一个版本，该标准涉及SQL最基础和最核心的内容。在SQL2的基础上改变了标准符合程度的定义，增加了面向对象特性、正则表达式和存储过程等内容。

进入21世纪以来，SQL标准仍在不断改善。2003年，美国国家标准学会公布了

SQL2003 标准，在该标准中引入了 XML，Windows 函数等。在 SQL2011 标准中，引入了时序数据等。在 SQL2016 标准中，引入了 JSON 等。SQL 标准的进展过程如表 5-1 所示。

**表 5-1　SQL 标准的进展过程**

| 标准 | 发布时间 | 标准 | 发布时间 |
|---|---|---|---|
| SQL-86 | 1986 年 | SQL2003 | 2003 年 |
| SQL-89（FIPS 127-1） | 1989 年 | SQL2008 | 2008 年 |
| SQL-92 | 1992 年 | SQL2011 | 2010 年 |
| SQL-99（SQL3） | 1999 年 | SQL2016 | 2016 年 |

目前，没有一个数据库系统能够支持 SQL 标准的所有概念和特性。由于标准过于庞大，各数据库管理系统供应商的 SQL 版本都只实现了它们的子集，一方面采纳了 SQL 作为自己的数据库操作语言，另一方面都或多或少地对 SQL 增加了自己独特的功能和语句。

## 5.1.3　SQL 的特点

SQL 是一种综合的、功能极强、简捷易学的语言，集数据定义语言（data definition language，DDL）、数据操纵语言（data manipulation language，DML）、数据控制语言（data control language，DCL）功能于一体，其主要特点包括以下五个方面，如图 5-1 所示。

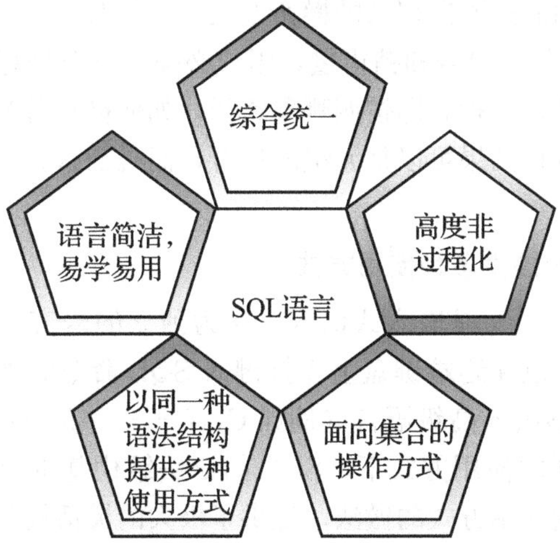


图 5-1　SQL 的主要特点

**1. 综合统一**

数据库系统的主要功能是通过数据库支持的数据语言来实现的。SQL 集数据定义语言、数据操纵语言、数据控制语言的功能于一体，语言风格统一，可以独立完成数据库生命周期中的全部活动，包括以下一系列操作要求：

（1）定义和修改、删除关系模式，定义和删除视图，插入数据，建立数据库。对数据库中的数据进行查询和更新。

(2) 数据库重构和维护。

(3) 数据库安全性、完整性控制，以及事务控制。

(4) 嵌入式SQL和动态SQL定义。

这就为数据库应用系统的开发提供了良好的环境。特别是用户在数据库系统投入运行后，还可根据需要随时逐步地修改模式，并不影响数据库的运行，从而使系统具有良好的可扩展性。

另外，在关系模型中实体和实体间的联系均用关系表示，这种数据结构的单一性带来了数据操作符的统一性，查找、插入、删除、更新等每一种操作都只需一种操作符，从而克服了非关系系统由信息表示方式的多样性带来的操作复杂性。例如，在DBTG网状数据库系统中，需要两种插入操作符：STORE用来把记录存入数据库，CONNECT用来把记录插入系值（系值是网状数据库中记录之间的一种联系方式）以建立数据之间的联系。

**2. 高度非过程化**

非关系数据模型的数据操纵语言是面向过程的语言，用过程化语言完成某项请求必须指定存取路径。而用SQL进行数据操作时，只需提出做什么，而无须指明怎么做，因此无须了解存取路径。存取路径的选择以及SQL的操作过程由系统自动完成。这不但大大减轻了用户负担，而且有利于提高数据独立性。

**3. 面向集合的操作方式**

非关系数据模型采用的是面向记录的操作方式，操作对象是一条记录。例如查询销售单中销售量超过1 000件的订单号和销售量，用户必须一条条地把满足条件的销售记录找出来（通常要说明具体处理过程，即按照哪条路径，如何循环等）。而SQL采用集合操作方式，不仅操作对象、查找结果可以是元组的集合，而且插入、删除、更新操作的对象也可以是元组的集合。

**4. 以同一种语法结构提供多种使用方式**

SQL既是独立的语言，又是嵌入式语言。作为独立的语言，它能够独立地用于联机交互的使用方式，用户可以在终端键盘上直接键入SQL命令对数据库进行操作；作为嵌入式语言，SQL语句能够嵌入高级语言（例如C，C++，Java）程序，供程序员设计程序时使用。而在两种不同的使用方式下，SQL的语法结构基本上是一致的。这种以统一的语法结构提供多种不同使用方式的做法，提供了极大的灵活性与方便性。

**5. 语言简洁，易学易用**

SQL功能极强，但由于设计巧妙，语言简洁，完成核心功能只用了9个动词，如表5-2所示。SQL接近英语口语，因此易于学习和使用。

**表5-2 SQL的动词**

| SQL功能 | 动词 |
| --- | --- |
| 数据定义 | CREATE，ALTER，DROP |
| 数据查询 | SELECT |

续表

| SQL 功能 | 动词 |
| --- | --- |
| 数据操纵 | INSERT，UPDATE，DELETE |
| 数据控制 | GRANT，REVOKE |

（1）CREATE：创建一个新的对象，包括数据库、表、索引、视图等对象，创建不同对象时 CREATE 动词后的关键字不同，分别用 DATABASE，TABLE，INDEX，VIEW 实现。

（2）ALTER：在一个对象创建之后，修改对象的结构设计，包括数据库、表、视图等对象结构。可以跟 ADD，DROP，ALTER 三个子句，但每个语句只能跟其中一个子句。

（3）DROP：删除对象，包括数据库、表、索引、视图等对象，删除不同对象时 DROP 动词后的关键字不同。确保该对象，以及相关内容确实无用时才能使用 DROP 删除，因为删除对象时是把对象中所有的内容都删除。

（4）SELECT：从一个表或多个表或视图中检索列和行，具有数据查询、统计、分组、排序的功能，是 SQL 中最核心的动词，包含五个子句。

（5）INSERT：向一个表或视图中插入行，可以一次插入一行，也可以插入多行。

（6）UPDATE：修改表中已存在的某些列的值，可以修改所有行的某些列值，也可以修改部分行的某些列值，主要由 UPDATE，SET，WHERE 子句构成。

（7）DELETE：根据指定条件从一个表或视图中删除行。

（8）GRANT：向数据库中的用户授予操作权限，可以实现数据库的安全控制。

（9）REVOKE：收回以前显式（使用 GRANT 语句授予）授予当前数据库中用户的权限，但如果从其他角色或用户继承相应的权限，则该用户还具有相应的权限。

## 5.1.4　SQL 的基本概念

支持 SQL 的关系型数据库管理系统同样支持关系型数据库三级模式结构，如图 5-2 所示。其中，外模式包括若干视图（VIEW）和部分基本表（BASE TABLE），模式包括若干基本表，内模式包括若干存储文件（STORED FILE）。可以使用 SQL 语句对基本表和视图进行查询或其他操作。

基本表是本身独立存在的表，在关系型数据库管理系统中一个关系就对应一个基本表。一个或多个基本表对应一个存储文件，一个表可以带若干索引，索引也存放在存储文件中。

存储文件的逻辑结构组成了关系型数据库的内模式。存储文件的物理结构对最终用户是隐蔽的。

视图是从一个或几个基本表导出的表。它本身不独立存储在数据库中，即数据库中只存放视图的定义而不存放视图对应的数据。这些数据仍存放在导出视图的基本表中，因此视图是一个虚表。视图在概念上与基本表等同，用户可以在视图上再定义视图。

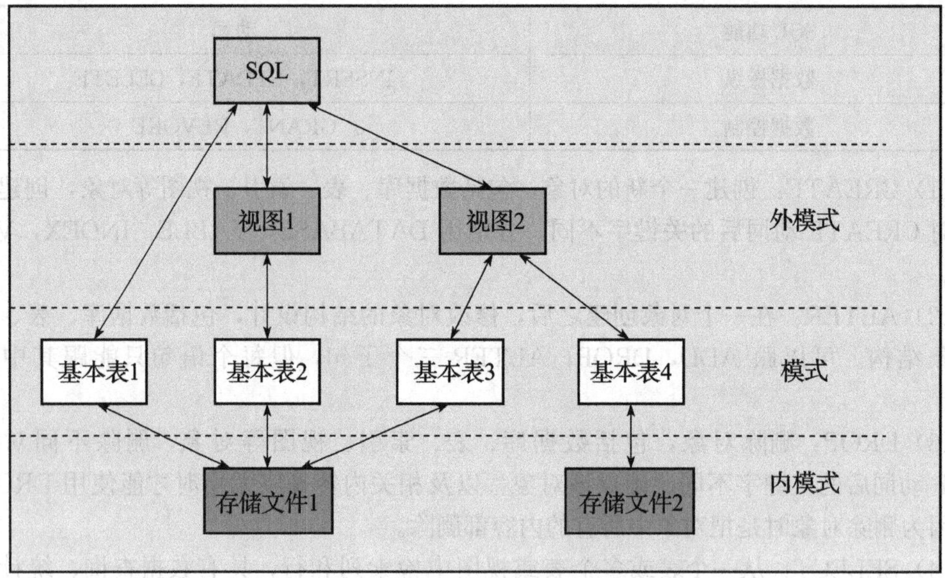


图 5-2 SQL 对关系型数据库模式的支持

## 5.2 数据库与数据表

关系型数据库是指采用关系模型来组织数据的数据库，其以行和列的形式存储数据，这一系列的行和列称为数据表。关系模型可以简单理解为二维表格模型，而一个关系型数据库就是由二维表及其之间的关系组成的一个数据组织。

本节介绍销售基本业务数据库及销售基本业务数据表，本章后续各节均基于该数据库进行操作。

### 5.2.1 销售基本业务数据库

本章基于蛮先进公司销售基本业务相关的表构建销售基本业务数据库（xsjbyw），其中包括 6 张数据表：销售订单表、销售单表、销售计划表、商品信息表、销售发票表和地区划分表。数据表的含义及其内容如下：

销售订单表是用于记录客户将要购买商品明细的单据，代表客户原本购买意愿，经确认后可转为销售单。销售订单表中含有单据编号、商品编码、客户编码、业务日期、产品类型、含税单价、销售数量、销售金额、折扣额和状态等信息。

销售单表是用于记录将商品销售给客户，并完成商品出库、当次销售金额收款的单据。销售单表的数据结构同销售订单表。

销售计划表是指企业在计划期内对商品销售活动制定的具体安排，包括销售计划编码、地域编码、月份和计划销售额等信息。

商品信息表记录企业生产销售的商品相关信息。商品信息表中含有商品编码、商品名称、计量单位和成本等信息。

销售发票是一种用来表明已销售商品的数量、价格等内容的凭证，是用于记录企业向客户销售商品收到货款时开具的收据证明。销售发票的一联寄送给顾客，其余联由企业保留。销售发票也是在会计账簿中登记销售交易的基本凭证。销售发票表中含有发票号码、开票日期、客户名称、发票金额、发票税额和价税合计等信息。

地区划分表用于记录企业合作客户所在的地区。地区划分表中含有地域编码和地域名称等信息。

数据表在销售业务数据库中对应的表名和字段名如下，下划线字段表明其为该表的主键。

(1) 销售订单表：xsddb (djbh，spid，khid，ywrq，cplx，hsdj，xssl，xsje，zke，state)；

(2) 销售单表：xsdb (djbh，spid，khid，ywrq，cplx，hsdj，xssl，xsje，zke，state)；

(3) 销售计划表：xsjhb (xsjhid，dyid，yf，jhxse)；

(4) 商品信息表：spxxb (spid，spmc，jldw，cb)；

(5) 销售发票表：xsfpb (fpid，kprq，khmc，fpje，fpse，jshj)；

(6) 地区划分表：dqhfb (dyid，dymc)。

数据表的详细数据结构及部分数据示例见 5.2.2 节。

## 5.2.2 销售基本业务数据表

本小节展示销售基本业务相关数据表的表结构和部分数据示例，共 6 张数据表。

**1. 销售订单表**

(1) 表结构。销售订单表的主键为 djbh，spid，其具体表结构如表 5-3 所示。

**表 5-3 销售订单表结构**

| 序号 | 字段 | 数据类型 | 字段标题 | 字段大小 | 字段说明 |
|---|---|---|---|---|---|
| 1 | djbh | varchar | 单据编号 | 10 | 主键 |
| 2 | spid | varchar | 商品编码 | 10 | 主键 |
| 3 | khid | varchar | 客户编码 | 10 | 客户编码 |
| 4 | ywrq | varchar | 业务日期 | 10 | 销售业务的日期 |
| 5 | cplx | varchar | 产品类型 | 8 | 标准产品/服务 |
| 6 | hsdj | double | 含税单价 | | 商品的单价 |
| 7 | xssl | int | 销售数量 | | 销售发生的数量 |
| 8 | xsje | double | 销售金额 | | 销售额 |
| 9 | zke | double | 折扣额 | | 折扣额 |
| 10 | state | varchar | 状态 | 5 | 商品的库存状态 |

(2) 部分数据示例。销售订单表的部分数据如表 5-4 所示。

**表 5-4 销售订单表数据**

| djbh | spid | khid | ywrq | cplx | hsdj | xssl | xsje | zke | state |
|---|---|---|---|---|---|---|---|---|---|
| XSDD058652 | PRO0004 | CUST0019 | 2019/1/12 | 标准产品 | 26 442.00 | 1 | 26 442.00 | | 已出库 |
| XSDD058652 | PRO0001 | CUST0019 | 2019/1/12 | 标准产品 | 21 262.00 | 3 | 63 786.00 | | 已出库 |
| XSDD058652 | PRO0007 | CUST0019 | 2019/1/12 | 标准产品 | 31 188.00 | 1 | 31 188.00 | | 已出库 |
| XSDD058651 | PRO0005 | CUST0019 | 2019/1/18 | 标准产品 | 21 133.00 | 2 | 42 266.00 | | 已出库 |
| XSDD058651 | PRO0002 | CUST0019 | 2019/1/18 | 标准产品 | 21 588.00 | 6 | 129 528.00 | | 已出库 |
| XSDD058651 | PRO0003 | CUST0019 | 2019/1/18 | 标准产品 | 18 937.00 | 1 | 18 937.00 | | 已出库 |
| XSDD058651 | PRO0007 | CUST0019 | 2019/1/18 | 标准产品 | 30 564.00 | 1 | 30 564.00 | | 已出库 |
| XSDD058643 | PRO0001 | CUST0004 | 2019/8/23 | 标准产品 | 15 149.06 | 7 | 106 043.42 | | 已出库 |
| XSDD058643 | PRO0007 | CUST0004 | 2019/8/23 | 标准产品 | 22 923.18 | 3 | 68 769.54 | | 已出库 |
| XSDD058643 | PRO0006 | CUST0004 | 2019/8/23 | 标准产品 | 16 780.50 | 1 | 16 780.50 | | 已出库 |
| XSDD058642 | PRO0006 | CUST0004 | 2019/6/2 | 标准产品 | 16 883.33 | 2 | 33 766.66 | | 已出库 |
| XSDD058642 | PRO0003 | CUST0004 | 2019/6/2 | 标准产品 | 14 202.41 | 6 | 85 214.43 | | 已出库 |
| XSDD058640 | PRO0006 | CUST0004 | 2019/4/9 | 标准产品 | 22 374.00 | 1 | 16 556.76 | 5 817.24 | 已出库 |
| XSDD058640 | PRO0004 | CUST0004 | 2019/4/9 | 标准产品 | 26 442.00 | 1 | 19 567.08 | 6 874.92 | 已出库 |
| XSDD058639 | PRO0004 | CUST0040 | 2019/12/31 | 标准产品 | 25 913.16 | 3 | 77 739.48 | | 未出库 |
| XSDD058639 | PRO0002 | CUST0040 | 2019/12/31 | 标准产品 | 25 248.72 | 5 | 126 243.60 | | 未出库 |
| XSDD058639 | PRO0006 | CUST0040 | 2019/12/31 | 标准产品 | 21 926.52 | 5 | 109 632.60 | | 未出库 |
| XSDD058638 | PRO0001 | CUST0041 | 2019/12/31 | 标准产品 | 21 262.08 | 5 | 106 310.40 | | 未出库 |
| XSDD058638 | PRO0004 | CUST0041 | 2019/12/31 | 标准产品 | 25 913.16 | 3 | 77 739.48 | | 未出库 |
| XSDD058638 | PRO0002 | CUST0041 | 2019/12/31 | 标准产品 | 25 248.72 | 4 | 100 994.88 | | 未出库 |
| XSDD058638 | PRO0005 | CUST0041 | 2019/12/31 | 标准产品 | 24 717.62 | 3 | 74 152.86 | | 未出库 |
| … | … | … | … | … | … | … | … | … | … |

### 2. 销售单表

（1）表结构。销售单表的主键为 djbh，spid，其具体表结构如表 5-5 所示。

**表 5-5 销售单表结构**

| 序号 | 字段 | 数据类型 | 字段标题 | 字段大小 | 字段说明 |
|---|---|---|---|---|---|
| 1 | djbh | varchar | 单据编号 | 10 | 销售单的编号 |
| 2 | spid | varchar | 商品编码 | 10 | 销售的商品编号 |
| 3 | khid | varchar | 客户编码 | 10 | 客户编码 |
| 4 | ywrq | varchar | 业务日期 | 10 | 销售业务的日期 |
| 5 | cplx | varchar | 产品类型 | 8 | 标准产品/服务 |
| 6 | hsdj | double | 含税单价 | | 商品的单价 |

续表

| 序号 | 字段 | 数据类型 | 字段标题 | 字段大小 | 字段说明 |
|---|---|---|---|---|---|
| 7 | xssl | int | 销售数量 | | 销售发生的数量 |
| 8 | xsje | double | 销售金额 | | 销售额 |
| 9 | zke | double | 折扣额 | | 折扣额 |
| 10 | state | varchar | 状态 | 5 | 商品的库存状态，均为已出库 |

（2）部分数据示例。销售单表的部分数据如表 5-6 所示。

**表 5-6　销售单表数据**

| djbh | spid | khid | ywrq | cplx | hsdj | xssl | xsje | zke | state |
|---|---|---|---|---|---|---|---|---|---|
| XSDD058154 | PRO0001 | CUST0033 | 2019/9/9 | 标准产品 | 20 198.75 | 9 | 181 788.75 | | 已出库 |
| XSDD058154 | PRO0003 | CUST0033 | 2019/9/9 | 标准产品 | 20 340.00 | 1 | 20 340.00 | | 已出库 |
| XSDD058154 | PRO0006 | CUST0033 | 2019/9/9 | 标准产品 | 18 747.83 | 11 | 206 226.13 | | 已出库 |
| XSDD058154 | PRO0005 | CUST0033 | 2019/9/9 | 标准产品 | 21 133.26 | 14 | 295 865.64 | | 已出库 |
| XSDD058153 | PRO0004 | CUST0030 | 2019/9/9 | 标准产品 | 25 913.16 | 3 | 77 739.48 | | 已出库 |
| XSDD058153 | PRO0001 | CUST0030 | 2019/9/9 | 标准产品 | 21 696.00 | 1 | 21 696.00 | | 已出库 |
| XSDD058153 | PRO0005 | CUST0030 | 2019/9/9 | 标准产品 | 23 481.40 | 7 | 164 369.80 | | 已出库 |
| XSDD058153 | PRO0003 | CUST0030 | 2019/9/9 | 标准产品 | 18 936.54 | 7 | 132 555.78 | | 已出库 |
| XSDD058153 | PRO0006 | CUST0030 | 2019/9/9 | 标准产品 | 22 374.00 | 1 | 22 374.00 | | 已出库 |
| XSDD058153 | PRO0002 | CUST0030 | 2019/9/9 | 标准产品 | 23 986.51 | 9 | 215 878.59 | | 已出库 |
| XSDD058152 | PRO0007 | CUST0026 | 2019/9/9 | 标准产品 | 31 188.00 | 1 | 31 188.00 | | 已出库 |
| XSDD058152 | PRO0006 | CUST0026 | 2019/9/9 | 标准产品 | 20 830.42 | 8 | 166 643.36 | | 已出库 |
| XSDD058152 | PRO0002 | CUST0026 | 2019/9/9 | 标准产品 | 25 248.72 | 4 | 100 994.88 | | 已出库 |
| XSDD058152 | PRO0005 | CUST0026 | 2019/9/9 | 标准产品 | 23 481.40 | 10 | 234 814.00 | | 已出库 |
| XSDD058152 | PRO0004 | CUST0026 | 2019/9/9 | 标准产品 | 25 913.16 | 4 | 103 652.64 | | 已出库 |
| XSDD058152 | PRO0003 | CUST0026 | 2019/9/9 | 标准产品 | 19 933.20 | 5 | 99 666.00 | | 已出库 |
| XSDD057300 | PRO0002 | CUST0008 | 2019/9/9 | 标准产品 | 25 764.00 | 1 | 25 764.00 | | 已出库 |
| XSDD057300 | PRO0004 | CUST0008 | 2019/9/9 | 标准产品 | 26 442.00 | 1 | 26 442.00 | | 已出库 |
| XSDD057299 | PRO0001 | CUST0029 | 2019/9/9 | 标准产品 | 21 696.00 | 1 | 21 696.00 | | 已出库 |
| XSDD057299 | PRO0006 | CUST0029 | 2019/9/9 | 标准产品 | 22 374.00 | 1 | 22 374.00 | | 已出库 |
| … | … | … | … | … | … | … | … | … | … |

**3. 商品信息表**

（1）表结构。商品信息表的主键为 spid，其具体表结构如表 5-7 所示。

表 5-7　商品信息表结构

| 序号 | 字段 | 数据类型 | 字段标题 | 字段大小 | 字段说明 |
|---|---|---|---|---|---|
| 1 | spid | varchar | 商品编码 | 10 | 主键 |
| 2 | spmc | varchar | 商品名称 | 20 | 商品名称 |
| 3 | jldw | varchar | 计量单位 | 4 | 台 |
| 4 | cb | double | 成本 | | 商品的成本 |

（2）数据示例。商品信息表的数据如表 5-8 所示。

表 5-8　商品信息表数据

| spid | spmc | jldw | cb |
|---|---|---|---|
| PRO0001 | 面包片油炸机 | 台 | 13 500 |
| PRO0002 | 漂洗机 | 台 | 16 000 |
| PRO0003 | 提升机 | 台 | 12 700 |
| PRO0004 | 无锈宽网带传送机（机架可拆） | 台 | 16 500 |
| PRO0005 | 圆筒式撒粉机 | 台 | 15 700 |
| PRO0006 | 中级油油炸机（20＃电） | 台 | 14 200 |
| PRO0007 | 真空油炸机 | 台 | 20 200 |

## 4. 销售发票表

（1）表结构。销售发票表的主键为 fpid，其具体表结构如表 5-9 所示。

表 5-9　销售发票表结构

| 序号 | 字段 | 数据类型 | 字段标题 | 字段大小 | 字段说明 |
|---|---|---|---|---|---|
| 1 | fpid | varchar | 发票号码 | 10 | 主键 |
| 2 | kprq | varchar | 开票日期 | 10 | 开具发票的日期，同业务日期 |
| 3 | khmc | varchar | 客户名称 | 20 | 客户的名称 |
| 4 | fpje | double | 发票金额 | | 一张销售单的销售总额 |
| 5 | fpse | double | 发票税额 | | 一笔业务的增值税额 |
| 6 | jshj | double | 价税合计 | | 一张销售单的价税总计 |

（2）部分数据示例。销售发票表的部分数据如表 5-10 所示。

表 5-10　销售发票表数据

| fpid | kprq | khmc | fpje | fpse | jshj |
|---|---|---|---|---|---|
| XSFP00001 | 2019/1/1 | 广州中顺食品厂 | 40 341.89 | 6 858.11 | 47 200 |
| XSFP00002 | 2019/1/2 | 金华宏发肉制品加工厂 | 51 538.46 | 8 761.54 | 60 300 |
| XSFP00003 | 2019/1/1 | 薯薯食品有限公司 | 17 008.55 | 2 891.45 | 19 900 |
| XSFP00004 | 2019/1/1 | 海南椰子香连锁饭店 | 29 743.6 | 5 056.4 | 34 800 |
| XSFP00005 | 2019/1/1 | 金华宏发肉制品加工厂 | 34 017.1 | 5 782.9 | 39 800 |

续表

| fpid | kprq | khmc | fpje | fpse | jshj |
| --- | --- | --- | --- | --- | --- |
| XSFP00006 | 2019/1/2 | 金华宏发肉制品加工厂 | 15 811.97 | 2 688.03 | 18 500 |
| XSFP00007 | 2019/1/1 | 薯薯食品有限公司 | 48 974.36 | 8 325.64 | 57 300 |
| XSFP00008 | 2019/1/2 | 太原红旗食品加工厂 | 16 837.61 | 2 862.39 | 19 700 |
| XSFP00009 | 2019/1/1 | 天津家乐园食品公司 | 21 794.87 | 3 705.13 | 25 500 |
| XSFP00010 | 2019/1/3 | 天津新和豆浆 | 49 487.18 | 8 412.82 | 57 900 |
| XSFP00011 | 2019/1/2 | 武汉黑鸭子食品厂 | 36 239.33 | 6 160.67 | 42 400 |
| XSFP00012 | 2019/1/3 | 广州中顺食品厂 | 17 863.25 | 3 036.75 | 20 900 |
| XSFP00013 | 2019/1/1 | 江西乐士食品加工有限公司 | 38 290.61 | 6 509.39 | 44 800 |
| XSFP00014 | 2019/1/1 | 金华宏发肉制品加工厂 | 57 179.49 | 9 720.51 | 66 900 |
| XSFP00015 | 2019/1/3 | 金华宏发肉制品加工厂 | 31 453 | 5 347 | 36 800 |
| XSFP00016 | 2019/1/3 | 昆明香园过桥米线连锁店 | 37 777.79 | 6 422.21 | 44 200 |
| XSFP00017 | 2019/1/2 | 上海快乐薯吧加盟公司 | 16 495.73 | 2 804.27 | 19 300 |
| … | … | … | … | … | … |

### 5. 销售计划表

(1) 表结构。销售计划表的主键为 xsjhid，外键为 dyid，其具体表结构如表 5－11 所示。

**表 5－11　销售计划表结构**

| 序号 | 字段 | 数据类型 | 字段标题 | 字段大小 | 字段说明 |
| --- | --- | --- | --- | --- | --- |
| 1 | xsjhid | varchar | 销售计划编码 | 10 | 主键 |
| 2 | dyid | varchar | 地域编码 | 8 | 外键 |
| 3 | yf | varchar | 月份 | 2 | 计划销售发生的月份 |
| 4 | jhxse | double | 计划销售额 | | 计划销售金额 |

(2) 部分数据示例。销售计划表的部分数据如表 5－12 所示。

**表 5－12　销售计划表数据**

| xsjhid | dyid | yf | jhxse |
| --- | --- | --- | --- |
| XSJH0001 | DYBM0006 | 1 | 13 367 852 |
| XSJH0002 | DYBM0006 | 2 | 9 820 816 |
| XSJH0003 | DYBM0006 | 3 | 12 181 614 |
| XSJH0004 | DYBM0006 | 4 | 12 181 614 |
| XSJH0005 | DYBM0006 | 5 | 12 181 614 |
| XSJH0006 | DYBM0006 | 6 | 12 181 614 |
| XSJH0007 | DYBM0006 | 7 | 12 181 614 |
| XSJH0008 | DYBM0006 | 8 | 12 181 614 |
| XSJH0009 | DYBM0006 | 9 | 12 181 614 |

续表

| xsjhid | dyid | yf | jhxse |
|---|---|---|---|
| XSJH0010 | DYBM0006 | 10 | 12 181 614 |
| XSJH0011 | DYBM0006 | 11 | 14 537 657 |
| XSJH0012 | DYBM0006 | 12 | 11 024 463 |
| XSJH0013 | DYBM0004 | 1 | 15 295 058 |
| XSJH0014 | DYBM0004 | 2 | 11 549 043 |
| XSJH0015 | DYBM0004 | 3 | 14 051 513 |
| XSJH0016 | DYBM0004 | 4 | 14 051 513 |
| XSJH0017 | DYBM0004 | 5 | 14 051 513 |
| XSJH0018 | DYBM0004 | 6 | 14 051 513 |
| XSJH0019 | DYBM0004 | 7 | 14 051 513 |
| XSJH0020 | DYBM0004 | 8 | 14 051 513 |
| XSJH0021 | DYBM0004 | 9 | 14 051 513 |
| … | … | … | … |

#### 6. 地区划分表

（1）表结构。地区划分表的主键为 dyid，其具体表结构如表 5－13 所示。

**表 5－13　地区划分表结构**

| 序号 | 字段 | 数据类型 | 字段标题 | 字段大小 | 字段说明 |
|---|---|---|---|---|---|
| 1 | dyid | varchar | 地域编码 | 10 | 主键 |
| 2 | dymc | varchar | 地域名称 | 10 | 客户所属区域 |

（2）数据示例。地区划分表的部分数据如表 5－14 所示。

**表 5－14　地区划分表数据**

| dyid | dymc | dyid | dymc |
|---|---|---|---|
| DYBM0001 | 华东片区 | DYBM0005 | 华中片区 |
| DYBM0002 | 华南片区 | DYBM0006 | 东北片区 |
| DYBM0003 | 西北片区 | DYBM0007 | 西南片区 |
| DYBM0004 | 华北片区 | | |

## 5.3　管理数据库

管理数据库是指对数据库进行增加、查看、选择和删除的操作。数据库管理系统中存在两种数据库：一种是默认数据库，不能删除；另一种是用户创建的数据库，可以自行命名，是能够删除的。数据库不能直接修改数据库名，只能先删除再重新创建。删除数据库时要非常谨慎，因为删除数据库后，数据库中存储的所有数据表和数据也将一同被删除，而且不能恢复。因此，最好在删除数据库之前先将数据库备份。

管理数据库包括对数据库的创建、查看、选择和删除，其 SQL 语句如图 5－3 所示。

**图 5－3　管理数据库**

## 5.3.1　创建数据库

创建数据库是指在数据库管理系统中新增加一个数据库，可以使用 CREATE DATABASE 命令。语法格式为：

CREATE DATABASE [IF NOT EXISTS] db_name；

[] 中内容为可选项。db_name 是创建的数据库的名称，一个数据库中包含单张或多张表。IF NOT EXISTS 是指在创建数据库前进行判断，只有该数据库目前尚不存在时才执行 CREATE DATABASE 操作，以避免出现数据库已经存在而再次新建的错误。

**【例 5－1】** 高级数据分析师柳婷在辅助销售部张经理完成整理销售部数据任务的同时，为了帮助销售部实现销售业务数据的电子化管理，创建销售基本业务数据库，用于存储和操纵销售业务数据。

```
语句 > CREATE DATABASE xsjbyw;
```

## 5.3.2　查看数据库

查看数据库管理系统中存在的所有数据库，使用 SHOW 命令。语法格式为：

SHOW DATABASES；

**【例 5－2】** 蛮先进公司有多个部门，根据不同部门的业务创建了不同的数据库。高级数据分析师柳婷向张经理演示了创建数据库之后，继续说道："你看，用 SHOW DATABASES 命令，就可以看到你刚刚创建的数据库有没有成功，同时还可以查看目前的数据库管理系统里有哪些数据库。"

```
语句 > SHOW DATABASES;
结果示意
xsjbyw
```

### 5.3.3 选择数据库

数据库管理系统中有若干个数据库，可以使用 USE 命令，选择某一个数据库，之后便可以对该数据库中的数据表进行操作。语法格式为：

USE db_name;

**【例 5 - 3】** 柳婷拿起桌上的保温杯喝了口水，继续说道："如果想要对销售业务的相关数据进行查询，或者增加、删除、修改等操作，必须先选择我们刚才创建的销售基本业务数据库，才能进行后续操作。"张经理回答道："好，明白了。"柳婷又面向身边的家桐，问道："这些基础的操作你应该没问题吧？如果有问题就及时问我。"家桐说道："没有问题，这个还比较简单。"

```
语句 > USE xsjbyw;
```

### 5.3.4 删除数据库

当数据库不再使用时应该将其删除，以确保数据库存储空间中存放的是有效数据。删除数据库是将已经存在的数据库从磁盘空间上清除，清除之后，数据库中的所有数据也将一同被删除。已经创建的数据库如要删除，使用 DROP DATABASE 命令。语法格式为：

DROP DATABASE [IF EXISTS] db_name;

[] 中内容为可选项。db_name 是要删除的数据库名。可以使用 IF EXISTS 子句，避免在删除不存在的数据库时出现错误信息。

**【例 5 - 4】** 柳婷说："如果你觉得刚刚创建的数据库名字不够清晰，不容易记，想重新创建一个销售数据库，那么你可以用 DROP 命令删除原来的销售基本业务数据库，之后再新建。"张经理困惑地问道："不能直接重新创建吗？必须删除原来的吗？"柳婷答道："这也可以，只不过原来的数据库会占用存储空间，而且你后面不会再用那个数据库，最好还是删了。"

```
语句 > DROP DATABASE xsjbyw;
```

## 5.4 管理数据表

管理数据表是指对数据表进行增加、查看、修改和删除的操作。数据表的增加要比数据库的增加复杂得多，需定义数据表中列的属性。查看数据表自然也比查看数据库的功能更多，比如可以查看数据表的结构。与数据库管理不同的是，数据表可以进行修改操作，此修改仅仅针对数据表的表名，不用像数据库的重命名那样需要删除之后再重建。同样，删除表时要非常小心，因为执行删除命令后所有数据都会消失。

管理数据表包括对数据表的创建、查看、添加、修改和删除，其 SQL 语句如图 5－4 所示。

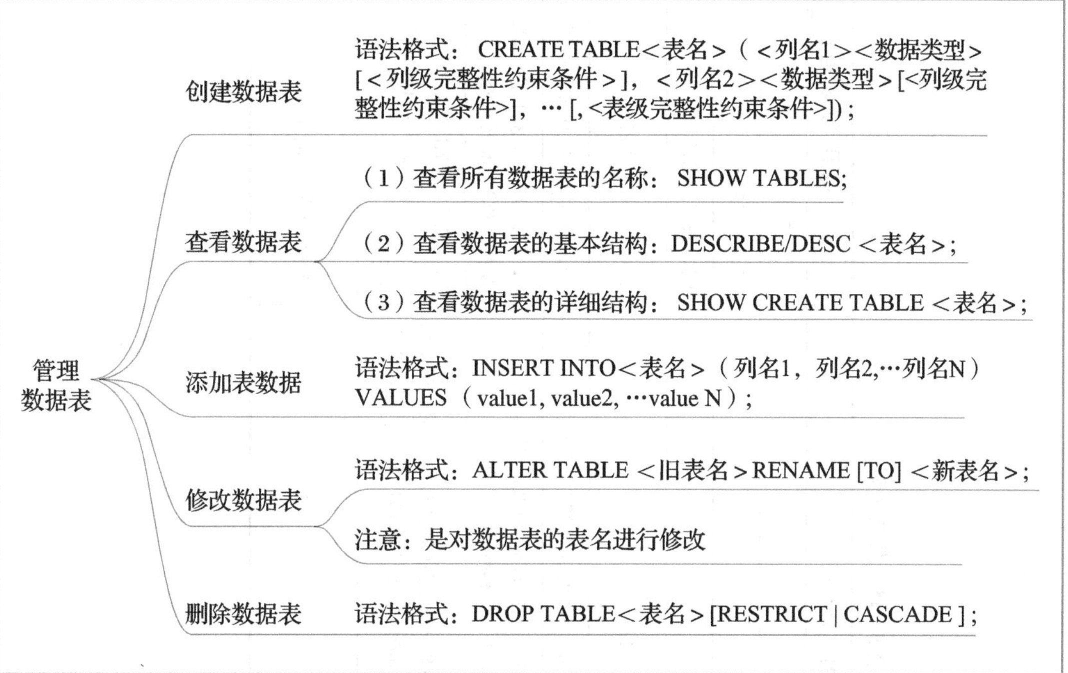


**图 5－4　管理数据表**

## 5.4.1　创建数据表

在创建数据库之后，接下来就要在数据库中创建数据表。创建数据表指的是在已经创建的数据库中建立新表，创建数据表的过程是规定数据列的属性的过程，同时也是实施数据完整性约束的过程。语法格式为：

CREATE TABLE ＜表名＞（＜列名 1＞ ＜数据类型＞ [＜列级完整性约束条件＞]，＜列名 2＞ ＜数据类型＞ [＜列级完整性约束条件＞]，… [，＜表级完整性约束条件＞]）；

定义表的属性时需要指明其数据类型及长度。列级完整性约束条件是指涉及相应属性列的完整性约束条件。表级完整性约束条件是指涉及一个或多个属性列的完整性约束条件。如果完整性约束条件涉及该表的多个属性列，则必须定义在表级上。

选用哪种数据类型需考虑取值范围以及要做哪些运算。常见数据类型大致可以分为三类：数值、日期/时间和字符串（字符）类型。具体类型、大小、范围、格式及用途如表 5－15、表 5－16 和表 5－17 所示。

表 5-15　数值类型

| 类型 | 大小 | 范围（有符号） | 范围（无符号） | 用途 |
|---|---|---|---|---|
| TINYINT | 1 byte | (−128，127) | (0，255) | 小整数值 |
| SMALLINT | 2 bytes | (−32 768，32 767) | (0，65 535) | 大整数值 |
| MEDIUMINT | 3 bytes | (−8 388 608，8 388 607) | (0，16 777 215) | 大整数值 |
| INT 或 INTEGER | 4 bytes | (−2 147 483 648，2 147 483 647) | (0，4 294 967 295) | 大整数值 |
| BIGINT | 8 bytes | (−9 223 372 036 854 775 808，9 223 372 036 854 775 807) | (0，18 446 744 073 709 551 615) | 极大整数值 |
| FLOAT | 4 bytes | (−3.402 823 466 E+38，−1.175 494 351 E−38)，0，(1.175 494 351 E−38，3.402 823 466 E+38) | 0，(1.175 494 351 E−38，3.402 823 466 E+38) | 单精度浮点数值 |
| DOUBLE | 8 bytes | (−1.797 693 134 862 315 7 E+308，−2.225 073 858 507 201 4 E−308)，0，(2.225 073 858 507 201 4 E−308，1.797 693 134 862 315 7 E+308) | 0，(2.225 073 858 507 201 4 E−308，1.797 693 134 862 315 7 E+308) | 双精度浮点数值 |
| DECIMAL | 对 DECIMAL(M，D)，如果 M>D，为 M+2，否则为 D+2 | 依赖 M 和 D 的值 | 依赖 M 和 D 的值 | 小数值 |

表5-16 日期/时间类型

| 类型 | 大小(bytes) | 范围 | 格式 | 用途 |
|---|---|---|---|---|
| DATE | 3 | 1000-01-01/9999-12-31 | YYYY-MM-DD | 日期值 |
| TIME | 3 | '—838:59:59'/'838:59:59' | HH:MM:SS | 时间值或持续时间 |
| YEAR | 1 | 1901/2155 | YYYY | 年份值 |
| DATETIME | 8 | 1000-01-01 00:00:00/9999-12-31 23:59:59 | YYYY-MM-DD HH:MM:SS | 混合日期和时间值 |
| TIMESTAMP | 4 | 1970-01-01 00:00:00/2038 结束时间是第 2 147 483 647 秒，北京时间 2038 年 1 月 19 日 11:14:07，格林尼治时间 2038 年 1 月 19 日凌晨 03:14:07 | YYYYMMDD HHMMSS | 混合日期和时间值，时间戳 |

表5-17 字符串类型

| 类型 | 大小（bytes） | 用途 |
|---|---|---|
| char | 0～255 | 定长字符串 |
| varchar | 0～65 535 | 变长字符串 |
| tinyblob | 0～255 | 不超过 255 个字符的二进制字符串 |
| tinytext | 0～255 | 短文本字符串 |
| blob | 0～65 535 | 二进制形式的长文本数据 |
| text | 0～65 535 | 长文本数据 |
| mediumblob | 0～16 777 215 | 二进制形式的中等长度文本数据 |
| mediumtext | 0～16 777 215 | 中等长度文本数据 |
| longblob | 0～4 294 967 295 | 二进制形式的极大文本数据 |
| longtext | 0～4 294 967 295 | 极大文本数据 |

**【例5-5】**柳婷说：“我们刚刚创建了销售基本业务数据库，接下来需要在数据库中创建数据表，这种关系型数据库是以表进行存储的。”张经理问道：“那我们可以创建一张商品信息表，用来存储销售部要销售的商品、商品对应的编码、计量单位以及成本价格吗？这里有商品信息表的数据。”柳婷回答：“没问题，只要明确这张表的主键和每个字段的数据类型就可以。你看这张表，商品编码可以作为主码，并设为不空值。”张经理看着柳婷敲了几行命令后运行，“你看，商品信息表（spxxb）就建好啦！”柳婷看了看张经理说道。张经理慢半拍地回答道：“好像明白了，还有点懵懂的感觉，那我们其他销售的数据表也可以这样创建吗？”柳婷说：“是的，可以在网上学习 SQL 命令，很简单的，多用就会了。”

表 5-18 商品信息表

| spid | spmc | jldw | cb |
|---|---|---|---|
| PRO001 | 面包油炸机 | 台 | 13 500 |
| PRO002 | 漂洗机 | 台 | 16 000 |
| PRO003 | 提升机 | 台 | 12 700 |
| PRO004 | 无锈宽网带传送机（机架可拆） | 台 | 16 500 |
| PRO005 | 圆筒式撒粉机 | 台 | 15 700 |
| PRO006 | 中级油油炸机（20＃电） | 台 | 14 200 |

```
语句 > CREATE TABLE spxxb
(spid  VARCHAR(10) NOT NULL,
spmc  VARCHAR(20),
jldw  VARCHAR(4),
cb  DOUBLE,
PRIMARY KEY(spid));
```

## 5.4.2 查看数据表

通过查看数据表不仅可以查看当前数据库中所有表的名称，还可以查看某一张数据表的详细信息，包括对数据表的基本结构和表的详细信息的查看。

**1. 查看所有数据表的名称**

使用 SHOW TABLES 命令显示指定数据库的所有表，使用该命令前需要使用 USE 命令来选择要操作的数据库。语法格式为：

SHOW TABLES;

**【例 5-6】** 柳婷根据张经理目前提供的销售业务相关数据，建好了 6 张数据表，并对张经理解释道："刚刚我已经把这几张表全都创建好，你看，用 SHOW TABLES 命令就可以查看销售业务数据库中有哪些表。"柳婷停顿了一下接着说，"但是现在还只有表结构，我马上把数据导进去。"张经理点点头说："哦，好的。"柳婷的手机一响，她看了眼消息说道："我临时有点急事，就把家桐留给你，如果有问题你就先找他。"张经理说道："好，那你先去忙。"

```
语句 > SHOW TABLES;
结果示意
+-------------------+
| Tables_in_xsjbyw |
+-------------------+
| dqhfb            |
| spxxb            |
| xsdb             |
```

```
| xsddb             |
| xsfpb             |
| xsjhb             |
+-----------------+
```

**2. 查看数据表的基本结构**

使用 DESCRIBE/DESC 语句可以查看表字段信息，包括字段名、字段数据类型、是否为主键、是否有默认值等。语法格式为：

DESCRIBE/DESC <表名>；

查询结果中的关键字说明如下所示：

Null 表示该列是否可以存储 Null 值。Key 表示该列是否已编制索引。PRI 表示该列是表主键的一部分。UNI 表示该列是 UNIQUE（唯一性约束）索引的一部分。MUL 表示在该列中某个给定值允许出现多次。Default 表示该列是否有默认值，如果有，值是多少。Extra 表示可以获取的与给定列有关的附加信息，如 AUTO_INCREMENT（自动递增）等。

**【例 5-7】**销售部门又新增了一种商品需要售卖，需在商品信息表里更新商品信息。家桐心虚地想："我好像忘记商品信息表的结构了，无法正确插入数据，这该怎么办?"家桐突然想到自己在学习 SQL 命令的时候，看到有条命令可以查看表的基本结构，于是他找到自己的学习笔记，果然，用 DESC 命令就可以实现。家桐心想："我可真是厉害！这样商品信息表的基本结构就出来了！"

```
语句 > DESC spxxb;
结果示意
+-------+-------------+------+-----+---------+-------+
| Field | Type        | Null | Key | Default | Extra |
+-------+-------------+------+-----+---------+-------+
| spid  | varchar(10) | NO   | PRI | NULL    |       |
| spmc  | varchar(20) | YES  |     | NULL    |       |
| jldw  | varchar(4)  | YES  |     | NULL    |       |
| cb    | double      | YES  |     | NULL    |       |
+-------+-------------+------+-----+---------+-------+
```

**3. 查看数据表的详细结构**

在数据库中，不仅可以查看数据表的当前字段信息，还可以查看创建数据表时的字段信息。SHOW CREATE TABLE 语句可以用来查看表的详细信息。语法格式为：

SHOW CREATE TABLE <表名>；

**【例 5-8】**家桐在查资料的时候发现，要了解商品信息表的表结构，不仅可以通过查看商品信息表的基本结构实现，也可以通过查看商品信息表的详细信息实现。于是就动手写了一行命令，查看柳婷在创建商品信息表时的语句，发现这确实也可以了解商品信息表，后面就可以更新数据。

```
语句 > SHOW CREATE TABLE spxxb;
结果示意
+-------+--------------------------------------------------------------+
| Table |  Create Table    |
+-------+--------------------------------------------------------------+
| spxxb | CREATE TABLE spxxb (
  spid varchar(10) NOT NULL,
  spmc varchar(20) DEFAULT NULL,
  jldw varchar(4) DEFAULT NULL,
  cb double DEFAULT NULL,
  PRIMARY KEY (spid)
) ENGINE=InnoDB DEFAULT CHARSET= utf8 |
+-------+--------------------------------------------------------------+
```

### 5.4.3 添加表数据

向数据表里添加数据，可以通过执行 INSERT 命令插入数据。语法格式为：

INSERT INTO ＜表名＞（列名 1，列名 2，…列名 N）VALUES（value1，value2，…valueN）；

value 是要添加的数据，如果数据是字符型，必须使用单引号，如'value'。

**【例 5－9】** 家桐在知道表结构后，就需要增加商品信息了。将商品编码为“PRO007”，商品名称为“真空油炸机”，计量单位为“台”，成本为“20 200”的数据添加到商品信息表。家桐对一旁的销售人员罗婷匀说道：“数据库存储数据真不错，而且 SQL 命令易学，轻轻松松就能上手。要不要学学？可以帮助你提升。”罗婷匀回答道：“好啊。”

```
语句 > INSERT INTO spxxb (spid,spmc,jldw,cb) VALUES ('PRO007','真空油炸机','台','20200');
```

### 5.4.4 修改数据表

修改数据表是指对数据表的表名进行修改，可以使用 RENAME 命令。语法格式为：

ALTER TABLE ＜旧表名＞ RENAME［TO］＜新表名＞；

**【例 5－10】** 张经理突然想到，数据库要修改名字，只能删除再重建，那么数据表呢？于是去请教家桐，家桐回答道：“数据表是可以直接修改名字的，你在网上查询一下 ALTER 命令就可以获得。”张经理笑着回答道：“这样啊，似乎简单了不少。”张经理在网上查询之后，决定自己动手试试，将地区划分表（dqhfb）表名改为客户地区划分表（khdqhfb）。

```
语句 > ALTER TABLE dqhfb RENAME khdqhfb;
```

### 5.4.5　删除数据表

删除数据表是非常容易的操作，但是在进行删除数据表操作时要非常小心，因为执行删除命令后所有数据都会消失。基本表定义一旦被删除，数据就会被删除，表上建立的索引、视图、触发器等一般也将被删除。语法格式为：

DROP TABLE <表名> [RESTRICT | CASCADE]；

[] 中内容为可选项。RESTRICT 是指删除表是有限制的。要删除的基本表不能被其他表的约束引用。如果存在依赖该表的对象，则此表不能被删除。CASCADE 是指删除该表没有限制。在删除基本表的同时，相关的依赖对象一起删除。

**【例 5-11】** 在张经理询问家桐如何修改数据表名的时候，家桐还顺便提到了删除数据表。家桐说："当然，数据表也是可以删除的，还是用 DROP 命令。不过如果你要删除表，和这张表相关的所有内容都会被删除。所以要谨慎使用，确定这张表不需要再删除。比如，你要删除商品信息表，用 DROP TABLE 加表名就可以了。"张经理回答："明白啦！"

```
语句 > DROP TABLE spxxb;
```

## 5.5　字段操作

在数据库中，大多数表的列称为字段，也可以称为属性。字段操作包括对字段的添加、修改和删除，其 SQL 语句如图 5-5 所示。可以在创建数据表时添加字段，也可以在建表之后通过 ALTER 命令新增字段。字段修改可以修改字段的名字和数据类型。字段删除会将该列的数据一起删除，因此需谨慎删除字段。字段的查看只能通过查看数据表的信息来实现。

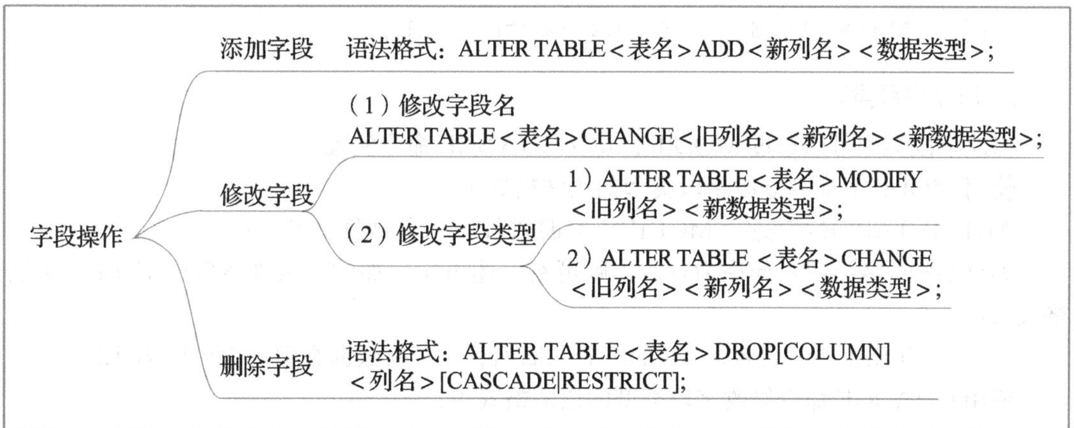


图 5-5　字段操作

### 5.5.1 添加字段

添加字段，即新增一列，新增的列默认是没有数据的。语法格式为：

ALTER TABLE ＜表名＞ ADD ＜新列名＞ ＜数据类型＞；

执行以上命令后，字段会自动添加到数据表字段的末尾。如果要指定新增字段的位置，可以使用关键字 FIRST（设定位于第一列），AFTER 字段名（设定位于某个字段之后）。

新增到第一列的语法格式为：

ALTER TABLE ＜表名＞ ADD ＜新列名＞＜数据类型＞ FIRST；

新增到指定位置的语法格式为：

ALTER TABLE ＜表名＞ ADD ＜新列名＞＜数据类型＞ AFTER ＜原有指定列＞；

ADD 子句还可以用于增加新的列级完整性约束条件和新的表级完整性约束条件。

**【例 5－12】** 家桐在向销售基本业务数据库中录入销售单数据时，发现只有业务日期是“yyyy/mm/dd”格式的，没有月份、季度等，似乎不方便查询。于是家桐就在销售单表（xsdb）中新增字段“月份（month）”，数据类型为 INT。

```
语句 > ALTER TABLE xsdb ADD month INT;
```

### 5.5.2 修改字段

对字段的修改包括字段名和字段类型的修改。

**1. 修改字段名**

可以使用 CHANGE 命令修改字段名，CHANGE 命令可以同时修改该字段的数据类型，若不需要修改，则将其原有数据类型写上，不可缺。语法格式为：

ALTER TABLE＜表名＞ CHANGE ＜旧列名＞ ＜新列名＞ ＜新数据类型＞；

**【例 5－13】** 家桐了解到 SQL 命令中有个计算月份的函数 MONTH，与刚才销售单表中新增的字段“月份（month）”会冲突，于是准备修改这个字段名为 yf。

```
语句 > ALTER TABLE xsdb CHANGE month yf INT;
```

**2. 修改字段类型**

修改字段类型可以通过 MODIFY 或者 CHANGE 命令实现。

使用 MODIFY 命令修改字段类型的语法格式为：

ALTER TABLE＜表名＞MODIFY ＜旧列名＞＜新数据类型＞；

如果要修改的字段不允许为空值，则可在上述语句后加约束条件 NOT NULL，语法格式为：

ALTER TABLE ＜表名＞ MODIFY ＜旧列名＞＜新数据类型＞ NOT NULL；

使用 CHANGE 命令修改字段类型的语法格式为：

ALTER TABLE＜表名＞ CHANGE ＜旧列名＞＜新列名＞ ＜新数据类型＞；

**【例 5－14】** 家桐通过查看销售单表的表结构，发现业务日期是字符串类型（varchar)，而在 SQL 语言中是用 date 数据类型表示时间的，为了保证数据的严谨，需要将销售单表中业务日期（ywrq）字段的类型修改为时间类型（date）。

```
语句 > ALTER TABLE xsdb MODIFY ywrq date;
```

### 5.5.3　删除字段

字段的删除使用 ALTER 命令和 DROP 子句，如果数据表中只剩余一个字段，则无法使用 DROP 来删除字段。语法格式为：

ALTER TABLE <表名> DROP [ COLUMN ] <列名> [CASCADE | RESTRICT]；

[] 中内容为可选项。如果指定了 CASCADE，则自动删除引用了该列的其他对象。如果指定了 RESTRICT，则若该列被其他对象引用，关系型数据库管理系统将拒绝删除该列。

**【例 5-15】** 家桐通过整理销售单表的数据，发现销售单表中表示商品出库状态的字段 state 的数据都是已出库，为了保证数据不冗余，需要删除销售单表中的状态（state）字段。

```
语句 > ALTER TABLE xsdb DROP COLUMN state CASCADE;
```

## 5.6　数据维护

数据维护是系统维护的重要内容之一，包括数据内容的维护（无错漏、无冗余、无有害数据）、数据更新、数据逻辑一致性等方面的维护，即对数据表中的值进行插入、更新和删除操作，如图 5-6 所示。

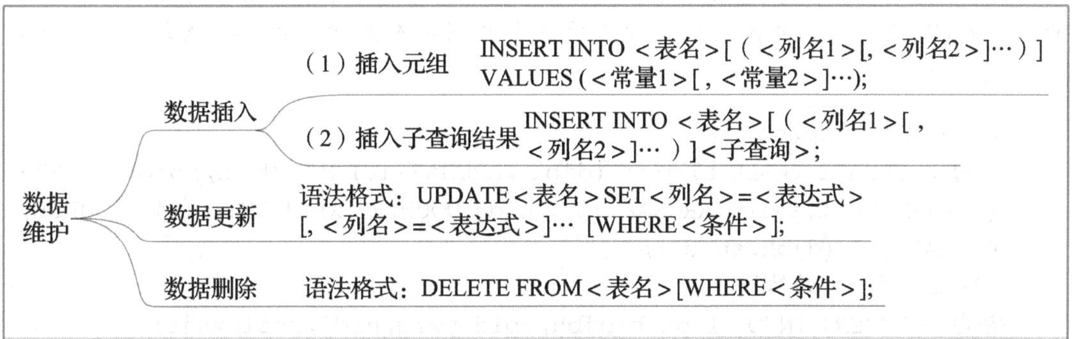


图 5-6　数据维护

### 5.6.1　数据插入

数据的插入有两种方式，一是插入元组，二是插入子查询结果（可以一次插入多个元组）。记录即表中的一行，也称元组。关系是一张表，表中的每行（即数据库中的每条记录）就是一个元组，每列就是一个属性（字段）。

**1. 插入元组**

语法格式为：

INSERT INTO ＜表名＞［(＜列名 1＞［，＜列名 2＞］…)］VALUES (＜常量 1＞［，＜常量 2＞］…)；

INTO 子句需指定要插入数据的表名及属性列。属性列的顺序可与表定义中的顺序不一致。如果没有指定属性列，则表示要插入的是一个完整的元组，且属性列属性与表定义中的顺序一致。如果指定部分属性列，那么插入的元组在其余属性列上取空值。

VALUES 子句中提供的值必须与 INTO 子句匹配，包括值的个数和值的类型。

**【例 5-16】**家桐在工位上刚忙完，发现销售部的副经理杨双逐渐向自己走近，杨双对家桐说道："家桐，张经理说生产部这个月又新增了一种商品，你更新一下商品信息表的数据。"家桐一听，比较简单，只需要在商品信息表中插入一行数据就可以了，笑着回答道："好，你把相关的商品信息告诉我。"杨双递过一张产品新增通知单说："信息都在这上面，辛苦了！""好的，没问题！"家桐从产品新增通知单上找到关键信息：商品编码为"PRO0008"，商品名称为"食品包装机"，计量单位为"台"，成本为"15 000"。

```
语句 > INSERT INTO spxxb (spid,spmc,jldw,cb) VALUES ('RPO0008','食品包装机','台',15000);
```

**2. 插入子查询结果**

插入子查询结果（可以一次插入多个元组）的语法格式为：

INSERT INTO ＜表名＞［(＜列名 1＞［，＜列名 2＞］…)］＜子查询＞；

子查询中 SELECT 子句目标列必须与 INTO 子句匹配，包括值的个数和值的类型。

**【例 5-17】**家桐的微信又收到一条消息：由于北京桃李食品公司是公司的重要客户，需要对该公司的销售情况进行单独管理，将销售单中销售给北京桃李食品公司（客户编码为 CUST0004）的商品相关信息单独存放到一个新建的表——桃李食品销售表（tlspxsb）中。

```
(1) 新建表 tlspxsb
语句 > CREATE TABLE tlspxsb(djbh VARCHAR(10) NOT NULL,spid VARCHAR(10) NOT NULL,ywrq VARCHAR(10), hsdj DOUBLE, xssl INT, xsje DOUBLE,PRIMARY KEY(djbh,spid));
(2) 插入子查询的结果
语句 > INSERT INTO tlspxsb(djbh,spid,ywrq,hsdj,xssl,xsje)
SELECT djbh, spid, ywrq, hsdj, xssl, xsje FROM xsdb WHERE khid = 'CUST0004';
结果示意:(数据表 tlspxsb 部分数据)
+-----------+--------+-----------+-----------------+------+-----------+
| djbh      | spid   | ywrq      | hsdj            | xssl | xsje      |
```

```
+------------+---------+------------+------------------+------+------------+
| XSDD047208 | PRO0001 | 2019/1/4   | 18900.00000018 |    3 |      56700 |
| XSDD057129 | PRO0002 | 2019/1/4   | 24400.00000035 |    3 |      73200 |
| XSDD057154 | PRO0001 | 2019/1/25  |          22272 |    1 |      22272 |
| XSDD057154 | PRO0002 | 2019/1/25  |          26448 |    1 |      26448 |
| XSDD057154 | PRO0003 | 2019/1/25  |          20880 |    1 |      20880 |
| XSDD057154 | PRO0004 | 2019/1/25  |          27144 |    1 |      27144 |
| XSDD057154 | PRO0005 | 2019/1/25  |        25891.2 |    1 |    25891.2 |
| XSDD057154 | PRO0006 | 2019/1/25  |          22968 |    1 |      22968 |
```

### 5.6.2 数据更新

可以使用 UPDATE 命令更新数据表中的数据，能够同时更新一个或多个字段。在 WHERE 子句中指定任何条件，当需要更新数据表中指定行的数据时，WHERE 子句是非常有用的。语法格式为：

UPDATE ＜表名＞ SET ＜列名＞＝＜表达式＞［，＜列名＞＝＜表达式＞］…［WHERE ＜条件＞］；

修改指定表中满足 WHERE 子句条件的元组。SET 子句给出＜表达式＞的值用于取代相应的属性列，如果省略 WHERE 子句，表示要修改表中的所有元组。

**【例 5－18】**家桐收到仓库管理部门交来的出库单，显示 2019 年 11 月 30 日销售的单据编号为 XSDD058630 的商品已经出库，于是马上在销售订单表（xsddb）中将该笔业务的出库状态修改为已出库。

```
语句 > UPDATE xsddb SET state= '已出库' WHERE djbh= 'XSDD058630';
```

### 5.6.3 数据删除

删除表中的数据通过 DELETE 命令，可以全部删除，也可以指定条件删除。语法格式为：

DELETE FROM ＜表名＞［WHERE ＜条件＞］；

删除指定表中满足 WHERE 子句条件的元组，WHERE 子句指定要删除的元组，缺失表示要删除表中的全部元组，表的定义仍在字典中。

**【例 5－19】**家桐收到销售人员罗婷匀的消息：客户取消了单据编号为 XSDD058506 的这笔业务，需要把销售订单表中该笔业务的相关信息删除。

```
语句 > DELETE FROM xsddb WHERE djbh= 'XSDD058506';
```

## 5.7 数据查询

数据查询是指从数据库进行多表查询、指定查询条件、嵌入子查询、排序、使用聚合函数、分组，以及 HAVIING，LIMIT 子句。

### 5.7.1 基本查询

数据查询是数据库的核心操作，SQL 提供了 SELECT 语句进行数据查询。SELECT 语句可以从一个或多个表中选取特定的行和列，结果通常是生成一个临时表。在执行过程中系统根据用户的要求从数据库中选出匹配的行和列，并将结果存放到临时的表中。

SELECT 语句的语法格式如下：

```
SELECT [ALL | DISTINCT] ＜列名 1＞，＜列名 2＞…
[FROM＜表名 1＞ [，＜表名 2＞] …]                          /＊FROM 子句＊/
[WHERE＜条件＞]                                            /＊WHERE 子句＊/
[GROUP BY {col_name | expr | position}[ASC | DESC], …]     /＊GROUP BY 子句＊/
[HAVING where_definition]                                  /＊HAVING 子句＊/
[ORDER BY {col_name | expr | position}[ASC | DESC], …]     /＊ORDER BY 子句＊/
[LIMIT {[offset,] row_count}]                              /＊LIMIT 子句＊/
```

查询语句中可以使用一个或多个表，表之间使用逗号（,）分隔，并使用 WHERE 语句来设定查询条件。SELECT 命令可以读取一条或者多条记录。可以使用星号（＊）来代替其他字段，SELECT 语句会返回表的所有字段数据。可以使用 WHERE 语句来包含任何条件。如果有 GROUP BY 子句，则将结果进行分组，属性列值相等的元组为一个组。通常会在每组中使用聚集函数。如果 GROUP BY 子句带 HAVING 短语，则只有满足指定条件的组才予以输出。如果有 ORDER BY 子句，则结果还要升序或降序排序。可以使用 LIMIT 属性来设定返回的记录数。

SELECT 语句既可以完成简单的单表查询，也可以完成复杂的连接查询和嵌套查询。SELECT 语句及基本查询如图 5－7 所示。

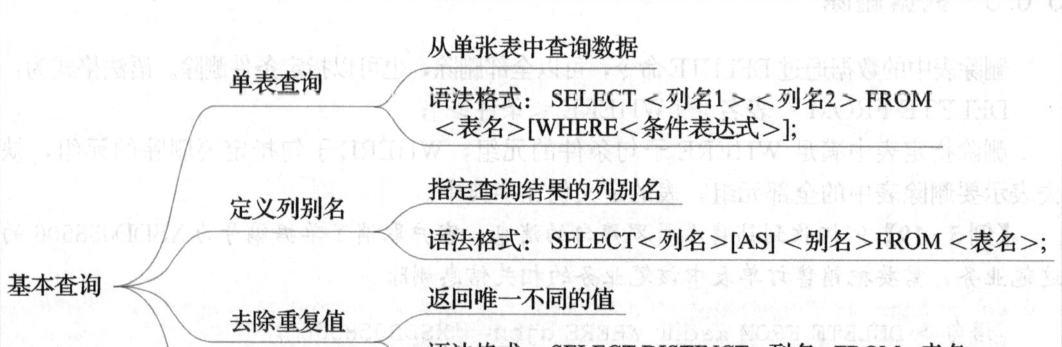


图 5－7　基本查询

**【例 5-20】** 家桐在更新了商品信息表的数据之后，想查看一下是否修改成功，同时查看目前有哪些商品信息，于是查询商品信息表的全部内容。

```
语句 > SELECT * FROM spxxb;
结果示意:
+---------+--------------------------------+------+-------+
| spid    | spmc                           | jldw | cb    |
+---------+--------------------------------+------+-------+
| PRO0001 | 面包片油炸机                   | 台   | 13500 |
| PRO0002 | 漂洗机                         | 台   | 16000 |
| PRO0003 | 提升机                         | 台   | 12700 |
| PRO0004 | 无锈宽网带传送机(机架可拆)     | 台   | 16500 |
| PRO0005 | 圆筒式撒粉机                   | 台   | 15700 |
| PRO0006 | 中级油油炸机(20#电)            | 台   | 14200 |
| PRO0007 | 真空油炸机                     | 台   | 20200 |
| PRO0008 | 食品包装机                     | 台   | 15000 |
+---------+--------------------------------+------+-------+
```

**1. 单表查询**

从单张表中查询数据，SELECT 语句可以完成简单的单表查询。语法格式为：

SELECT＜列名 1＞，＜列名 2＞ FROM ＜表名＞［WHERE ＜条件表达式＞］；

**【例 5-21】** 1月1日不仅是元旦，也是年度会计期间的第一天，当天发生的业务值得管理者重点关注，避免违规舞弊行为的发生，当天发生销售业务的客户也值得关注。查询销售单中 2019 年 1 月 1 日发生了销售业务的客户编码（khid）。

```
语句 > SELECT DISTINCT khid FROM xsdb WHERE ywrq= '2019/1/1';
结果示意:
+----------+
| khid     |
+----------+
| CUST0019 |
| CUST0011 |
| CUST0021 |
| CUST0009 |
| CUST0007 |
| CUST0016 |
| CUST0005 |
| CUST0003 |
| CUST0006 |
| CUST0001 |
| CUST0022 |
```

```
| CUST0023 |
| CUST0018 |
| CUST0020 |
| CUST0013 |
| CUST0024 |
| CUST0015 |
+----------+
```

**2. 定义列别名**

当希望查询结果中的某些列或所有列显示且使用自己选择的列标题时，可以在列名之后使用 AS 子句来指定查询结果的列别名。语法格式为：

SELECT ＜列名＞［AS］＜别名＞ FROM ＜表名＞；

其中，AS 也可省略，直接在列名后指定别名。

**【例 5-22】**年末，张经理想要了解本年度的销售情况，完成年度销售分析报告，于是找到高级数据分析师柳婷，请她完成一系列的数据查询任务，用以辅助完成分析报告。

商品的成本是管理者必须关注的属性。柳婷首先决定查询商品信息表中的商品名称（spmc）和成本（cb），想到数据库中的字段名称不太易于管理者理解，于是将查询结果分别用别名“商品名”“成本价格”命名。

```
语句 > SELECT spmc AS 商品名, cb AS 成本价格 FROM spxxb;
结果示意:
+------------------------------+----------+
| 商品名                        | 成本价格  |
+------------------------------+----------+
| 面包片油炸机                  |   13500  |
| 漂洗机                        |   16000  |
| 提升机                        |   12700  |
| 无锈宽网带传送机(机架可拆)      |   16500  |
| 圆筒式撒粉机                  |   15700  |
| 中级油油炸机(20#电)           |   14200  |
| 真空油炸机                    |   20200  |
| 食品包装机                    |   15000  |
+------------------------------+----------+
```

**3. 去除重复值**

关键词 DISTINCT 用于返回唯一不同的值，即去除重复值。语法格式为：

SELECT DISTINCT＜列名＞ FROM ＜表名＞；

**【例 5-23】**销售部每年度会根据销售计划下达本年度的销售指标，通过指标完成情况，考核业绩。柳婷通过查询销售计划表中有哪些地区（地域编码）的信息，并保证查询结果的值唯一，来了解本年度计划在哪些区域开展销售业务。

```
语句 > SELECT DISTINCT dyid FROM xsjhb;
结果示意:
+----------+
| dyid     |
+----------+
| DYBM0001 |
| DYBM0002 |
| DYBM0003 |
| DYBM0004 |
| DYBM0005 |
| DYBM0006 |
| DYBM0007 |
```

**4. 算术运算符**

查询数据时，可以查询所有列，也可以查询某几列，还可以查询某几列相加、相减、相乘、相除或取余的结果。通过使用算术运算符，便可以实现数值的加减乘除等运算。

**表 5-19　算术运算符**

| 算术运算符 | 描述 | 算术运算符 | 描述 |
| --- | --- | --- | --- |
| + | 加法 | /或 DIV | 除法 |
| － | 减法 | %或 MOD | 取余 |
| * | 乘法 | | |

**【例 5-24】**受到行业影响，公司的原材料采购价格均有所下调，成本核算部门大概估计商品的成本价格下降到原来的 80%，于是柳婷查询商品信息表中商品的成本价的 80%的结果。

```
语句 > SELECT spmc, cb * 0.8 FROM spxxb;
结果示意:
+--------------------------------+--------+
| spmc                           | cb*0.8 |
+--------------------------------+--------+
| 面包片油炸机                   | 10800  |
| 漂洗机                         | 12800  |
| 提升机                         | 10160  |
| 无锈宽网带传送机(机架可拆)     | 13200  |
| 圆筒式撒粉机                   | 12560  |
| 中级油油炸机(20#电)            | 11360  |
| 真空油炸机                     | 16160  |
| 食品包装机                     | 12000  |
+--------------------------------+--------+
```

## 5.7.2 高级查询

SELECT 语句不仅能实现简单的数据查询功能，还可以实现更复杂的查询功能。高级查询在数据库中的应用是最频繁的，也是最广泛的。高级查询包括多表查询、指定查询条件、子查询、排序、聚合函数、分组，以及 HAVIING，LIMIT 子句，如图 5-8 所示。

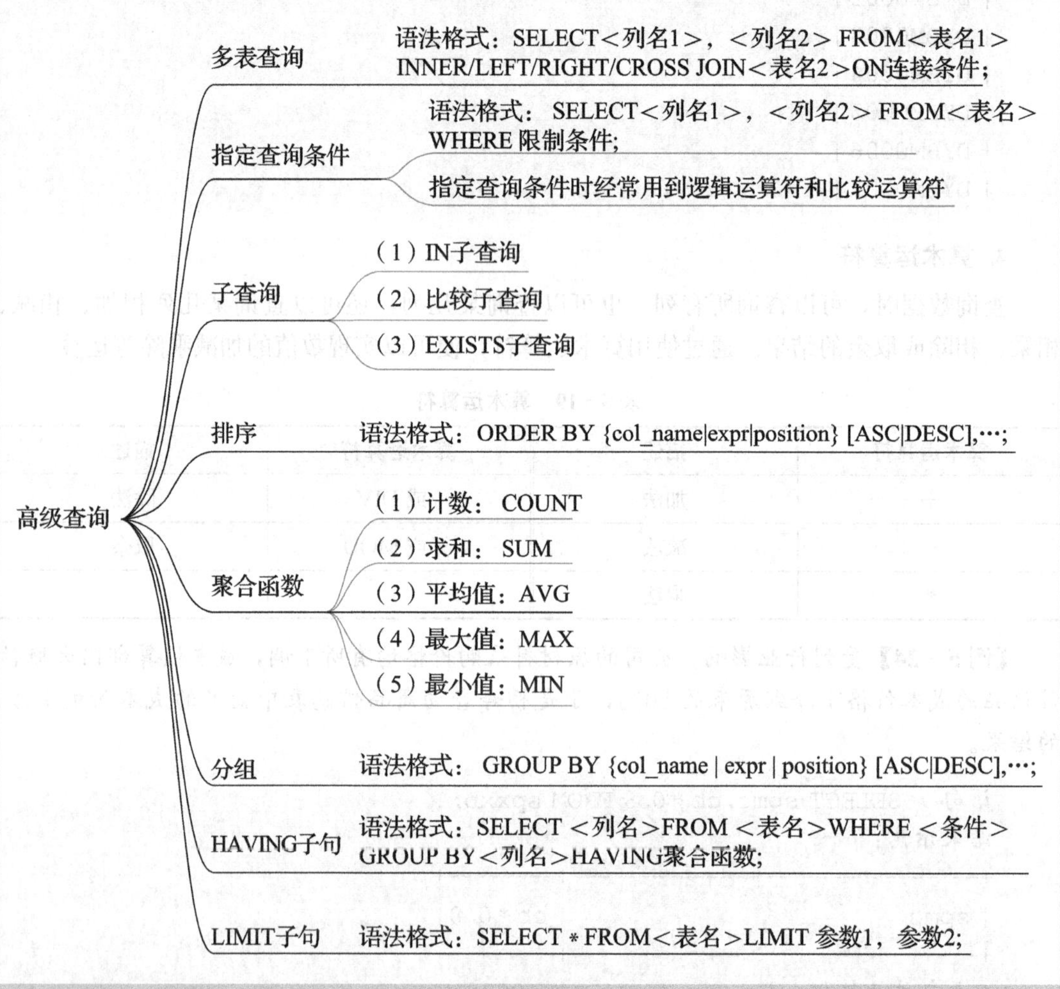


图 5-8 高级查询

**1. 多表查询**

数据库的各个表中存放不同的数据，往往需要用多个表中的数据组合查询出所需要的信息，即从多个数据表中查询数据。从两张及两张以上的表中查询数据，需要用到表连接，在真正的应用中经常需要从多个数据表中读取数据。语法格式为：

SELECT＜列名 1＞，＜列名 2＞FROM＜表名 1＞INNER/LEFT/RIGHT/CROSS JOIN＜表名 2＞ON 连接条件;

INNER JOIN（内连接或等值连接）：获取两个表中字段匹配关系的记录。INNER JOIN 内连接按照 ON 指定的连接条件合并两个表，只返回满足条件的行，也可用于多个表的连接。只返回符合查询条件或连接条件的行作为结果集，即删除所有不符合限定条件的行。

LEFT JOIN（左连接）：获取左表所有记录，即使右表没有对应匹配的记录。返回满足条件的行及左表中所有的行。如果左表的某条记录在右表中没有匹配记录，则在查询结果中右表的所有选择属性列用 Null 填充。

RIGHT JOIN（右连接）：与 LEFT JOIN 相反，用于获取右表所有记录，即使左表没有对应匹配的记录。返回满足条件的行及右表中所有的行。如果右表的某条记录在左表中没有匹配记录，则在查询结果中左表的所有选择属性列用 Null 填充。

CROSS JOIN（交叉连接）：返回左表中的所有行，左表中的每一行与右表中的所有行组合。相当于广义笛卡尔积，不能加筛选条件，即不可带 WHERE 子句。结果表是第一个表的每行与第二个表的每行拼接后形成的表，结果表的行数等于两个表行数之积。

**【例 5-25】** 管理者在关注 1 月 1 日的业务基础上，还需重点关注当天的业务中购买成本较高商品的客户。柳婷便查询销售单表中 2019 年 1 月 1 日发生销售业务且销售的商品成本大于 16 000 元的客户编码（khid）。

```
语句 > SELECT DISTINCT xsdb.khid FROM xsdb LEFT JOIN spxxb ON xsdb.
spid= spxxb.spid WHERE ywrq='2019/1/1'AND cb>16000;
结果示意:
+----------+
| khid     |
+----------+
| CUST0019 |
| CUST0016 |
| CUST0006 |
| CUST0011 |
| CUST0024 |
| CUST0009 |
| CUST0005 |
+----------+
```

**2. 指定查询条件**

通过 WHERE 子句指定查询条件。语法格式为：

SELECT＜列名 1＞，＜列名 2＞ FROM ＜表名＞ WHERE 限制条件；

可以使用 AND 或者 OR 指定一个或多个条件。使用主键来作为 WHERE 子句的条件查询是非常快速的。如果给定的条件在表中没有任何匹配的记录，那么查询不会返回任何数据。指定查询条件时经常用到逻辑运算符和比较运算符。

（1）逻辑运算符。逻辑运算符用来判断表达式的真假，WHERE 子句的查询条件还可以将多个判定运算的结果通过逻辑运算符（AND，OR 和 NOT）组成更为复杂的查询条件，如表 5-20 所示。

表 5-20 逻辑运算符

| 逻辑运算符 | 名称 | 描述 |
|---|---|---|
| NOT | 逻辑非 | 表示对判定的结果取反。 |
| AND | 逻辑与 | 用于组合两个条件，两个条件都为 TRUE 时值才为 TRUE。 |
| OR | 逻辑或 | 用于组合两个条件，两个条件有一个条件为 TRUE 时值就为 TRUE。 |

(2) 比较运算符。比较运算符用于比较两个表达式的值，通常在 WHERE 子句中运用比较运算，查询满足该条件的数据，如表 5-21 所示。有时，恰当运用 REGEXP 运算符也能实现相同的功能，如表 5-22 所示。

表 5-21 比较运算符

| 比较运算符 | 描述 | 比较运算符 | 描述 |
|---|---|---|---|
| = | 等于 | NOT BETWEEN | 不在两值之间 |
| <>, != | 不等于 | IN | 在集合中 |
| > | 大于 | NOT IN | 不在集合中 |
| < | 小于 | LIKE | 模糊匹配 |
| <= | 小于等于 | REGEXP 或 RLIKE | 正则式匹配 |
| >= | 大于等于 | IS NULL | 为空 |
| <=> | 相等或都等于空 | IS NOT NULL | 不为空 |
| BETWEEN | 在两值之间 | | |

表 5-22 REGEXP 运算符的特殊字符

| 特殊字符 | 含义 |
|---|---|
| ^ | 匹配字符串的开始部分 |
| $ | 匹配字符串的结束部分 |
| . | 匹配任何一个字符（包括回车和换行） |
| * | 匹配星号之前的 0 个或多个字符的任何序列 |
| + | 匹配加号之前的 1 个或多个字符的任何序列 |
| ? | 匹配问号之前 0 个或多个字符 |
| {n} | 匹配括号前的内容出现 *n* 次的序列 |
| () | 匹配括号里的内容 |
| [abc] | 匹配方括号里出现的字符串 abc |
| [a-z] | 匹配方括号里出现的 a～z 之间的一个字符 |
| [^a-z] | 匹配方括号里出现的不在 a～z 之间的一个字符 |
| \| | 匹配符号左边或右边出现的字符串 |
| [[..]] | 匹配方括号里出现的符号（如空格、换行、括号、句号、冒号、加号、连字符等） |
| [[:<:]] 和 [[:>:]] | 匹配一个单词的开始和结束 |
| [[::]] | 匹配方括号里出现的字符中的任意一个字符 |

【例 5-26】成本低的商品可以实施成本领先战略，成本越低，在价格战中就可以为客户提供越低的价格，进而吸引更多的购买者。查询商品信息表中商品成本低于 15 000 元的商品名称及成本。

```
语句 > SELECT spmc,cb FROM spxxb WHERE cb<15000;
结果示意:
+-----------------------+-------+
| spmc                  | cb    |
+-----------------------+-------+
| 面包片油炸机          | 13500 |
| 提升机                | 12700 |
| 中级油油炸机(20#电)   | 14200 |
```

【例 5-27】对于成本不同的商品，可以按区间采取不同的成本战略。查询商品信息表中商品成本在 15 000～17 000 元范围内的商品名称及成本。

```
语句 > 方法一：SELECT spmc,cb FROM spxxb WHERE cb>=15000 AND cb<=17000;
       方法二：SELECT spmc,cb FROM spxxb WHERE cb BETWEEN 15000 AND 17000;
结果示意:
+------------------------------+-------+
| spmc                         | cb    |
+------------------------------+-------+
| 漂洗机                       | 16000 |
| 无锈宽网带传送机(机架可拆)   | 16500 |
| 圆筒式撒粉机                 | 15700 |
+------------------------------+-------+
```

【例 5-28】管理者不仅可以根据成本价格对商品进行成本战略管理，还可以根据商品种类对商品进行管理和分析。查询商品信息表中商品名称包含"油炸机"的商品信息。

```
语句 > 方法一 :SELECT * FROM spxxb WHERE spmc LIKE '%油炸机%';
       方法二：SELECT * FROM spxxb WHERE spmc REGEXP '[油炸]';
结果示意:
+---------+----------------------+------+-------+
| spid    | spmc                 | jldw | cb    |
+---------+----------------------+------+-------+
| PRO0001 | 面包片油炸机         | 台   | 13500 |
| PRO0006 | 中级油油炸机(20#电)  | 台   | 14200 |
| PRO0007 | 真空油炸机           | 台   | 20200 |
+---------+----------------------+------+-------+
```

**3. 子查询**

在 SQL 语言中，一个 SELECT-FROM-WHERE 语句称为一个查询块。将一个查询块嵌套在另一个查询块的 WHERE 子句或 HAVING 短语的条件中，查询块称为子查询或内层查询。上层的查询块称为父查询或外层查询。子查询的结果作为输入传递回父查询或外部查询。父查询将这个值结合到计算中，以便确定最后的输出。子查询有 IN 子查询、比较子查询和 EXISTS 子查询三种。

（1）IN 子查询。IN 子查询用于进行一个给定值是否在子查询结果集中的判断。语法格式为：

expression [NOT] IN (subquery);

其中，subquery 是子查询。当表达式 expression 与子查询 subquery 的结果表中的某个值相等时，IN 谓词返回 TRUE，否则返回 FALSE；若使用了 NOT，则返回的值刚好相反。

**【例 5-29】** 在关注 1 月 1 日的销售业务时，可以按商品进行分析。例如，可以查询 2019 年 1 月 1 日销售面包片油炸机的销售单信息。

```
语句 > SELECT * FROM xsdb WHERE spid IN (SELECT spid FROM spxxb WHERE
spmc='面包片油炸机') AND ywrq='2019/1/1';
结果示意:
+---------+------+--------+-------+-------+---------+---+----+---+-----+
| djbh       | spid   | khid      | ywrq      | cplx     | hsdj                | xssl
| xsje   | zke    | state |
+------------+---------+-----------+----------+----------+-------------
--+------+-------+------+--------+
| XSDD047185 | PRO0001 | CUST0011 | 2019/1/1 | 标准产品 | 18799.99999956 |      3
| 56400 | NULL | 已出库 |
```

（2）比较子查询。这种子查询可以认为是 IN 子查询的扩展，它使表达式的值与子查询的结果进行比较运算，通常使用比较运算符。语法格式为：

expression {<|<=|=|>|>=|!=|<>}{ALL|SOME|ANY}(subquery);

其中，expression 为要进行比较的表达式，subquery 是子查询。ALL，SOME 和 ANY 说明对比较运算的限制。

**【例 5-30】** 为了分析本年度销售的面包片油炸机的整体销售情况，查询本年度购买了面包片油炸机，且含税单价大于该商品含税单价平均值的销售单信息（包括单据编号、客户编码、含税单价、销售数量）。

```
语句 > SELECT djbh,khid,hsdj,xssl FROM xsdb WHERE hsdj > (SELECT avg
(hsdj) FROM xsdb WHERE spid= (SELECT spid FROM spxxb WHERE spmc='面包
片油炸机')) AND spid= (SELECT spid FROM spxxb WHERE spmc='面包片油炸机');
结果示意:(部分查询结果)
+------------+----------+------------------+------+
| djbh       | khid     | hsdj             | xssl |
+------------+----------+------------------+------+
| XSDD057140 | CUST0005 |           22272  |    1 |
| XSDD057141 | CUST0005 |           22272  |    1 |
| XSDD057142 | CUST0029 |           22272  |    1 |
| XSDD057147 | CUST0029 |           22272  |    1 |
```

```
| XSDD057148 | CUST0007 |          22272  |     1 |
| XSDD057149 | CUST0024 |          22272  |     1 |
| XSDD057150 | CUST0028 |          22272  |     1 |
| XSDD057151 | CUST0008 |          22272  |     1 |
| XSDD057152 | CUST0028 |          22272  |     1 |
| XSDD057153 | CUST0029 |          22272  |     1 |
```

(3) EXISTS子查询。EXISTS谓词用于测试子查询的结果是否为空表，若子查询的结果集不为空，则EXISTS返回TRUE，否则返回FALSE。EXISTS还可与NOT结合使用，即NOT EXISTS，其返回值与EXISTS刚好相反。语法格式为：

[NOT] EXISTS (subquery);

**【例5-31】**要分析某种商品在1月1日的销售情况，不仅可以用IN子查询实现，也可以通过EXISTS子查询实现。查询2019年1月1日销售面包片油炸机的销售单信息（单据编号、商品编码、业务日期、客户编码、销售数量、含税单价、销售金额）。

```
语句 > SELECT djbh, spid, ywrq, khid, xssl, hsdj, xsje FROM xsdb WHERE
EXISTS (SELECT * FROM spxxb WHERE spid=xsdb.spid AND spmc='面包片油
炸机') AND ywrq='2019/1/1';
结果示意：
+---------+------+------+------+------+--------------+-------+--------+
| djbh       | spid    | ywrq      | khid       |xssl| hsdj             | xsje |
state  |
+---------+------+------+------+------+--------------+-------+--------+
| XSDD047185 | PRO0001 | 2019/1/1 | CUST0011 |    3 | 18799.99999956 | 56400 |
已出库 |
```

#### 4. 排序

ORDER BY关键字用于对结果集按照一个列或者多个列进行排序。ORDER BY关键字默认按照升序对记录进行排序。如果不使用ORDER BY子句，结果中行的顺序是不可预料的。使用ORDER BY子句可以保证结果中的行按一定顺序排列。语法格式为：

ORDER BY {col_name | expr | position} [ASC | DESC], …;

ORDER BY子句后可以是一个列、一个表达式或一个正整数。正整数表示按结果表中该位置上的列排序。例如，使用ORDER BY 3表示对SELECT的列清单上的第3列进行排序。关键字ASC表示升序排列，DESC表示降序排列，系统默认值为ASC。

**【例5-32】**在查询商品成本的时候，为了将重点放在成本上，将在商品信息表中查询到的商品名称和成本价格，按成本降序排列。

```
语句 > SELECT spmc, cb FROM spxxb ORDER BY cb DESC;
结果示意：
+------------------------------+--------+
| spmc                         | cb     |
```

```
+-------------------------------+--------+
| 真空油炸机                      | 20200 |
| 无锈宽网带传送机(机架可拆)        | 16500 |
| 漂洗机                         | 16000 |
| 圆筒式撒粉机                    | 15700 |
| 食品包装机                      | 15000 |
| 中级油油炸机(20#电)             | 14200 |
| 面包片油炸机                    | 13500 |
| 提升机                         | 12700 |
+-------------------------------+--------+
```

**5. 聚合函数**

聚合函数对一组值执行计算，并返回单个值，也称为组函数。聚合函数经常与 SELECT 语句的 GROUP BY 子句或者 HAVING 子句一同使用。

**表 5-23 聚合函数功能**

| 聚合函数 | 功能 |
|---|---|
| COUNT（*） | 统计元组个数 |
| COUNT（[DISTINCT] 列名） | 统计一列中值的个数 |
| SUM（[DISTINCT] 列名） | 计算一列值的总和（此列必须是数值型） |
| AVG（[DISTINCT] 列名） | 计算一列值的平均值（此列必须是数值型） |
| MAX（[DISTINCT] 列名） | 求一列值中的最大值 |
| MIN（[DISTINCT] 列名） | 求一列值中的最小值 |

**6. 分组**

GROUP BY 子句主要用于根据字段对行分组。GROUP BY 语句可以结合聚合函数，根据一个或多个列对结果集进行分组。语法格式为：

GROUP BY {col_name|expr|position} [ASC | DESC],…；

**【例 5-33】** 在销售数据分析中，按照商品维度分析销售额是很常见的一种分析方法。柳婷心想："这个分析角度还是不能缺少，我来查询一下 2019 年各商品的总销售额吧。"

```
语句>SELECT spmc, SUM(xsje) as total FROM xsdb LEFT JOIN spxxb ON
spxxb.spid=xsdb.spid GROUP BY spmc;
结果示意：
+-------------------------------+-------------------+
| spmc                          | total             |
+-------------------------------+-------------------+
| 无锈宽网带传送机(机架可拆)      |  71477519.43999957|
| 面包片油炸机                  |  87716365.55999957|
| 中级油油炸机(20#电)           |122604295.55999997|
| 提升机                        |  92436284.60999987|
```

```
| 漂洗机                        |108035690.00999942|
| 圆筒式撒粉机                  | 183870307.7999993|
| 真空油炸机                    |       10094949.54|
+------------------------------+------------------+
```

**7. HAVING 子句**

使用 HAVING 子句的目的与 WHERE 子句类似，不同的是 WHERE 子句用在 FROM 子句之后选择行，而 HAVING 子句用在 GROUP BY 子句后选择行。在 SQL 中增加 HAVING 子句的原因是，WHERE 关键字无法与聚合函数一起使用。HAVING 子句可以筛选分组后的各组数据。语法格式为：

SELECT ＜列名＞ FROM ＜表名＞ WHERE ＜条件＞ GROUP BY ＜列名＞ HAVING 聚合函数；

**【例 5－34】** 每种商品的销售数量也是值得管理者关注的，分析本年度的销售数量，能为下年度的生产计划提供一定的依据，避免积压过多库存，影响资金链。查询销售数量超过 5 000 件的商品编码和销售数量，关注销售数量较多的商品。

```
语句 >SELECT spid,SUM(xssl) FROM xsdb GROUP BY spid HAVING SUM(xssl)>5000;
结果示意：
+---------+-----------+
| spid    | sum(xssl) |
+---------+-----------+
| PRO0005 |      8275 |
| PRO0006 |      6023 |
+---------+-----------+
```

**8. LIMIT 子句**

LIMIT 子句可以用于强制 SELECT 语句返回指定的记录数。语法格式为：

SELECT ＊ FROM＜表名＞ LIMIT 参数 1，参数 2；

LIMIT 接受一个或两个数字参数，参数必须是一个整数常量。如果给定两个参数，第一个参数指定第一个返回记录行的偏移量，第二个参数指定返回记录行的最大数目。初始记录行的偏移量是 0（而不是 1）。

**【例 5－35】** 柳婷想到不仅可以通过 MAX 和 MIN 函数轻松找到成本最高和最低的商品，也可以查询成本排列在前几位的商品，甚至可以查询成本排列在第几位到第几位的商品，这样就可以看到排名情况。于是柳婷查询商品成本价从高到低排名在第 3～5 位的商品名称及成本。

```
语句 >SELECT spmc,cb FROM spxxb ORDER BY cb DESC LIMIT 2,3 ;
结果示意：
+------------------------+-------+
| spmc                   | cb    |
```

```
+------------------------+--------+
| 漂洗机                 | 16000 |
| 圆筒式撒粉机           | 15700 |
| 中级油油炸机(20#电)    | 14200 |
+------------------------+--------+
```

## 5.8 视图与索引

视图（view）也称作虚表，即虚拟的表，是一组数据的逻辑表示，其本质是对应一条SELECT语句，结果集被赋予一个名字，即视图名字。视图本身并不包含任何数据，它只包含映射到基本表的一个查询语句，当基本表数据发生变化时，视图数据也随之变化。可以对视图进行创建、删除、查询和更新操作。

索引是对数据库表中一列或多列的值进行排序的一种结构，使用索引可快速访问数据库表中的特定信息。索引与视图不一样，只能进行创建、查询和删除操作，不能进行更新操作。

### 5.8.1 视图

视图是从一个或几个基本表（或视图）导出的表，它与基本表不同，是一个虚表。数据库中只存放视图的定义，而不存放视图对应的数据，这些数据仍存放在原来的基本表中。所以一旦基本表中的数据发生变化，从视图中查询出的数据也就随之改变。从这个意义上讲，视图就像一个窗口，透过它可以看到数据库中自己感兴趣的数据及其变化。视图一经定义，就可以和基本表一样被查询、被删除。也可以在一个视图之上再定义新的视图，但对视图的更新（插入、删除、修改）操作有一定的限制。

合理使用视图能够带来许多好处。视图能够简化用户的操作，通过定义视图使数据库看起来结构简单、清晰，并且可以简化用户的数据查询操作。视图使用户能以多种角度看待同一数据，当许多不同种类的用户共享同一个数据库时，这种灵活性是非常重要的。视图对重构数据库提供了一定程度的逻辑独立性，新建立的视图定义为用户原来的关系，使用户的外模式保持不变，用户的应用程序通过视图仍然能够查找数据。视图能够对机密数据提供安全保护，在设计数据库应用系统时对不同的用户定义不同的视图，使机密数据不出现在不应看到这些数据的用户视图上。适当地利用视图可以更清晰地表达查询。

对视图的操作包括建立视图、删除视图、查询视图和更新视图，如图5-9所示。

**1. 建立视图**

建立视图可以使用CREATE VIEW语句。语法格式为：

CREATE VIEW ＜视图名＞［(＜列名1＞［，＜列名2＞］…)］AS＜子查询＞［WITH CHECK OPTION］；

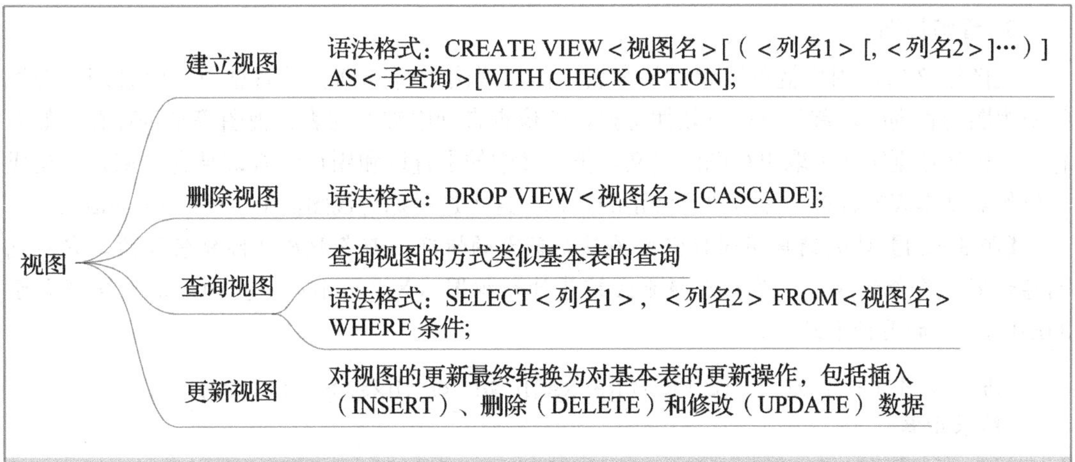


图5-9 视图

[] 中内容为可选项。WITH CHECK OPTION 表示对视图进行 UPDATE，INSERT 和 DELETE 操作时要保证修改、插入或删除的行满足视图定义中的谓词条件（即子查询中的条件表达式）。子查询可以是任意的 SELECT 语句，是否可以含有 ORDER BY 子句和 DISTINCT 短语，则决定具体系统的实现。组成视图的属性列名可以全部省略或全部指定。全部省略时由子查询中 SELECT 目标列的诸字段组成。以下三种情况必须明确指定视图的所有列名：第一，某个目标列是聚集函数或列表达式；第二，多表连接时选出了几个同名列作为视图的字段；第三，需要在视图中为某个列启用新的更合适的名字。

**【例5-36】** 张经理凭借以往的销售经验，认为西部地区（包括西南片区和西北片区）是非常具有潜力、值得挖掘客户的地区。于是请柳婷建立西部地区销售计划（包括西南片区和西北片区）的视图，并要求进行修改和插入操作时仍需保证该视图只有西部地区的客户，可以快速查询、分析西部地区的销售计划情况，并做出调整。

```
语句 > CREATE VIEW XB_xsjh AS SELECT xsjhid, dyid, yf, jhxse FROM xsjhb WHERE dyid IN (SELECT dyid FROM dqhfb WHERE dymc IN ('西北片区', '西南片区')) ;
```

**2. 删除视图**

从数据字典中删除指定的视图定义，使用 DROP VIEW 命令。语法格式为：

DROP VIEW <视图名> [CASCADE];

[] 中内容为可选项。如果该视图上还导出了其他视图，使用 CASCADE 级联删除语句，把该视图和由它导出的所有视图一起删除。删除基本表时，由该基本表导出的所有视图定义都必须显式地使用 DROP VIEW 语句删除。

**【例5-37】** 当张经理对西部销售计划分析和调整完成以后，再也不需要西部地区销售计划视图时，就可以删除该视图。

```
语句 > DROP VIEW XB_xsjh;
```

### 3. 查询视图

视图定义后，用户就可以像对基本表一样对视图进行查询。关系型数据库管理系统执行对视图的查询时，首先进行有效性检查，即检查查询中涉及的表、视图等是否存在，如果存在，则从数据字典中取出视图的定义，把定义中的子查询和用户的查询结合起来，转换成等价的对基本表的查询，然后执行修正的查询。这个过程称为视图消解（view resolution）。

**【例 5-38】** 计划销售额同样需要关注金额大的情况，避免脱离实际销售能力，完不成销售计划，降低绩效。于是在西部地区销售计划视图（XB_xsjh）中查询计划销售额大于 3 000 000 元的月份和地区。

```
语句 > SELECT yf,dyid FROM XB_xsjh WHERE jhxse> 3000000;
结果示意:
+------+----------+
| yf   | dyid     |
+------+----------+
| 11   | DYBM0007 |
+------+----------+
```

### 4. 更新视图

更新视图是指通过视图来插入（INSERT）、删除（DELETE）和修改（UPDATE）数据。由于视图是不实际存储数据的虚表，因此对视图的更新最终转换为对基本表的更新操作。像查询视图那样，对视图的更新操作也是通过视图消解，转换为对基本表的更新操作。在关系型数据库中，并非所有的视图都是可更新的，因为有些视图的更新不能唯一、有意义地转换成对相应基本表的更新。

**【例 5-39】** 通过修改视图，可以对原始基本表的数据进行修改。为了加快处理速度，可以基于视图修改基本表的数据。通过对各种要素的考量，张经理决定将西部地区销售计划视图（XB_xsjh）中地域编码为“DYBM0003”的 3 月计划销售额增加 1 000 元。

```
语句 > UPDATE XB_xsjh SET jhxse=jhxse+1000 WHERE dyid='DYBM0003'
AND yf='3';
```

## 5.8.2 索引

当表的数据量比较大时，查询操作会比较耗时。建立索引的目的是加快查询速度。数据库索引类似于图书后面的索引，能快速定位到需要查询的内容。一般来说，应由数据库管理员或表的属主（即建立表的人）建立索引。关系型数据库管理系统在执行查询时会自动选择合适的索引作为存取路径，用户不必也不能显式地选择索引。索引是关系型数据库管理系统的内部实现技术，属于内模式的范畴。

索引分单列索引和组合索引。单列索引即一个索引只包含单个列，一个表可以有多个单列索引，但这不是组合索引。组合索引即一个索引包含多个列。创建索引时，需要确保该索引是应用于 SQL 查询语句的条件（一般作为 WHERE 子句的条件）。实际上，索引也是一张表，该表保存了主键与索引字段，并指向实体表的记录。

虽然索引大大提高了查询速度，但同时会降低更新表的速度，如对表进行 INSERT，UPDATE 和 DELETE，因为更新表时，MySQL 不仅要保存数据，还要保存索引文件。建立索引会占用磁盘空间的索引文件。

对索引的操作包括建立索引、查询索引和删除索引，如图 5－10 所示。

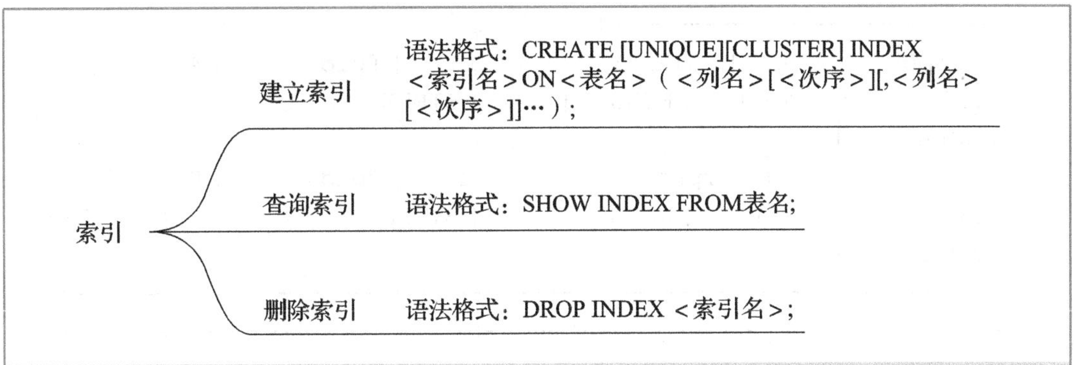


**图 5－10　索引**

### 1. 建立索引

建立索引使用 CREATE INDEX 语句。语法格式为：

CREATE [UNIQUE] [CLUSTER] INDEX ＜索引名＞ ON ＜表名＞(＜列名＞[＜次序＞][,＜列名＞[＜次序＞] ]…)；

表名是要建立索引的基本表的名字。索引可以建立在该表的一列或多列上，各列名之间用逗号分隔。次序指定索引值的排列次序，升序是 ASC，降序是 DESC，缺省值是 ASC。UNIQUE 表示此索引的每一个索引值只对应唯一的数据记录。CLUSTER 表示要建立的索引是聚簇索引。

**【例 5－40】**财务部会根据销售发票表填写销售会计凭证，而销售发票表的数据较多，查询比较耗时，又由于索引只能由数据库管理员或表的属主（即建立表的人）建立，张经理找到柳婷，让柳婷将销售发票表按发票编码降序建立唯一索引。

```
语句 > CREATE UNIQUE INDEX fpno ON xsfpb(fpid DESC);
```

### 2. 查询索引

可以使用 SHOW INDEX 来查看已建立的索引。语法格式为：

SHOW INDEX FROM 表名；

**【例 5－41】**柳婷为了检验刚才建立的索引是否成功，使用 SHOW INDEX 命令查看销售发票表索引信息。

```
语句 > SHOW INDEX FROM xsfpb;
结果示意:
+-------+-----------------+--------------+----------------------+------------------+-----------+-
-------------+-------------+----------+-----------+-----------------+------------+---------
-------+-----------+-------------+
```

```
| Table | Non_unique | Key_name | Seq_in_index | Column_name | Collation |
Cardinality | Sub_part | Packed | Null | Index_type | Comment | Index_
comment | Visible | Expression |
+-------+------------+----------+--------------+-------------+-----------+--
----------+----------+--------+------+------------+---------+---------
------+---------+------------+
| xsfpb|      0    | PRIMARY |        1    | fpid        | A          |
1436        |    NULL    | NULL    |       | BTREE      |          |    | YES
| NULL      |
| xsfpb|      0    | fpno     |        1    | fpid        | D          |
1436        |    NULL    | NULL    |       | BTREE      |          |    | YES
| NULL      |
+-------+------------+----------+--------------+-------------+-----------+--
----------+----------+--------+------+------------+---------+---------
------+---------+------------+
```

**3. 删除索引**

索引一经建立就由系统使用和维护，不需要用户干预。建立索引是为了减少查询操作时间，但如果数据增、删、改操作频繁，系统会花费许多时间来维护索引，从而降低查询效率。这时可以删除一些在 SQL 中不必要的索引，删除索引使用 DROP INDEX 语句。语法格式为：

DROP INDEX＜索引名＞；

删除索引时，系统会从数据字典中删去有关该索引的描述。

**【例 5－42】**张经理向柳婷请教："如果想删除索引，是用 DROP 命令吗？"柳婷答道："对，和之前删表一样要用到 DROP 命令，但是还需要用 ALTER。比如，我们要删除销售发票表的 fpno 索引，这样做就可以了。"

```
语句 > ALTER TABLE xsfpb DROP INDEX fpno;
```

## 5.9 存储过程与触发器

存储过程（stored procedure）是一种在数据库中存储复杂程序，以便外部程序调用的一种数据库对象。存储过程的思想很简单，就是数据库 SQL 语言层面的代码封装与重用。存储过程有创建、执行、修改和删除操作。

触发器（trigger）和存储过程一样，都是一段嵌入式的程序。它是用来保证数据完整性的一种方法，是与表事件相关的特殊的存储过程，它的执行不是由程序调用，也不是由手工启动，而是由事件来触发，比如当对一个表进行操作（INSERT，DELETE，UPDATE）时，就会激活其执行。触发器经常用于加强数据的完整性约束和业务规则等。触发器的使用包含定义、查看、激活、删除等操作。

## 5.9.1 存储过程

存储过程是由过程化 SQL 语句书写的过程，这个过程经编译和优化后存储在数据库服务器中，因此称为存储过程，使用时只要调用即可。使用存储过程具有以下优点：

（1）由于存储过程不像解释执行的 SQL 语句那样，在提出操作请求时才进行语法分析和优化工作，因此运行效率高，它提供了在服务器端快速执行 SQL 语句的有效途径。

（2）存储过程降低了客户机和服务器之间的通信量。客户机上的应用程序只要通过网络向服务器发出调用存储过程的名字和参数，就可以让关系型数据库管理系统执行其中的多条 SQL 语句并进行数据处理。只有最终的处理结果才返回客户端。

（3）方便实施企业规则。可以把企业规则的运算程序写成存储过程放入数据库服务器，由关系型数据库管理系统管理，既有利于集中控制，又能够方便地进行维护。当企业规则发生变化时，只要修改存储过程即可，无须修改其他应用程序。

可以通过 SQL 语句创建、查看、执行、修改和删除存储过程，如图 5－11 所示。

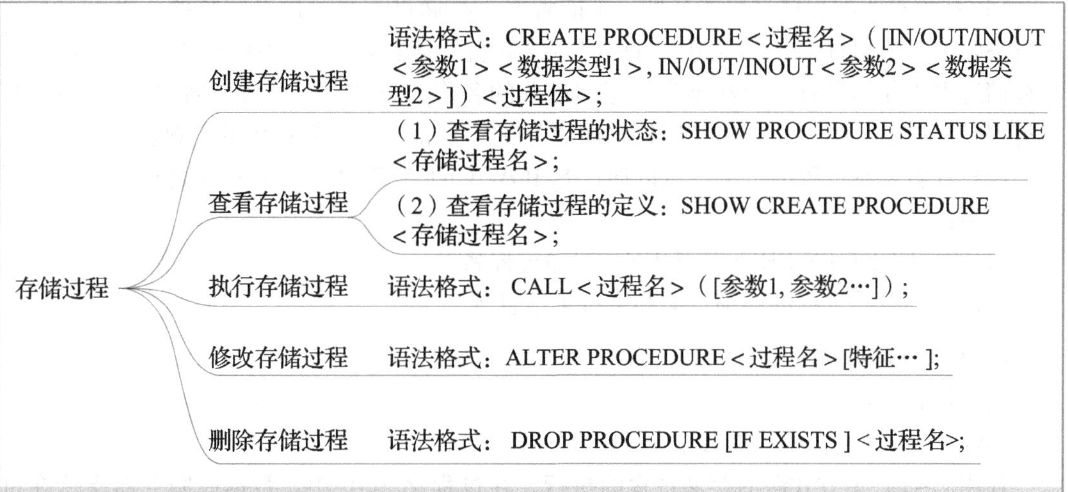


**图5－11　存储过程**

### 1. 创建存储过程

创建存储过程通过 CREATE PROCEDURE 命令实现。语法格式为：

CREATE PROCEDURE ＜过程名＞（[IN/OUT/INOUT ＜参数 1＞ ＜数据类型 1＞，IN/OUT/INOUT ＜参数 2＞ ＜数据类型 2＞]）＜过程体＞；

存储过程可以没有参数（此时存储过程的名称后仍需加上一对括号），也可以有一个或多个参数。存储过程支持三种类型的参数，即输入参数、输出参数和输入/输出参数，分别用 IN，OUT 和 INOUT 三个关键字标识。其中，输入参数可以传递给一个存储过程，输出参数用于存储过程需要返回一个操作结果的情形，而输入/输出参数既可以充当输入参数，也可以充当输出参数。参数的取名不能与数据表的列名相同。

存储过程的主体部分也称为存储过程体，包含在过程调用的时候必须执行的 SQL 语句。这个部分以关键字 BEGIN 开始，以关键字 END 结束。若存储过程体中只有一条 SQL 语句，则可以省略 BEGIN-END。

在存储过程的创建中，通常会用到 DELIMITER 命令，将结束命令修改为其他字符。这是因为服务器处理 SQL 语句默认以分号作为语句结束标志。然而，在创建存储过程时，存储过程体可能包含多条 SQL 语句，也以分号作为语句结束符，那么服务器在处理时会以遇到的第一条 SQL 语句结尾处的分号作为整个程序的结束符，而不再去处理存储过程体中后面的 SQL 语句。语法格式如下：DELIMITER 自定义的结束符。用户定义的结束符可以是一些特殊的符号，如两个"?"或两个"¥"等，但应避免使用转义字符——反斜杠（\）字符。

**2. 查看存储过程**

创建好存储过程后，用户可以查看存储过程的状态，也可以查看存储过程的定义。

（1）查看存储过程的状态。可以通过 SHOW STATUS 语句查看存储过程的状态。语法格式为：

SHOW PROCEDURE STATUS LIKE<存储过程名>；

LIKE 用来匹配存储过程的名称，不能省略。存储过程名可以是完整的，也可以与通配符搭配进行模拟查询，但需用一对单引号或双引号括起来。SHOW STATUS 语句能查看存储过程操作的是哪一个数据库、存储过程的名称、类型、创建者、创建和修改时间、字符编码等信息。可以在语句结尾处添加"\G"，保证查询结果排版的美观。

（2）查看存储过程的定义。可以通过 SHOW CREATE 语句查看存储过程的定义。语法格式为：

SHOW CREATE PROCEDURE<存储过程名>；

可以查询存储过程的详细定义和字符集信息等。

**3. 执行存储过程**

语法格式为：

CALL <过程名>（[参数 1，参数 2. …]）；

使用 CALL 等方式激活存储过程的执行。在过程化 SQL 中，数据库服务器支持在过程体中调用其他存储过程。

**4. 修改存储过程**

可以通过 ALTER PROCEDURE 语句来修改存储过程。但 ALTER PROCEDURE 语句只能用于修改存储过程的某些特征。如果要修改存储过程的内容，可以先删除原存储过程，再以相同的命名创建新的存储过程；如果要修改存储过程的名称，可以先删除原存储过程，再以不同的命名创建新的存储过程。语法格式为：

ALTER PROCEDURE<过程名>[特征…]；

其中，特征可能的取值有：CONTAINS SQL 表示子程序包含 SQL 语句，但不包含读或写数据的语句。NO SQL 表示子程序中不包含 SQL 语句。READS SQL DATA 表示子程序中包含读数据的语句。MODIFIES SQL DATA 表示子程序中包含写数据的语句。SQL SECURITY {DEFINER | INVOKER} 指明谁有权限来执行，其中 DEFINER 表示只

有定义者自己才能够执行，INVOKER表示调用者可以执行。COMMENT 'string'表示注释信息。

**5. 删除存储过程**

使用DROP PROCEDURE语句来删除数据库中已经存在的存储过程。语法格式为：

DROP PROCEDURE [IF EXISTS] <过程名>;

指定IF EXISTS关键字，可防止因删除不存在的存储过程而引发的错误，为可选项。存储过程名称后面没有参数列表，也没有括号，在删除之前，必须确认该存储过程没有任何依赖关系，否则会导致其他与之关联的存储过程无法运行。

**【例5-43】** 客户管理部经常需要查找某一客户的详细订单信息，操作非常频繁。听说之前数据分析部帮销售部实现了数字化管理，于是找到数据分析部的柳婷。柳婷瞥了一眼窗外的阳光，心想："还好不难，建一个存储过程就好了。"为保证存储过程以后调用没有问题，柳婷进行了一遍测试。为了方便客户管理部使用，还需修改权限为调用者可以执行。如果不需要此存储过程，也可以删除。

```
语句 >(1) 创建存储过程
DELIMITER $$
CREATE PROCEDURE select_khrecord(IN p_khid VARCHAR(10)) BEGIN
SELECT * FROM xsdb WHERE khid=p_khid; END $$
DELIMITER ;
语句 >(2) 查看存储过程的状态
SHOW PROCEDURE STATUS LIKE 'select_khrecord'\G;
结果示意：
****************************1. row ****************************
                  Db: xsjbyw2
                Name: select_khrecord
                Type: PROCEDURE
             Definer: root@ localhost
            Modified: 2021-11-24 16:17:49
             Created: 2021-11-24 16:17:49
       Security_type: DEFINER
             Comment:
character_set_client: utf8
collation_connection: utf8_general_ci
  Database Collation: utf8_general_ci
语句 >(3) 执行存储过程，查询客户为"CUST0019"的销售单记录
CALL select_khrecord("CUST0019");
结果示意：(部分数据)
+-----------+--------+---------+----------+---------+-------------+
------+----------+-----+
| djbh      | spid   | khid    | ywrq     | cplx    | hsdj        |
xssl  | xsje     | yf  |
```

```
+-----------+---------+---------+---------+---------+----------------+
------+----------+------+
| XSDD047162 | PRO0004 | CUST0019 | 2019/1/1 | 标准产品 | 23199.99999993 |
2 |   46400 | NULL |
| XSDD047193 | PRO0006 | CUST0019 | 2019/1/3 | 标准产品 | 20200.00000005 |
1 |   20200 | NULL |
| XSDD047205 | PRO0005 | CUST0019 | 2019/1/2 | 标准产品 | 21699.99999999 |
4 |   86800 | NULL |
| XSDD049580 | PRO0002 | CUST0019 | 2019/1/2 | 标准产品 | 24699.99999987 |
3 |   74100 | NULL |
| XSDD049613 | PRO0005 | CUST0019 | 2019/1/2 | 标准产品 | 22100.00000013 |
3 |   66300 | NULL |
+-----------+---------+---------+---------+---------+----------------+
------+----------+------+
语句 >(4) 将存储过程的权限修改为“调用者可以执行（INVOKER)”
ALTER PROCEDURE select_khrecord SQL SECURITY INVOKER;
语句 >(5) 删除存储过程
DROP PROCEDURE select_khrecord;
```

## 5.9.2 触发器

触发器是用户定义在关系表上的一类由事件驱动的特殊过程。在对一张表数据进行增、删、改的时候，为了保持数据的一致性，对其他表也要进行相应的数据修改。一旦定义，触发器就将被保存在数据库服务器中，任何用户对表的增、删、改操作均由服务器自动激活相应的触发器，在关系型数据库管理系统核心层进行集中的完整性控制。触发器类似于约束，但是比约束更加灵活，它可以实施更为复杂的检查和操作，具有更精细和更强大的数据控制能力。

对触发器的操作包括定义、查看、激活和删除触发器，如图 5－12 所示。

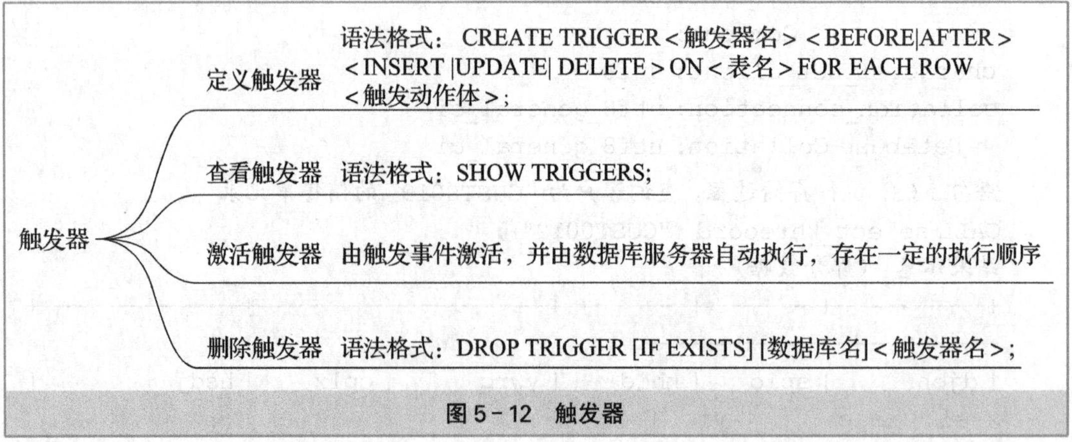


图 5－12　触发器

**1. 定义触发器**

触发器又称为事件-条件-动作（Event-Condition-Action）规则。当特定的系统事件（如对一个表的增、删、改操作，事务的结束等）发生时，对规则的条件进行检查，如果条件成立，则执行规则中的动作，否则不执行该动作。规则中的动作体可以很复杂，涉及其他表和其他数据库对象，通常是一段 SQL 存储过程。SQL 使用 CREATE TRIGGER 命令建立触发器。语法格式为：

CREATE TRIGGER ＜触发器名＞ ＜BEFORE ｜ AFTER＞ ＜INSERT ｜ UPDATE ｜ DELETE＞ ON ＜表名＞ FOR EACH ROW ＜触发动作体＞；

只有表的拥有者，即创建表的用户才可以在表上创建触发器，并且一个表上只能创建一定数量的触发器。触发器的具体数量由具体的关系型数据库管理系统在设计时确定。触发器只能定义在基本表上，不能定义在视图上。基本表的数据发生变化，将激活定义在该表上相应触发事件的触发器，因此该表也称为触发器的目标表。

触发器在当前数据库中必须具有唯一的名称。如果要在某个特定数据库中创建，名称前面应该加上数据库的名称。

INSERT，DELETE 或 UPDATE 是触发事件，用于指定激活触发器的语句的种类。INSERT 触发器是将新行插入表时激活触发器；DELETE 触发器是从表中删除某一行数据时激活触发器；UPDATE 触发器是更改表中某一行数据时激活触发器。

AFTER/BEFORE 是触发的时机。AFTER 表示在触发事件的操作执行之后激活触发器；BEFORE 表示在触发事件的操作执行之前激活触发器。

FOR EACH ROW 一般是指行级触发，对于受触发事件影响的每一行都要激活触发器。

表名是指与触发器相关联的表名，此表必须是永久性表，不能将触发器与临时表或视图关联起来。在该表上触发事件发生时才会激活触发器。同一个表不能拥有两个具有相同触发时刻和事件的触发器。

触发器动作体包含触发器激活时将要执行的 SQL 语句。如果要执行多个语句，可使用 BEGIN…END 复合语句结构。

每个表都支持 INSERT，UPDATE 和 DELETE 的 BEFORE 与 AFTER，因此每个表最多支持 6 个触发器。每个表的每个事件每次只允许有一个触发器。单一触发器不能与多个事件或多个表关联。

**2. 查看触发器**

SHOW TRIGGERS 语句用来查看当前创建的所有触发器的信息。语法格式为：

SHOW TRIGGERS；

因为该语句无法查询指定的触发器，所以在触发器较少的情况下，使用该语句会很方便。如果要查看特定触发器的信息或者数据库中触发器较多，可以直接从 information_schema 数据库中的 TRIGGERS 数据表中查找。

在查询到的触发器的基本信息中，Trigger 表示触发器的名称；Event 表示激活触发器的事件；Table 表示激活触发器的操作对象表；Statement 表示触发器执行的操作；Timing 表示触发器触发的时间；还包括触发器的创建时间、SQL 的模式、触发器的定义账户和字符集等。

**3. 激活触发器**

触发器的执行是由触发事件激活，并由数据库服务器自动进行的。一个数据表上可能定义了多个触发器，如多个 BEFORE 触发器、多个 AFTER 触发器等，同一个表上的多个触发器激活时遵循如下的执行顺序：

（1）执行该表上的 BEFORE 触发器。

（2）激活触发器的 SQL 语句。

（3）执行该表上的 AFTER 触发器。

对于同一个表上的多个 BEFORE（AFTER）触发器，遵循谁先创建谁先执行的原则，即按照触发器创建的时间先后顺序执行。有些关系型数据库管理系统按照触发器名称的字母排序执行触发器。

**4. 删除触发器**

使用 DROP 语句将触发器从数据库中删除。语法格式为：

DROP TRIGGER [IF EXISTS] [数据库名] <触发器名>；

IF EXISTS 是可选项，避免在没有触发器的情况下删除触发器。触发器只能由具有相应权限的用户删除。触发器是一种功能强大的工具，但在使用时要慎重，因为在每次访问一个表时触发一个触发器，这样会影响系统的性能。删除一个表的同时，也会自动删除该表上的触发器。另外，触发器不能更新或覆盖，必须先删除原触发器，再以相同的名称创建新的触发器。

**【例 5-44】**销售部的张经理叫来家桐，说道："我想在商品信息表里统计每种商品卖了多少，而且是销售单表每增加一条记录就会在商品信息表中自动更新每种商品销售的总数量，你去数据库中完善一下这个点吧。"家桐默默回到自己的岗位，一筹莫展，这时柳婷来到家桐旁边，问清原委，说道："一看你就没有认真学习数据库知识吧，这个其实创建一个触发器就可以实现，建好之后就不需要手动更改商品的销售总量了。"家桐瞬间瞪大双眼，问道："快说，这个要怎么解决呢？""很简单，首先，需要在商品信息表里新增一个字段——总数量，用来存储每种商品的销售总数量；其次，需要把现在已经有的销售单的数量统计出来更新到商品信息表中；最后，就可以开始创建触发器了，创建之后可以向销售单表里增加一条记录测试一下，看商品信息表中的数量是否有变化。你可以先去试试。"家桐感谢道："真厉害，太感谢你了！"

```
语句 >(1) 在商品信息表中增加一个字段——总数量 (total_num)
ALTER TABLE spxxb ADD total_num INT;
语句 >(2) 更新总数量的值
UPDATE spxxb INNER JOIN (SELECT spid, IFNULL(SUM(xssl), 0) num FROM
xsdb GROUP BY spid) a ON spxxb.spid=a.spid SET total_num=a.num;
UPDATE spxxb SET total_num=0 WHERE total_num IS NULL;
语句 >(3) 查询商品信息表
SELECT * FROM spxxb;
```

结果示意：

```
+---------+----------------------------------+------+-------+-----------+
| spid    | spmc                             | jldw | cb    | total_num |
+---------+----------------------------------+------+-------+-----------+
| PRO0001 | 面包片油炸机                     | 台   | 13500 |      4234 |
| PRO0002 | 漂洗机                           | 台   | 16000 |      4391 |
| PRO0003 | 提升机                           | 台   | 12700 |      4775 |
| PRO0004 | 无锈宽网带传送机(机架可拆)       | 台   | 16500 |      2738 |
| PRO0005 | 圆筒式撒粉机                     | 台   | 15700 |      8275 |
| PRO0006 | 中级油油炸机(20#电)              | 台   | 14200 |      6023 |
| PRO0007 | 真空油炸机                       | 台   | 20200 |       322 |
| PRO0008 | 食品包装机                       | 台   | 15000 |         0 |
+---------+----------------------------------+------+-------+-----------+
```

语句 >(4) 创建触发器

```
CREATE TRIGGER insert_xssl AFTER INSERT ON xsdb FOR EACH ROW UPDATE
spxxb SET total_num=total_num + new.xssl WHERE spid=new.spid;
```

语句 >(5) 查看触发器

```
SHOW TRIGGERS\G;
```

结果示意：(部分数据)

```
*************************** 1. row ***************************
             Trigger: insert_xssl
               Event: INSERT
               Table: xsdb
           Statement: update spxxb set total_num= total_num +new.
xssl where spid=new.spid
              Timing: AFTER
             Created: 2021-11-25 19:51:12.97
            SQL_mode: STRICT_TRANS_TABLES,NO_ENGINE_SUBSTITUTION
             Definer: root@ localhost
character_set_client: gbk
collation_connection: gbk_chinese_ci
  Database Collation: utf8_general_ci
```

语句 >(6) 销售单中增加一条记录，销量为10

```
INSERT INTO xsdb VALUES('XSDD000001','PRO0008','CUST0019','2019/1/
1','标准产品',23199,10,231990,1);
```

语句 >(7) 查询商品信息表

```
SELECT * FROM spxxb;
```

结果示意：

```
+---------+----------------------------------+------+-------+-----------+
| spid    | spmc                             | jldw | cb    | total_num |
```

```
+---------+------------------------------+-----+-------+----------+
| PRO0001 | 面包片油炸机                 | 台  | 13500 |     4234 |
| PRO0002 | 漂洗机                       | 台  | 16000 |     4391 |
| PRO0003 | 提升机                       | 台  | 12700 |     4775 |
| PRO0004 | 无锈宽网带传送机(机架可拆)   | 台  | 16500 |     2738 |
| PRO0005 | 圆筒式撒粉机                 | 台  | 15700 |     8275 |
| PRO0006 | 中级油油炸机(20#电)          | 台  | 14200 |     6023 |
| PRO0007 | 真空油炸机                   | 台  | 20200 |      322 |
| PRO0008 | 食品包装机                   | 台  | 15000 |       10 |
+---------+------------------------------+-----+-------+----------+

语句 >(8) 删除触发器
DROP TRIGGER insert_xssl;
```

## 5.10 MySQL 的安装与使用

MySQL 是一个小型关系型数据库管理系统，与其他大型数据库管理系统（例如 Oracle，DB2，SQL Server 等）相比，MySQL 规模小，功能有限，但是体积小，速度快，成本低，且具备其他数据库应有的功能，包括视图、触发器、索引、查询引擎、存储管理器、缓冲管理器、事务管理器和恢复管理器，对稍微复杂的应用来说已经足够，这些特性使得 MySQL 成为世界上最受欢迎的开放源代码数据库。

MySQL 支持多种平台，不同平台下的安装与配置过程也不相同。本章将介绍 Windows 平台下 MySQL 的安装与配置过程，以及 MySQL 图形化管理工具的安装。

### 5.10.1 MySQL 概述

MySQL 是一个关系型数据库管理系统，由瑞典 MySQL AB 公司开发，目前属于 Oracle 公司。它将数据保存在不同的表中，而不是将所有数据放在一个大仓库内，这样就加快了速度并提高了灵活性。MySQL 是最流行的关系型数据库管理系统，在 Web 应用方面是最好的关系型数据库管理系统（relational database management system，RDBMS）应用软件之一。MySQL 具有以下 7 个优势：

（1）MySQL 是开源的，对于多数个人来说是免费的。

（2）MySQL 与其他大型数据库管理系统的设置和管理相比，复杂程度低，易于学习。

（3）MySQL 支持大型数据库，可以处理拥有上千万条记录的大型数据库。支持 5 000 万条记录的数据仓库，32 位系统表文件最大可支持 4GB，64 位系统支持最大的表文件为 8TB。

（4）MySQL 使用标准的 SQL 数据语言形式和支持开放式数据库连接（ODBC）的应用程序。

（5）MySQL 可以在多个系统上运行，例如 Windows，Linux，UNIX，MacOS 等。

（6）MySQL 支持多种编程语言，包括 C，C++，Python，Java，Perl，PHP，Eiffel，Ruby 和 Tcl 等。

（7）MySQL 拥有十分灵活和安全的权限和密码系统，允许基于主机的验证。连接到服务器时，所有的密码传输均采用加密形式，并且 MySQL 是网络化的，提高了数据共享的效率。

## 5.10.2　MySQL 安装与配置

在 Windows 中运行 MySQL，需要 32 位或 64 位 Windows 操作系统，例如 Windows XP，Window Vista，Windows 7，Windows 8，Windows 10，Windows 11，Windows Server 2003 等。Windows 可以将 MySQL 服务器作为服务来运行，通常在安装时需要具有系统的管理员权限。

下面介绍 MySQL 的下载、安装和配置过程。

**1. 下载安装包**

（1）进入 MySQL 的官网（https://www.mysql.com/）后，点击“DOWNLOADS”按钮，然后将页面下拉至网页中部，如图 5 - 13 所示。

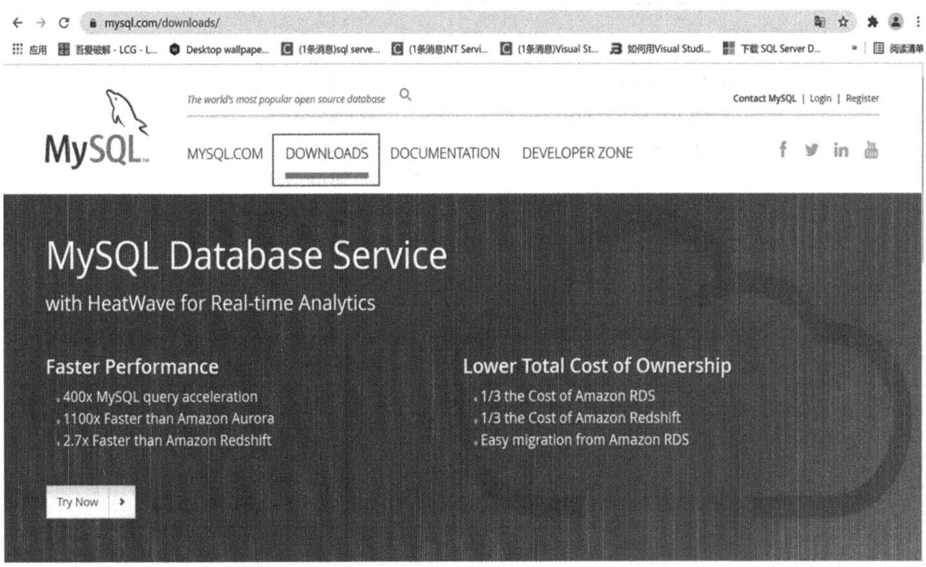


图 5 - 13　MySQL 官网首页

（2）出现的页面如图 5 - 14 所示，点击 MySQL 社区版链接“MySQL Community (GPL) Downloads”，是免费的 MySQL 版本。

（3）接下来跳转到如图 5 - 15 所示的页面，选择“MySQL Installer for Windows”选项。

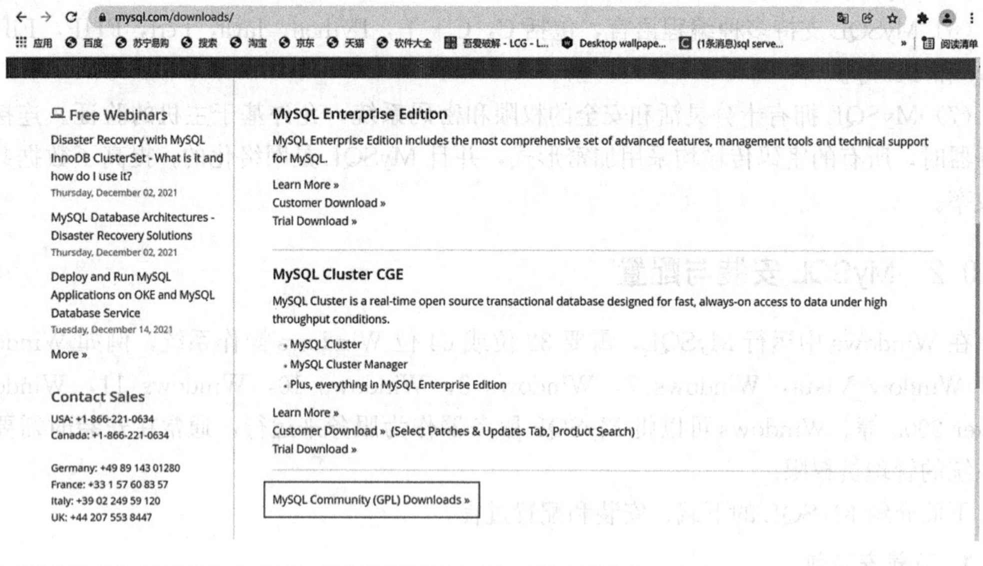


图 5-14　MySQL 官网的下载页面

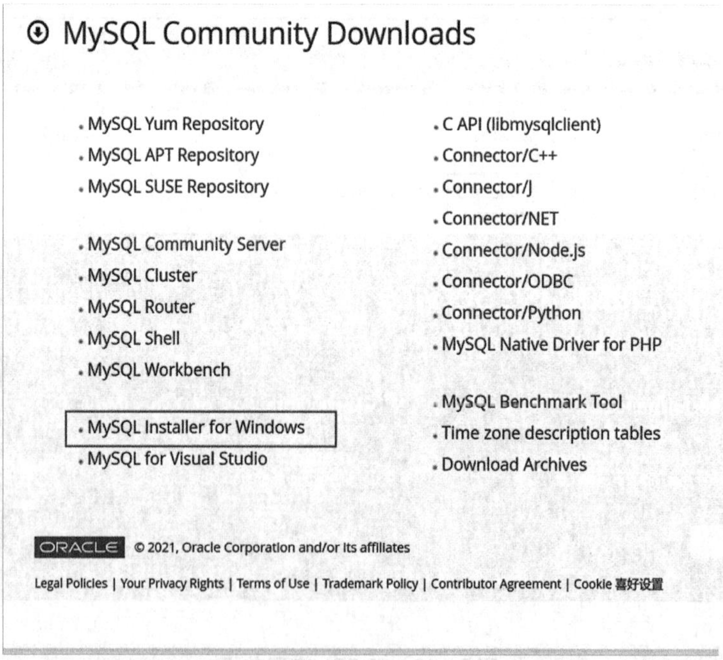


图 5-15　MySQL 社区版下载页面

（4）在下载页面的最下端会看到如图 5-16 所示的安装软件。注意 MySQL Installer 有两个选项：第一个（大小是 2.4M）为联网在线安装，会在线下载安装包；第二个（大小是 435.7M）为离线安装。这里选择第二个（方框选中的安装包，已经同时包含 32 位和

64 位安装包)，下载到本地进行安装。点击“Download”按钮进入下载页面。

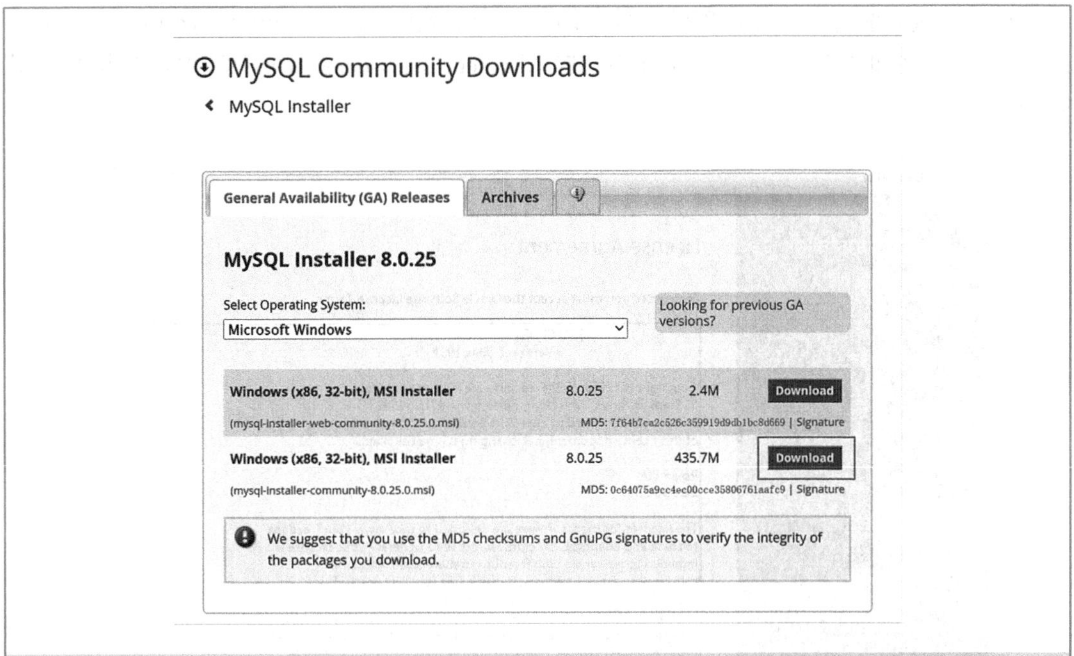


图 5-16　MySQL 安装包页面

(5) 下载页面如图 5-17 所示，选择最下面的“No thanks，just start my download.”选项，进入下载状态。

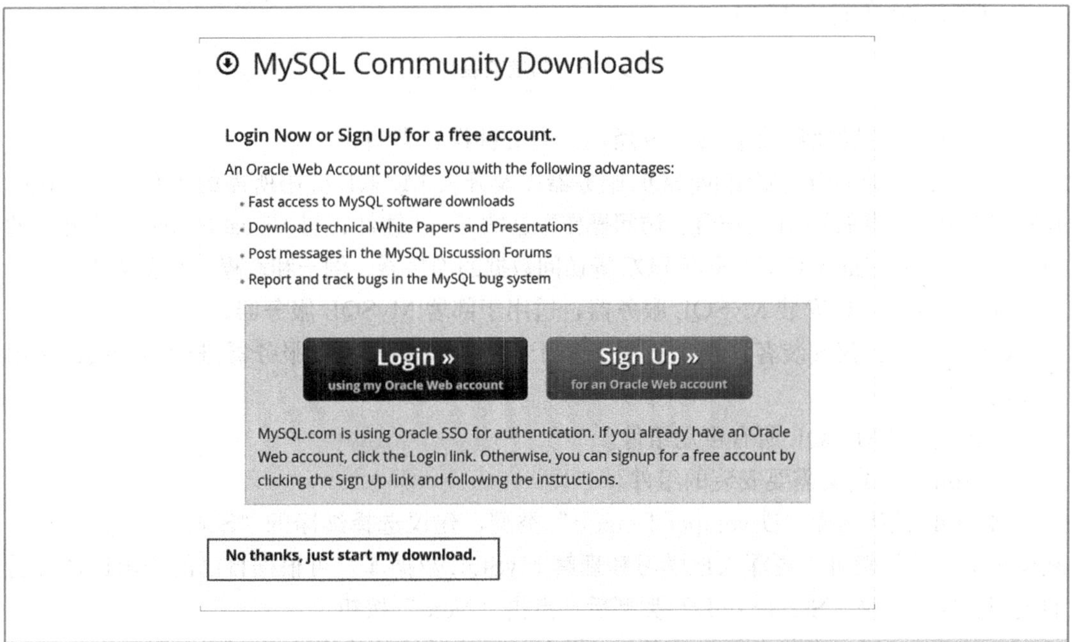


图 5-17　MySQL 下载页面

**2. 安装和配置**

（1）勾选安装许可。双击安装文件（即上一步下载的 mysql-installer-community-8.0.25.0.msi），在如图 5-18 所示的页面中勾选“I accept the license terms”选项，点击“Next”按钮。

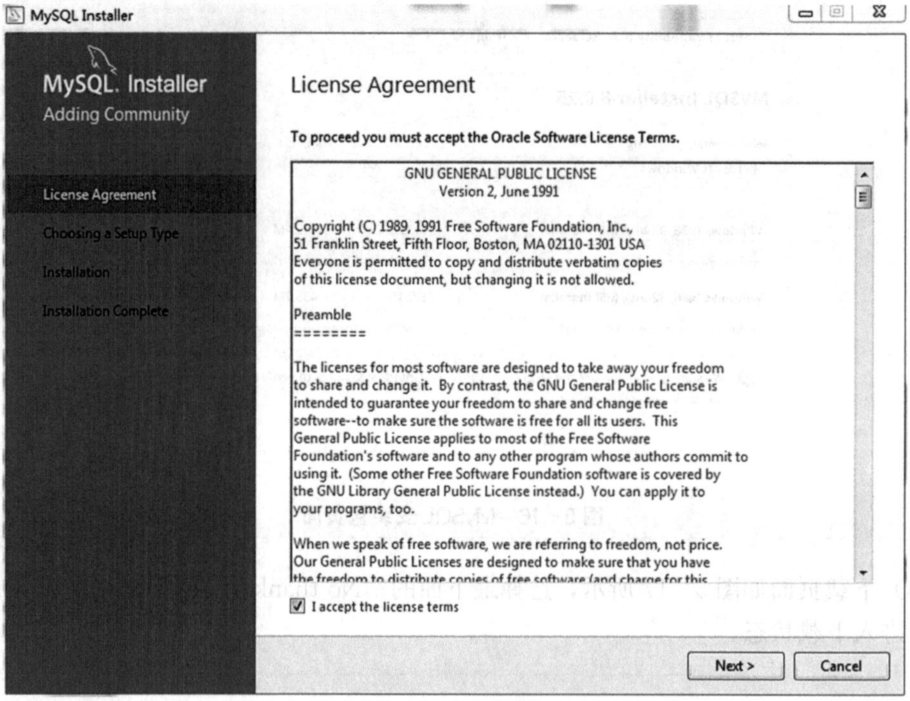

图 5-18 勾选安装许可

（2）选择设置类型。如图 5-19 所示，有五种设置类型。

Developer Default：安装 MySQL 服务器以及开发 MySQL 应用所需的工具。工具包括开发和管理服务器的 GUI 工作台、访问操作数据的 Excel 插件、与 Visual Studio 集成开发的插件、通过 NET/Java/C/C++/OBDC 等访问数据的连接器、例子和教程、开发文档。

Server only：仅安装 MySQL 服务器，适用于部署 MySQL 服务器。

Client only：仅安装客户端，适用于基于已存在的 MySQL 服务器进行 MySQL 应用开发的情况。

Full：安装 MySQL 所有可用组件。

Custom：自定义需要安装的组件。

MySQL 默认选择“Developer Default”类型，建议选择纯净的“Server only”类型，减少对工具的依赖可以更深入地学习和理解 MySQL 数据库。可根据自己的需求选择合适的类型。这里选择“Server only”类型后，点击“Next”按钮。

（3）安装。进入安装步骤的界面，如果上一步选择的是其他类型，则也是点击“Next”按钮，进入该步骤，再点击“Execute”按钮，如图 5-20 所示。

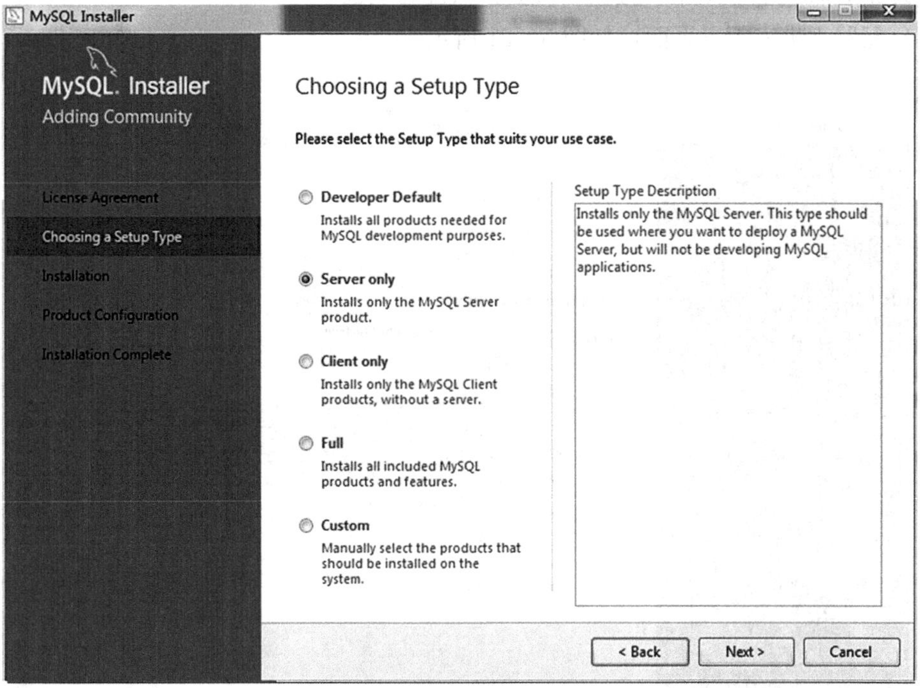


图 5-19　选择设置类型

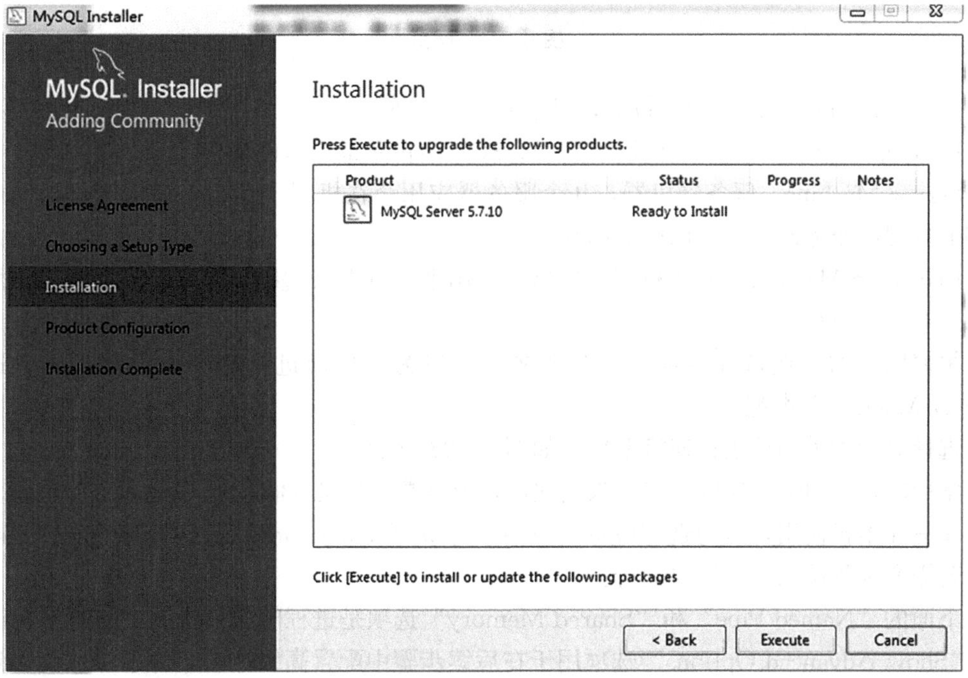


图 5-20　安装

安装完成后点击“Next”按钮，直到进入配置页面。

(4) 配置。进入配置页面，如图 5-21 所示。

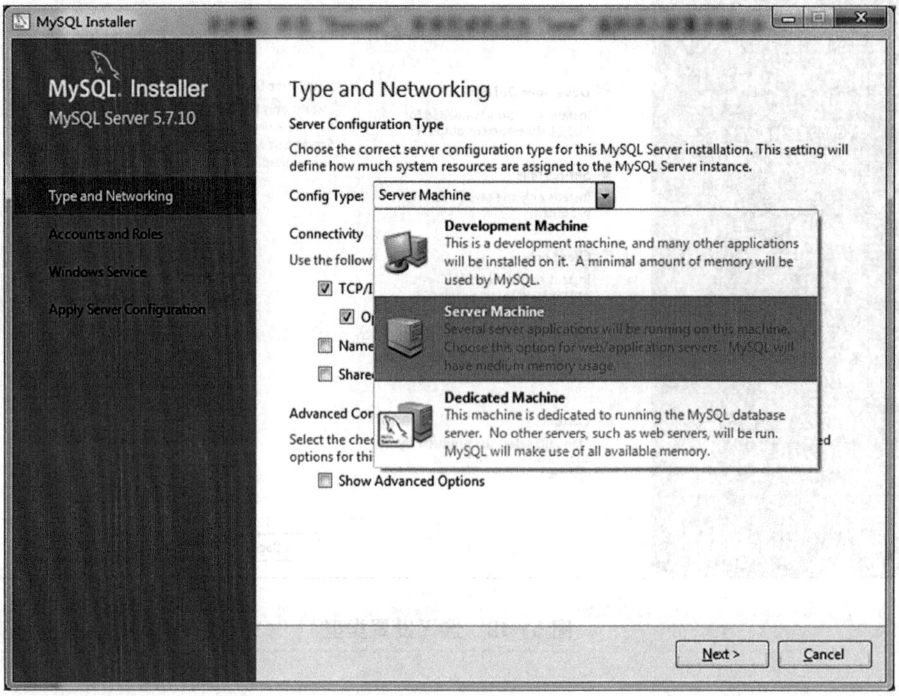


图 5-21　配置

点击“Config Type”的下拉框，显示有以下三种类型。

Development Machine：开发机器，MySQL 会占用最少量的内存。

Server Machine：服务器机器，几个服务器应用会在机器上运行，适用于作为网站或应用的数据库服务器，会占用中等内存。

Dedicated Machine：专用机器，机器专门用来运行 MySQL 数据库服务器，会占用机器的所有可用内存。

根据用户的用途选择相应的类型配置，这里为了后面进行高并发性能测试，选择“Server Machine”类型。

选择好配置类型后进行连接配置，如图 5-22 所示。

常用的是 TCP/IP 连接，勾选该选项框，默认端口号是 3306，可在输入框中更改。若数据库只在本机使用，可勾选“Open Firewall port for network access”选项来打开防火墙；若需要远程调用，则不要勾选。

下面的“Named Pipe”和“Shared Memory”选项是进程间通信机制，一般不勾选。

“Show Advanced Options”选项用于在后续步骤中配置高级选项，为了尽可能多地了解 MySQL 的可配置项，这里勾选该选项框。点击“Next”按钮进入下一步。

(5) 账户配置。进入 MySQL 的账户和角色配置页面，如图 5-23 所示。

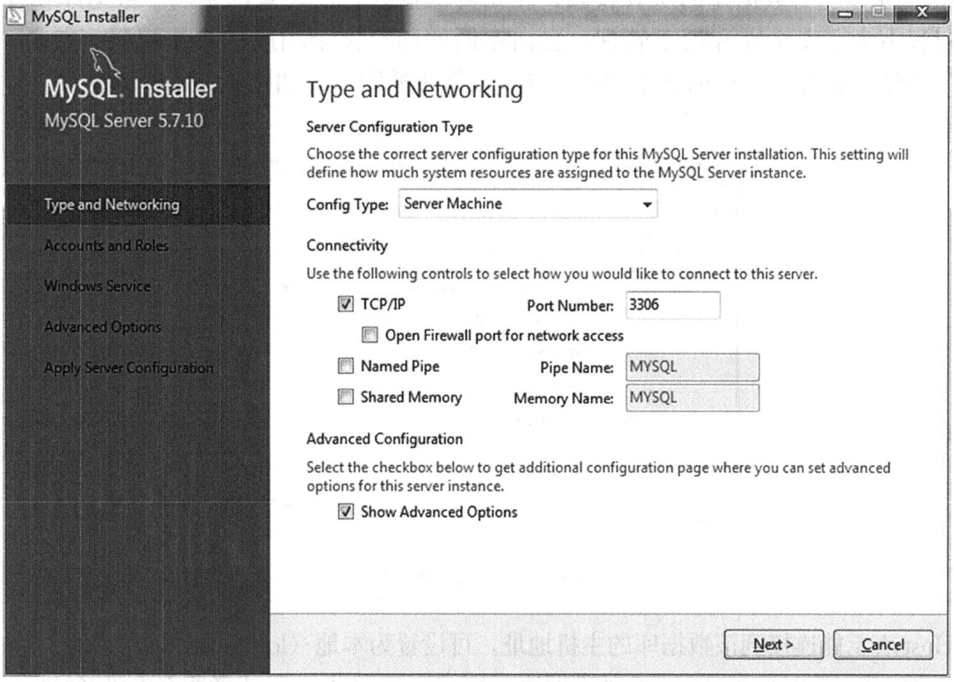


图 5-22　连接配置

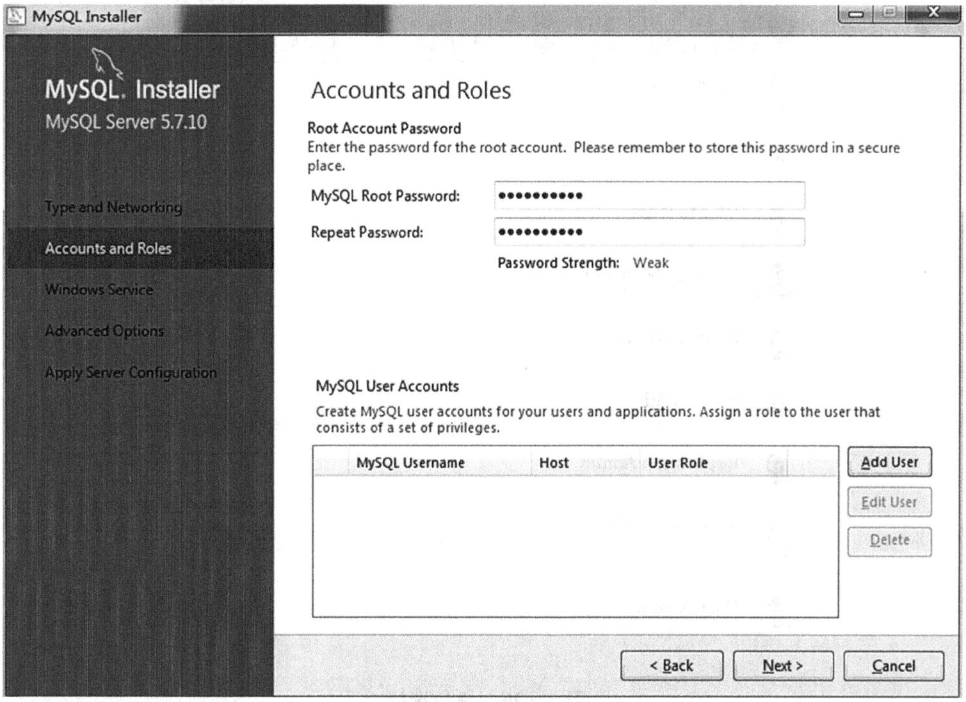


图 5-23　账户和角色配置

Root 账户拥有数据库的所有权限，在密码框输入自己设置的密码。数据库在开发和维护过程中为了安全性和便于管理，会向不同的用户授予相应的操作权限。点击“Add User”按钮，在弹出的会话框中设置不同权限等级的账户，如图 5－24 所示。

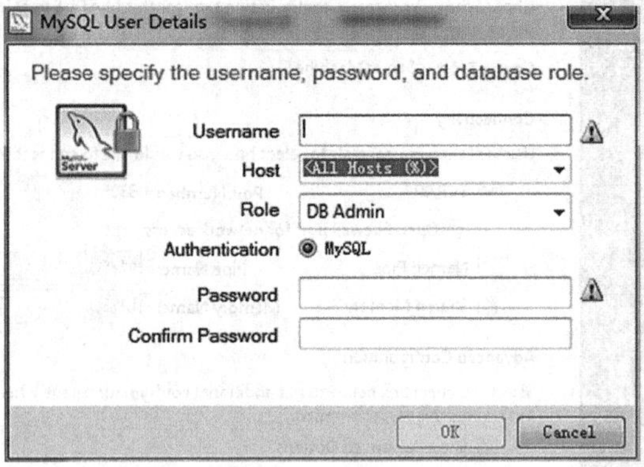


图 5－24　权限设置

Host 表示能连接到该数据库的主机地址，可设置为本地（localhost/127.0.0.1）、一个外部 IP（如 218.17.224.228）、一个外部网段（如 218.17.224.＊）或者所有主机（%）。

Role 表示该账户的角色，可选择的角色如图 5－25 所示。

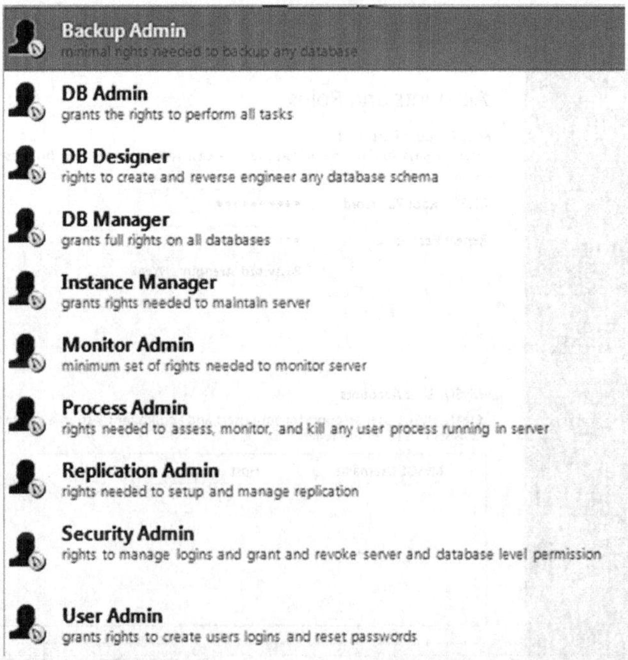


图 5－25　角色选择

不同的角色有不同的权限等级，暂时可不做配置。

(6) 配置 Windows Service。将 MySQL 服务配置成 Windows 服务后，MySQL 服务会自动随着 Windows 操作系统的启动而启动，随着操作系统的停止而停止，页面如图 5－26 所示。

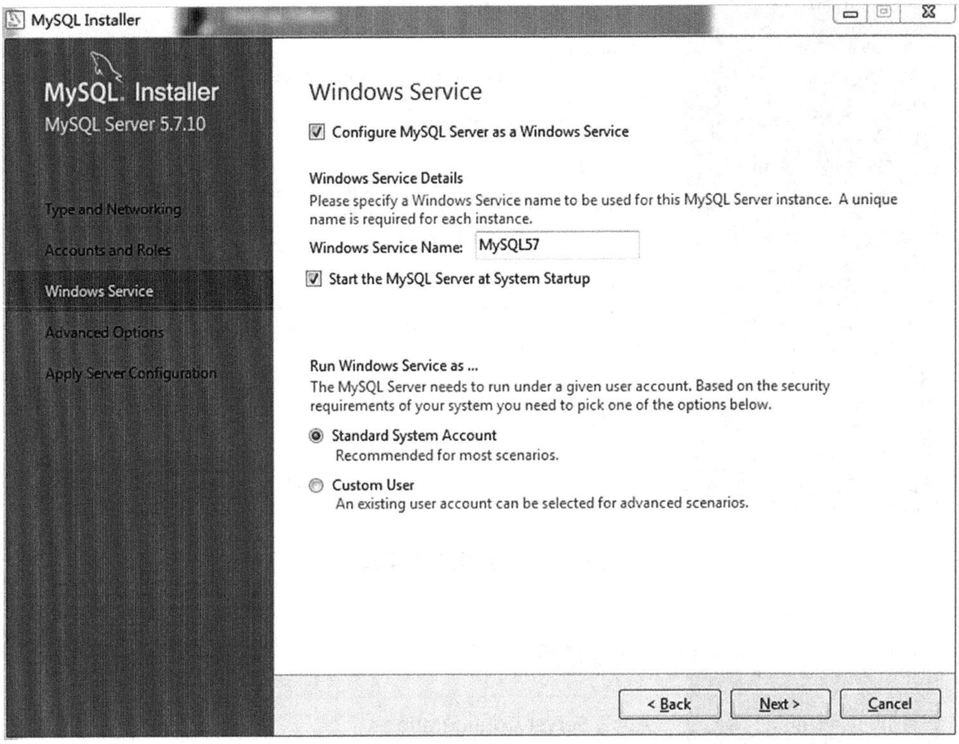


图 5－26　配置 Windows Service

Windows Service Name 可设置为默认值，只要与其他服务不同名即可。在 Windows 系统中基于安全需求，MySQL 服务需要在一个给定的账户下运行，选择默认的“Standard System Account”选项。保持默认配置后，点击“Next”按钮。

(7) 高级选项配置。因为在前面的第 (4) 步中勾选了“Show Advanced Options”选项，所以会出现如图 5－27 所示的高级选项配置。

在这里可配置各种日志文件的存储路径，默认存储在 MySQL 安装目录的 data 目录下面，若非必须不建议改动。Slow Query Log (慢查询日志) 后面有 Seconds 配置项，默认值为 10，表示一个 SQL 查询在经过 10 秒后若还没有查询出结果就会将此次查询记录到 Slow Query Log 中，方便数据库管理员快速找到低效的操作。Bin Log 可用于主从数据同步。最下面的 Server Id 用于 Master-Slave 配置，保持默认配置即可。点击“Next”按钮。

(8) 服务器配置应用。经过上述配置后，一个 MySQL 数据库已基本配置完成。进入这一步骤后点击“Execute”按钮执行配置项，如图 5－28 所示。

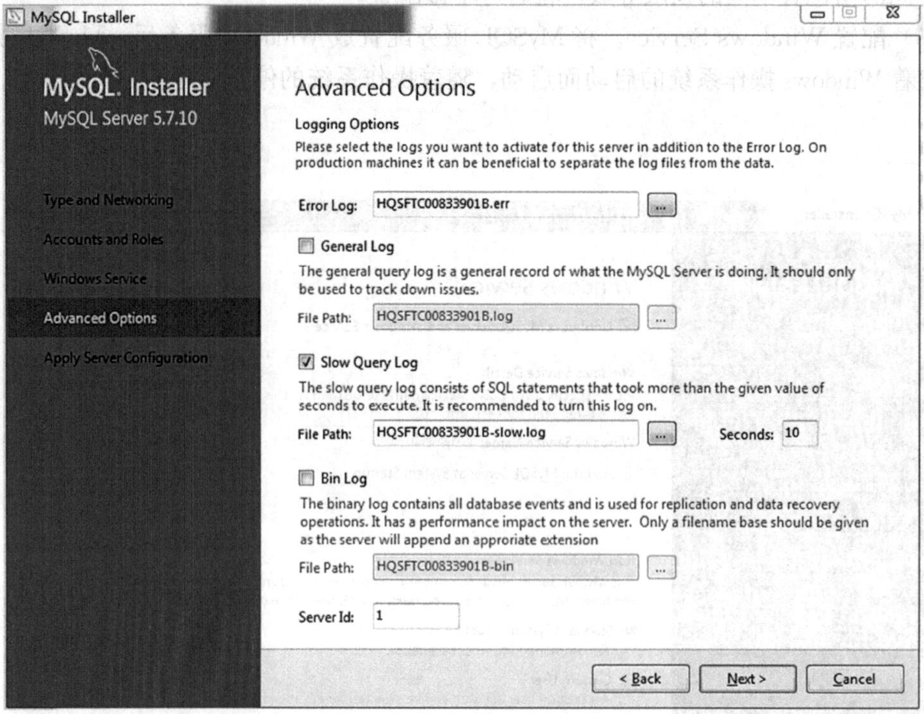


图 5-27　高级选项配置

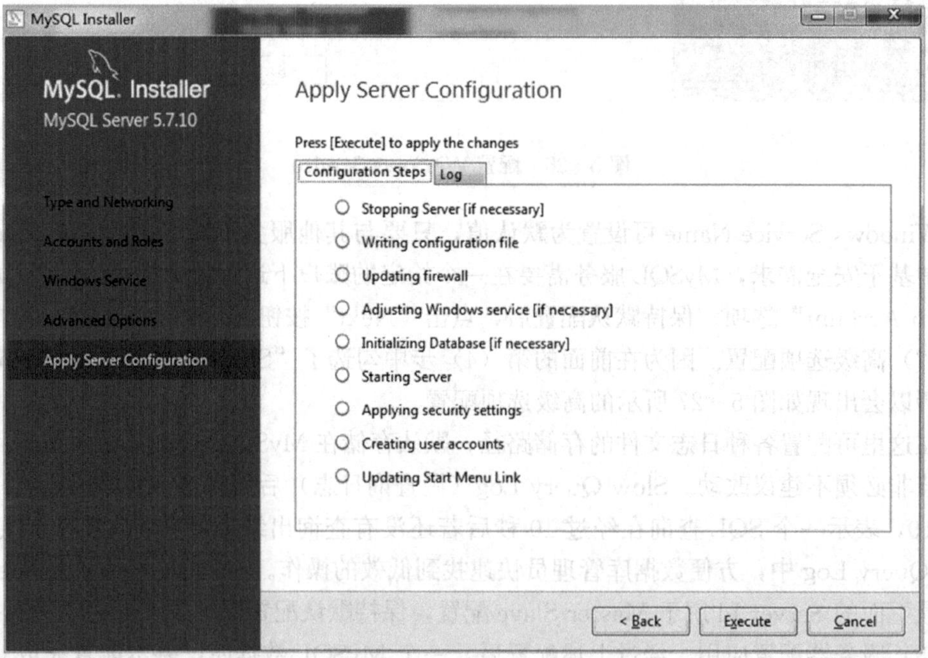


图 5-28　执行配置项

出现如图 5－29 所示的页面即表示安装成功，点击“Finish”按钮完成安装。

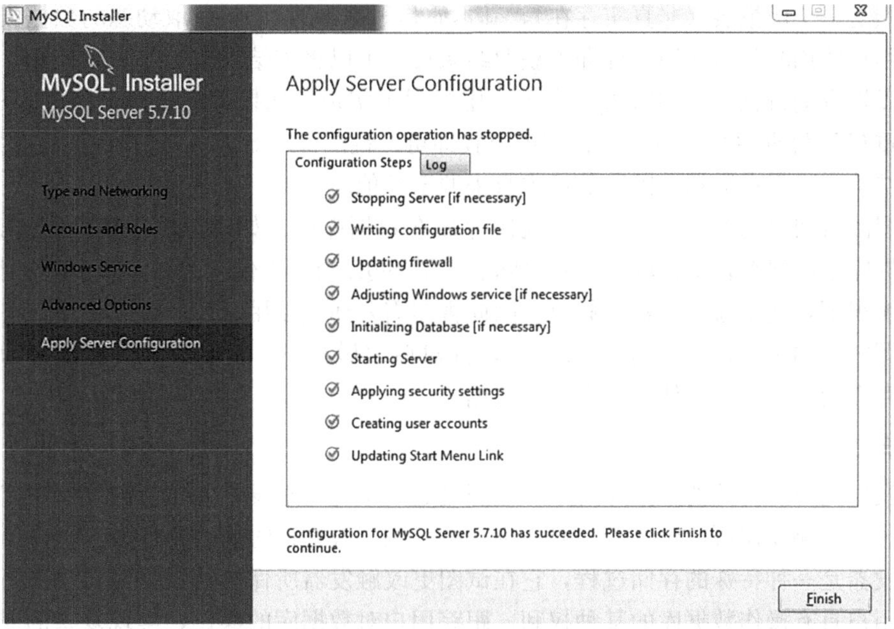


图 5－29　安装成功

## 5.10.3　MySQL 功能介绍

MySQL 具备其他数据库应有的功能，包括视图、触发器、索引、查询引擎、存储引擎、缓冲管理器、事务管理器和恢复管理器，如图 5－30 所示。

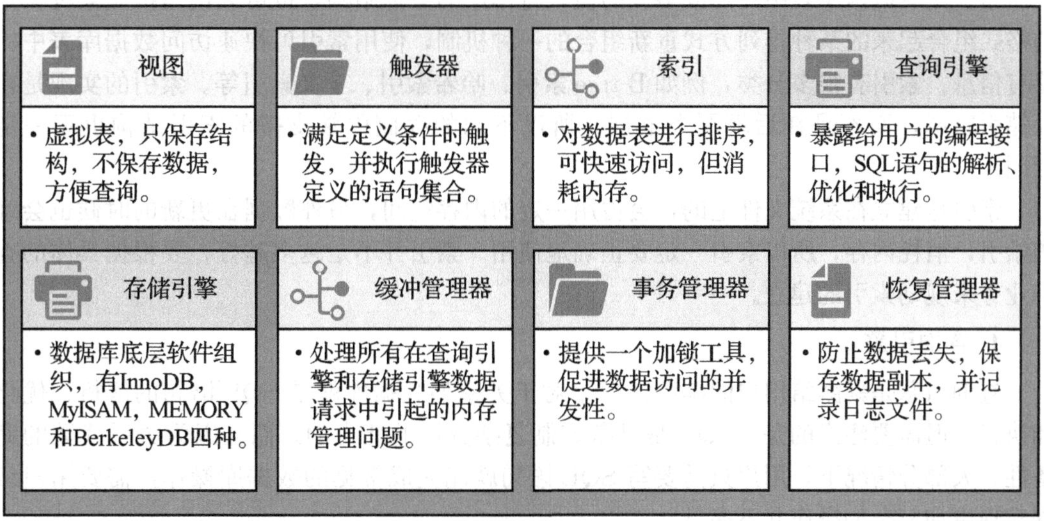


图 5－30　MySQL 的功能

**1. 视图**

视图是一个虚拟表（非真实存在），其本质是根据SQL语句获取动态的数据集并为其命名，用户使用时只需使用名称即可获取结果集，可以将该结果集当作表来使用。使用视图时可以把查询过程中的临时表摘出来，用视图去实现。如果再想操作该临时表的数据，就无须重写复杂的SQL，直接去视图中查找即可。视图保存SQL语句查询到的虚拟表时，只保存结构，不保存数据，因为数据本身来源于其他表。

但视图有明显的效率问题，并且视图存放在数据库中，如果程序中使用的SQL过分依赖数据库中的视图，即强耦合，就意味着扩展SQL极为不便。另外，数据库一旦扩展，就会影响视图，视图就需要随之修改。因此视图需要谨慎使用。

视图的目的是取代复杂的SQL语句，针对单表做视图，没有意义。视图是为了方便查询而存在的，尽量不要使用视图修改数据。

**2. 触发器**

触发器是与表有关的数据库对象，在满足定义条件时触发，并执行触发器中定义的语句集合。使用触发器可以定制用户对表进行增、删、改操作时前后的行为。

触发器是一种特殊的存储过程，它在试图更改触发器所保护的数据时自动执行。触发器可使用户具有操作数据库的某种权利，跟踪用户对数据库的操作，实现复杂的非标准的数据库相关完整性规则。触发器可以对数据库中相关的表进行连环更新。触发器能够拒绝或回退那些破坏相关完整性的变化，取消试图进行数据更新的事务。当插入一个与其主键不匹配的外部键时，这种触发器会起作用。触发器可以同步实时地复制表中的数据，自动计算数据值，如果数据的值达到了一定的要求，则进行特定的处理。但如果需要变动整个数据集而数据集数据量又较大，触发器效果会非常差。

**3. 索引**

索引是对数据库表中一列或多列的值进行排序的一种结构，也可以说是按照某种特定的格式组合起来的某种排列方式重新组合的一种机制，使用索引可快速访问数据库表中的特有信息。索引有很多分类，例如B-tree索引、哈希索引、全文索引等。索引的实现是在存储引擎层，而不是在后端服务器层，所以不同的存储引擎支持的索引结构也不一定相同。

索引是建立在系统文件上的，会占用一定的内存空间，另外数据在更新的时候也会维护索引，消耗内存，所以索引一定要正确地使用。索引并不是越多越好，要根据具体的查询业务来规划索引的建立。

**4. 查询引擎**

查询引擎是暴露给用户的编程接口。对于关系型数据库就是SQL语句的解析、优化和执行，但需要注意的是，SQL是具备定制复杂查询的能力的。而且因为关系代数的完备性，大部分情况下，用户只需要写SQL语句就能完成常见的数据库操作，需要用户编程实现更加复杂的操作并不多见。

**5. 存储引擎**

数据库存储引擎是数据库底层软件组织，数据库管理系统使用数据管理器创建、查询、更新和删除数据。不同的存储引擎提供不同的存储机制、索引技巧、锁定水平等功能，使用不同的存储引擎还可以获得特定的功能。现在许多数据库管理系统都支持多种不同的数据管理器。

MySQL 常用的存储引擎有 InnoDB，MyISAM，MEMORY 和 BerkeleyDB。InnoDB 存储引擎为数据表提供了事务、回滚以及系统崩溃修复能力和多版本并发控制（multiversion concurrency control，MVCC）的事务的安全。MyISAM 存储引擎不支持事务，不支持行级锁，只支持并发插入的表锁，主要用于高负载的 SELECT。MEMORY 存储引擎相比前面所述的存储引擎有些不同，其使用存储在内存中的数据来创建表，而且所有的数据都存储在内存中。BerkeleyDB 存储引擎支持事务，而且支持多版本并发控制技术的行级锁，主要用于日志记录或同步归档，除非有特别目的，否则不适合使用。

MySQL 的核心就是存储引擎。存储引擎与操作系统相互配合，有效地向磁盘存入数据。MySQL 能够在内存中存储结果集合本身，因而完全回避了搜索数据库的需要。

**6. 缓冲管理器**

缓冲管理器负责处理所有在查询引擎和存储引擎数据请求中引起的内存管理问题。当新的记录在等待目标表和索引使用时，也可以存储在缓冲管理器中。如果需要新的数据，要先从存储引擎中取出数据，放置在缓冲管理器中，然后发送到查询引擎。

**7. 事务管理器**

事务管理器的功能是促进数据访问的并发性。该子系统提供一个加锁工具，保证同时访问的多个用户协调地访问数据，不会以任何方式破坏或者损坏数据。

**8. 恢复管理器**

恢复管理器的工作是防止数据丢失，保存数据副本以备后来提取。它还负责把数据库中修改数据和其他重要事件的指令记入日志文件。

到目前为止，只有 InnoDB 和 BDB 表处理程序系统有恢复管理功能。

### 5.10.4 Navicat for MySQL 的使用

Navicat for MySQL 是一套管理和开发 MySQL 或 MariaDB 的理想解决方案，支持单一程序，可同时连接到 MySQL 和 MariaDB。这个功能齐备的前端软件为数据库管理、开发和维护提供了直观且强大的图形界面，给 MySQL 或 MariaDB 新手以及专业人士提供了一组全面的工具。Navicat 支持中文，提供免费版本。

下面对 Navicat for MySQL 进行基本介绍，并提供安装和使用教程。

**1. 概述**

Navicat for MySQL 是一个强大的 MySQL 数据库服务器管理和开发工具。它可以与任何 3.21 或以上版本的 MySQL 一起工作，并支持大部分的 MySQL 最新功能，包括触发器、存储过程、函数、事件、视图、管理用户等。

Navicat for MySQL 不仅对专业开发人员来说是非常尖端的技术，对新手来说也易学易用。其精心设计的图形用户界面，可以用一种安全简便的方式快速并容易地创建、组织、访问和共享信息。Navicat for MySQL 同样支持 Windows，MacOS 和 Linux 操作系统。

Navicat for MySQL 的功能主要包括管理常规的数据库对象、多种格式导入导出能力、批量的工作调度处理、智能地构建复杂的 SQL 查询语句等。

**2. 安装**

（1）进入 Navicat 的官网（http://www.navicat.com）后，点击“Products”按钮（见图 5－31）。

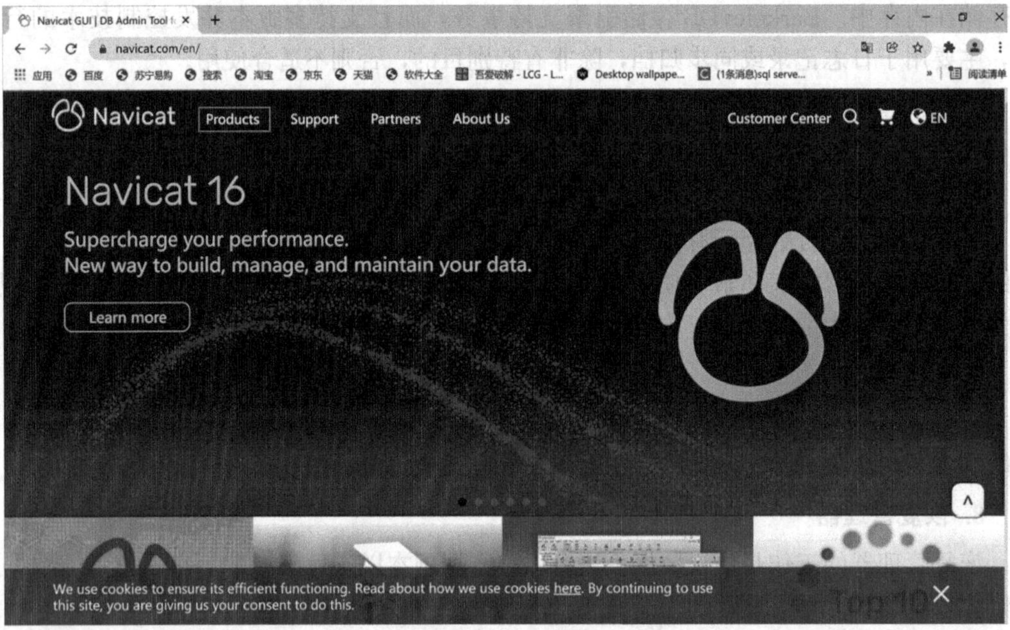


图 5－31　Navicat 官网首页

（2）进入 Navicat 的“Products”页面，选择“Navicat 16 for MySQL”选项，点击“Free Trial”按钮，如图 5－32 所示。

（3）进入 Navicat 免费版下载页面，选择 Windows 的下载链接，如果是 MacOS 或 Linux 系统，也可选择相应的安装包下载。此处点击“Direct Download（64 bit）”按钮，如果是 32 位的操作系统也可点击“Looking for 32 bit?”后面的“Download here”按钮下载 32 位操作系统的安装包，如图 5－33 所示。

（4）下载完成后，点击安装包“navicat160_mysql_en_x64. exe”进行安装，安装页面如图 5－34 所示。

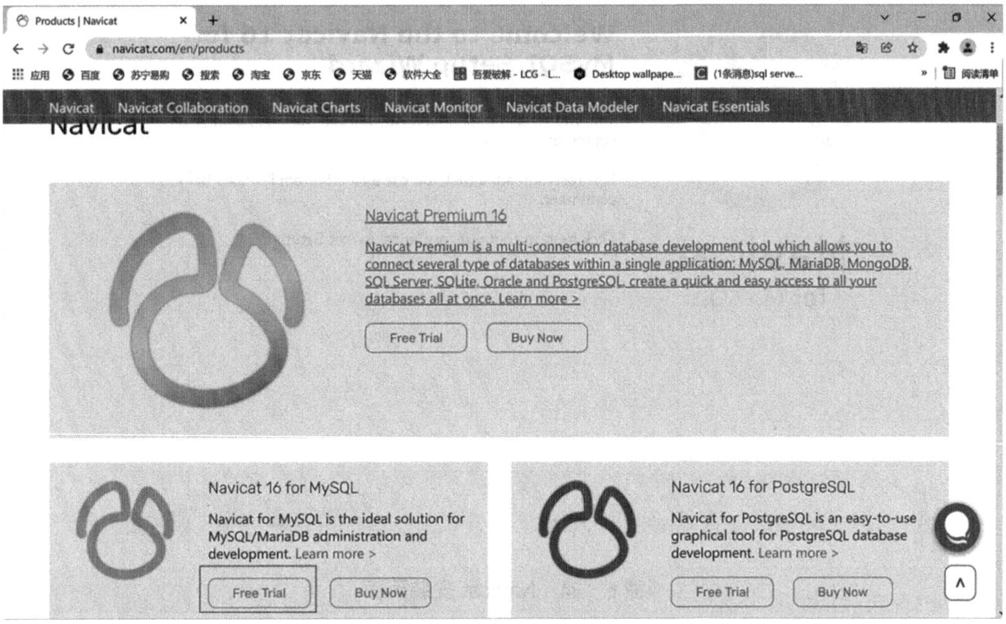


图 5 - 32　选择 Navicat 16 for MySQL 免费版

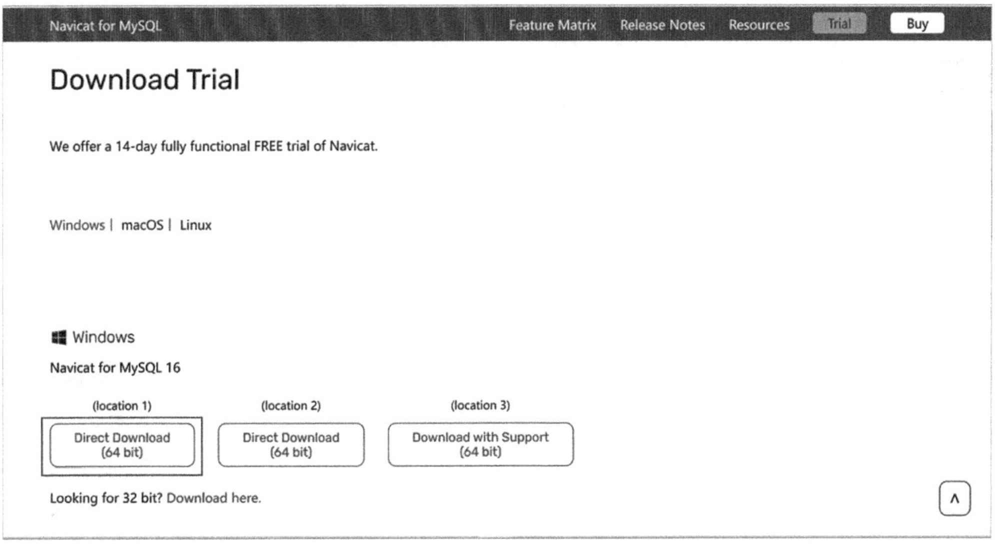


图 5 - 33　Navicat 免费版下载页面

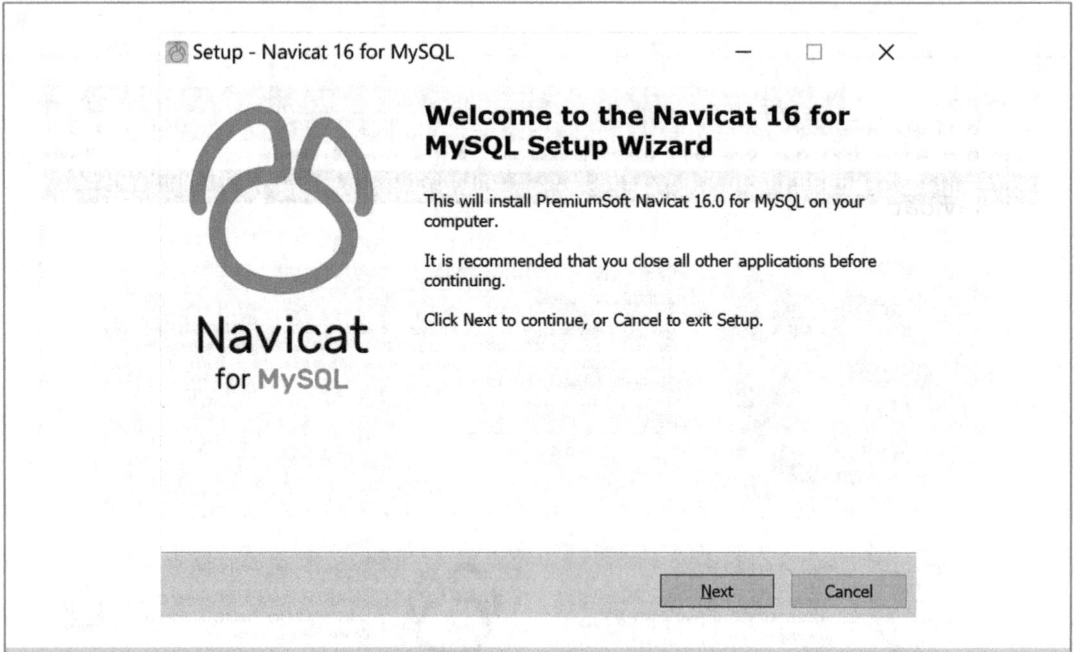


图 5-34　Navicat 安装页面

（5）安装完成，启动 Navicat，其主界面如图 5-35 所示，在 Navicat 全图形化的界面中，各种功能一目了然，非常便捷。

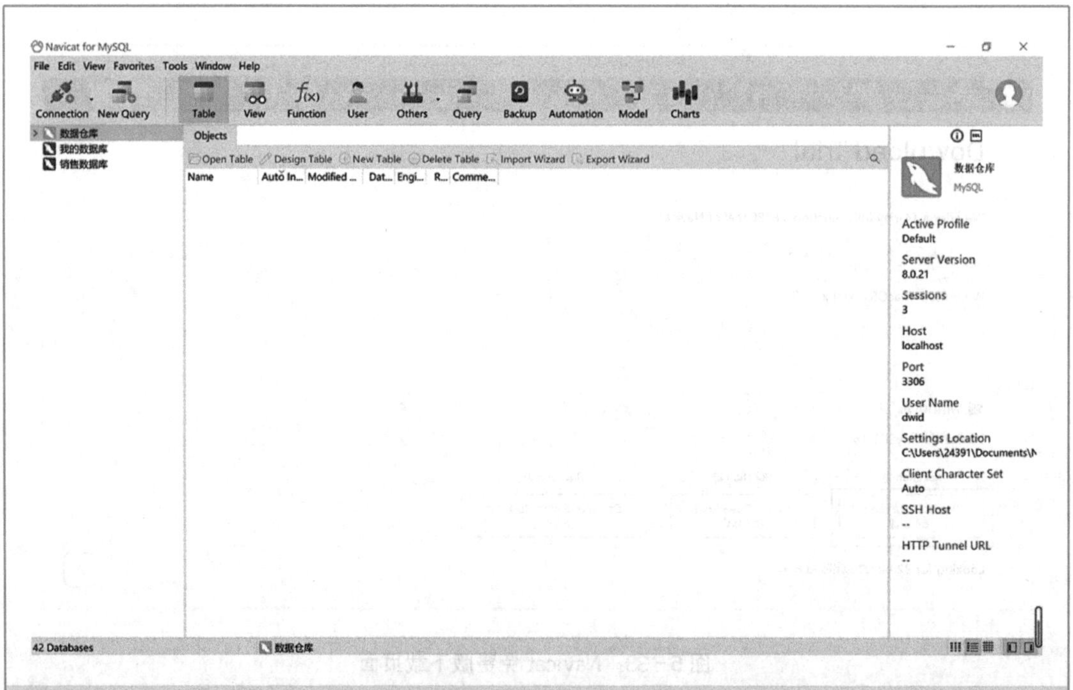


图 5-35　Navicat 主界面

（6）单击工具栏上的大图标“Connection”（连接）按钮，选择“MySQL”选项，弹出如图 5-36 所示的“New Connection”（新建连接）对话框，在其中设置连接参数。点击“Test Connection”（连接测试）按钮，成功后点击“OK”按钮。

图 5-36　Navicat 连接 MySQL 界面

（7）连接成功后，可看到 MySQL 中已经存在的数据库，如图 5-37 所示。

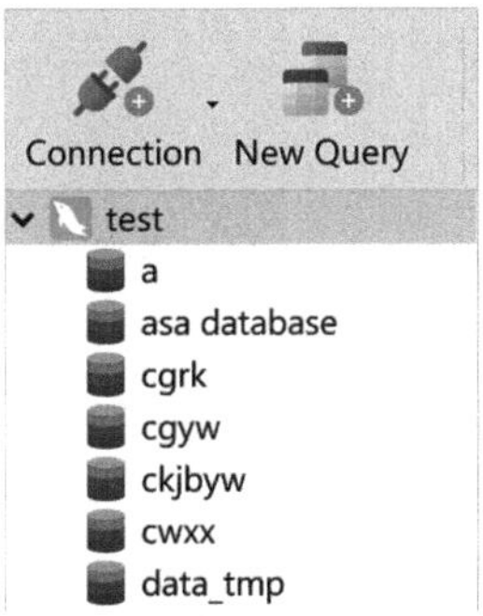


图 5-37　通过 Navicat 查看 MySQL 中的数据库

然后就可以开始新建数据库和数据表，进行增加、删除、查询和修改操作。

## 思维拓展

1. 创建的数据库能否重命名？如果不能，有什么解决办法？
2. 删除数据表（DROP TABLE）和删除数据（DELETE）的区别是什么？
3. 插入数据（INSERT INTO…VALUES）时可以不指定字段名吗？
4. 存储过程中的代码可以改变吗？
5. 什么是视图？什么是基本表？两者的区别和联系是什么？
6. 是否要及时删除不再需要的触发器？为什么？
7. 只要使用聚合函数就必须使用 GROUP BY 语句吗？
8. 在查询语句中，WHERE 和 HAVING 的区别是什么？

# 第6章 非关系型数据库 HBase

## 学习目标

- 了解关系型数据库面临的问题
- 理解 NoSQL 与 RDBMS 的区别
- 理解 NoSQL 的概念和类型
- 理解 HBase 的概念、特征和数据模型
- 理解 HBase 的架构与工作原理
- 掌握 HBase Shell 的数据定义语言
- 掌握 HBase Shell 的数据操纵语言

## 思维导图

## 蛮有数洞

作为旅游胜地的重庆，四季都有独特的风景，秋天有落满街的银杏叶，夏天有乘凉的小巷，冬天有热腾腾的火锅。但是冬天太冷，夏天太热，只有春天刚刚好，有春风拂面的温柔，也有美好故事的发生。

蛮先进公司作为一个十分有温度的企业，为了奖励员工这段时间的辛苦工作，决定组织一次春游。消息一出，整个公司都洋溢着喜庆的气息。

正值春天，重庆周边游还是有挺多适宜的地方，去哪里春游又引起了办公室内的激烈讨论。

家桐正在与万梦竹讨论关于 HBase 的问题。经过一段时间的摸索，家桐对 SQL 的知识已经初步掌握，在了解到现在的主流是非关系型数据库的时候，又燃起了求知的欲望，想要了解有关非关系型数据库的知识，尤其是各大软件、网站都在使用的 HBase，家桐更是神往。

此时，听到春游的消息，家桐有些走神，于是问道："万前辈，你好像不是重庆人，在重庆待了这几年去过周边哪些地方呀？这次春游你有特别想去的地方吗？"

万梦竹思索了一下说："除了工作，我一有时间就想在家待着，重庆周边确实没去过什么地方，在刚来重庆的时候，倒是因为听过很多红色故事，去过挺多红色景点，比如红岩村、渣滓洞等。"

家桐思索了片刻，说道："我倒是对一个地方有点向往，之前我有个朋友是巫山人，巫山的红叶特别出名，一到春天漫山都是红色的，远远看去就是红色蔓延的山，是个拍照旅游的好地方。"

销售部经理张菁刚巧经过，说道："我也想去这个地方，听说美食特别多，比如巫山纸包鱼，每次听徐丹青提到我就流口水，毛血旺更是一绝，咱们就向程总建议去巫山赏红叶、享美食吧！"

三人一拍即合，计划着怎么向程平建议去巫山周边游的事情。

虽然要出去春游，但是也要把手头的工作做好！于是，家桐与万梦竹又继续徜徉在 HBase 的知识海洋里了。

万梦竹说："了解 HBase 就要先了解非关系型数据库，我来考考你，你知道非关系型数据库与关系型数据库的区别吗？"本来只是准备卖弄一下学问的万梦竹，没想到家桐竟然能对答如流，这让她不得不佩服这年轻的后生是真的用心刻苦在求学。

于是在接下来的几个小时里，万梦竹用尽毕生所学，从 HBase 的架构及工作原理引入，深入浅出地向家桐介绍了其内在运行机制，并告诉家桐："你别看我讲的这些东西晦涩难懂，万法皆有宗，只有掌握了内在才能熟练运用。"家桐认同地点了点头，决定今晚就回去熬夜学习！接着，万梦竹又给家桐讲解了 HBase Shell 的常用命令……

## 6.1 关系型数据库面临的问题

### 6.1.1 关系型数据库的性能瓶颈

随着 Web 2.0 网站的兴起，传统的关系型数据库在应对 Web 2.0 网站，特别是超大规模和高并发的 SNS 类型的 Web 2.0 纯动态网站时显得力不从心，暴露了很多难以克服的问题，主要表现在以下三个方面，如图 6-1 所示。

**1. 无法满足高并发读写需求**

在 Web 2.0 时代，购物记录、搜索记录等信息都需要动态实时更新，这会使得高并发

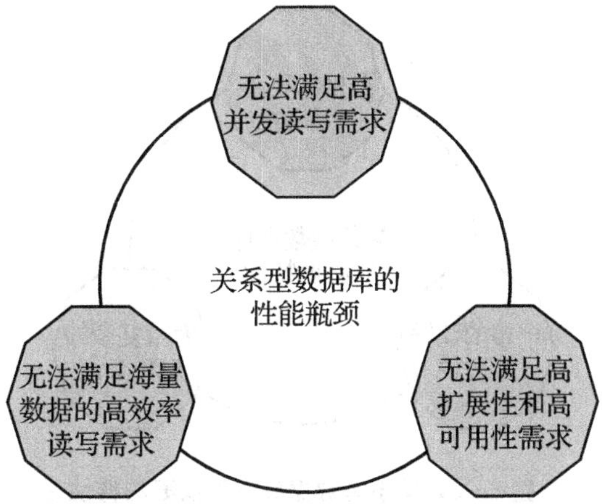


图 6－1　关系型数据库的性能瓶颈

的数据库访问，可能产生每秒上万次的读写请求，对于传统关系型数据库来说，硬盘 I/O 是一个很大的瓶颈。

**2. 无法满足海量数据的高效率读写需求**

在 Web 2.0 时代，每个用户都是信息的发布者，用户的搜索、社交和购物等网络行为每天产生的数据量是巨大的，对于关系型数据库来说，在一张包含海量数据的表中进行 SQL 查询，效率是极其低下的。

**3. 无法满足高扩展性和高可用性需求**

在基于 Web 的结构中，数据库是最难进行横向扩展的。一个应用系统的用户量和访问量与日俱增，会导致数据库读写负荷的急剧增加，数据库却没有办法像网页服务器和应用服务器那样简单地通过添加更多的硬件和服务节点来扩展性能和负载能力。

## 6.1.2　关系型数据库的特性失灵

关系型数据库的关键特性包括完善的事务机制和高效的查询机制。一项事务具有原子性、一致性、隔离性、持续性（ACID）等特性，有了事务机制，数据库中的各种操作可以保证数据的一致性修改。关系型数据库还拥有非常高效的查询处理引擎，能够对查询语句进行语法分析和性能优化，保证查询的高效执行。

但是，在 Web 2.0 时代，关系型数据库的很多特性不再需要了，主要表现在以下三个方面，如图 6－2 所示。

**1. 严格的事务一致性**

数据库事务通常有一套复杂的实现机制来保证数据库的一致性。关系型数据库在对事务一致性的维护中有很大的开销，而现在很多 Web 2.0 系统对事务的读写一致性都不高，如果出现错误可以直接丢弃该信息，而不必像关系型数据库那样执行复杂的回滚操作。

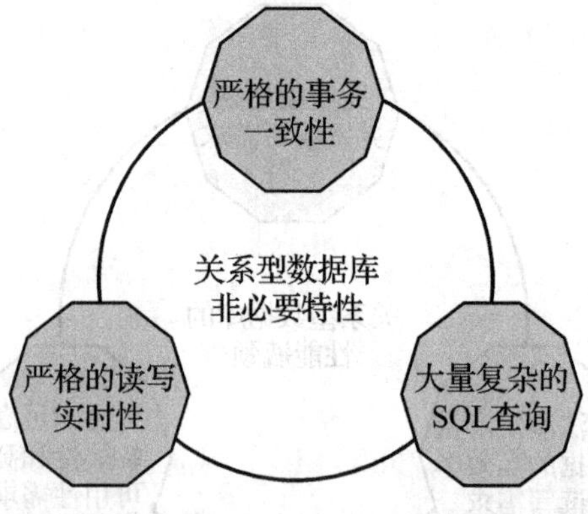


图6-2 关系型数据库不再需要的特性

**2. 严格的读写实时性**

对于关系型数据库来说，插入一条数据之后立刻查询，是可以立即读出这条数据的，但是很多Web应用并不要求这么高的实时性，比如在微博上发布一条消息，几秒乃至十几秒之后才看到这条动态是完全可以接受的。

**3. 大量复杂的SQL查询，特别是多表关联查询**

任何大数据量的Web系统都非常忌讳多张大表的关联查询，以及复杂的数据分析类型的SQL报表查询，特别是SNS类型的网站，从需求以及产品设计角度，就避免了这种情况的产生。往往更多的只是单表的主键查询，以及单表的简单条件分页查询，SQL的功能极大地弱化了。

在关系型数据库中，性能欠佳的最主要原因是多表的关联查询，以及复杂的数据分析类型的SQL报表查询。为了保证数据库的ACID特性，必须尽量按照其要求的范式进行设计，关系型数据库中的表都存储一个格式化的数据结构。每个元组字段的组成都一样，即使不是每个元组都需要所有的字段，数据库也会为每个元组分配所有的字段，这样的结构便于各表之间进行链接等操作，但从另一个角度来说它也是导致关系型数据库性能瓶颈的一个因素。

## 6.2 非关系型数据库与NoSQL

互联网技术高速发展，IT行业产生、分析的业务数据规模不断扩大，如用户的个人信息、社交网络、地理位置、用户生成的数据和用户操作日志等已经成倍地增加。传统的关系型数据库受到数据模型、存储模式等方面的局限，在对海量数据进行查询与管理等操作时，处理能力较为薄弱，难以适应新时代背景下企业实时管理和决策的需求。为了提升大数据背景下数据处理的效率与质量，需要对传统关系型数据库进行创新，于是非关系型数据库出现了。

### 6.2.1　非关系型数据库简介

非关系型数据库是指非关系型的、分布式的，且一般不保证遵循 ACID 原则的数据存储系统。非关系型数据库是数据存储的新理念，它满足了数据存储横向伸缩的需求。它以键值对存储，结构不固定，每个元组可以有不一样的字段，也可以根据需要增加一些自己的键值对，不局限于固定的结构，能够减少一些时间和空间的开销。非关系型数据库为了获取用户的不同信息，不像关系型数据库要对多表进行关联查询，而只需要根据 ID 取出相应的 Value 就可以完成查询。

非关系型数据库的优点是适用于 SNS，比如脸书和微博。系统的升级、功能的增加往往意味着数据结构的巨大变动，这一点关系型数据库难以应对，需要新的结构化数据存储。由于不可能用一种数据结构化存储应对所有新的需求，因此，非关系型数据库严格来说不是一种数据库，应该是一种数据结构化存储方法的集合。非关系型数据库的缺点是只适合存储一些较为简单的数据，对于需要进行较复杂查询的数据，关系型数据库显得更为合适。此外，非关系型数据库不适合持久存储海量数据。

传统系统可能很难存储、分析现在各种类型的非结构化数据与半结构化数据，这些数据存储到关系型数据库用于分析会花费更多的时间和金钱。HDFS 非常适合非关系型数据库，存储任意的非结构化和半结构化数据。HDFS 的分布式架构以及简单的扩展方式，使其可以对数据存储提供无限的支持，同时因为其可以部署在普通的商业机器集群上，存储成本更为低廉，而 MapReduce 则可以帮助用户在需要的时候利用集群中每台机器的能力分而治之，恰当地分析这些数据，提供了处理海量数据的核心能力。

### 6.2.2　什么是 NoSQL

随着计算机网络技术的迅速普及和发展，需存储的数据越来越多，且特殊的应用领域对其更新性能的要求越来越高，传统关系型数据库很难存储、分析现在各种类型的非结构化数据（如办公文档、文本、音频、图片等）与半结构化数据，而 NoSQL 旨在解决关系型数据库解决不了的问题。

NoSQL 全称为 Not Only SQL，泛指非关系型数据库，是一种数据存储系统。该系统的特征为非关系型的、分布式的、不确保遵守 ACID 原则，该系统遵循 CAP 理论以及 BASE 原则。与传统数据库相比，NoSQL 系统对数据存储功能进行了精简，着重于分布式的数据管理。另外，与传统数据库相比，该系统易扩展、性能高、数据模型灵活、可用性高，但在查询功能方面有明显的缺陷。NoSQL 没有复杂的关系模式，库中的表是可以拆分的。NoSQL 对数据的存储类型没有要求，可以存储任意内容。

### 6.2.3　NoSQL 与 RDBMS 的比较

NoSQL 是一项全新的数据库革命性技术。NoSQL 意即不仅仅是数据库，泛指非关系型的数据库，区别于关系型数据库，它们不保证遵循关系数据的 ACID 特性。由于网络上数据量激增，传统的关系型数据库管理系统（RDBMS）已经不能满足需求，此时非结构化的出现无疑是一种全新的解决思路。

与传统的RDBMS不同，非结构化的数据库不仅能够存储完整的关系模型，还能键值储存、列储存、面向文档储存和图形储存等，这无疑是结构化数据库的进化产物。NoSQL不仅在数据的存储上具有更多元化的选择，在查询语言、服务器等方面也与RDBMS有很大的差异，主要区别如表6-1所示。

**表6-1 RDBMS与NoSQL的区别**

| 区别 | RDBMS | NoSQL |
|---|---|---|
| 数据类型 | 结构化数据 | 主要为非结构化数据 |
| 数据结构 | 需要事先进行定义 | 不需事先进行定义 |
| 数据一致性 | 与ACID特性保持一致 | 强调数据最终一致性 |
| 服务器 | 只能在一台服务器上操作 | 以分布、协作式工作为前提 |
| 数据量 | 较小规模数据 | 较大规模数据 |
| 持久存储 | 支持 | 不支持 |
| 查询语言 | SQL | 支持多种非SQL语言 |
| 查询速度 | 将数据存储在硬盘中，查询速度慢 | 将数据存储于缓存中，而且不需要经过SQL层的解析，查询速度快 |
| 可扩展性 | 有类似JOIN的多表查询机制的限制，导致扩展很艰难 | 基于键值对，数据之间没有耦合性，非常容易水平扩展 |
| 成本 | 较高 | 简单、易部署，基本都是开源软件 |

## 6.2.4 NoSQL的四种类型

NoSQL包括键值（Key-Value）存储数据库、列式数据库、文档型数据库、图形（graph）数据库四种类型。

**1. 键值存储数据库**

键值存储是NoSQL存储的一种方式。键值存储的数据通过键值对的形式进行组织、索引和存储，其中，键作为唯一标识符。键值存储适合数据关系较少的业务数据，同时键值存储可以大幅减少读写磁盘的次数，比SQL数据库存储拥有更好的读写性能。

键值存储数据库主要用于内容缓存，处理大量数据的高访问负载，也用于一些日志系统等，百度云、GitHub、推特等软件都使用了这种类型的数据库。

键值存储数据库的优点是扩展性好，查找快速方便；缺点是无法存储结构化信息，条件查询效率较低。

**2. 列式数据库**

列式数据库是以列相关存储架构进行数据存储的数据库。列式数据库的存储方式是将一列中的数据值串在一起存储，然后存储下一列的数据。

列式数据库通常用于应对分布式存储的海量数据。键仍然存在，但它们的特点是指向多个列，主要运用于分布式数据存储和管理。NASA，Instagram 这些需要大量存储信息且进行分布式存储的平台，都有运用该类型的数据库。

列式数据库的优点是查找速度快，容易进行分布式扩展，复杂性低；缺点是功能较为局限。

**3. 文档型数据库**

文档型数据库同键值存储数据库相类似，但是与键值存储不同的是，文档存储关心文档的内部结构，这使得存储引擎可以直接支持二级索引，从而允许对任意字段进行高效查询。该类型的数据模型是版本化的文档，半结构化的文档以特定的格式存储，比如 JSON。

文档型数据库可以看作键值数据库的升级版，允许其间嵌套键值，在处理网页等复杂数据时，文档型数据库比传统键值数据库的查询效率高。文档型数据库的优点是灵活性高，表结构可变，性能好；缺点是缺乏统一的查询语言。

**4. 图形数据库**

图形数据库同其他行列以及刚性结构的 SQL 数据库不同，它能够使用灵活的图形模型，并且能够扩展到多个服务器上。图形数据库可用于对事物建模，如社交图谱、真实世界的各种对象。图形数据库主要应用于社交网络、推荐系统等，专注于构建关系图谱。

图形数据库的优点是利用图结构相关算法，可用于构建复杂的关系图谱；缺点是只支持一定的数据规模，而且这种结构不易做分布式的集群方案。

## 6.3 HBase 的概念与特征

HBase 是一种典型的列式 NoSQL，它的可扩展性、支持海量数据存储等特点受到了诸多企业的青睐。

### 6.3.1 什么是 HBase

HBase 是一个高可靠性、高性能、面向列、可伸缩的分布式存储系统，是一个非关系型数据库，用户的数据都存储在一个按行键排序的多维映射表中。HBase 的表由行和列组成，数据存储在被行列分割成的一个个单元格中，每个单元格都可存储若干个版本的数据，版本号默认是数据写入的时间戳。将所有格式的数据统一使用二进制码来存储，数据的具体格式依靠用户自己维护。

HBase 的目标是存储并处理大型数据，更具体来说是仅需使用普通的硬件配置，就能够搭建起大规模结构化存储集群，处理由成千上万的行和列所组成的大型数据。HBase 的存储系统是 Hadoop-HDFS，通过 MapReduce 来处理海量数据，并使用 Zookeeper 作为其分布式协同服务，用来存储非结构化和半结构化的松散数据。HBase 适合大数据量（100s TB 级数据）且有快速随机访问的需求，适合写密集型应用。

## 6.3.2 HBase的特征

HBase作为一种典型的非关系型数据库，具有以下八个方面的特征，如图6-3所示。

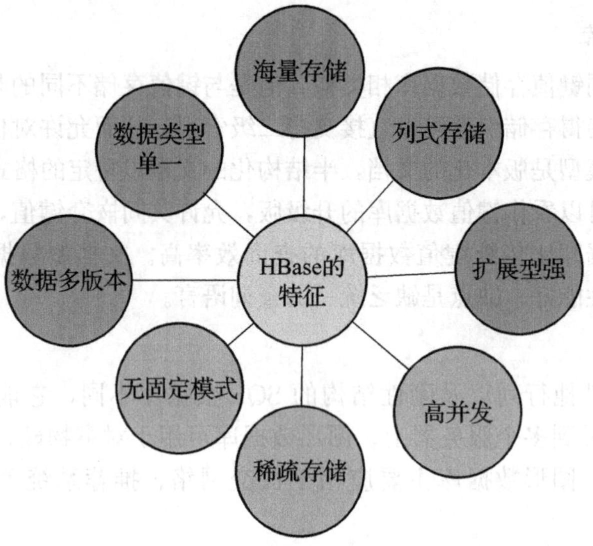


图6-3 HBase的特征

**1. 海量存储**

HBase适合存储PB级别的海量数据，在该级别的数据量采用廉价笔记本电脑存储的情况下，能在几十到上百毫秒内返回数据，这与HBase的极易扩展性息息相关。正是HBase良好的扩展性，才为海量数据的存储提供了便利。

**2. 列式存储**

HBase是用列族来存储数据的。HBase可以包括多个列族，一个列族可以包括多个列。在创建表的时候必须至少指定一个列族。

**3. 扩展性强**

HBase的扩展性主要体现在两个方面，一个是基于上层处理能力（RegionServer）的扩展，另一个是基于存储的扩展（HDFS）。通过横向添加RegionServer的机器进行水平扩展，可以提升HBase的上层处理能力，以及提升HBase服务更多Region的能力。

**4. 高并发**

由于目前大部分使用HBase的架构，都是采用廉价的笔记本电脑，因此单个I/O的延迟其实并不小，一般在几十到上百毫秒之间。这里说的高并发主要是在并发的情况下，HBase的单个I/O延迟下降并不多，能获得高并发、低延迟的服务。

**5. 稀疏存储**

稀疏主要是针对HBase列的灵活性，在列族中可以指定任意多的列。对于数据为空（Null）的列，它并不占用存储空间，因此，表可以设计得非常稀疏。

**6. 无固定模式**

HBase 每一行都有一个可以排序的主键和任意多的列。列可以根据需要动态增加，同一张表中不同的行可以有截然不同的列。

**7. 数据多版本**

HBase 每个单元中的数据可以有多个版本，默认情况下，版本号自动分配，版本号就是单元格插入时的时间戳。

**8. 数据类型单一**

HBase 中存储的数据都是字符串，没有类型，可以根据应用需要进行类型转换。

## 6.4 HBase 数据模型

HBase 是一种列存储模式与键值存储模式结合的 NoSQL 数据库，它具有灵活的数据模型，不仅可以基于键进行快速查询，还可以实现基于值、列名等的全文遍历和检索。HBase 不支持关系模型，它可以根据用户的需求提供更灵活和可扩展的表设计。

数据模型是数据库的核心和理论基础，想要了解 HBase 如何存储数据，如何进行查询、插入等操作，就要先了解 HBase 的数据模型。下面从相关概念、概念模型和物理模型等方面对 HBase 的数据模型进行介绍。

### 6.4.1 相关概念

HBase 是一个稀疏、多维度、排序的映射表，它采用行键、列族、列限定符和时间戳进行索引，每个值都是一个未经解释的字符串。下面具体介绍 HBase 数据模型的相关概念，如图 6-4 所示。

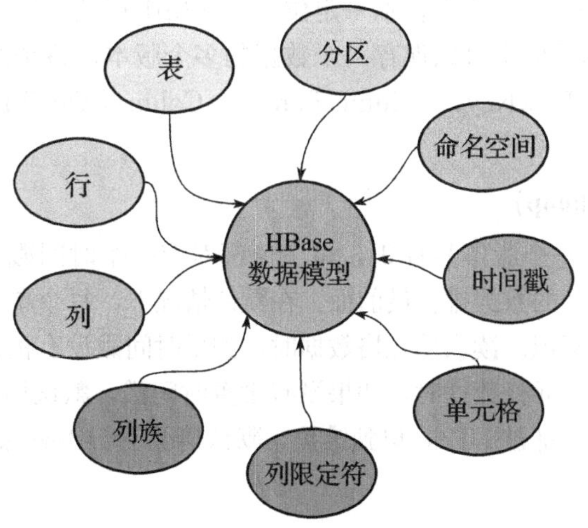


图 6-4　HBase 数据模型相关概念

**1. 表（Table）**

对应关系型数据库中的一张张表，HBase 以表为单位来组织数据，表由行和列组成，列划分为若干个列族。表名作为 HDFS 存储路径的一部分来使用，在 HDFS 中可以看到每个表名都作为独立的目录结构。

**2. 行（Row）**

数据以行的形式存储在 HBase 表中，每一行代表一个数据对象。行由一个行键（RowKey）和多个列族组成，每一行有一个行键，用来唯一标识。行键可以是任意字符串（最大长度为 64KB），没有数据类型，在 HBase 内部，行键保存为字符数组，数据存储时按照行键的字典顺序排列。访问表中的行只有三种方式：通过单个行键访问、通过一个行键的区间访问和全表扫描。

**3. 列（Column）**

HBase 中的列包括分隔开的列族和列限定符。

**4. 列族（Column Family）**

每一行由若干列族组成，每个列族可包含多个列，列族的名字必须是可显示的字符串。在物理上，同一列族的数据是存储在一起的。HBase 中列族支持动态扩展，可以很轻松地添加一个列族或列，无须预先定义列的数量以及类型，所有列均以字符串形式存储，用户需要自行进行数据类型的转换。一张 HBase 表被分组成为许多列族的集合，它是基本的访问控制单元。

**5. 列限定符（Column Qualifier）**

列限定符是列族中数据的索引。列族在创建表格时是确定的，但是列限定符是动态的，并且行与行之间的差别也可能是非常大的。列限定符没有特定的数据类型，以二进制字节来存储。通常以 Column Family：Colunm Qualifier 来确定列族中的某列。

**6. 单元格（Cell）**

单元格由行键、列族、列限定符唯一定位。单元格中存储的数据没有数据类型，总被视为字节数组。每个单元格中可以保存一个数据的多个版本，每个版本对应一个不同的时间戳。单元格可以用＜RowKey，Column Family：Column Qualifier，Timestamp＞元组来进行访问。

**7. 时间戳（Timestamp）**

时间戳是给定值的一个版本号标识，每个值都对应一个时间戳。单元格内不同版本的值按时间倒序排列，最新的数据排在最前面。在默认情况下，每个单元格中的数据插入时都会用时间戳来进行版本标识。读取单元格数据时，如果时间戳没有被指定，则默认返回最新插入的数据；写入新的单元格数据时，如果没有设置时间戳，默认用当前时间。每一个列族的单元格数据的版本数量都被 HBase 单独维护，默认情况下 HBase 保留三个版本数据。

**8. 命名空间**

命名空间是对表的逻辑分组，不同的命名空间类似于关系型数据库中不同的数据库。利用命名空间，在多用户场景下可做到更好的资源和数据隔离。

**9. 分区（Region）**

当传统数据库中表的数据量过大时，通常会考虑对表做分库分表。分区是集群中高可用、动态扩展、负载均衡的最小单元。一张表可以分为任意个分区并且均衡分布在集群中的每台机器上。分区按行键分片，可以在创建表的时候预先分片，也可以在之后需要的时候调用 HBase shell 命令行或者 API 动态分片。

下面以销售业务中的客户表作为案例来讲解 HBase 的数据模型，整体表结构如表 6－2 所示。

**表 6－2　HBase 信息表**

| 行键 RowKey | 时间戳 Timestamp | 列族 CustomerBasicInfo | | | 列族 SalesInfo | | | |
|---|---|---|---|---|---|---|---|---|
| | | Name（名称） | CreditRating（信用等级） | Leader（负责人） | ProductName（产品名称） | UnitPrice（单价） | Quantity（数量） | Amount（金额） |
| C00001 | T3 | 蛮先进 | | | | | | |
| | T2 | | AA | | DSRPA-F | 3 | 6 | 18 |
| C00002 | T2 | | | 洪七 | | | | |
| | T1 | 华达峰 | A | | DSRPA-D | 6 | 12 | 72 |

表 6－2 是一张用来存储客户信息的 HBase 信息表，客户编号作为行键唯一标识每个客户。表中设计了列族 CustomerBasicInfo 用来存储客户基本信息，列族 SalesInfo 用来存储客户的购买信息。列族 CustomerBasicInfo 包括 3 列，分别保存客户的名称、信用等级、负责人信息；列族 SalesInfo 包括 4 列，分别保存客户购买的产品名称、单价、数量和金额信息。

## 6.4.2　概念模型

在 HBase 的概念模型中，一张表可以视为一个稀疏、多维的映射关系，通过行键、行键＋时间戳或行键＋列（列族：列限定符），就可以定位特定数据。HBase 是存储稀疏数据的，因此某些列可以是空白的。列在列族中依照字典排序。表是 HBase 中数据的逻辑组织方式，列不是固定的表结构，在创建表时，不需要预先定义列名，可以在插入数据时临时创建。

从用户的视角来看，表 6－3 就是 HBase 存储数据的概念模型，它是一张存储客户信息的 HBase 表的片段。

**表 6－3　HBase 的概念模型**

| 行键 RowKey | 时间戳 Timestamp | 列族 CustomerBasicInfo | | | 列族 SalesInfo | | | |
|---|---|---|---|---|---|---|---|---|
| | | Name（名称） | CreditRating（信用等级） | Leader（负责人） | ProductName（产品名称） | UnitPrice（单价） | Quantity（数量） | Amount（金额） |
| C00001 | T8 | 蛮先进 | AAA | | | | | |
| | T7 | | | | DSRPA-F | 5 | 6 | 30 |
| | T6 | | | 李强 | | | | |

续表

| 行键 RowKey | 时间戳 Timestamp | 列族 CustomerBasicInfo | | | 列族 SalesInfo | | | |
|---|---|---|---|---|---|---|---|---|
| | | Name（名称） | CreditRating（信用等级） | Leader（负责人） | ProductName（产品名称） | UnitPrice（单价） | Quantity（数量） | Amount（金额） |
| C00002 | T5 | | | | DSRPA-A | 6 | 12 | 72 |
| | T4 | 华达峰 | AA | | DSRPA-C | 5 | 24 | 120 |
| C00003 | T3 | | | 刘成 | | | | |
| | T2 | 元会计 | | | DSRPA-S | 5 | 18 | 90 |
| | T1 | | AAAA | | | | | |

从表 6－3 的概念模型来看，HBase 表与关系型数据库中的表结构之间似乎没有太大差异，只不过多了列族的概念。但实际上是有很大差别的，关系型数据库中表的结构需要预先定义，如列名及其数据类型和值域等内容。如果需要添加新列，则需要修改表结构，这会对已有的数据产生很大影响。同时，关系型数据库中的表为每个列预留了存储空间，即表 6－3 中的空白单元格数据在关系型数据库中以“Null”值占用存储空间。因此，对稀疏数据来说，关系型数据库的表中就会产生很多“Null”值，消耗大量的存储空间。

从表 6－3 的 HBase 客户信息表可以看出，该表有 CustomerBasicInfo 和 SalesInfo 两个列族，其中，CustomerBasicInfo 列族由 Name，CreditRating，Leader 列组成，SalesInfo 列族由 ProductName，UnitPrice，Quantity，Amount 列组成。在 HBase 中，如表 6－3 中的空白单元格在物理上是不占用存储空间的，即不会存储空白的键值对。因此，若一个请求为获取行键为 C00001 在 T6 时间的 CustomerBasicInfo：CreditRating 值，则其结果为空。类似地，若一个请求为获取行键为 C00002 在 T5 时间的 SalesInfo：Name 值，则其结果也为空。

在一张 HBase 表的概念模型中，每一行都包含相同的列族，尽管不需要在每个列族里存储数据。例如，在表 6－3 中，行键为 C00001 在 T6 和 T8 时间，列族 SalesInfo 的内容就为空；行键为 C00003 在 T1 和 T3 时间，列族 SalesInfo 的内容就为空。从这个角度来讲，HBase 表是一个稀疏的映射关系，即里面存在很多空的单元格。

## 6.4.3 物理模型

HBase 是一个列式存储数据库，物理模型是 HBase 实际存放的方式，数据按列族聚簇存储在存储文件（StoreFile）中。在概念模型层面有些列是空白的，空白的列单元格不会被存储，当请求这些空白的单元格时，会返回 Null 值。如果在查询的时候不提供时间戳，那么会返回距离现在最近的那个版本的数据，因为在存储的时候，数据会按照时间戳来排序。图 6－5 描述了 HBase 的物理视图。

（1）HBase 中表按照行键的范围可以被划分为多个分区，各个分区由分区服务器负责管理并提供数据读写服务，HBase 主节点进程（HMaster）负责分区的分配以及在集群中的迁移。分区按大小分割，每张表一开始只有一个分区，随着数据不断插入表中，分区不断增大，当增大到一个阈值的时候，该分区就会等分为两个新的分区，当表中的行不断增多时，就会有越来越多的分区。

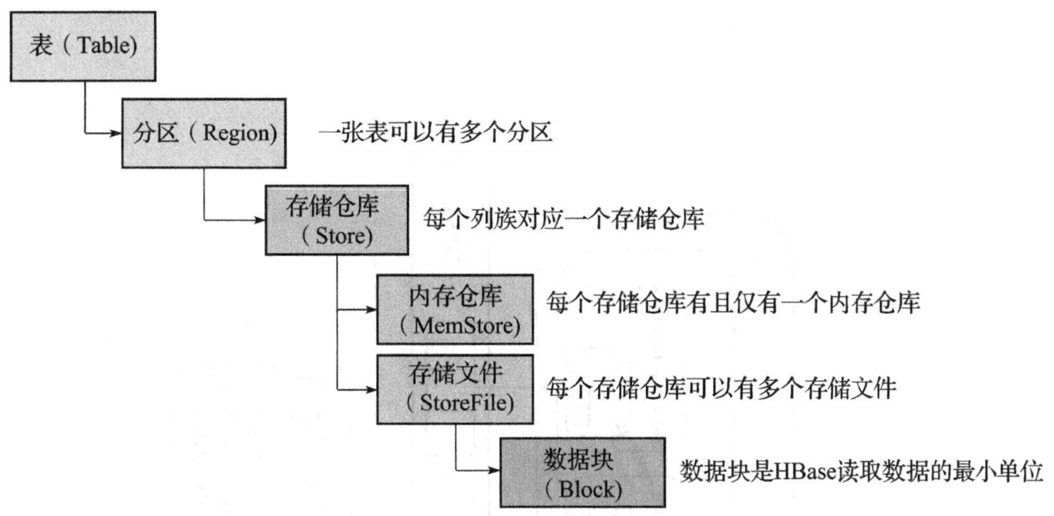


图 6-5　HBase 的物理视图

（2）分区虽然是分布式存储的最小单元，但并不是存储的最小单元。分区由一个或者多个存储仓库组成，每个存储仓库保存一个列族。每个存储仓库又由一个内存仓库和零至多个存储文件组成。当分区服务器处理写入请求时，数据的变更操作在写入预写日志（write ahead log，WAL）后，会先写入内存仓库，同时在内存中按行键排序。当内存仓库到达配置的大小或者集群中所有内存仓库使用的总内存达到配置的阈值百分比时，内存仓库会刷新为一个存储文件（StoreFile）存储到磁盘，存储文件只会顺序写入，不支持修改。

（3）数据块（Block）是 HBase 中数据读取的最小单位，存储文件由数据块组成，可以在建表时按列族指定表数据的数据块大小。如果开启了 HBase 的数据压缩功能，数据在写入存储文件之前就会按照数据块进行压缩，读取时同样对数据块解压后再放入缓存。理想情况下，每次读取数据的大小都是指定的数据块大小的倍数，这样可以避免一些无效的 I/O，效率最高。

## 6.5　HBase 的架构与工作原理

### 6.5.1　基本架构

HBase 是一个分布式的数据库，使用 Zookeeper 管理集群，使用 HDFS 作为底层存储。HBase 由 HMaster 和 HRegionServer 组成，同样遵从主从服务器架构。HBase 将逻辑上的表划分成多个数据块即 HRegion，存储在 HRegionServer 中。HMaster 负责管理所有的 HRegionServer，它本身并不存储任何数据，而只是存储数据到 HRegionServer 的映射关系（元数据）。集群中的所有节点通过 Zookeeper 进行协调，并处理 HBase 运行期间可能遇到的各种问题。HBase 的基本架构如图 6-6 所示。

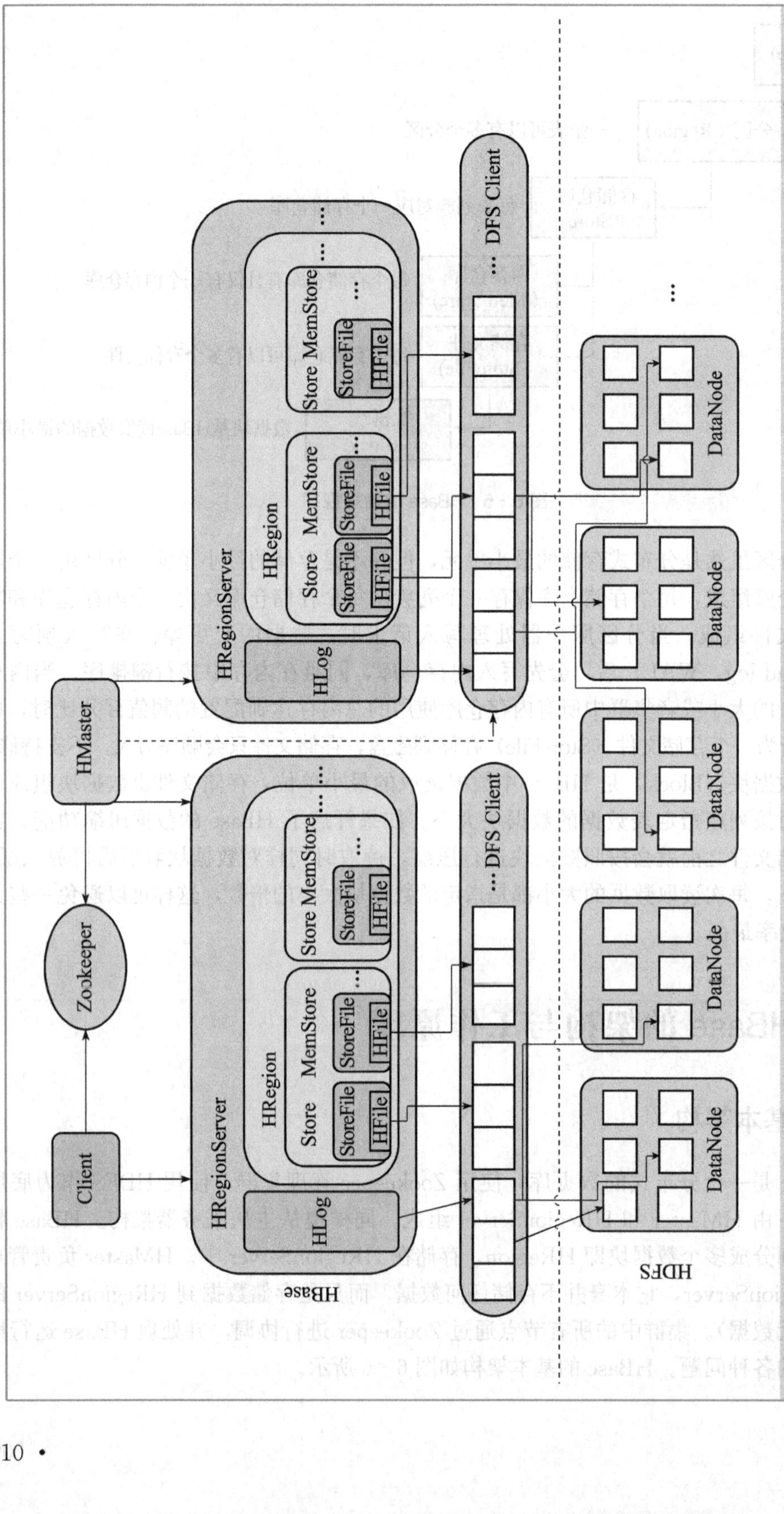


图 6-6 HBase 的基本架构

**1. Client**

使用 HBase 的 RPC 机制与 HMaster 和 HRegionServer 进行通信，提交请求和获取结果。对于管理类操作，Client 与 HMaster 进行 RPC；对于数据读写类操作，Client 与 HRegionServer 进行 RPC。

**2. Zookeeper**

通过将集群各节点状态信息注册到 Zookeeper 中，HMaster 可随时感知各个 HRegionServer 的健康状态，而且能避免 HMaster 的单点问题。

**3. HMaster**

管理所有的 HRegionServer，告诉其需要维护哪些 HRegion，并监控所有 HRegionServer 的运行状态。当一个新的 HRegionServer 登录到 HMaster 时，HMaster 会告诉它等待分配数据；而当某个 HRegion 死机时，HMaster 会把它负责的所有 HRegion 标记为未分配，然后把它们分配到其他 HRegionServer 中。HMaster 没有单点问题，HBase 可以启动多个 HMaster，通过 Zookeeper 的选举机制保证集群中总有一个 HMaster 运行，从而提高集群的可用性。

**4. HRegion**

当表的大小超过预设值的时候，HBase 会自动将表划分为不同的区域，每个区域包含表中所有行的一个子集。对用户来说，每张表是一堆数据的集合，靠主键（RowKey）来区分。从物理上说，一张表被拆分成多块，每一块就是一个 HRegion。我们用表名+开始/结束主键，来区分每一个 HRegion，一个 HRegion 会保存一张表中某段连续的数据，一张完整的表的数据保存在多个 HRegion 中。

**5. HRegionServer**

HBase 中的所有数据从底层来说一般都是保存在 HDFS 中的，用户通过一系列 HRegionServer 获取这些数据。集群的一个节点上一般只运行一个 HRegionServer，且每个区段的 HRegion 只会被一个 HRegionServer 维护。HRegionServer 主要负责响应用户 I/O 请求，向 HDFS 文件系统读写数据，是 HBase 中最核心的模块。HRegionServer 内部管理了一系列 HRegion 对象，每个 HRegion 对应逻辑表中一个连续数据段。HRegion 由多个 HStore 组成，每个 HStore 对应逻辑表中一个列族的存储，可以看出每个列族其实就是一个集中的存储单元。因此，为了提高操作效率，最好将具备共同 I/O 特性的列放在一个列族中。

**6. HStore**

HStore 是 HBase 存储的核心，由 MemStore 和 StoreFile 两部分组成。MemStore 是内存缓冲区，用户写入的数据首先会放入 MemStore，当 MemStore 放满以后会 Flush 成一个 StoreFile（底层实现是 HFile），当 StoreFile 的文件数量增长到一定阈值后，会触发合并（Compact）操作，将多个 StoreFile 合并成一个 StoreFile，合并过程中会进行版本合并和数据删除操作。因此，可以看出 HBase 其实只有增加数据操作，所有的更新和删除操作都是在后续的合并过程中进行的，这样使得用户的写操作只要进入内存就可以立即返回，保证了 HBaseI/O 的高性能。当 StoreFiles 合并后，会逐步形成越来越大的 StoreFile，当单个 StoreFile 大小超过一定阈值后，会触发切分（Split）操作，同时把当前的 HRegion 切分成两个 HRegion，父 HRegion 会下线，新分出的两个子 HRegion 会被 HMaster 分配到相应的 HRegionServer，使得原先一个 HRegion 的负载压力分流到两个 HRegion 上。

**7. HLog**

每个 HRegionServer 中都有一个 HLog 对象，它是一个实现了 Write Ahead Log 的预写日志类。在每次用户操作将数据写入 MemStore 的时候，也会写一份数据到 HLog 文件中，HLog 文件会定期滚动刷新，并删除旧的文件（已持久化到 StoreFile 中的数据）。当 HMaster 通过 Zookeeper 感知到某个 HRegionServer 意外终止时，HMaster 首先会处理遗留的 HLog 文件，将其中不同 HRegion 的 HLog 数据进行拆分，分别放到相应 HRegion 的目录下，然后将失效的 HRegion 重新分配，领取到这些 HRegion 的 HRegionServer 在加载 HRegion 的过程中，会发现有历史 HLog 需要处理，因此会 Replay HLog 中的数据到 MemStore 中，然后 Flush 到 StoreFiles，完成数据恢复。

## 6.5.2 工作原理

HBase 使用 MemStore 和 StoreFile 存储对表的更新。数据在更新时首先写入 HLog 和 MemStore。MemStore 中的数据是排序的，当 MemStore 累计到一定阈值时，就会创建一个新的 MemStore，并且将老的 MemStore 添加到 Flush 队列，由单独的线程 Flush 到磁盘上，成为一个 StoreFile。与此同时，系统会在 Zookeeper 中记录一个 CheckPoint，表示这个时刻之前的数据变更已经持久化。系统出现意外可能导致 MemStore 中的数据丢失，此时使用 HLog 来恢复 CheckPoint 之后的数据。

StoreFile 是只读的，一旦创建后就不可以修改。因此 HBase 的更新其实是不断追加的操作。当一个 Store 中的 StoreFile 达到一定阈值后，就会进行一次合并操作，将对同一个 Key 的修改合并到一起，形成一个大的 StoreFile。当 StoreFile 的大小达到一定阈值后，又会对 StoreFile 进行切分操作，等分为两个 StoreFile。

Region 服务器是 HBase 中最核心的模块，图 6－7 描述了 Region 服务器向 HDFS 文件系统中读写数据的基本原理。

**1. 写操作流程**

（1）Client 通过 Zookeeper 的调度，向 HRegionServer 发出写数据请求，在 HRegion 中写数据。

（2）数据被写入 HRegion 的 MemStore，直到 MemStore 达到预设阈值。

（3）MemStore 中的数据被 Flush 成一个 StoreFile。

（4）随着 StoreFile 的不断增多，当其数量增长到一定阈值后，触发合并操作，将多个 StoreFile 合并成一个 StoreFile，同时进行版本合并和数据删除。

（5）StoreFile 通过不断的合并操作，逐步形成越来越大的 StoreFile。

（6）单个 StoreFile 大小超过一定阈值后，触发切分操作，把当前 HRegion 切分成两个新的 HRegion。父 HRegion 会下线，新切分出的两个子 HRegion 会被 HMaster 分配到

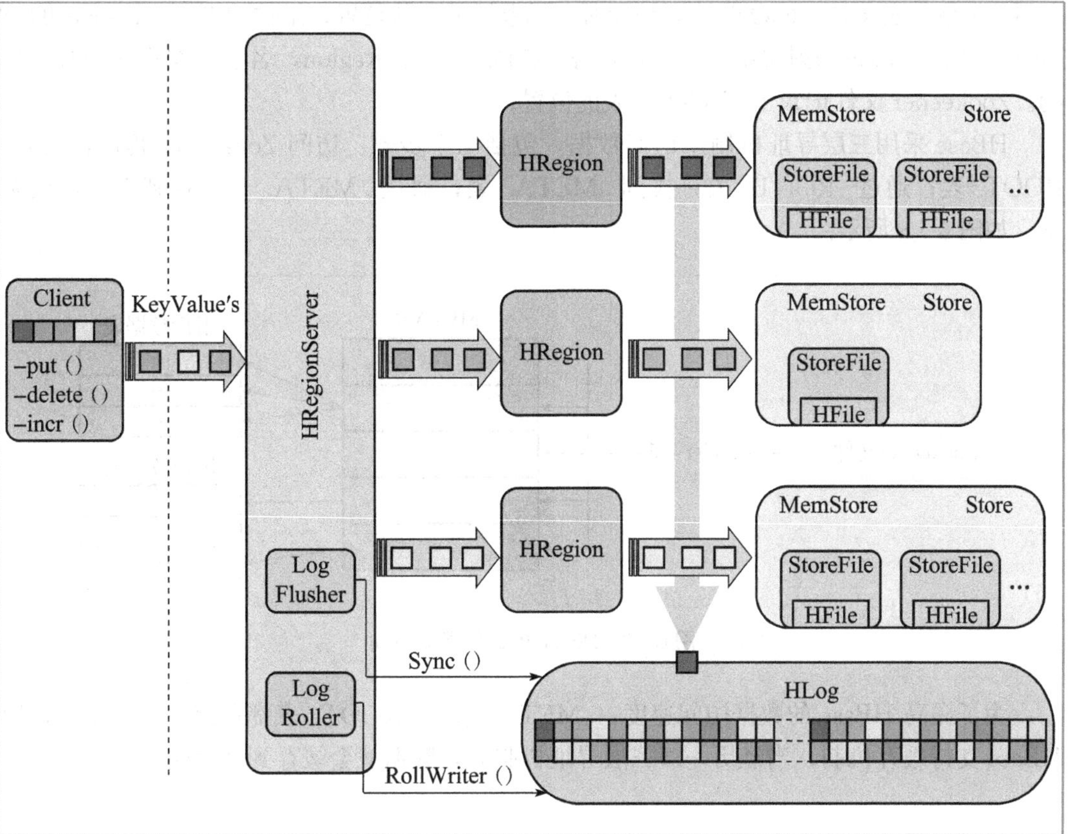


图6-7 Region服务器读写数据的基本原理

相应的HRegionServer上，使得原先一个HRegion的压力得以分流到两个HRegion上。

**2. 读操作流程**

（1）Client访问Zookeeper，查找-ROOT-表，获取.META.表信息。

（2）从.META.表查找，获取存放目标数据的HRegion信息，从而找到对应的HRegionServer。

（3）通过HRegionServer获取需要查找的数据。

（4）HRegionServer的内存分为MemStore和BlockCache两部分，MemStore主要用于写数据，BlockCache主要用于读数据。读请求会先到MemStore中查找数据，若查不到就到BlockCache中查找，再查不到就会到StoreFile上读取，并把读取的结果放入BlockCache。

**3. .META.表和-ROOT-表**

HBase中有两张特殊的表：元数据表和根数据表。元数据表又名.META.表，这个表由两列组成——Region ID和Region服务器ID，存储Region和Region服务器的映射关系。当HBase表很大时，.META.表也会被分裂成多个Region。当数据规模越来越大时，Region和Region服务器越来越大，访问.MATA.表的性能就会下降，导致数据读取速度变慢，这个时候HBase就会把.MATA.表分为多个Region，存储在不同的Region服务器。根数据表又名-ROOT-表，记录所有元数据的具体位置，维护.META.Region ID和Region服务器ID的映射关系。-ROOT-表只有唯一一个Region，名字是在程序中被写定的。Zookeeper文件记录了-ROOT-表的位置。

HBase采用三层寻址机制来访问数据，包括三个步骤：访问Zookeeper程序，找到-ROOT-表；通过-ROOT-表，找到.META.表；通过.META.表，找到需访问的数据，如图6-8所示。

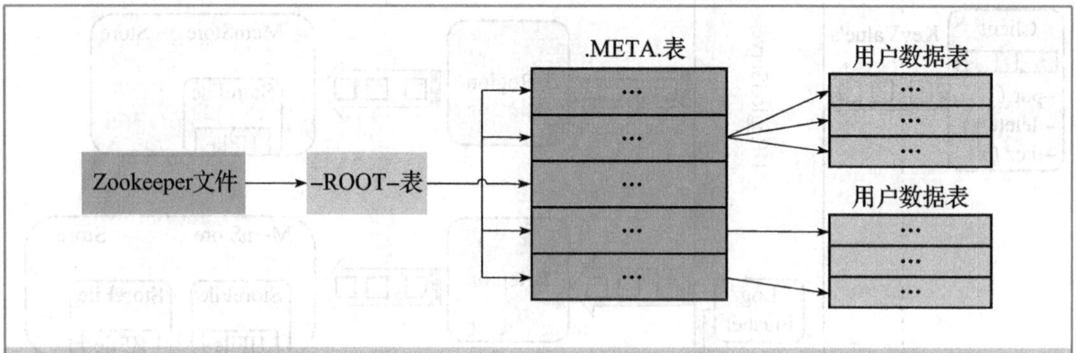


图6-8　HBase的三层寻址机制

为了提高HBase的数据访问速度，.META.表、-ROOT-表都存储在内存中，同时HBase支持缓存机制，当经历一遍三层寻址机制后，数据就会缓存到客户端。

## 6.6　HBase Shell常用命令

HBase Shell提供了大多数的HBase命令，通过HBase Shell，用户可以很方便地对表、列族、列等进行操作，实现创建、删除及修改表等功能，还可以向表中添加数据，列出表中的相关信息等。HBase Shell包含数据定义语言与数据操作语言，下面对这两种语言一一进行阐述。

### 6.6.1　数据定义语言

数据定义语言包括数据库表的创建、修改等命令，如表6-4所示。

表6-4　数据定义语言及描述

| 命令 | 描述 | 命令 | 描述 |
|---|---|---|---|
| create | 创建表 | disable | 使表无效 |
| alter | 修改列族模式 | enable | 使表有效 |
| describe | 显示表的详细信息 | exists | 测试表是否存在 |
| list | 列出Hbase中存在的所有表 | drop | 删除表 |

**1. 创建表**

创建数据库使用的是 create 语句。

该语句的基本格式为：create'表名'，{NAME=> '列族名 1'，VERSIONS=>版本号，TTL=>过期时间，BLOCKCACHE=> true}

**【例 6-1】** 小蛮公司新引进了 HBase，作为财务总监的小常对非关系型数据库慕名已久，立即开始学习。这段时间小常在做客户信用的数据统计，正准备新创建一个客户信用表，并将客户信息以及信用信息录入。请创建客户信用表 khxy_1，其中列族包含客户信息（'khxx'）。

```
语句 > create 'khxy_1','khxx'
```

**2. 查看所有表**

查看所有表使用的语句为 list。该语句会列出 HBase 数据库中所有已经创建的表。

**【例 6-2】** 在小常录入了小蛮公司所需的所有表之后，谨慎的她想要查看是否存在漏录表的情况。请帮助小常查看 HBase 中存在哪些表。

```
语句 > list
```

**3. 查看建表**

查看表里面的具体信息，则可以通过 describe 语句来实现。

该语句的基本格式为：describe'表名'

**【例 6-3】** 小常在完成客户信用表的录入之后，想对客户信用表里的信息检查是否有错录或漏录的情况。请你帮忙查看客户信用表（khxy_1）里的信息。

```
语句 > describe 'khxy_1'
```

**4. 修改表**

修改表的模式前需要先将表禁用，然后执行修改命令，再启用。该语句的基本格式为：

禁用表：disable '表名'

增加列族：alter '表名'，'列族名'

删除列族：alter '表名'，{NAME=> '列族名'，METHOD=> 'delete'}

启用表：enable '表名'

**【例 6-4】** 小蛮公司最近出现了多起退货事件，财务总监小常想要了解销售的哪些商品出现了退货情况，但是在原销售信息表中，并没有这一类信息，因此需要在销售信息表（xsxxb）中增加相关的数据统计，增加的列族为 thzt。

```
语句 > disable 'xsxxb'
alter 'xsxxb','thzt'
enable 'xsxxb'
```

## 6.6.2 数据操纵语言

数据操纵语言即包括数据的插入、查询、扫描、删除等命令，如表6-5所示。

**表6-5 数据定义语言及描述**

| 命令 | 描述 | 命令 | 描述 |
|---|---|---|---|
| put | 插入语句 | delete | 删除某列数据 |
| get | 查询语句 | deleteall | 删除某行数据 |
| scan | 扫描表中数据 | truncate | 删除整张表的数据 |

**1. 插入语句**

建表之后，还需通过put插入语句，将信息插入对应表格。

该语句的基本格式为：put '＜表名＞'，'＜行键＞'，'＜列族＞：＜列名＞'，'内容'

**【例6-5】** 小常新建了客户状态表（khzt），以了解公司的客户对产品的需求，更好地服务顾客。在新建客户状态表（khzt）之后，小常又遇到了难题：该如何将客户的信息录到表中呢？请你帮助小常在新建的列族客户状态（khzt）里，插入每个公司的数据。

```
语句 > put 'khxy_1','CUST0012 ',' khzt:jyzt','jyz'alter 'xsxxb','thzt'
put 'khxy_1','CUST0022 ',' khzt:jyzt','jyz'
```

**2. 查询语句**

get命令用来根据行键获取HBase表的一条记录。

该语句的基本格式为：get '＜表名＞'，'＜行键＞'，'＜列族＞：＜列名＞'

**【例6-6】** 小蛮公司最近收到了一起客户投诉，这是近几年来小蛮公司收到的唯一一起投诉，整个公司如临大敌，因此财务总监小常想要了解这名客户（CUST0012）的所有信息。请查看客户信用表（khxy_1）中行键为CUST0012的所有客户信息。

```
语句 > get 'khxy_1', 'CUST0012'
```

**3. 扫描表的数据**

scan命令用来扫描表的数据。scan是HBase数据查询命令中最复杂的命令，需要特别注意查询的数据量，以免扫描数据量过大导致HBase集群出现相应延迟。

scan语句的基本格式为：scan ＜table＞

(1) 扫描全表数据。

语法为：scan '表名'

**【例6-7】** 到了年底，又到了会计人员最忙的时刻。以往年底小蛮公司都是灯火通明，有数不清的账本、凭证、票据等。好在引进了HBase，对会计人员来说查账对账事半功倍。财务总监小常想要查看销售业务表（xsyw），来分析整年的销售情况。请帮助小常查看销售业务表。

```
语句 > scan 'xsyw'
```

（2）显示前几行。

语法为：scan '表名'，{LIMIT=>行数量}

**【例 6-8】**由于销售业务表的数据量极大，小常分析了一整天，终于发现销售业务表的前两行有些异常，于是她将这两行异常数据汇报给了董事长程总。请显示销售业务表（xsyw）前两行。

```
语句 > scan 'xsyw',{LIMIT=>2}
```

（3）指定行键范围。

语法为：scan '表名'，{STARTROW =>'起始行键'，STOPROW =>'结束行键'}

**【例 6-9】**小常在查看整张销售业务表的数据之后，连续几个数据都出现了异常，因此想要查看这个范围内的数据。请查看销售业务表（xsyw）"058153"行与"058154"行范围内的数据。

```
语句 > scan 'xsyw',{STARTROW=>'058153',STOPROW=>'058154'}
```

（4）查询以指定开头的行键数据。

语法为：scan '表名'，filter=>"PrefixFilter（'行键'）"

**【例 6-10】**小蛮公司经过产品质检发现，有一批产品质量存在一定瑕疵，为了公司信誉，决定对该批产品进行召回。小常想要查询有关这批产品的所有数据，但是只知道这批产品开头为'XSDD'。请你查看销售业务表（xsyw）中开头为"XSDD"行键的数据。

```
语句 > scan 'xsyw',filter=>"PrefixFilter('XSDD')"
```

（5）按值查找，可以指定确定的值或者值的范围。

语法为：scan'表名'，filter=>"ValueFilter（=，'substring：值'）"

**【例 6-11】**与润康食品加工厂经过几次购销之后，小蛮公司想要与其达成长期合作关系。作为财务总监的小常十分欣喜，如果这次合作能够成功，年终她一定能够拿到奖金，小蛮公司也一定能更上一层楼。但是小心驶得万年船，一定要谨慎，了解好润康食品加工厂的情况后再做出决定。请你帮助小常查询销售业务表（xsyw）中包含"润康食品加工厂"的数据。

```
语句 > scan 'xsyw',filter=>"ValueFilter(= ,'substring:润康食品加工厂')"
```

**4. 删除数据**

HBase 提供了 delete，deleteall 和 truncate 命令，分别用来删除列、行和表的数据。

（1）删除某列数据。语法格式为：

delete '<表名>'，'<行键>'，'<列族：列限定符>'，'[<时间戳>]'

**【例 6-12】**小常在对销售业务表进行审查的时候，发现产品名称为"XSDD058154"的商品，在客户名称这一列都使用的是客户公司的简称，有些公司的简称甚至相同，这对于管理十分不方便。因此小常决定将这一列模糊数据删除，再重新输入数据。请你帮助小常删除销售业务表（xsyw）行键为"XSDD058154"，列族为"khxx：khmc"的列。

```
语句 > delete 'xsyw','XSDD058154','khxx:khmc'
```

(2) 删除整行数据。语法格式为：

deleteall '<表名>', '<行键>'

**【例 6-13】** 销售业务表中“XSDD001”这条数据的销售数量存在问题，小常需要将“XSDD001”这一列的数据都删除，再重新输入。请删除销售业务表（xsyw）中“XSDD001”列的数据。

```
语句 > deleteall 'xsyw','XSDD001'
```

(3) 删除整张表的数据。语法格式为：

truncate '<表名>'

**【例 6-14】** 经过小常的审查，发现销售业务表中的很多数据都与实际业务对不上。调查发现，录入人员在录入的过程中漏了一行数据，导致数据错位，整张表都出现了问题，因此只能删除这张销售业务表的数据，重新录入数据。请你删除销售业务表（xsyw）整张表的数据。

```
语句 > truncate 'xsyw'
```

## 思维拓展

1. NoSQL 与传统 RDBMS 的优缺点有哪些？
2. 数据定义语句与数据操纵语句主要包括哪些？
3. NoSQL 能否重复命名？如果重复命名，会出现怎样的情况？
4. 如果对 HBase 表的模式修改之前未禁用表，能否对表的模式进行修改？会出现什么样的情况？
5. 删除命令 delete，deleteall 和 truncate 之间有什么区别？

# 第 7 章 数据仓库概述

## 学习目标

- 掌握数据仓库的基本概念
- 熟悉数据仓库的四大特点
- 理解数据仓库的体系架构与分层设计
- 理解事实表与维度表的概念
- 掌握数据抽取、清洗转换和加载方法
- 掌握 ETL 实现方式
- 掌握数据仓库在会计中的应用

## 思维导图

## 蚕有数洞

忙碌的一周伴随着销售部数据库搭建工作的结束而结束了。数据分析部的中级分析师李天臣想着销售部数据库的项目刚刚在上午结束上线，数据仓库的事情可以暂时放到下周一开始，于是拿起了手机查看周边有什么好玩好吃的，周末可以犒劳一下自己。

李天臣说："小汤，我看网上说南山上的老君洞好像是个新晋的网红打卡景点，风景不错，还可以直接看南滨路的风景。你上周末是不是去过？感觉怎么样？"

小汤说："天臣，老君洞确实人气高，我上周末去那儿时人太多了。我觉得你要是想清净和舒适一点，可以选择潼南的大佛寺。我看网友说那里的风景也挺不错的，春天到了，油菜花盛开，可以去踏春拍照！而且这周末可是下雨降温前的最后一个周末了，如果你要去我们可以组个队。正好我可以带着从网上买的钵钵鸡调料、煮好的肉和蔬菜。”

小汤说完十分激动，感觉她才是真正想去周边游的那个人。李天臣说：“潼南我正好没去过，我刚刚看潼南大佛寺离我们这儿120千米左右，过去差不多2小时，可以去。但是就我们俩去吗?”

实习生家桐立刻反应过来，对李天臣说：“天臣哥，你看能不能带上我一个？潼南我想去好久了，但是我又没有车，就一直没去。”

天臣回答：“家桐，我恐怕你周末需要刻苦一下，要加个班！星期一我们就要开始进行销售业务的数据仓库事宜了，在这之前你要学明白数据仓库的概念和理论才行，思考一下我们销售部的数据模型应该怎么做。别光顾着玩，小心周一任务完不成。”

家桐听到这一番话，一下子低下了头：“天臣哥，我要在周末把数据仓库的数据模型给做出来吗？我来做数据仓库的数据模型会不会太艰难了？我怕做错了后面要出问题。”

天臣说：“放心吧，你就是先熟悉一下数据和数据仓库的理论概念。我们周一上午开会，你要汇报数据整理的情况，这次肯定需要我带着你一起做数据仓库，你跟着好好学。”

家桐一头雾水，说道：“这数据我早就在整理了，只需要形成汇报PPT就行。至于数据仓库的理论我也自学很久了，你不会不知道，大学我辅修了计算机专业吧？我现在还能清楚地背出数据仓库是一个面向主题的、集成的、相对稳定的、反映历史变化的数据集合，用于支持管理决策。天臣哥放心吧，我保证周一不耽误事儿。”

小汤说：“天臣，你就让家桐去吧！正好把我们销售部的婷匀和阿菁叫上，我们五个人明天上午出发，下午去大佛寺，周日去油菜花地。一会儿下班后咱们就一起去采购物资，明天去春游!”

## 7.1 数据仓库的基本概念

随着数据规模的与日俱增，数据量日益增多，企业对于数据的分析决策要求日益复杂。传统的数据库技术以数据库为中心进行事务处理，直接使用事务处理环境来进行分析决策有一定的局限性，数据仓库的出现提供了新的数据管理和组织技术，并逐渐成为分析决策支持系统的重要技术。

本节主要介绍数据仓库的基本概念，包括元数据、数据粒度、事实表、维度表以及数据集市，为认识数据仓库奠定基础。

### 7.1.1 数据仓库

数据仓库是由数据仓库之父比尔·恩门（Bill Inmon）在1991年出版的《建立数据仓库》（*Building the Data Warehouse*）一书中提出的。数据仓库（data warehouse）是一个面向主题的（subject oriented）、集成的（integrated）、相对稳定的（non-volatile）、反映

历史变化的（time variant）数据集合，用于支持管理决策（decision making support）。

数据仓库由数据库发展而来，是数据库的概念升级。从逻辑上理解，数据库和数据仓库没有区别，都是通过数据库软件实现数据存放的地方，但两者的数据存储内容、数据面向对象、数据存储量以及数据访问频率都有较大差异。为了能反映出历史变化趋势，数据仓库存放面向决策人员的应用系统静态历史数据，其数据访问频率较低，但一次访问的数据量往往会远远高于数据库的访问量。与数据库不同的是，数据仓库的主要功能在于将 MySQL 等数据库管理系统中的数据或外部数据抽取到数据仓库中，通过 ETL 后进行数据分析和数据挖掘，辅助领导做决策，其表结构可以依照企业分析需求、分析维度和分析指标进行设计。数据仓库的结构如图 7-1 所示。

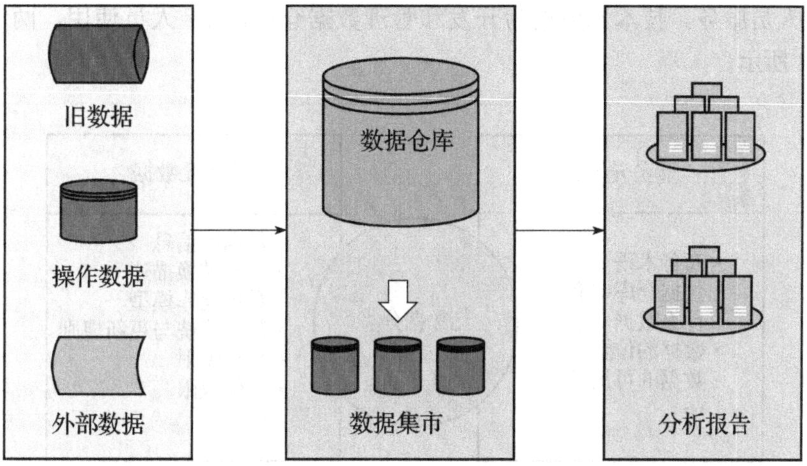


**图 7-1　数据仓库的结构**

数据仓库是存储数据的一种组织形式，是为企业进行决策提供所有类型数据支持的战略集合，其主要功能是将数据库管理系统中或外部的数据，利用 ETL 技术实现数据的抽取同步、数据清洗、数据转换，并进行联机分析处理（OLAP）、数据挖掘，从多维度对数据进行分析，进而支持如决策支持系统（DSS）、主管资讯系统（EIS）的创建，从而帮助决策者快速有效地在海量数据中分析出有价值的资讯，快速响应外部环境变化，建构商业智能（BI）。

例如，在销售基本业务中，将销售基本业务数据库（xsjbyw）中的数据通过转换、抽取、加载到销售基本业务数据仓库（xsjbyw_dw）中，并通过 OLAP 服务器对数据进行多维度联机分析处理，帮助决策者了解某商品某一时段不同片区的总销售数量和总销售金额，最终达到了解企业销售情况的分析目的。

## 7.1.2　元数据

元数据是关于数据仓库中数据的数据。元数据（meta data）又称中介数据、中继数据，主要用于识别、评价、追踪资源在使用过程中的变化，实现简单高效地管理大量网络化数据和有效管理使用资源。其作用类似于数据库管理系统的数据字典，保存了逻辑数据结构、文件、地址和索引等信息，帮助用户方便快捷地找到所需的数据。从广义上讲，在数据仓库中，元数据描述了数据仓库内数据的结构和建立方法的数据。

在数据仓库管理系统中，元数据的作用主要体现在以下五个方面：

(1) 描述哪些数据在数据仓库中，帮助决策分析者对数据仓库的内容定位；

(2) 定义数据进入数据仓库的方式，作为数据汇总、映射和清洗的指南；

(3) 记录业务事件发生而随之进行的数据抽取工作的时间安排；

(4) 记录并检测系统数据一致性的要求和执行情况；

(5) 评估数据质量。

按照用途可以将元数据分为业务元数据和技术元数据两种类别，业务元数据为管理层和业务分析人员服务，技术元数据为开发和管理数据仓库的 IT 人员使用，两者的具体解释如图 7-2 所示。

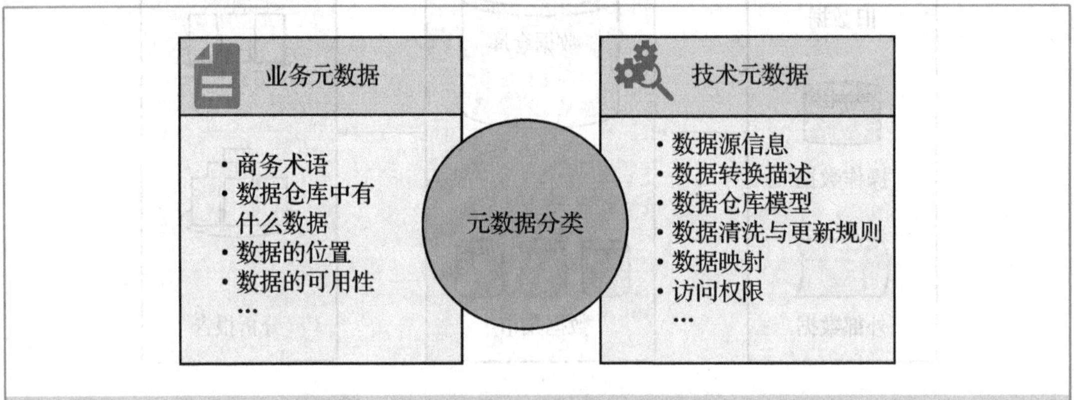


图 7-2 元数据按用途分类

技术元数据描述了与数据仓库开发、管理和维护相关的数据，包括数据源信息、数据转换描述、数据仓库模型、数据清洗与更新规则、数据映射和访问权限等。业务元数据从业务角度描述数据，包括商务术语、数据仓库中有什么数据、数据的位置和数据的可用性等，其提供了介于使用者和实际系统之间的语义层描述，以帮助业务人员更好地理解数据仓库中哪些数据是可用的以及如何使用。用户可以通过业务元数据了解到应该如何连接数据仓库，能够访问数据仓库的哪些部分，所需的数据来自哪个源系统。

### 7.1.3 数据粒度

数据仓库中存储了大量的历史数据，出于对数据存储效率和组织清晰的要求，通常以不同粒度对数据仓库中的数据进行存储。

数据粒度是指数据仓库中数据的细化和综合程度。根据数据粒度细化标准，细化程度越高，粒度越小；细化程度越低，粒度越大。数据的综合程度越高，其粒度就越大；数据的综合程度越低，其粒度就越小。

按粒度划分，共有早期细节层、当前细节层、轻度综合层和高度综合层四种粒度级别，分别适用于不同的数据细节程度要求（见图 7－3）。数据源经过最低粒度级别的综合，先进入当前细节层，并根据具体需求进一步综合后进入轻度综合层甚至高度综合层。另外，按照迁移周期，超过数据存储期限的数据应当进入早期细节层，同时还要删除超过保存期的早期细节层数据。在销售基本业务中，近五年销售明细表进入当前细节层，而早年的销售数据则进入早期细节层，将数据按周进行细分进入轻度综合层，按月进行细分进入高度综合层，轻度综合层相比高度综合层，其数据粒度较小、数据量更大。

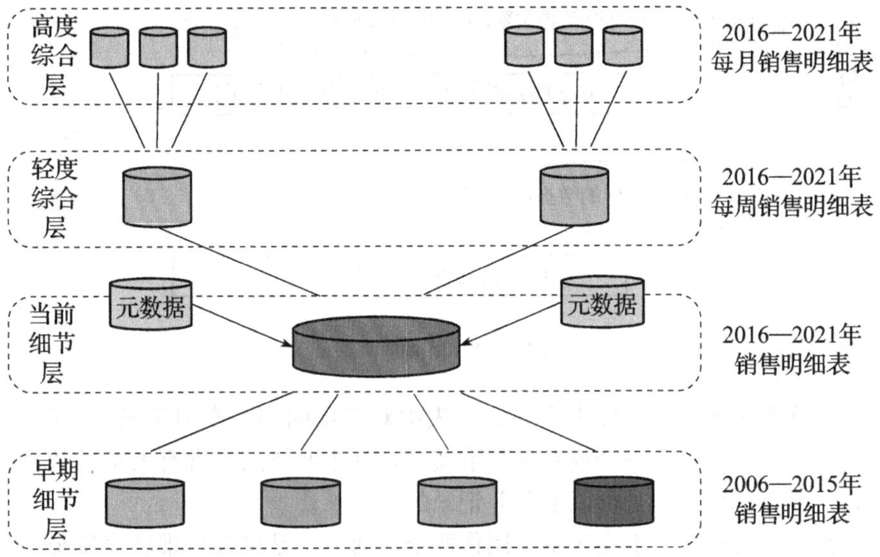


**图 7－3　数据仓库的粒度层级**

在数据仓库环境中，粒度的设计起到了重要作用。数据粒度选择是否恰当，会影响存放在数据仓库中的数据量的大小，也会影响用户在利用数据仓库进行查询时的查询类型和查询深度。数据仓库存储的数据粒度越小，占用的存储空间越大，但可以提供丰富的细节查询，反之，占用存储空间小，就只能提供粗略的查询。因此，在数据仓库设计时，粒度的大小需要根据数据量大小与查询的详细程度做出权衡，查询数据明细与粗略的界定如图 7－4 所示。

在销售基本业务中，会涉及时间维度，而所谓的数据粒度就是时间的具体化和细分化，比如年、季度、月、周、日、小时。企业在处理日常业务时，一般会根据自身不同需求来要求数据粒度，图 7－4 中总监口中的“粗略”“明细”描述的就是数据的粒度，越明细的数据包含的信息越多，同时越难解读。

### 7.1.4　事实表

事实表是事实数据表的简称，是多维数据模型的核心，用来记录业务事实并进行相应指标统计。事实表中的数据应该是发生在现实世界中的操作型事件所产生的实际数据，包含主键、外键以及多维数据模型的事实数据，即度量指标值，不应该包含描述性的信息，

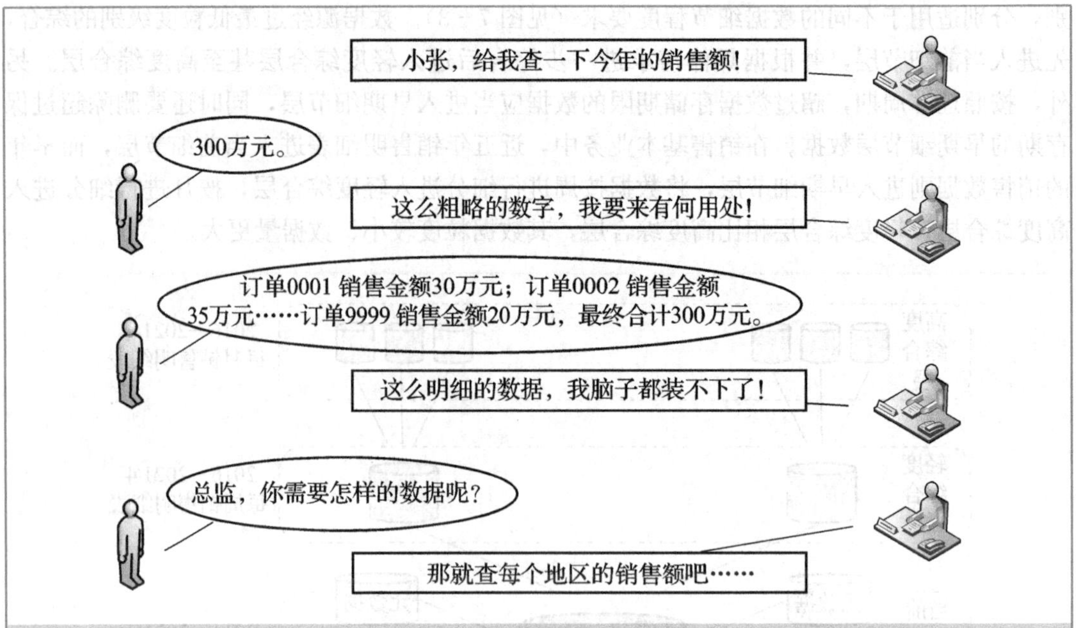


图 7-4　粗略与明细

也不应该包含除数字度量字段即事实与维度表中对应项的相关索引字段之外的任何数据。在每个数据仓库中，都包含一个或者多个事实表，其主要特点是含有大量的数据，通常包含大量的行，并且这些数据是可以汇总并记录的。

作为星型模型的核心，事实表主要用作两个方面：一是将各个维度表拉至一个多维度的分析空间；二是分析空间的点。就如二维空间中的坐标，每个坐标都只对应一个点。数据仓库中也一样，关系表的主关键字是记录的坐标，即唯一地标识数据点。事实表的主关键字是维度表的关键字的一个组成部分，这些维度表的关键字的组合可以唯一地标识数据点。

与维度表相比，事实表具有三大特征：一是记录数量很多；二是事实表中除度量指标外，其他字段都是维度表或中间表（雪花模型）的关键字；三是事实表的字段个数与维度表的个数成正比。销售基本业务数据仓库的事实表如图 7-5 所示。

图 7-5　销售事实表

在销售基本业务中，以销售事实表（sale_fact）反映发生销售业务的时间、客户、销售数量、销售金额等基本信息。该事实表记录的上半部分包含记录的关键字，即坐标。这里应该再一次注意到主关键字的作用。以单据编号为例，单据编号为公司的销售单号，其每一单的编号都是唯一可识别的，即为销售事实表的主关键字。

## 7.1.5　维度表

维度是分类的有组织的层次结构，即级别。维度一般描述一类成员的相似集合，用户将基于该集合进行分析。一个维度用一张维度表表示。

维度表是存放多维数据模型维度信息的基本表，它包括两个部分：一是主键，并作为事实表的外键；二是维度名称和维度层次等细节信息，为事实表的每个事实提供详细的描述信息。

维度表可以看作用户分析数据的窗口，其中包含事实表中事实记录的特性，有些特性提供描述性信息，有些特性指定如何汇总事实表数据，以便为分析者提供有用的信息。维度表包含帮助汇总数据的特性的层次结构。简单来讲，事实表是实际的基础数据，用来连接维度表的列，维度表则通过不同的角度描述事实表。例如，学生信息为事实表，那么学生性别、生源地、学生身上穿的衣服的颜色等描述学生的类别都可作为维度表。

在维度表中，每个表都独立存在。换句话讲，每个表所描述的事实表的类别都不同，即每个维度表都从不同方面描述事实表。例如，在销售基本业务中，商品维度表（product_dim）包含有关商品的信息，时间维度表（sj_dim）包含销售时间的信息，客户维度表（customer_dim）包含客户的数据，销售基本业务数据仓库的部分维度表如图 7－6 至图 7－8 所示。

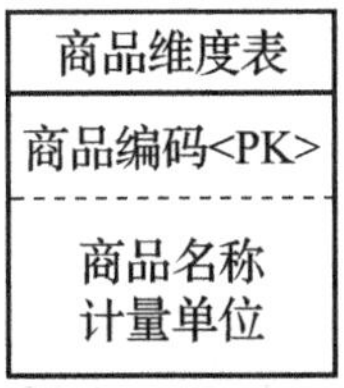


**图 7－6　商品维度表**

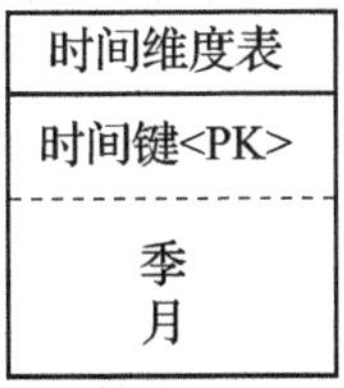


**图 7－7　时间维度表**

**图 7－8　客户维度表**

在销售基本业务中，商品维度表、时间维度表、客户维度表分别描述销售业务中的商品、销售时间和购买客户的信息，其主关键字商品编码、时间键以及客户编码都出现在了销售事实表中，也映射了事实表可以将各个维度表拉至一个多维度的分析空间，最终形成数据仓库物理模型。

## 7.1.6　数据集市

数据仓库是面向整个企业的数据集合，重点在于数据记录，详细地记录或者组织企业数据和历史，作为分析的基础数据，向各种分析应用提供数据，而不直接用于分析。在谈及数据仓库时，往往会涉及数据集市。数据集市又称数据市场，是面向展现或者分析的数据集合，是数据仓库的部分数据切片。

数据集市在某种程度上说是一个小型数据仓库，其数据往往是关于少数几个主题的，数据量也远远不如数据仓库，但数据集市所使用的技术和数据仓库是一样的，都面向分析决策型应用。数据仓库与数据集市的主要区别如表 7-1 所示。

**表 7-1　数据仓库与数据集市的区别**

| 项目 | 数据仓库 | 数据集市 |
| --- | --- | --- |
| 数据来源 | 遗留系统、OLTP 系统、外部数据 | 数据仓库 |
| 范围 | 企业级 | 部门级或工作组级 |
| 主题 | 企业主题 | 部门或特殊的分析主题 |
| 数据粒度 | 最小的粒度 | 较大的粒度 |
| 数据结构 | 规范化结构（第三范式） | 星型模型、雪花模型或两者混合 |
| 历史数据 | 大量的历史数据 | 适度的历史数据 |
| 优点 | 处理海量数据、数据探索 | 便于访问和分析、快速查询 |
| 索引 | 高度索引 | 高度索引 |

数据集市为满足特定的部门或用户的需求，按照多维的方式进行存储，包括定义维度、需要计算的指标、维度的层次等，生成面向决策分析需求的数据立方体。从范围上讲，数据集市是从比数据库、数据仓库更加专业的数据仓库中抽取出来的数据。数据集市一般采用多维模型，即星型模型，由一张事实表和多张维度表组成。不同的分析应用一般采用不同的数据集市模型。与数据仓库的数据结构一般采用规范化结构（第三范式）不同，数据集市一般采用星型模式、雪花模式或两者混合。

## 7.2　数据仓库的特点

按照数据仓库之父比尔·恩门对数据仓库的定义，数据仓库具有面向主题、集成性、稳定性、动态性四大特点，如图 7-9 所示。

### 7.2.1　面向主题

主题是指用户使用数据仓库进行决策时所关心的重点领域，也就是在一个较高的管理层次上对信息系统的数据按照某一具体的管理对象进行综合、归类所形成的分析对象。数据仓库从用户实际需求出发，按照面向主题的方式进行数据组织，将不同平台的数据源按设定主题进行划分整合。例如，蛮先进公司构建了销售、采购和财务等管理信息系统，如果要对销售情况进行分析，需要创建分析销售额和销售量的销售基本业务数据仓库；如果要对销售客户信用进行分析，需要创建面向客户信用主题的数据仓库；如果要对供应商进行分析，需要创建面向供应商主题的数据仓库。

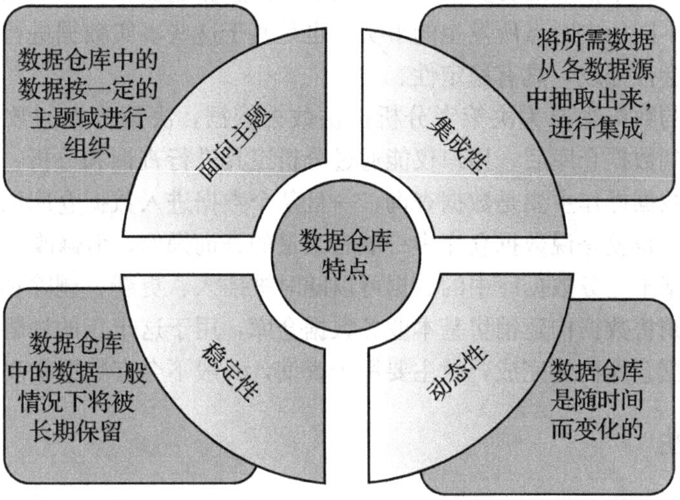


图 7-9　数据仓库的特点

数据仓库的创建和使用都是围绕主题来实现的。因此，其数据必须按主题来组织，即在较高层次上对分析对象的数据进行完整、一致的描述，对各个分析对象所涉及的各项数据、数据间的角度和层次关系进行统一的刻画。例如，销售管理系统的决策者最需要了解的是哪个商品、哪个地区的销量最高，根据这些需求，就可以提炼出“销售情况”的主题。

## 7.2.2　集成性

原有信息系统的设计人员在设计系统的过程中有各自的设计风格，在编码、命名习惯、度量属性等方面很难做到一致。在数据进入数据仓库前，需要将数据保存为同一标准。

数据集成是根据决策分析的主题需要，把原先分散的事务数据库、数据文件、Excel 文件、XML 文件等多个异种数据源中的数据，收集并汇总起来形成一个统一并且一致的数据集合的过程。

数据仓库中的数据从原有数据库系统或文件中直接得到，并不是将原有数据简单直接导入，而是需要进行数据预处理。这是因为事务型数据一般不完整或数据形式不统一。这些“脏数据”直接导入将对在数据仓库基础上进行的数据挖掘造成混乱。因此，在数据进入数据仓库之前，还必须应用数据清理、转换等数据预处理技术，确保数据在属性名称、属性值量纲等方面完全一致的情况下，才能够加载到数据仓库中。这一过程则是数据的抽取-转换-加载（Extract-Transform-Load，ETL）工作，关于 ETL 的内容，将在 7.4 节详细介绍。

## 7.2.3　稳定性

稳定性又称不可修改性，是指数据仓库在某个时间来看保持不变。数据仓库的数据都是从事务处理数据源中抽取的历史数据，其反映的是企业过去相当长一段时间内的历史经营状况，记录了不同历史时点所发生的事实，也是基于这些事实数据进行统计和重组的导出数据，一般不会被修改，具有稳定性。

数据仓库中的数据主要为决策者分析提供数据依据，决策依据的数据不允许进行修改，即数据保存到数据仓库后，用户仅能通过分析工具进行查询和分析，而不能修改。数据仓库所涉及的数据操作主要是数据查询，一旦某个数据进入数据仓库以后，一般情况下就将被长期保留，也就是说数据仓库中一般有大量的查询操作，但修改、删除操作很少。

例如，销售基本业务数据库中的数据可以随时被插入、更新、删除和查询，可以从中抽取最近十年的销售数据构建销售基本业务数据仓库，用于这十年的销售情况分析。一旦销售基本业务数据仓库构建完成，就主要用于查询，一般不会有数据修改。

### 7.2.4 动态性

数据仓库中的数据稳定性是相对应用来说的，即数据仓库的用户在进行分析处理时不对数据进行修改的更新操作。但并不是从数据集成加载到数据仓库开始，整个数据仓库的数据永远都没有变化。数据仓库的动态性是指数据是随时间变化的，主要体现在以下三个方面。

第一，数据仓库随时间变化不断增加新的数据内容。数据仓库系统必须不断地捕捉数据源中变化的数据，并将其追加到数据仓库中，也就是要不断地生成数据源的快照，经ETL统一集成后添加到数据仓库中，但每一次的数据源快照是不随时间而变化的。捕捉到的新数据只是对数据源生成一个新的快照并增加到数据仓库中，并不会覆盖原有的数据源快照。

第二，数据仓库随时间变化不断删去旧的数据内容。数据仓库的数据也有存储期限，一旦超过了这一期限，过期的数据就要被删除。只是数据仓库内的数据时限要远远长于操作型环境中的数据时限。在大多数操作型环境中，一般只保存最近60～90天的数据，或至多1年的数据，而在数据仓库中则需要保存较长时限的数据（如5～10年），以满足进行趋势分析等决策支持的需求。

第三，数据仓库中包含大量的综合数据。这些综合数据往往和时间有某种必然的联系，如按照一定的时段重新抽样等，这些数据会随着时间的推移不断进行重新综合。

## 7.3 数据仓库的体系结构与分层设计

数据仓库是一门数据管理的科学，其核心就是计算、存储和维护之间的博弈，能够满足在有限的资源、动态的数据情况下，向前可历史追溯，向后对不断增加的报表实现兼容的要求。了解数据仓库的体系架构和分层设计可以清楚数据仓库的构成要素，知晓各数据层的属性，从而明晰数据结构，减少重复开发。

## 7.3.1 体系结构

数据仓库的体系结构由数据源、数据预处理、数据存储与管理、OLAP服务器、前端工具与应用组成。文档资料、外部数据等数据源通过ETL操作进入数据存储与管理，在数据仓库中存放，再根据分析需求进入OLAP服务器，最终生成数据报表等前端工具与应用。数据仓库的体系结构如图7－10所示。

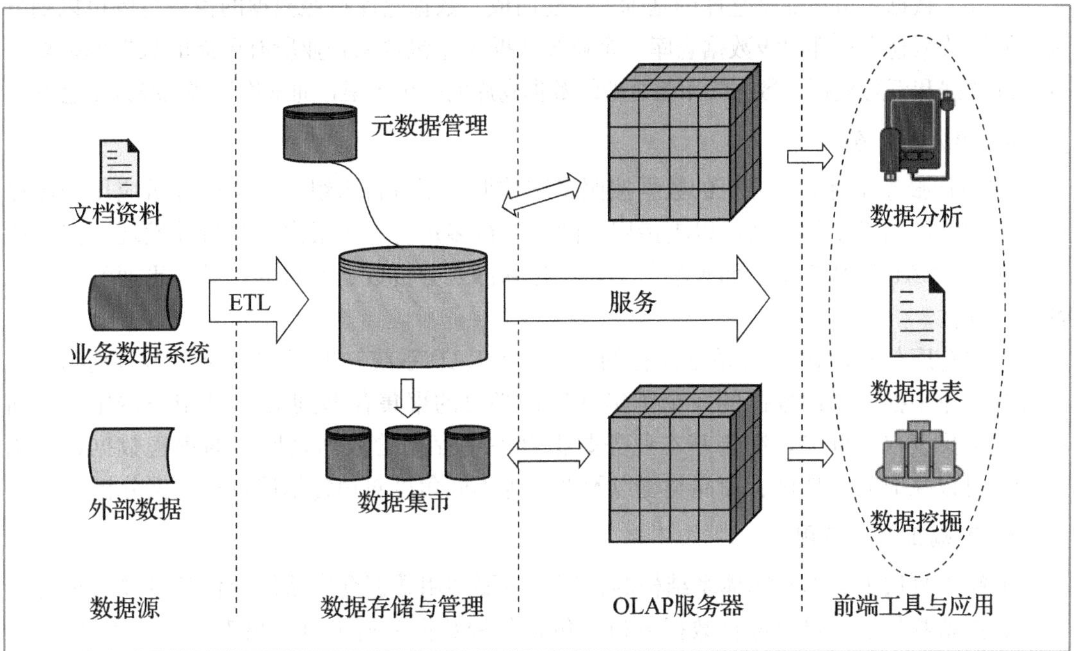


**图7－10　数据仓库的体系结构**

**1. 数据源**

数据源即数据的来源，通常包括企业内部各个部门的数据和外部数据。内部数据包括存在于OLTP数据库中的各种业务数据和办公自动化系统中的各类文档数据。外部数据则指各种法律法规、市场信息等企业以外的各类文档数据。数据仓库系统设计的首要任务就是根据企业决策分析的主题，确定数据仓库的数据源。

**2. 数据预处理**

数据预处理层是数据仓库系统体系结构中较为核心的一层，其直接影响到数据仓库进行数据分析的结果正确性，主要负责从数据源层中按照既定主题进行数据抽取、转换、加载，并不定期刷新数据仓库中的数据。数据抽取是指利用ETL技术，按照企业决策分析的主题抽取需要的数据；数据清理是指在数据抽取的基础上，对原始数据按照数据仓库数据存储的标准进行数据表现形式的转换等；数据加载是指将经过清理的数据按照数据仓库的数据结构进行存储；数据刷新是指在数据预处理层提供不定期地加载新数据进入数据仓库的功能。

**3. 数据存储与管理**

数据存储与管理层对数据仓库的数据进行存储、检测与维护以及元数据的管理。数据存储与管理是整个数据仓库的核心，其负责向顶层所有的应用提供分析数据。数据仓库并不是简单地对所有的历史数据进行集中存储，而是需要对所有的历史数据进行管理维护，对数据仓库进行不定期的检测维护。在进行数据维护的过程中，还需要对元数据进行日常管理。

另外，数据集市在数据仓库的基础上搭建而成，数据仓库按照数据的覆盖范围可以划分为企业级数据仓库和部门级数据仓库。企业级数据仓库包含从企业所有可能的数据源抽取到的明细数据和汇总数据。数据集市是企业级数据仓库的一个子集，通常称为部门级数据仓库。

**4. OLAP 服务器**

OLAP 服务器对需要分析的数据按照多维数据模型进行重组，向顶级分析应用程序提供关于主题不同维度的数据，以支持用户随时进行多角度、多层次的分析并发现数据规律和趋势。OLAP 能从各个方面观察信息，以达到深入分析数据的目的，具有迅速性、一致性、交互性。

数据仓库与 OLAP 的关系是互补的，现代 OLAP 系统一般以数据仓库作为基础，即从数据仓库中抽取详细数据的一个子集并经过必要的聚集存储到 OLAP 服务器中，供前端分析工具读取。例如，销售基本业务数据仓库中存储的数据是所有的销售数据，利用 OLAP 可以从时间、地区、商品类型以及客户等不同角度对销售情况进行数据分析。

**5. 前端工具与应用**

前端工具层为数据仓库体系结构的顶层，主要利用数据仓库系统提供的各项数据分析工具和预留数据访问接口进行数据分析，包含各种数据分析工具、报表工具、查询工具、数据挖掘工具以及基于数据仓库或数据集市开发的应用，其中数据分析工具主要针对 OLAP 服务器，报表工具、数据挖掘工具主要针对数据仓库。

## 7.3.2 分层设计

数据分层是数据仓库设计中十分重要的一个环节，优秀的分层设计能够使数据结构更清晰，整个数据体系更易理解和使用。规范数据分层，开发一些通用的中间层数据，能够极大减少重复计算。通过数据分层，提供统一的数据出口，统一对外输出的数据口径，还可以将一个复杂的任务分解成多个步骤完成，让复杂问题简单化。

数据仓库可分为数据操作层（ODS）、数据仓库层（DW）和数据应用程序层（APP）三层。简单来讲，ODS 层存储要访问的原始数据，DW 层存储要设计的数据仓库的中间层数据，而 APP 层是面向业务的应用程序数据。数据仓库的分层设计如图 7－11 所示。

**1. 数据操作层**

数据操作层又称数据运营层、数据引入层，是最接近数据源中数据的一层数据源中的数据，是其他上层数据的源数据。数据源经过 ETL 之后装入本层，其数据总体上是按照源头业务系统的分类方式来分类的。

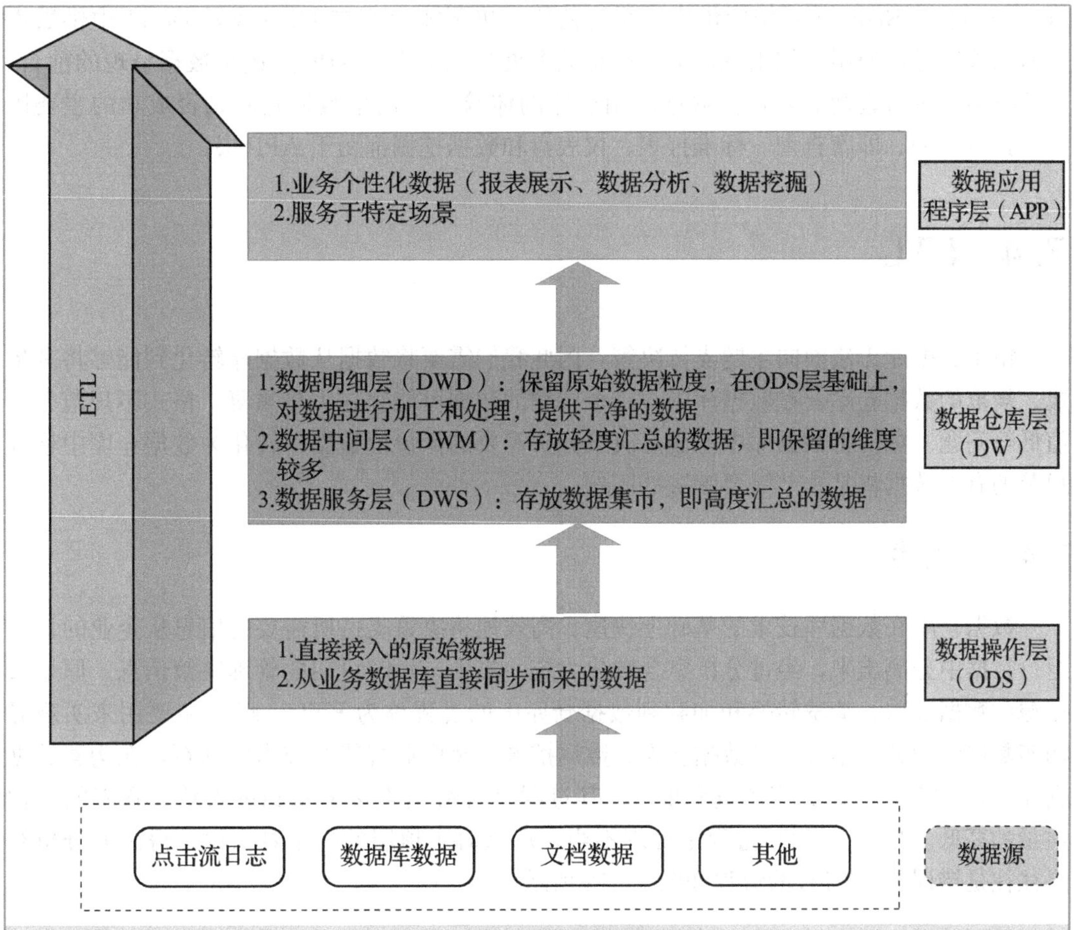


**图 7 - 11　数据仓库的分层设计**

一般来讲，考虑后续可能需要追溯数据问题，一般情况下，这一层不建议做过多的数据清洗工作，原封不动地接入原始数据即可，至于数据的去噪、去重、异常值处理等过程可以放在后面的 DW 层来做。在销售基本业务数据仓库的 ODS 层主要包括的数据有交易系统订单详情、客户信息详情、商品详情等。

**2. 数据仓库层**

数据仓库层是数据仓库的核心层，从 ODS 层中获得的数据按照主题建立各种数据模型。DW 层又细分为数据明细层（data warehouse detail，DWD)、数据中间层（data warehouse middle，DWM）和数据服务层（data warehouse service，DWS)。DWD 层的数据粒度与 ODS 层保持一致，并且提供一定的数据质量保证；DWM 层在 DWD 层之上，对数据做轻度的聚合操作，生成一系列的中间表；DMS 层是前面提到的数据集市，一般来讲，该层的数据表相对比较少，一张表会涵盖比较多的业务内容，由于其字段较多，因此一般也称该层的表为宽表。

**3. 数据应用程序层**

数据应用程序层主要是提供给数据产品和数据分析使用的数据，一般会存放在 ES,

PostgreSQL，Redis 等系统中供线上系统使用，也可能会存在 Hive 或者 Druid 中供数据分析和数据挖掘使用。如果说数据仓库是数据处理的后台，APP 层则是数据呈现的前台，是业务用户进行查询的入口。数据应用程序的体验也是衡量数据仓库是否成功的主要因素。接口查询、即席查询、标准报表、仪表盘和数据挖掘都属于 APP 层。

## 7.4 ETL

由于数据库无法面向主题支持决策，因此我们需要将数据从数据库转化到能够将其集成、规范的数据仓库。在数据库中，一个主题的数据可能存在大量重复、格式不规范、价值低等问题。如何将数据库中不满足决策分析需要的低价值数据，转化为数据仓库中格式规范的有效数据将是本节需要解决的问题。

### 7.4.1 概述

数据仓库在数据库技术的基础上快速、高效地将决策支持所需要的信息从企业的日常运行数据中分离出来，经过分析整合转化为统一集中、随时可用的管理决策信息。原始数据源的数据抽取、清洗转换和加载到数据仓库中的过程称为 ETL。ETL 主要用来实现异构多数据源的数据集成，是数据仓库、数据挖掘以及商业智能等技术的基石，在构建数据仓库时，ETL 的实施充当了重要角色，其过程是否恰当直接关系到进入数据仓库的数据质量的高低。如果在 ETL 过程中处理不当，那么对于顶层的决策者来说，得出的分析结果往往是错误的。ETL 的流程如图 7-12 所示。

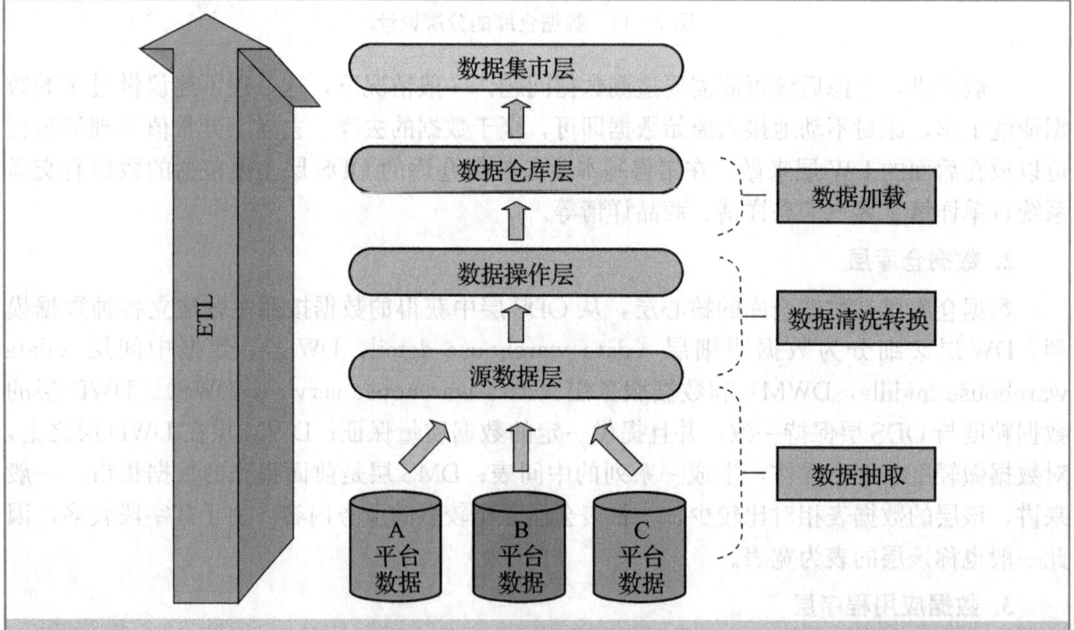


图 7-12 ETL 的流程

来自不同数据源的数据经过 ETL，最终在数据集市层来支持业务决策。经过抽取、清洗转换和加载，数据层层迭代，最终实现低冗余、高效率。数据抽取的目的在于将数据从各种原始的业务系统中读取出来，这是所有工作的前提。数据转换负责检查并过滤不符合要求的数据，然后根据预先设计好的规则对抽取的数据进行转换，将异构的数据格式统一。数据加载则是将转换完的数据按计划增加或更新。

### 7.4.2　数据抽取

数据抽取是将数据转换到数据仓库的重要前提，数据抽取的主要内容是确定需要导入数据仓库的数据。为确保所抽取的数据符合需求条件，应在抽取前调研数据的来源、其所在数据库服务器运行的数据库管理系统、非结构化数据量等，并且基于这些信息展开数据抽取设计工作。

当需要抽取的各种数据全部来自同一个数据库时，可以使用 SELECT 语句直接访问。而如果各种数据来自不同的数据库，则需要通过程序接口来协助。按照抽取数据量不同，数据抽取有全量抽取和增量抽取两种方式。

(1) 全量抽取是指将数据源中的数据原封不动地抽取出来，转换成 ETL 工具可以识别的格式。这种方式简单快捷，通常是数据初始化工作。

(2) 增量抽取是在上次抽取的基础上，抽取原来数据库中进行了新增、修改、删除操作的与抽取数据相关的表、视图，且这些数据在数据仓库中也需要进行相应的新增、修改/删除操作，从而保持与来源数据库的一致性。这种抽取方式一般用作数据后续维护工作。

### 7.4.3　数据清洗转换

数据清洗转换负责将数据源中的数据转换成数据仓库统一的格式，其中包括数据内容的转换、数据模式的转换、数据格式的转换，例如在销售基本业务中将销售时间的表达方式转换为 YYYY-DD-MM 的格式。由于不同业务系统中的数据可能会交叉、重复，如果不加以处理就直接抽取到数据仓库中，不仅多占内存，而且会降低数据处理的效果、效率，因此抽取后的重要工作首先就是清洗掉重复、不完整以及错误的数据，过滤不符合要求的数据，并将不一致、数据粒度不统一的数据进行转换以及商务规则的计算。数据清洗转换的主要内容如图 7-13 所示。

(1) 处理缺失数据。数据出现缺失的情况并不少见，有的是因为信息收集不全，有的是因为在人工录入时遗漏，有的则是因为计算机在存储时出现问题等。对于缺失数据的处理，一般可以使用默认值填充，删除具有缺失值的数据对象，使用算法进行填充，忽略缺失等方法。

(2) 处理错误数据。常见的错误的数据有数值越界，例如年龄数据为负，逻辑错误，以及打开课件时间在关闭课件时间之后等，一般需提前制定好各种错误类型检测的逻辑依据和处理方法，针对每类错误执行不同处理，例如删除数据、用默认值替换等。

(3) 处理重复数据。采集来的数据出现重复也很常见，它们可能来自一个数据源，也有可能来自多个数据源，对于重复数据常见的处理是识别出它们，并将多余的数据删除，只保留一条。

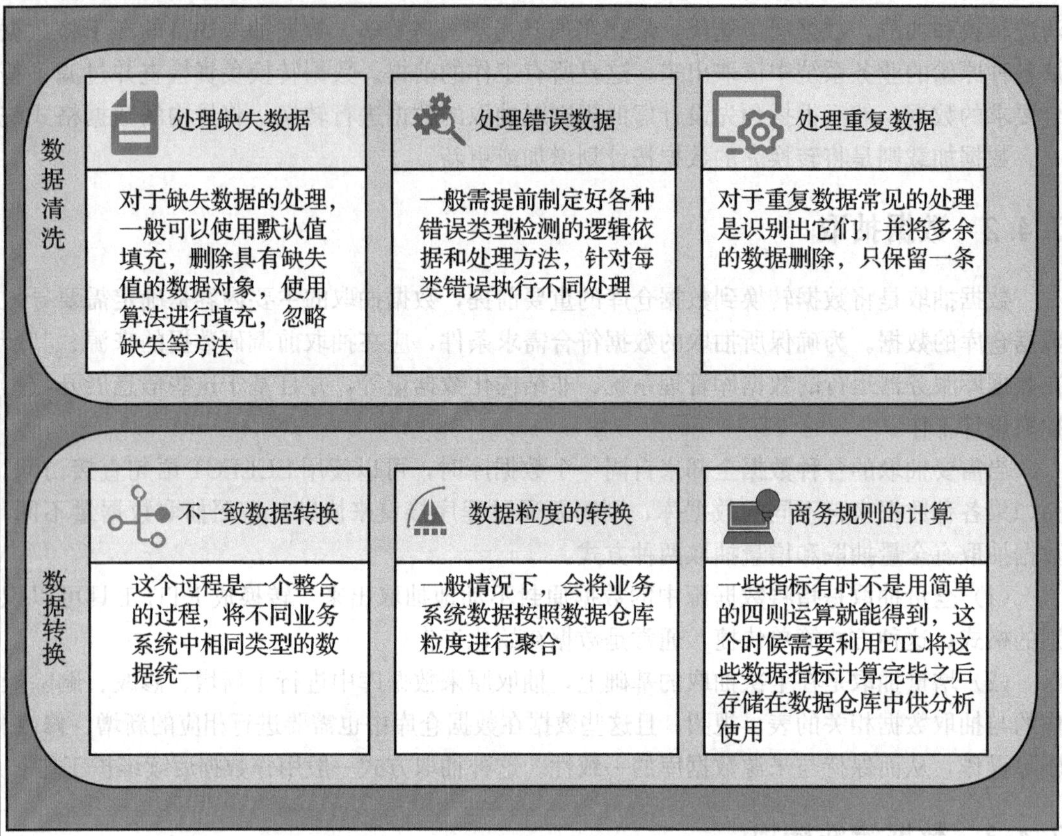


图 7－13　数据清洗转换的主要内容

（4）不一致数据转换。这个过程是一个整合的过程，将不同业务系统中相同类型的数据统一，比如同一个客户在销售系统中的编码是 KH0001，而在客户管理系统中的编码是 CSR0001，数据转换后将统一转换成一个编码。

（5）数据粒度的转换。业务系统一般存储非常明细的数据，而数据仓库中的数据是用来分析的，不需要非常明细的数据，一般情况下，会将业务系统数据按照数据仓库粒度进行聚合。

（6）商务规则的计算。不同的企业有不同的业务规则、不同的数据指标。其中，一些指标有时不是用简单的四则运算就能得到，这个时候需要利用 ETL 将这些数据指标计算完毕之后存储在数据仓库中供分析使用。

### 7.4.4　数据加载

数据加载是指将清洗转换完成后的数据通过数据加载工具装载到数据仓库或者数据集市中，是数据从数据库或业务系统进入数据仓库的最后一步。常用的数据加载工具有 SQL 语言、SQL Loader 以及最基本的 Import。

加载数据到目标数据仓库中的基本方式有两种，分别是刷新方式和更新方式。刷新方式是指定期地对目标数据进行批量重写，这意味着将替换较旧的文件。刷新通常与静态提取结合使用，以最初填充数据仓库。更新方式是指在不删除或修改现有数据的情况下执行更新，新纪录写进数据仓库时，不覆盖或删除以前的记录，而是通过时间戳来分辨它们。这种方法只将源数据的改变写进数据仓库，与增量提取结合使用，可以定期更新数据仓库，支持数据仓库的周期性，便于历史分析。

### 7.4.5 ETL 实现方式

ETL 的实现有多种方式，常用的有三种。第一种是借助传统 ETL 工具实现，借助工具可以快速地建立起 ETL 工程，屏蔽复杂的编码任务，从而提高速度，降低难度，但是缺乏灵活性。第二种是通过可编码自定义脚本的 ETL 工具实现，其优点是灵活，能提高 ETL 的运行效率，但是编码复杂，对技术要求比较高。第三种是前两种相结合，这种方式综合了前面两种的优点，会极大地提高 ETL 的开发速度和效率。

传统的 ETL 工具有 Kettle，Talend，Informatica 等。Kettle 可以在 Windows，Linux，Unix 上运行，数据抽取高效稳定。Talend 可运行于 Hadoop 集群之间，直接生成 MapReduce 代码供 Hadoop 运行，从而可以降低部署难度和成本，加快分析速度。Talend 还支持可进行并发事务处理的 Hadoop 2.0。Informatica 有高性能、可充分扩展的平台，能够访问各种业务系统，有效传递数据。

可编码自定义脚本的 ETL 工具主要有：MapReduce，Hive，Spark。MapReduce 基于 Java，Python 等语言进行开发调试。Spark 与 Hive 基于 SQL 语句来编写处理脚本。图 7－14 展示了 Hive 架构的 ETL 数据处理原理。

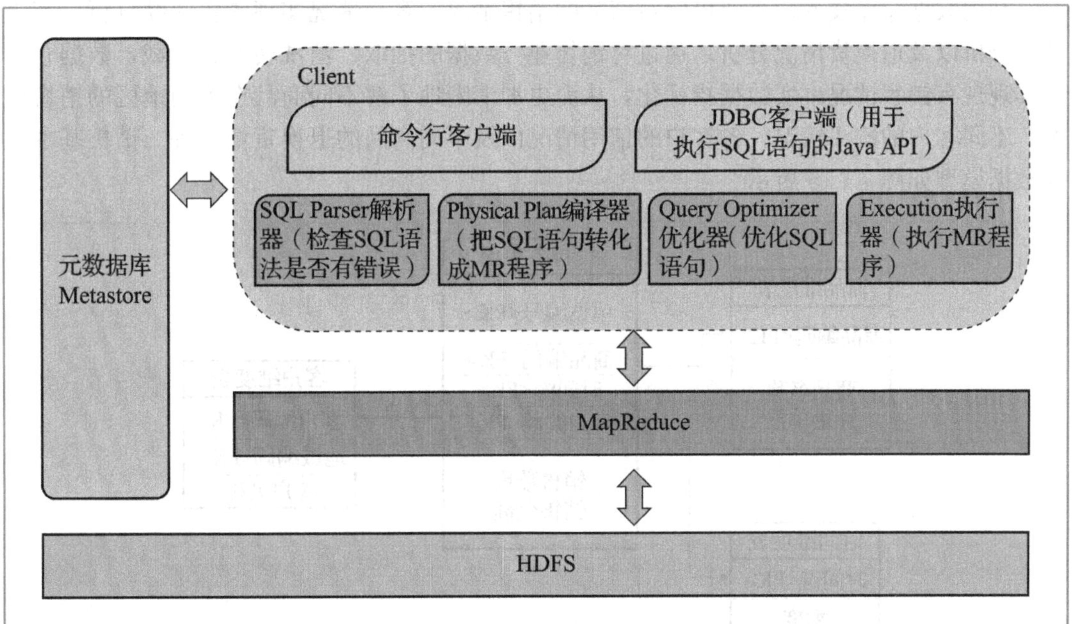


图 7－14　Hive 架构

Hive 是基于 Hadoop 平台的 ETL 工具，Hadoop 的核心是 HDFS 和 MapReduce，

HDFS 为海量的数据提供了存储，MapReduce 为海量的数据提供了计算。利用 MapReduce 语法可在 Hive 中编写简单的 SQL 语句并转化成 MapReduce 进行计算。

# 7.5 数据仓库在会计中的应用

在当今激烈的竞争和复杂的动态市场环境下，正确及时的决策是企业生存和发展的重要环节。各种业务系统如 ERP，CRM 等在企业中应用，企业的数据越来越多，企业要在竞争中取胜，必须利用计算机和网络技术并结合数据仓库、数据挖掘等技术，深层次地挖掘和分析当前及历史的业务数据信息，自动快速获取其中有用的决策信息，为快速、准确和方便地决策提供支持。数据仓库作为一种体系结构基础，把存在于企业中的大量零乱的数据集成起来，为决策提供可靠、高质量的数据源。本节将以蛮先进公司为例，介绍数据仓库在销售业务、采购业务、凭证分析业务中的应用。

## 7.5.1 数据仓库在销售业务中的应用

销售业务即商品从企业流出发生的相关业务。随着市场的成熟和企业规模的逐渐扩大，企业的销售策略也越来越多样化，一个好的销售策略能带动企业销售量的提升。企业决策者想靠人力从海量的销售业务数据中找出有价值的数据，可谓是大海捞针。随着计算机商业智能技术的不断发展，将数据仓库和 OLAP 技术运用于企业销售数据的分析，可以帮助企业准确清晰地挖掘到对自己有价值的信息。

利用数据仓库技术，企业可针对商品的销售情况、客户情况实现销售业绩分析、客户信用分析以及退换货情况分析。通过对销售业务数据的抽取、清洗转换、加载，数据仓库可实现现有销售情况事实数据指标化，从而更加清晰地了解不同商品在不同地区的销售情况、不同客户的购买情况、各客户的信用情况以及不同商品的退换货情况等。销售基本业务数据模型如图 7-15 所示。

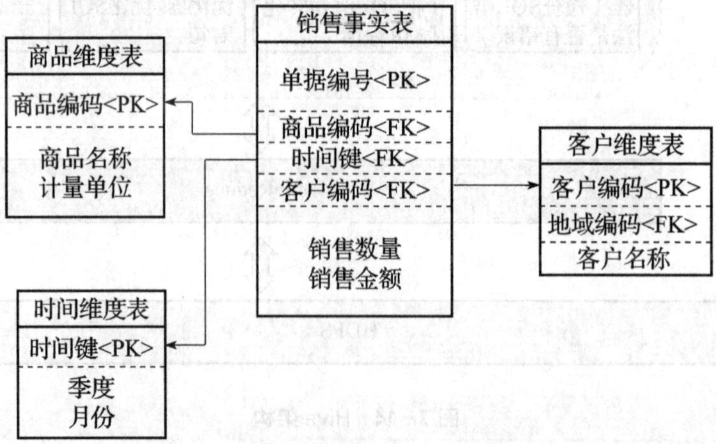


图 7-15 销售基本业务数据模型

以销售基本业务为例，其包含商品维度表、时间维度表以及客户维度表。从商品、销售时间、购买客户三个维度来描述销售情况，再通过OLAP服务器，将销售事实表中的数据与各维度表连接起来，从而可以根据不同的分析需求了解到每种商品的销售情况、不同时间的销售情况以及每个客户的购买情况。这样一来，使用者可以利用数据仓库清楚地了解到某个时间某种商品不同客户的购买情况，为后期销售预测提供数据支持。

## 7.5.2 数据仓库在采购业务中的应用

采购业务即物料流入企业发生的相关业务，包括采购计划制定、采购情况记录、供应商筛选、入库与退货等。传统的采购业务都是纸质化记录，不仅效率较低，而且容易出错。数据仓库技术具有高精准度、高效率等优势，将数据仓库应用到采购业务中能够有效提高采购质量，优化采购程序，缩短采购时间，从而优化供应链质量，实现诚信化管理。

以供应商筛选业务为例，供应商是整个供应链的源头，供应商在交货、产品质量、提前期、库存水平、产品设计等方面都影响着下游制造商的成功与否。原本在供应商筛选数据库中包含供应商基本信息、供应商等级信息、物料返厂记录信息以及合同履约信息，通过数据仓库ETL可以将合同履约数据加载出各供应商的合同履约率；根据物料返厂记录加载出物料返厂率；根据供应商等级得分转换出各个供应商的信用等级，从而方便分析供应商的各方面情况。通过合同签订时间、信用等级来描述供应商的履约情况，供应商筛选数据模型如图7-16所示。

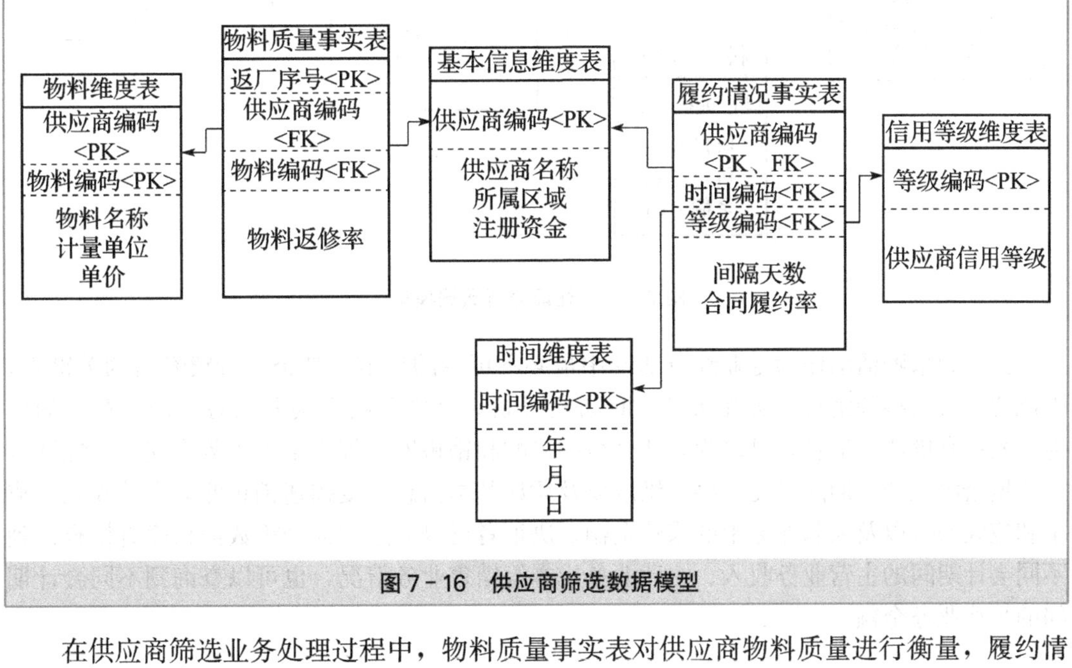

图7-16 供应商筛选数据模型

在供应商筛选业务处理过程中，物料质量事实表对供应商物料质量进行衡量，履约情况事实表对供应商履约情况进行衡量，并从物料维度、时间维度以及信用维度分别描述供应商物料质量事实和履约情况事实。然后，利用 OLAP 服务器对供应商信息进行多维度分析，便于了解不同地区供应商的履约情况以及物料质量、不同信用等级供应商的履约情况以及不同合作时间供应商的履约情况等。

## 7.5.3 数据仓库在凭证分析业务中的应用

在各种数据中，最重要的是财务报表数据，而每一张报表都是由一张张凭证数据组成的。根据日常业务凭证进行数据分析，是用来分析确认业务发生的有效证据，企业应在财务管理系统中建立健全相应的数据仓库技术，以满足业务及报表使用者的多种需求，所以数据仓库对企业集团财务会计凭证的编制和填写、财务状况的分析、经济信息的提供利用起着至关重要的作用。从会计凭证基本情况分析的需求出发，构建凭证分析数据仓库，凭证分析数据模型如图 7－17 所示。

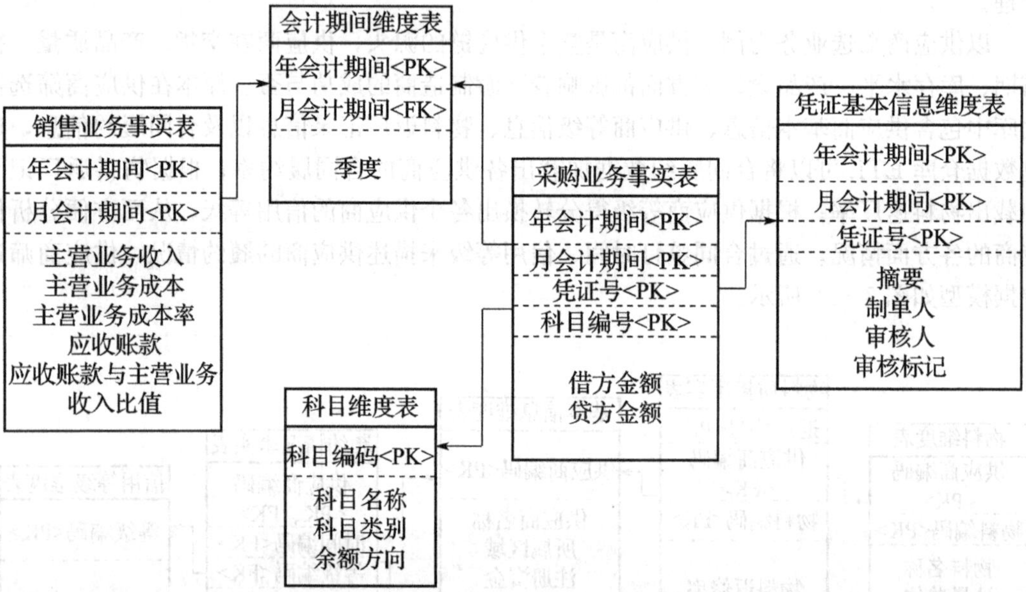


图 7－17　凭证分析数据模型

销售和采购活动作为企业经营活动中最必不可少的环节，是企业持续经营的关键点，因此通过对采购和销售业务相关的凭证进行分析，判别采购活动和销售活动中存在的优劣，发现有价值的信息，可以为企业今后的采购和销售安排等决策提供数据支撑。凭证分析数据仓库从会计期间维度、科目维度以及凭证基本信息维度描述销售业务中的收入、成本和应收账款以及采购业务中的采购金额。决策者可以通过凭证分析数据仓库直接查询到不同会计期间的主营业务收入、主营业务成本等销售业务情况，也可以查询到不同会计期间的采购业务金额。

## 思维拓展

1. 什么是数据仓库？数据仓库与数据库的区别是什么？数据仓库与数据集市的主要区别是什么？

2. 数据仓库的特点有哪些？分别说明了什么？

3. 事实表与维度表存在何种关系？它们在数据仓库中的作用是什么？

4. 数据仓库分为几层？每层负责什么职责？为什么要分层？

5. ETL 包含哪些操作？ETL 在数据仓库中的作用是什么？为什么 ETL 在数据仓库中充当重要角色？

6. 为什么要在会计领域应用数据仓库？其优势在哪里？除了书中介绍的三个方面，你还能想到数据仓库在会计领域哪方面的应用？

# 第8章 数据仓库的构建与应用

## 学习目标

- 理解数据仓库的构建原则、模式与步骤
- 理解数据仓库的规划和需求分析
- 掌握数据仓库的多维数据的常见模型
- 掌握 OLAP 原理和基本操作
- 熟悉数据仓库的部署和维护

## 思维导图

## 蛮有数洞

阳光明媚的周末，财务总监程平邀请大家去南山植物园踏青，数据分析师晏露和财务人员谭智杰领着家桐走在队伍前面。天朗气清，惠风和畅，经过一场雨，山上的空气格外清新，植物的枝叶经过雨水的冲刷更加娇翠欲滴。这三人速度很快，却没有显得气喘吁吁，甚至还有说有笑，程平望着前面三个年轻的背影，不禁感叹，真是活力四射。

晏露停住，突然说道："快听，远处好像有什么表演。"

谭智杰也随即停下脚步说："我怎么没听见？"

家桐也惊讶道："是真的，今天真是好运气，咱们还赶上了表演，要不比比谁先跑到那里。"

还没等其他人反应过来，三人就像离弦的箭，飞快地跑了出去，不见人影。空气中只剩下家桐的喊声："前面有表演，大家赶快！"

三人中谭智杰最先赶到，他一看到这眼前的盛况，就不住地惊叹："妙啊！"

"家桐，没见过吧，这可是咱们重庆特色，土家甩手舞。"

晏露无奈道："小谭，你既然先到，那你讲讲，这甩手舞其中的门道。"

"这种甩手舞原是酉阳县土家族在祭祀祖先、祈祷丰收、喜庆佳节等活动中的一种群众性舞蹈。多在每年正月初三至十五期间进行，也有在暮春三月夜间进行的。届时，男女老少身披'西兰卡普'（土花被面），手举龙凤大旗，肩扛鸟枪、梭镖、齐眉棍，浩浩荡荡，聚集于摆手堂或摆手坝。"

表演结束后，程平征求了大家的意见，决定去吃胡辣壳抄手。餐桌上，说起数据仓库的应用设计，谭智杰突然问道："家桐，你最喜欢哪一个数据仓库模型？"

家桐一怔，思考片刻回答道："小孩子才做选择，我成年了，星型、雪花、星座模型我都选，换着用我不觉得腻。"

在场的人都被家桐逗笑了，接着家桐又说道："我也想问智杰哥一个问题，你会如何设计一个有关销售基本业务的数据仓库？"

晏露接话："家桐你想趁机饿坏小谭吧？这问题大家都吃完了，他也没法结束回答。"

众人再次被家桐逗笑。

## 8.1 数据仓库的构建

设计和建立高效、可持续发展且可扩展的数据仓库，内容包括数据模型的构建、数据模型的维护、关系型解决方案的部署等。

### 8.1.1 构建原则

数据仓库的构建应当遵循三个基本原则：需求驱动、数据驱动和原型法，如图 8－1 所示。

**1. 需求驱动**

需求驱动是指根据业务方向性需求、业务问题等，确定系统范围和需求框架。数据仓库的设计要基于用户的需求，以用户决策的主观需要来确定，旨在为企业经营管理提供决策支持信息。例如，在"原料采购"这个主题场景中，管理人员为了能够在适当的时候采购适当的原料，并即时把它们分发到正确部门，就应了解什么样的存货在什么样的时间及什么样的部门中需要。因此，管理人员需要分析存货的使用量与使用部门、库存变化的关系。

**2. 数据驱动**

数据驱动是指根据当前数据基础和质量等情况，进行数据源分析。数据仓库是在现存数据库系统基础上进行开发的，经过综合、集成和挖掘已有数据库的数据资源，根据决策分析的需求抽取，满足企业高层领导管理决策分析的需要，因此，数据仓库的数据是对数

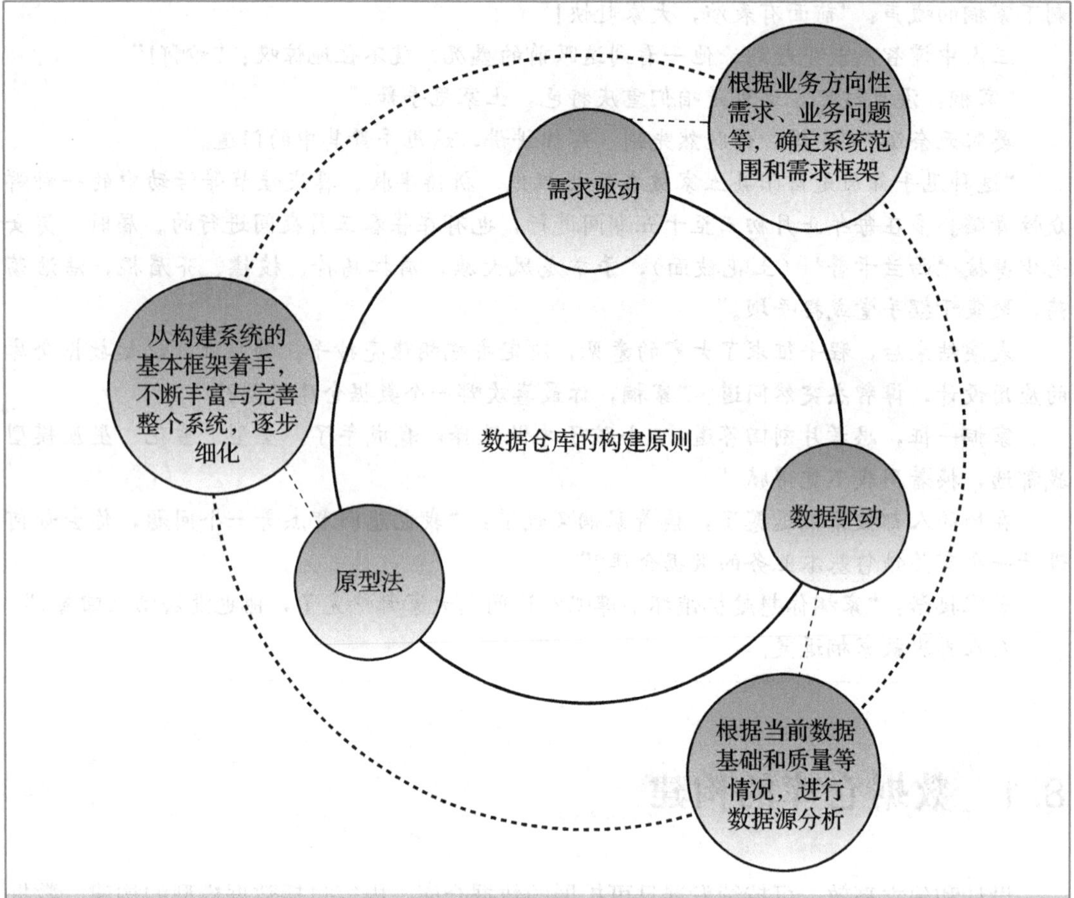


图 8-1　数据仓库的构建原则

据库中已经存在的数据加工而来，是根据客观数据制定决策而不是主观经验。不同于一般意义上的原型法，数据仓库的设计是数据驱动的。

**3. 原型法**

由于数据仓库会随着需求不断地发生变化，因此无法在开发时确切了解到用户明确详细的需求，只能了解需求的大概方向，并且无法准确地预测将来的需求。采用原型法开发数据仓库，是从构建系统的基本框架着手，不断丰富与完善整个系统，逐步细化。开发过程需要开发者与用户的共同参与，随着开发过程的推进，需求不断细化和明确。一般而言，数据仓库开发经过多次的循环反复，才能达到较为完善的状态。

## 8.1.2　构建模式

数据集市是一个小型的部门或工作组级别的数据仓库。按照数据集市的向上和向下顺序，可以将数据仓库的构建模式分为自顶向下、自底向上、平行开发三种。

**1. 自顶向下**

自顶向下构建模式是从总体上把握整个数据仓库的规模、粒度的级别和元数据管理，是一种系统的解决方法，并能够最大限度地减少集成问题。它首先利用 ETL 汇集数据到数据仓库中，再把数据通过复制的方式分配到各个数据集市中，如图 8-2 所示。这种构建模式下，数据来源固定，确保数据的完整性，数据格式与单位一致，并且数据集市可以共享字段。然而它费用高，需要长时间开发，并且缺乏灵活性，因为整个组织的共同数据模型达到一致是很困难的。

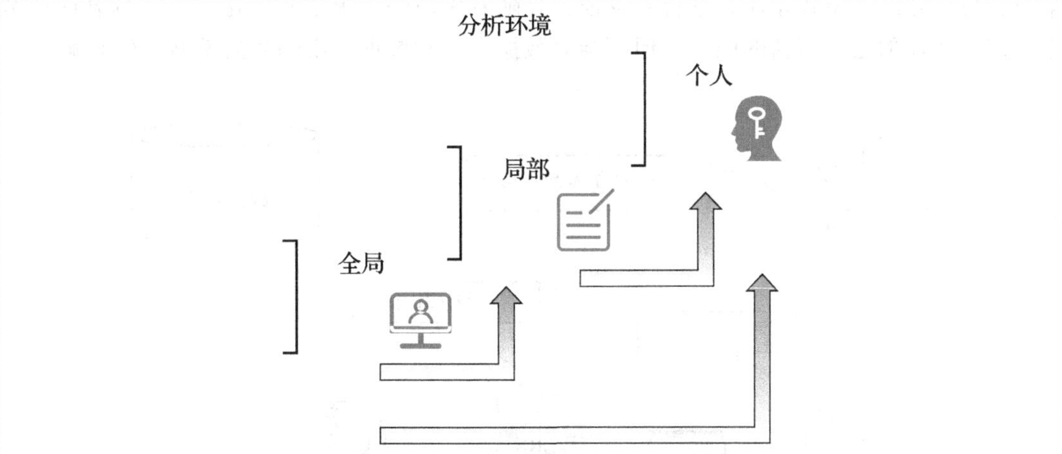


图 8-2　自顶向下构建模式

### 2. 自底向上

自底向上构建模式是首先将 OLTP 数据通过 ETL 汇集到数据集市中，然后通过复制的方式提取到数据仓库中，如图 8-3 所示。自底向上设计、开发、部署独立的数据集市提供了灵活性，花费低，并能够快速得到投资回报。它更注重小批量、可直接应用的数据，这就简化了整个设计过程，并且通常只有一定的数据需求和有限的、特定的查询要求。这种模式的问题在于，虽然有较快的开发速度，但是以升级的困难为代价的，同时，将分散的数据集市集成，形成一个一致的企业数据仓库并不容易。

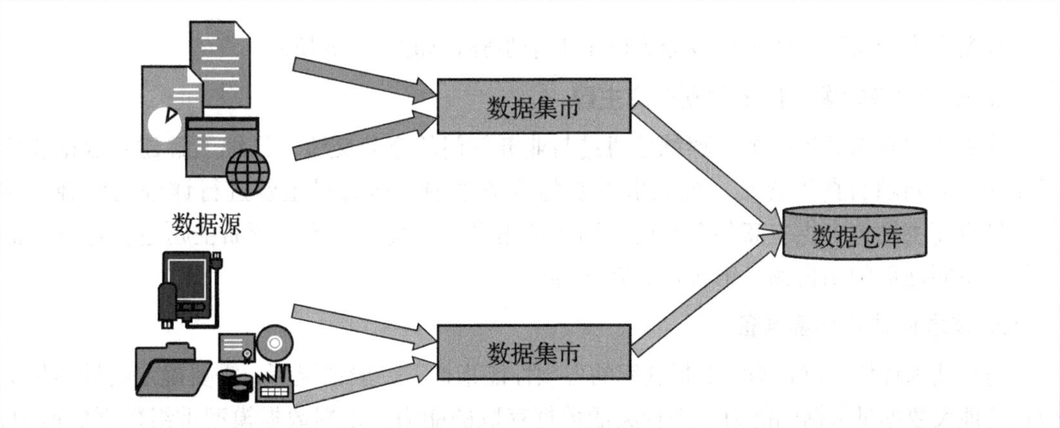


图 8-3　自底向上构建模式

**3. 平行开发**

平行开发构建模式是指在一个全局性数据仓库的数据模型的指点下，数据集市的建立和全局性数据仓库的建立同时进行，如图 8-4 所示。平行开发模式可避免各部门在开发各自的数据集市时的盲目性，减少各数据集市间的数据冗余和分歧。相比自顶向下的开发模式，可以在较短时间内构建决策支持系统，无须等待全局性数据仓库建好后才建立数据集市。与自底向上模式相比，平行开发模式是随着用户的需求不断变化的。数据仓库或数据集市中必须随之丰富新的内容，但不会对数据仓库和数据集市的数据模型产生影响。

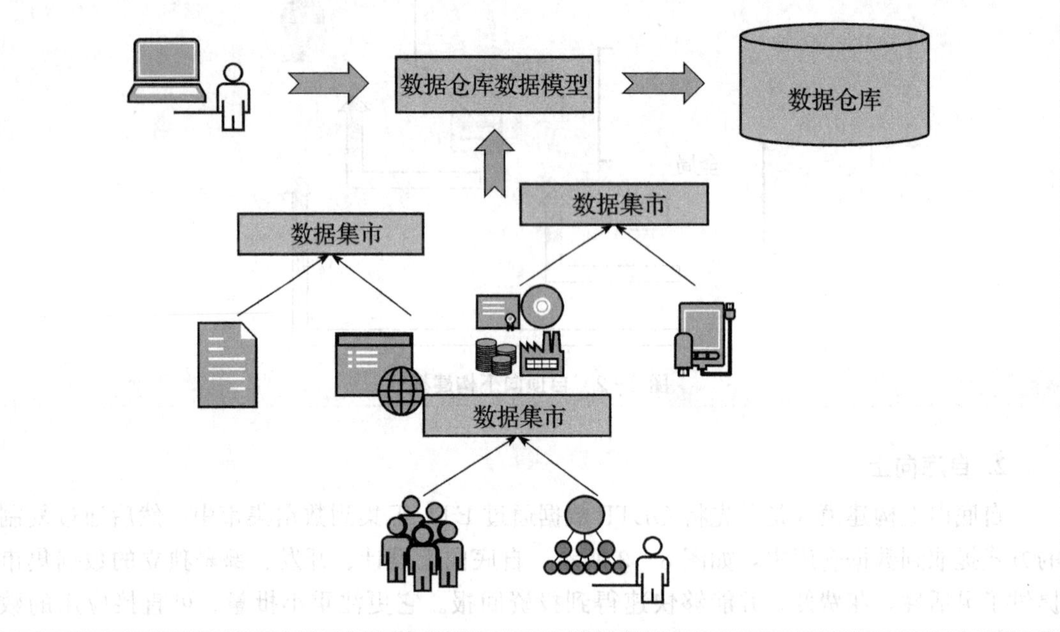


图 8-4　平行开发构建模式

## 8.1.3　构建步骤

数据仓库的构建大体上可以分为以下七个步骤，如图 8-5 所示。

**1. 分析业务需求，确定数据仓库主题**

建立数据仓库的第一个步骤就是通过与业务部门的充分交流，详细了解建立数据仓库所要解决的问题的真正含义，提取出重要的业务主题，然后对主题进行详细的解释。例如，供应商主题包含供应商各个历史时期的信用等级、履约率等。商品主题包含每种商品以往在不同地区的销售额、销售量、客户等。

**2. 技术评估和环境准备**

进行技术评估，就是确定数据仓库的各项性能指标。一般情况下，需要确定的性能指标包括管理大数据量数据的能力、进行灵活数据存取的能力、根据数据模型重组数据的能力、透明的数据发送和接收能力、周期性成批装载数据的能力、可设定完成时间的作业管理能力。

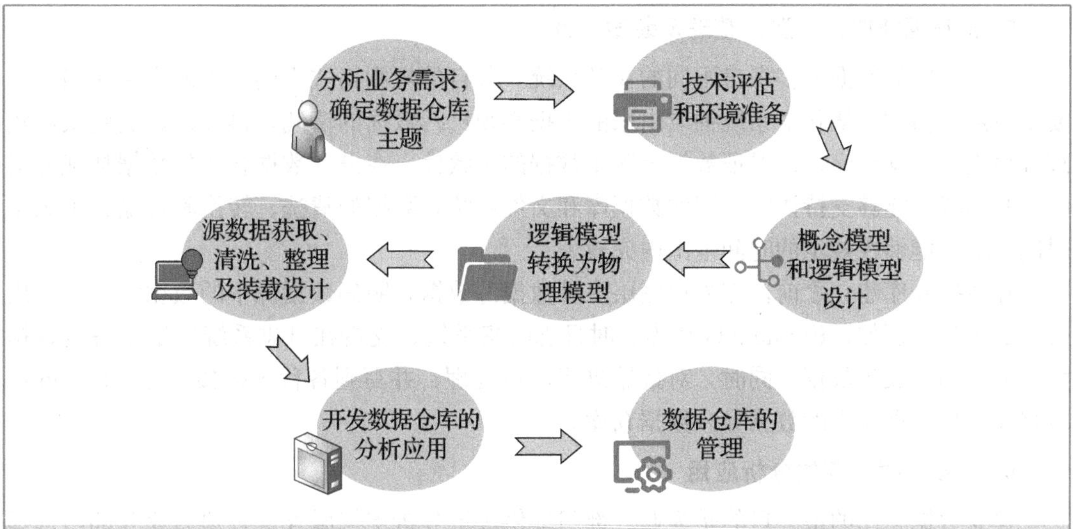


图 8-5　数据仓库构建步骤

确定对软硬件配置的要求，主要考虑的问题包括：预期在数据仓库中分析处理的数据量有多大？数据仓库的数据量有多大？进出数据仓库的数据通信量有多大？……根据这些考虑，就可以确定各项软硬件的配备要求，并且在这一步工作结束时各项技术准备工作应已就绪，可以装载数据。这些配备有直接存取设备（DASD）、网络、管理直接存取设备的操作系统、进出数据仓库的界面（主要是数据查询和分析工具）等。

选择合适的数据仓库管理软件平台，包括数据库、建模工具、分析工具等。这里有许多因素要考虑，如系统对数据量、响应时间、分析功能的要求等，以及能否提供数据仓库的建模工具，是否支持对元数据的管理，能否提供支持大数据量的数据加载、转换、传输工具（ETT），能否提供完整的决策支持工具集以满足数据仓库中各类用户的需要。

**3. 概念模型和逻辑模型设计**

数据仓库是基于数据库开发的，数据仓库的概念模型设计是对数据库的系统加以分析理解，建立面向主题的分析框架。首先确定系统边界：解决哪些问题？需要哪些数据？然后确定系统中所包含主题的主题域：公共键码、主题域之间的联系、主题的属性组。

数据仓库的逻辑模型设计包括：分析主题域，主题域包含一个或多个主题，主题域可以按照业务、部门等多种方式划分；确定粒度层次划分，其适当与否直接影响到数据仓库中的数据量和所适合的查询类型；定义数据仓库各个表之间的关系模式，数据仓库的数据按照划分构成的各种数据表，依靠公共键码联系形成一个完整主题。

**4. 逻辑模型转换为物理模型**

基于逻辑模型，为应用环境选择一个合适的物理结构，包括合适的存储结构和索引策略，确定数据存放位置，确定存储分配。将逻辑模型转换为物理模型主要包括：实体名转换为表名；属性名转换为列名，并且确定列的属性；在物理模型的创建过程中，必须明确列的属性，包括列名、数据类型、是否为空值以及长度等。确定物理模型之后，对数据的存放位置和存储空间的分配等也需要进行规划。

**5. 源数据获取、清洗、整理及装载设计**

数据仓库的数据大多来自不同的业务系统，各自的规则格式不同，不能直接照搬，需要重新定义格式。从各个系统抽取出来的数据必须进行数据的清洗，再经过数据装载和整理程序进入数据仓库，以保证数据仓库中数据的一致性。在设计数据仓库的数据加载方案时，必须考虑能够支持访问不同的数据库和文件系统，数据的清洗、转换和传输必须满足时间要求，能够在规定的时间范围内完成。

在数据仓库建立之前，需采集底层多种数据源数据，明确数据源中的数据种类，采用合适的工具。例如，Flume NG 作为实时日志收集系统，支持在日志系统中定制各类数据发送方，用于收集数据，同时，对数据进行简单处理，并写到各种数据接收方；Sqoop 可以将关系型数据库中的数据导入数据仓库。

**6. 开发数据仓库的分析应用**

建立数据仓库的最终目的是为业务部门提供决策分析支持服务，必须为业务部门选择合适的工具实现其对数据仓库中的数据进行分析的要求。选择的开发工具必须能够：

(1) 满足用户的全部分析功能要求。数据仓库的用户包括企业中各个业务部门，它们的业务不同，要求的分析功能也不同。例如，有的用户只是简单地分析报表，有些用户则要求做预测和趋势分析。

(2) 提供灵活的表现方式。分析的结果必须能够以直观、灵活的方式表现，支持复杂的图表。使用方式上，可以是客户机/服务器方式，也可以是浏览器方式。

**7. 数据仓库的管理**

只重视数据仓库的建立，而忽视数据仓库的管理必然导致数据仓库项目的失败。数据仓库的管理主要包括数据库管理、元数据管理和需求变更管理。

在数据仓库使用过程中，根据用户使用情况和反馈的新需求，开发人员还需要进一步完善系统，并管理数据仓库的一些日常活动，如刷新数据仓库的当前详细数据，将过时的数据转化成历史数据，清除不再使用的数据，调整粒度级别等。

数据仓库的管理还需要考虑安全性、备份和恢复。数据仓库的用户只能访问其授权范围内的数据，数据在传输过程中需要加密。数据仓库的大小和备份的频率直接影响到备份策略。元数据是描述数据的数据，其管理贯穿于整个系统的建设过程。

## 8.2 数据仓库的规划和需求分析

数据仓库的规划和需求分析是开发数据仓库的基础，以确保开发的正确进行。

### 8.2.1 总体规划

数据仓库规划是数据仓库建设的蓝图，涵盖从选择实现策略到测算项目预算整个过程。数据仓库的总体规划包括以下四个阶段的内容。

**1. 选择构建模式**

在数据仓库的自顶而下、自底而上、平行开发三种构建模式中，选择适合企业实际业务的构建模式。

**2. 确定开发目标和实现范围**

市场的激烈竞争和管理过程的复杂性，决定了一个企业为了生存与发展，就需要对客户关系、市场营销、财务管理、投资分析等方面的历史数据进行提取与分析，从中找到对企业进一步发展有价值的潜在信息。该阶段需要与用户沟通，向用户说明数据仓库的大致情况，确定开发目标，同时与业务部门确认业务需求，并制作需求文档，作为数据仓库开发的依据。

**3. 结构选择**

结构选择包括：(1) 应用结构。基于业务处理系统，运作的数据用于无须修改数据的只读应用程序。单纯数据仓库只在数据仓库进行数据应用。单纯数据集市为个别部门单独开发的数据仓库。数据仓库和数据集市组织整体开发数据仓库，各部门按照需要提取数据。(2) 技术平台结构。单层平台，数据源、数据仓库、数据集市使用相同的平台。两层用户/服务器结构，用户在用户层进行访问，数据仓库和数据集市位于服务器。三层用户/服务器结构，增加的中间层负责管理数据源和数据转换。多层式结构，从最内层到最外层依次是储存层、管理层、查询层、应用服务层、用户层。

**4. 使用方案和项目预算**

使用方案需要将数据仓库的应用和用户决策需求联系起来，确定数据的范围界限。在使用方案确定后，对开发项目进行预估，预算开发成本。

完成数据仓库规划后，应编制数据仓库开发说明书，说明系统与企业战略目标的关系、任务概况等内容。

## 8.2.2　需求分析

用户需求会影响数据仓库开发过程中的每个决策，在需求分析过程中应该让用户及其高层参与其中，双方紧密配合，不断改进完善设计方案，实现开发的螺旋上升。

按阶段划分，数据仓库的需求分析可以分为以下三个阶段：

(1) 调研准备阶段。了解行业、准备技术方案。

(2) 调研实施阶段。其包括业务调研和系统调研，其中，业务调研是了解用户的业务流程和系统概况；系统调研是整理数据，确定分析指标、维度、组合规则，搭建分析模型。

(3) 需求整理阶段。整理分析模型，与用户讨论，完善分析模型，编写需求说明书。

从内容上，数据仓库的需求分析可以分为以下三个方面：

(1) 主题分析。主题的抽取必须体现出独立性和明确性的特点，即主题要有独立的内涵，各主题之间要有明确的界限，不应有依存关系。要保证与主题相关的所有数据都能得到正确组织，避免数据的缺失与冗余。在数据仓库内部数据组织的层次上，主题体现为若干数据集合。每个数据集合内的数据各自描述一个共同的对象的某方面的特征。这些数据组合起来，共同形成对该对象的较为完整、一致、准确的描述，这一被描述的对象就是主题。

（2）数据分析。1）数据源分析。分析目前存在哪些数据源，分割数据库的数据，分析数据源的结构、数据之间的关系。2）数据数量分析。数据仓库对数据数量、密度、宽度都有一定的要求。3）数据质量分析。确定数据的正确性、一致性、规范性和全面性能否达到要求。

（3）环境分析。需要对满足需求的系统平台与环境提出要求，包括设备、网络、数据、接口、软件等方面的要求。

## 8.3 数据仓库的多维数据模型

为了精确跟踪潜在的业务过程，需要采用各种设计模式，以构建精确捕获和跟踪业务的模型。目前业界较为流行的数据仓库的建模方法非常多，包括范式建模法、维度建模法、实体建模法等。维度建模法由 Kimball 最先提出，它按照事实表、维度表来构建数据仓库和数据集市的多维数据模型，优化数据的组织和存储，适用于分析型的数据查询和获取，在实际应用中具有较好的优势。

### 8.3.1 相关概念

多维数据模型是为了满足用户从多角度、多层次进行数据查询和分析的需求而建立的基于事实和维度的数据库模型，它由一张或者多张中心事实表和与其相关的维度构成，事实表位于中心，而维度环绕在其周围，其基本的应用是为了实现 OLAP。多维数据模型的数据展示、查询和获取就是其作用的展现，但其真正的作用在于，通过数据仓库根据不同的数据需求建立起各类多维模型，并组成数据集市开放给不同的用户群体使用，也就是将根据需求定制的各类数据产品摆放在数据集市中供不同的数据消费者采购。

下面介绍多维数据模型中的常用术语。

**1. 维**

维即维度，指人们观察事物的角度，用于从不同角度描述事务的特征。维的概念类似于关系表的属性，在数据仓库中用来描述数据的有组织的层次结构。常用的维有时间维、地区维、客户维、产品维等。

**2. 维度属性**

维度是人们观察数据的特定角度，是考虑问题时的一类属性，属性的集合构成一个维度，而维度表中记录的是关于这一维度的属性。

维度属性是查询约束条件、成组与报表标签生成的基本来源。例如，一个用户要按照星期和商标来查看销售额，那么星期与商标就必须是可用的维度属性。数据仓库的能力直接与维度属性的质量和深度成正比。在提供详细的业务用语属性方面所花的时间越多，数据仓库就越好；在属性列值的给定方面所花的时间越多，数据仓库就越好；在保证属性列值的质量方面所花的时间越多，数据仓库就越好。

最好的属性是文本的和离散的。属性应该是真正的文字，而不应是一些编码简写符号。例如，对于产品来说，典型的属性应该包括一个短描述、一个长描述、一个商标名、一个分类名、包装类型、尺寸以及大量其他产品特征等方面的内容。

**3. 维的层次**

根据观察事物角度的细节程度不同，维度可形成多个描述层次，即维的层次。如时间维可以分为日、周、月、季等不同层次；地区维可以分为城市、地区、国家等多个层次。

**4. 维度成员**

维度成员是指维的一个具体取值，如时间维上的某年某月某日。维度成员的取值不一定要涉及该维度的每个层次，如时间维的某个维度成员为2019年10月，其并未在季上取值。

**5. 维度表**

维度表是对业务过程的上下文描述，是对事实表中事件的要素的描述，主要包含主键、文本信息和离散的数字。维度表的主键可以作为与之关联的任何事实表的外键，它是进入事实表的入口，丰富的维度属性提供了对事实表的分析切割能力，它一般是行少列多。

维度表通常比较宽，是扁平型非规范表，包含大量低粒度的文本属性。如果属性值是离散的，用于过滤和标记，就放到维度表里；如果属性值是连续取值，用于计算，就放到事实表中。日期维是数据仓库必须有的维度，包含日期、日期所属的周、月、季、年等信息。

**6. 事实表**

事实表是多维数据模型的基本表，存储了从业务活动或事件中提炼出来的性能度量，它主要包含维度表的主键和连续变化的可加性数值或半可加事实。用术语事实代表一个业务度量值。事实表产生于业务过程中，而不是业务过程的描述性信息。发生在现实世界中的操作型事件，其所产生的可度量数值，存储在事实表中。从最低的粒度级别来看，事实表行对应一个度量事件，反之亦然。事实表一般是行多列少，占据数据仓库90%的空间。

举例来说，一个事件会包含时间、地点、人物、事件，事实表记录了整个事件的信息，但对时间、地点和人物等要素只记录了一些关键标记，比如事件的主角名为迈克尔，那么想知道迈克尔到底长什么样，就需要到相应的维度表中查询迈克尔的具体描述信息。

**7. 粒度**

粒度指数据仓库中按照不同层次组织数据单元的详细程度和级别，是对数据仓库中数据的综合程度高低的衡量。数据粒度的划分直接影响到数据仓库中的数据量和查询质量。粒度越小，细节程度越高，综合程度越低，查询范围就越广；反之，粒度越大，细节程度越低，综合程度越高，查询范围就越小。

事实表的粒度是产生事实表行的度量事件的业务定义，描述了事实表中包含信息的详细程度。建议以原始来源中可能的最小细节级别构建事实表，通常称为原子级别。原子事实表提供了完整的灵活性，数据可以累积到现在或将来任何维度需要的任何聚合级别。粒度确定了事实表的业务主键，事实表的所有度量值必须具有相同的粒度。

**8. 度量**

度量就是一个相同单位的数据集合。用术语事实代表一个业务度量值。例如，商品销售记录每个商店每种产品的销售数量和销售额。在各维度值（日期、产品和商店）的交叉点就可以得到一个度量值。维度值的列表给出了一个事实表的粒度定义，并确定了度量值的取值范围。

## 8.3.2 常见模型

基于事实表和维度表可以构建出多种多维数据模型。在多维分析的商业智能解决方案中，根据事实表和维度表的关系，可将常见的模型分为星型模型、雪花模型和星座模型。它们各自的结构复杂程度不同，星型模型结构简单，仅仅是事实表与维度表之间存在关联；雪花模型结构复杂程度排在其次，维度表之间也能够关联；星座模型结构最为复杂，事实表与维度表两两之间均能够实现关联，它是对雪花模型的拓展。

**1. 星型模型**

星形模型由一张事实表和一组维度表组成，以事实表为中心，所有的维度表直接连接到事实表上，像星星一样。每张维度表都有一个维作为主键，所有这些维的主键组合成事实表的主键。事实表的非主键属性称为事实，一般都是数值或其他可以进行计算的数据；而维大多是文字、时间等类型的数据，按这种方式组织好数据就可以按照不同的维（事实表主键的部分或全部）来对这些事实数据进行求和（summary）、求平均（average）、计数（count）、求百分比（percent）的聚集计算，甚至可以做 20/80 分析。这样就可以从不同的角度来分析业务主题的情况。

星型模型的优点是简化查询，简化业务报表逻辑，获得好的查询性能，快速聚合，便于向立方体提供数据；缺点是维度表结构非规范化，造成数据冗余，不能保证数据的完整性，操作的灵活性低。

为了分析历史销售情况，将数据模型围绕客户、商品、时间三个维度展开，销售事实表存放单据编号，作为唯一识别的主键，其余商品编码、时间编码、客户编码则作为外键分别连接到商品、时间、客户三张维度表，其构型如同星星一般。其中，销售事实表除了存放主键和外键，还存放销售业务真实发生的销售数量与销售金额，而维度表则存放与维度相关的属性，例如商品维度表中，有关商品的属性则是商品名称和计量单位，具体如图 8-6 所示。

**2. 雪花模型**

雪花模型是对星型模型的扩展，有一张或多张维度表没有直接连接到事实表上，而是通过其他维度表连接到事实表上，其图解就像多个雪花连接在一起。雪花模型对星型模型的维度表进一步层次化，原有的各维度表可能被扩展为小的事实表，形成一些局部的层次

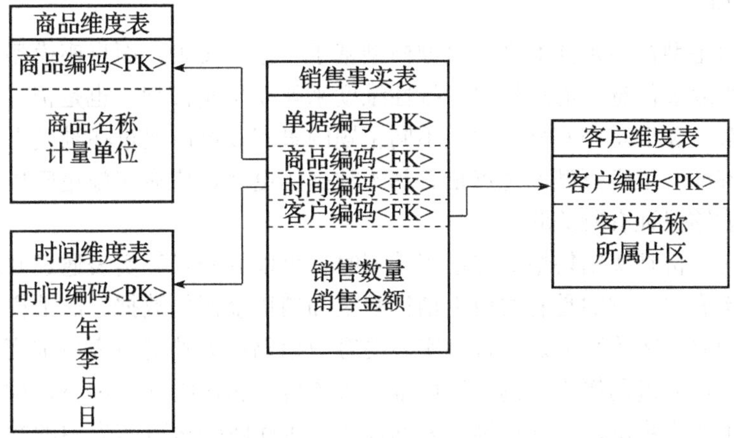


图 8-6　星型模型示例

区域，这些被分解的表都连接到主维度表而不是事实表。

雪花模型的优点是更加符合数据库范式，减少数据冗余，通过最大限度地减少数据存储量以及联合较小的维度表来改善查询性能。缺点是维度属性规范化增加了查询的连接操作和复杂度，相对于平面化的单表维度，多表连接的查询性能会有所下降，同时，也增加了模型的复杂度和用户理解模型的难度。

为了更加详细地分析历史销售情况，现将销售数据分析细化到部门与客户的所属地区和城市，销售事实表中新增了部门编码作为外键，直接连接到部门维度表。而地域维度表则采用了不同的连接方式，先利用地域维度表存放地区编码和城市编码，作为外键，通过外键再分别连接到地区维度表和城市维度表，与其他维度表直接连接到事实表，地区维度表和城市维度表先连接到地域维度表，地域维度表再与销售事实表相连接，其形状像雪花一样，分支下面还能产生分支，具体如图 8-7 所示。

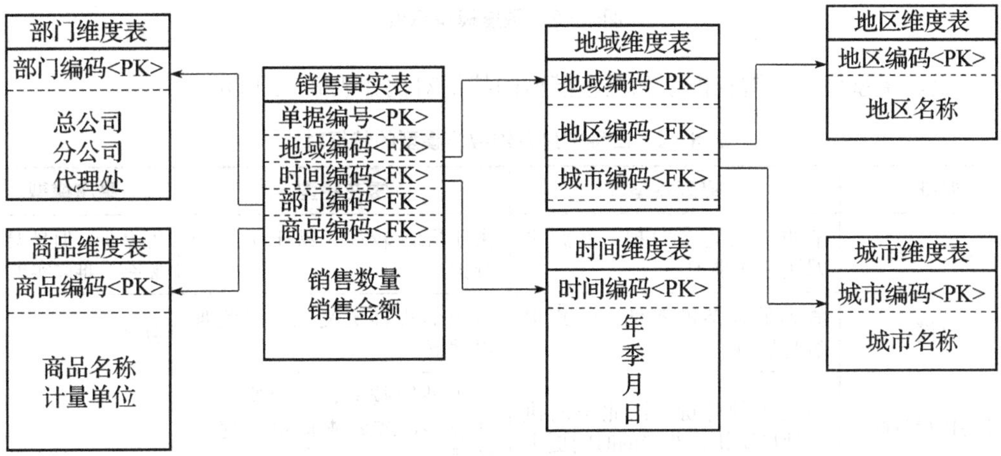


图 8-7　雪花模型示例

### 3. 星座模型

星座模型由星型模型延伸而来，星型模型基于一张事实表，而星座模型基于多张事实表，并且共享维度表信息。通过构建一致性维度来建立星座模型，也是很好的选择。比如同一主题的细节表和汇总表共享维度，不同主题的事实表可以通过在维度上互相补充来生成可以共享的维度。星座模型的优点是有利于数据的更新，依靠实施星座模型，既实现了相互独立，也能够保证有所关联。

当想要对比分析真实销售情况和销售计划时，可以将两张事实表通过共同的维度串联起来，销售事实表中存放的是有关历史销售数量和销售金额的数据，而销售计划事实表中存放的是计划销售金额等数据。销售事实表的客户编码作为外键与客户维度表连接，销售计划事实表中，地域编码作为外键与地域维度表连接，客户维度表中还存放了地域编码作为外键，实现了客户维度表与地域维度表的连接，进而将销售事实表中的数据与销售计划事实表中的数据结合起来，形状如同星座一样，具体如图 8-8 所示。

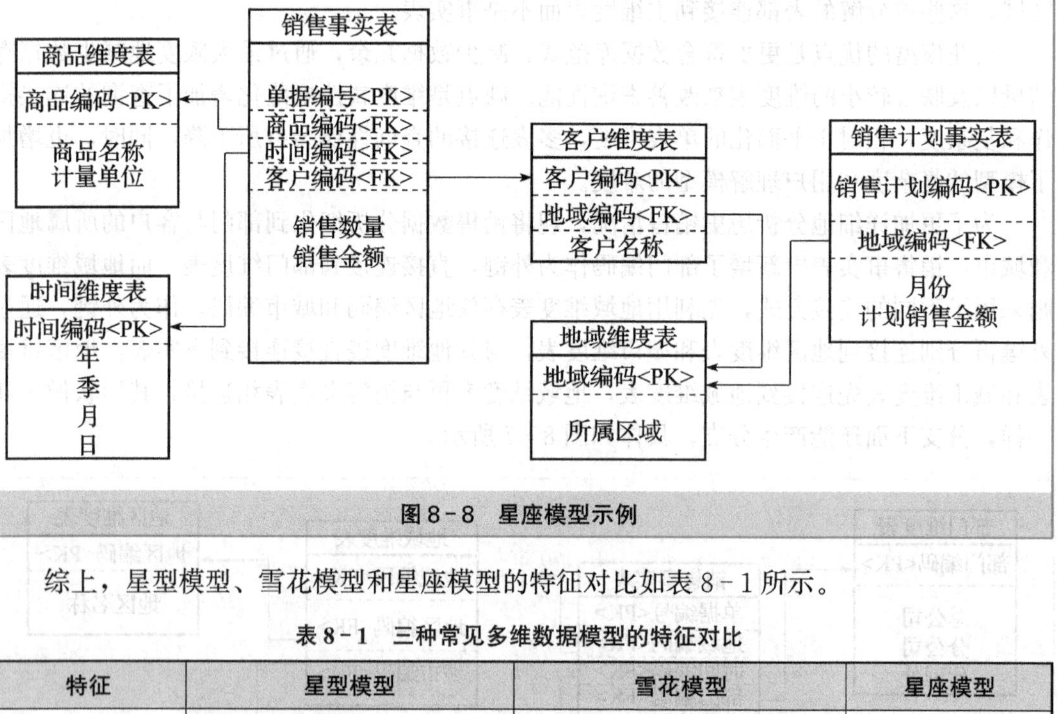


图 8-8　星座模型示例

综上，星型模型、雪花模型和星座模型的特征对比如表 8-1 所示。

表 8-1　三种常见多维数据模型的特征对比

| 特征 | 星型模型 | 雪花模型 | 星座模型 |
|---|---|---|---|
| 维护/更改 | 有更多的冗余数据，因此更难更改或维护 | 由于冗余较少，易于更改和维护 | 冗余少，但是架构复杂，难以实现 |
| 易懂 | 查询的复杂度较低，因此很容易理解 | 应用的查询更复杂，因此难以理解 | 复杂 |
| 查询执行时间 | 有更少的外键，因此查询执行速度更快，花费的时间更少 | 由于外键较多，查询执行时间较多，或者查询执行速度较慢 | |

续表

| 特征 | 星型模型 | 雪花模型 | 星座模型 |
| --- | --- | --- | --- |
| 数据仓库类型 | 更适合具有单一关系的数据集市，即一对一或一对多 | 更适合复杂的关系，即多对多关系 | 复杂的应用程序 |
| 连接数 | 有更多的连接数 | 连接数较少 | 多 |
| 维度表 | 每个维度只有一张维度表 | 单个维度有一张或多张维度表 | |
| 可用性 | 如果维度表较小，即行数较少，则首选星型模型 | 当维度表较大时很好用 | |
| 规范化和非规范化 | 事实表和维度表都是非规范化的 | 事实表是非规范化的，而维度表是规范化的 | 复杂 |
| 数据模型 | 遵循自上而下的方法 | 遵循自下而上的方法 | |

## 8.3.3　模型设计

多维数据模型的设计包括选取业务处理、确定粒度、标识维度和确定事实四个步骤。

**1. 选取业务处理**

选取业务处理过程一般都是由源系统提供支持的自然业务活动。听取用户的意见是选取业务处理过程效率最高的方式。在此阶段，需要有全局和发展的视角，在理解整体业务流程的基础上，从全局角度选取业务处理。这里需要特别注意，业务处理并不是指业务部门或者职能，而是诸如销售商品、采购材料、分析财务指标等。

通过将注意力集中于业务处理过程方面，就能在机构范围内更加经济地提交一致的数据。如果建立的维度模型是同部门门捆绑在一起的，就无法避免出现具有不同标记与术语的数据拷贝的可能性。多重数据流向单独的维度模型，会使用户在应对不一致问题方面显得很脆弱。确保一致性的最佳办法是对数据进行一次性的发布。单一的发布过程还能减少 ETL 的开发量，以及后续数据管理和磁盘存储方面的负担。

**2. 确定粒度**

确定数据粒度的原则是：细化程度越高，粒度越小；细化程度越低，粒度越大。确定数据粒度是数据仓库设计的基础，当数据粒度合理确定后，设计和实现的其他问题就会变得非常容易，相反，如果没有合理地确定粒度，后续的工作就很难进行下去。

**3. 标识维度**

维度代表一种分析角度，例如地区、年份等都可以作为一个维度。标识维度解决的是业务人员如何描述来自业务过程的数据，维度用来表示“谁、什么、何时、何处、为何、如何”的问题。如果对粒度方面的内容很清楚，那么维度的确定一般是非常容易的。通过维度的选定，可以列出那些使每张维度表丰满起来的离散的文本属性。常见的例子包括：日期、产品、客户、账户和机构等。对采购材料流程而言就是供应商通过什么渠道、以什么样的价格、在什么时间、以什么方式向企业提供所需商品等。

**4. 确定事实**

确定事实是详细确定哪些事实要在事实表中出现，也就是确定业务过程的度量指标有哪些。业务用户在这些业务处理性能度量值的分析方面有浓厚的兴趣。设计中所有供选取的信息必须满足在第 2 步中确定的粒度要求。明显属于不同粒度的事实必须放在单独的事实表中。通常可以从以下三个角度来建立事实表。

(1) 针对某个特定的行为动作，建立一张以行为活动最小单元为粒度的事实表。最小活动单元的定义依赖业务需求分析，比如用户的一次网页点击行为、一次网站登录行为、一次电话通话记录。这种事实表主要从多个维度统计行为的发生情况，主要用于业务分布情况、绩效考核比较等方面的数据分析。

(2) 针对某个实体对象在当前时点的状况，对这个实体对象在不同阶段存储其快照，比如用户的余额、用户拥有的产品数等。通过这种方式可以统计实体在不同生命周期阶段的关键数量指标。

(3) 针对业务活动中的重要分析和跟踪对象，统计在整个企业不同业务活动中的发生情况，比如会员可以执行或参与多个特定的行为活动。这种事实表是以上两种事实表的总计和归纳。它主要用于对业务中的活动对象进行跟踪和考察。

## 8.3.4 模型实现

从规范化结构转换到维度模型的过程相对比较简单。第一步是将规范化模型中包含数值约束和非键度量的多对多关系指定为事实表，事实表一般都被规范化为第三范式的维度模型，因为相关的上下文都迁移到了维度模型中。第二步是将剩下的表不经过规范化直接转换为只有单一键的普通维度表，这些维度表直接和事实表相连。维度表常常使用很多低基数描述符将符合第二范式的表组合到一起。

多维数据模型的实现有多种途径，按照其存储器的数据存储格式可以分为关系 OLAP (ROLAP)、多维 OLAP (MOLAP) 和混合型 OLAP (HOLAP) 三种类型。其中，ROLAP 采用关系型数据库，MOLAP 采用数组的多维数据库，HOLAP 采用关系型数据库和数组的多维数据库相结合的方式，如图 8-9 所示。

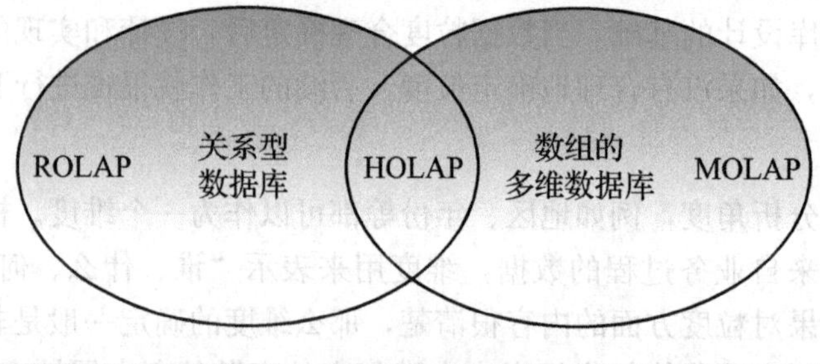


图 8-9 数据模型的实现途径

**1. ROLAP**

以关系型数据库为核心，以关系型结构进行多维数据的表示和存储。将多维数据库的多维结构划分为两类表：一类是事实表，用来存储数据和维关键字；另一类是维度表，对每个维度至少使用一张表来存放维的层次等维的描述信息。维度表和事实表通过主外键关联。

**2. MOLAP**

MOLAP 支持数据的多维视图，采用多维数据组存储数据，它把维映射到多维数组的下标或下标的范围，而事实数据存储在数组单元中，从而实现多维视图到数组的映射，形成立方体的结构。大容量的数据使立方体稀疏化，此时需要稀疏矩阵压缩技术处理，由于 MOLAP 从物理上实现，故又称为物理 OLAP（physical OLAP）。

**3. HOLAP**

当 MOLAP 和 ROLAP 无法分别满足分析需求时，一种新的 OLAP 结构——混合型 OLAP（HOLAP）被提出，将 MOLAP 和 ROLAP 两种结构的优点结合起来。但 HOLAP 结构不应该是 MOLAP 与 ROLAP 结构的简单组合，而是这两种结构技术优点的有机结合，能满足用户各种复杂的分析请求。

## 8.4 OLAP

企业的会计管理与决策分析常常需要从大量的历史数据中找出规律，OLAP 是一种自上而下、基于数据仓库的在线多维统计分析工具，用户可以利用 OLAP 从多个维度观察某个度量值。

### 8.4.1 OLAP 的定义

20 世纪 60 年代，关系型数据库之父 E. F. Codd 提出了关系模型，促进了联机事务处理（on line transaction processing，OLTP）的发展。1993 年，E. F. Codd 提出了联机分析处理（on line analysis processing，OLAP）的概念，认为 OLTP 已不能满足终端用户对数据库查询分析的需要，SQL 对大型数据库进行的简单查询也不能满足终端用户分析的要求。用户的决策分析需要对关系型数据库进行大量计算才能得到结果，而查询的结果并不能满足决策者提出的需求。因此，E. F. Codd 提出了多维数据库和多维分析的概念，即 OLAP。

如何有效地组织大量数据，维护数据的一致性，方便用户访问，这只是数据仓库技术的一个方面。数据仓库技术的另一个方面是如何为经营管理人员提供有效的使用信息，使他们能够使用数据仓库系统，对企业的经营管理做出正确的决策，从而为企业带来经济效益。要实现这个目标，就要借助 OLAP 技术。OLAP 委员会对 OLAP 的定义如下：

OLAP 是使分析人员、管理人员或执行人员能够从多个角度对从原始数据中转化出来的、能够真正为用户所理解的、真实反映企业维特性的信息进行快速、一致、交互的存取，从而获得对数据的更深入了解的一类软件技术。

OLAP 能够针对特定问题的联机数据访问和分析，通过对信息（维数据）多种可能的观察形式进行快速、稳定一致和交互性的存取，允许管理决策人员对数据进行深入观察。OLAP的目标是满足决策支持或多维环境特定的查询和报表需求，它的技术核心是“维”这个概念，因此OLAP也可以说是多维数据分析工具的集合。此外，OLAP工具还可以与数据挖掘工具、统计分析工具配合使用，增强决策分析功能。

## 8.4.2 OLAP的特征

OLAP以数据仓库为基础分析处理数据，超越了一般的查询、显示报表的功能，它能使用户直观浏览数据信息，这是由于OLAP所具有的特征，如图8-10所示。

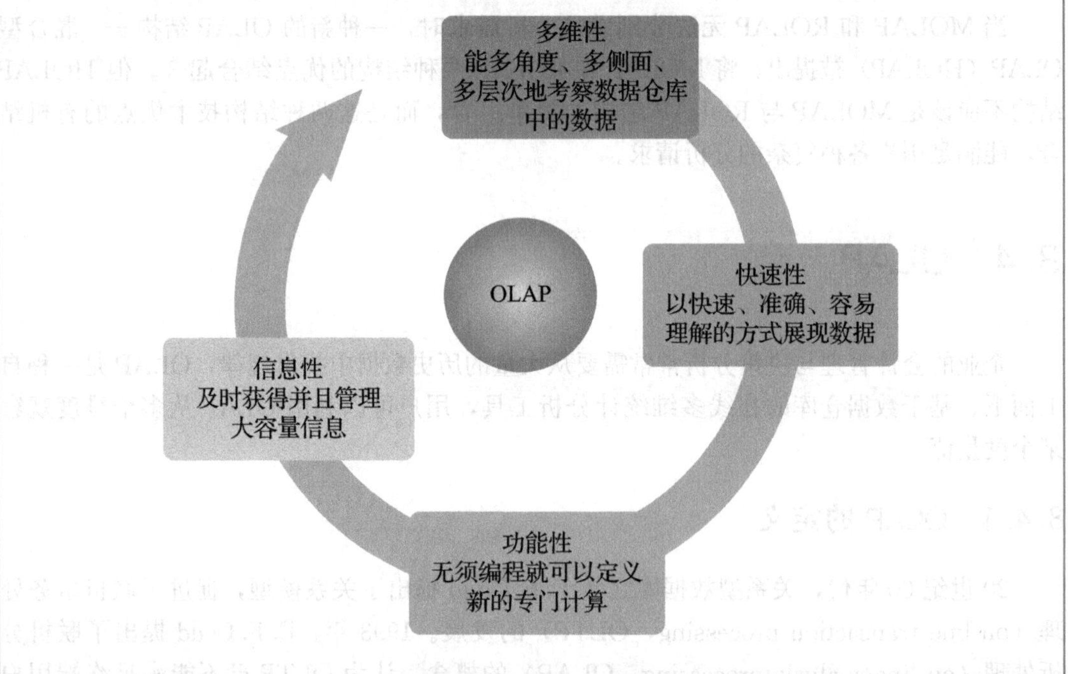


图8-10 OLAP的特征

**1. 多维性**

多维性是OLAP的关键属性。系统必须提供对数据的多维视图和分析，以多维视图的方式展现数据的多维关系。数据的多维视图使最终用户能多角度、多侧面、多层次地考察数据仓库中的数据，更加深入地理解企业数据所包含的潜在的有意义的信息。事实上，多维分析是分析企业数据最有效的方法。

**2. 快速性**

OLAP能快速、准确地响应用户的分析请求，并以用户容易理解的方式将数据展现出来。用户对OLAP的快速反应能力有很高的要求，系统应能在要求的时间内对用户的大部分分析要求做出反应。对于大量的数据分析，要达到这个速度并不容易，因此就更需要一些技术上的支持，如专门的数据存储格式、大量的事先运算和硬件设计等。

**3. 功能性**

OLAP系统应能处理与应用有关的任何逻辑分析和统计分析。用户无须编程就可以定义新的专门计算，将其作为分析的一部分，并以用户期望的方式给出报告。用户可以在OLAP平台上进行数据分析，也可以连接到其他外部分析工具上，如时间序列分析工具、数据挖掘工具等。

**4. 信息性**

不论数据量有多大，也不管数据存储在何处，OLAP系统都应能及时获得信息，并且管理大容量信息。这里有许多因素需要考虑，如数据的可复制性、可利用的磁盘空间、OLAP产品的性能及与数据仓库的结合度等。

### 8.4.3 OLAP与OLTP的关系

OLAP技术主要通过多维的方式对数据进行分析、查询和生成报表，它不同于传统的OLTP处理应用。

OLTP是传统的关系型数据库的主要应用，主要是基本的、日常的事务处理，如民航订票系统和银行的储蓄系统等，通常要进行大量的更新操作，同时对响应时间的要求比较高。OLTP以事务处理为特征，根据业务需求，即时准确地对数据库数据进行修改，以反映和处理业务过程。

OLAP是数据仓库系统的主要应用，主要是对用户当前及历史数据进行分析，支持复杂的分析操作，侧重决策支持，并且提供直观易懂的查询结果。OLAP采用多维报表和统计图形，查询提出以及数据输入直观灵活，用户可以方便地逐层细化、切块、切片、数据旋转。典型的应用包括银行信用卡风险的分析与预测和公司市场营销策略的制定等。OLAP以查询、分析为特征，根据决策者对信息的需求，给出即时准确的信息，其数据主要来源于数据仓库，一般不对数据仓库中的数据做修改，只是查询。

OLAP与OLTP的对比如表8-2所示。

**表8-2　OLAP与OLTP的对比**

| 对比项目 | OLAP | OLTP |
|---|---|---|
| 用户 | 管理、操作者较少 | 操作人员数量大 |
| 功能 | 决策支持 | 日常操作 |
| 数据库设计 | 面向主题，多为关系数据模型 | 面向应用，关系数据模型 |
| 数据特征 | 基于历史数据，可导出，较长时间不需要更新 | 实时的、原始的、可更新的 |
| 访问操作 | 多采用扫描方式读取上百万条数据 | 读写数十条数据 |
| 数据库大小 | 100GB～100TB | 100MB～100GB |
| 度量 | 事务吞吐量 | 查询吞吐量、响应速度 |

## 8.4.4 OLAP 的多维模型

多维模型可以形象地看作一个数据立方体（data cube），立方体本身只有三维，但多维模型不仅限于三维模型，还可以组合更多的维度。但是，一方面出于更方便地解释和描述，同时给思维和想象留有空间；另一方面是为了与传统关系型数据库的二维表相区别，因此称为数据立方体。

## 8.4.5 OLAP 的基本操作

OLAP 中，事实表存储数据，维度表存储关联的维度。维度表代表多个维度，事实表中的数据则代表这些维度所对应的结果。多维分析可以对多维形式组织起来的数据进行上卷、下钻、切片、切块、旋转等分析操作，如图 8－11 所示。

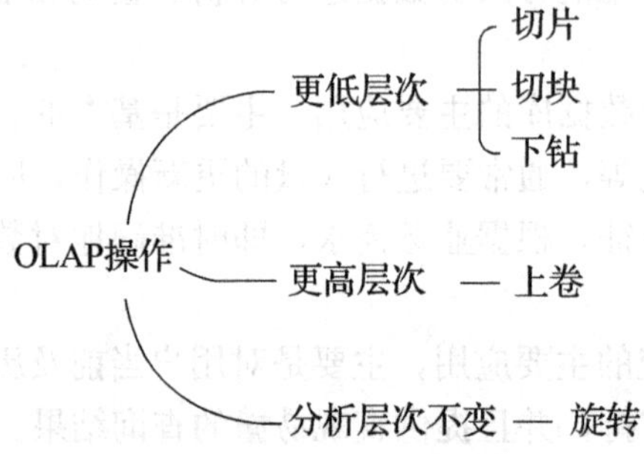


图 8－11 OLAP 操作

以下是基于销售基本业务数据的决策分析，以时间维、客户维和商品维，创立销售基本业务数据立方体，对应的值为某时间某客户某产品的消费额，进行 OLAP 的操作举例，如图 8－12 所示。

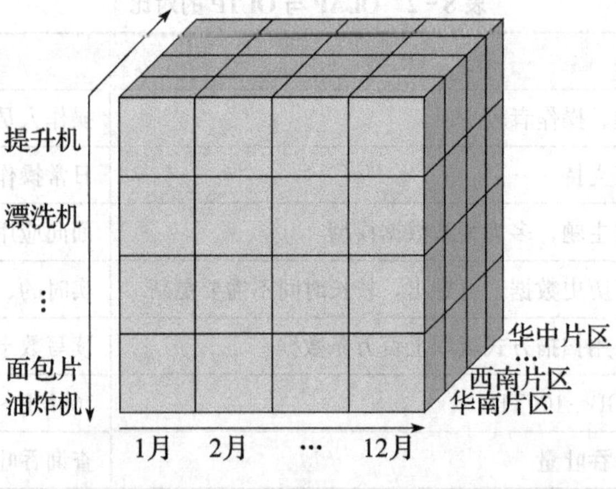


图 8－12 销售基本业务数据立方体

**1. 切片**

切片是选择某一维中特定的值进行分析。

销售基本业务数据立方体中，在商品维度上，查看商品名称为漂洗机的销售数据，即在商品维度查看漂洗机的切片结果，如图 8 - 13 所示。

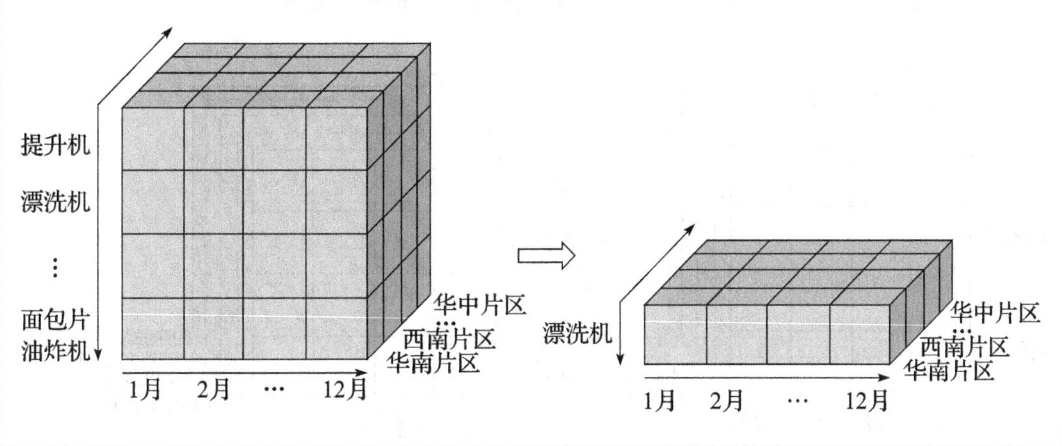


图 8 - 13　漂洗机销售数据

图 8 - 13 在商品维度上细化分析，切片出漂洗机这一产品的销售数据，立方体由原来的三维变成二维，其数据从所有产品的不同月份与地区销售数量，变为漂洗机这一产品的不同地区和时间的销售数量。

**2. 切块**

切块是某一维取值范围内的多个切片的叠合，即选择某一维中特定区间的数据或者某批特定值进行分析。

在销售基本业务数据立方体中，查看漂洗机和提升机在 2019 年 1—4 月的销售数据，如图 8 - 14 所示。

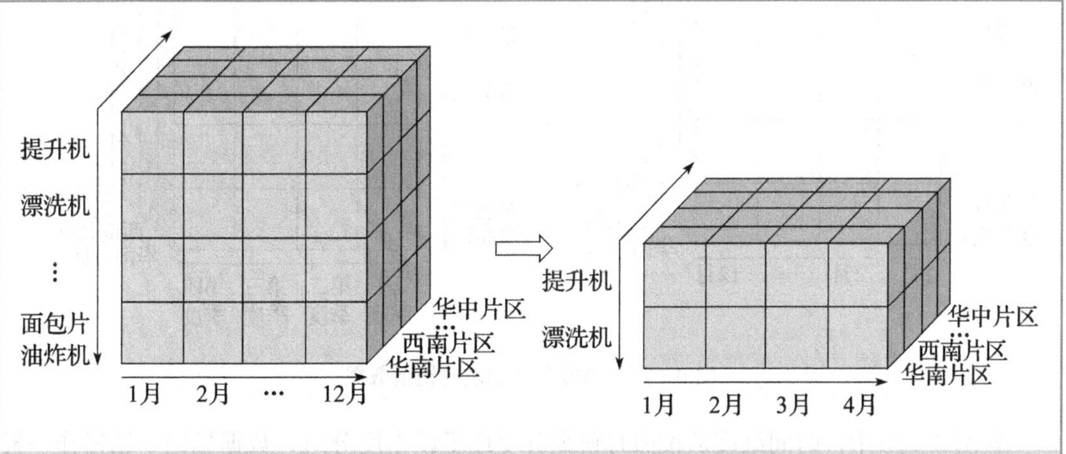


图 8 - 14　漂洗机和提升机在 2019 年 1—4 月的销售数据

通过对比图 8 - 13 与图 8 - 14 中的立方体，可以发现切块后的数据依然呈现三维状态，这是由于在切分商品这一维度的数据时，选择了多个而非单个商品进行数据分析。

**3. 下钻**

下钻是指在维的不同层次间变化，从上一层降到下一层，或者说是将汇总数据拆分到更细节的数据。如图 8 - 15 所示，在客户维度由地区下钻至各企业。

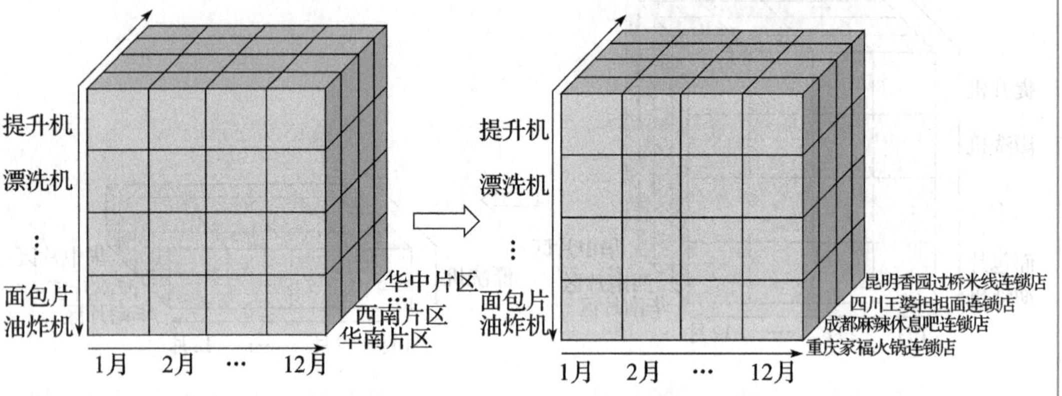


图 8 - 15　2019 年西南片区客户每月的销售数据

在图 8 - 15 中，原本的地域维度被细分为具体的公司名称，在这一维度上，数据量不变，但属性值增多，可以更深入地分析差异存在的原因。

**4. 上卷**

上卷是下钻的逆操作，即从细粒度数据向高层的聚合。如图 8 - 16 所示，将时间维从月份上卷至季度。

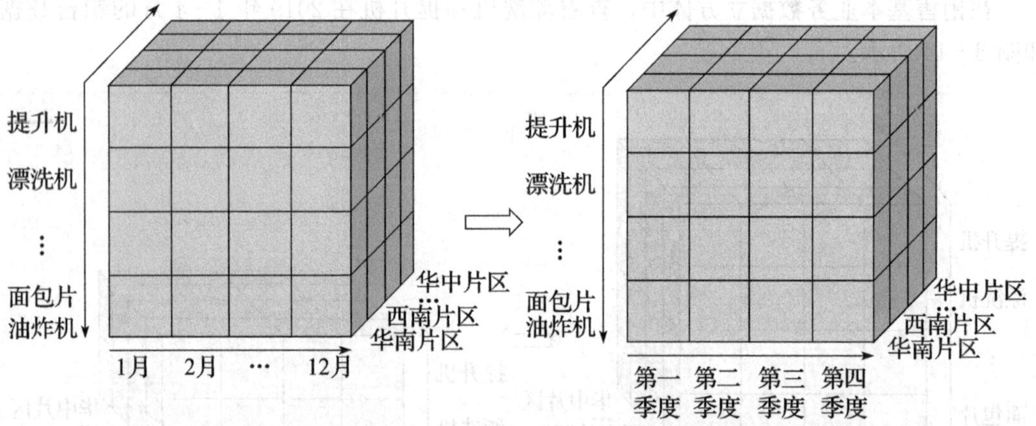


图 8 - 16　2019 年每季度的销售数据

在图 8 - 16 中，时间维度从按照月份划分变成了以季度分组，数据量同下钻操作一样不会改变，但不同的是，组距更大了，能够从更宏观的角度分析销售数据的变化情况。

**5. 旋转**

旋转是指维的位置互换，可类比二维表的行列转换。如图 8－17 所示的销售基本业务数据立方体中，通过旋转实现时间和地域的互换。

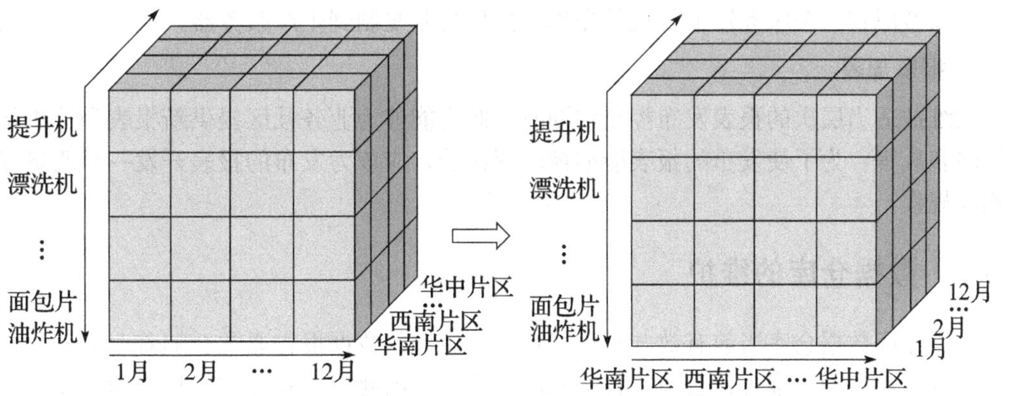


图 8－17　旋转后的销售基本业务数据立方体

从图 8－17 可以直观地感受到，正面从时间维度变成地域维度，这也代表着分析视角的改变，原本从时间因素出发分析销售数据的变化情况，旋转后变为以地域为分析因素来剖析销售数据的变化情况。

# 8.5　数据仓库的部署和维护

当开发数据仓库的工作完成后，就可以进入部署阶段，考虑到系统的正常运行，仍需要对数据仓库进行定期维护。

## 8.5.1　数据仓库的部署

为了保证系统能够顺利部署，在此之前需要进行端到端的测试，包括数据质量、性能、可用性等测试。测试完成后，就正式进入了数据仓库的部署。

数据仓库的部署包括以下四个方面的内容。

**1. 数据库的部署**

部署一个新的关系型数据库或更改某个已有数据库，对 SQL 脚本做修改，如更改文件的位置或者数据库名称，或者在新数据库中创建所有静态数据。

**2. ETL 部署**

确保所有连接关系已正确设置，确定复制到生产服务器上的 ETL 系统文件的位置，创建所有 ETL 模块里用到的操作系统全局变量的说明，检验所有已完成内容正确性的脚本或说明。

**3. OLAP 数据库部署**

复制定义 OLAP 数据库的元数据文件并且在生产服务器上完全处理数据库，可以部署一个新的 OLAP 数据库。或者用某种备份/恢复机制将元数据和数据迁移到生产服务器上，但是要仔细核查 OLAP 工具的文件。如果要部署结构性变化需要进行重大的重新处理，可以考虑在一个服务器上处理数据库，然后将其复制到生产服务器。

**4. 报表部署**

在维护适当层次的报表发布控制的同时，制定能够为业务社区提供新报表和分析结果的策略和规程。为了使发布的报表能够被广泛接受，应该为发布的报表开发一个质量保证过程和规程。

### 8.5.2 数据仓库的维护

为了保证数据仓库当前有效并且运行良好，生成的数据报告通常会随着业务变化而过时，一旦需求变动，报告就会由于技术原因而失效，因此数据仓库的维护极为重要。业务相关部门的技术人员在享受大数据开发便利的同时，也需要进一步反馈数据仓库在使用中的问题以及业务的新需求，并辅助进行部分数据仓库的管理工作，例如更新和维护增量数据、清除过期的历史数据、更改部分数据的查询规则等。

数据仓库的维护主要包括以下三个方面的内容。

**1. 数据备份**

数据备份是数据仓库维护的重要问题。为了避免数据丢失带来的灾难，根据一定策略对数据进行安全备份，如备份哪些数据、备份的时间、增量备份策略、备份介质的选择等。

**2. 数据恢复**

数据仓库的数据恢复不同于单机模式下的复制粘贴工作，这一过程同样有许多问题要考虑。例如数据恢复预案的制定，这要考虑到不同的数据受损情况下如何顺利地恢复数据。数据恢复的停机时间也是需要考虑的问题，应做到使企业业务受到的影响最小。数据恢复最关键的问题是如何做到和原始数据无缝对接，使企业业务能够平稳过渡。这个问题不仅考验企业的运维人员，更考验数据仓库开发的技术人员。

**3. 性能优化**

数据仓库的性能优化涉及企业全局数据的导入、集成和查询，因此企业各个业务部门对数据仓库的性能有较高的要求。在数据仓库运行期间，运维人员要密切关注企业业务对数据仓库资源的使用情况，建立不同的数据仓库 I/O 模型，根据这些模型不断调整数据仓库的参数设置等，使数据仓库的性能达到最优。

## 8.6 销售业务数据仓库构建实例

按照基于数据仓库的销售数据一般分析，举例说明数据仓库的基本操作。

## 8.6.1 数据模型

图8-8是基于销售业务数据库从企业管理人员的需求出发构建的数据仓库（xsjbyw）。通过主题的建立，将销售基本业务数据仓库中的数据表设计为星座模型，经营者可以对整个企业的销售状况有较为全面的了解。销售事实表与客户维度表、商品维度表、时间维度表关联，销售计划事实表与地域维度表关联，客户维度表与地域维度表通过地域编码实现关联。

基于图8-8的数据模型，可以进行类似不同时间向不同客户销售不同种类商品的情况的分析，也可以根据销售计划事实表分析各地销售计划的实际执行情况。

## 8.6.2 数据表结构

基于数据模型构建数据表，建立以下六个表。

（1）销售事实表：sale_fact（djbh，spid，sjid，khid，xssl，xsje）；

（2）销售计划事实表：xsplan_fact（xsjhid，dyid，months，jhxsje）；

（3）商品维度表：product_dim（spid，spmc，jldw）；

（4）时间维度表：time_dim（sjid，year，quarters，months，days）；

（5）客户维度表：customer_dim（khid，dyid，khmc）；

（6）地域维度表：area_dim（dyid，ssqy）。

以下是各表所包含的属性，以及各表的主键与外键的设置：

销售事实表：单据编号<PK>、商品编码<PK，FK>、时间编码<PK，FK>、客户编码<PK，FK>、销售数量、销售金额；

销售计划事实表：销售计划编码<PK>、地域编码<FK>、月份、计划销售金额；

商品维度表：商品编码<PK>、商品名称、计量单位；

时间维度表：时间编码<PK>、年、季、月、日；

客户维度表：客户编码<PK>、地域编码<FK>、客户名称；

地域维度表：地域编码<PK>、所属区域。

各事实表、维度表的表结构如下。

**1. 销售事实表（见表8-3）**

**表8-3　销售事实表的表结构**

| 序号 | 字段 | 数据类型 | 字段标题 | 字段大小 | 字段说明 |
|---|---|---|---|---|---|
| 1 | djbh | varchar | 单据编号 | 10 | 主键 |
| 2 | spid | varchar | 商品编码 | 10 | 外键 |
| 3 | sjid | varchar | 时间编码 | 10 | 外键 |
| 4 | khid | varchar | 客户编码 | 10 | 外键 |
| 5 | xssl | int | 销售数量 | 0 | 销售量 |
| 6 | xsje | double | 销售金额 | 0 | 销售额 |

**2. 销售计划事实表（见表 8-4）**

**表 8-4　销售计划事实表的表结构**

| 序号 | 字段 | 数据类型 | 字段标题 | 字段大小 | 字段说明 |
|---|---|---|---|---|---|
| 1 | xsjhid | varchar | 销售计划编码 | 10 | 主键 |
| 2 | dyid | varchar | 地域编码 | 8 | 外键 |
| 3 | months | varchar | 月份 | 2 | 月份 |
| 4 | jhxsje | double | 计划销售金额 | 0 | 计划销售金额 |

**3. 商品维度表（见表 8-5）**

**表 8-5　商品维度表的表结构**

| 序号 | 字段 | 数据类型 | 字段标题 | 字段大小 | 字段说明 |
|---|---|---|---|---|---|
| 1 | spid | varchar | 商品编码 | 10 | 主键 |
| 2 | spmc | varchar | 商品名称 | 20 | 产品名称 |
| 3 | jldw | varchar | 计量单位 | 4 | 台 |

**4. 时间维度表（见表 8-6）**

**表 8-6　时间维度表的表结构**

| 序号 | 字段 | 数据类型 | 字段标题 | 字段大小 | 字段说明 |
|---|---|---|---|---|---|
| 1 | sjid | varchar | 时间编码 | 10 | 主键 |
| 2 | year | varchar | 年 | 4 | 年 |
| 3 | quarters | varchar | 季 | 2 | 季度 |
| 4 | months | varchar | 月 | 2 | 月 |
| 5 | days | varchar | 日 | 2 | 日 |

**5. 客户维度表（见表 8-7）**

**表 8-7　客户维度表的表结构**

| 序号 | 字段 | 数据类型 | 字段标题 | 字段大小 | 字段说明 |
|---|---|---|---|---|---|
| 1 | khid | varchar | 客户编码 | 10 | 主键 |
| 2 | dyid | varchar | 地域编码 | 8 | 外键 |
| 3 | khmc | varchar | 客户名称 | 20 | 客户名称 |

**6. 地域维度表（见表 8-8）**

表 8-8　地域维度表的表结构

| 序号 | 字段 | 数据类型 | 字段标题 | 字段大小 | 字段说明 |
|---|---|---|---|---|---|
| 1 | dyid | varchar | 地域编码 | 8 | 主键 |
| 2 | ssqy | varchar | 所属区域 | 10 | 所属区域 |

## 8.6.3　OLAP 操作

OLAP 主要包括切片和切块、上卷和下钻以及旋转等操作，它需要以基于主题的事实表、维度表以及操作功能类型为基础。

根据当前的时间、客户、商品三大维度表创立销售基本业务数据立方体，该立方体以时间维、客户维和商品维为横向坐标、纵向坐标、竖向坐标，如图 8-12 所示（其中部分省略表示）。

（1）在销售基本业务数据立方体中，通过对西南片区总数据进行下钻，查看西南片区具体客户的销售数据，如图 8-18 所示。

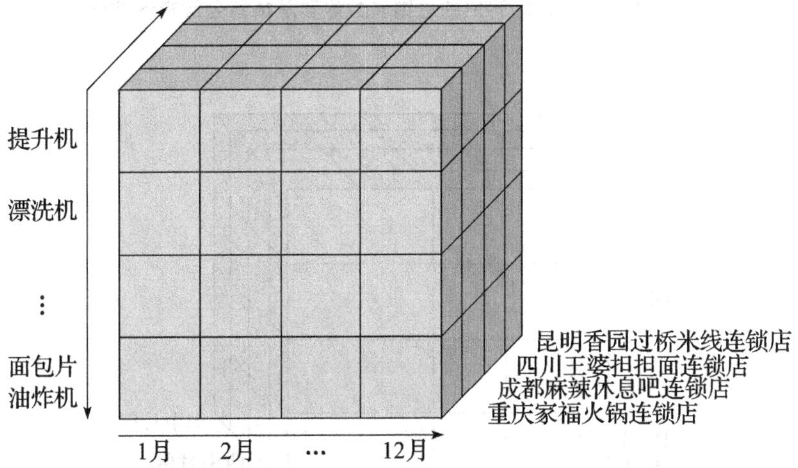


图 8-18　西南片区具体客户的销售数据

用 HQL 语言查询西南片区客户的总销售数量和总销售金额。输入命令【select area, customer, sum(xssl), sum(sales) from sale_fact where area='西南片区'group by area, customer;】，查询结果如图 8-19 所示。

查询结果显示，成都麻辣休息吧连锁店销售数量与销售金额最大，而重庆家福火锅连锁店销售金额和销售数量最小，有一定的合作空间。

（2）在销售基本业务数据立方体中，将时间维从月份上卷至季度，查看 2019 年每季度的销售数据，如图 8-20 所示。

```
hive> select area, customer, sum(xssl), sum(sales) from sale_fact where area='西南片区
 group by area, customer;
Query ID = training_20210522092222_f465f321-6cb6-4b6f-9abc-9260e55a2bf7
Total jobs = 1
Launching Job 1 out of 1
In order to change the average load for a reducer (in bytes):
  set hive.exec.reducers.bytes.per.reducer=<number>
In order to limit the maximum number of reducers:
  set hive.exec.reducers.max=<number>
In order to set a constant number of reducers:
  set mapreduce.job.reduces=<number>
Starting Spark Job = 5aa89033-1e60-4062-8732-75b770b4bd64
Running with YARN Application = application_1621700412952_0001
Kill Command = /usr/lib/hadoop/bin/yarn application -kill application_1621700412952_0001

Query Hive on Spark job[0] stages:
0
1

Status: Running (Hive on Spark job[0])
Job Progress Format
CurrentTime StageId_StageAttemptId: SucceededTasksCount(+RunningTasksCount-FailedTasksCount)/TotalTasksCount [StageCost]
2021-05-22 09:25:54,713 Stage-0_0: 0/1  Stage-1_0: 0/1
2021-05-22 09:25:55,727 Stage-0_0: 0(+1)/1      Stage-1_0: 0/1
2021-05-22 09:25:58,810 Stage-0_0: 0(+1)/1      Stage-1_0: 0/1
2021-05-22 09:26:01,874 Stage-0_0: 0(+1)/1      Stage-1_0: 0/1
2021-05-22 09:26:02,892 Stage-0_0: 1/1 Finished Stage-1_0: 0(+1)/1
2021-05-22 09:26:03,901 Stage-0_0: 1/1 Finished Stage-1_0: 1/1 Finished
Status: Finished successfully in 15.32 seconds
OK
西南片区        四川王婆担担面连锁店    938     1.8165638E7
西南片区        重庆家福火锅连锁店      103     2209920.0
西南片区        成都麻辣休息吧连锁店    1009    1.9386925E7
西南片区        昆明香园过桥米线连锁店  976     1.891874902E7
Time taken: 59.145 seconds, Fetched: 4 row(s)
```

图 8－19　西南片区客户的总销售数量和总销售金额查询结果

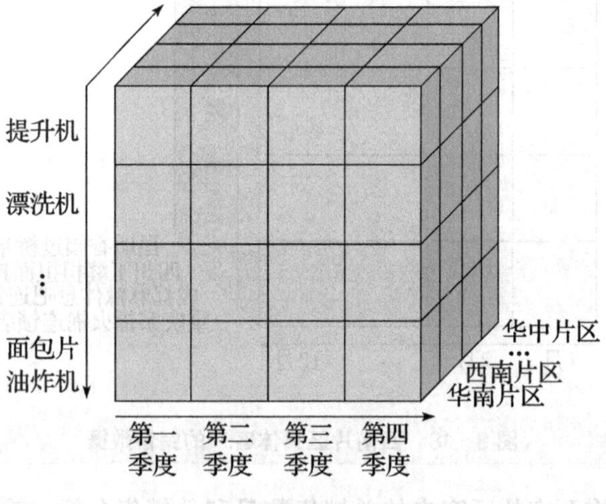


图 8－20　2019 年每季度的销售数据

在 Hive 中查询 2019 年每季度的总销售数量和总销售金额。输入命令【select sj_dim. quarters，sum(sale_fact. xssl)，sum(sale_fact. sales) from sale_fact join sj_dim on sale_fact. ywrq＝sj_dim. ywrq group by sj_dim. quarters order by sj_dim. quarters;】，查询过程和查询结果分别如图 8－21、图 8－22 所示。

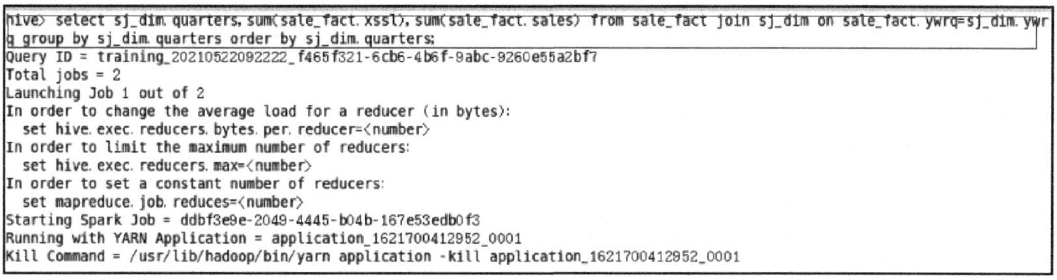

```
hive> select sj_dim.quarters, sum(sale_fact.xssl), sum(sale_fact.sales) from sale_fact join sj_dim on sale_fact.ywrq=sj_dim.ywr
q group by sj_dim.quarters order by sj_dim.quarters;
Query ID = training_20210522092222_f465f321-6cb6-4b6f-9abc-9260e55a2bf7
Total jobs = 2
Launching Job 1 out of 2
In order to change the average load for a reducer (in bytes):
  set hive.exec.reducers.bytes.per.reducer=<number>
In order to limit the maximum number of reducers:
  set hive.exec.reducers.max=<number>
In order to set a constant number of reducers:
  set mapreduce.job.reduces=<number>
Starting Spark Job = ddbf3e9e-2049-4445-b04b-167e53edb0f3
Running with YARN Application = application_1621700412952_0001
Kill Command = /usr/lib/hadoop/bin/yarn application -kill application_1621700412952_0001
```

图 8-21　2019 年每季度的总销售数量和总销售金额查询过程

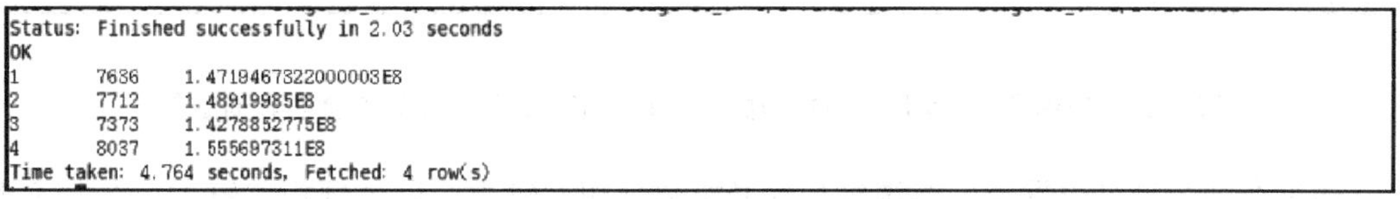

```
Status: Finished successfully in 2.03 seconds
OK
1       7636    1.4719467322000003E8
2       7712    1.48919985E8
3       7373    1.4278852775E8
4       8037    1.555697311E8
Time taken: 4.764 seconds, Fetched: 4 row(s)
```

图 8-22　2019 年每季度的总销售数量和总销售金额查询结果

查询发现，第二季度、第四季度销售情况较好，可能是由于购物狂欢节带动消费增长，第三季度销售情况最差。结合季度变化可以对销售计划做出合理的规划。

（3）在销售基本业务数据立方体中，查看漂洗机和提升机在 2019 年 1—4 月的销售数据，如图 8-23 所示。

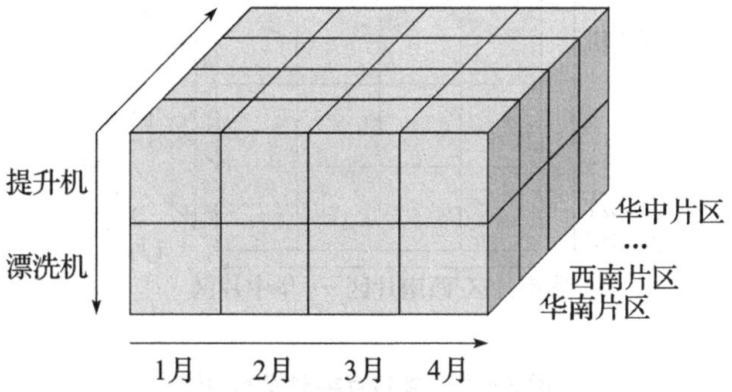


图 8-23　漂洗机和提升机在 2019 年 1—4 月的销售数据

在 Hive 中查询 2019 年 1—4 月漂洗机和提升机的总销售数量和总销售金额。输入命令【select months,spmc,sum(xssl),sum(sales) from sale_fact where months in ('1', '2', '3', '4') and (spmc='漂洗机' or spmc='提升机') group by months, spmc;】，查询结果如图 8-24 所示。

```
hive> select months,spmc,sum(xssl),sum(sales) from sale_fact where months in ('1','2','3','4') and (spmc='漂洗机' or spmc='提升机')
 group by months,spmc;
Query ID = training_20210522111111_15c70357-0f12-483b-8627-68962881100d
Total jobs = 1
Launching Job 1 out of 1
In order to change the average load for a reducer (in bytes):
  set hive.exec.reducers.bytes.per.reducer=<number>
In order to limit the maximum number of reducers:
  set hive.exec.reducers.max=<number>
In order to set a constant number of reducers:
  set mapreduce.job.reduces=<number>
Starting Spark Job = fd25a08c-7a27-4b90-a214-a4d6f5f6c0b8
2021-05-22 13:21:03,608 Stage-11_0: 1/1 Finished        Stage-12_0: 1/1 Finished
Status: Finished successfully in 1.01 seconds
OK
2       漂洗机  313     6767720.0
1       漂洗机  362     7772372.970000001
2       提升机  345     5861682.0
1       提升机  366     6221343.0600000005
3       提升机  480     8175636.0
4       漂洗机  334     7237149.0
3       漂洗机  389     8443867.0
4       提升机  420     7123662.0
Time taken: 1.558 seconds, Fetched: 8 row(s)
```

图 8-24　2019 年 1—4 月漂洗机和提升机的总销售数量和总销售金额查询结果

通过查询结果可以发现，漂洗机与提升机数量相差较小，但金额相差较大。在制定下阶段销售计划时，可以对两种商品采取不同的销售策略。

（4）在销售基本业务数据立方体中，通过旋转实现时间和地域的互换，如图 8-25 所示。

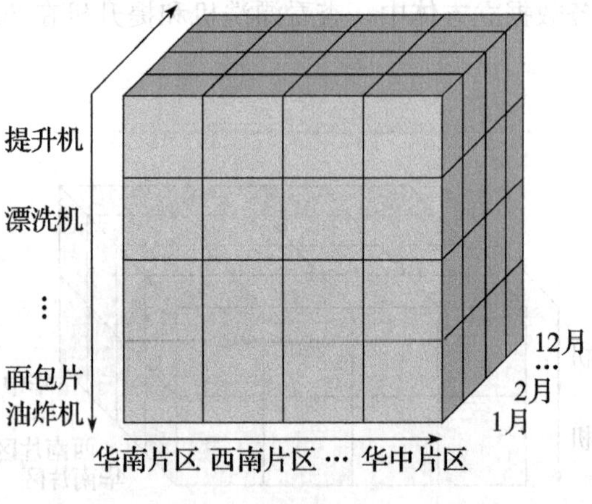


图 8-25　旋转互换时间和地域

在 Hive 中查询每月各区域的总销售数量和总销售金额。输入命令【select months, area, sum(xssl), sum(sales) from sale_fact group by months, area order by months;】，查询结果如图 8-26 所示。

通过查看结果可以发现，华东片区销售情况较好，销售部应继续重视华东市场，西南片区销售情况最差，进一步分析是否受消费者喜好或地理位置等因素影响，争取扩大西南市场。

```
hive> select months, area, sum(xssl), sum(sales) from sale_fact group by months, area order by months;
Query ID = training_20210522100404_32090c85-11ad-4350-a4a5-1468373148e6
Total jobs = 1
Launching Job 1 out of 1
In order to change the average load for a reducer (in bytes):
  set hive.exec.reducers.bytes.per.reducer=<number>
In order to limit the maximum number of reducers:
  set hive.exec.reducers.max=<number>
In order to set a constant number of reducers:
  set mapreduce.job.reduces=<number>
Starting Spark Job = 6638cc93-011f-4959-9bed-019815304d7e
Running with YARN Application = application_1621700412952_0002
Kill Command = /usr/lib/hadoop/bin/yarn application -kill application_1621700412952_0002

Query Hive on Spark job[8] stages:
16
17
18

Status: Running (Hive on Spark job[8])
Job Progress Format
CurrentTime StageId_StageAttemptId: SucceededTasksCount(+RunningTasksCount-FailedTasksCount)/TotalTasksCount [StageCost]
2021-05-22 10:25:42,499 Stage-16_0: 0(+1)/1     Stage-17_0: 0/1 Stage-18_0: 0/1
2021-05-22 10:25:43,514 Stage-16_0: 1/1 Finished        Stage-17_0: 1/1 Finished        Stage-18_0: 0(+1)/1
2021-05-22 10:25:44,526 Stage-16_0: 1/1 Finished        Stage-17_0: 1/1 Finished        Stage-18_0: 1/1 Finished
Status: Finished successfully in 3.06 seconds
OK
1       华南片区        498     9551303.010000002
1       华中片区        409     7936784.43
1       西南片区        93      1739432.02
1       西北片区        50      984809.78
1       华东片区        782     1.489129591E7
1       华北片区        416     8024709.37
```

图 8-26 每月各区域的总销售数量和总销售金额查询结果

# 思维拓展

1. 简述常见的多维数据模型。
2. 简述星型模型、雪花模型、星座模型的构成。
3. 概述数据仓库的设计原则。
4. 简述 OLAP 的基本操作。
5. 简述数据仓库设计时编码的意义。
6. 数据仓库的构建分为哪几个步骤？各个步骤包括哪些内容？
7. 简述需求分析的步骤与内容。

# 第9章

# Hive数据仓库

## 学习目标

- 了解Hive的基本概念、架构及原理
- 理解Hive的数据模型与数据类型
- 熟悉Hive中的ETL实现
- 掌握Hive的常用命令
- 创新Hive的多维分析

## 思维导图

## 蛮有数洞

星期六下午，实习生家桐正在家中不分昼夜地赶着中级分析师晏露交给他的任务。这次他又遇到麻烦了。以往的学习中，家桐对于Hive数据仓库的知识较薄弱，没有形成系统的理解，因此面对这次任务显得有些心有余而力不足。

家桐在再次遇到问题之后，终于放下鼠标，伸了个大大的懒腰，一看时间，已经下午三点！家桐的肚子也叫了起来，他略有无奈，自己这段时间确实好像太拼了，打算出去吃个饭走一走。

家桐来到常去的铁山坪公园，心里却一直想着数据仓库的问题还没解决。这时，他仿佛看到了希望之星，公司销售部的数据仓库大牛罗婷匀前辈也在这里，他赶忙过去打招呼："前辈，太巧了，您怎么在这啊！"

罗婷匀看到他热情四溢的眼神，说道："今天公园有梁平的木版年画，我来看看画。"家桐惊道："原来你对这个感兴趣呀，正好我也是梁平木版年画的爱好者，要我给你说一说吗？"

"那正好呀！"罗婷匀欣然答应。

"梁平木版年画属于民间美术梁平三绝之一，是梁平为群众庆贺年节而绘制的一种绘画，是中国民间美术的一种表现形式，具有深厚的文化价值、历史价值和学术价值。梁平木版年画的内容和全国其他地方的年画大同小异，但其艺术处理手法、画面效果迥然不同。其艺术特点既不同于杨柳青年画的典雅细腻，又异于绵竹年画的鲜亮浓艳，也有别于潍坊年画的刚健明快，它独自表现出一种粗犷野俗、浑厚凝重的原朴之美，具有重庆山区农民的纯朴敦厚气质，在我国民间年画文化中独树一帜，成为符合百姓欣赏习俗的一种版画艺术。"

听了家桐的介绍，罗婷匀对梁平木板年画有了大概的了解。家桐话锋一转直入主题："前辈，我有关于数据仓库的巨大疑惑。"罗婷匀觉得好笑又无奈，这可真是学习达人啊，逛公园也不停歇，说道："你说吧，我试着听听，讨论一小会儿。"

一看时间已经七点多，两人决定去烧烤店边吃边说。"前辈，之前我看过数据仓库的书籍，Hive数据仓库里好像是不能进行编辑更改的，我是不是可以先在数据库里进行数据筛选优化，然后在数据仓库里进行更细致的分析计算？那么我为什么不能用数据库直接进行分析呢？我感觉其实是差不多的。"家桐一边吃着烧烤，一边不停地问道。

罗婷匀一边想一边认真地回答。

## 9.1 概 述

Hive是建立在Hadoop之上的数据仓库，由脸书开发，在某种程度上可以看成用户编程接口，本身并不存储和处理数据，依赖HDFS存储数据，依赖MapReduce处理数据。有类SQL语言HiveQL，不完全支持SQL标准，如不支持更新操作、索引和事务，其子查询和连接操作也存在很多限制。

### 9.1.1 Hive产生背景

Hadoop生态系统是为处理大数据集而产生的一个合乎成本效益的解决方案。Hadoop实现了一个特别的计算模型，也就是MapReduce，其可以将计算任务分割成多个处理单元，然后分散到一群家用的或服务器级别的硬件机器上，从而降低成本并提供高可扩展性。这个计算模型的下面是一个被称为Hadoop分布式文件系统（HDFS）的分布式文件系统。这个文件系统是"可插拔的"，而且现在已经出现数个商用的和开源的替代方案。

但是，基于Hadoop HDFS架构，要使用MapReduce进行数据处理分析的门槛是比较高的，要先学会 Java 面向 MapReduce API 进行编程，这对于从事数据库管理或者运维的人来说门槛高、不易学。那么能否让用户从一个现有的数据基础架构转移到 Hadoop 上呢？比如这个数据架构就是基于传统关系型数据库和 SQL 查询的。对于大量的 SQL 用户，包括专业数据库设计师和管理员，也包括那些使用 SQL 从数据仓库中抽取信息的临时用户来说，这个问题又将如何解决呢？这就是 Hive 产生的背景。

Hive 是一个依赖分布式存储的查询和管理大型数据集的数据仓库。传统的非大数据行业一般都是基于表进行数据存储和管理的，如果由于业务扩张或者其他原因迁移到 HDFS 平台上，那么需要将传统的 SQL 查询语句全部翻译成 MapReduce 的程序实现，这个工作量是相当庞大的。好在 SQL 具有严谨和良好的模板式语法结构，Hive 就应运而生了。

Hive 提供了一种被称为 Hive 查询语言（简称 HiveQL 或 HQL）的 SQL 方言，来查询存储在 Hadoop 集群中的大规模的数据集。Hive 负责将 SQL 语句模板化成 MapReduce 任务。对上层屏蔽了将 SQL 任务转化为 MapReduce 任务的繁杂性。上层开发者仅需要像往常使用 SQL 语句操作传统关系型数据库一样操作 HDFS 就可以了。所以更准确地讲，Hive 是一个 HDFS 的数据处理框架，隐藏了底层的复杂性。

### 9.1.2 Hive 是什么

Hive 是基于 Hadoop 的数据仓库工具，使用 HDFS 存储，使用 MapReduce 计算，使用 HQL 作为查询接口，可以将结构化的数据文件映射成一张表，并提供类 SQL 查询功能。简单来说，Hive 就是在 Hadoop 上架了一层 SQL 接口，可以将 SQL 语句翻译成 MapReduce 任务在 Hadoop 上执行，这样就使得数据开发和分析人员很方便地使用 SQL 来完成海量数据的统计和分析，而不必像使用编程语言开发 MapReduce 那样烦琐。

Hive 定义了一种类 SQL 查询语言 HQL（类似 SQL 但不完全相同），通常用于进行离线数据处理（采用 MapReduce），底层支持多种不同的执行引擎（Hive on MapReduce，Hive on Tez，Hive on Spark），支持多种不同的压缩格式（GZIP，LZO，Snappy，BZIP2）、存储格式以及自定义函数。Hive 中所有的数据都存储在 HDFS 中，没有专门的数据存储格式，因为 Hive 是读时模式，可支持 TextFile，SequenceFile，RCFile 或者自定义格式等。Hive 的存储结构包括数据库、表、视图、分区和表数据等。数据库、表、分区等都对应 HDFS 上的一个目录。表数据对应 HDFS 对应目录下的文件。

Hive 不是一个完整的数据库。Hadoop 以及 HDFS 的设计本身的约束和局限性限制了 Hive 所能胜任的工作，其中最大的限制就是 Hive 不支持记录级别的更新、插入或者删除操作，但是用户可以通过查询生成新表或者将查询结果导入文件。同时，因为 Hadoop 是一个面向批处理的系统，而 MapReduce 任务的启动过程需要较长的时间，所以 Hive 查询延时比较严重。传统数据库中在秒级别可以完成的查询，在 Hive 中即使数据集相对较小，往往也需要执行更长的时间。Hive 与传统关系型数据库（MySQL）的对比如表 9-1 所示。

**表 9-1　Hive 与 MySQL 的对比**

| 对比项目 | Hive | MySQL |
|---|---|---|
| 查询语言 | HQL | SQL |
| 数据存储位置 | HDFS | 块设备、本地文件系统 |
| 数据格式 | 用户定义 | 系统决定 |
| 数据更新 | 不支持 | 支持 |
| 事务 | 不支持 | 支持 |
| 执行延迟 | 高 | 低 |
| 可扩展性 | 高 | 低 |
| 数据规模 | 大 | 小 |
| 多表插入 | 支持 | 不支持 |

## 9.1.3　Hive 的优缺点

Hive 经常被大数据企业用作企业级数据仓库，它的优缺点如图 9-1 所示。

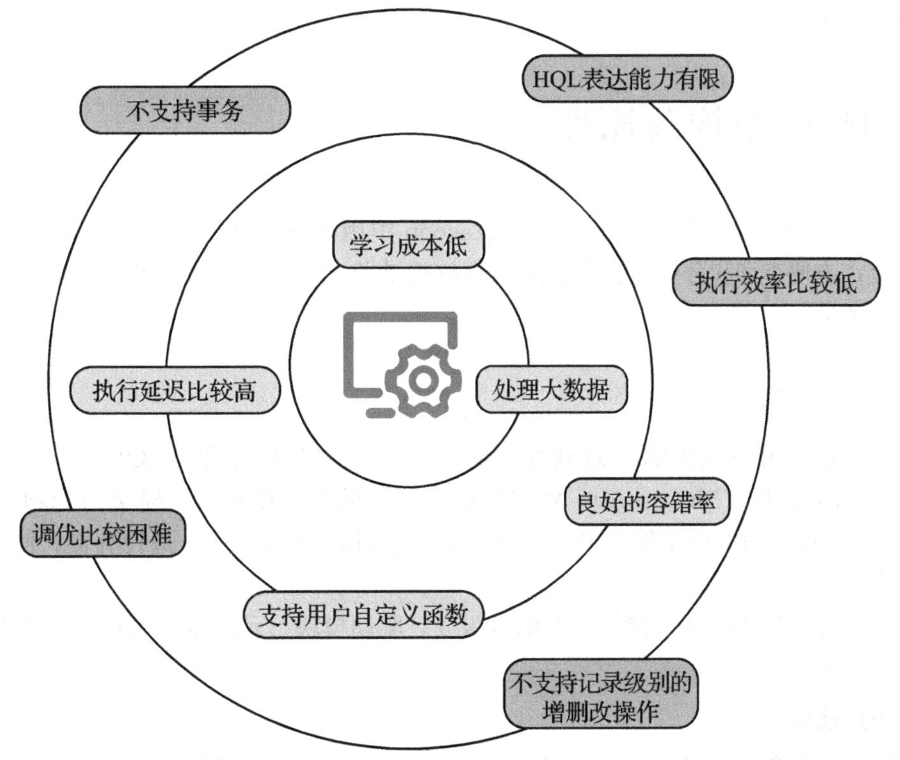


图 9-1　Hive 的优缺点

**1. 优点**

（1）Hive 封装了一层接口，采用类 SQL 语法，减少了开发人员的学习成本，缩短了开发周期。

（2）Hive 的执行延迟比较高，因此适用于对数据分析实时性要求不高的场合。

（3）Hive 的优势在于处理大数据，对于处理小数据没有优势，适合高吞吐量、批量、海量数据处理。

（4）Hive 支持用户自定义函数，用户可以根据自己的业务逻辑来编写自己的函数。

（5）Hive 具有良好的容错性，节点出现问题，HQL 语句仍然可以完成执行。

**2. 缺点**

（1）Hive 不支持记录级别的增删改操作，但是可以通过查询创建新表来将结果导入文件。

（2）Hive 不支持事务，因为没有增删改操作，所以主要用于 OLAP，而不是 OLTP。

（3）Hive 的 HQL 表达能力有限。迭代式算法无法表达，数据挖掘方面不擅长，这是由于 MapReduce 数据处理流程的限制，效率更高的算法无法实现。

（4）Hive 的执行效率比较低。由于 Hive 基于 Hadoop，Hadoop 本身是一个批处理、高延迟的计算框架，其计算通过 MapReduce 来完成，具有高延迟性。

（5）Hive 调优比较困难，粒度较大，只能在框架的基础上优化，不能深入底层 MapReduce 程序优化。

## 9.2 Hive 架构及原理

Hive 是一个数据仓库基础工具，在 Hadoop 中用来处理结构化数据。其架构在 Hadoop 之上，方便查询和分析。它提供简单的 SQL 查询功能，可以将 SQL 语句转换为 MapReduce 任务运行。

### 9.2.1 体系架构

Hive 通过给用户提供的一系列交互接口，接收用户的指令（SQL），使用自己的 Driver，结合元数据（Metastore），将这些指令翻译成 MapReduce，提交到 Hadoop 中执行，最后将执行返回的结果输出到用户交互接口。Hive 使用 HDFS 进行存储，使用 MapReduce 进行计算。

Hive 的体系架构由用户接口、跨语言服务、驱动模块、元数据存储模块等部分组成，如图 9-2 所示。

**1. 用户接口**

用户接口主要有 CLI（command line interface），JDBC/ODBC，Web UI。其中，最常用的是 Shell 交互式命令行 CLI，通过 CLI，用户可以定义表、执行查询等；JDBC/ODBC

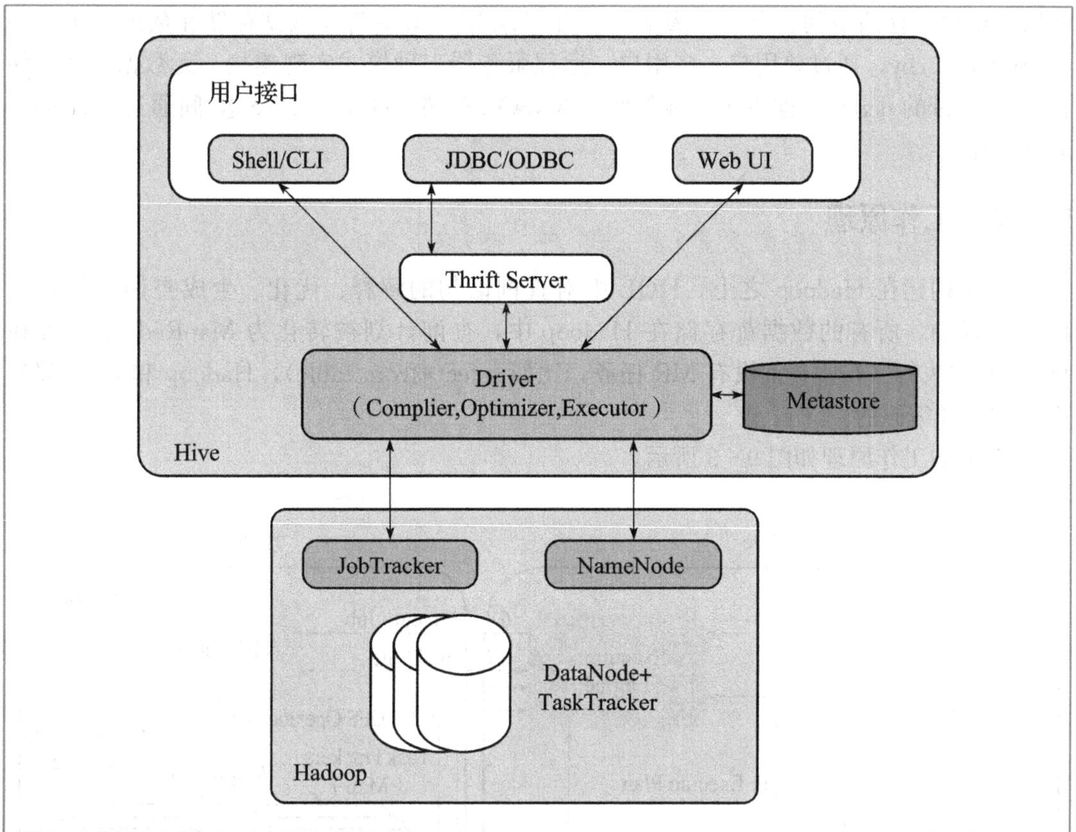


**图9-2 Hive的体系架构**

基于开发人员，连接至Hive Server服务；Web UI通过浏览器访问Hive服务，Hive提供了更直接的Web界面，可以执行查询语句和其他命令，这样可以不用登录集群中的某台机器使用CLI来进行查询。

**2. 跨语言服务**

跨语言服务（Thrift Server）是脸书提供的一种软件框架，可以用作可扩展跨语言服务的框架，Hive集成了该服务，目前支持C++，Java，Python等语言。

**3. 驱动模块**

驱动模块（Driver）完成对HQL语句的语法分析、编译、优化以及执行计划的生成，生成的逻辑执行计划存储在HDFS中，随后由MapReduce调用执行。所有命令和查询都会进入驱动模块，通过该模块的解析编译，对计算过程进行优化，然后按照指定的步骤执行。

Hive的核心驱动引擎主要由解释器、编译器、优化器、执行器四部分组成，其中，解释器将HQL语句转换成抽象的语法树（AST），编译器将语法树编译为逻辑执行计划，优化器对逻辑执行计划进行优化，执行器调用驱动模块的运行框架执行逻辑计划。

**4. 元数据存储模块**

元数据是存储在Hive中数据的描述信息，包括表的名字、表名、表的列及类型、表的所属用户、存储空间、分区、表数据所在目录等。Hive 将元数据存储在数据库中，如 MySQL，derby，通过单用户、多用户、远程服务器三种模式实现连接。元数据默认存储在 Hive 自带的 derby 数据库中，推荐使用 MySQL 存储。Hive 和 MySQL 间通过 Metastore 服务交互。

## 9.2.2 工作原理

Hive 构建在 Hadoop 之上，HQL 中对查询语句的解释、优化、生成查询计划是由 Hive 完成的，所有的数据都存储在 Hadoop 中，查询计划被转化为 MapReduce 任务在 Hadoop 中执行（有些查询没有 MR 任务，比如 select*from table），Hadoop 和 Hive 都是用 UTF－8 编码的。

Hive 的工作原理如图 9－3 所示。

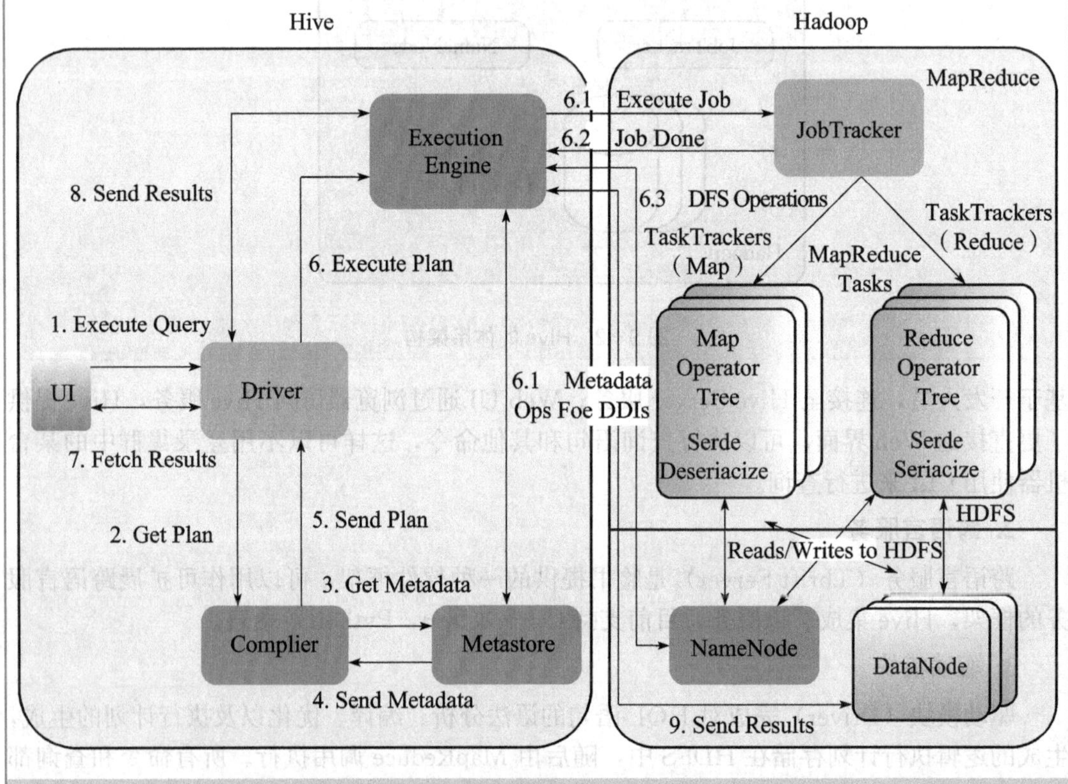


图 9－3 Hive 的工作原理

Hive 的执行流程如下。

**1. 执行查询操作：Execute Query**

Hive 界面如命令行或 Web UI 将查询发送到 Driver（任何数据库驱动程序如 JDBC，ODBC 等）来执行。

**2. 获取计划任务：Get Plan**

Driver根据查询编译器解析Query语句，验证Query语句的语法，查询计划或者查询条件。

**3. 获取元数据：Get Metadata**

编译器将元数据请求发送给数据库（Metastore），获取需要的Hive的元数据信息。

**4. 发送元数据：Send Metadata**

数据库将元数据作为响应发送给编译器，编译器得到元数据信息，对任务进行编译，先将HQL转换为抽象语法树，然后将抽象语法树转换成查询块，再将查询块转化为逻辑的查询计划，重写逻辑查询计划，将逻辑计划转化为物理计划（MapReduce），最后选择最佳的策略。

**5. 发送计划任务：Send Plan**

编译器检查要求和重新发送Driver的计划。到这里，查询的解析和编译完成。

**6. 执行计划任务：Execute Plan**

Driver将执行计划发送到执行引擎，包括Execute Job和Metadata Ops两个子步骤。

Execute Job：Hadoop内部执行的是MapReduce工作过程，任务执行引擎发送一个任务到资源管理器（Resource Manager），资源管理器分配该任务到任务节点，由任务节点开始执行MapReduce任务。

Metadata Ops：在执行引擎发送任务的同时，对Hive的元数据进行相应操作。

**7. 获取结果：Fetch Results**

执行引擎接收数据节点（DataNode）的结果。

**8. 发送结果至Driver：Send Results**

执行引擎将这些合成值发送到Driver。

**9. 发送结果至用户：Send Results**

Driver将结果发送到Hive接口。

## 9.3 Hive数据模型与类型

Hive中主要包含四种数据模型：数据库（Database）、表（Table）、分区（Partition）、桶（Buckets）。Hive支持两种数据类型，一种为原子数据类型，另一种为复杂数据类型。

### 9.3.1 数据模型

从数据仓库的角度看，Hive是建立在Hadoop上的数据仓库基础架构，可以进行方便的ETL操作。Hive没有专门的数据存储格式，也没有为数据建立索引，可以非常自由地组织 Hive 中的表，只需要在创建表的时候定义好表的架构即可。

Hive 中主要包含的四种数据模型如图 9－4 所示。

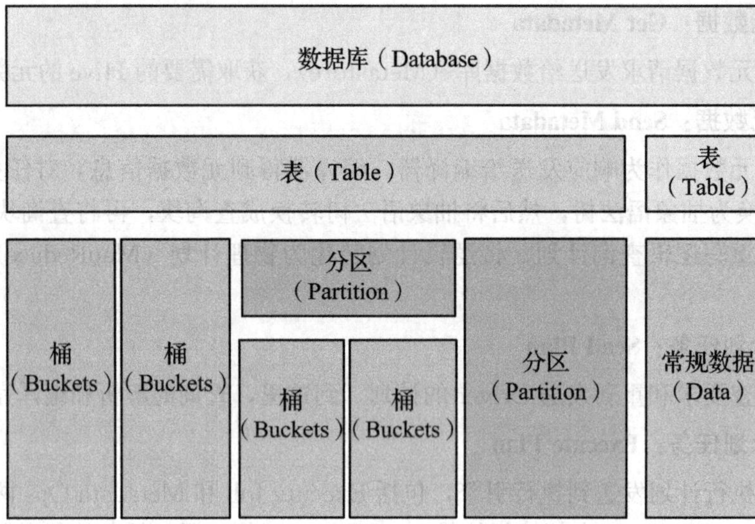


图 9－4　Hive 的数据模型

**1. 数据库**

Hive 中包含一系列的数据库，每个数据库都对应 HDFS 上的一个目录，默认的数据库为 default，对应的 HDFS 目录是/user/hadoop/hive/warehouse，可以通过 hive. metastore. warehouse. dir 参数进行配置（hive-site. xml 中配置）。数据库的简单示例如下：

命令行 hive＞create database test_database;

**2. 表**

Hive 中的表分为内部表和外部表，Hive 中的每张表对应 HDFS 上的一个目录，HDFS 目录为：/user/hadoop/hive/warehouse/[databasename. db]/table。

（1）内部表。内部表与关系型数据库中的表的概念类似。每一个表在 Hive 中都有一个相应的目录存储数据。所有的表数据（不包括外部表）都保存在这个目录中。删除表时，元数据与数据都会被删除。

例如，一张表 pvs 在 HDFS 中的路径为/wh/pvs，其中 wh 是在 hive-site. xml 中由＄{hive. metastore. warehouse. dir} 指定的数据仓库的目录，所有的表数据（不包括外部表）都保存在这个目录中。

内部表简单示例如下。

创建数据文件：test_inner_table. txt；

创建表：create inner table test_inner_table (key string)；

加载数据：LOAD DATA LOCAL INPATH 'filepath' INTO TABLE test_inner_table;

查看数据：select*from test_inner_table; select count(*) from test_inner_table;

删除表：drop table test_inner_table；

(2) 外部表。外部表指向已经在HDFS中存在的数据，可以创建分区。它和内部表在元数据的组织上是相同的，而实际数据的存储则有较大的差异。内部表的创建过程和数据加载过程可以分别独立完成，也可以在同一个语句中完成。在加载数据的过程中，实际数据会被移动到数据仓库目录中，之后对数据访问将会直接在数据仓库目录中完成。删除表时，表中的数据和元数据将会被同时删除。而外部表只有一个过程，加载数据和创建表同时完成（CREATE EXTERNAL TABLE…LOCATION），实际数据存储在LOCATION后面指定的HDFS路径中，并不会移动到数据仓库目录中。当删除一张外部表时，仅删除该链接。外部表简单示例如下。

创建数据文件：test_external_table. txt；

创建表：create external table test_external_table (key string)；

加载数据：LOAD DATA INPATH 'filepath' INTO TABLE test_external_table；

查看数据：select*from test_external_table；select count(*) from test_external_table；

删除表：drop table test_external_table；

**3. 分区**

分区对应关系型数据库中分区列的密集索引，但是Hive中分区的组织方式和数据库中的很不相同。在Hive中，表中的一个分区对应HDFS上表文件夹的一个子文件夹，所有分区的数据都存储在对应的目录中。

例如，pvs表中包含ds和ctry两个分区，则对应ds=20090801，ctry=US的HDFS子目录为/wh/pvs/ds=20090801/ctry=US；对应ds=20090801，ctry=CA的HDFS子目录为/wh/pvs/ds=20090801/ctry=CA。分区简单示例如下。

创建数据文件：test_partition_table. txt；

创建表：create table test_partition_table (key string) partitioned by (dt string)；

加载数据：LOAD DATA INPATH 'filepath' INTO TABLE test_partition_table partition (dt='2006')；

查看数据：select*from test_partition_table；select count(*) from test_partition_table；

删除表：drop table test_partition_table；

**4. 桶**

桶是将表的列通过Hash算法进一步分解成不同的文件存储。它对指定列计算Hash，根据Hash值切分数据，目的是并行，每一个桶对应一个文件。分区是粗粒度的划分，桶是细粒度的划分，这样做是为了让查询发生在小范围的数据上以提高效率。适合进行表连接查询，以及用于采样分析。

例如，将user列分散至32个桶，首先对user列的值计算Hash，对应Hash值为0的HDFS目录为/wh/pvs/ds=20090801/ctry=US/part-00000；Hash值为20的HDFS目录为/wh/pvs/ds=20090801/ctry=US/part-00020。如果想应用很多的Map任务，这样是不错的选择。桶的简单示例如下。

创建数据文件：test_bucket_table. txt；

创建表：create table test_bucket_table (key string) clustered by (key) into 20 buckets;

加载数据：LOAD DATA INPATH 'filepath' INTO TABLE test_bucket_table;

查看数据：select*from test_bucket_table; set hive. enforce. bucketing=true;

## 9.3.2 数据类型

Hive 支持两种数据类型，分别为原子数据类型和复杂数据类型。

### 1. 原子数据类型

原子数据类型包括数值类型、布尔类型、字符串类型等，如表 9-2 所示。

**表 9-2 Hive 的原子数据类型**

| 类型 | 描述 | 示例 |
| --- | --- | --- |
| TINYINT | 1 字节（8 位）有符号整数 | 1 |
| SMALLINT | 2 字节（16 位）有符号整数 | 1 |
| INT | 4 字节（32 位）有符号整数 | 1 |
| BIGINT | 8 字节（64 位）有符号整数 | 1 |
| FLOAT | 4 字节（32 位）单精度浮点数 | 1.0 |
| DOUBLE | 8 字节（64 位）双精度浮点数 | 1.0 |
| BOOLEAN | True/False | True |
| STRING | 字符串 | 'xia'，" xia" |

Hive 的 STRING 类型相当于数据库的 varchar 类型，该类型是一个可变的字符串，不过它不能声明其中最多能存储多少个字符，理论上可以存储 2GB 的字符数。Hive 支持基本类型的转换，低字节的基本类型可以转化为高字节的类型，例如 TINYINT，SMALLINT，INT 可以转化为 FLOAT，而所有的整数类型、FLOAT 以及 STRING 类型可以转化为 DOUBLE 类型，这些转化可以从 Java 语言的类型转化考虑，因为 Hive 就是用 Java 编写的。当然也支持高字节类型转化为低字节类型，这就需要使用 Hive 的自定义函数 CAST 了。

### 2. 复杂数据类型

复杂数据类型包括数组（ARRAY）、映射（MAP）和结构体（STRUCT），具体如表 9-3 所示。

**表 9-3 复杂数据类型**

| 类型 | 描述 | 示例 |
| --- | --- | --- |
| ARRAY | 一组有序字段。字段的类型必须相同 | Array(1,2) |
| MAP | 一组无序的键值对。键的类型必须是原子的，值可以是任何类型，同一个映射的键的类型必须相同，值的类型也必须相同 | Map('a',1,'b',2) |
| STRUCT | 一组命名的字段。字段类型可以不同 | Struct('a',1,1,0) |

## 9.4　Hive 中的 ETL 实现

ETL 是将数据从来源端抽取、清洗转换、加载至目的端的过程。ETL 较常用于数据仓库，但其对象并不限于数据仓库。

### 9.4.1　Sqoop 介绍

Sqoop 即 SQL to Hadoop，原本是 Hadoop 的一个第三方模块，后期为了用户能够快速部署，完成更快速地迭代开发，Sqoop 独立出来成为 Apache 项目。Sqoop 是一个在 Hadoop 与传统的关系型数据库之间高效传输大批量数据的 ETL 工具，它在 Hadoop 生态系统中的位置如图 9－5 所示。

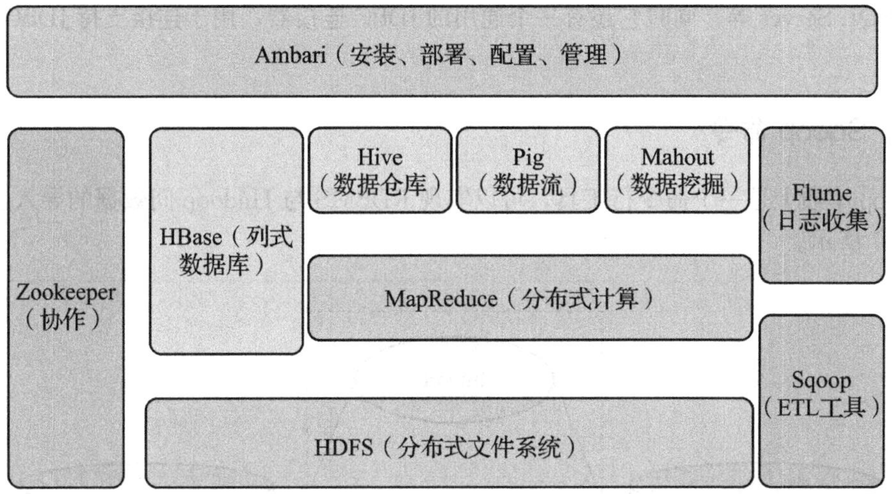


图 9－5　Hadoop 生态系统

Sqoop 的核心功能主要是将 MySQL，Oracle，SQL Server 等关系型数据库的数据导入 Hadoop 的 HDFS，Hive，HBase 等数据存储系统和从 Hadoop 的文件系统中导出数据到关系型数据库中。Sqoop 通过 Hadoop 的 MapReduce 导入、导出，提供了很高的并行性能以及良好的容错性。Sqoop 的工作原理如图 9－6 所示。

从图 9－6 可以看出，通过客户端 CLI（命令行界面）方式或 Java API 方式调用 Sqoop 工具，Sqoop 可以将指令转换为对应的 MapReduce 作业（通常只涉及 Map 任务，每个 Map 任务从数据库中读取一片数据，这样多个 Map 任务实现并发复制，可以快速地将整个数据复制到 HDFS 上），然后将关系型数据库和 Hadoop 中的数据进行相互转换，从而完成数据的迁移。可以说，Sqoop 是关系型数据库与 Hadoop 间的数据桥梁，这个桥梁的重要组件是 Sqoop 连接器，它用于实现与各种关系型数据库的连接，从而实现数据的导入和导出操作。Sqoop 连接器能够支持大多数常用的关系型数据库，如 MySQL，Oracle，

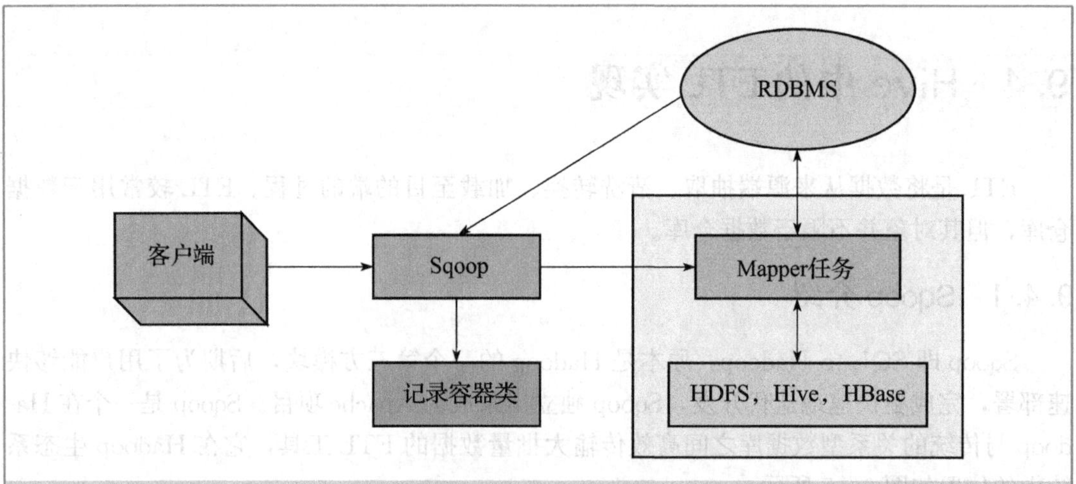


图 9-6　Sqoop 的工作原理

DB2 和 SQL Server 等，同时它还有一个通用的 JDBC 连接器，用于连接支持 JDBC 协议的数据库。

## 9.4.2　Sqoop 命令

Sqoop 本质上是一个命令行工具，可以实现 RDBMS 与 Hadoop 间数据的导入、导出，如图 9-7 所示。

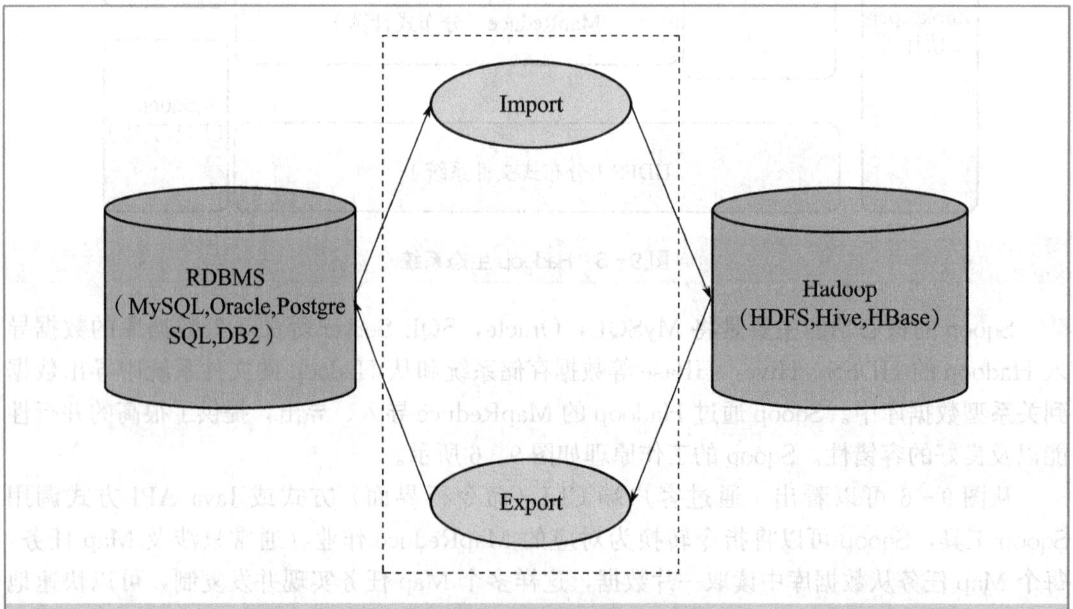


图 9-7　Sqoop 数据导入、导出示意图

**1. 从关系型数据库数据导入 HDFS/Hive**

作为导入工具，从 RDBMS 导入单个表到 HDFS。表中的每一行被视为 HDFS 的记

录。所有记录都存储为文本文件的文本数据（或者 Avro，Sequence 文件等二进制数据）。

通过 Sqoop，可以从关系型数据库中导出数据，导入 HDFS。输入可能是数据库的一张表或者查询结果，输出则是数据库表或者结果的导出文件集合。导入进程是并行的，因此输出的结果可能是多个文件（最终在 HDFS 中可能会得到多个文件）。这些文件可能是标准的文本文件 TextFile（比如，使用逗号做字段间的分割），也可能是 Avro 或者 SequenceFiles 的记录文件。

Sqoop 导入的语法格式如下：

```
>sqoop import (generic-args) (import-args);
```

Sqoop 参数说明如下。

— connect：连接数据库。

— username：数据库登录名。

— password：数据库登录密码。

— table：导入哪张表，表名要大写。

— target_dir：导出目录使用。

— query：必填。

— columns：导出指定列。

— delete-target-dir：如果目标目录存在，则删除。如果不设置，目标目录存在则会报错。

— direct：直接导入模式，使用的是关系型数据库自带的导入和导出工具。官网上说明这样导入会更快。

— verbose：打印详细日志。

— split-by：按字段分割 Map，结合参数 m 使用。

— hive-import：导入数据至 Hive。

— null-string：源表数据字段为字符且为空时，用指定字符代替。

— null-non-string：源表数据字段不为字符且为空时，用指定字符代替。

— hive-overwrite：覆盖导入，全覆盖。

— m：几个并发任务同时执行默认 4。

— where：过滤条件。

— query：查询导入，where 后边必须接 $CONDITIONS。

— check-column(col)：用来作为判断的列名，如 id。

— incremental(mode)append：追加，比如对大于 last-value 指定的值之后的记录进行追加导入。lastmodified：最后的修改时间，追加 last-value 指定的日期之后的记录。

— last-value(value)：指定自从上次导入后列的最大值（大于该指定的值），也可以自己设定某一值。

常用参数使用示例如下：

```
>--connect <jdbc-uri> jdbc; 连接地址
--connection-manager <class-name> ; 连接管理者
--driver <class-name> ; 驱动类
--hadoop-mapred-home <dir> $HADOOP_MAPRED_HOME;
```

```
--help help; 信息
--P; 从命令行输入密码
--password <password> ; 密码
--username <username> ; 账号
--verbose; 打印流程信息
--connection-param-file <filename> ; 可选参数
```

**【案例 9-1】** 蛮先进公司最近新建设了一个大数据平台，为了方便销售相关数据的统计分析，财务信息化岗的小何接到任务，通过 Hive 建立一个销售基本业务的数据仓库，将销售基本业务数据库中的数据导入数据仓库。

步骤一：基于销售基本业务数据仓库模型，需要创建事实表和维度表，用以存放清洗以后的数据。首先创建事实表。

(1) 创建销售事实表。

```
CREATE TABLE sale_fact (djbh varchar(10) not null, spid varchar(10) not null, sjid varchar(10) not null, khid varchar(10) not null, xssl int, xsje double, primary key(djbh, spid, sjid, khid), foreign key (spid) references product_dim (spid), foreign key(sjid) references time_dim (sjid), foreign key(khid) references customer_dim (khid));
```

(2) 创建销售计划事实表。

```
CREATE TABLE xsplan_fact (xsjhid varchar(10) not null, dyid varchar (8) not null, months varchar(2), jhxsje double, primary key(xsjhid), foreign key(dyid) references area_dim (dyid));
```

步骤二：基于分析模型需要从商品维度、时间维度、客户维度和地域维度四个维度分析销售事实表中的销售量和销售额等情况，在销售基本业务数据库中创建维度表。

(1) 创建商品维度表。

```
CREATE TABLE product_dim ( spid varchar(10) not null, spmc varchar (20) not null, jldw varchar(4), primary key(spid));
```

(2) 创建时间维度表。

```
CREATE TABLE time_dim ( sjid  varchar(10) not null, year varchar(4), quarters varchar(2), months varchar (2), days varchar (2), primary key(sjid));
```

(3) 创建客户维度表。

```
CREATE TABLE customer_dim ( khid varchar(10) not null, dyid varchar (8), khmc varchar (20), primary key (khid), foreign key (dyid) references area_dim (dyid));
```

（4）创建地域维度表。

```
CREATE TABLE area_dim ( dyid varchar(8) not null, ssqy varchar(10),
primary key(dyid));
```

步骤三：在销售基本业务数据库中用 SQL 语句完成 ETL 过程，将数据抽取至各个事实表、维度表中。

（1）抽取销售事实表的数据。

```
INSERT INTO sale_fact(djbh,spid,sjid,khid,xssl,xsje) SELECT djbh,
spid,ywrq,khid, xssl,xsje from xsdb ;
```

（2）抽取商品维度表的数据。

```
INSERT INTO product _dim (spid, spmc, jldw) SELECT spid, spmc, jldw
FROM spxxb ;
```

（3）抽取时间维度表的数据。

```
INSERT INTO time _dim (sjid, year, quarters, months, days) SELECT
DISTINCT xsdb.ywrq, year(xsdb.ywrq)as year, quarter (xsdb.ywrq) as
quarters, month (xsdb.ywrq) as months, day (xsdb.ywrq) as days FROM
xsdb;
```

（4）抽取地域维度表的数据。

```
INSERT INTO area_dim1(dyid,ssqy) SELECT dyid,dymc FROM dqhfb;
```

（5）抽取销售计划事实表的数据。

```
INSERT into xsplan_fact(xsjhid,dyid,months,jhxsje) SELECT xsjhid,
dyid,yf,jhxse FROM xsjhb;
```

步骤四：在 Hive 中新建销售基本业务数据仓库（xsjbyw_dw）。

```
create database xsjbyw_dw;
```

步骤五：用 Sqoop 工具将抽取后的数据从 MySQL 数据库上传到 Hive 中的销售基本业务数据仓库（xsjbyw_dw）。

（1）将销售事实表加载到 Hive 数据仓库。

```
sqoop import --connect jdbc:mysql://localhost:3306/xsjbyw --table
sale_fact --username root --hive-import --hive-database xsjbyw_dw -m
1 --fields-terminated-by '\t';
```

（2）将销售计划事实表加载到 Hive 数据仓库。

```
sqoop import --connect jdbc:mysql://localhost:3306/xsjbyw --table
xsplan_fact --username root --hive-import --hive-database xsjbyw_dw -m
1 --fields-terminated-by '\t';
```

(3) 将商品维度表加载到 Hive 数据仓库。

```
sqoop import --connect jdbc:mysql://localhost:3306/xsjbyw --table
product_dim --username root --hive-import - hive-database xsjbyw_dw -m
1 --fields-terminated-by '\t';
```

(4) 将时间维度表加载到 Hive 数据仓库。

```
sqoop import --connect jdbc:mysql://localhost:3306/xsjbyw --table
time_dim --username root --hive-import --hive-database xsjbyw_dw -m
1 --fields-terminated-by '\t';
```

(5) 将地域维度表加载到 Hive 数据仓库。

```
sqoop import --connect jdbc:mysql://localhost:3306/xsjbyw --table
area_dim --username root --hive-import --hive-database xsjbyw_dw -m
1 --fields-terminated-by '\t';
```

步骤六：从本地文件系统中导入客户数据到 Hive 的客户维度表。

```
load data local inpath '/home/training/Downloads/kh_dim.txt' into
table customer_dim;
```

**2. Sqoop 导出数据到 MySQL 数据库**

Sqoop 导出语法格式如下：

```
>sqoop export (generic-args) (import-args);
```

参数说明如下。

— connect：要导入数据库的地址和库名（MySQL）。

— username：数据库登录名（MySQL）。

— password：数据库登录密码（MySQL）。

— table：要导入的表名（MySQL 的表）。

— update-key clxxbh：表示如果后期导入的数据关键字和 MySQL 数据库中的数据存在相同的情况，则更新该行记录。

— update-mode allowinsert：表示将目标数据库中原来不存在的数据也导入数据库表，即存在的数据保留，新的数据插入，其后接的另一个参数是 updateonly，即只更新数据，不插入新数据。

— export-dir：要导出的数据在 HDFS 中的路径。

— input-fields-terminated-by '|'：根据什么分隔数据。

— columns：要导出的字段。

注意：

(1) 不能直接从 Hive 表中导出（不能— hive-table），只能从 HDFS 导出。

(2) 必须指定字段— columns。

(3) 字段分割符号要和 HDFS 文件中的一致— fields-terminated-by '|'。

**【案例 9-2】** 由于财务信息化部门负责日常维护数据库数据的同事误操作，销售基本业务数据库中的销售事实表数据丢失，现在需要将销售基本业务数据仓库中的销售事实表数据导入数据库，以恢复数据。

步骤一：先删除销售基本业务数据库中的销售事实表，再重新建立。

```
drop table xs_fact;
CREATE TABLE sale_fact (djbh varchar(10) not null, spid varchar(10)
not null, sjid varchar(10) not null, khid varchar(10) not null, xssl
int, xsje double, primary key(djbh, spid, sjid, khid), foreign key
(spid) references product_dim (spid),foreign key(sjid) references
time_dim (sjid) ,foreign key(khid) references customer_dim (khid));
```

步骤二：运用 Sqoop 工具将数据从 Hive 导入 MySQL。

```
sqoop export \
--connect \
jdbc:mysql://localhost:3306/xsjbyw \
--username root \
--password 123456 \
--table xs_fact \
--export-dir /results/xsjbyw_dw/xs_fact \
--num-mappers 1 \
--input-fields-terminated-by ','
```

## 9.5 Hive Shell 常用命令

HQL 是 Hive 查询语言，和普遍使用的所有 SQL 方言一样，不完全遵守任何一种 ANSISQL 标准的修订版。Hive 不支持行级插入操作、更新操作和删除操作，也不支持事务。下面具体介绍 Hive 的数据定义语言和数据操纵语言。

### 9.5.1 数据定义语言

Hive 的数据定义语言包括创建数据库、更改数据库、删除数据库、数据库的显示和使用，以及创建数据表、修改数据表、删除数据表和查看数据表等语句，如图 9-8 所示。

**1. 创建数据库**

创建数据库可以使用 CREATE DATABASE 语句。

该语句的基本格式如下：

CREATE DATABASE [IF NOT EXISTS] db_name [COMMENT DATEBASE_COMMENT] [LOCATION hdfs_path] [WITH DBPROPERTIES(property_nameproperty_value, …)];

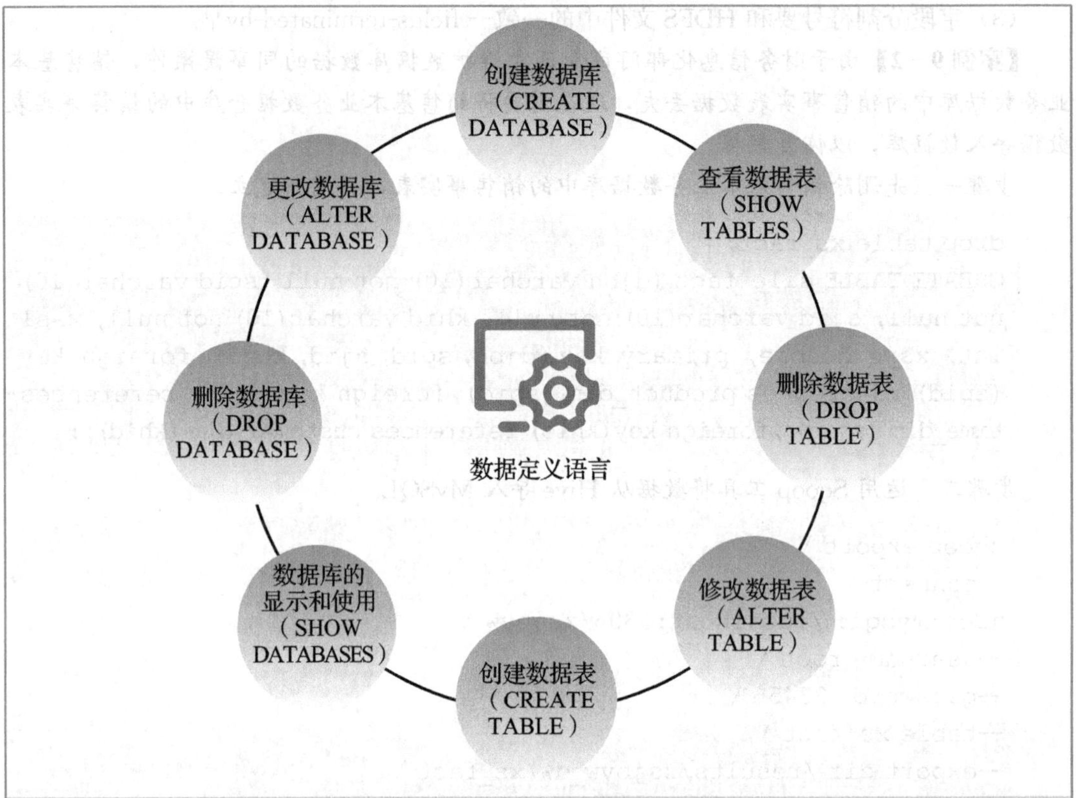


图 9-8　数据定义语言

说明：[ ] 中内容为可选项；db_name 为要创建的数据库的名称，一个数据库中包含单张或多张表；IF NOT EXISTS 指在创建数据库前进行判断，只有该数据库目前尚不存在时才执行 CREATE DATABASE 操作，用此选项可以避免出现数据库已经存在而再新建的错误；LOCATION 指定数据库在 HDFS 中存放的位置，如果不指定路径，则默认在顶层目录下创建数据库目录。

**【例 9-1】** 公司正在实行会计信息化改革，现在需要创建销售基本业务数据库，作为数据仓库，用于管理和分析公司的销售数据。

```
>CREATE DATABASE xsjbyw_dw;
```

**2. 更改数据库**

更改数据库可以使用 ALTER DATABASE 命令修改其元数据属性或 OWNER 属性。

**【例 9-2】** 公司新招聘了一位员工 ys 来负责管理销售基本业务数据仓库，把 ys 操作员的用户名添加到销售基本业务数据库。

```
> ALTER DATABASE xsjbyw_dw set dbproperties('user'= 'ys');
```

**3. 删除数据库**

已经创建的数据库如要删除，使用 DROP DATABASE 命令。

语法格式如下：

DROP(DATABASE | SCHEMA) [IF EXISTS] database_name [RESTRICT|CASCADE];

说明：CASCADE是可选的，该命令允许你在删除数据库时将已有表一起删除；RESTRICT是系统默认行为，意味着如果数据库中有任何表，则执行该命令将会失败；可以使用IF EXISTS子句以避免删除不存在的数据库时出现错误信息，为可选项。

**【例9-3】** 公司不再使用原来的数据仓库，请删除已创建的销售基本业务数据库。

```
>DROP DATABASE xsjbyw_dw CASCADE;
```

**4. 数据库的显示和使用**

查看存在的所有数据库，使用SHOW命令。语法格式如下：

SHOW DATABASES;

使用某一个数据库，之后可以对该数据库中的数据表进行操作。使用USE命令，语法格式如下：

USE db_name;

**【例9-4】** 使用销售基本业务数据库。

```
>USE xsjbyw_dw;
```

**5. 创建数据表**

CREATE TABLE语句遵从SQL语法惯例，但是Hive的这个语句中具有显著的功能扩展，使其具有更广泛的灵活性。例如，可以定义表的数据文件存储在什么位置、使用什么样的存储格式等。

基本语法为：

CREATE [EXTERNAL] TABLE [IF NOT EXISTS] table_name [(col_name data_type [COMMENT col_comment], …)][COMMENT table_comment][PARTITIONED BY (col_name data_type [COMMENT col_comment], …)] [CLUSTERED BY (col_name, col_name, …) [SORTED BY (col_name [ASC | DESC], …)] INTO num_buckets BUCKETS][ROW FORMAT row_format][STORED AS file_format][LOCATION hdfs_path];

说明：COMMENT为表和列增加注释；ROW FORMAT指定表的分隔符；STORED AS指定表在HDFS上的文件存储格式；LOCATION指定表在HDFS上的存储位置。

**【例9-5】** 公司新设的销售数据仓库中需要添加销售事实表，其表结构如下所示。

```
>CREATE TABLE sale_fact (djbh varchar(10) not null,spid varchar(10)
not null, sjid varchar(10) not null, khid varchar(10) not null, xssl
int, xsje double, primary key (djbh, spid, sjid, khid), foreign key
(spid) references product_dim (spid),foreign key(sjid) references
time_dim (sjid) ,foreign key(khid) references customer_dim (khid));
```

**6. 修改数据表**

数据表的修改是指对数据表名的修改。语法格式为：

ALTER TABLE ＜旧表名＞RENAME [TO] ＜新表名＞;

【例 9-6】修改时间维度表（time_dim）的表名为 sj_dim。

```
>ALTER TABLE time_dim RENAME sj_dim;
```

**7. 删除数据表**

对于不再需要的数据表，可以将其从数据库中删除。语法如下：

DROP TABLE ＜表名＞ [RESTRICT | CASCADE];

说明：RESTRICT 指删除表是有限制的，欲删除的基本表不能被其他表的约束引用，如果存在依赖该表的对象，则此表不能被删除；CASCADE 指删除该表没有限制，在删除基本表的同时，相关的依赖对象一起删除。

**8. 查看数据表**

使用 SHOW 语句可以查看该数据库下所有的表，其语法格式为：

SHOW TABLES;

【例 9-7】查看销售基本业务数据库中的所有数据表。

```
>SHOW TABLES;
```

使用 DESCRIBE/DESC 语句可以查看表字段信息，包括字段名、字段数据类型、是否为主键、是否有默认值等，其语法格式为：

DESCRIBE/DESC formatted ＜表名＞;

【例 9-8】查看时间维度表的基本结构。

```
>DESC formatted sj_dim;
```

SHOW CREATE TABLE 语句可以用来查看表的详细信息，语法格式为：

SHOW CREATE TABLE＜表名＞;

【例 9-9】查看时间维度表的详细信息。

```
>SHOW CREATE TABLE sj_dim;
```

### 9.5.2 数据操纵语言

Hive 的数据操纵语言用于操作数据库对象中所包含的数据，主要包括的语句如图 9-9 所示。

**1. SELECT 语句**

SELECT 语句可以从一个或多个表中选取特定的行和列，结果通常是生成一个临时表。在执行过程中系统根据用户的要求从数据库中选出匹配的行和列，并将结果存放到临时的表中。

SELECT 语句的语法格式如下：

SELECT [ALL | DISTINCT] 字段名 1，字段名 2 … [FROM table1 [，table2] … ]/ *

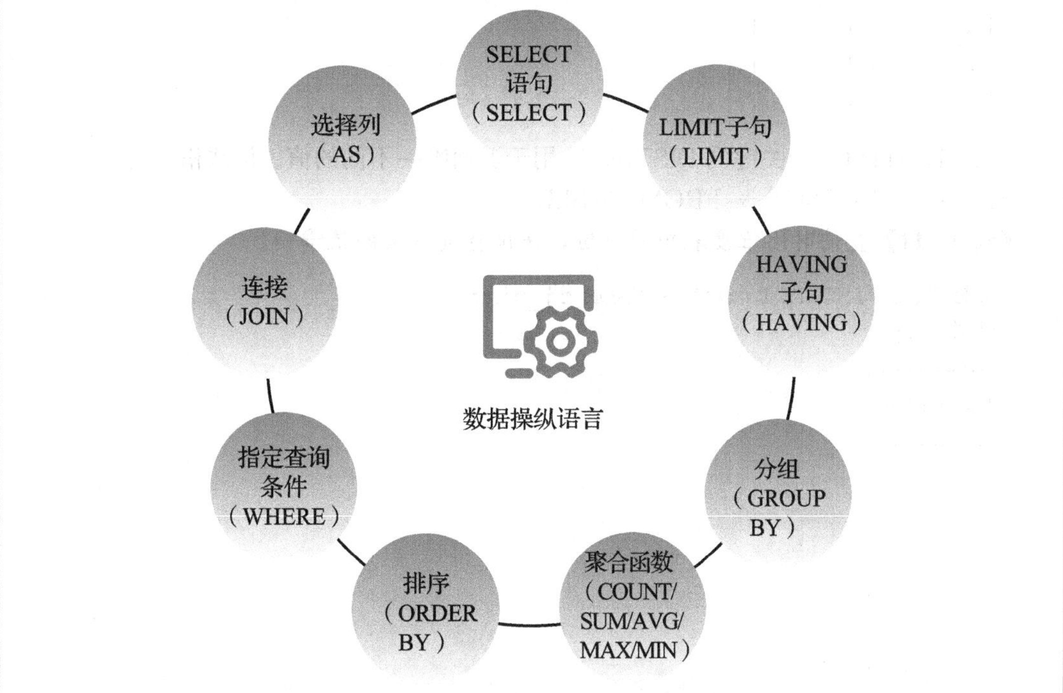


图9-9 数据操纵语言

FROM 子句*/[WHERE where_definition] /*WHERE 子句* /[GROUP BY {col_name | expr | position} [ASC | DESC], …]/*GROUP BY 子句 * /[HAVING where_definition] [ORDER BY {col_name | expr | position}[ASC | DESC] , …]/*ORDER BY 子句 * / [LIMIT {[offset,] row_count}] /*LIMIT 子句 * /;

**2. 选择列**

(1) 定义列别名。当希望查询结果中的某些列或所有列显示且使用自己选择的列标题时，可以在列名之后使用 AS 子句来指定查询结果的列别名。语法格式为：

SELECT<列名>[AS]<别名>FROM TABLE;

【例 9-10】查询时间维度表中的月（months）和季（quarters），查询结果分别采用别名“月份”“季度”。

```
>SELECT months AS 月份, quarters AS 季度 FROM sj_dim;
结果示意:
+--------+--------+
| 月份    | 季度    |
+--------+--------+
| 1      | 1      |
| 1      | 1      |
| 1      | 1      |
| 1      | 1      |
| 1      | 1      |
```

```
|1      |1      |
|1      |1      |
|1      |1      |
```

（2）DISTINCT。关键词 DISTINCT 用于返回唯一不同的值。语法格式为：

SELECT DISTINCT * FROM TABLE;

**【例 9-11】** 查询时间维度表中的月份，保证查询结果的值唯一。

```
>SELECT DISTINCT months FROM sj_dim;
结果示意：
+--------+
| months |
+--------+
| 1      |
| 2      |
| 3      |
| 4      |
| 5      |
| 6      |
| 7      |
| 8      |
| 9      |
| 10     |
| 11     |
| 12     |
+--------+
```

（3）算术运算符。查询数据时，可以查询所有列，也可以查询某几列，还可以查询某几列相加、相减、相乘、相除或取余的结果。

**【例 9-12】** 由于需求增大，销售经理准备提高计划销售金额，请查询销售计划事实表中计划销售金额的 1.2 倍的结果。

```
>SELECT area,spmc,months,jhxse * 1.2 FROM xsplan_dim;
结果示意：
+------------------+
| jhxsje*1.2       |
+------------------+
|16041422.399999999|
|        11784979.2|
|14617936.799999999|
|14617936.799999999|
|14617936.799999999|
|14617936.799999999|
|14617936.799999999|
```

### 3. 连接

MySQL与Hive在多表连接中的异同如表9-4所示。

**表9-4 MySQL与Hive在多表连接中的异同**

| MySQL | Hive |
| --- | --- |
| 支持等值连接、非等值连接 | 仅支持等值连接 |
| 支持内连接、左右外连接、交叉连接 | 支持内连接、左右外连接、交叉连接、全表关联、左半连接 |

注：Hive不支持右半连接操作。

(1) 等值连接。利用一张表中某列的值和另一张表中某列的值相等的关系，把两张表连接起来，把多余的数据过滤掉。

**【例9-13】** 年末，公司需要分析季节对销售情况的影响，请查询各季度的销售情况。

```
>SELECT sj_dim.quarters, sale_fact.djbh, sale_fact. xssl, sale_
fact. xsje from sale_fact INNER JOIN sj_dim on sale_fact.sjid=sj_
dim.sjid;
结果示意:
+----------+------------+-----+----------+
|quarters|djbh        |xssl |xsje      |
+----------+------------+-----+----------+
|1         |XSDD057138|   1 |    22968 |
|1         |XSDD047167|   3 |    59400 |
|1         |XSDD047186|   1 |    19000 |
|1         |XSDD057139|   1 |    20880 |
|1         |XSDD057139|   1 |  25891.2 |
|1         |XSDD047210|   3 |    59100 |
|1         |XSDD057424|   9 |   186615 |
```

(2) 非等值连接。连接两张表，除了使用等号实现，也可以用非等号如>、<>等连接起来。

(3) 多种连接方式。

INNER JOIN（内连接，或等值连接）：获取两个表中字段匹配关系的记录。

LEFT JOIN（左连接）：获取左表所有记录，即使右表没有对应匹配的记录。

RIGHT JOIN（右连接）：与LEFT JOIN相反，用于获取右表所有记录，即使左表没有对应匹配的记录。

CROSS JOIN（交叉连接）：返回左表中的所有行，左表中的每一行与右表中的所有行组合。

FULL OUTER JOIN（全表关联）：获取表中所有内容，相当于左表和右表中的并集。

LEFT SEMI JOIN（左半连接）：判断左表中的关联是否在右表中存在；若存在，则返回左表存在的数据的相关字段；若不存在，则不返回。

**4. 指定查询条件**

(1) WHERE 子句。通过 WHERE 子句指定查询条件，语法格式为：

SELECT 字段 1，字段 2 FROM 表名 WHERE 限制条件；

(2) 逻辑运算符（见表 5-20）。逻辑运算符用来判断表达式的真假，WHERE 子句的查询条件还可以将多个判定运算的结果通过逻辑运算符（AND，OR 和 NOT），再组成更为复杂的查询条件。

(3) 比较运算符（见表 5-21）。比较运算符用于比较两个表达式的值，通常在 WHERE 子句中运用，查询满足该条件的数据。

其中，REGEXP 运算符的特殊字符如表 5-22 所示。

**【例 9-14】** 销售经理针对不同计划销售金额的商品需要制定不同的销售战略，因此请查询销售计划事实表中计划销售金额大于 30 000 000 元的信息。

```
>SELECT * FROM xsplan_fact WHERE jhxsje>30000000;
结果示意：
+----------+----------+--------+----------+
| xsjhid   | dyid     | months | jhxsje   |
+----------+----------+--------+----------+
| XSJH0025 | DYBM0001 | 1      | 44683090 |
| XSJH0026 | DYBM0001 | 2      | 33299722 |
| XSJH0027 | DYBM0001 | 3      | 40834514 |
| XSJH0028 | DYBM0001 | 4      | 40834514 |
| XSJH0029 | DYBM0001 | 5      | 40834514 |
| XSJH0030 | DYBM0001 | 6      | 40834514 |
| XSJH0031 | DYBM0001 | 7      | 40834514 |
| XSJH0032 | DYBM0001 | 8      | 40834514 |
| XSJH0033 | DYBM0001 | 9      | 40834514 |
| XSJH0034 | DYBM0001 | 10     | 40834514 |
| XSJH0035 | DYBM0001 | 11     | 48430268 |
| XSJH0036 | DYBM0001 | 12     | 37279108 |
+----------+----------+--------+----------+
```

**【例 9-15】** 销售经理针对不同计划销售金额的商品需要制定不同的销售战略，请查询销售计划事实表中计划销售金额在 30 000 000～50 000 000 元之间的信息。

```
>SELECT * FROM xsplan_fact WHERE jhxsje>=30000000 AND jhxsje<=50000000;
>SELECT * FROM xsplan_fact WHERE jhxsje BETWEEN 30000000 AND 50000000;
结果示意：
+----------+----------+--------+----------+
| xsjhid   | dyid     | months | jhxsje   |
+----------+----------+--------+----------+
| XSJH0025 | DYBM0001 | 1      | 44683090 |
| XSJH0026 | DYBM0001 | 2      | 33299722 |
```

```
| XSJH0027 | DYBM0001 | 3        | 40834514 |
| XSJH0028 | DYBM0001 | 4        | 40834514 |
| XSJH0029 | DYBM0001 | 5        | 40834514 |
| XSJH0030 | DYBM0001 | 6        | 40834514 |
| XSJH0031 | DYBM0001 | 7        | 40834514 |
| XSJH0032 | DYBM0001 | 8        | 40834514 |
| XSJH0033 | DYBM0001 | 9        | 40834514 |
| XSJH0034 | DYBM0001 | 10       | 40834514 |
| XSJH0035 | DYBM0001 | 11       | 48430268 |
| XSJH0036 | DYBM0001 | 12       | 37279108 |
+----------+----------+----------+----------+
```

**【例9-16】**本年公司新推出了商品油炸机，请查询商品信息表中商品名称包含“油炸机”的商品信息。

```
>SELECT * FROM product_dim WHERE spmc LIKE '%油炸机%';
>SELECT * FROM product_dim WHERE spmc REGEXP '[油炸]';
结果示意：
+---------+-------------------------------------+------+
| spid    | spmc                                | jldw |
+---------+-------------------------------------+------+
| PRO0001 | 面包片油炸机                        | 台   |
| PRO0006 | 中级油油炸机(20#电)                 | 台   |
| PRO0007 | 真空油炸机                          | 台   |
+---------+-------------------------------------+------+
```

(4) 子查询。子查询是一种常用计算机语言SELECT-SQL语言中嵌套查询下层的程序模块。当一个查询是另一个查询的条件时，称为子查询。简单理解就是在SQL中嵌套了SELECT查询子句。

说明：Hive只支持在FROM子句中使用子查询，子查询必须有名字，并且列必须唯一。

1) IN子查询。IN子查询用于进行一个给定值是否在子查询结果集中的判断，语法格式为：

expression [NOT] IN (subquery);

其中，subquery是子查询。当表达式expression与子查询subquery的结果表中的某个值相等时，IN谓词返回TRUE，否则返回FALSE；若使用了NOT，则返回的值刚好相反。

**【例9-17】**2019年第四季度，公司进行了销售大促，现在销售经理想要分析此次促销的成果，请查询2019年第四季度的销售情况。

```
> SELECT djbh, spid, xssl, xsje FROM sale_fact WHERE sjid IN (SELECT
sjid FROM sj_dim WHERE quarters = 4);
结果示意：
+-----------+---------+------+----------+
| djbh      | spid    | xssl | xsje     |
```

```
+-----------+---------+------+-----------+
| XSDD058216| PRO0002 |    9 | 215878.59 |
| XSDD058216| PRO0004 |    2 |  51826.32 |
| XSDD058216| PRO0005 |    1 |   25221.6 |
| XSDD058217| PRO0001 |    2 |  42524.16 |
| XSDD058217| PRO0003 |    5 |     99666 |
| XSDD058217| PRO0004 |    4 | 103652.64 |
```

2）比较子查询。这种子查询可以认为是 IN 子查询的扩展，它使表达式的值与子查询的结果进行比较运算，通常使用比较运算符，语法格式为：

expression {< | <= | = | > | >= | != | <> } { ALL | SOME | ANY } (subquery);

其中，expression 为要进行比较的表达式，subquery 是子查询。ALL，SOME 和 ANY 说明对比较运算的限制。

3）EXISTS 查询。EXISTS 谓词用于测试子查询的结果是否为空表，若子查询的结果集不为空，则 EXISTS 返回 TRUE，否则返回 FALSE。EXISTS 还可与 NOT 结合使用，即 NOT EXISTS，其返回值与 EXISTS 刚好相反。语法格式为：

[NOT] EXISTS (subquery);

**【例 9－18】** 2019 年 1 月 2 日，公司对面包片油炸机进行促销，请查询当日销售商品为面包片油炸机的单据编号、客户名称、业务日期、销售数量和销售金额。

```
>SELECT djbh,sjid,khid,xssl,xsje FROM sale_fact WHERE EXISTS (SE-
LECT * FROM product_dim,sale_fact WHERE product_dim.spid=sale_
fact.spid AND product_dim.spmc='面包片油炸机';) AND sjid='2019-01-02';
结果示意：
+-----------+-----------+----------+------+---------+
| djbh      | sjid      | khid     | xssl | xsje    |
+-----------+-----------+----------+------+---------+
| XSDD047167| 2019-01-02| CUST0009 |    3 |   59400 |
| XSDD047186| 2019-01-02| CUST0006 |    1 |   19000 |
| XSDD057139| 2019-01-02| CUST0017 |    1 |   20880 |
| XSDD057139| 2019-01-02| CUST0017 |    1 | 25891.2 |
+-----------+-----------+----------+------+---------+
```

**5. 排序**

ORDER BY 关键字用于对结果集按照一个列或者多个列进行排序。ORDER BY 关键字默认按照升序对记录进行排序。如果不使用 ORDER BY 子句，结果中行的顺序是不可预料的。使用 ORDER BY 子句可以保证结果中的行按一定顺序排列。

语法格式如下：

ORDER BY {col_name | expr | position} [ASC | DESC] ，…；

说明：ORDER BY 子句后可以是一个列、一个表达式或一个正整数。正整数表示按结果表中该位置上的列排序，例如，使用 ORDER BY 3 表示对 SELECT 的列清单上的第三列进行排序；关键字 ASC 表示升序排列，DESC 表示降序排列，系统默认值为 ASC。

【例 9 - 19】年末，销售经理想要了解各种商品的销售量情况，请汇总查询 2019 年商品编码和销售数量，并按销售数量升序排列。

```
>SELECT spid,sum(xssl) FROM sale_fact GROUP BY spid ORDER BY sum(xssl);
结果示意：
+---------+-----------+
| spid    | sum(xssl) |
+---------+-----------+
| PRO0007 |       321 |
| PRO0004 |      2701 |
| PRO0001 |      4167 |
| PRO0002 |      4355 |
| PRO0003 |      4706 |
| PRO0006 |      5949 |
| PRO0005 |      8150 |
+---------+-----------+
```

**6. 聚合函数**

聚合函数对一组值执行计算，并返回单个值，也称为组函数。聚合函数经常与 SELECT 语句的 GROUP BY 子句的 HAVING 一同使用（见表 5 - 23）。

**7. 分组**

GROUP BY 子句主要用于根据字段对行分组。GROUP BY 子句用于结合聚合函数，根据一个或多个列对结果集进行分组。GROUP BY 子句的语法格式如下：

GROUP BY {col_name | expr | position} [ASC | DESC], …;

【例 9 - 20】财务总监需要对本年度的销售额进行核查，因此需要查询每笔订单的销售金额。

```
>SELECT djbh,SUM(xsje) as total FROM sale_fact GROUP BY djbh;
结果示意：
+-----------+-------------------+
| djbh      | total             |
+-----------+-------------------+
| XSDD047167|             59400 |
| XSDD047186|             19000 |
| XSDD047210|             59100 |
| XSDD057138|             22968 |
| XSDD057139|           46771.2 |
| XSDD057140|           95491.2 |
| XSDD057141|             45240 |
```

**8. HAVING 子句**

使用 HAVING 子句的目的与 WHERE 子句类似，不同的是 WHERE 子句用在 FROM 子句后选择行，而 HAVING 子句用在 GROUP BY 子句后选择行。在 SQL 中增加 HAVING 子句的原因是 WHERE 关键字无法与聚合函数一起使用。HAVING 子句可以筛选分组后的各组数据。语法格式如下：

SELECT 列名 FROM table WHERE 条件 GROUP BY 列名 HAVING 聚合函数；

**【例 9-21】** 财务总监需要对不同销售量的商品进行多维度分析，因此需要查询销售量超过 5 000 件的商品编码和销售总数量。

```
>SELECT spid, sum(xssl) FROM sale_fact GROUP BY spid HAVING SUM
(xssl)>5000;
结果示意：
+---------+-----------+
| spid    | sum(xssl) |
+---------+-----------+
| PRO0005 |      8150 |
| PRO0006 |      5949 |
+---------+-----------+
```

**9. LIMIT 子句**

LIMIT 子句可以用于强制 SELECT 语句返回指定的记录数。语法格式为：

SELECT*FROM table LIMIT 参数 1，参数 2；

说明：LIMIT 接受一个或两个数字参数。参数必须是一个整数常量。

如果给定两个参数，第一个参数指定第一个返回记录行的偏移量，第二个参数指定返回记录行的最大数目。

初始记录行的偏移量是 0（而不是 1）。

**【例 9-22】** 销售经理需要掌握本年度不同商品的销售情况，请查询商品销售总数量从高到低排名第 3～5 位的商品编码及销售总数量。

```
>SELECT spid, sum(xssl) FROM sale_fact GROUP BY spid ORDER BY sum
(xssl) DESC LIMIT 2,3;
结果示意：
+---------+-----------+
| spid    | sum(xssl) |
+---------+-----------+
| PRO0003 |      4706 |
| PRO0002 |      4355 |
| PRO0001 |      4167 |
+---------+-----------+
```

# 9.6 销售业务数据仓库分析实例

本节通过具体的销售业务数据仓库分析案例，加深对数据仓库多维分析的理解和应用。

## 9.6.1 场景描述

夜幕已经降临，办公楼外的路灯也已经点亮，宛若天空中的繁星。

数据分析实习生家桐收拾好东西准备下班，路过销售部销售员罗婷匀的工位时，发现罗婷匀此刻还在办公桌前奋力敲打着键盘。家桐不禁走了过去，问道："罗婷匀，发生什么事了？怎么还没下班？"

罗婷匀抬起头说道："这不是到年末了嘛，我们销售部每年末都需要编制下个年度的销售计划，其中一个依据原则就是上一年度的销售实际情况以及销售计划完成情况。"

家桐继续问道："可以给我讲讲具体的过程吗？看看我能不能帮上忙。"

罗婷匀回答道："好，那先谢谢你了。我先给你描述一遍这项任务的步骤吧。首先，我们需要从不同维度来统计今年的销售数量和销售金额的情况，比如，我们可以分析不同区域的每种商品的销售数量和销售金额等情况，又或者从时间维度，看每个月或每个季度的销售数量和销售金额的具体情况，还可以比较一下其增长趋势。其次，我们需要根据销售计划来分析，分别从计划完成绝对数和计划完成程度相对值来看，可以简单地将计划完成绝对数和销售量的数值进行比较，计算差额是多少；计划完成程度相对值需要依据公式计算，然后基于此来看本年度的销售量是否达到年初制定的计划，销售计划是否实现，接着依据销售计划调整编制下一年度的销售计划。最后，我们还需要分析每种商品的盈利情况，结合财务部的主营业务收入和主营业务成本数据，计算毛利率指标，看下个年度是否有多生产销售的必要。"

罗婷匀喝了口咖啡，继续说："我是今年入职的，第一次做这个工作，不太熟练，数据又多，都不知道要如何着手了。"

家桐听完后，思索了一会儿，说道："我们部门最近刚搭建了一个大数据平台，部分财务数据已经在上面搭建数据仓库。数据仓库是一个面向主题的、集成的、相对稳定的、反映历史变化的数据集合，用于支持管理决策。它基于各主题建立不同分析维度，再通过HQL语言就能轻松地查询到想要的信息。要不把你的数据也拿去试试，将数据清洗处理一下，这样一来数据就不再杂乱，你也会明白自己要分析什么，以及怎么分析了。"

罗婷匀感叹道："这样可就太好了！真是谢谢你。"

## 9.6.2 业务分析

销售部门需按期编制销售计划，而销售计划的编制必须有所依据，即要根据实际情况制定。制定销售计划，必须有理有据、有的放矢，其中要遵循的原则之一是依据上一期销售计划的实现情况。基于此，对本年度的销售情况及各商品的盈利情况做统计分析，以此作为销售计划的编制依据之一。销售收入业务需求分析-业务与技术对应关系模型如图9-10所示。

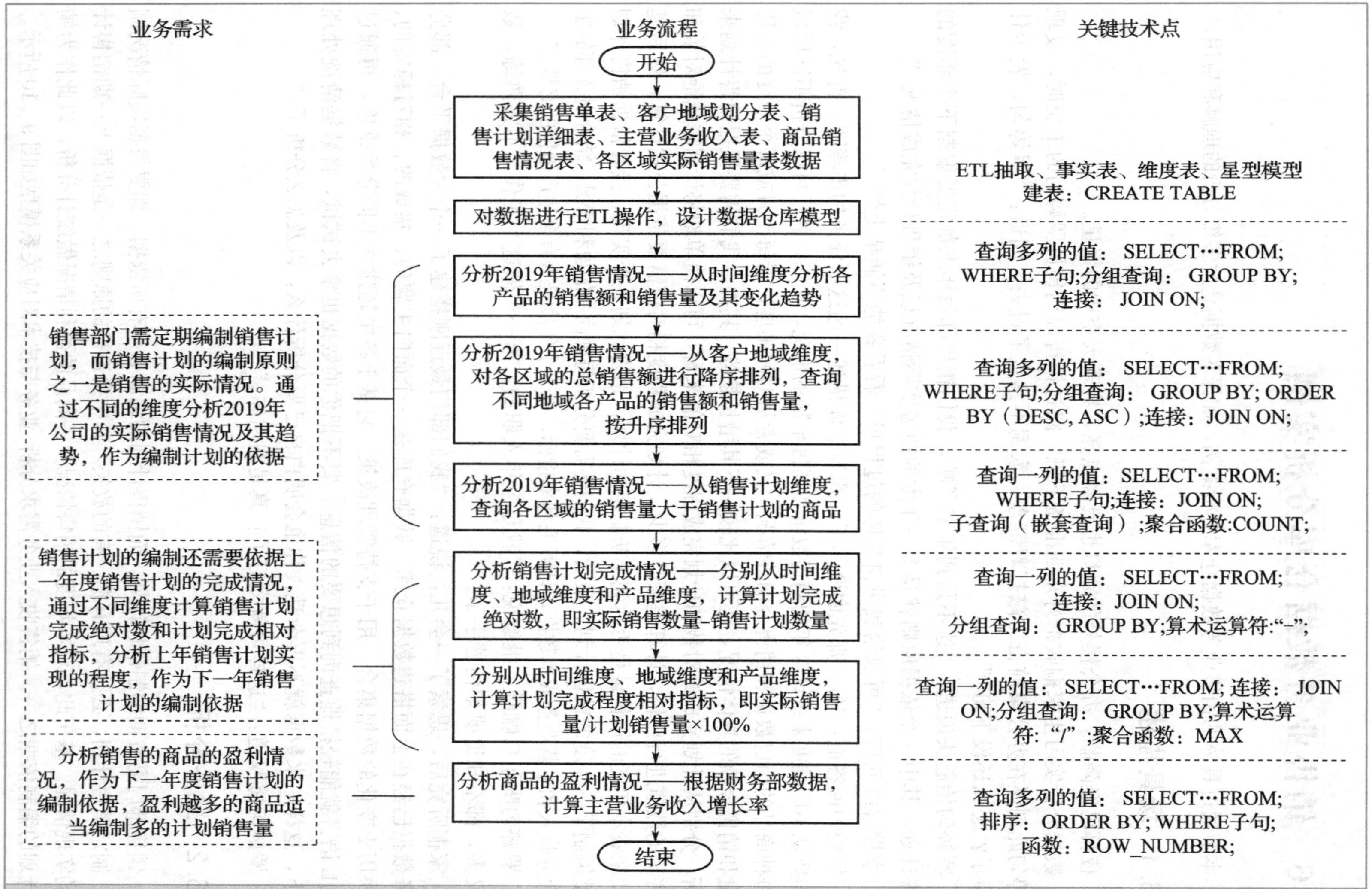


**图9-10　销售收入业务需求分析-业务与技术对应关系模型**

## 9.6.3 多维分析

（1）业务需求：因今年“618”大促活动即将到来，需要了解2019年6月18日的销量情况。

分析目标：为今年“618”销量情况做出更好的预测，以便提前准备库存。

实现过程：在Hive数据仓库中对各地区各商品2019年6月18日的销售总量情况进行查询。

相关要素如表9-5所示。

**表9-5 相关要素表**

| | |
|---|---|
| 事实表、维度表 | sale_fact（销售事实表）、product_dim（商品维度表）、customer_dim（客户维度表）、area_dim（地域维度表） |
| 数据模型 | 星型模型 |
| 连接字段 | spmc（商品名称）、djbh（单据编号）、customer（客户名称）、dyid（地域编码） |
| 连接结果 | 将维度表和事实表连接，获得维度表中更多的数据 |

```
HQL语句：SELECT product_dim.spmc AS f_spmc, area_dim.ssqy AS f_area,
SUM(sale_fact.xssl) AS xszl FROM sale_fact LEFT JOIN product_dim ON
sale_fact.spid=product_dim.spid LEFT JOIN customer_dim ON
customer_dim.khid=sale_fact.khid LEFT JOIN area_dim ON customer_
dim.dyid=area_dim.dyid WHERE sjid ='2019/6/18' GROUP BY product_
dim.spmc, area_dim.ssqy;
```

结果示例：

```
Status: Finished successfully in 3.03 seconds
OK
提升机	西北片区	7
圆筒式撒粉机	西北片区	7
面包片油炸机	东北片区	8
面包片油炸机	华东片区	2
漂洗机	华南片区	1
提升机	华南片区	3
中级油油炸机（20#电）	华东片区	7
面包片油炸机	西北片区	2
圆筒式撒粉机	华东片区	6
漂洗机	东北片区	6
无锈宽网带传送机（机架可拆）	西北片区	5
圆筒式撒粉机	东北片区	2
面包片油炸机	华南片区	2
漂洗机	华东片区	1
漂洗机	西北片区	6
中级油油炸机（20#电）	东北片区	7
提升机	华东片区	6
无锈宽网带传送机（机架可拆）	华东片区	5
Time taken: 56.794 seconds, Fetched: 18 row(s)
```

（2）业务需求：因为销售单价可能会影响客户的购买力，所以需要分析根据各地区经济水平制定的销售单价对销售数量产生影响的情况。

分析目标：分析公司各个地区各种商品目前制定的单价是否合理。

实现过程：在 Hive 数据仓库中查询各个地区各种商品每个月的平均销售单价和平均销售数量，并对平均销售数量进行降序排序。

相关要素如表 9-6 所示。

**表 9-6　相关要素表**

| | |
|---|---|
| 事实表、维度表 | sale_fact（销售事实表）、product_dim（商品维度表）、customer_dim（客户维度表）、area_dim（地域维度表）<br>time_dim（时间维度表） |
| 数据模型 | 星型模型 |
| 连接字段 | spmc（商品名称）、djbh（单据编号）、sjid（时间编码）、customer（客户名称）、dybm（地域编码） |
| 连接结果 | 将维度表和事实表连接，获得维度表中更多的数据 |

HQL 语句：

```
SELECT area_dim.ssqy AS f_area,product_dim.spmc AS f_spmc, time_dim.months AS f_months, SUM(xsje)/SUM(xssl) AS pjxsdj, AVG(xssl) AS pjxssl FROM sale_fact LEFT JOIN product_dim ON sale_fact.spid=product_dim.spid LEFT JOIN customer_dim ON customer_dim.khid=sale_fact.khid LEFT JOIN time_dim ON sale_fact.sjid=time_dim.sjid LEFT JOIN area_dim ON customer_dim.dyid=area_dim.dyid GROUP BY area_dim.ssqy, product_dim.spmc, time_dim.months ORDER BY pjxssl DESC;
```

结果示例：

```
Status: Finished successfully in 2.04 seconds
OK
华南片区        圆筒式撒粉机    6       21637.720250000002      11.4285714285714
29
华南片区        圆筒式撒粉机    8       21967.834831460674      11.125
华南片区        圆筒式撒粉机    5       21576.44828282828       11.0
华南片区        圆筒式撒粉机    11      21737.320534759354      11.0
华中片区        圆筒式撒粉机    3       22143.93240310077       10.75
西北片区        圆筒式撒粉机    9       21261.020624999997      10.6666666666666
66
西南片区        圆筒式撒粉机    10      21392.202823529413      10.625
东北片区        圆筒式撒粉机    10      22307.33        10.363636363636363
东北片区        圆筒式撒粉机    5       22143.094146341464      10.25
华中片区        圆筒式撒粉机    7       21672.098043478265      10.2222222222222
21
华中片区        圆筒式撒粉机    9       21895.606993006993      10.2142857142857
14
西南片区        圆筒式撒粉机    2       22606.034509803918      10.2
华东片区        圆筒式撒粉机    5       21825.54098159509       10.1875
东北片区        圆筒式撒粉机    2       22393.172459016394      10.1666666666666
```

```
华南片区        真空油炸机      10      31188.0 1.0
华北片区        真空油炸机      9       31188.0 1.0
华南片区        真空油炸机      1       31731.0 1.0
西南片区        真空油炸机      11      31188.0 1.0
东北片区        真空油炸机      11      31188.0 1.0
华东片区        真空油炸机      8       31188.0 1.0
西北片区        真空油炸机      5       31188.0 1.0
华中片区        真空油炸机      9       31188.0 1.0
华中片区        真空油炸机      1       32016.0 1.0
华南片区        真空油炸机      6       31188.0 1.0
```

```
华中片区        真空油炸机      3       32016.0 1.0
华中片区        真空油炸机      5       31188.0 1.0
华南片区        真空油炸机      8       31188.0 1.0
东北片区        真空油炸机      5       31188.0 1.0
东北片区        真空油炸机      4       31188.0 1.0
华东片区        真空油炸机      9       31188.0 1.0
华东片区        真空油炸机      1       32016.0 1.0
华北片区        真空油炸机      10      31188.0 1.0
华南片区        真空油炸机      11      31188.0 1.0
华北片区        真空油炸机      5       31188.0 1.0
华北片区        真空油炸机      1       32016.0 1.0
西南片区        真空油炸机      9       31188.0 1.0
Time taken: 5.288 seconds, Fetched: 583 row(s)
```

(3) 业务需求：因公司年底进行业绩评价，需要了解各个地区各种商品的销售量情况。
分析目标：找出销售量比较好和比较差的地区和商品，思考是否需要调整发展战略。
实现过程：在Hive数据仓库中对各个地区各种商品按销售量进行降序排序。
相关要素如表9-7所示。

**表9-7 相关要素表**

| | |
|---|---|
| 事实表、维度表 | sale_fact（销售事实表）、product_dim（商品维度表）、customer_dim（客户维度表）、area_dim（地域维度表） |
| 数据模型 | 星型模型 |
| 连接字段 | spmc（商品名称）、djbh（单据编号）、customer（客户名称）、dybm（地域编码）、 |
| 连接结果 | 将维度表和事实表连接，获得维度表中更多的数据 |

HQL语句：SELECT area_dim.ssqy, product_dim.spmc, SUM(sale_fact.xssl) AS xsl FROM sale_fact INNER JOIN customer_dim ON sale_fact.khid=customer_dim.khid INNER JOIN product_dim ON product_dim.spid=sale_fact.spid LEFT JOIN area_dim ON customer_dim.dyid=area_dim.dyid GROUP BY area_dim.ssqy,product_dim.spmc ORDER BY xsl DESC;

结果示例：

```
Status: Finished successfully in 3.03 seconds
OK
华东片区        圆筒式撒粉机    2291
华东片区        中级油油炸机（20#电）   1694
华中片区        圆筒式撒粉机    1417
华东片区        提升机  1381
华南片区        圆筒式撒粉机    1365
华北片区        圆筒式撒粉机    1332
华东片区        漂洗机  1226
华东片区        面包片油炸机    1196
华中片区        中级油油炸机（20#电）   1064
华南片区        中级油油炸机（20#电）   961
华北片区        中级油油炸机（20#电）   953
华中片区        提升机  839
西南片区        圆筒式撒粉机    814
华南片区        提升机  810
华东片区        无锈宽网带传送机（机架可拆）    766
华中片区        面包片油炸机    766
华中片区        漂洗机  760
东北片区        圆筒式撒粉机    715
华南片区        漂洗机  710
```

```
西南片区        提升机   459
华北片区        无锈宽网带传送机（机架可拆）    442
华南片区        无锈宽网带传送机（机架可拆）    435
东北片区        提升机   417
西南片区        面包片油炸机      416
东北片区        面包片油炸机      416
东北片区        漂洗机   409
西北片区        圆筒式撒粉机      341
西南片区        无锈宽网带传送机（机架可拆）    268
西北片区        中级油油炸机（20#电）  264
东北片区        无锈宽网带传送机（机架可拆）    239
西北片区        提升机   213
西北片区        面包片油炸机      184
西北片区        漂洗机   158
西北片区        无锈宽网带传送机（机架可拆）    124
华东片区        真空油炸机        85
华北片区        真空油炸机        60
华中片区        真空油炸机        53
华南片区        真空油炸机        50
西南片区        真空油炸机        32
东北片区        真空油炸机        24
西北片区        真空油炸机        18
Time taken: 50.501 seconds, Fetched: 49 row(s)
```

（4）业务需求：为了留住忠实客户，吸引新的客户进行购买，需要了解客户的购买情况和客户的购买偏好。

分析目标：留住老客户，吸引新客户。

实现过程：在 Hive 数据仓库中查询购买商品数量最多的公司，并列出购买的商品名称和商品总数量。

相关要素如表 9-8 所示。

**表 9-8　相关要素表**

| | |
|---|---|
| 事实表、维度表 | sale_fact（销售事实表）、product_dim（商品维度表）、customer_dim（客户维度表）、area_dim（地域维度表） |
| 数据模型 | 星型模型 |
| 连接字段 | spmc（商品名称）、djbh（单据编号）、spid（商品编码）、customer（客户名称）、dybm（地域编码） |
| 连接结果 | 将维度表和事实表连接，获得维度表中更多的数据 |

HQL 语句：SELECT customer_dim.khmc, product_dim.spmc, SUM(sale_fact.xssl) AS xszl FROM sale_fact INNER JOIN customer_dim ON sale_fact.khid=customer_dim.khid INNER JOIN product_dim ON sale_fact.spid=product_dim.spid GROUP BY customer_dim.khmc,product_dim.spmc ORDER BY xszl DESC;

结果示例：

```
Status: Finished successfully in 2.03 seconds
OK
株洲湘味馆连锁店        圆筒式撒粉机    399
绿悠源食品有限公司      圆筒式撒粉机    364
薯薯食品有限公司        圆筒式撒粉机    340
太原红旗食品加工厂      圆筒式撒粉机    335
老陕西食味馆            圆筒式撒粉机    313
深圳好在来连锁饭店      圆筒式撒粉机    309
上海龙祥食品有限公司    圆筒式撒粉机    309
```

```
东莞王老大食品厂          圆筒式撒粉机      307
石家庄百岁烧鸡            圆筒式撒粉机      304
江西乐士食品加工有限公司          圆筒式撒粉机      303
株洲湘味馆连锁店          中级油油炸机（20#电）     302
昆明香园过桥米线连锁店    圆筒式撒粉机      298
味乐爱食品厂              圆筒式撒粉机      291
成都麻辣休息吧连锁店      圆筒式撒粉机      290
悦来茶楼                  圆筒式撒粉机      281
山东俏媳妇食品加工厂      圆筒式撒粉机      281
长春佳肴食品公司          圆筒式撒粉机      274
广州中顺食品厂            圆筒式撒粉机      273
上海龙祥食品有限公司      真空油炸机        9
成都麻辣休息吧连锁店      真空油炸机        9
深圳好在来连锁饭店        真空油炸机        8
太原红旗食品加工厂        真空油炸机        8
浙江家旺食品加工厂        真空油炸机        7
北京诚恩食品公司          真空油炸机        7
承德新方食品加工有限公司          真空油炸机        7
天津家乐园食品公司        真空油炸机        7
北京桃李食品公司          真空油炸机        7
内蒙古好吃牛肉干加工厂    真空油炸机        6
长春佳肴食品公司          真空油炸机        6
金华宏发肉制品加工厂      真空油炸机        6
东莞王老大食品厂          真空油炸机        6
重庆家福火锅连锁店        真空油炸机        6
上海快乐薯吧加盟公司      真空油炸机        6
山东俏媳妇食品加工厂      真空油炸机        6
昆明香园过桥米线连锁店    真空油炸机        5
润康食品加工厂            真空油炸机        5
好再来砂锅粥店            真空油炸机        4
长沙辣妹子食品厂          真空油炸机        4
天津新和豆浆              真空油炸机        3
新疆葡萄干加工厂          真空油炸机        3
Time taken: 3.64 seconds, Fetched: 273 row(s)
```

（5）业务需求：销售部想找出本公司最受欢迎的商品，需要了解各商品的交易次数情况。

分析目标：找出最受欢迎的商品。

实现过程：在 Hive 数据仓库中查询 2019 年各商品的交易次数，并按降序排序。

相关要素如表 9－9 所示。

**表 9－9　相关要素表**

| | |
|---|---|
| 事实表、维度表 | sale_fact（销售事实表）、product_dim（商品维度表） |
| 数据模型 | 星型模型 |
| 连接字段 | djbh（单据编号）、spid（商品编码） |
| 连接结果 | 将维度表和事实表连接，获得维度表中更多的数据 |

```
HQL语句：SELECT product_dim.spmc, COUNT(spmc) AS jycs FROM sale_fact LEFT JOIN product_dim ON product_dim.spid=sale_fact.spid Group BY product_dim.spmc ORDER BY jycs DESC;
```

结果示例：

```
Status: Finished successfully in 1.01 seconds
OK
圆筒式撒粉机      1034
中级油油炸机（20#电）     1012
无锈宽网带传送机（机架可拆）      1010
提升机    1010
漂洗机    1005
面包片油炸机      990
```

```
真空油炸机        320
Time taken: 2.589 seconds, Fetched: 7 row(s)
```

（6）业务需求：受淡旺季影响，由于不合理安排可能会影响公司的资金周转，造成成本浪费等情况，因此需了解公司各商品的淡旺季月份及销售情况。

分析目标：分析各商品的淡旺季月份及销量情况，做出合理战略计划。

实现过程：在 Hive 数据仓库中查询各月各商品的销售量和销售额，分析每个月的商品销售变化趋势。

相关要素如表 9-10 所示。

**表 9-10　相关要素表**

| | |
|---|---|
| 事实表、维度表 | sale_fact（销售事实表）、product_dim（商品维度表） |
| 数据模型 | 星型模型 |
| 连接字段 | djbh（单据编号）、spid（商品编码）、sjid（时间编码） |
| 连接结果 | 将维度表和事实表连接，获得维度表中更多的数据 |

HQL 语句：SELECT product_dim.spmc, time_dim.months, SUM(sale_fact.xsje) AS total_xsje, SUM(sale_fact.xssl) AS total_xssl FROM sale_fact LEFT JOIN time_dim ON time_dim.sjid= sale_fact.sjid LEFT JOIN product_dim ON product_dim.spid= sale_fact.spid GROUP BY product_dim.spmc, time_dim.months ORDER BY product_dim.spmc, time_dim.months;

结果示例：

```
Status: Finished successfully in 2.02 seconds
OK
中级油油炸机 (20#电)    1     1.0582656559999997E7    517
中级油油炸机 (20#电)    10    1.0019374389999997E7    493
中级油油炸机 (20#电)    11    1.0836766669999996E7    536
中级油油炸机 (20#电)    12    1.0294869519999992E7    507
中级油油炸机 (20#电)    2     7554962.840000001       361
中级油油炸机 (20#电)    3     1.3512582480000008E7    653
中级油油炸机 (20#电)    4     1.1054655969999999E7    544
中级油油炸机 (20#电)    5     9313634.019999994       459
中级油油炸机 (20#电)    6     1.1148590169999996E7    553
中级油油炸机 (20#电)    7     1.1057534769999999E7    549
中级油油炸机 (20#电)    8     8821442.179999998       438
中级油油炸机 (20#电)    9     8407225.989999998       413
圆筒式撒粉机    1     1.5267975119999997E7    673
圆筒式撒粉机    10    1.692123246000001E7     769
圆筒式撒粉机    11    1.6668523780000003E7    750
圆筒式撒粉机    12    1.4485506159999996E7    655
圆筒式撒粉机    2     1.1417434559999999E7    500
```

```
真空油炸机    11    592572.0     19
真空油炸机    12    779700.0     25
真空油炸机    2     1024512.0    32
真空油炸机    3     1184592.0    37
真空油炸机    4     905280.0     29
真空油炸机    5     810888.0     26
真空油炸机    6     842076.0     27
真空油炸机    7     561384.0     18
真空油炸机    8     973221.54    32
真空油炸机    9     779700.0     25
面包片油炸机  1     7252911.32   346
```

```
面包片油炸机    10      7388024.750000005       358
面包片油炸机    11      7834566.850000004       380
面包片油炸机    12      7009608.090000002       339
面包片油炸机    2       6753225.36      319
面包片油炸机    3       9195079.88      436
面包片油炸机    4       8050553.310000004       393
面包片油炸机    5       7558784.700000003       368
面包片油炸机    6       6666510.710000005       322
面包片油炸机    7       7435470.060000003       361
面包片油炸机    8       7519379.060000003       368
面包片油炸机    9       5052251.4700000025      244
Time taken: 4.845 seconds, Fetched: 84 row(s)
```

（7）业务需求：找到各区域销售最好和最差的区域，对好的区域予以奖励，对差的区域更加重视，再找到是哪类商品导致区域的销售情况好/差。

分析目标：获得总销售额最好和最差的商品，分析各区域各商品的销售情况。

实现过程：在 Hive 数据仓库中查询不同地域 2019 年各商品的销售额，按升序排列。

相关要素如表 9-11 所示。

**表 9-11 相关要素表**

| | |
|---|---|
| 事实表、维度表 | sale_fact（销售事实表）、customer_dim（客户维度表）、area_dim（地域维度表）、product_dim（商品维度表） |
| 数据模型 | 星型模型 |
| 连接字段 | djbh（单据编号）、khid（客户编码）、dyid（地域编码）、spid（商品编码） |
| 连接结果 | 将维度表和事实表连接，获得维度表中更多的数据 |

```
HQL语句：SELECT area_dim.ssqy,product_dim.spmc,SUM(sale_fact.xsje) AS total_xsje FROM sale_fact LEFT JOIN customer_dim ON sale_fact.khid =customer_dim.khid LEFT JOIN area_dim ON customer_dim.dyid=area_dim.dyid  LEFT JOIN product_dim ON product_dim.spid=sale_fact.spid  GROUP BY area_dim.ssqy,product_dim.spmc ORDER BY area_dim.ssqy,total_xsje;
```

结果示例：

```
Status: Finished successfully in 2.02 seconds
OK
东北片区        真空油炸机      754308.0
东北片区        无锈宽网带传送机（机架可拆）    6257922.840000002
东北片区        提升机  8084520.720000006
东北片区        面包片油炸机    8584486.360000003
东北片区        漂洗机  1.0065229649999997E7
东北片区        中级油油炸机（20#电）   1.1242320299999997E7
东北片区        圆筒式撒粉机    1.603807078E7
华东片区        真空油炸机      2672508.0
华东片区        无锈宽网带传送机（机架可拆）    1.9944297040000066E7
华东片区        面包片油炸机    2.4777644279999983E7
华东片区        提升机  2.6756427519999992E7
华东片区        漂洗机  3.010572314000002E7
华东片区        中级油油炸机（20#电）   3.4644121099999964E7
华东片区        圆筒式撒粉机    5.092231778000002E7
华中片区        真空油炸机      1663728.0
华中片区        无锈宽网带传送机（机架可拆）    1.2107535080000017E7
华中片区        面包片油炸机    1.5841733580000013E7
华中片区        提升机  1.6210834900000008E7
华中片区        漂洗机  1.8704666010000005E7
```

```
华北片区        圆筒式撒粉机    2.952245980000012E7
华南片区        真空油炸机      1572852.0
华南片区        无锈宽网带传送机（机架可拆）    1.135184792000002E7
华南片区        面包片油炸机    1.328319347000001E7
华南片区        提升机  1.564328540000001E7
华南片区        漂洗机  1.74046933E7
华南片区        中级油油炸机（20#电）   1.946973740999999E7
华南片区        圆筒式撒粉机    3.02700418E7
西北片区        真空油炸机      566352.0
西北片区        无锈宽网带传送机（机架可拆）    3255946.1999999997
西北片区        面包片油炸机    3849688.7500000005
西北片区        漂洗机  3907495.5500000007
西北片区        提升机  4135158.2199999997
西北片区        中级油油炸机（20#电）   5439652.659999998
西北片区        圆筒式撒粉机    7693130.8999999985
西南片区        真空油炸机      1006296.0
西南片区        无锈宽网带传送机（机架可拆）    7008950.520000001
西南片区        面包片油炸机    8589970.000000004
西南片区        提升机  8922833.460000006
西南片区        中级油油炸机（20#电）   1.0698803709999993E7
西南片区        漂洗机  1.2545158540000003E7
西南片区        圆筒式撒粉机    1.799680616000001E7
Time taken: 4.715 seconds, Fetched: 49 row(s)
```

（8）业务需求：上年，公司对每类商品都制定了计划销售金额，每年末都要检验计划的落实情况，找出各区域每种商品对于营业收入的贡献情况，并在此基础上制定新一年的区域年度计划销售数量。

分析目标：获得各区域的销售数量大于计划销售数量的商品名称，后续可以增加这部分商品在该地区的投入。

实现过程：在 Hive 数据仓库中查询各区域的销售金额小于计划销售金额的商品名称，分析各区域完成计划的商品情况。

相关要素如表 9－12 所示。

**表 9－12　相关要素表**

| | |
|---|---|
| 事实表、维度表 | sale_fact（销售事实表）、customer_dim（客户维度表）、area_dim（地域维度表）、product_dim（商品维度表）、xsplan_dim（销售计划维度表） |
| 数据模型 | 星型模型 |
| 连接字段 | djbh（单据编号）、khid（客户编码）、dyid（地域编码）、spid（商品编码）、xsjhid（销售计划编码） |
| 连接结果 | 将维度表和事实表连接，获得维度表中更多的数据 |

```
HQL 语句：SELECT a.*,b.plan_xsje FROM (SELECT area_dim.ssqy AS a_area,
product_dim.spmc AS a_spmc, SUM(xsje) AS real_xsje FROM sale_fact
LEFT JOIN product_dim ON product_dim.spid=sale_fact.spid INNER
JOIN customer_dim ON customer_dim.khid=sale_fact.khid INNER JOIN
area_dim ON area_dim.dyid=customer_dim.dyid GROUP BY area_dim.
ssqy, product_dim.spmc ORDER BY a_area, a_spmc) a left JOIN (SELECT
area_dim.ssqy AS b_area, product_dim.spmc AS b_spmc, SUM(jhxsje) AS plan_
xsje  FROM xsplan_fact  INNER JOIN area_dim ON area_dim.dyid=xsplan_fact.
dyid INNER JOIN customer_dim ON customer_dim.dyid=area_dim.dyid
INNER JOIN sale_fact ON customer_dim.khid=sale_fact.khid INNER JOIN
```

```
product_dim ON product_dim.spid=sale_fact.spid GROUP BY area_dim.
ssqy, product_dim.spmc ORDER BY b_area,b_spmc) b  ON a.a_area=b.b_
area AND a.a_spmc=b.b_spmc WHERE a.real_xsje< b.plan_xsje;
```

结果示例：

```
Status: Finished successfully in 2.01 seconds
OK
东北片区        中级油油炸机（20#电）  1.1242320299999997E7      1.11114812E10
东北片区        圆筒式撒粉机     1.603807078E7     1.21349071E10
东北片区        提升机  8084520.720000006        1.18424997E10
东北片区        无锈宽网带传送机（机架可拆）    6257922.840000002        1.228111
08E10
东北片区        漂洗机  1.0065229649999997E7     1.25735182E10
东北片区        真空油炸机      754308.0         3.5088888E9
东北片区        面包片油炸机    8584486.360000003        1.1696296E10
华东片区        中级油油炸机（20#电）  3.4644121099999964E7      1.377934923E11
华东片区        圆筒式撒粉机    5.092231778000002E7      1.397549655E11
华东片区        提升机  2.6756427519999992E7     1.412260704E11
华东片区        无锈宽网带传送机（机架可拆）    1.9944297040000066E7     1.328898
093E11
华东片区        漂洗机  3.010572314000002E7      1.32399441E11
华东片区        真空油炸机      2672508.0        4.16813055E10
华东片区        面包片油炸机    2.4777644279999983E7     1.353416508E11
华中片区        中级油油炸机（20#电）  2.159956306999997E7       2.07107072E10
华中片区        圆筒式撒粉机    3.142748058000002E7      2.09632768E10
华中片区        提升机  1.6210834900000008E7     2.10895616E10
华中片区        无锈宽网带传送机（机架可拆）    1.2107535080000017E7     2.134213
```

```
华南片区        提升机  1.564328540000001E7      2.11141791E10
华南片区        无锈宽网带传送机（机架可拆）    1.135184792000002E7      1.983882
6E10
华南片区        漂洗机  1.74046933E7     2.01222378E10
华南片区        真空油炸机      1572852.0        7.085295E9
华南片区        面包片油炸机    1.328319347000001E7      1.95554142E10
西北片区        中级油油炸机（20#电）  5439652.659999998        1.66487232E9
西北片区        圆筒式撒粉机    7693130.8999999985       1.66487232E9
西北片区        提升机  4135158.2199999997       1.5608178E9
西北片区        无锈宽网带传送机（机架可拆）    3255946.1999999997       1.534804
17E9
西北片区        漂洗机  3907495.5500000007       1.48277691E9
西北片区        真空油炸机      566352.0         4.6824534E8
西北片区        面包片油炸机    3849688.7500000005       1.61284506E9
西南片区        中级油油炸机（20#电）  1.0698803709999993E7      3.024203424E9
西南片区        圆筒式撒粉机    1.799680616000001E7      3.181714019E9
西南片区        提升机  8922833.460000006        3.087207662E9
西南片区        无锈宽网带传送机（机架可拆）    7008950.520000001        3.244718
257E9
西南片区        漂洗机  1.2545158540000003E7     3.496735209E9
西南片区        真空油炸机      1006296.0        1.008067808E9
西南片区        面包片油炸机    8589970.000000004        2.898194948E9
Time taken: 10.543 seconds, Fetched: 49 row(s)
```

（9）业务需求：分析各区域的各商品的完成情况，统计各区完成计划的商品类型。根据各商品在不同地区的完成情况，后续销售过程可以做区域倾斜销售，在销量较好的地区重点投放。

分析目标：统计各区完成计划的商品类型，得出哪个区域完成计划的商品金额最多。分析各区域完成计划的商品情况。

实现过程：在 Hive 数据仓库中查询各区域的销售金额小于计划销售金额的商品，统计商品类型数量。

相关要素如表 9-13 所示。

**表 9-13　相关要素表**

| | |
|---|---|
| 事实表、维度表 | sale_fact（销售事实表）、customer_dim（客户维度表）、area_dim（地域维度表）、product_dim（商品维度表）、xsplan_dim（销售计划维度表） |
| 数据模型 | 星型模型 |
| 连接字段 | djbh（单据编号）、khid（客户编码）、dyid（地域编码）、spid（商品编码）、xsjhid（销售计划编码） |
| 连接结果 | 将维度表和事实表连接，获得维度表中更多的数据 |

```
HQL语句：SELECT a.a_area,COUNT(a.a_spmc) FROM (SELECT area_dim.ssqy AS a_area,product_dim.spmc AS a_spmc, SUM(xsje) AS real_xsje FROM sale_fact LEFT JOIN product_dim ON product_dim.spid=sale_fact.spid INNER JOIN customer_dim ON customer_dim.khid=sale_fact.khid INNER JOIN area_dim ON area_dim.dyid=customer_dim.dyid GROUP BY area_dim.ssqy, product_dim.spmc ORDER BY a_area ,a_spmc) a  INNER JOIN (SELECT area_dim.ssqy AS b_area, product_dim.spmc AS b_spmc, SUM(jhxsje) AS plan_xsje  FROM xsplan_fact INNER JOIN area_dim ON area_dim.dyid=xsplan_fact.dyid INNER JOIN customer_dim ON customer_dim.dyid=area_dim.dyid INNER JOIN sale_fact ON customer_dim.khid=sale_fact.khid INNER JOIN product_dim ON product_dim.spid=sale_fact.spid GROUP BY area_dim.ssqy, product_dim.spmc ORDER BY b_area,b_spmc) b  ON a.a_area=b.b_area AND a.a_spmc=b.b_spmc WHERE a.real_xsje< b.plan_xsje GROUP BY a.a_area;
```

结果示例：

```
Status: Finished successfully in 2.03 seconds
OK
华南片区        7
西北片区        7
华中片区        7
东北片区        7
华北片区        7
华东片区        7
西南片区        7
Time taken: 9.497 seconds, Fetched: 7 row(s)
```

（10）业务需求：上年，公司对每类商品都制定了计划销售金额，每年末都要检验计划的落实情况，找出计划完成的绝对值，将其对标到每一个地区的计划销售金额，找出计划未落实的原因。

分析目标：通过与计划销售金额进行对比，获得各商品每月的计划完成绝对值，为新一年销售计划的制定提供数据支撑。计算公式如下：

计划完成绝对值＝实际销售金额－计划销售金额

实现过程：在 Hive 数据仓库中查询各商品每月的计划销售数量。

相关要素如表 9 - 14 所示。

**表 9 - 14 相关要素表**

| | |
|---|---|
| 事实表、维度表 | sale_fact（销售事实表）、customer_dim（客户维度表）、area_dim（地域维度表）、product_dim（商品维度表）、xsplan_dim（销售计划维度表）、time_dim（时间维度表） |
| 数据模型 | 星型模型 |
| 连接字段 | djbh（单据编号）、khid（客户编码）、dyid（地域编码）、spid（商品编码）、xsjhid（销售计划编码）、sjid（时间编码） |
| 连接结果 | 将维度表和事实表连接，获得维度表中更多的数据 |

```
HQL 语句：SELECT a.a_spmc, a.a_months, a.real_xsje, SUM(jhxsje) AS
plan_xsje, a.real_xsje-SUM(jhxsje) AS jhwcjds FROM xsplan_fact
INNER JOIN area_dim ON area_dim.dyid=xsplan_fact.dyid INNER JOIN
customer_dim ON customer_dim.dyid=area_dim.dyid INNER JOIN sale_
fact ON customer_dim.khid=sale_fact.khid INNER JOIN product_dim ON
product_dim.spid=sale_fact.spid INNER JOIN time_dim ON time_dim.
sjid=sale_fact.sjid LEFT JOIN (SELECT product_dim.spmc AS a_spmc,
months AS a_months, SUM(xsje) AS real_xsje FROM sale_fact LEFT JOIN
product_dim ON product_dim.spid=sale_fact.spid LEFT JOIN time_dim
ON time_dim.sjid=sale_fact.sjid GROUP BY product_dim.spmc, time_
dim.months ORDER BY a_spmc, a_months) a ON a.a_spmc=product_dim.spmc
AND time_dim.months=a.a_months GROUP BY a.a_spmc, a.a_months, a.real_
xsje ORDER BY a.a_spmc, a.a_months;
```

结果示例：

```
Status: Finished successfully in 2.01 seconds
OK
中级油油炸机（20#电）	1	1.0582656559999997E7	2.2756136396E10 -2.27455
5373944E10
中级油油炸机（20#电）	10	1.0019374389999997E7	1.8262297159E10 -1.82522
7778461E10
中级油油炸机（20#电）	11	1.0836766669999996E7	1.8051787143E10 -1.80409
5037633E10
中级油油炸机（20#电）	12	1.0294869519999992E7	1.7903818022E10 -1.78935
2315248E10
中级油油炸机（20#电）	2	7554962.840000001	1.347327614E10	-1.34657
2117716E10
中级油油炸机（20#电）	3	1.3512582480000008E7	2.5287610078E10 -2.52740
9749552E10
中级油油炸机（20#电）	4	1.1054655969999999E7	2.1675573172E10 -2.16645
1851603E10
中级油油炸机（20#电）	5	9313634.019999994	1.7416231491E10 -1.74069
1785698E10
中级油油炸机（20#电）	6	1.1148590169999996E7	2.0413092513E10 -2.04019
真空油炸机	9	779700.0	5.482849195E9	-5.482069495E9
面包片油炸机	1	7252911.32	2.1239975267E10 -2.123272235568E10
面包片油炸机	10	7388024.750000005	1.8234436161E10 -1.822704813625E
10
面包片油炸机	11	7834566.850000004	1.7941758273E10 -1.793392370615E
10
面包片油炸机	12	7009608.090000002	1.652228934E10	-1.651527973191E
10
```

```
面包片油炸机    2       6753225.36        1.4384161918E10 -1.437740869264E10
面包片油炸机    3       9195079.88        2.2960620589E10 -2.295142550912E10
面包片油炸机    4       8050553.310000004          1.9192564923E10 -1.918451436969E
10
面包片油炸机    5       7558784.700000003          1.6001767048E10 -1.59942082633E1
0
面包片油炸机    6       6666510.710000005          2.0485313135E10 -2.047864662429E
10
面包片油炸机    7       7435470.060000003          2.0759008366E10 -2.075157289594E
10
面包片油炸机    8       7519379.060000003          1.8914265205E10 -1.890674582594E
10
面包片油炸机    9       5052251.4700000025         1.5113653583E10 -1.510860133153E
10
Time taken: 10.405 seconds, Fetched: 84 row(s)
```

## 思维拓展

1. Hive 与 MySQL，HBase 分别有什么区别？
2. Hive 适合哪些具体的应用场景？
3. Hive 的数据模型有哪些？
4. Hive 的数据定义语言和数据操作语言有什么区别？
5. 将数据表加载到 Hive 的具体方法是什么？
6. Hive 的架构体系包括哪些模块？

# 第10章 数据可视化技术

## 学习目标

- 了解数据可视化的发展历程
- 掌握数据可视化的概念、特征及优势
- 了解常见的数据可视化软件
- 理解数据可视化的图表分类情况
- 掌握数据可视化对于图表的选择
- 掌握并熟练运用数据可视化的方法
- 熟悉并掌握数据可视化的流程
- 创新数据可视化的应用实例

## 思维导图

## 蛮有数洞

每次月度总结会议前，家桐总要熬几个通宵来工作，为的就是在月度总结会上获得前辈的表扬，这份实习工作对于家桐来说太难得了。

月度总结会议上，财务总监程平针对这一个月所完成的工作进行了总结和指导，专门表扬了实习生家桐出众的工作能力，因此程平想将下一个月的数据可视化分析工作交由家桐来完成。家桐在听到程平对自己的肯定时，内心充满了感动，并暗下决心一定要完成好程平布置的数据可视化工作。但什么是数据可视化呢？家桐想着中级分析师天臣对这方面一定非常了解。

随着急促的敲门声响起，家桐来到了天臣的办公室并说道：“天臣哥，程总给我安排了关于数据可视化的工作，但是我对于数据可视化一头雾水，因此来向你请教。”

天臣说道：“数据可视化是分析数据的重要工具，我先给你介绍数据可视化的概念吧。数据可视化就是将大型数据集中的每个数据项作为一个图形元素表示，例如，点、矩形条、扇形片等，大量的数据构成数据图像，同时将数据的各个属性值以多维数据的形式表示，可以从不同的维度观察数字信息，从而对数据进行更深入的观察和分析。”

听着天臣的介绍，家桐若有所思地说道：“原来数据可视化是这样的含义，对数据进行更加深入的分析，以图表的方式呈现，增加直观性。”

天臣道：“不错，家桐，你对可视化的理解愈加透彻了，接下来我给你介绍一些具体的应用实例吧。在选取图形时，针对不同的数据类型，我们可以选择不同的图形，比如对销售状况一般选用柱形图和折线图，对各种增长率运用仪表盘，比较企业各项财务比率时使用雷达图。”

天臣喝了一口咖啡，继续说道：“那些都是具体的应用，你现在更应该掌握的是数据可视化的方法和流程这两个方面。数据可视化的方法包括空间可视化、颜色可视化、概念可视化等，而数据可视化的流程主要是明晰需求、提炼数据、选定图表、设计呈现、人机交互。当然，其中的内涵你需要慢慢地去了解，不是我现在简简单单几句话就能说得明白的，你回去多和家钰聊一聊，他现在也在学习数据可视化的相关知识，你们的共同语言会更多一些。”

家桐说道：“谢谢天臣哥的指导，我这就回去学习更多关于数据可视化的知识。”

数据可视化慢慢地向家桐打开了大门，而家桐也渐渐地深入其中。

## 10.1 数据可视化概述

数据可视化是以图形化的方式，提供清晰、快速和有价值的信息。从用户的角度来看，数据可视化可以让用户快速掌握信息的关键点，帮助他们做出更好、更明智的决策。下面对数据可视化的发展历程、特征及优势做介绍。

### 10.1.1 数据可视化的发展历程

数据可视化是对数据进行可视化处理，以便明确、有效地传递信息。比起枯燥乏味的数值，人们对于大小、位置、浓淡、颜色、形状等能够有更好、更快的认识。经过可视化之后的数据能够加深人们对于数据的理解和记忆，增加信息的可传播性。数据可视化的发展可以划分为萌芽、黄金、起伏和集成四个时期。

**1. 数据可视化的萌芽时期**

在17世纪以前人类研究的领域有限，总体数据量处于较少的阶段，因此几何学通常被视为可视化的起源，数据的表达形式也较为简单。随着人类知识的增长，活动范围不断扩大，为了能有效探索其他地区，人们开始汇总信息绘制地图。到了 17 世纪，笛卡尔发展出解析几何和坐标系，在两个或者三个维度上进行数据分析，成了数据可视化历史中重要的一步。这些早期的探索开启了数据可视化的大门，数据的收集、整理和绘制开始了系统性的发展。在此时期，由于科学研究领域的增多，数据总量大大增加，出现了很多新的可视化形式。1765 年，William Playfair 发明了第一张时间线图，如图 10－1 所示。其中，单个线用于表示人的生命周期，整体可以用于比较多人的生命跨度。

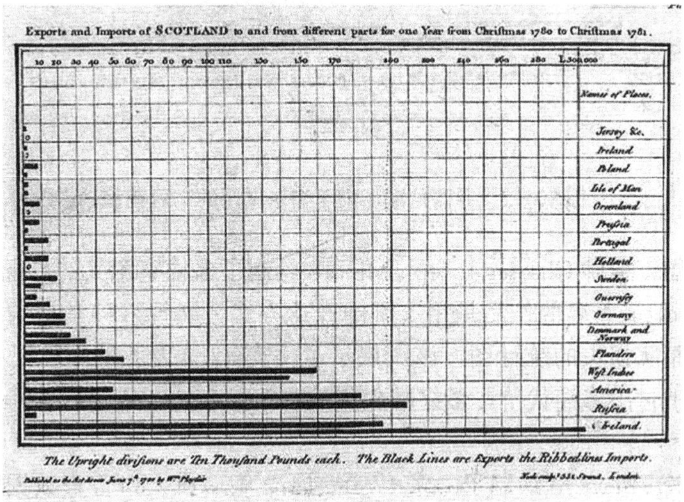


图 10－1 William Playfair 发明的第一张时间线图

19 世纪上半叶，数据的收集整理从科学技术和经济领域扩展到社会管理领域，对社会公共领域数据的收集标志着人们开始以科学手段进行社会研究。与此同时，科学研究对数据的需求变得更加精确，研究数据的范围也明显扩大，人们开始有意识地使用可视化的方式尝试研究、解决更广泛领域的问题。

**2. 数据可视化的黄金时期**

在 19 世纪上半叶末，数据可视化领域开始了快速的发展，随着数字信息对社会、工业、商业和交通规划的影响不断增大，欧洲开始着力发展数据分析技术。高斯和拉普拉斯发起的统计理论给出了更多种数据的意义，数据可视化迎来了历史上的第一个黄金时代。

1857 年，弗洛伦斯·南丁格尔发明了鸡冠花图（又名南丁格尔玫瑰图），如图 10－2 所示，用来向维多利亚女王介绍军队的死亡率。鸡冠花图不仅清楚地展示了军队死亡人数的变化，而且更重要的是，将三种死亡情况分别用不同颜色标记出来：蓝色表示死于可预防的疾病，红色表示死于战争伤害，黑色表示死于其他原因。[①] 这样可以清楚地知道军队伤亡原因的结构，真正影响战争伤亡的并非战争本身，而是军队缺乏有效的医疗护理。

① 由于本书黑白印刷，图 10－2 无法显示此处描述的颜色。

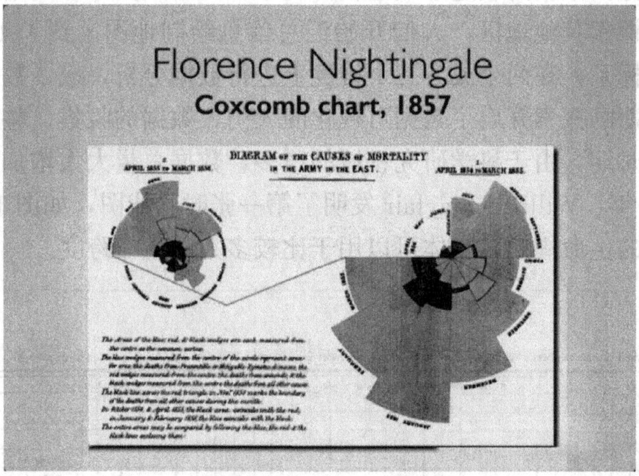


图 10-2　弗洛伦斯·南丁格尔发明的鸡冠花图

这一时期法国工程师 Charles Joseph Minard 绘制了多幅有意义的可视化作品，被称为法国的 Playfair。他最著名的作品是用二维的表达方式，展现六种类型的数据，用于描述拿破仑战争时期军队损失的统计图，该图展示了一支 42.2 万人的军队是如何在战斗、地理和冰冻的影响下付出惨痛代价，最终减少到只有 1 万人的。其中，他将桑基图与温度线图结合在一起。

1879 年，Luigi Perozzo 绘制了一张 1750—1875 年瑞典人口普查数据图，以金字塔形式表现了人口变化的三维立体图，此图与之前所看到的可视化形式有一个明显的区别：开始使用三维的形式，并使用彩色表示数据值间的区别，提高了视觉感知。

在对这一时期可视化历史的探究中发现，数据来源的官方化以及对数据价值的认同，成了可视化快速发展的决定性因素，如今几乎所有的常见可视化元素都已经出现。而且这一时期出现了三维的数据表达方式，这种创造性的成果对后来的研究有十分突出的作用。

**3. 数据可视化的起伏时期**

20 世纪上半叶，随着数理统计这一新数学分支的诞生，追求数理统计严格的数学基础并扩展统计的领域成为这个时期统计学家的核心任务。数据可视化成果在这一时期得到了推广和普及，并开始被用于天文学、物理学、生物学的理论新成果。然而，这一时期人们收集、展现数据的方式并没有得到根本的创新，统计学在这一时期也没有大的发展，所以整个上半叶都是休眠期。

从 20 世纪上半叶末到 1974 年这一时期称为数据可视化领域的复苏期，在这一时期引起变革的最重要因素就是计算机的发明，计算机的出现让人类处理数据的能力有了跨越式的提升。在现代统计学与计算机计算能力的共同推动下，数据可视化开始复苏。随着计算机的普及，20 世纪 60 年代末，各研究机构逐渐开始使用计算机程序取代手绘的图形。由于计算机的数据处理精度和速度具有强大的优势，高精度分析图形已不能手绘。

在这一时期，数据缩减图、多维标度法（MDS）、聚类图、树形图等更为新颖复杂的数据可视化形式开始出现。人们开始尝试在一张图上表达多种类型的数据，或用新的形式表现数据间的复杂关联，这也成为现今数据处理应用的主流方向。数据和计算机的结合让数据可视化迎来了新的发展阶段。

**4. 数据可视化的集成时期**

在这一时期计算机成为数据处理必要的工具，数据可视化进入了新的黄金时代，随着应用领域的增加和数据规模的扩大，更多新的数据可视化需求逐渐出现。20 世纪七八十年代，人们主要尝试使用多维定量数据的静态图来表现静态数据，80 年代中期动态统计图开始出现，最终在 20 世纪末两种方式开始合并，试图实现动态、可交互的数据可视化，于是动态交互的数据可视化方式成为新的发展主题。

在 2003 年全世界创造了 5EB 的数据量时，人们就逐渐开始对大数据的处理进行重点关注。到 2011 年，全球每天的新增数据量就已经开始以指数倍猛增，用户对于数据的使用效率也在不断提升，数据的服务商开始需要从多个维度向用户提供服务，大数据时代就此正式开启。

2012 年，我们进入数据驱动的时代。掌握数据就能掌握发展方向，因此人们对数据可视化技术的依赖程度也不断加深。大数据时代的到来对数据可视化的发展具有冲击性的影响，试图继续以传统展现形式来表达庞大的数据量中的信息是不可能的，大规模的动态化数据要依靠更有效的处理算法和表达形式才能够传达出有价值的信息，因此大数据可视化的研究成为新的时代命题。

我们在应对大数据时，不但要考虑快速增加的数据量，还需要考虑数据类型的变化，这种数据扩展性的问题需要更深入的研究才能解决；互联网的加入增加了数据更新的频率和获取的渠道，并且实时数据的巨大价值只有通过有效的可视化处理才可以体现，于是动态交互技术向交互式实时数据可视化发展成为如今大数据可视化研究的重点内容之一。

综上，如何建立一种有效、可交互的大数据可视化方案来表达大规模、不同类型的实时数据，成了数据可视化当前主要的研究和应用方向。

## 10.1.2　什么是数据可视化

数据可视化的概念是一种泛称，它统一了较完善的科学研究数据可视化和发展历史较短的数据可视化。在科学研究数据可视化基础上诞生的数据可视化是将大量数据组合构成数据图像，同时将数据的各个属性值以多维数据的形式表示，使人们能够以更直观的方式从不同的维度观察数据及其结构关系，发现数据中隐含的信息。数据可视化是一个不断演变的概念，其涵盖的技术方法十分广泛，运用的边界在不断地扩大。尤其是在大数据时代，数据可视化也被视为应用技术，与数据挖掘、数据管理等技术紧密联系，包括数据比较、数据查看、数据分块和一些混合情况，其终极目标是洞悉蕴含在数据中的现象和规律，这其中有多重含义，包括发现、决策、解释、分析、探索和学习。

数据可视化和信息可视化是相近的两个专业名词，但其存在一些异同。广义上，数据可视化是信息可视化的一类；狭义上，数据可视化指的是以统计图表的方式呈现数据，通过直观地传达关键的方面与特征，实现对于相当稀疏而又复杂的数据集的深入洞察；而信息可视化则是利用图形图像方面的技术与方法将一些非数值型信息资源进行视觉呈现，其主要用于表现抽象或复杂的信息、技术和概念，帮助人们理解和分析数据。数据可视化常见的图形有柱形图、条形图、折线图、饼图、雷达图、散点图、气泡图、箱线图等。

数据可视化作为一门同时结合科学、设计和艺术的复杂学科，其核心意义始终在于清晰的叙述和艺术化的呈现，这些需要依靠数据分析师和设计师的精心策划，最终实现帮助用户理解数据和做出决策的目标，才能发挥它巨大的价值和无限的潜力。如今，数据可视化不但广泛应用于医学、生物、地理等领域的科学计算，而且在金融、通信、网络等行业中信息处理方面的应用如火如荼。

## 10.1.3 数据可视化的特征

数据可视化具有多维性、可视化和交互性三个特征，如图10-3所示。

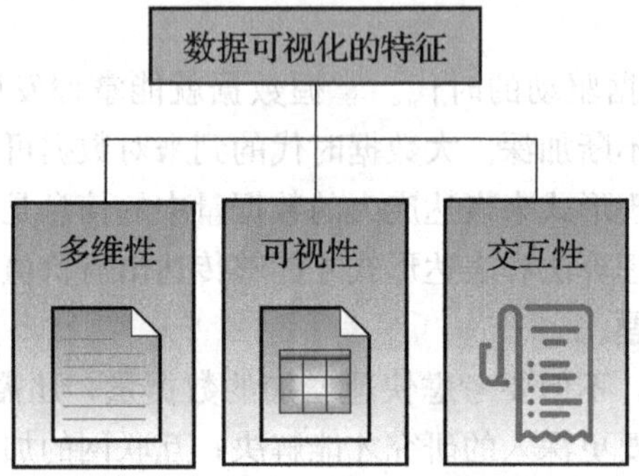


图10-3 数据可视化的特征

**1. 多维性**

通过数据可视化的呈现，能够清楚地对数据的多个变量或者属性进行标识，并且所使用的数据可以根据每一维的量值来进行显示、组合、排序与分类。

**2. 可视性**

通过动画、三维立体、二维图形、曲线和图像对数据进行显示，可以把抽象、复杂的数据转化为生动、具体的作品，并对数据的相互关系以及模式进行可视化分析。

**3. 交互性**

用户根据需要可以进行下钻、上卷、筛选等数据可视化操作，还可以利用交互的方式添加个性化的定制信息，并根据自己的偏好对数据进行有效的开发和管理。

## 10.1.4 数据可视化的优势

数据可视化借助专业技术，整合复杂的数据并对其进行分析、挖掘，通过数据图像、视频、三维动画等融合手段，可以形象生动地展现数据之间的逻辑关系，揭示数据背后隐藏的规律。数据可视化与虚拟现实（VR）、多媒体技术、人机交互技术、增强现实（AR）

等众多信息技术相结合，通过多种渠道对数据进行集成，多维度地分析处理数据，丰富表现形式和内容，可以为用户提供个性化信息服务。数据可视化将技术与艺术完美结合，借助图形化的手段，清晰有效地传达与沟通信息，其优势包括以下四个方面，如图 10－4 所示。

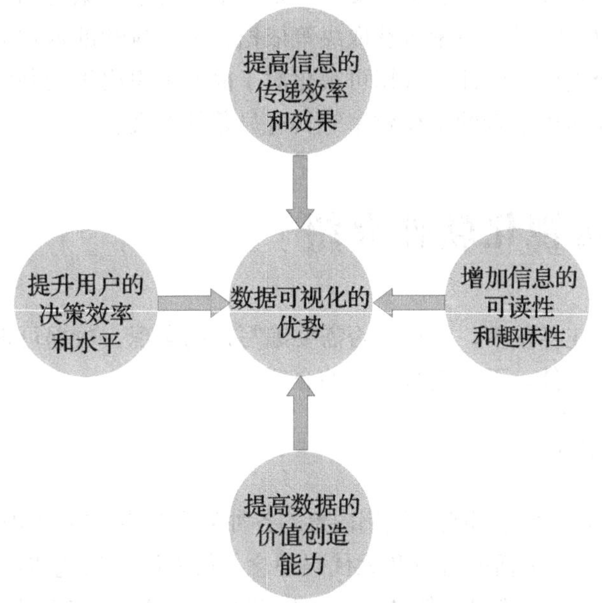


图 10－4　数据可视化的优势

**1. 提高信息的传递效率和效果**

可视化图表将关键信息和极值突出显示，受众给予这些关键信息更多的关注度和停留时间，所以人眼通过视觉和图像比文本和数字更容易吸收和掌握信息。尽管如此，为高级管理人员编制的大多数商业智能报告通常都填充有静态表格和图表，这些表格和图表无法为查看它们的人提供生动的信息。相比之下，数据可视化使用户能够接收有关运营和业务条件的大量信息。数据可视化允许决策者查看多维数据集之间的连接，并通过使用热力图、地图和其他丰富的图形表示提供解释数据的新方法。

**2. 增加信息的可读性和趣味性**

信息的表达形式与用户阅读信息时的喜爱度、记忆度和参与度存在正相关关系。将数据进行可视化的叙事方式，不仅降低了用户的获知成本，而且提高了用户对信息要点的记忆效率和分享欲。同时，以视觉元素快速吸引用户的眼球，营造不同的兴趣点，可以增加趣味性，延长信息消费的时间。

**3. 提高数据的价值创造能力**

使用信息学助推复杂数据收集、分析与可视化技术的整合，可以从数据资源中推导出企业经营管理所需的收益，从未被充分利用的数据中提取资源可以提高企业的运营绩效。

数据可视化可以让隐藏在大数据资源背后的真相非常便捷地呈现在用户面前，无论数据怎样形成，以及数据资源在哪里，数据可视化都可以让企业在业务繁忙时对数据进行检索与处理，准确把握数据的本质与价值。

**4. 提升用户的决策效率和水平**

数据可视化负责直接与决策者进行交互，是一个实现了数据的浏览和分析等操作的可视化、交互式的应用。它对于决策者获取决策依据、进行科学的数据分析，辅助决策者进行科学决策显得十分重要。因此，数据可视化对于提升组织决策的判断力、整合优化企业信息资源和服务、提高决策者的工作效率等具有显著的意义。

## 10.2 数据可视化软件介绍

数据可视化软件花样繁多，根据是否需要编写代码实现，数据可视化软件可以划分为工具类软件和编程类软件，下面进行简单的介绍。

### 10.2.1 工具类软件

工具类数据可视化软件能够直接运用内置的各种类型图表，方便快捷地定制各种复杂图表。这类软件遵循简捷、灵活的特点和无代码理念，仅需简单的拖拽操作便可以设计图表。搭建数据分析可视化系统，常见的软件有 Excel，Tableau，Power BI，Datawrapper 等。

**1. Excel**

Microsoft Excel 是微软的办公软件 Microsoft Office 的组件之一，是由 Microsoft 为 Windows 和 Apple Macintosh 操作系统的电脑编写和运行的一款试算表软件。Excel 是微软办公软件的一个重要的组成部分。

Excel 是快速分析数据的理想工具，能创建供内部使用的数据图表，具有以下功能特性：快速、有效地对大量信息进行对比比较；通过搜索筛选器增强其对于数据的分析功能；节省时间、简化工作并提高工作效率；在任何时间、任何地点访问工作簿。

Excel 可以进行各种数据的处理、统计分析和辅助决策操作，广泛地应用于管理、统计、财务、金融等众多领域。

**2. Tableau**

Tableau 是一款全球知名度很高的功能强大、安全、灵活的数据可视化工具软件，它支持各种图表和图形。Tableau 通过直观的界面将拖放操作转化为数据查询，从而对数据进行可视化，呈现活跃的仪表盘，浏览可视数据，创建与共享绝妙的数据可视化内容，生动地分析实际存在的任何结构化数据，以及在几分钟内生成美观的图表、坐标图、仪表盘与报告。数据可扩展性不局限所处理的数据大小。利用 Tableau 简便的拖放式界面，可以自定义视图、布局、形状、颜色等，展现自己的数据视角。

用户可以通过 Tableau 软件、网页，甚至移动设备来随时浏览已生成的图表，或将这些图表嵌入报告、网页或软件。企业用户可以在无须 IT 的情况下生成报告。这些操作皆可在现有的 IT 基础设施内完成。拥有 Tableau Interactor 许可证的用户可以交互、过滤、排序与自定义视图。

**3. Power BI**

Power BI 是微软开发的数据可视化工具，可以很好地集成微软的 Office 办公软件。Power BI 是软件服务、应用和连接器的集合，它们协同工作以将相关数据转换为连贯的视觉逼真的交互式见解。无论用户的数据是简单的 Excel 电子表格，还是基于云和本地混合数据仓库的集合，Power BI 都可让用户轻松地连接到数据源，直观看到（或发现）重要内容，与任何人进行共享。

Power BI 拥有强大的功能特性，比如：连接到任意数据，包括 Hadoop 和 Spark 之类的大数据源；创建企业的交互式报表，使用微软与合作伙伴提供的拖放画布以及超过 85 个新式数据视觉对象讲述数据故事；使用主题设置、格式设置和布局工具设计报表；随时随地创作，向需要的用户提供可视化分析；创建移动优化报表，供查看者随时随地查看。

Power BI 简单且快速，能够从 Excel 电子表格或本地数据库创建快速见解。同时 Power BI 也可进行丰富的建模和实时分析，以及自定义开发。因此，它既是用户的个人报表和可视化工具，还可用作组项目、部门或整个企业背后的分析和决策引擎。

**4. Datawrapper**

Datawrapper 是一个用于制作交互式图表的在线数据可视化工具。一旦从 CSV 文件上传数据或直接将其粘贴到字段中，Datawrapper 将生成一个条、线或任何其他相关的可视化文件，如图 10 - 5 所示。Datawrapper 提供了数量众多的自定义布局及地图模板。

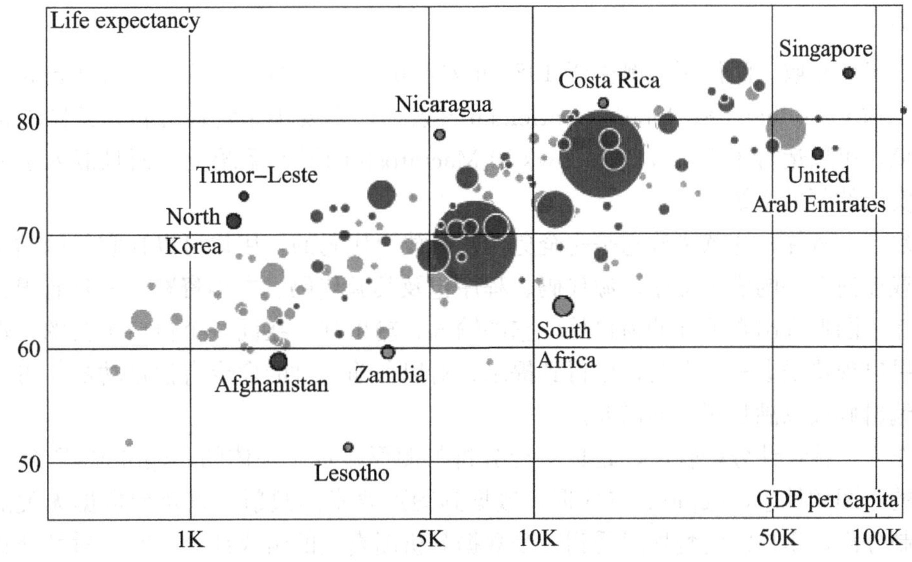


图 10 - 5　Datawrapper 可视化

Datawrapper 的优点在于实用及易操作性。用户不需要任何设计或代码知识就能轻松创建美观的个性化图表。生成的图表可兼容于各类终端位。此外，用户只要将光标放在图中相应位置就可以查看详细数值。许多记者和新闻机构使用 Datawrapper 将实时图表嵌入他们的文章。

## 10.2.2 编程类软件

编程类数据可视化软件主要涉及系统的编程开发，个性化程度比较高，适合专业的工程师使用，常用的软件有 Python，R 和 ECharts 等。

**1. Python**

Python 是一种计算机程序设计语言，由 Guido van Rossum 创造，第一版发布于 1991 年。Python 提供了高效的高级数据结构，还能简单有效地面向对象编程，其解释器易于扩展，可以使用 C 或 C++扩展新的功能和数据类型，也可用于可定制化软件中的扩展程序语言。

Python 是一种编程语言，有很多可以调用的数据可视化的扩展包，包括 matplotlib，Pandas，Seaborn，ggplot，Bokeh，pygal，Plotly 等。这些包生成的图表可以嵌入网页，成为平时在网上看到的各种数据图。这些图后面的数据通常都是高度计算整合后的数据，数据量比较少。

Matplotlib 是一个很受欢迎的 Python 程序库，功能非常强大，用它可以很容易地进行数据可视化。Python 提供的数据可视化视图可以说是分门别类、多种多样，包括常用的散点图、折线图、直方图、条形图、箱线图、饼图、热力图、蜘蛛图、二元变量分布和成对关系十种视图。

**2. R**

R 是统计领域广泛使用的诞生于 1980 年左右的 S 语言的一个分支，由来自新西兰奥克兰大学的 Ross Ihaka 和 Robert Gentleman 开发。R 主要用于统计分析、绘图的语言和操作环境，可以运行于 Unix，Windows 和 Macintosh 的操作系统上，而且嵌入了一个非常方便实用的帮助系统。

R 是自由软件，这意味着它是完全免费、开放源代码的。用户可以在它的网站及其镜像中下载任何有关的安装程序、源代码、程序包及其源代码、文档资料。R 具有很强的互动性。除了图形输出在另外的窗口处，它的输入、输出都是在同一个窗口进行的，输入语法中如果出现错误会马上在窗口中得到提示，对以前输入过的命令有记忆功能，可以随时再现、编辑修改以满足用户的需要。

R 作为一种统计分析软件，是集统计分析与图形显示于一体的。ggplot2 是 R 语言最为强大的作图软件包，ggplot2 将数据、数据到图形要素的映射，以及和数据无关的图形要素绘制分离，用户能清楚地感受到一张数据分析图真正的组成部分，有针对性地进行开发和调整。R 中各种绘图函数和绘图参数的综合使用，可以得到各种各样的图形结果，无论是常用的直方图、饼图、条形图等，还是复杂的组合图、地图、热力图、动画等，都可以采用 R 语言实现。R 输出的图形可以直接保存为 JPG，BMP，PNG 等图片格式，还可以直接保存为 PDF 文件。

**3. ECharts**

ECharts 是 Enterprise Charts 的缩写，是一款基于 JavaScript 的数据可视化图表库，提供直观、生动、可交互、可个性化定制的数据可视化图表。ECharts 最初由百度团队开发，并于 2018 年初捐赠给 Apache 基金会，成为 ASF 孵化级项目。ECharts 可以流畅地运行在笔记本电脑和移动设备上，兼容当前绝大部分浏览器（IE 8/9/10/11，Chrome，Firefox，Safari 等），底层依赖轻量级的矢量图形库 ZRender，提供直观、交互丰富、可高度个性化定制的数据可视化图表。

ECharts 提供了图例、视觉映射、数据区域缩放、tooltip、数据筛选等开箱即用的交互组件，可以对数据进行多维度筛取、视图缩放、展示细节等交互操作。创新的拖拽重计算、数据视图、值域漫游等特性大大增强了用户体验，赋予了用户对数据进行挖掘、整合的能力。ECharts 内置的 dataset 属性（4.0+）通过简单的设置 encode 属性就可以完成从数据到图形的映射。

ECharts 提供了常规的折线图、柱形图（在本软件中名为柱状图）、散点图、饼图、K 线图，用于统计的盒形图，用于地理数据可视化的地图、热力图、线图，用于关系数据可视化的关系图、旭日图，多维数据可视化的平行坐标，还有用于 BI 的漏斗图、仪表盘，同时提供标题、详情气泡、图例、值域、数据区域、时间轴、工具箱等 7 个可交互组件，并且支持多图表、组件的联动和混搭展现，如图 10 - 6 所示。

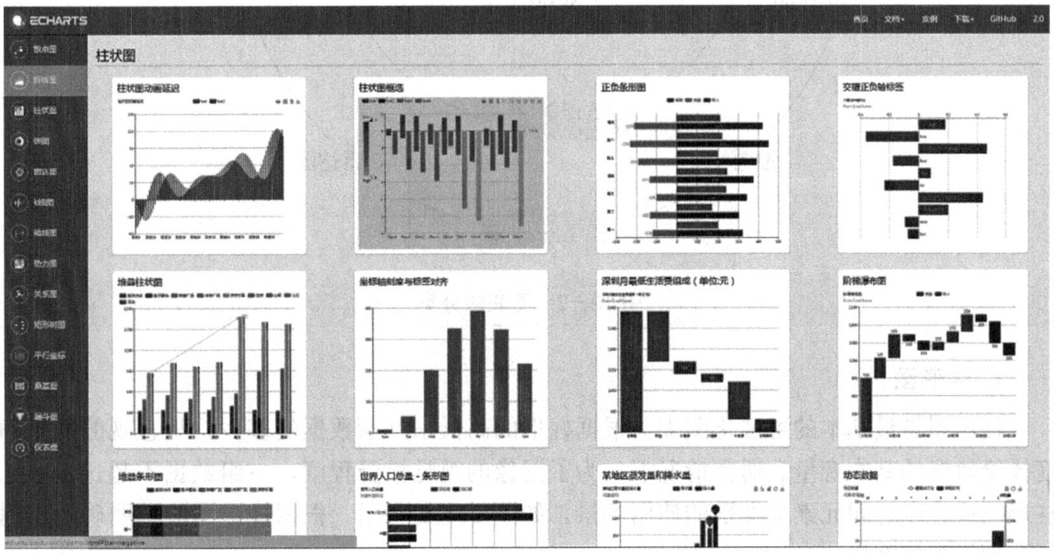


图 10 - 6 ECharts 可视化界面

# 10.3 数据可视化图表

## 10.3.1 图表分类

数据可视化图表是数据分析结果的呈现形式，要制作数据可视化图表，首要的任务便是掌握数据分析的能力，在数据分析的基础上，根据不同的需求，制作合适的数据分析图表。

常见的数据可视化图表包括柱形图、折线图、条形图、饼图、散点图、气泡图、雷达图、漏斗图、瀑布图、箱线图、仪表盘、热力图、地图、词云图等类别，如图 10-7 所示。

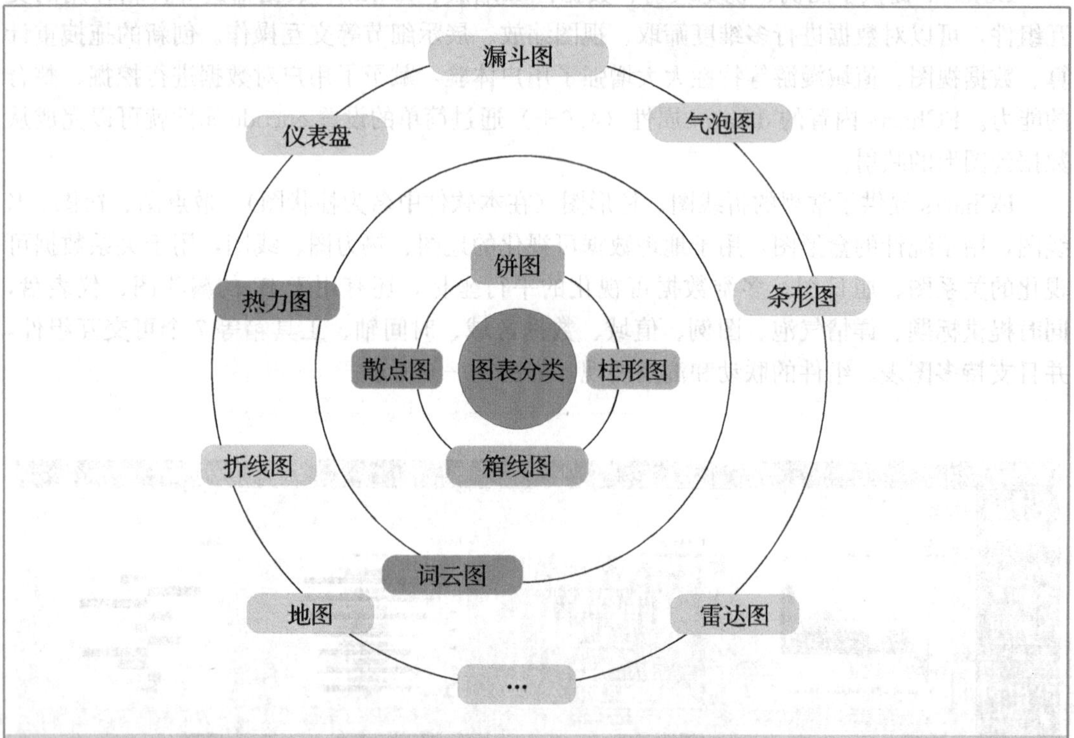


图 10-7 图表的分类

**1. 柱形图**

柱形图是最基本的可视化图表，根据柱形的高低来判断数据的多少，从直观的视觉角度描绘数据的基本变量。通常情况下，为了图像的视觉接受程度，一组数据不超过 10 个。柱形图适合以时间元素为类别的使用场景。如图 10-8 所示，根据柱形图能够明确看出退货金额最多的客户。

**2. 折线图**

折线图使用线条的形式反映数据随时间或有序类别的波动情况的变化趋势。数据越多，反映的趋势过程越准确，这也是数据的特点。折线图通常处理的数据以时间变化为主

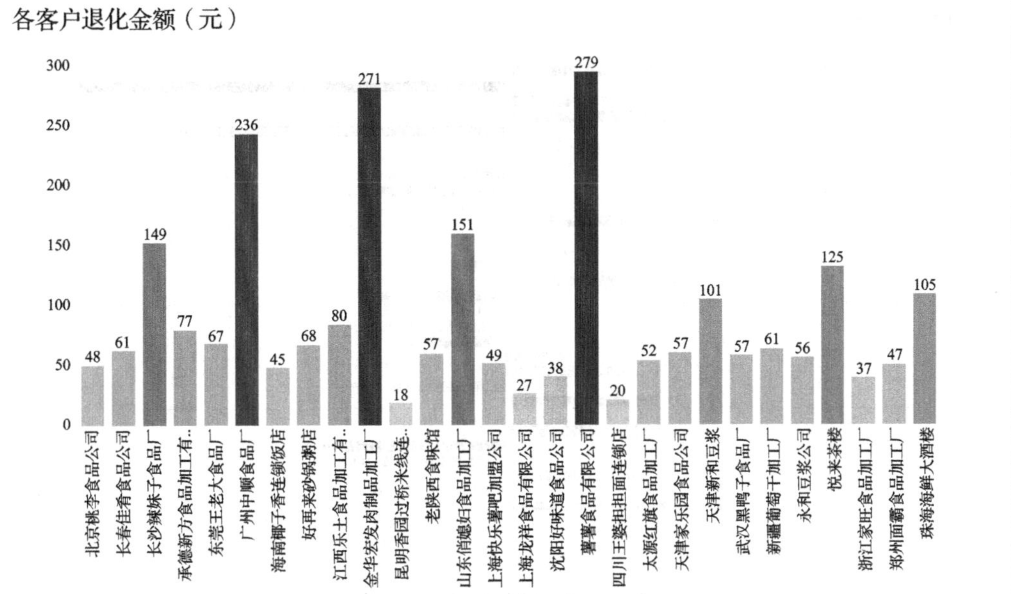


图 10-8　客户退货金额柱形图

要依据点。如图 10-9 所示，通过退货量折线图能够清晰地看出各月份面包片油炸机的退货变化趋势。

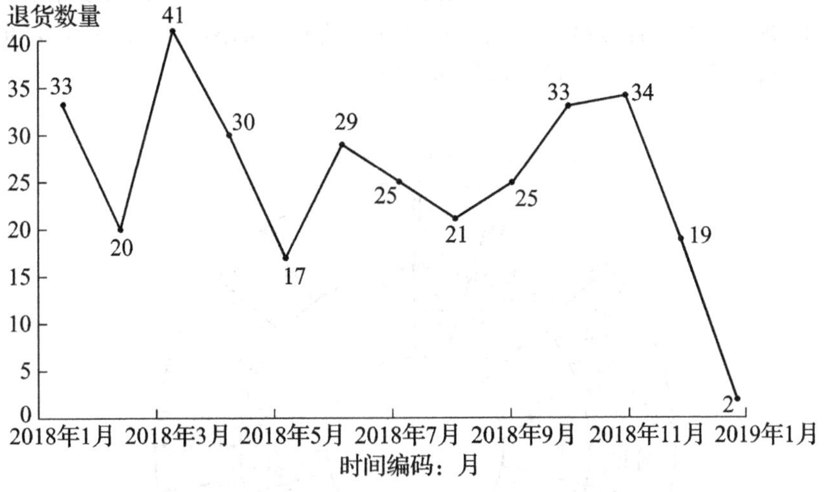


图 10-9　面包片油炸机退货量折线图

### 3. 条形图

条形图类似柱形图，只不过两根轴对调。如果类别名称过长，将有大量空白位置标示每个类别的名称，分类过多则无法展示数据特点。条形图适合以非时间元素（如项目、用户特征等）为类别的使用场景。如图 10-10 所示，通过条形图对比能够看出各月份各产品销售退货增长率的明显变化趋势。

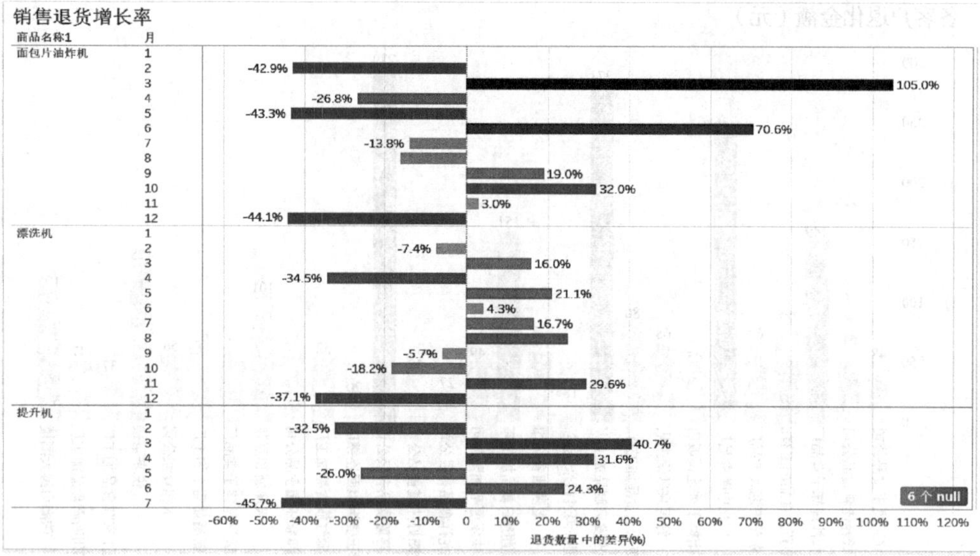


图 10-10　销售退货增长率条形图

**4. 饼图**

饼图以扇形占据圆的面积，将数据按照百分比的形式进行展示对比来表达部分与整体的组成关系，主要用于了解数据的分布情况。饼图对差异较小的数据难以精确对比，不适合项目过多的数据。在选择数据时，以不超过 6 个为佳。如图 10-11 所示，根据扇形的面积占比能够明显看出哪个地区销售额最多/最少。

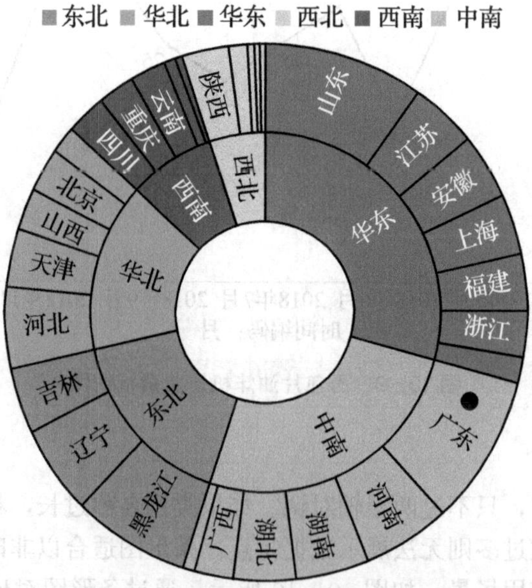


图 10-11　各地区销售额情况饼图

**5. 散点图**

散点图作为三维数据的应用图，对于数据的划分也是依据多个不同的指标进行的。散点图用于发现各变量之间的关系，图中单个数据的作用不明显，数据量越大，散点图的作用越明显，将数据集中的区域作为数据的分类标准。如图 10－12 所示，通过散点图能看出销售额与销售费用间的关系。

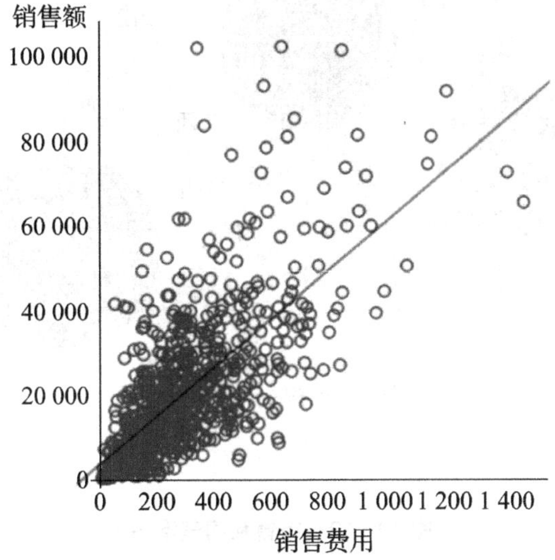


图 10－12 销售额与销售费用散点图

**6. 气泡图**

气泡图在散点图的基础上，通过每一个点的面积大小来表示第三个指标的数值，从而实现三个指标在一张图上的关系展示。气泡图中面积大小的差异只能依靠读者的主观判断，不能精确量化，并且由于气泡之间会相互覆盖造成视觉干扰，因此不宜通过气泡图展示过多的实体。如图 10－13 所示，通过气泡面积能够看出各地区销售利润的大小。

**7. 雷达图**

雷达图通常作用于四维数据，多用于展示具有相同取值范围的多个指标，以各指标在图中所围成的面积表达这些指标形成的整体效应。同柱形图一样，它所应用的指标分类不宜太多，否则容易从视觉的角度变得混乱，不利于对指标进行精确对比。如图 10－14 所示，根据雷达图能够看出客户对于商品购买喜好的情况。

**8. 漏斗图**

漏斗图是指用梯形面积表示某个环节业务量与上一个环节之间的差异。它对有固定流程并且环节较多的分析，可以直观地显示转化率和流失率，但对无序的类别或者没有流程关系的变量效果欠佳。如图 10－15 所示，能够根据梯形面积看出各环节间的差异变化。

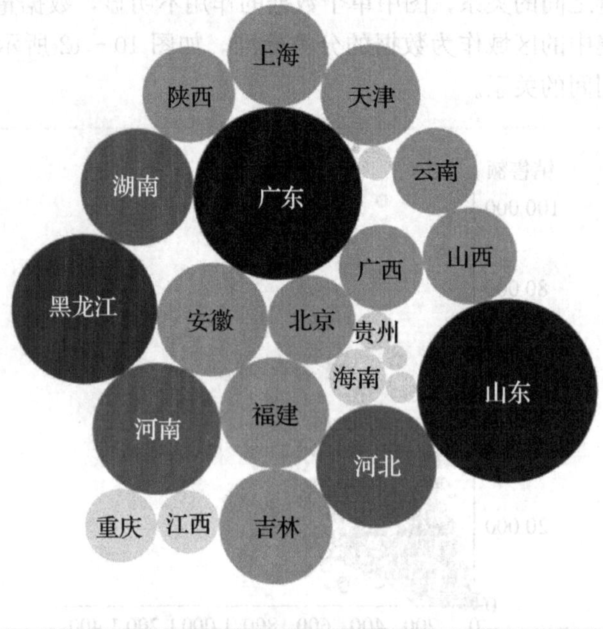


图 10-13　销售利润气泡图

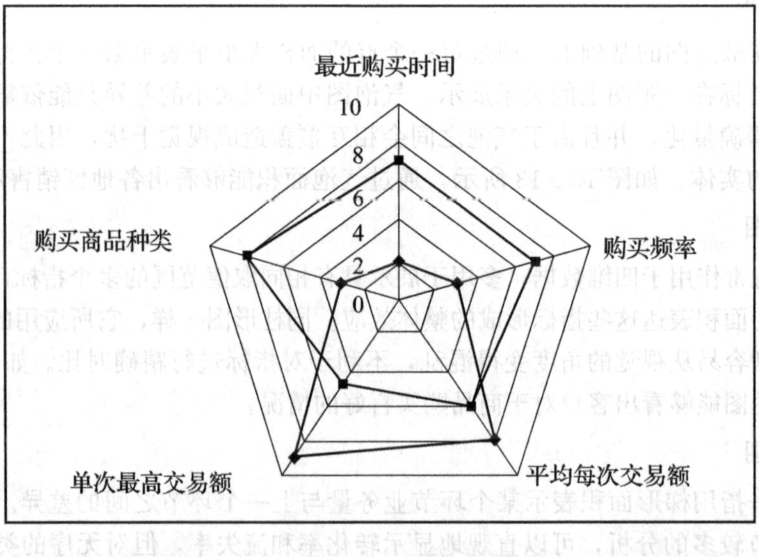


图 10-14　客户对于商品购买喜好雷达图

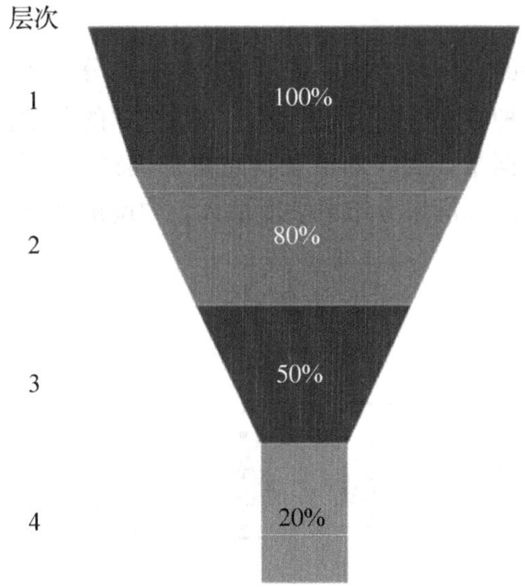


图 10-15　漏斗图

**9. 瀑布图**

瀑布图采用绝对值与相对值结合的方式，展示各成分分布构成情况，比如各项生活开支的占比情况。它适合展示数据的累计变化过程，而对于各类别数据，如果差别太大则难以比较。如图 10-16 所示，通过瀑布图能够明显看出桌子处于亏损状态，复印机处于盈利最多状态。

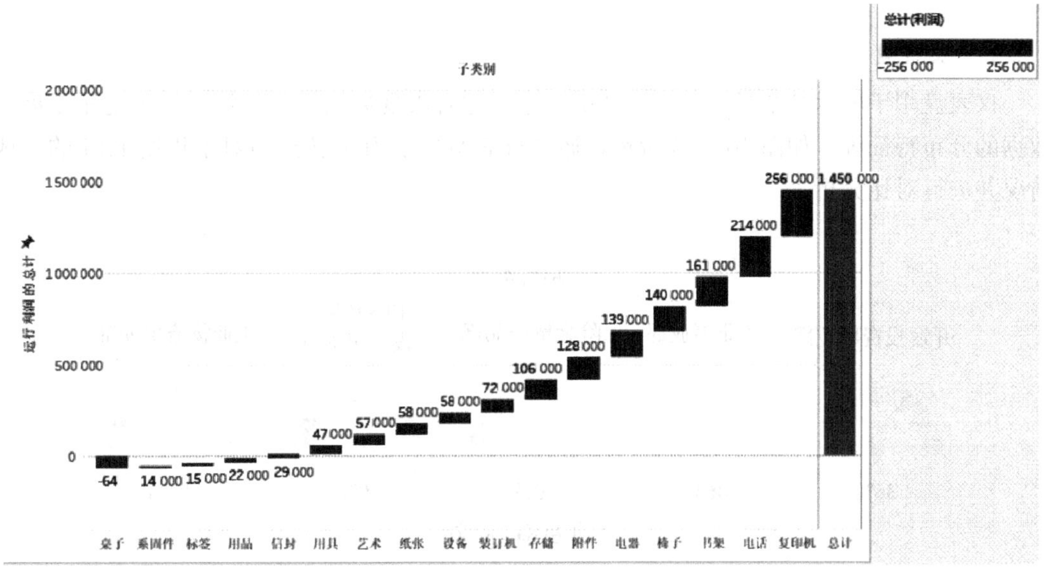


图 10-16　超市不同子类别商品盈亏瀑布图

**10. 箱线图**

箱线图是利用数据中的五个统计量：最小值、第一四分位数、中位数、第三四分位数与最大值来描述数据的一种方法。它适用于展示一组数据的分散情况，特别是用于对几个样本的比较，但对于大数据量，反映的形状信息更加模糊。如图 10－17 所示，通过箱线图能够明显看出西南地区的利润率分布离散度最大，中南地区利润率更为集中。

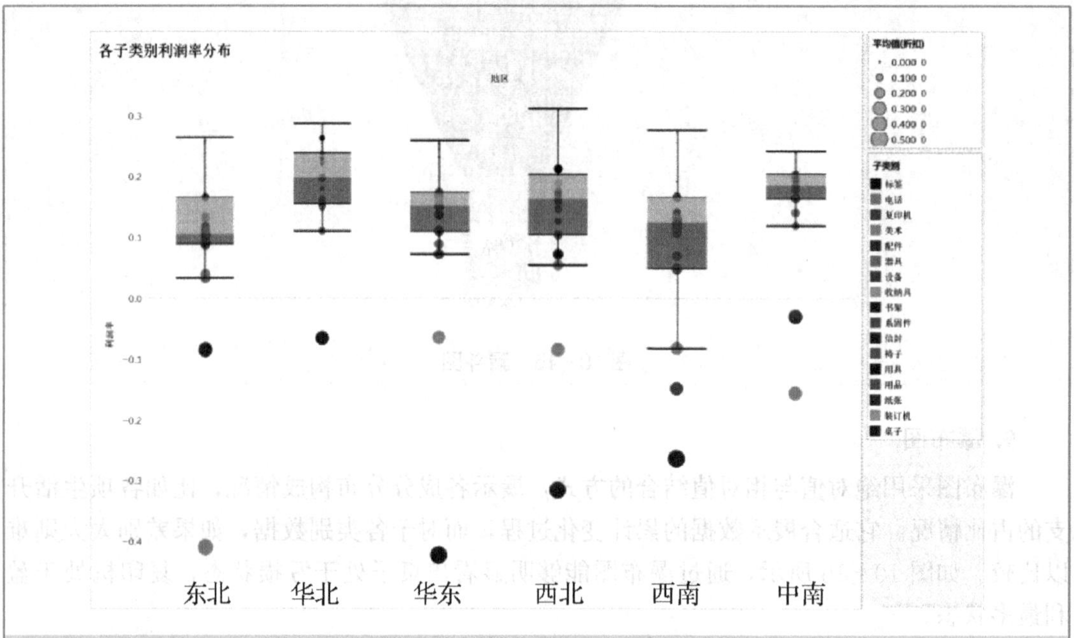


图 10－17　各地区利润率分布箱线图

**11. 仪表盘**

仪表盘用于展示某个指标的完成情况。它只适合展现数据的累计情况，不适用于展现数据的分布特征等。如图 10－18 所示，通过仪表盘能够看出各部门对于年度 KPI 的完成情况并进行对比分析。

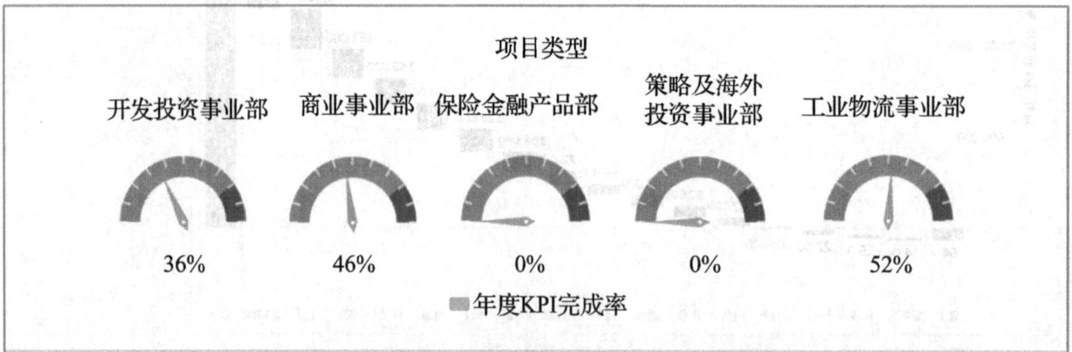


图 10－18　各部门对于年度 KPI 的完成情况仪表盘

**12. 热力图**

热力图用来观察一个页面中用户的操作焦点或视觉焦点的分布，以特殊高亮的形式显示访客热衷的页面区域和访客所在的地理区域的图示。使用热力图，可以直观清楚地看到页面上每一个区域的访客兴趣焦点。热力图常与地图结合，描述人口聚集或用户的地理分布。

**13. 地图**

地图用颜色的深浅来展示区域范围的数值大小，适合展现呈面状但分散分布的数据，比如人口密度等。由于数据分布和地理区域大小的不对称，大量数据通常会集中在地理区域范围小的人口密集区，容易造成用户对数据的误解。

**14. 词云图**

词云图用于展现文本信息，对出现频率较高的关键词予以视觉上的突出，比如用户画像的标签。它适合在大量文本中提取关键词的应用场景，但对数据太少或数据区分度不大的文本效果欠佳。如图 10－19 所示，根据词云图文本的大小可以看出各产品的销售数量多少。

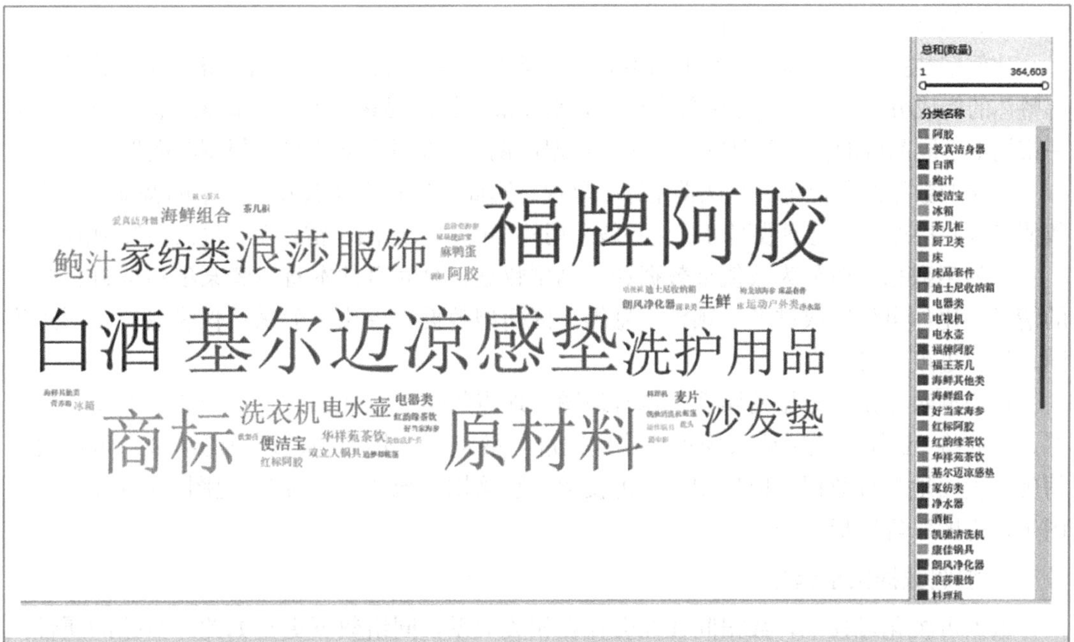


图 10－19　各产品销售情况词云图

## 10.3.2　图表选择

图表是数据可视化中最常见、最基础的元素，它的选择和使用往往是数据可视化项目进程的第一步。合适地选择图表，不仅能够更加清晰明了地呈现数据间的态势和逻辑，同时也更加符合人们视觉感官的体验。

图表的类型非常丰富，选择对应的图表类型才能一图胜千言，图表类型不合适反而会对用户理解数据造成障碍。不同的图表代表的数据类型不同，合适的图表对于可视化展示尤为重要。

根据图表选择依据的不同，可以划分为按照应用场景选择、按照数据类型选择、按照数据关系选择三种类型。

**1. 按照应用场景选择**

数据可视化图表的种类繁多，每个图表都有其最适合的应用场景，只有做到物尽其用，才能发挥出图表的真正作用。图表的选择需要综合分析数据可视化需求、数据量的多少、面向的人群等因素，这样才能得到一张最佳的数据图表。

**2. 按照数据类型选择**

选择图表之前，需要对项目数据本身进行认知和分析，在这里需要引入几个数据概念：趋势型数据、比例型数据、对比型数据、区间型数据、地理型数据等，这是比较常见的数据类型。确定数据类型之后，就可以按照数据类型进行图表选择推荐。

趋势型数据表达的是某一项数值在特定时间内的动态变化。因此，位于 $X$ 轴上时间数值的特征，往往会决定我们用什么图表去表达趋势型数据。趋势型数据可视化一般采用柱形图、折线图、曲线图等图形。

比例型数据是按照同一领域下的不同项目类别进行划分的。通过可视化，可以快速地了解整体的构成分布，以及整体中最大构成要素及最小构成要素，如用户画像年龄段分布、同一市场中不同品牌的占比情况等。比例型数据可视化一般采用环形图、饼图等图形。

对比型数据的可视化讲究视觉差异的呈现。因此，往往会用长短、大小的特征，来突出数值态势的特点。对比型数据可视化一般采用柱形图、条形图、雷达图、词云图等图形。

区间型数据一般分为数值型数据和比例型数据，是对事件本身或者某项指标进行对比的情况，比如事件完成进度、预警信息等。区间型数据可视化一般采用仪表盘、条形进度图、环形进度图等。

地理型数据是值数据的属性中包含地图、地点等信息，比如省份、城市、商圈、楼宇等，因此将 3D 模拟地图植入场景，并且通过与散点图、热力图、线段的结合，可以更加精确、生动地呈现数据。地理型数据可视化一般采用“地图＋飞线”“地图＋散点图”“地图＋热力图”等图形组合。

**3. 按照数据关系选择**

数据可视化过程中，数据间往往会存在相关关系，同组数据更是如此。数据的属性同样决定着应用数据的图表如何选择，图表的多样性便是针对数据的多种属性进行的细分。数据关系的大小也是考虑因素，做好一张合格的图表，是一个需要全方面考虑的问题。

在选用图表前首先需要想清楚欲表达的数据关系，如何选用合适的图表，Andrew Abela 将图表展示的关系分为四类——比较、构成、分布、联系，然后根据这个分类和数据的状况给出了对应的图表类型建议。

比较是指数据间存在何种差异，差异主要体现在哪些方面，如图 10－20 所示。

构成是指指标里的数据都由哪几部分组成，每部分占比如何，如图 10－21 所示。

分布是指数据主要集中在什么范围，表现出怎样的规律，如图 10－22 所示。

联系是指数据间的相关性，如图 10－23 所示。

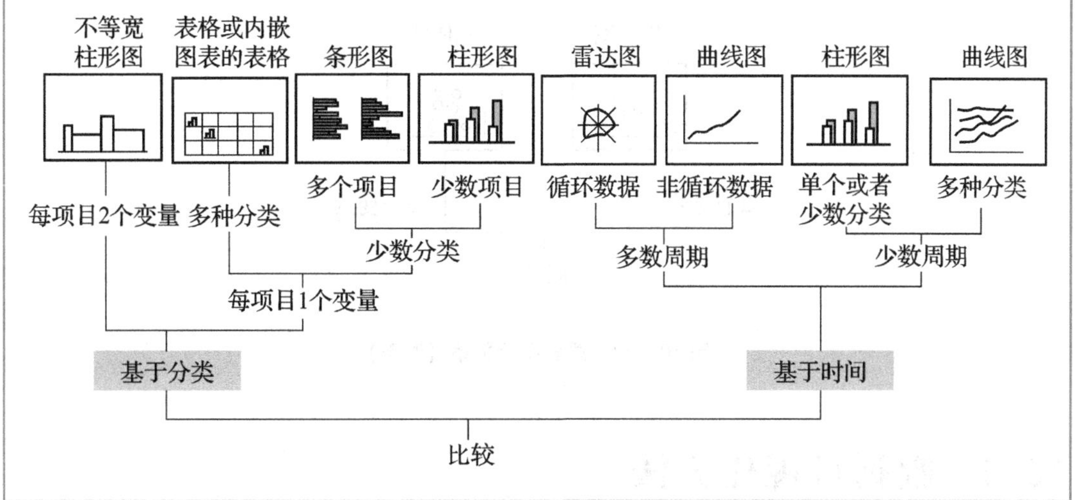


图 10－20　图表展示关系（比较）

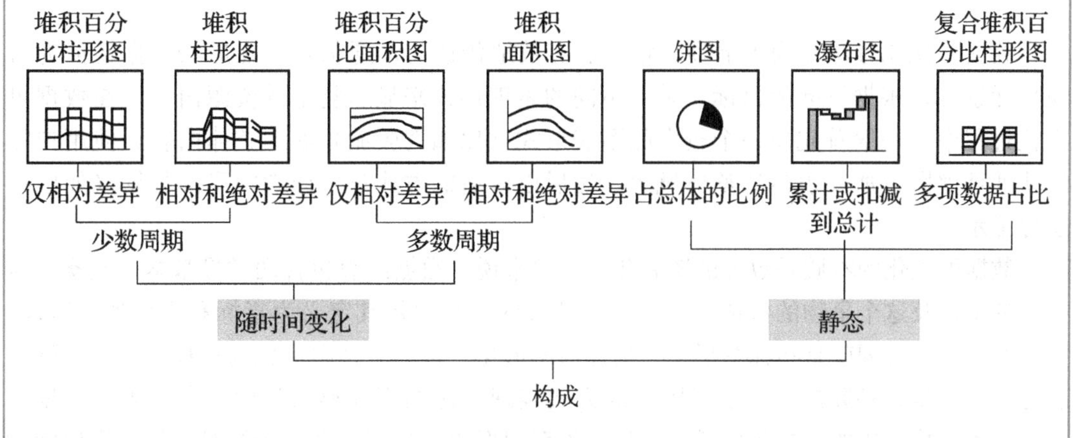


图 10－21　图表展示关系（构成）

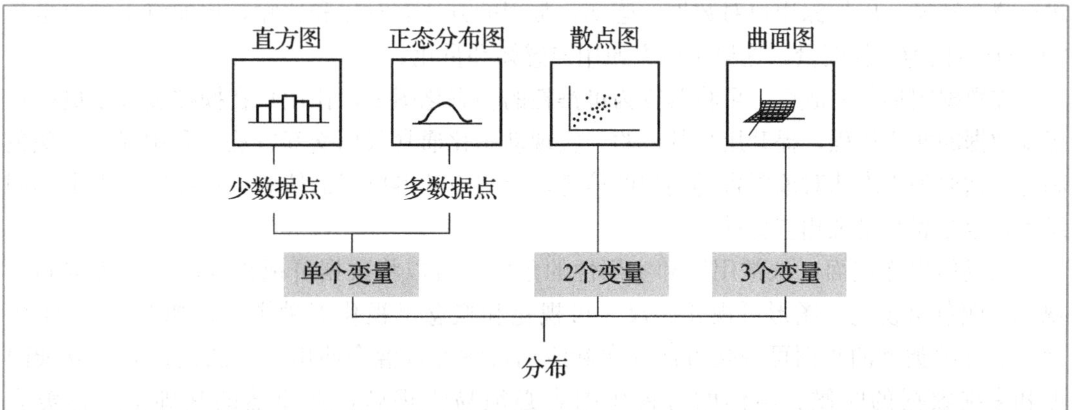


图 10－22　图表展示关系（分布）

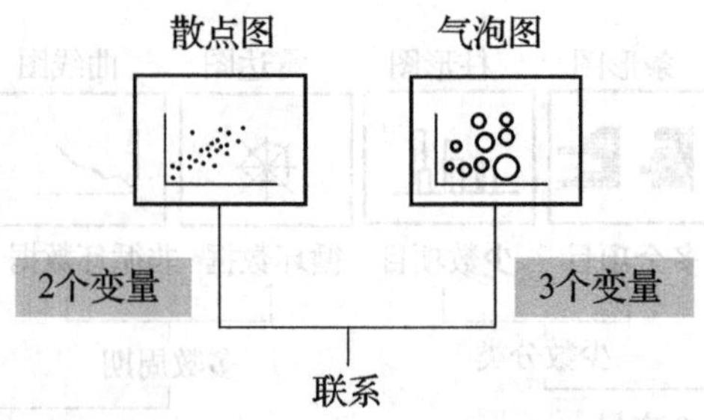


图 10-23　图表展示关系（联系）

## 10.4　数据可视化方法

### 10.4.1　概述

数据可视化方法是为了清晰、快捷、有效地传达与沟通信息，在原始数据转换为可视化元素后，根据不同的目标，采用不同的表现形式来显示复杂的资源内容。在数据可视化过程中，一般首先用一个较大的图表形式（比如驾驶舱）展示整体内容，使用户能够快速理解图表所要表达的整体概念，然后以合适的方式显示详细的局部数据（如鼠标悬停显示）。

数据可视化的本质是数据的图表化。一般来说，数据图表包含两类最基本的元素：所描述的事物及这个事物的数值。为了表达的方便，我们将其定义为指标和指标值。这样，数据可视化的过程就是指标图形化、指标值图形化、指标关系图形化的过程。一个指标值就是一个数据，将数据的大小以图形的方式表现。比如用柱形的长度或高度表现数据大小，这也是最常用的可视化形式。将指标关系图形化，当存在多个指标时，挖掘指标间的关系，并将其图形化表达，可提升图表的可视化深度。在数据可视化时，有时需要对数据进行概念转换，以加深用户对数据的感知，常用的方法有对比和比喻，比如将水的容量每30毫升转化为1杯度量，这样可以方便用户感知和量化。

在数据图形化完成后，可将其变为可操控的动态化图表，让用户在操控过程中更好地感知数据的变化过程，提升用户的体验。实现动态化通常采用交互方法，利用提示、颜色高亮、钻取等来表达对象要告诉用户的信息，让用户获得更好的体验，比如联动点击不同维度，数据表会呈现相应变动。

在具体操作层面，从常用性和实用性的角度，可以将数据可视化方法划分为空间可视化、颜色可视化、图形可视化、尺寸可视化和概念可视化五种类型，如图 10-24 所示。这五种类型的数据可视化方法在实际应用过程经常混合使用，特别是在显示复杂图形和多维数据的时候。制作的可视化图表必须易于理解，在简洁的基础上，越美观越好。

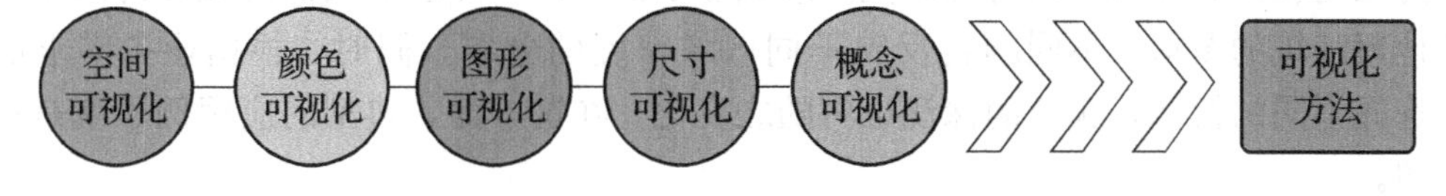


图 10 - 24　数据可视化的方法

## 10.4.2　空间可视化

空间可视化是指当指标数据的主体与地理位置相关时，一般搭配地图使用。空间可视化一般可以和颜色可视化等结合使用，这样用户可以直观地了解整体的数据情况，也可以根据地理位置快速定位某个区域，查看详细的数据。

使用空间可视化方法时，国家、省市行政区划分用来展现地理信息，以及与地理位置有关的信息，指标值的大小可以用颜色深浅区分。选择想要了解的目标主题、目标数据以及地区、年月等限定条件，图形就能根据选择显现出来。

如图 10 - 25 所示，在界面的左边选择目标主题的数据的分析，界面的右边为用户进行可视化的呈现。用户可以把鼠标移动到相应的地理位置，查看具体的店面数量、销售情况和销售排名。以地图为背景，数据将以更清晰的形式呈现。

图 10 - 25　店面数量、销售情况和销售排名

## 10.4.3　颜色可视化

颜色可视化是指利用不同的颜色来表达不一样的指标或者用颜色的深浅来表示指标值大小的效果，这是数据可视化比较常用的方法。在颜色可视化的使用过程中，对配色方案的使用是很重要的，凸显的效果也比较明显。如果可视化效果比较明显，则数据结果的

说服力也比较强。比如，以特殊高亮的形式显示访问用户热衷的页面区域和访问用户所在的地理区域的图示，不同颜色反映不同区域密度的分布。同时，根据业务需求的不同，选择不同的指标，颜色的深浅也将随之变化。在这方面，典型的应用例子就是点击热力图。

热力图通过绚丽的红色能够让用户眼前一亮，瞬间明白深色部分拥有其特殊的意义。如图 10－26 所示的女性预期寿命对新生儿死亡率的影响程度数据可视化，通过热力图能够直观地感受到女性预期寿命越高，新生儿死亡率就越低，所呈现的颜色效果也愈加明亮。

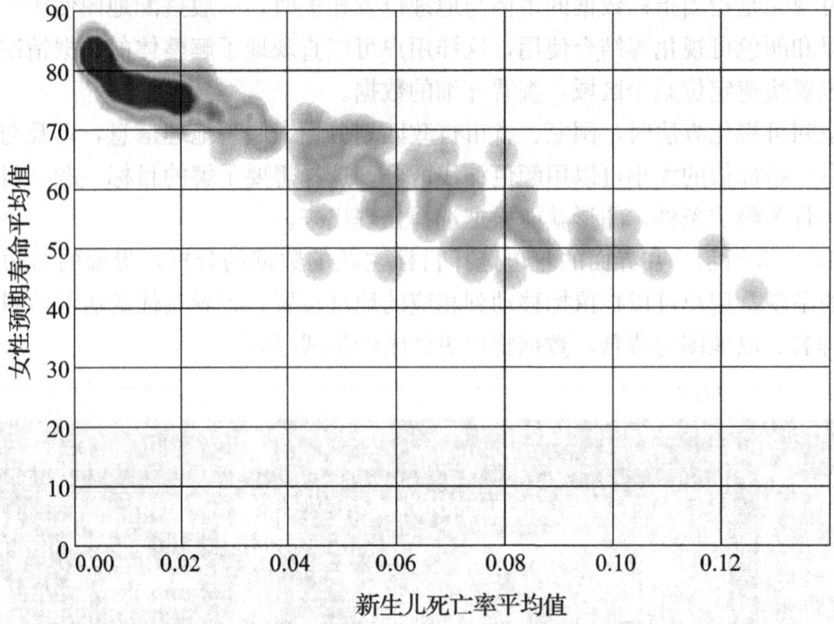


图 10－26　女性预期寿命对新生儿死亡率的影响

## 10.4.4　图形可视化

图形可视化是指在设计指标和指标值时，使用具有相应实际意义的图形组合来表示。这里的图形可以包括很多不同的图案，用户可以直接使用模板当中的图形方案，也可以使用一些主题性比较强的图形方案。一般在图形可视化的过程中，图形都是实际意义比较强的。用不同事物的代表性标记，数据图表的展示结果会更加生动，数据想要表达的主题和效果也会更强。

使用图形可视化方法时，用户根据业务需求选择合适的图形，针对类别之间的比较，如果反映数据间的差异可以选择柱形图，如果反映数据随着时间变化的趋势可以选择折线图，如果要反映比例关系、展示每一部分占总体的百分比可以选择饼图。如图 10－27 所示的温度分布图，显示了冰、水、体温和火的温度。在这里，运用温度计来展示这四种温度是非常直观的。

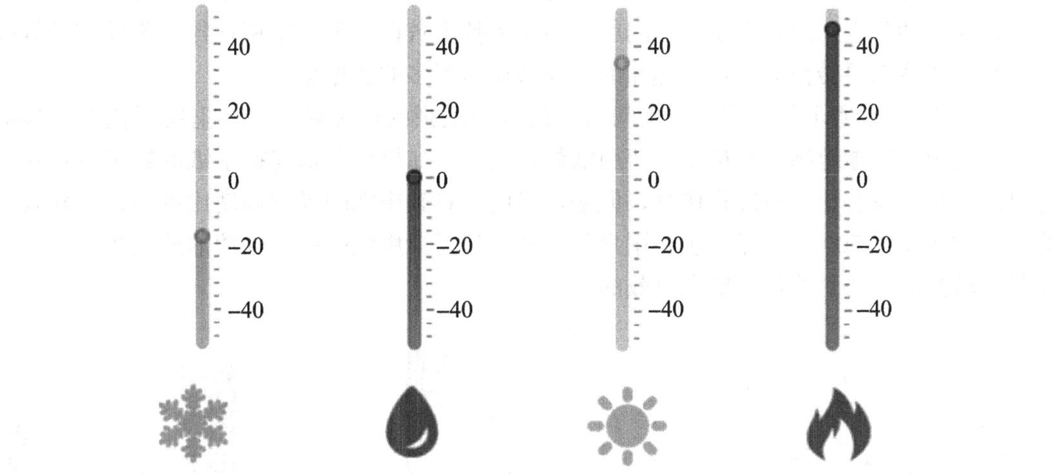


图 10-27　温度分布图

## 10.4.5　尺寸可视化

尺寸可视化是指对同一类图形（例如柱形、圆环和雷达图等）的长度、高度或面积加以区别，来清晰地表达不同指标对应的指标值间的对比。这种方法会让用户对数据及其相互之间的对比一目了然。制作这类数据可视化图形时，一般要用数学公式计算结果来表达准确的尺度和比例。

如图 10-28 所示，运用雷达图清晰地对比了该公司综合实力与同行业平均水平的差别，比如该公司的行业实力高于同行业平均水平，然而信用状态和基础得分比同行业平均水平低。在使用雷达图时，一般要在图上加上文字说明，以方便用户理解。

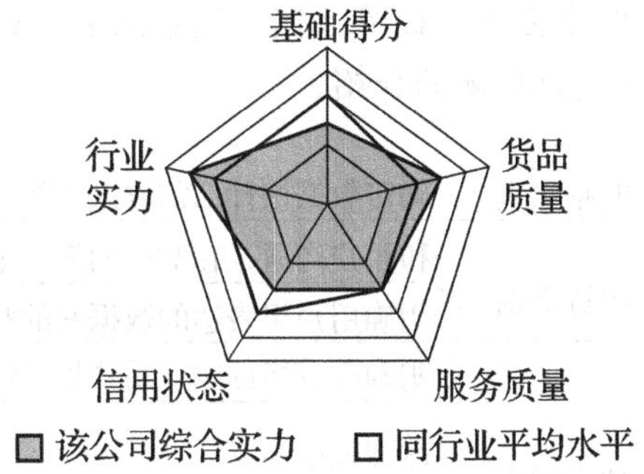


图 10-28　公司能力一览图

## 10.4.6　概念可视化

概念可视化是指通过将一些比较抽象的指标数据转化为熟悉的、易于感知的数据，使用户更容易理解图形的含义。有时，由于对很多问题只存在概念性，不能量化，只能显示一组对象的抽象表达或者由于尺寸问题不能显示整个数据，为了给用户提供不同细节等级的信息，往往需要转换为用户所熟知的事物来显示更多的数据细节。

如图 10－29 所示的是贴在卫生间墙上的节约纸张的环保贴士，这里用了概念转换的方法，让用户清晰地感受到员工一年用纸数量之多。如果只是描述擦手纸的数量及堆积可达高度，基本没有什么显性化概念，但是，当用户看到用纸的堆积高度比世界最高建筑还高，需砍伐超过 500 棵树时，想必用户节约纸张甚至禁用纸张的情怀便油然而生了，所以用概念转换的方法是非常重要和有效的。

园区2012年擦手纸达10 416 000张<br>堆高可达916米　　世界最高建筑哈利法塔828米　　需砍伐520.8棵树木

图 10－29　擦手纸概念转换图

## 10.5　数据可视化流程

就本质而言，数据可视化是为了发现模式、关系与异常。模式即数据中的某种规律；关系即各影响因素之间的相关性，也指各个图形之间的关联；异常即问题数据。一个完整的数据可视化过程主要包括明晰需求、提炼数据、选定图表、设计呈现、人机交互五个步骤，如图 10－30 所示。下面进行具体的介绍。

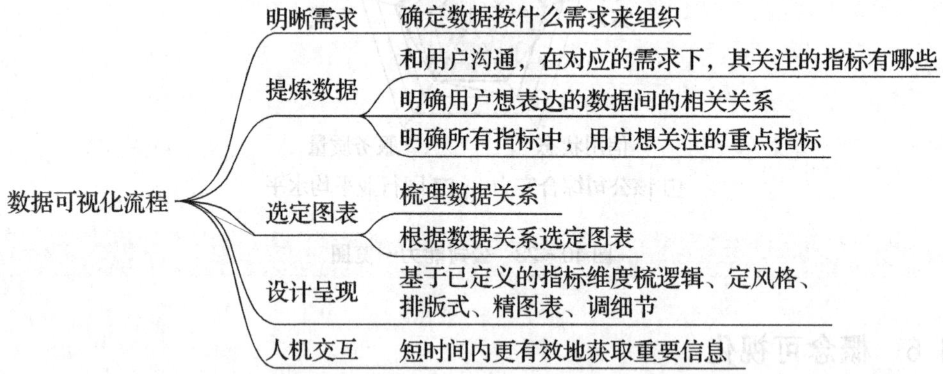


图 10－30　数据可视化流程图

### 10.5.1 明晰需求

确定需要可视化的数据是围绕什么主题或者目的来组织的。建立可视化场景是对数据仓库中的数据进行分析处理的成果，用户能够借此从多个角度查看企业/单位的运营状况，按照不同的主题和方式探查企业业务内容的核心数据，从而做出更精准的预测和判断。

需求分析是数据可视化开展的前提，要描述项目背景与目的、业务目标、业务范围、业务需求和功能需求等内容，明确用户对数据可视化的期望和需求，包括需要分析的主题、各主题可能查看的角度、需要发现的企业各方面规律等内容。数据可视化的目的是生成业务见解，以数据分析图表呈现来驱动商业决策，因此，明确、清晰的业务需求是进行数据可视化的第一步。数据可视化通过查看企业各个业务方面的数据信息及其关联关系并从中找到关键的数据点，辅助进行商业决策，并且通过它所呈现的数据分析结果帮助企业改进和优化业务，推动企业业务向智能化方向发展。例如，通过会计数据可视化分析，可以实现：

（1）从集团分布直观地展示各个集团中法人的数量分布、各类股东情况，然后通过企业性质、注册资本多少、企业级次等维度，全面展示集团单位的分布情况。

（2）从资产状况、净资产状况、营业收入状况、投资收益状况、成本费用状况、净利润状况六个维度分析合并口径单位财务信息，通过切换各指标表头查看其他明细指标。

（3）展示集团当日资金的结构分布，并对大额资金变动进行监控，对存在资金缺口的公司进行预警。

（4）展示企业当年按业绩归属事业部的排行榜；通过累计筹资分析、平台公司组建分析、增资股东及资本公积分布情况来展示筹资信息。

（5）从不同维度展示全集团公司的项目分布；通过流量图展示项目资金流入、流出的预算达成率，展示项目在不同维度的分布。

（6）从多个投资主体，结合项目周期（募、投、管、退），从整体指标、募资指标、投资情况、退出情况四个维度分析展示。

（7）通过对投入、收益、回款周期等各项指标的分析，对投资活动做出精准的评估和预测，提高资金回报率。

在明晰需求过程中，以用户为中心的数据可视化设计理念是价值创造的基石，它将用户的需求放在第一位，然后才是数据。无论面向什么行业或者领域，这个理念都遵循相同的思考过程，从思考用户需求及其特定业务痛点开始。用户正在尝试解决哪些问题？他们面临哪些可能的困难？他们需要什么信息和功能来解决该问题？如何以最佳的方式为用户设计数据可视化？用户希望获得一种简单、直接的用户体验，以最小的复杂性提供所需的信息，以便提出下一步建议，使他们可以专注于更具战略性和价值的工作。最新的用户体验和数据可视化趋势之一是将用户的工作流与可行的见解、建议、预测以及针对当前任务或决策的最佳后续操作合并。精明的业务用户可以进一步钻研数据并发现模式、趋势和相关性。例如，针对如何吸引顾客、如何给产品定价的业务需求，财会人员可能对以下数据可视化内容比较感兴趣：企业在各个地区的产品销售情况；企业哪种产品销售得更好；企业更应该采购哪些原料，生产何种产品，投放哪个地区。

不同类型的用户对数据可视化效果的要求也存在差异。如果用户是老板，可能需要侧重内容，数据可视化要追求逻辑的合理性和数据的准确性。如果用户是管理与业务人员，数据可视化往往用来辅助管理与业务开展，这就要求数据可视化结果具有灵活性与易获取性。如果用户是公众，数据可视化主要是向公众传达企业的发展状况和实力，以提升品牌形象，增进公众认知，这时数据可视化的高端大气的图表设计视觉效果以及数据可视化系统的搭建速度成为更加重要的需求。

## 10.5.2 提炼数据

明晰数据可视化需求后，需要进行数据获取、集成、计算与分析等一系列的数据提炼操作。数据获取的渠道较多，可能来自 ERP，CRM 等企业内部信息系统，也可能来自互联网等外部资源。这些数据的格式差异很大，需要对其进行集成和转换形成数据集市，使其与用户需求密切相关，这样才有助于获取数据可视化更好结果的关键见解。在数据获取与集成后要详细了解想分析的数据，分析需求主题看可以转成哪些指标，哪些指标可以直接取数据，哪些需要进行复杂的数据计算。数据的获取、集成、计算工作会耗费大量的时间，但工作相对独立。

确定分析主题下用户关注的指标、维度和粒度是数据提炼的重要内容。分析一项业务的经营情况通常有不同的角度，这也就意味着会存在不同的衡量指标。同样一个业务问题或数据，因为思考视角和组织方式的不同，会得出截然不同的数据分析结果。因此，需要分析哪些指标必须展现，哪些指标不展现，哪些指标可展现也可不展现；展现的维度有哪些，按时间、部门、地域、指标，看实时数据还是历史数据；展现的粒度层次、总量数据和细化数据的具体要求；通过可视化，期望从中知道哪些信息；等等。

在确定指标时，需要关注用户想要关注的重点指标有哪些，并根据重要性对这些指标排序。如何让用户在短时间内更有效率地获取重要的信息，是评估一个可视化产品好坏的重要因素。确定用户关注的重点指标，才能为数据的可视化设计提供依据，从而通过合理的布局和设计，将用户的注意力集中到可视化结果中最重要的区域，提高用户获取重要信息的效率。

## 10.5.3 选定图表

数据及数据间的相互关系决定了可采用的图表类型。因此，需要梳理数据特征并据以选定图表。基于不同的分析目的，所关注的数据之间的相互关系也截然不同。图表展示的关系分为比较、构成、分布、联系四类，用户可以针对性分析对应的数据关系。通常情况下，同一种数据关系对应的图表类型有多种可供选择。图表的目的是更好地呈现数据中的现象和规律，那么可视化图表的效果也必然受到实际数据的影响。在实际的业务场景中，用户需要根据拥有的数据集、想要展现的数据关系，选择最合适的图表，这需要不断地实践和优化。下面以时序数据和比例数据为例讲解图表的选择。

时序数据是指任何随着时间而变化的数据，如一天中气温随时间的变化。按是否连续，可分为离散型时间和连续型时间两类，时间类型的差异决定了图表的表现形式也不同。离散型时间数据来源于具体的时点或者时段，且时间数据的可能取值是有限的。对于分布在离散时间的数据的可视化，可以采用柱形图、堆积柱形图、散点图来表示。连续型时间数据的可视化和离散型时间数据的可视化相似。连续型数据和离散型数据在数据结构上并没有差别，区别在于它们所反映的真实世界的数据是否不断变化。如一天中的气温变化，就是连续型数据，因为在一天中的任何时候都可以进行测量且气温在不同时刻是变化的。对于分布在连续时间的数据的可视化，可以采用折线图、阶梯图、拟合曲线图来表示。

比例数据通常是按照类别、子类别、群体进行划分的。比例数据进行可视化的目的是寻找整体中的最大值、最小值，整体的构成分布，以及各部分之间的相对关系。当构成整体的数据项较少时，采用饼图是一种不错的选择，饼图通过角度来映射各类别对应的数值。当比例数据中存在多个父系列，每个父系列又由多个子类构成，且各个父系列的子类相同时，展示比例数据可以采用堆积百分比柱形图。

### 10.5.4　设计呈现

设计呈现基于已定义的指标和维度，包括梳逻辑、定风格、排版式、精图表、调细节等五个方面。

**1. 梳逻辑**

对于数据可视化来说，逻辑就是确定各部分的核心内容，以及内容之间的先后次序和关联关系，即讲什么不讲什么，先讲什么后讲什么。把逻辑设计得简单、清晰一些，用户就能更快明白你的良苦用心。

**2. 定风格**

风格营造一种氛围，驱动用户沉浸式阅读。不同的风格适合不同的用户、不同的场景。在可视化整体布局中，要突出重点，避免过于复杂或影响数据呈现效果的冗余元素。图表的背景颜色、网格线的深浅、外边框有无等是辅助用户理解图表的次要元素，但如果不加处理全部呈现，视觉上就不够聚焦，干扰到你真正想展示的数据信息。因此，对于此类非数据层面，但是影响图表视觉呈现的元素，应该尽量隐藏和弱化。在可视化设计时，最好不要使用三种以上的主色调，颜色过多会在无形中分散用户的注意力，使得用户无法聚焦。

**3. 排版式**

版式设计就是关于如何处理信息重点的事项，因为在任何设计中，最重要的信息需要首先被注意到，然后是次要信息。合理地对内容进行布局，适当地安排版式中的视觉流程，引导用户第一时间看到最需要被关注的部分，暗示用户先看什么，后看什么。一般来说，可视化作品一般包括标题、正文、图表、说明文字等要素。版式就是基于上述提到的几个原则，确定要素之间的层次结构，合理摆放这几个要素。

设计者应该通过适当的排版布局，将用户的注意力集中到可视化结果中最重要的区域，从而将重要的数据信息凸显出来，抓住用户的注意力，提升用户信息解读的效率。同时，要合理地利用可视化的设计空间，在确保重要信息位于可视化空间视觉中心的情况下，保证整个页面的不同要素在空间位置上处于平衡，提升设计美感。

**4. 精图表**

不是越酷炫的图表就越适合，这首先要看展现什么数据。若数据中存在极端值或过多分类项等，会极大地影响可视化的效果呈现，如柱形图中柱形的高度、气泡图中气泡的大小、饼图中的分类项数量等。某些图表只适合展现相应格式的数据。其次，也需要对展现数据的图表进行个性化定制，包括样式、风格、颜色、字体，使其契合上下文语境，也让图表更有温度。

**5. 调细节**

对单个部分的可视化设计并不能完全保证整体上的和谐一致。因此，回到整体，根据前面提到的几个原则，发现细节问题，对某些细节进行调整，使其整体上保持一致。例如，各部分视觉元素之间保持对齐，如标题、正文、图表等；在配色、字体或其他细节上，各部分要尽量做到统一；各部分之间要有明显的区隔等。

### 10.5.5 人机交互

移动设备已成为实现专业和个人目的必不可少的工作工具。当用户使用它们来访问应用程序、网站、报告等时，移动印象通常是第一印象。当在移动设备上访问数据可视化图表时，用户体验的质量至关重要。因为其屏幕大小和用户的时间有限，并且用户的注意力极其容易分散，所以，如何让用户在短时间内更有效率地获取重要的信息，是以用户为中心进行人机交互可视化设计要重点考虑的内容。

为企业财务共享和大数据应用开发的数据可视化，通常会在各种移动设备和不同的浏览器上进行应用。将每一项数据在不同维度指标下交互联动，展示数据在不同角度的走势、比例、关系，帮助使用者识别趋势，发现数据背后的知识与规律，并支持数据的上卷下钻、多维并行分析，利用数据推动决策，使可视化内容清晰、简单、紧凑和简洁。由于使用移动设备时注意力跨度非常短，因此必须使数据尽可能地吸引人，同时还要简化交互功能，最重要的一点是必须清晰易懂，以便用户欣赏和处理。

随着整个数据可视化的完成，中间可能存在一些无法完成的操作流程，或者根据需求的变化，整个数据可视化的呈现过程将发生相应的变化。因此在完成数据的可视化呈现之后，根据业务的需求以及业务的变更将进入数据可视化的优化设计。数据可视化是一个交互过程，将数据划分到不同的组别，找到数据之间的关联，然后根据数据可视化分析结果提出新的问题，询问客户的需求，明白企业管理层的战略目标，并依次修改和完善分析。当完成以上步骤之后，将向感兴趣的利益相关者沟通分析结果。在获得分析结果之后，公司决策者将根据分析结果得到他们的见解，并与其他利益相关者交流这些见解。

## 10.6 数据可视化的会计应用实例

在如今的大数据时代，很多行业在运作过程中会使用各种数据，也会产生大量的数据。如果还是采用老方式，使用 Excel 电子表格软件去进行数据统计分析，不管是从可操作性还是分析结果的整体可读性来看都非常不理想。但是自从有了大屏数据可视化，我们能以更加实时准确和方便的方式进行数据分析，让数据看起来更简单，让数据可读性得到提高。以下将简单介绍数据可视化在财务会计和管理会计中的应用。

### 10.6.1　在财务会计中的应用

通过数据可视化在财务会计中的运用，运用可视化技术的力量，对企业的原始经营数据进行结构化设计，通过模型建立、数据归集，生成对企业经营状况有积极预警意义的可视化财务报表。利用数据思维定义问题，结合可视化，推行数据分析报告、企业流程的优化、产品设计和标准的制定。运用可视化和多维的财务数据为企业降本增效提供支持，再结合财务报表可视化，财务分析指标可视化能够实现企业的精细化管理。

下面将通过一个案例来展示如何使用财务数据执行数据分析，并展示数据可视化在财务会计中的应用。某信用评级机构对上市公司的信用等级进行了评估。该机构正在使用一些数据分析工具来评估上市公司的财务报表，并依此判断哪些企业具有较高的风险，哪些企业发展迅速。该机构使用这些数据分析结果作为上市公司的信用评分，帮助出借人设定利率并作为是否提供贷款的首要评判标准。

**1. 明晰需求**

（1）判断企业有哪些较高的风险。

（2）判断企业的发展前景。

（3）比较企业不同年份利润率的变化情况。

（4）分析企业的毛利润在过去三年中是否增加，预测企业未来三年的毛利润是否持续增加。

（5）分析企业过去三年的应收账款为多少，是否在逐年增加。

（6）分析企业应收账款的欠期为多久，成为坏账的可能性有多大。

**2. 提炼数据**

在数据可视化流程的第一步中已经明晰用户需求，而接下来需要进行数据获取、集成、计算与分析等一系列的数据提炼操作。对于分析企业的毛利润在过去三年中是否增加，预测企业未来三年的毛利润是否持续增加这个业务需求，首先需要收集所需的账户或数据属性，比如企业名称、毛利润、销售收入、销售成本、年份，其次对其进行集成和转换，形成数据集市，使其与用户需求密切相关，再次汇总计算过去三年的财务报表数据，最后使用回归方程来预测未来三年企业的毛利润是否会持续增加。当用户需要分析企业过去三年的应收账款为多少，是否逐年增加，欠期为多久时，我们需要收集的数据包括欠款企业名称、应收账款对账、应收账款账龄、应收账款金额。

收集完所需要的账户或数据之后，接下来根据用户关注的指标、维度和粒度来提炼数据的重要内容。通过销售毛利率、销售净利率对企业进行盈利能力的分析。而通过对企业应收账款数据的提炼，了解企业是否产生大量的应收账款，是否占用企业的流动资金，是否增加企业的机会成本、管理成本和坏账损失。倘若应收账款管理不善，将造成企业资金周转困难，坏账风险扩大，甚至出现财务危机，最终导致企业破产清算。

**3. 选定图表**

数据经过提炼之后，选取了其中的商品名称、销售数量、单价、所属片区、销售额、应收账款余额趋势、应收账款账龄、应收账款分布情况。销售数量、单价、应收账款余额趋势表达的是某一项数值在特定时间内的动态变化，其为一种趋势数据，在图表展示关系的四类中是基于时间月份的比较，因此选取柱形图最为合适。所属片区、商品名称、销售数量是三个不同的变量，然而想要将其紧密联系，运用气泡图则是最优选择，气泡的颜色代表商品名称，横坐标代表所属片区，纵坐标代表销售数量。应收账款分布区域为范围区域，因此选用地图颜色的深浅来展示区域范围的大小。应收账龄分析是随时间变化进行的，展现各个时段之间的差异，因此运用曲线图及水平柱形图能够更好地体现。

**4. 设计呈现**

运用分类法将所需的数据进行分类处理之后，再梳理数据特征并根据数据特征选定图表，最后根据所选定的各种图表汇总成最终的可视化仪表板。

如图 10－31 所示，运用水平柱形图能够显示各个月份各地区各商品的月平均销售量和单价的差额对比情况，运用气泡图能够看出各产品销售数量的情况。运用柱形图反映了销售金额的降序排列。可视化方法将销售收入、各地区各商品的月销售量和单价运用柱形图、散点图等进行相应的呈现。

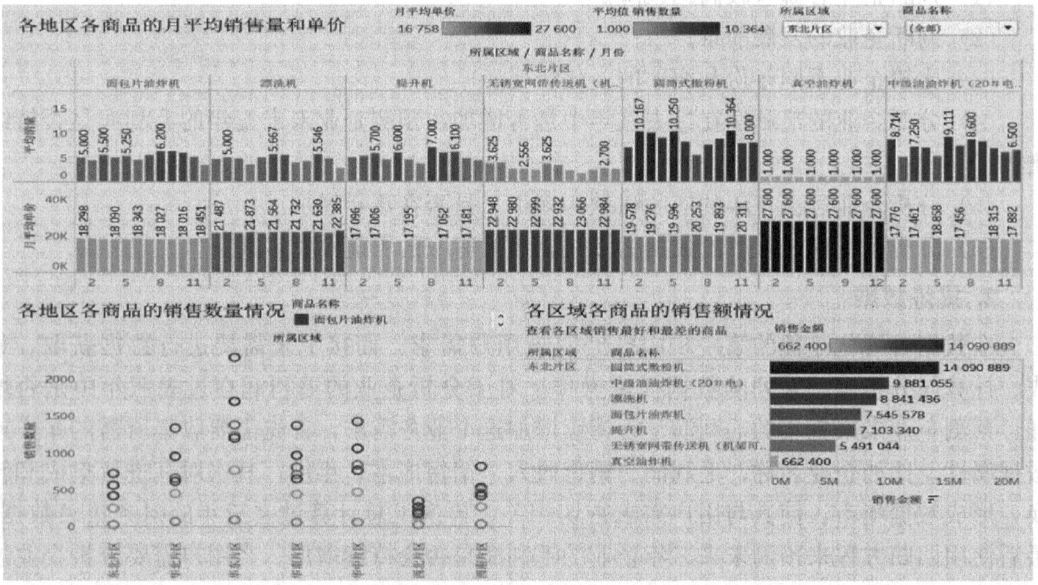


图 10－31　各地区各商品销售情况图

如图 10－32 所示，通过饼图、柱形图以及图表将企业的应收账款当期明细、余额趋势、科目余额、子集团占比表现得淋漓尽致。通过如图 10－33 所示的应收账款账龄分析图可以发现，欠款账龄主要集中于八年、九年以及十年，而欠款客户主要为安徽宏信有限公司、安徽华美有限公司、安徽金誉有限公司。

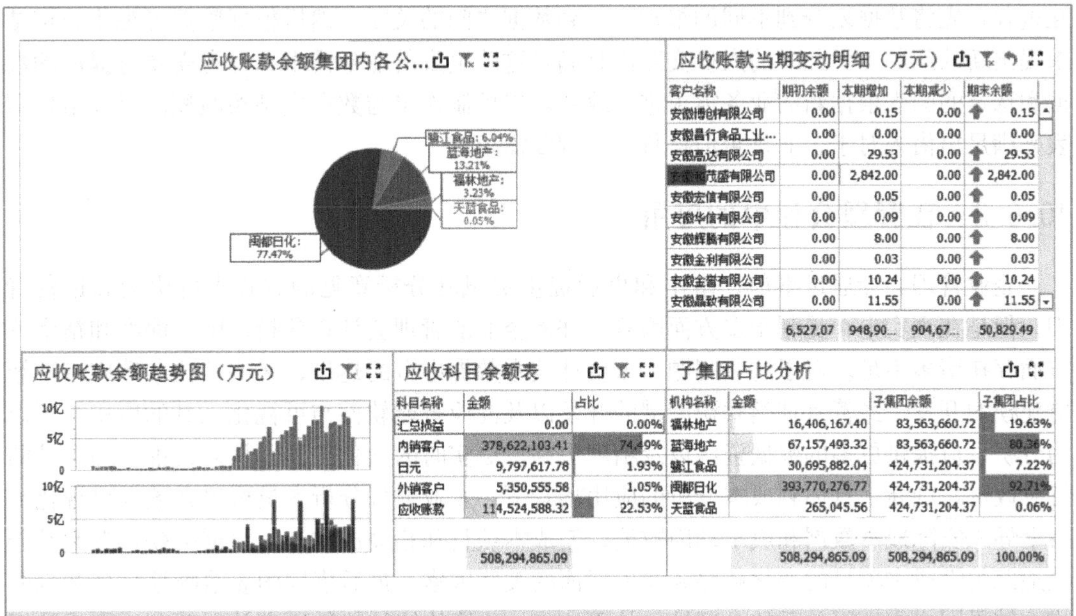

图 10－32　应收账款情况明细图

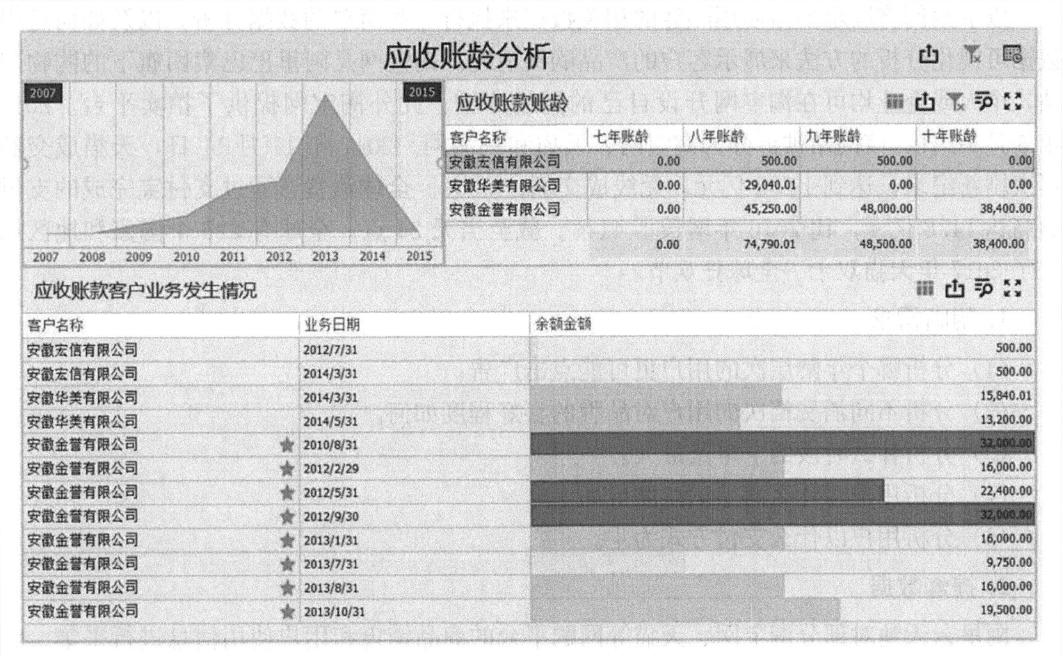

图 10－33　应收账款账龄分析

**5. 人机交互**

在完成数据的可视化呈现之后，出借人为了判断企业是否值得贷款，不仅想看企业近几年的毛利情况，还想知道企业的盈利率、负债率等财务指标数据。数据可视化是一个交互过程，先将数据划分到不同的组别，找到数据之间的关联，然后根据数据可视化分析结果提出新的问题。而此时的人机交互就是满足这些突发的业务需求，首先需要对提炼的数据和选定的图表根据新的业务需求进行改变，然后制作出与数据类型相匹配的财务指标图表来满足出借人对于企业是否值得贷款的判断需求。

## 10.6.2 在管理会计中的应用

企业管理会计通过事前、事中和事后提供资讯和分析意见的方式支持决策和运营管理。但是在现实中，受制于多方面因素，许多企业的管理会计在分析范围、深度和精度等方面存在诸多不足。对于这些问题，云会计技术数据中台的建设、区块链技术等应用于智能建模的开发、经营管理类知识图谱的开发以及商业智能软件与可视化工具的应用，可以为分析人员提供更多的数据资源以及精度更高、更实时的量化工具，从而助推管理会计的持续改进与创新。具体到成本分析的应用场景下，企业财务分析人员可以在数据可视化平台上导入实际成本数据和成本动因数据，使成本项目和相关成本动因数据关联，在此基础上追踪关键成本项目的变化趋势和业务层面的关联因素，最后借助图表清晰地呈现和判断成本结果同成本动因关系的合理性，从而比 Excel 等传统的软件更高效、动态地完成数据连接和诊断分析。

以下案例将展示如何使用顾客的相关数据来执行一些简单的数据分析，以及如何运用数据可视化分析的方法来展示客户的产品购买情况。淘宝网是阿里巴巴集团旗下的购物网站，个人或企业均可在淘宝网开设自己的网络店铺，此外淘宝网提供了拍卖平台。2011 年 6 月 16 日，该网站被拆分为淘宝网、天猫和一淘网。2017 年 11 月 11 日，天猫成交额再次刷新纪录，达到 1 682 亿元，无线成交额占 90%。全球消费者通过支付宝完成的支付额高达 14.8 亿元，比 2016 年增长了 41%。截至当天 24 点，全球有 225 个国家和地区加入了 2017 年天猫双十一全球狂欢节。

**1. 明晰需求**

（1）分析哪个年龄层次的用户更可能点击广告。

（2）分析不同消费档次的用户对品牌的喜好程度如何。

（3）分析什么时段的下单量最大。

（4）分析用户对什么商品满意度最高。

（5）分析用户以什么支付方式为主。

**2. 提炼数据**

阿里云天池对部分淘宝网、天猫等网购平台的商品销售和用户使用信息进行采集、获取。例如，通过将淘宝网广告投放/广告点击情况数据集中，我们可获得清洗后的 2017 年的用户 ID、商品类目 ID、品牌 ID、商品价格、商品品牌、时间戳广告点击情况、用户性别、用户年龄层次、消费档次、购物深度、所在城市级别、是否为大学生等信息。如果想分析哪个年龄层次的用户更可能点击广告，则需要知道用户 ID、用户年龄层次，如表 10-1 所示。如果想进一步了解该年龄层用户的消费偏好，则需要分析用户消费档次、购物深度、商品价格、商品品牌等信息。

表 10－1　数据集字段表

| 数据名称 | 说明 | 属性 |
| --- | --- | --- |
| raw_sample | 原始的样本骨架 | 用户 ID、时间、资源、是否点击 |
| ad_feature | 广告的基本信息 | 商品类目 ID、品牌 ID 等 |
| user_profile | 用户的基本信息 | 用户 ID、年龄层次、性别等 |
| raw_behavior_log | 用户的行为日志 | 用户 ID、行为类型、时间、商品类目 ID、品牌 ID 等 |

当采集完所有相关数据之后，就需要对数据进行提炼。明确分析主题下用户关注的指标、维度和粒度。将商品的性价比、商品种类的丰富情况、商品信息的真实性确定为商品属性指标；将支付方式、购买时段、用户性别、年龄层次确定为交易安全指标；将商品价格、商品品牌、顾客购买频率确定为品牌忠诚度指标。之后根据用户的点击、购买、支付、添加购物车行为确定用户行为类型指标。

**3. 选定图表**

比例型数据是按照同一领域的不同项目类别进行划分的。而时段用户活跃数就是在不同时段用户活跃人数占总体的比例，属于图表四种分类中的静态构成，因此运用环形图能够清晰地看出什么时段用户活跃人数占比最大。各地区用户活跃数表达的是用户数在某一地区的动态变化，其是基于多种分类的比较，为一种趋势数据，因此选取柱形图最合适。支付方式使用人数为比例型数据，属于静态占比构成，其表示在同等消费情况下，用户使用不同支付方式的占比情况，因此运用饼图最为合适。漏斗图是指用梯形面积表示某个环节业务量与上一个环节间的差异，因此用来表示用户行为类型转化最合适。

**4. 设计呈现**

根据业务需求将数据进行预处理之后，选择合适的图表进行可视化的呈现。例如，散点图显示不同年龄层次的用户可能点击的广告；柱形图显示不同年龄层次的用户的消费额度及其消费档次；通过环形图下的时段用户活跃数能够明显看出用户更愿意在夜里进行消费；通过各地区用户活跃数柱形图能够明确看出浙江地区的用户最为活跃。如图 10－34 所示，运用柱形图能更好地展示在不同的时段下单数量的情况，而运用饼图更能展示各支付方式使用人数的比例。

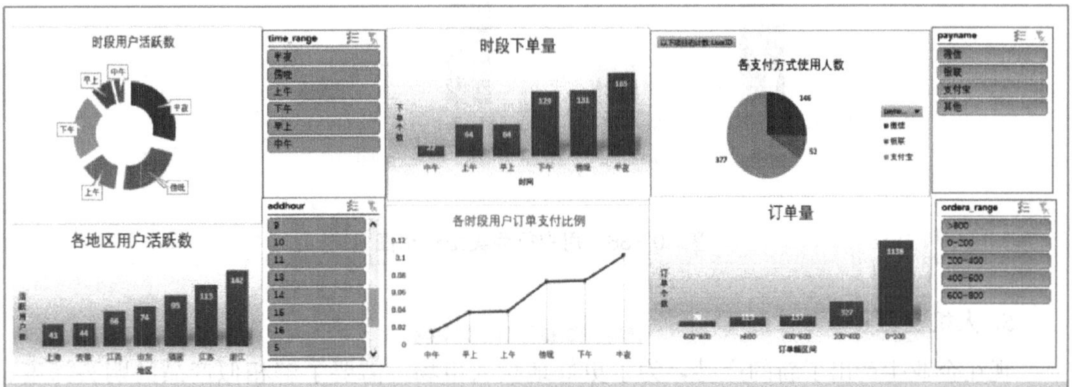


图 10－34　用户消费情况图

如图 10-35 所示，用户行为类型分为点击、添加购物车、收藏和支付。点击为 135 957，而支付为 3 069，说明购买转化率不高。从独立访客来看，用户从点击到支付，共计分为 4 类行为轨迹：点击→收藏→添加购物车→支付，点击→收藏→支付，点击→添加购物车→支付，点击→支付。而每一类行为的最后的购买转化率为 2.59%～5.57%，用户在收藏或添加购物车的转化率只有 2.8%左右，进一步说明购买转化率并不高（与点击→支付的转化率相比）。如图 10-36 所示，运用堆积柱形图和折线图将四个类型及与购买转化率相结合，使用户更加直观地看出仅点击而没有收藏、添加购物车或者支付的跳失率为 6.07%，用户从点击直接到支付的转化率为 5.57%，购买转化率并不高，流失率严重。

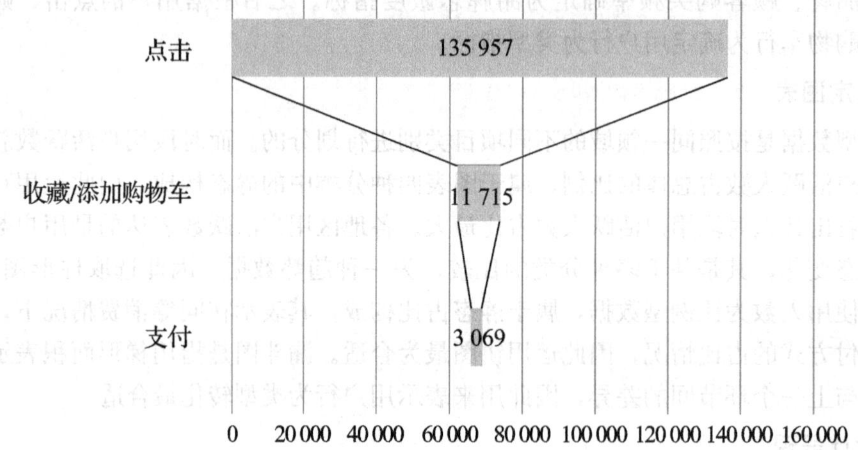


图 10-35　点击、收藏、添加购物车、支付行为漏斗图

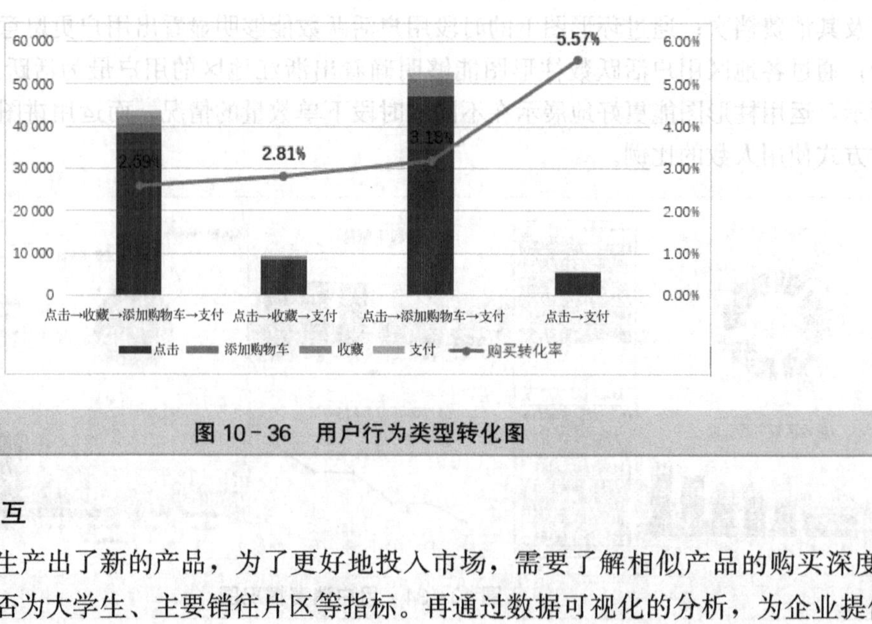


图 10-36　用户行为类型转化图

**5. 人机交互**

现在企业生产出了新的产品，为了更好地投入市场，需要了解相似产品的购买深度、月销售量、是否为大学生、主要销往片区等指标。再通过数据可视化的分析，为企业提供

合理的上市时间、主打地区、消费人群。因此在完成数据的可视化呈现之后，根据新业务的需求以及新业务的变更将进入数据可视化的优化设计。根据新产品投放业务需求，需重新提炼数据，选定图表，设计呈现，这是一个人机交互的过程，根据数据可视化分析结果提出新的问题，询问客户的需求，理解企业管理层的战略目标，并依次修改和完善分析。

## 思维拓展

1. 如何理解数据可视化的特征及优势？
2. 如何认识数据可视化的图表类型？
3. 如何选择数据可视化的图表？
4. 数据可视化设计的流程是什么样的？
5. 数据可视化的方法有哪些？
6. 数据可视化对会计领域有什么意义？

# 第11章

# Tableau会计数据可视化初级应用

## 学习目标

- 了解Tableau软件的特点及应用场景
- 熟悉Tableau软件的下载与安装过程
- 掌握Tableau数据源管理操作及基本语法
- 掌握Tableau基本的可视化操作
- 理解不同业务背景下对可视化图形的选择
- 创新设计不同财务场景的可视化图形

## 思维导图

## 蛮有数洞

随着日历的翻动，家桐的实习期即将结束。对于是否能够顺利转正，家桐心里似乎也没有十分的把握。虽然嘴上不说，但家桐还是若有所思，静不下心的他站在窗前，感受到春天悄无声息地来了，路边小草破土而出，一片嫩绿。湖边的柳条上点缀着无数新绿的细叶，弯弯曲曲地垂下来……

正当家桐沉醉于这美丽的景色时，徐丹青端着一杯咖啡走向了家桐，拍了拍家桐的肩膀说："马上要面临转正考核了，紧张吗?"

"肯定紧张啊！不过就算没有考核通过，无法以后和你们一起并肩作战，我在公司实习的这段时间学到的东西也绝对是一笔宝贵的财富!"家桐眼里带着光芒对徐丹青说道。

"别担心，你这么踏实努力，也聪明好学，程总心里肯定有一杆秤的。"徐丹青一边鼓励家桐，一边喝着咖啡。

"年轻人就应该多学多问才能尽快赶上你们优秀前辈的步伐，上一周李总才给我科普了很多可视化的知识，这周打算具体应用一下，不管是否能转正，也要争取在实习期间多学一些知识，为以后的工作丰富自己的知识库。如果碰到问题还要来请教你，到时候别嫌弃我又麻烦你。"家桐打趣地说道。

"怎么可能存在麻烦呢！随时欢迎你来。如果你想要具体应用，可以学习一下Tableau如何使用，我们销售部平时分析销售数据的时候，一般首选这个软件，即使是新手，这个可视化软件也很好上手，而且它具备强大的统计分析扩展功能。Tableau可以连接到一个或多个数据源，支持单数据源的多表连接和多数据源的数据融合，可以轻松对多源数据进行整合分析，而且不需要任何编码基础。连接数据源后只需拖放或点击，就可以快速地创建出交互、精美、智能的视图和仪表板。"徐丹青对Tableau赞不绝口。

"多谢！我马上下载Tableau，赶快熟悉起来。"家桐如获至宝地说道。

"我们先去吃午饭吧，Tableau学起来很快的，一会儿我再给你详细讲讲Tableau。"徐丹青说道。

"好!"

## 11.1 Tableau软件概述

Tableau是Tableau软件公司推出的一款数据分析与可视化工具，具备强大的统计分析扩展功能。它能够根据用户的业务需求对报表进行迁移和开发，实现业务分析人员独立自主、简单快速、以界面拖拽的操作方式对业务数据进行联机分析处理、即时查询等功能。Tableau能够生动地分析任何结构化数据，并立即生成美观的图表、坐标图、仪表板与报告。

### 11.1.1 软件介绍

Tableau软件的起源是1997—2002年在斯坦福大学计算机科学学院进行的学术研究。Pat Hanrahan教授与他的博士生Chris Stolte一起，专门研究关系型数据库和多维数据集可视化技术，并实现桌面显示。Tableau软件公司成立于2003年，并在2019年被Salesforce公司收购。

利用Tableau简便的拖放式界面，用户可以自定义视图、布局、形状、颜色等，帮助其展现自己的数据视角。Tableau可以帮助没有IT基础的人将数据应用于视觉化思考。在创建视图时，视图间流畅的转变顺应人的自然思路，使用者无须陷入编写脚本的泥潭，便可以快速创建出美观、信息丰富的可视化图表。

Tableau 可以连接到一个或多个数据源，支持单数据源的多表连接和多数据源的数据融合，无须任何编码基础就可以轻松地对多源数据进行整合分析。连接数据源后只需用拖放或点击的方式，就可快速地创建出交互、精美、智能的视图和仪表板。任何 Excel 用户甚至零基础的用户都能很快、很轻松地使用 Tableau Desktop 直接对数据进行分析，从而摆脱对开发人员的依赖。

Tableau 软件产品版本很多，包括开发人员用于创建图表和仪表板、生成报告等的 Tableau 工具，如 Tableau Desktop，Tableau Public 和 Tableau Prep，以及用于共享使用开发人员工具创建的报告、图表和仪表板的 Tableau Server，Tableau Online 和 Tableau Reader。

**1. Tableau Desktop**

Tableau Desktop 是一款设计和创建美观的视图与仪表板，实现快捷数据分析功能的桌面端分析工具，它支持现有 Microsoft Office 文件、逗号分隔文本文件、Web 数据源、关系型数据库和多维数据库等主流的数据源类型，包括 Tableau Desktop Personal（个人版）和 Tableau Desktop Professional（专业版）两个版本，支持 Windows 和 Mac 操作系统。

**2. Tableau Public**

Tableau Public 是专为用户构建的一款免费的桌面应用程序，用户可以连接 Tableau Public 服务器上的数据，设计和创建自己的工作表、仪表板和工作簿，并把成果保存到 Tableau Public 服务器上。云上保存的文件没有隐私，因此任何人都可以访问和下载相同的数据。

**3. Tableau Prep**

Tableau Prep 是一个用于合并、调整和清理数据的工具，以便在 Tableau 中进行分析。Tableau Prep 可以与其他 Tableau 产品无缝配合工作。用户可以在流程中的任何位置创建数据提取，将数据源发布到 Tableau Server 或 Tableau Online，将流程发布到 Tableau Server 或 Tableau Online 以继续在 Web 上编辑或刷新数据，还可以直接从 Tableau Prep 打开 Tableau Desktop 以预览数据。

**4. Tableau Server**

Tableau Server 是一款基于 Web 平台的商业智能应用程序，可以通过用户权限和数据权限管理 Tableau Desktop 制作的仪表板，同时可以发布和管理数据源。当业务人员用 Tableau Desktop 制作好仪表板后，可以把交互式仪表板发布到 Tableau Server。Tableau Server 是基于浏览器的分析技术，其他查看报告人员可以通过浏览器或者使用 iPad 或 Android 平板电脑中免费的 App 浏览、筛选、排序分析报告。Tableau Server 支持数据的定时、自动更新，无须业务人员定期重复地制作报告，适用于任何规模的企业和部门。用户可以借助它分享信息，实现在线互动，实时获取企业经营动态。

**5. Tableau Online**

Tableau Online 针对云分析而建立，在 Web 上进行交互、编辑和制作，是 Tableau

Server 的一种托管版本，省去硬件部署、维护及软件安装的时间与成本，提供的功能与 Tableau Server 没有区别，按每人每年的方式付费使用。

**6. Tableau Reader**

Tableau Reader 是一个免费工具，它允许我们查看使用 Tableau Desktop 或 Tableau Public 创建的图表和工作簿。可以过滤数据，但修改和编辑受到限制。

**7. Tableau Mobile**

Tableau Mobile 是基于 iOS 和 Android 平台移动端的应用程序。用户可通过 iPad，Android 设备或移动浏览器，查看发布到 Tableau Server 或 Tableau Online 上的工作簿，并进行简单的编辑和导出操作。

### 11.1.2　软件特点

Tableau 软件具有五个特点，分别是：兼容主流数据源、较高的易用性、自助式开发、灵活的部署、大数据分析。

**1. 兼容主流数据源**

Tableau 可以连接到本地或云端的任何数据源，并以实时连接或数据提取的形式发布和共享数据源，让每个用户都可以使用共享数据。Tableau 兼容 Cloudera Hadoop，Oracle，AWS Redshift，多维数据集，Teradata，Microsoft SQL Server 等主流的数据源，同时借助 Web 数据连接器和 API，还可以访问其他数据源。

**2. 较高的易用性**

Tableau 提供了一个非常新颖且易用的使用界面，使得处理规模巨大的多维数据时，也能及时地从不同角度看到数据所呈现出的规律。Tableau 通过数据可视化技术，使数据挖掘变得操作简单，并且可以自动生成和展现出专业的图表。

**3. 自助式开发**

Tableau 只需用拖放的方式就可快速地创建出交互、美观、智能的视图和仪表盘，以及饼图、柱形图、条形图、气泡图、热力图、瀑布图、突出表、折线图、散点图、交叉表等图表，并且 Tableau 拥有自动推荐图形的功能，即用户只需要选择好字段，软件会自动推荐一种图形来展示这些字段。Tableau 的图表可以在仪表盘中自由摆放，形成图文结合的视图，这些视图可以是一表多图、一图多表、多表多图的表现形式。此外，Tableau 还支持图表的动态播放、友好的数据可视化界面，内置地图、计算公式、函数以及下钻穿透功能，用户可以自主创建图表等。

**4. 灵活的部署**

Tableau 可以灵活地部署到企业环境中，支持门户、iPad 和各种浏览器。用 Tableau Desktop 可以将分析结果发布到 Tableau Server 上进行交流和分享，也可以用浏览器和移动终端来处理业务人员所分享的数据源和分析结果。无论是将数据存放在本地还是云端，Tableau Server 都能让用户灵活集成到现有的数据基础架构中。在本地的 Windows 或

Linux 系统上安装 Tableau Server，可在防火墙保护下实现最佳控制。借助 AWS，Azure 或 Google Cloud Platform 可以实现公有云部署。

**5. 大数据分析**

Tableau 在为大数据操作、深度学习算法和多种类型的人工智能应用程序提供交互式数据可视化方面尤为高效。Tableau 内置常用的分析图表和一些数据分析模型，可以快速地进行探索式数据分析并做出动态交互图。Tableau 支持海量数据，在普通硬件条件下，百万级数据响应时间为秒级。

## 11.2 Tableau 安装与使用

Tableau Desktop 是一款设计和创建视图与仪表板、实现快捷数据分析功能的桌面端分析工具，下面介绍桌面端分析与可视化开发工具 Tableau Desktop 的下载、安装与使用。

### 11.2.1 下载与安装

在 Tableau 公司的官方网站（http://www.tableau.com/zh-cn/products/trial）可以下载最新的 Tableau Desktop 免费试用版本。填写商务电子邮件地址，单击“下载免费试用版”按钮，如图 11-1 所示。

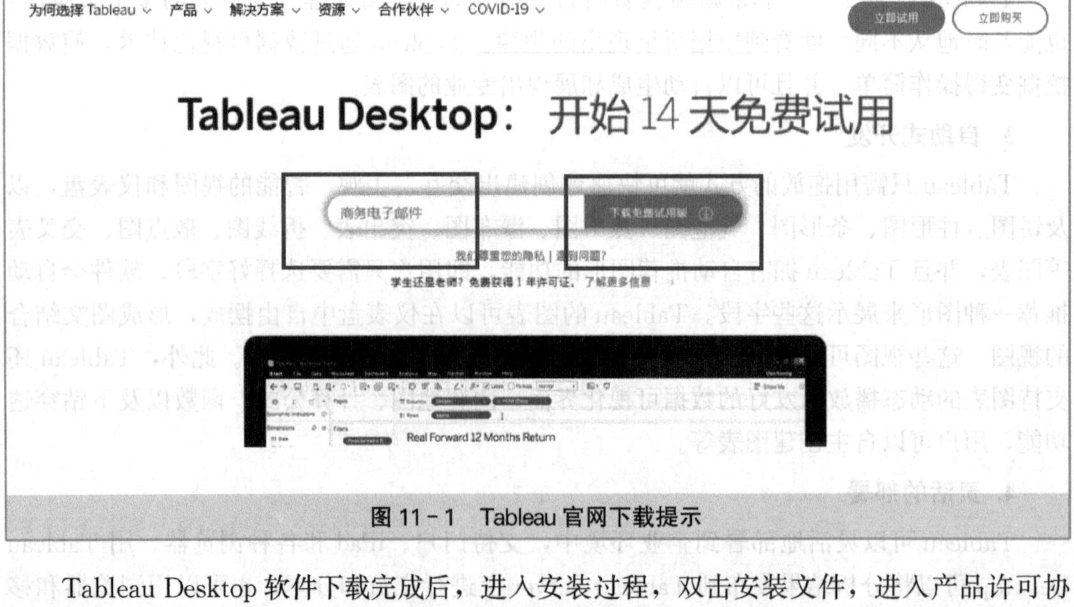


图 11-1 Tableau 官网下载提示

Tableau Desktop 软件下载完成后，进入安装过程，双击安装文件，进入产品许可协议界面，如图 11-2 所示。勾选“我已阅读并接受本许可协议中的条款（A）。”选项，并单击“安装”按钮，将会进入 Tableau 软件的安装过程界面，如图 11-3 所示。安装完成后，单击“重新启动”按钮即可，如图 11－4 所示。

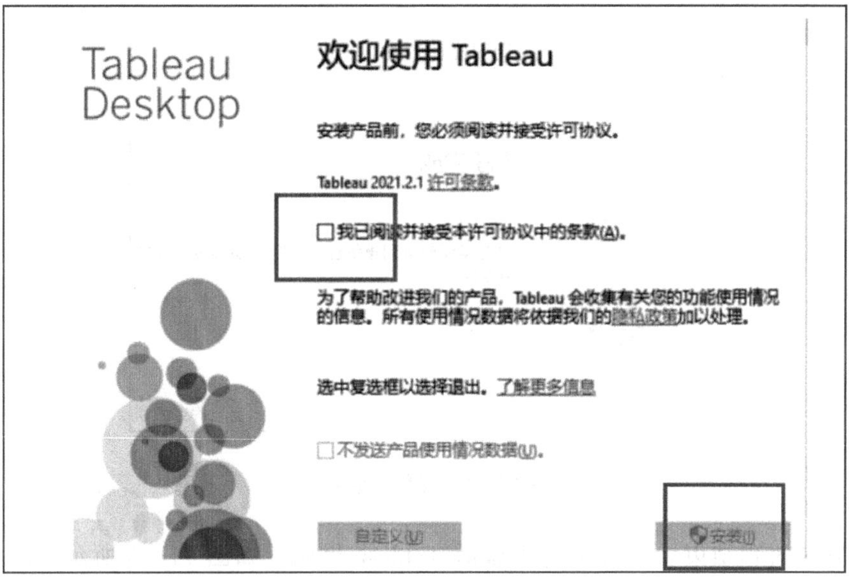


图 11－2　产品许可协议界面

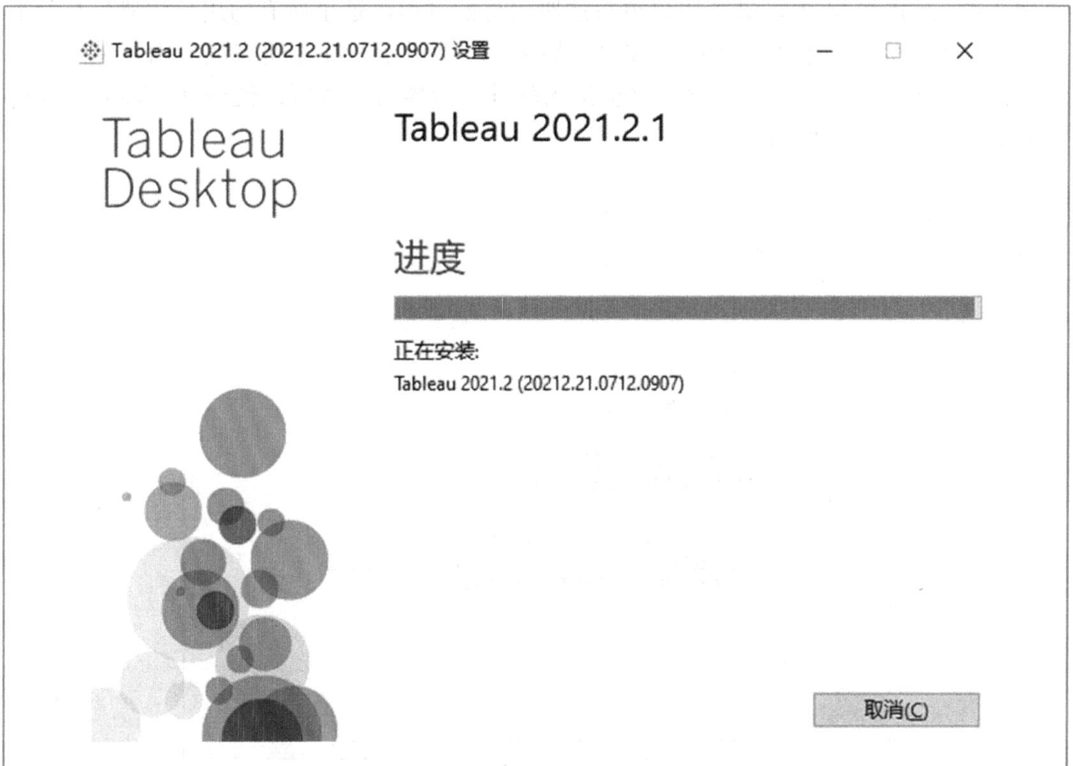


图 11－3　安装过程界面

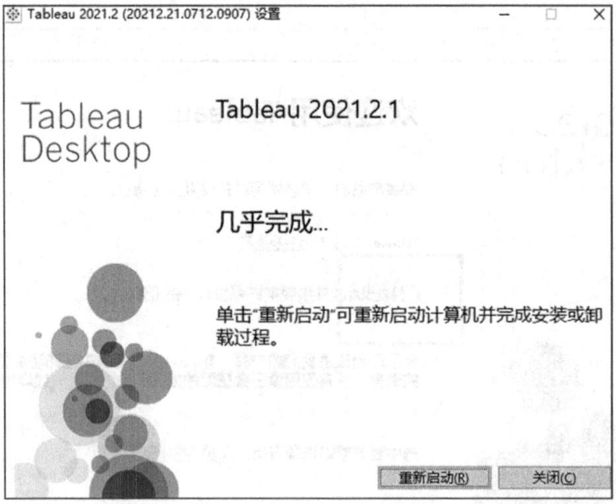


图 11-4 安装完成界面

软件安装过程结束后，直接进入激活 Tableau 界面，如图 11-5 所示。激活界面有 3 个选项，如果选择“使用产品密钥激活”选项，需输入向 Tableau 公司付费购买的产品密钥才能激活，如图 11-6 所示。如果选择“立即开始试用”选项，则可以无限制地使用 Tableau 软件 14 天，进入用户填写注册信息的过程，这里所有的用户注册信息都需要填写，填写完毕后点击“注册”按钮，如图 11-7 所示。在注册完成界面，单击“继续”按钮，如图 11-8 所示。之后将会进入软件开始界面，就可以使用 Tableau Desktop 的功能，如图 11-9 所示。

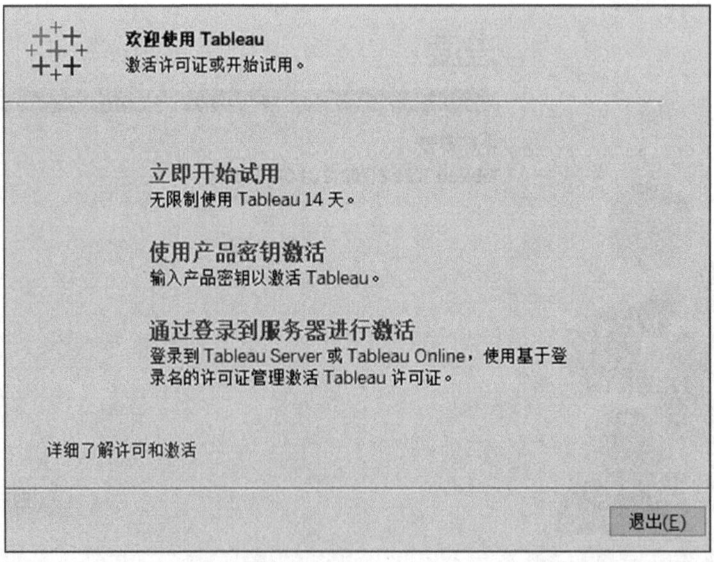


图 11-5 激活 Tableau 界面

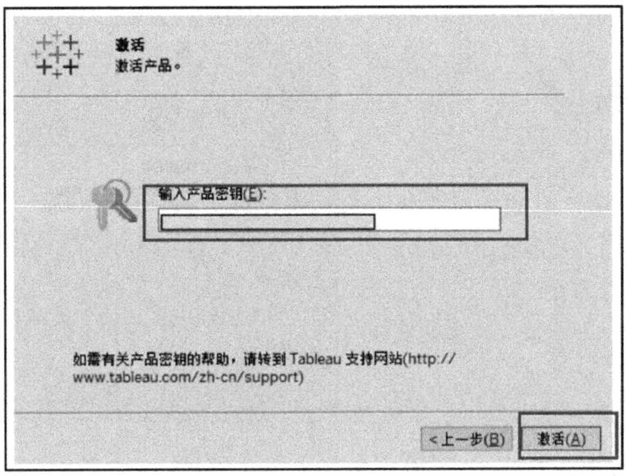


图 11－6　输入产品密钥界面

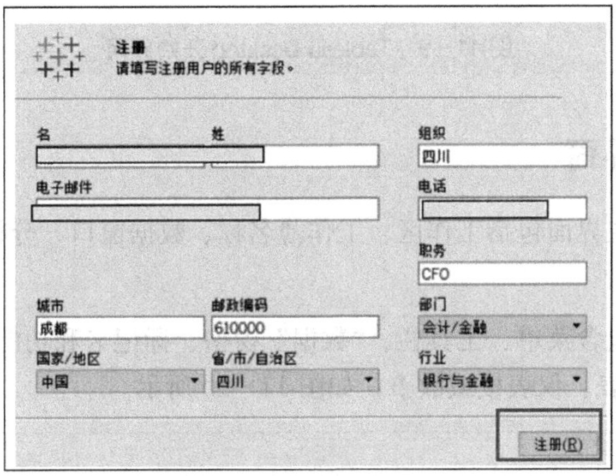


图 11－7　注册信息填写界面

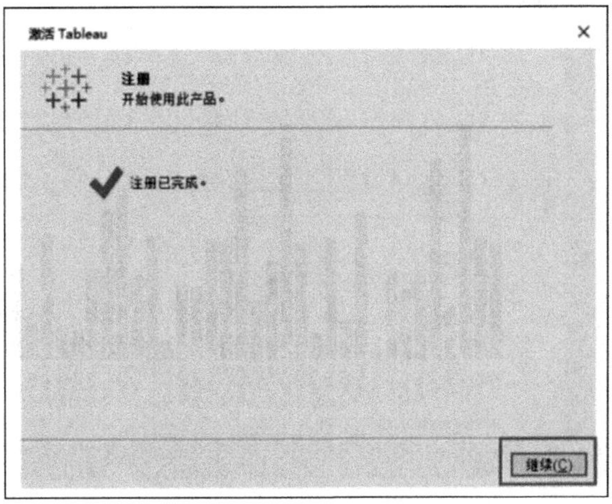


图 11－8　注册完成界面

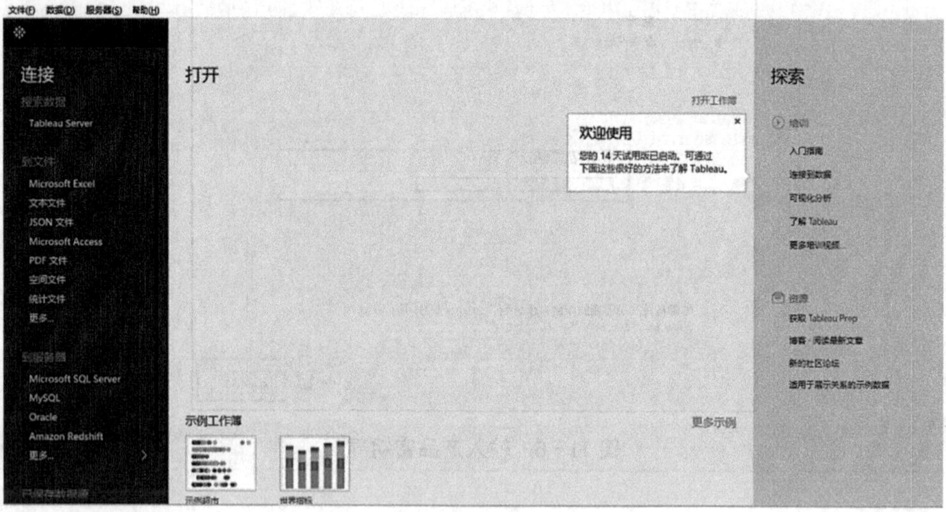


图 11-9　Tableau Desktop 开始界面

## 11.2.2　软件主界面

Tableau 软件的主界面包括工作区、工作簿名称、数据窗口、分析窗口等内容。

**1. 工作区**

Tableau 工作区包含菜单、工具栏、“数据”窗格、标记卡和功能区以及一个或多个工作表。表可以是工作表、仪表板或故事，如图 11-10 所示。

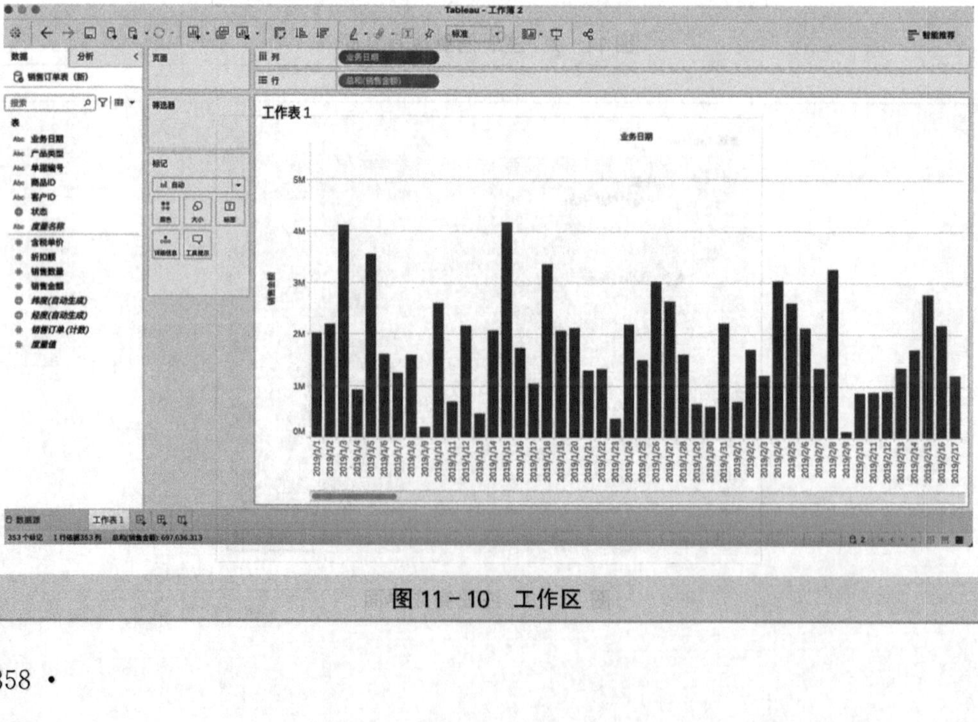


图 11-10　工作区

**2. 工作簿名称**

工作簿包含工作表，工作簿可以是工作表、仪表板或故事。如图 11－11 所示，该工作簿名称为“工作簿 2”。

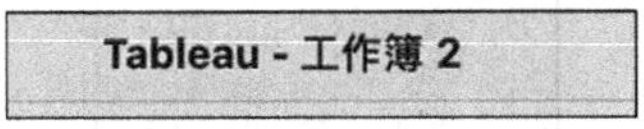


图 11－11　工作簿名称

**3. 数据窗口**

数据窗口位于工作区工具栏的左下方，显示已连接的数据源、数据角色及字段类型等内容，具体包括数据源、维度、度量等。该窗口可对数据源进行数据编辑、查看、发布、导出等操作，对维度和度量进行转换，更改字段角色如文本、日期、时间等，如图 11－12 所示。

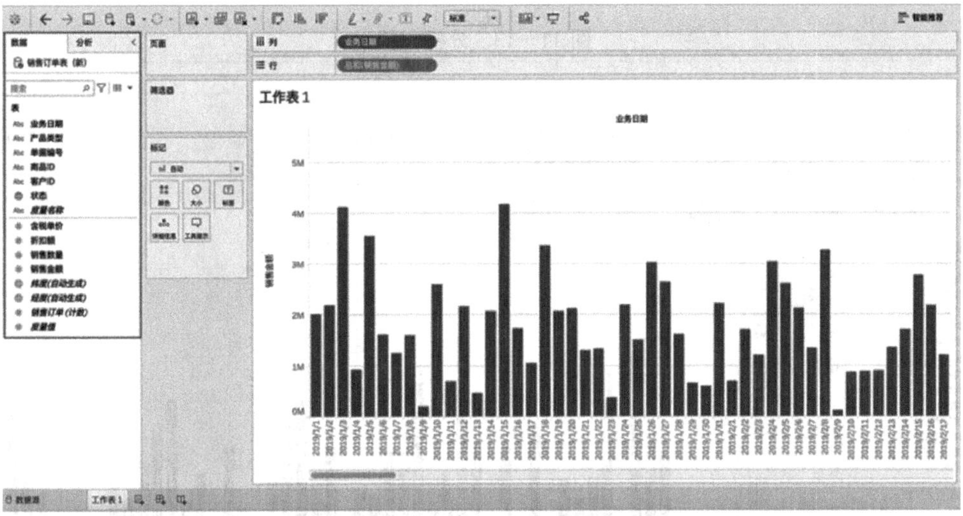


图 11－12　数据窗口

**4. 分析窗口**

分析窗口位于工作区工具栏的左下方，可以通过标签页和数据窗口切换显示。该窗口实际上就是常用分析功能的快捷方式，包括汇总、模型、自定义三个功能块。需要注意的是，如果分析窗口中的各类统计指标不能在当前分析中使用，则会呈现灰色，如果可以使用，才会呈现黑色，如图 11－13 所示。

**5. 行列功能区**

行列功能区用于容纳和放置数据源中的维度及度量字段，通过对不同字段在行列功能区进行差异化组合，可以满足不同的分析需要，在行列功能区自由组合字段，也是创建视图的基础，如图 11－14 所示。

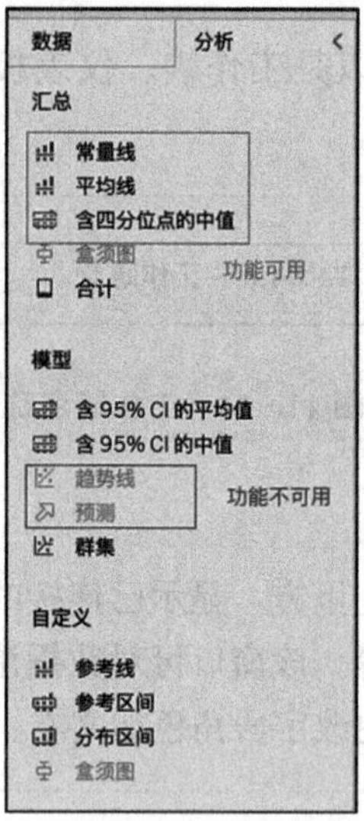


图 11－13　分析窗口

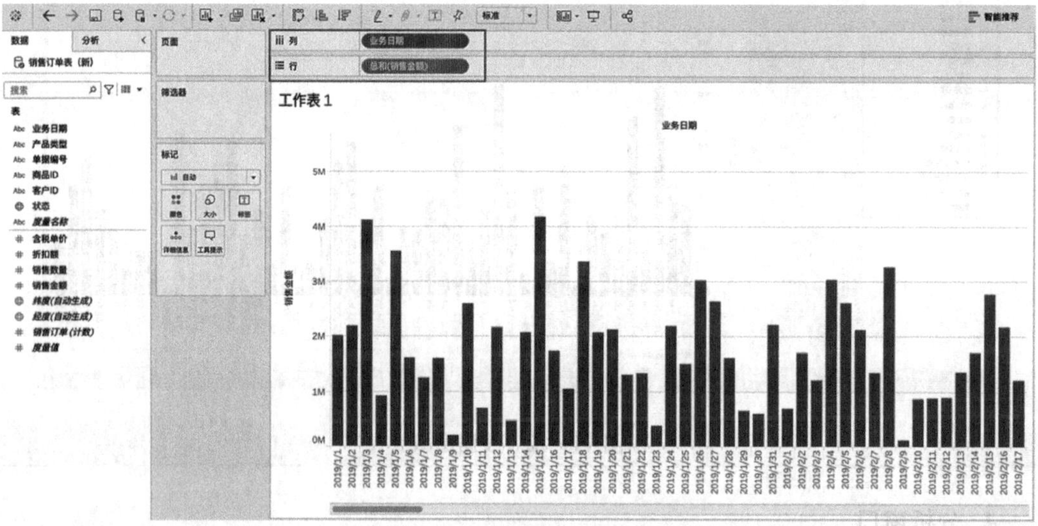


图 11－14　行列功能区

**6. 视图区**

视图区是用于展示数据可视化结果的区域，各种图表均在这个区域呈现出来，该区域主要包含标题、轴、区、单元格、标记等组件。在实际操作中，可以对各个组件进行格式化，以突出重点、美化视图，如图 11－15 所示。

**7. 筛选器卡**

筛选器用于对数据源的各字段数据进行筛选，包含或排除具有某种特征的数据集，达

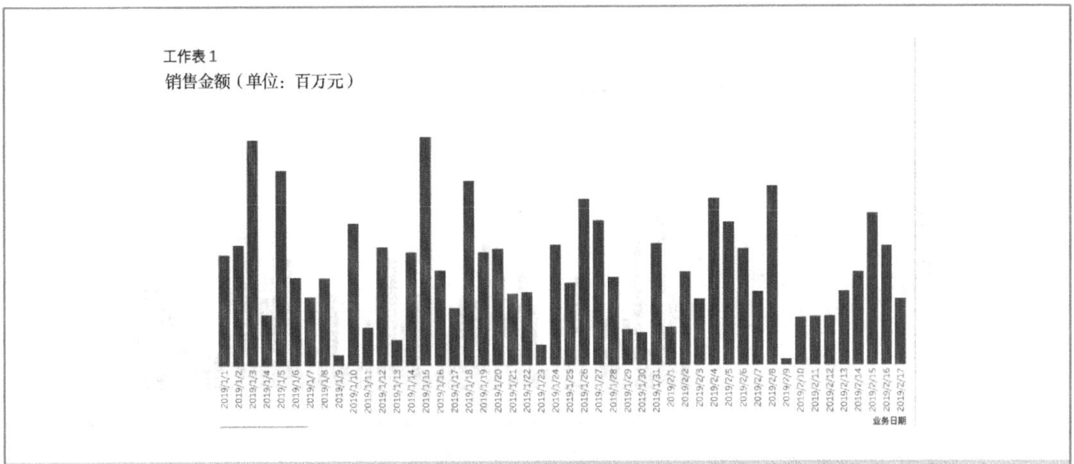


图 11-15　视图区

到分析特定数据的目的。将维度中的字段拖动到筛选器中，便可对数据的特征进行设置，从而便于筛选出特定的数据。将商品 ID 维度拖入筛选器后，用户可自行设置要筛选的数据特征，如图 11-16 所示。

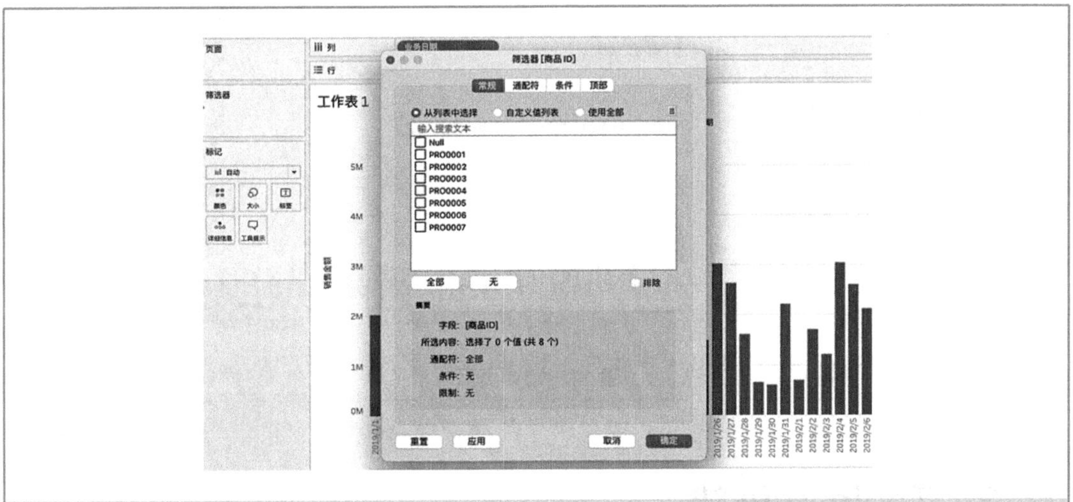


图 11-16　筛选器卡

### 8. 标记卡

对已创建的视图，在标记卡中可以对图表的颜色、大小、形状、提示信息等属性进行自定义设置，换句话说，标记卡就相当于 Excel 图表中的设置图表格式以及设置数据系列格式功能，如图 11-17 所示。

### 9. 页面

通过页面，可以与视图数据进行逐帧交互，查看所选字段的数据变化情况，将“业务日期”字段拖入页面，在右上角对业务日期进行选择，视图中的图例会相应发生变化，如图 11-18 所示。

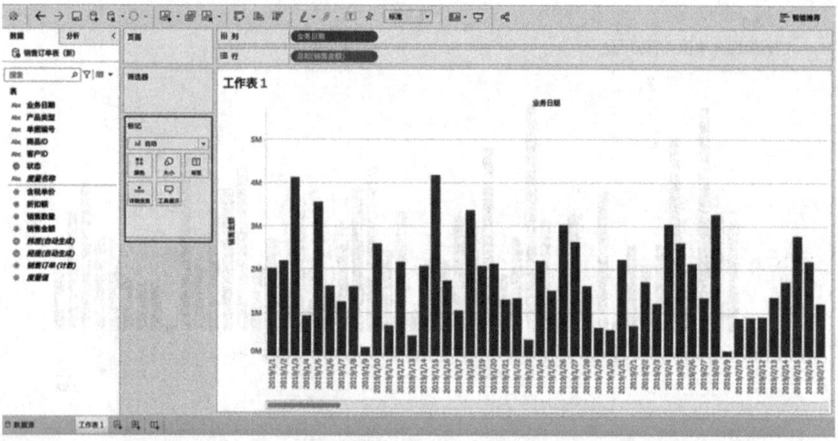


图 11 - 17　标记卡

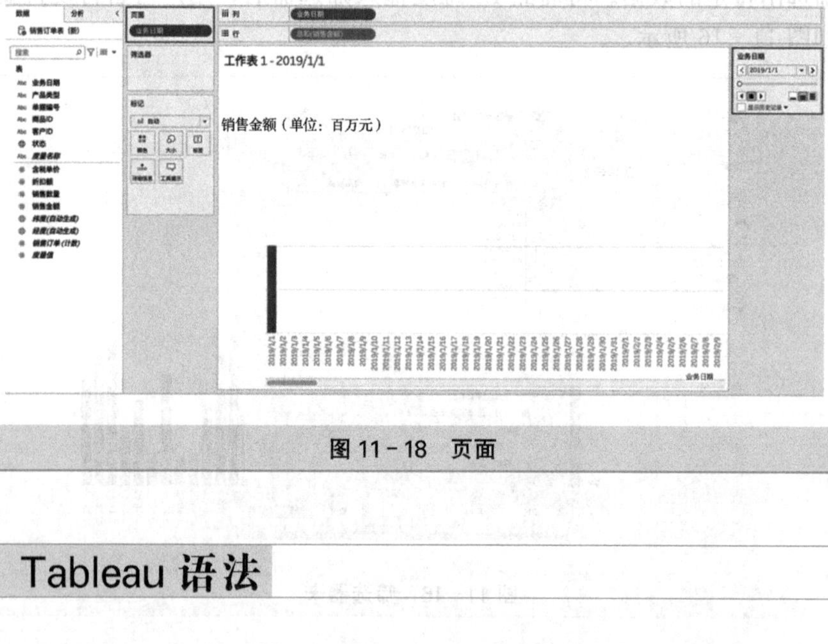


图 11 - 18　页面

## 11.3　Tableau 语法

Tableau 支持字符串、日期/日期时间、数字和布尔数据类型。数据类型会以正确的方式自动进行处理，如果数据类型不准确，可以对数据类型进行转换。Tableau 中经常会用到各种类型的函数创建计算字段，使用的时候，需要注意如何在公式中使用和组合不同的数据类型，不能将字符串与数字相加。许多在定义计算时可供使用的函数仅适用于特定数据类型，Tableau 具有数字函数、字符串函数、日期函数等十余种内置函数。

### 11.3.1　数据类型

数据源中的所有字段都具有一种数据类型。数据源的所有字段在 Tableau 中都会被分配一种数据类型，同时，Tableau 还会在各字段前加上一个特定的标识，用以直观提示该字段是哪一种数据类型。

### 1. 主要数据类型

Tableau 主要支持字符串、日期型、日期时间型、数值型、布尔型、地理型等数据类型。数据类型反映了该字段中存储信息的种类，字段的数据类型在“数据”窗口中用图标标识。Tableau 主要支持的数据类型的图标如表 11－1 所示。

**表 11－1 Tableau 主要支持的数据类型**

| 显示窗口 | 维度、度量 | | | | | |
| --- | --- | --- | --- | --- | --- | --- |
| 图标样式 | Abc | | | # | T\|F | |
| 图标名称 | 文本值 | 日期值 | 日期和时间值 | 数字值 | 布尔值 | 地理值 |
| 数据类型 | 字符串 | 日期型 | 日期时间型 | 数值型 | 布尔型 | 地理型 |
| 示例 | A,B,C | 1/1/2021 | 1/1/2021 12:00:00 PM | 1,2,3,1.1,1.2,1% | True/False | 重庆，四川 |

### 2. 更改数据类型

在使用过程中，Tableau 可能会将字段标识为错误的数据类型，这时需要根据实际的分析需求进行数据类型的更改。例如，可能会将日期字段“年-月-日”（如 2021－01－01）解释为文本，但需要用该字段进行时间分析，则将其转换为日期型；可能会将地理位置字段“省市”（如重庆、四川）解释为文本，但需要用该字段匹配地理位置，就必须将其更改为地理型。如果将包含日期的字段标识为整数而不是日期，可以在“数据源”页面上更改，作为原始数据源一部分的字段的数据类型。在“数据源”页面单击字段的字段类型图标，从下拉列表中选择正确的数据类型即可，如图 11－19 所示。

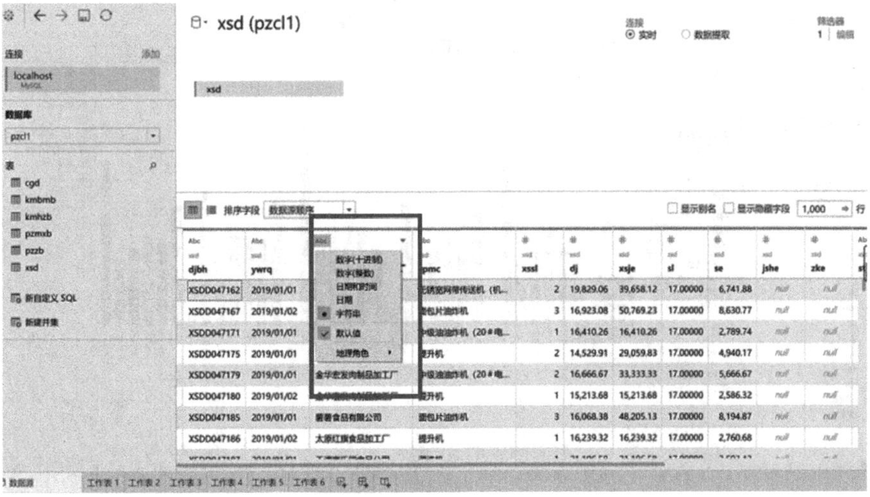


图 11－19 在“数据源”页面更改数据类型

如果使用数据提取功能，要确保在创建数据提取之前已经进行所有必要的数据类型更改，否则数据可能不准确。例如，Tableau 把原始数据源中的浮点字段解释为整数，生成的浮点字段部分精度会被截断。如果要在“数据”窗口中更改字段的数据类型，就要单击字段名称左侧的字段类型图标，然后从下拉列表中选择一种新数据类型，如图 11－20 所示。

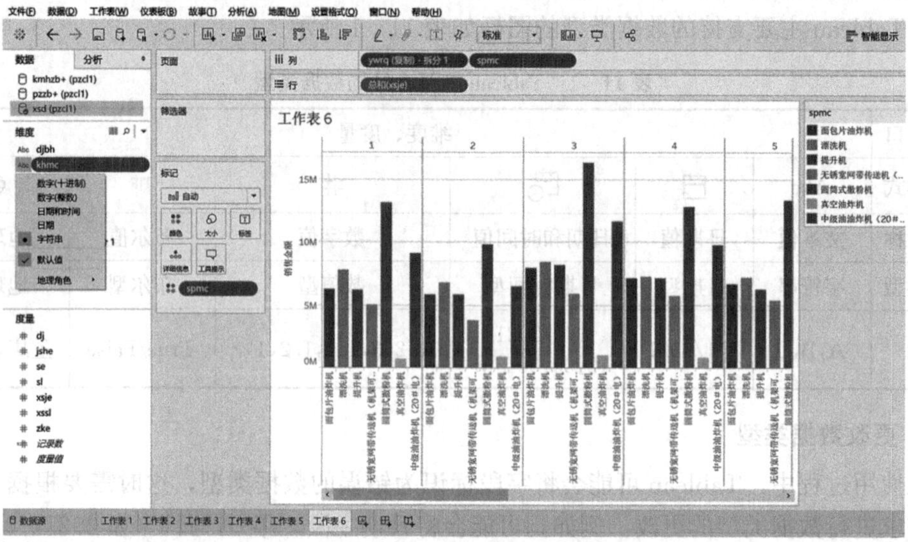


图 11－20　在“数据”窗口更改数据类型

若要在视图中更改字段的数据类型，则要在“数据”窗口中右击某个字段，选择“更改数据类型”选项，然后选择适当的数据类型，如图 11－21 所示。

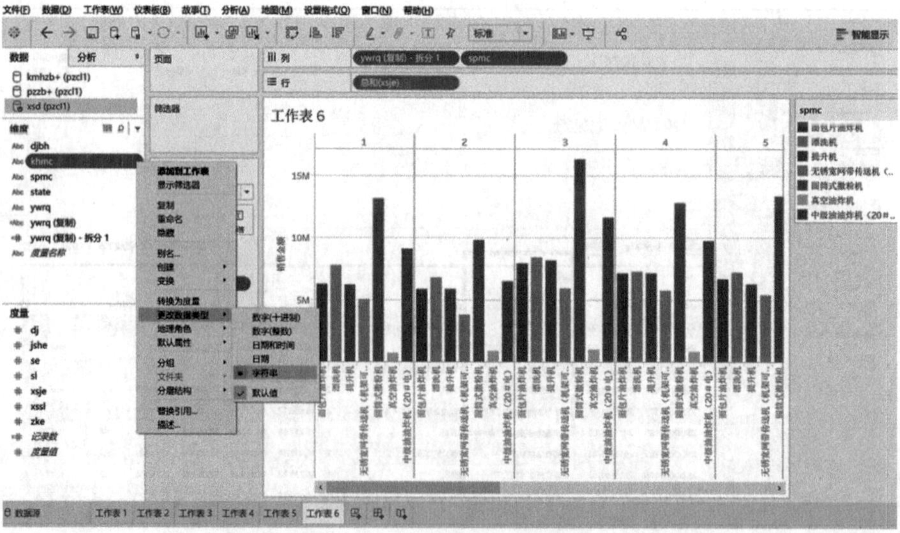


图 11－21　在“数据”视图更改数据类型

## 11.3.2　运算符和优先级

运算符是一个符号，通知编译器执行特定的数学或逻辑操作。运算符用于执行程序代码运算，针对一个以上操作数项目进行运算。Tableau 支持的基本运算符有算术运算符、逻辑运算符和比较运算符。

**1. 算术运算符**

算术运算符中的“+”“-”对数字、字符和日期数据类型起作用，算术运算符中的“*”“/”“%”“^”仅对数字数据类型起作用。算术运算符的名称、功能描述和举例如表 11-2 所示。

**表 11-2　算术运算符**

| 名称 | 功能描述 | 举例 |
|---|---|---|
| +(加法) | 此运算符应用于数字时，表示相加；应用于字符串时，表示串联；应用于日期时，可将天数与日期相加 | 'abc'+'def'='abcdef';利润+销售额 |
| -(减法) | 此运算符应用于数字时，表示减法；应用于表达式时，表示求反；应用于日期时，可从日期中减去天数，还可计算两个日期之间的天数差异 | 8-3=5;-(8+3)=-11;#April 20,2021#-#April 8,2021#=12 |
| *(乘法) | 此运算符表示数字乘法 | 3*6=18 |
| /(除法) | 此运算符表示数字除法 | 30/6=5 |
| %(求余) | 此运算符计算数字余数 | 7%4=3 |
| ^(乘方) | 此符号等效于 Power 函数，用于计算数字的指定次幂 | 2^3=8 |

**2. 逻辑运算符**

Tableau 支持的逻辑运算符用于其结果为布尔值的表达式，其输出为 TRUE 或 FALSE。逻辑运算符的名称、功能描述和举例如表 11-3 所示。

**表 11-3　逻辑运算符**

| 名称 | 功能描述 | 举例 |
|---|---|---|
| AND | 如果存在于 AND 运算符两侧的表达式或布尔值被计算为 TRUE，则结果为 TRUE，否则结果为 FALSE | [发货日期]>#April 1,2012# AND [Profit]>10000 |
| OR | 如果存在于 OR 运算符两侧的任何一个或两个表达式或布尔值被计算为 TRUE，则结果为 TRUE，否则结果为 FALSE | [发货日期]>#April 1,2012# OR [Profit]>10000 |
| NOT | 逻辑运算符否，此运算符可用于对另一个布尔值或表达式求反 | IIF(NOT(Sales=Profit),"NotEqual","Equal") |

**3. 比较运算符**

Tableau 支持的比较运算符用于表达式，每个运算符比较两个数字、日期或字符串，并返回布尔值（TRUE 或 FALSE）。布尔值本身不能使用这些运算符进行比较。比较运算符的名称和描述如表 11－4 所示。

表 11－4　比较运算符

| 名称 | 描述 | 名称 | 描述 |
|---|---|---|---|
| ==或= | 等于 | <= | 小于或等于 |
| > | 大于 | !=和<> | 不等于 |
| < | 小于 | TRUE 或 FALSE | 比较两个数字、日期或字符串，并返回布尔值 |
| >= | 大于或等于 | | |

**4. 运算符优先级**

所有运算符都按特定顺序计算，如 3＊2＋1 等于 7 而不等于 9，因为＊运算符始终在＋运算符之前计算。图 11－5 显示了运算符的优先级顺序，第一行具有最高优先级，同一行中的运算符具有相同优先级，如果两个运算符具有相同优先级，在公式中就从左向右进行计算。可以根据需要使用括号，括号中的运算符在计算时优先于括号外的运算符，从内部的括号开始向外计算，如 1＋(2＊2＋1)＊(3＊6/3)＝31。

表 11－5　运算符的优先级顺序

| 优先级 | 运算符 | 优先级 | 运算符 |
|---|---|---|---|
| 1 | －(NEGATE) | 5 | ==,>,<,>=,<=,!= |
| 2 | ^(POWER) | 6 | NOT |
| 3 | ＊,/,% | 7 | AND |
| 4 | －,＋ | 8 | OR |

## 11.3.3　函数运用

在 Tableau 中，用函数实现对数据的各种处理。Tableau 中的函数有数字函数、字符串函数、日期函数、类型转换函数、表计算函数、逻辑函数、聚合函数、直通函数、用户函数等。用数字函数、字符串函数和日期函数对表原有数据进行基础处理，类型转换函数修改函数类型，逻辑函数进行一些计算或逻辑上的判断，聚合函数对一组数进行处理，直通函数连接到 SQL 数据库进行计算处理，用户函数对使用者进行查询，表计算函数对表进行各种计算。

**1. 数字函数**

数字函数允许对字段中的数据值执行运算。例如，有一个名为“BudgetVariance”（预算差异）的字段，其中包含预算中的差异值。其中一个值可能为－5，可以使用 ABS 函数返回该数字以及该字段中所有其他数字的绝对值。数字函数只能用于包含数字值的字段，数字函数主要包括：CEILING(number)，FLOOR(数字)，ROUND(数字，[小数])，POWER(基数，次方)，ABS(数字)，PI()，DIV(整数 1，整数 2)，EXP(number)，MAX(number，number)，MIN(number，number)，POWER(number，power)，SQUARE(number)。数字函数相关语法、描述及举例如表 11－6 所示。

表 11－6　数字函数表

| 语法 | 描述 | 举例 |
| --- | --- | --- |
| CEILING(number) | 将数字舍入为等于或大于值的最接近的整数 | CEILING(1.1)=2<br>CEILING(1)=1 |
| FLOOR(数字) | 将数字舍入为值相等或更小的最近整数 | FLOOR(1.1)=1<br>FLOOR(1)=1 |
| ROUND(数字，[小数]) | 将数字四舍五入到指定的位数 | ROUND(1.23456,3)=1.235 |
| POWER(基数，次方) | 将数字运算到指定幂次方 | POWER(2,10)=1024 |
| ABS(数字) | 取绝对值 | ABS(−1024)=1024 |
| DIV(整数 1，整数 2) | 返回将整数 1 除以整数 2 的除法运算结果的整数部分 | DIV(10,3)=3 |
| EXP(number) | 返回 e 的给定数字次幂 | EXP(1)=2.71828 |
| MAX(number,number) | 返回两个参数（必须是同种类型）中的较大值。如果任一参数为 Null，则返回 Null，MAX 也可应用于聚合计算中的单个字段 | MAX(4,7)=7 |
| MIN(number,number) | 返回两个参数（必须是同种类型）中的较小值。如果任一参数为 Null，则返回 Null，MIN 也可应用于聚合计算中的单个字段 | MIN(4,7)=4 |
| POWER(number,power) | 计算数字的指定次幂，也可以使用^符号 | POWER(10,2)=100<br>5^2=25 |
| SQUARE(number) | 返回数字的平方 | SQUARE(2)=4 |

**2. 字符串函数**

字符串函数允许操作字符串数据，即由文本组成的数据。例如，有一个包含所有客户的名字和姓氏的字段，它的一个成员为 Jane Johnson，可以使用字符串函数将所有客户的姓氏拉取到一个新字段中。字符串函数表达式为 SPLIT([Customer Name]，''，2)，这个时候，SPLIT('Jane Johnson'，''，2) = "Johnson"。字符串函数相关语法、描述及举例如表 11－7 所示。

表 11－7　字符串函数表

| 语法 | 描述 | 举例 |
| --- | --- | --- |
| ASCII(string) | 返回字符串的第一个字符的 ASCII 代码 | ASCII('1')=49 |
| CHAR(number) | 返回通过 ASCII 代码 number 编码的字符 | CHAR(49)='1' |
| CONTAINS(string, substring) | 如果给定字符串包含指定子字符串，则返回 TRUE（区分大小写） | CONTAINS("ABCDEFG","ABC")=TRUE |
| ENDSWITH(string, substring) | 如果给定字符串以指定子字符串结尾，则返回 TRUE，会忽略尾随空格（区分大小写） | ENDSWITH("ABCDEFG","EFG")=TRUE |

续表

| 语法 | 描述 | 举例 |
|---|---|---|
| FIND(string, substring,[start]) | 返回子字符串在字符串中的索引位置，如果未找到子字符串，则返回0。如果添加了可选参数start，则函数会忽略在索引位置start之前出现的任何子字符串实例，字符串中的第一个字符为位置1 | FIND("ABCDEFG","BC")=2<br>FIND("ABCABC","A",3)=4<br>FIND("ABCDEFG","H")=0 |
| FINDNTH(string, substring, occurrence) | 返回指定字符串内的第 *n* 个子字符串的位置，其中 *n* 由occurrence参数定义 | FINDNTH("ABCABC","A",2)=4 |
| LEFT(string,number) | 返回字符串从左侧数number数量的字符 | LEFT("ABCD",3)="ABC" |
| LEN(string) | 返回字符串长度 | LEN("ABCDEFG")=7 |
| LOWER(string) | 返回字符串，将所有字符转换为小写 | LOWER("ABCdefg")="abcdefg" |
| UPPER(string) | 返回字符串，将所有字符转换为大写 | UPPER("abcdEFG")="ABCDEFG" |
| LTRIM(string) | 返回移除了所有前导空格的字符串（只去前，不去后） | LTRIM("abc")="abc" |
| RTRIM(string) | 返回移除了所有尾随空格的字符串（只去后，不去前） | RTRIM("abc")="abc" |
| TRIM(string) | 返回移除了前导和尾随空格的字符串(前后都去掉) | TRIM("abc")="abc" |
| MAX(a,b) | 返回a和b中的较大值，从左向右依次比较，a，b必须是相同类型。比较字符串时，返回排序序列最高的值。如果任一参数为Null，则返回Null | MAX("ABC","DEFG")="DEFG" |
| MID(string,start,[length]) | 返回从索引位置start开始的字符串。字符串中第一个字符的位置为1，添加了可选参数length，则返回的字符串仅包含该数量长度的字符 | MID("ABCDEFG",2)="BCDEFG"<br>MID("ABCDEFG",2,3)="BCD" |
| MIN(a,b) | 返回a和b中的较小值，从左向右依次比较，a，b必须是相同类型。比较字符串时，返回排序序列最低的值。如果任一参数为Null，则返回Null | MIN("ABC","DEFG")="ABC" |
| REPLACE(string, substring,replacement) | 在字符串中搜索子字符串并将其替换为replacement。如果未找到子字符串，则字符串保持不变 | REPLACE("ABCD","BCD", "EFG")="AEFG" |
| RIGHT(string, number) | 返回字符串中最右侧一定数量的字符 | RIGHT("Calculation",4)="tion" |
| SPACE(number) | 返回由指定number个重复空格组成的字符串 | SPACE("1")="" |
| SPLIT(string, delimiter,tokennumber) | 返回字符串中一个由特定分隔符delimiter隔开的被标记字符token | SPLIT("a-b-c-d","-",4)="d" |
| STARTSWITH (string,substring) | 如果字符串以子字符串开头，则返回TRUE，会忽略前导空格 | STARTSWITH("Joker","Jo")= TRUE |

### 3. 日期函数

日期函数允许对数据源中的日期进行操作。例如，一个值为年、月、日的日期字段（2021－2－1），使用日期函数（例如 DATETRUNC 函数）依据这些现有值创建新的日期值。

查找现有日期值的季度开始日期，其函数可能为 DATETRUNC('quarter',[Order-Date])，如果原始日期为“3/1/2011”，则使用上面的计算会返回“1/1/2011”，指明第一季度的开始日期为 1 月 1 日。如果原始日期为“5/3/2011”，则计算将返回“4/1/2011”，指明第二季度的开始日期为 4 月 1 日。日期函数相关语法、描述及举例如表 11－8 所示。

表 11－8　日期函数表

| 语法 | 描述 | 举例 |
| --- | --- | --- |
| DATEADD(date_part, interval, date) | 返回指定日期，向该日期的年/月/日某指定部分添加指定的数字 | DATEADD("Year",1,#2021－07－15#)＝2022－07－15 12:00:00AM |
| DATEDIFF(date_part, date1, date2, [start_of_week]) | 返回时间 1 与时间 2 之差（以 date_part 的单位表示）。起始星期日期参数可用于指定哪一天是一周的第一天 | DATEDIFF("Year",#2021－09－22#,#2022－09－24#)＝1 |
| DATEPART(date_part, date, [start_of_week]) | 以整数的形式返回日期的单位 | DATEPART('Year',#2022－04－15#)＝"2022" |
| DATETRUNC(date_part, date, [start_of_week]) | 按日期单位指定的准确度截断指定日期。返回新日期。例如，以月份级别截断处于月份中间的日期时，此函数返回当月的第一天 | DATETRUNC('Quarter',#2021－08－15#)＝2021－07－01 12:00:00AM |
| DAY/MONTH/YEAR (date) | 以整数的形式返回给定日期的天/月/年 | DAY(#2020－12－22#)＝22 |
| ISDATE(string) | 如果给定字符串为有效日期，则返回 TRUE | ISDATE("2021－7－23") |
| MAKEDATE(year, month, day) | 返回一个依据指定年、月和日构造的日期值 | MAKEDATE(2022,4,15)＝#April 15,2022# |
| NOW() | 返回当前日期和时间 | NOW()＝2021/08/03 17:10:01 |

在 Tableau 的日期函数中经常需要使用 date_part，它是一个常量字符串参数，可以为年（year）、月（month）、日（day）、小时（hour）等。

### 4. 类型转换函数

类型转换函数可以将字段从一种数据类型转换为另一种数据类型。例如，将数字转换为字符串，比如将年龄值（数字）转换为字符串值，以便 Tableau 不聚合它们。类型转换函数主要包括 DATE(expression)，DATETIME(expression)，DATEPARSE(format, string)，FLOAT(expression)，DATETRUNC(date_part, date, [start_of_week])，INT(expression)，STR(expression)，类型转换函数相关语法、描述及举例如表 11－9 所示。

表 11-9　类型转换函数表

| 语法 | 描述 | 举例 |
| --- | --- | --- |
| DATE(expression) | 在给定数字、字符串或日期表达式的情况下返回日期 | DATE("7/15/2021")=2021/7/15<br>DATE("May29,2021")=#May29,2021#<br>DATE(#2021-07-15 18:08#)=#2021-07-15# |
| DATETIME(expression) | 在给定数字、字符串或日期表达式的情况下返回日期时间 | DATETIME("March15,2021 09:00:00")=March15,2021 09:00:00 |
| DATEPARSE(format,string) | 将字符串转换为指定格式的日期时间 | DATEPARSE("dd. MMMM. yyyy","15. July. 2004")=#July15,2004#<br>DATEPARSE("h'h'm'm's's'",11h45m39s")=#11:45:39# |
| FLOAT(expression) | 将其参数转换为浮点数 | FLOAT(3)=3.000 |
| DATETRUNC(date_part,date,[start_of_week]) | 按日期单位指定的准确度截断指定日期，返回新日期。例如，以月份级别截断处于月份中间的日期时，此函数返回当月的第一天 | DATETRUNC('quarter',#2021-08-15#)=2021-07-01 12:00:00AM |
| INT(expression) | 将其参数转换为整数。如果是表达式，此函数将结果保留整数部分 | INT(-1)=-1<br>INT(0.3/1.0)=0 |
| STR(expression) | 将其参数转换为字符串 | STR([Price])以字符串的形式返回 Price 度量的所有值 |

## 5. 表计算函数

表计算函数允许对表中的值执行计算。例如，可以计算某公司某个年度和若干年度个别销售额占总额的百分比。表计算函数相关语法及描述如表 11-10 所示。

表 11-10　表计算函数表

| 语法 | 描述 |
| --- | --- |
| FIRST() | 返回从当前行到分区中第一行的行数 |
| INDEX() | 返回分区中当前行的索引，不包含与值有关的任何排序 |
| LAST() | 返回从当前行到分区中最后一行的行数 |
| LOOKUP(expression,[offset]) | 返回目标行（指定为与当前行的相对偏移）中表达式的值 |
| PREVIOUS_VALUE(expression) | 返回此计算在上一行中的值。如果当前行是分区的第一行，就返回给定表达式 |
| RANK(expression,['asc'\|'desc']) | 返回分区中当前行的标准竞争排名，为相同的值分配相同的排名 |
| RANK_DENSE(expression,['asc'\|'desc']) | 返回分区中当前行的密集排名。为相同的值分配相同的排名，但不会向数字序列中插入间距 |
| RANK_MODIFIED(expression,['asc'\|'desc']) | 返回分区中当前行调整后的竞争排名，为相同的值分配相同的排名 |

续表

| 语法 | 描述 |
| --- | --- |
| RANK_PERCENTILE(expression,['asc'\|'desc']) | 返回分区中当前行的百分位排名。使用可选的'asc'\|'desc'参数指定升序或降序顺序，默认为升序 |
| RANK_UNIQUE(expression,['asc'\|'desc']) | 返回分区中当前行的唯一排名，为相同的值分配相同的排名 |
| RUNNING_AVG(expression) | 返回给定表达式从分区中第一行到当前行的运行平均值 |
| RUNNING_COUNT(expression) | 返回给定表达式从分区中第一行到当前行的运行计数 |
| RUNNING_MAX(expression) | 返回给定表达式从分区中第一行到当前行的运行最大值 |
| RUNNING_MIN(expression) | 返回给定表达式从分区中第一行到当前行的运行最小值 |
| RUNNING_SUM(expression) | 返回给定表达式从分区中第一行到当前行的运行总计 |
| SIZE() | 返回分区中的行数 |
| SCRIPT_BOOL | 返回指定 R 表达式的布尔结果 |
| SCRIPT_INT | 返回指定表达式的整数结果。表达式直接传递给运行的外部服务实例 |
| SCRIPT_REAL | 返回指定表达式的实数结果。表达式直接传递给运行的外部服务实例 |
| SCRIPT_STR | 返回指定表达式的字符串结果 |
| TOTAL(expression) | 返回表计算分区内表达式的总计 |
| WINDOW_AVG(expression,[start,end]) | 返回窗口中表达式的平均值 |
| WINDOW_COUNT(expression,[start,end]) | 返回窗口中表达式的计数 |
| WINDOW_MEDIAN(expression,[start,end]) | 返回窗口中表达式的中值 |
| WINDOW_MIN(expression,[start,end]) | 返回窗口中表达式的最小值 |
| WINDOW_PERCENTILE (expression,number,[start,end]) | 返回与窗口中指定百分位相对应的值 |
| WINDOW_SUM(expression,[start,end]) | 返回窗口中表达式的总计 |

### 6. 逻辑函数

逻辑计算用于确定某个特定条件是真还是假（布尔逻辑）。例如，如果在对数据的操作中希望快速确定分销商品的每个国家/地区的销售额是高于还是低于特定阈值，可使用逻辑函数快速得出结果。逻辑函数相关语法、描述及举例如表 11－11 所示。

**表 11－11　逻辑函数表**

| 语法 | 描述 | 举例 |
| --- | --- | --- |
| CASE expression WHEN value1 THEN return1 WHEN value2 THEN return2…ELSE default-return END | 使用 CASE 函数执行逻辑测试并返回相对应的值 | CASE[Color]<br>WHEN"White"THEN 1<br>WHEN"Black"THEN 2<br>ELSE 3 END |

续表

| 语法 | 描述 | 举例 |
| --- | --- | --- |
| IIF(test,then,else,[unknown]) | 使用IIF函数执行逻辑测试并返回相对应的值 | IIF(2>1,"2isgreater","1isgreater") |
| IF test THEN value END/IF test THEN value ELSE else END | 使用IF THEN ELSE函数执行逻辑测试并返回合适的值 | IF[Sales]>[Cost] THEN"Profit" ELSE"Deficit" END |
| IF test1 THEN value1 ELSEIF test2 THEN value2 ELSE else END | 使用IF函数递归执行逻辑测试 | IF[Color]="White" THEN 1 ELSEIF[Color]="Black" THEN 2 ELSE 3 END |
| IFNULL(expression1, expression2) | 如果结果不为Null，就返回第一个表达式，否则返回第二个表达式 | IFNULL([Cost],0)=[Cost] |
| ISNULL(expression) | 如果表达式为Null，就返回TRUE，否则返回FALSE | ISNULL([Cost])=TRUE |
| ISDATE(string) | 如果字符串参数可以转换为日期，就返回TRUE，否则返回FALSE | ISDATE("April30,2021")=FALSE |
| MIN(expression)/MIN(expression1,expression2) | 返回一个表达式在所有记录中的最小值，或两个表达式每个记录的最小值 | MIN([Profit])=0 |

**7. 聚合函数**

聚合函数可以进行汇总或更改数据的粒度。例如，如果想要准确知道某公司在特定年度有多少订单，可以使用COUNTD函数对公司具体的准确订单数进行汇总，然后按年对可视化项进行细分。聚合函数主要包括ATTR，AVG，COUNT，COUNTD，MAX，MEDIAN，MIN，PERCENTILE，函数的名称及具体含义如表11-12所示。

**表11-12 聚合函数表**

| 函数名 | 含义 |
| --- | --- |
| ATTR | 如果所有行都有一个值，就返回该表达式的值，否则会返回*。该函数忽略Null |
| AVG | 返回表达式中所有值的平均值 |
| COUNT | 返回组中的项目数 |
| COUNTD | 返回组中不同项目的数量 |
| MAX | 返回表达式在所有记录中的最大值 |
| MEDIAN | 返回表达式在所有记录中的中位数 |
| MIN | 返回表达式在所有记录中的最小值 |
| PERCENTILE | 从给定表达式返回与指定数字对应的百分位的值。percentile(expression,num) |

**8. 直通函数**

如果有 Tableau 不能识别的自定义数据库函数，就可以使用直通函数调用这些自定义函数。由于 Tableau 不会解释包含在直通函数中的 SQL 表达式，因此在表达式中使用 Tableau 字段名称可能会导致错误。可以使用替换语法将用于 Tableau 计算的正确字段名称或表达式插入直通 SQL。直通函数相关语法、描述及举例如表 11－13 所示。

**表 11－13　直通函数表**

| 语法 | 描述 | 举例 |
|---|---|---|
| RAWSQL_BOOL("sql_expr",[arg1],…[argN]) | 从给定 SQL 表达式返回布尔结果 | RAWSQL_BOOL("IIF(%1>%2,True,False)",[Cost],[Sale]) |
| RAWSQL_DATE("sql_expr",[arg1],…[argN]) | 从给定 SQL 表达式返回日期结果 | RAWSQL_DATE("%1",[OrderDate]) |
| RAWSQL_DATETIME("sql_expr",[arg1],…[argN]) | 从给定 SQL 表达式返回日期和时间结果 | RAWSQL_DATETIME("MIN(%1)",[SendDate]) |
| RAWSQL_INT("sql_expr",[arg1],…[argN]) | 从给定 SQL 表达式返回整数结果 | RAWSQL_INT("500+%1",[Sales]) |
| RAWSQL_REAL("sql_expr",[arg1],…[argN]) | 从直接传递给基础数据库的给定 SQL 表达式返回数字结果 | RAWSQL_REAL("－123.98*%1",[Sales]) |
| RAWSQL_STR("sql_expr",[arg1],…[argN]) | 从直接传递给基础数据库的给定 SQL 表达式返回字符串 | RAWSQL_STR("%1",[GoodsID]) |
| RAWSQLAGG_BOOL("sql_expr",[arg1],…[argN]) | 从给定聚合 SQL 表达式返回布尔结果 | RAWSQLAGG_BOOL("SUM(%1)>SUM(%2)",[Sales],[Cost]) |
| RAWSQLAGG_DATE("sql_expr",[arg1],…[argN]) | 从给定聚合 SQL 表达式返回日期结果 | RAWSQLAGG_DATE("MAX(%1)",[OrderDate]) |
| RAWSQLAGG_DATETIME("sql_expr",[arg1],…,[argN]) | 从给定聚合 SQL 表达式返回日期和时间结果 | RAWSQLAGG_DATETIME("MIN(%1)",[SendDate]) |
| RAWSQLAGG_INT("sql_expr",[arg1,]…[argN]) | 从给定聚合 SQL 表达式返回整数结果 | RAWSQLAGG_INT("10+SUM(%1)",[Cost]) |
| RAWSQLAGG_REAL("sql_expr",[arg1,]…[argN]) | 从直接传递给基础数据库的给定聚合 SQL 表达式返回数字结果 | RAWSQLAGG_REAL("SUM(%1)",[Cost]) |
| RAWSQLAGG_STR("sql_expr",[arg1,]…[argN]) | 从直接传递给基础数据库的给定聚合 SQL 表达式返回字符串 | RAWSQLAGG_STR("AVG(%1)",[Cost]) |

**9. 用户函数**

用户函数可用于创建用户筛选器或行级别安全筛选器，这些筛选器影响发布到 Tableau Server 或 Tableau Online 的可视化项，只有特定人员才能看到可视化项。例如，公司管理者有一个发布到 Tableau Server 或 Tableau Online 的可视化项，该可视化项显示部门中每名员工的销售业绩。管理者希望只允许员工在访问该可视化项时查看自己的销售数字，这就可以使用用户函数来实现。用户函数主要包括 FULLNAME()，ISFULLNAME (string), ISMEMBEROF(string), ISUSERNAME(string), USERDOMAIN(), USERNAME(), 相关函数及对应描述如表 11-14 所示。

**表 11-14 用户函数表**

| 语法 | 描述 |
|---|---|
| FULLNAME() | 返回当前用户的全名 |
| ISFULLNAME(string) | 如果当前用户的全名与指定的全名匹配，就返回 TRUE；如果不匹配，就返回 FALSE |
| ISMEMBEROF(string) | 如果当前使用 Tableau 的人员是与给定字符串匹配的组的成员，就返回 TRUE；如果未登录，就返回 FALSE |
| ISUSERNAME(string) | 如果当前用户的用户名与指定的用户名匹配，就返回 TRUE；如果不匹配，就返回 FALSE |
| USERDOMAIN() | 当前用户已登录 Tableau Server 时，返回该用户的域。如果 Tableau Desktop 用户在域中，就返回 Windows 域；否则返回一个空字符串 |
| USERNAME() | 当前用户已登录时，这是 Tableau Server 或 Tableau Online 用户名；否则为 Tableau Desktop 用户本地或网络用户名 |

## 11.4 Tableau 数据源管理

构建视图并分析数据之前，先将 Tableau 连接到数据。本节将介绍 Tableau 如何支持连接到存储在各个地方的各种数据。例如，数据可以存储在计算机的 Excel 文件或文本文件中，也可以存储在企业服务器的大数据、关系或多维数据集（多维度）数据库中。

### 11.4.1 数据源连接

在使用 Tableau 进行数据可视化前，需要连接数据源。Tableau 支持的数据源类型丰富多样，包括 Excel、文本文件、JSON 文件、PDF 文件、空间文件和统计文件等。它们既可以是存储在计算机本地的文件，又可以是与服务器相连的数据库。下面从连接到文件、连接到数据库两个方面进行具体介绍。

**1. 文件数据源连接**

(1) Excel 文件。Microsoft Excel 是指微软推出的电子表格软件，可以直观地呈现数据，进行多种数据梳理和统计分析，在财务、审计、金融、管理等领域都有广泛的应用。在财务领域，许多信息化程度较低的企业都会以 Excel 的形式来记录信息，即便是在信息化程度较高的企业，有时财务人员依然需要从系统中导出所需的信息，这些信息多以 Excel 文件的形式呈现，如订单列表、供应商列表等。

Tableau 可以连接到 .xls 和 .xlsx 两种类型的 Excel 文件。如图 11-22 所示，在开始页面的“连接”选项卡下单击“Microsoft Excel”按钮，选择要连接的 Excel 工作簿，然后单击“打开”按钮。

（2）文本文件。文本文件是指以 ASCII 码方式（文本方式）存储、由若干行字符组成的计算机文件。这种文件存在于计算机文件系统。一般来说，文本文件只能存储用 ASCII 码表示的回车、换行等信息，不能存储其他信息。

Tableau 可以连接到 . txt，. csv，. tab，. tsv 等文本文件。如图 11 - 23 所示，在开始页面的“连接”选项卡下单击“文本文件”按钮，选择要连接的文本文件，然后单击“打开”按钮。

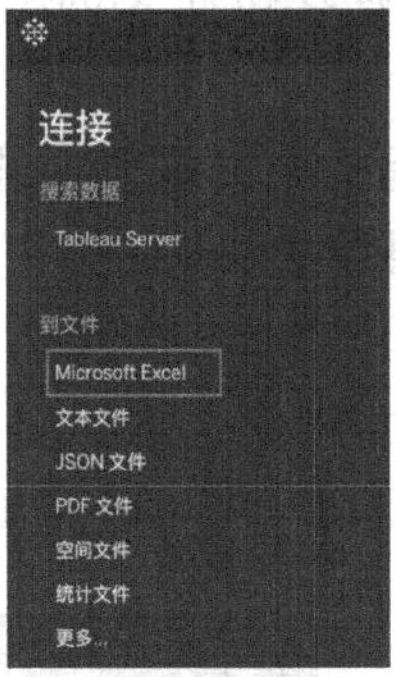


图 11 - 22　连接 Microsoft Excel

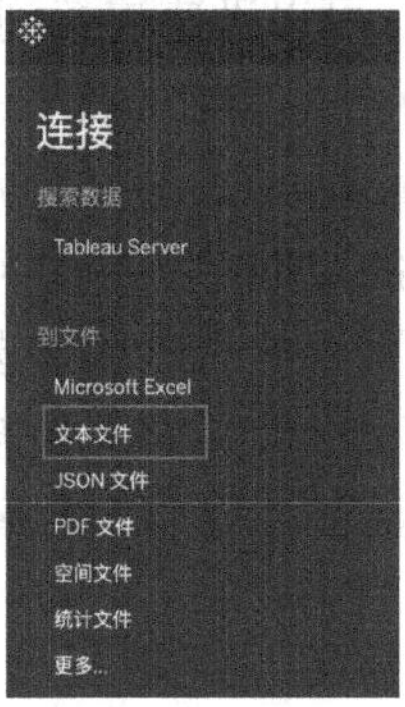


图 11 - 23　连接文本文件

（3）PDF 文件。PDF 文件是一种便携式文档格式，可用与应用程序、操作系统、硬件无关的方式进行文件交换。该文件格式以 PostScript 语言图像模型为基础，在各种打印机上都能较好地呈现出文件原本的颜色、字符、图像等。在财务领域，时常会以 PDF 的形式来呈现各种报告，其中会包含一些表格数据，这时便可以将 PDF 作为 Tableau 的数据源，读取 PDF 中的数据。如图 11 - 24 所示，在开始页面的“连接”选项卡下单击“PDF 文件”按钮，选择要连接的文件，然后单击“打开”按钮。

用户选择了本地的 PDF 文件作为数据源后，可以在弹出的“扫描 PDF 文件”对话框中，选择扫描全部页面、单个页面或者一定范围页面中的表格数据，如图 11 - 25 所示。

图 11 - 24　连接 PDF 文件

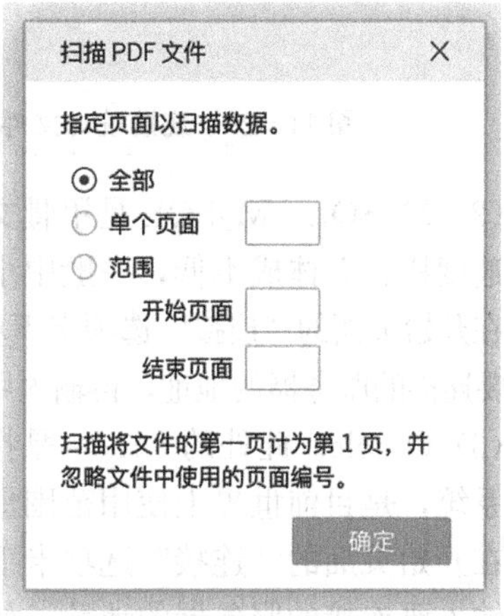


图 11 - 25　选择扫描的 PDF 页面范围

（4）统计文件。统计文件是指 SAS，SPSS 和 R 等统计软件导出生成的数据文件。由于决策需要，财务人员可能需要使用统计软件来进行数据统计，或者使用其他部门的统计数据文件。Tableau 可以连接到 .sav，.sas7bdat，.rda 和 .rdata 等文件。如图 11 - 26 所示，在开始页面的“连接”选项卡下单击“统计文件”按钮，选择要连接的文件，然后单击“打开”按钮。

**2. 数据库数据源连接**

Tableau 可以迅速连接到各种数据库，数据库数据源连接包括 Microsoft SQL Server，MySQL，Oracle 等数据库。

（1）Microsoft SQL Server。Microsoft SQL Server 是一个关系型数据库管理系统，也是一个全面的数据库平台，可以可靠、安全地存储关系型数据以及结构化数据。

在开始页面的“连接”选项卡下单击“Microsoft SQL Server”按钮，下载并安装好相应的驱动程序后，输入要连接的服务器地址，如果选择使用特定用户名和密码登录，则需要输入对应的用户名和密码，然后单击“登录”按钮，如图 11 - 27 所示。

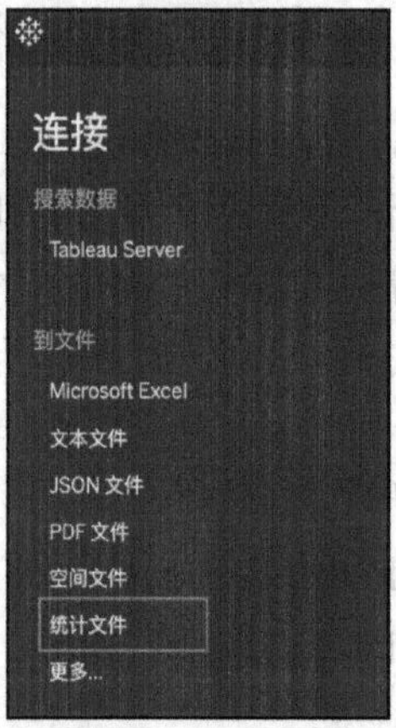


图 11 - 26　连接统计文件

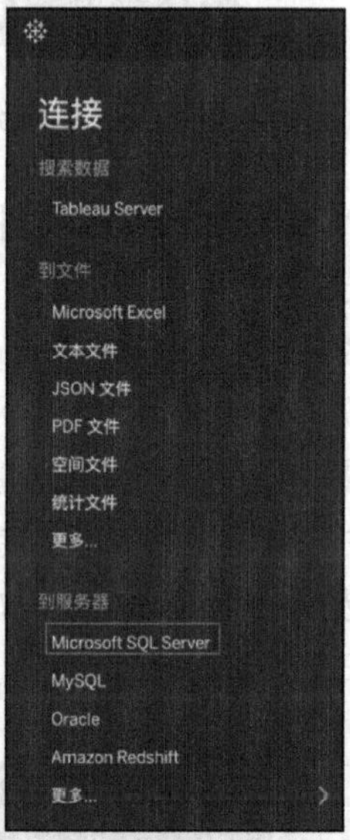


图 11 - 27　连接 Microsoft SQL Server

（2）MySQL。MySQL 是甲骨文公司旗下的关系型数据库管理系统，由于该系统体积小、速度快、总体成本低，一般中小型网站都会首选 MySQL 作为其网站数据库。

在开始页面的“连接”选项卡下单击“MySQL”按钮，下载并安装好相应的驱动程序后，输入要连接的服务器的地址，再输入用户名和密码，单击“登录”按钮，如图 11 - 28 所示。

（3）Oracle。此处的 Oracle 是指 Oracle Database，是甲骨文公司的一款关系型数据库管理系统，是目前世界上使用范围最广的数据库管理系统。

在开始页面的“连接”选项卡下单击“Oracle”按钮，下载并安装好相应的驱动程序后，输入要连接的服务器的地址，如果选择使用特定用户名和密码登录，则需要输入对应的用户名和密码，然后单击“登录”按钮，如图 11 - 29 所示。

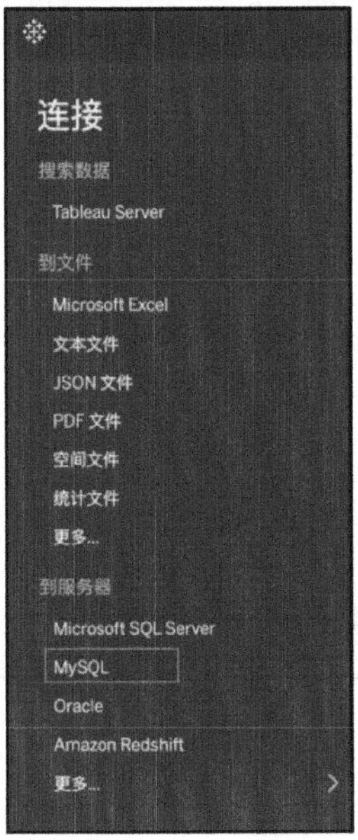


图 11-28　连接 MySQL

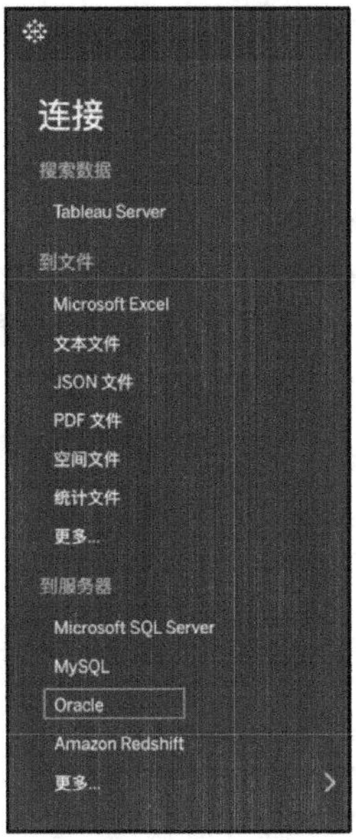


图 11-29　连接 Oracle

## 11.4.2　数据表联接

数据表联接是指将一个或多个表在 Tableau 中通过关联字段进行匹配后，联接在一起。在进行数据分析时，时常需要使用同个数据源中不同数据表的数据，甚至是不同数据源的数据，这时就需要进行数据表联接。

在联接数据表前，需要在数据源页面双击连接数据源的逻辑表，才能进入数据源联接界面。数据表联接主要有内联接、左联接、右联接和完全外部联接四种形式。

**1. 内联接**

使用内联接时，得到的结果表将包含两个表中均匹配的数据，不匹配的数据将不在结果中显示。以蛮先进公司销售相关的数据为例，打开“商品信息”数据表的物理表后，双击“销售订单”数据表，两张表将自动根据相同的字段进行联接。联接后，“销售订单”数据表将和“商品信息”数据表的信息显示在同一张表中，如图 11-30 所示。

当两张表的联接出现错误，无法找到相同字段进行匹配时，则会出现提醒，如图 11-31 所示。

**2. 左联接**

使用左联接时，得到的结果表将包含左侧数据表中的所有数据以及右侧数据表中匹配的数据。点击两个表之间的联接处，可选择要更改的联接类型，如图 11-32 所示。

“销售订单”和“商品信息”两张数据表中分别包含“商品编码”和“product_id”字段，两个字段均可用于识别某一种特定的商品，故联接条件可设置为“商品编码=product_id”。成功左联接后，每一条数据都会包含“销售订单”数据表的所有字段，以及与其相匹配的“商品信息”数据表中的数据。

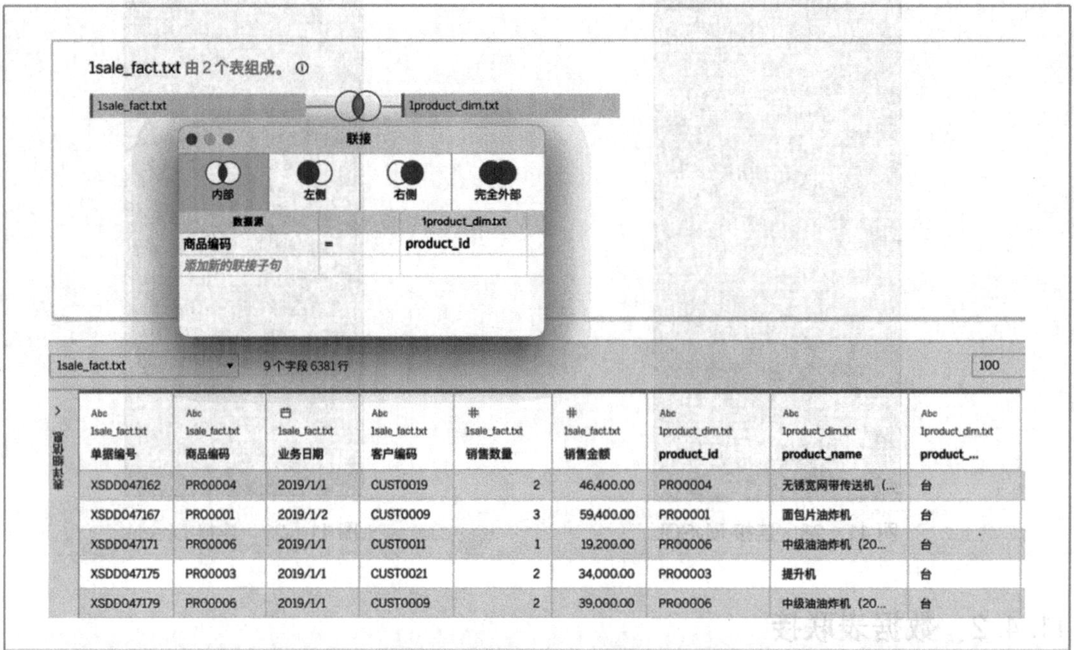


图 11-30 “销售订单”与“商品信息”数据表内联接

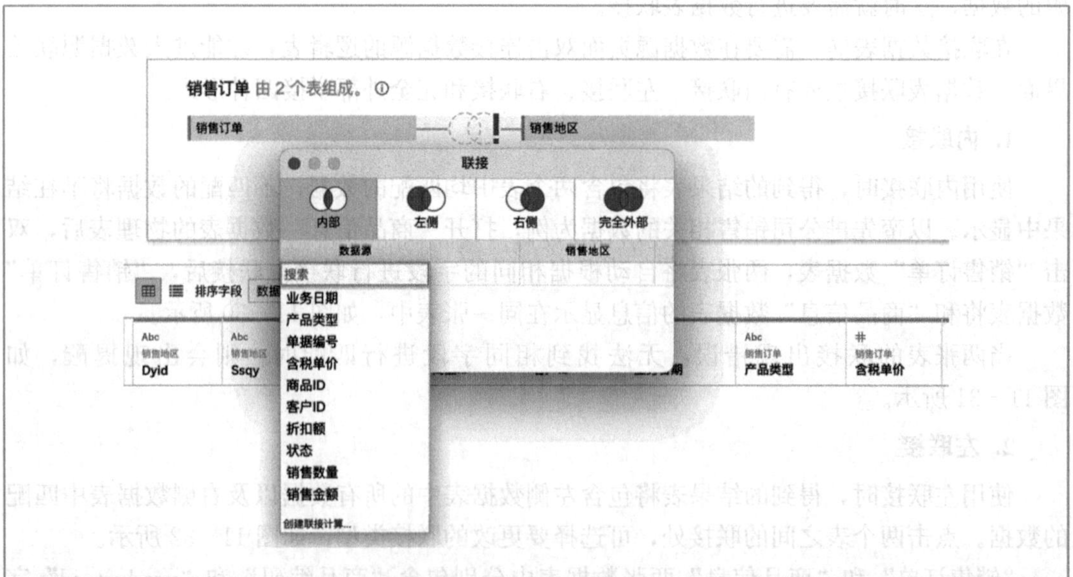


图 11-31 联接错误提醒

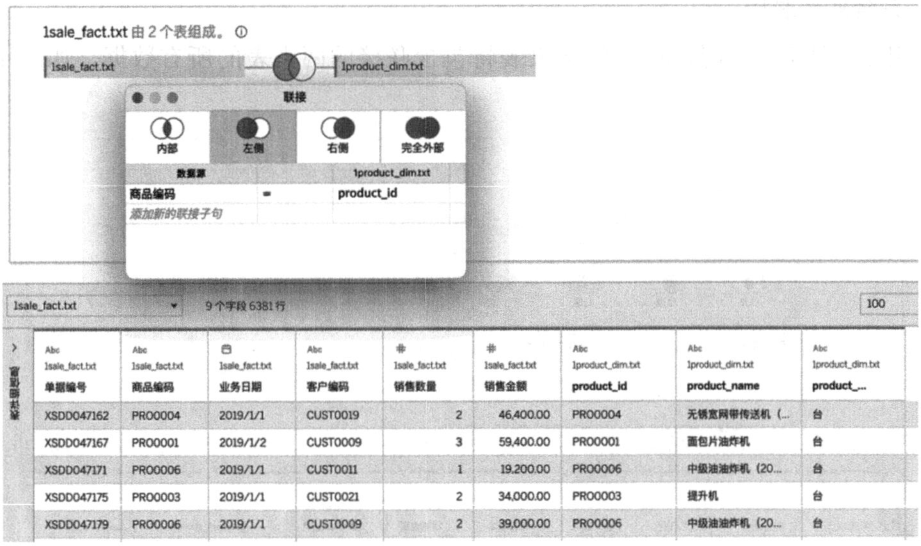


图 11-32　“销售订单”与“商品信息”数据表左联接

### 3. 右联接

使用右联接时，得到的结果表将包含右侧数据表中的所有数据以及左侧数据表中匹配的数据，如图 11-33 所示。

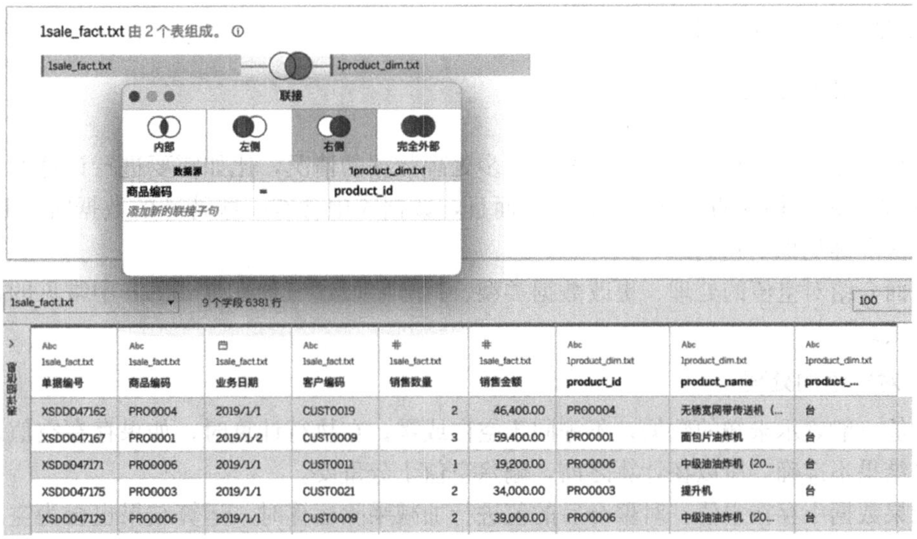


图 11-33　“销售订单”与“商品信息”数据表右联接

此处的联接条件设置与前面左联接相同，成功联接后，每一条数据都会包含与“商品信息”数据表中匹配的销售订单信息和“商品信息”数据表的所有数据。与左联接不同的是，右联接后的表中包含“商品信息”数据表的所有数据，如果某些商品没有对应的销售订单，则“销售订单”数据表相应字段数据为空。

**4. 完全外部联接**

使用完全外部联接时，得到的结果表将包含联接的两张表的所有数据，如图 11 - 34 所示。

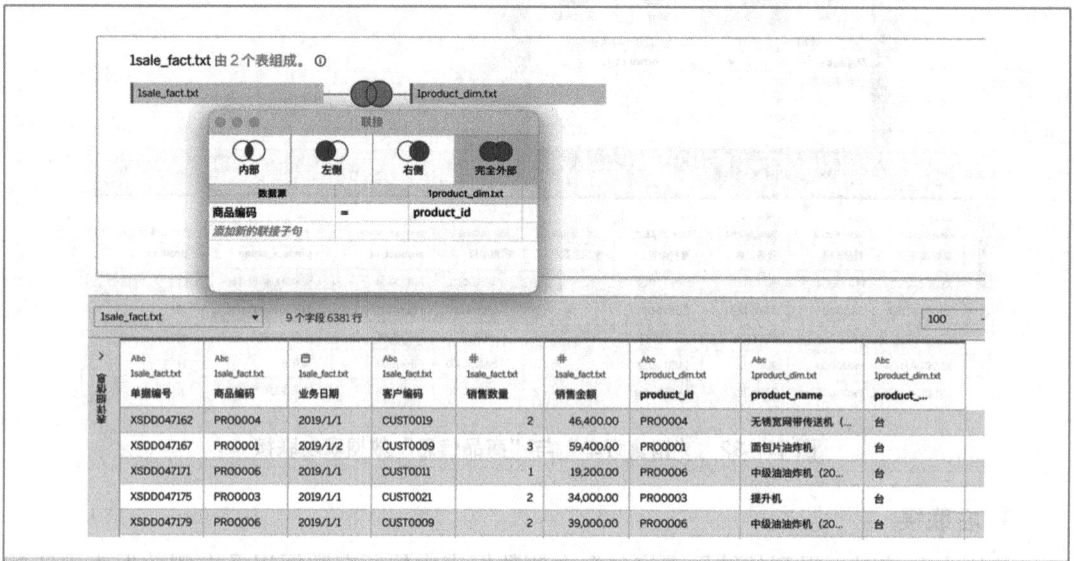


图 11 - 34 “销售订单”与“商品信息”数据表完全外部联接

此处的联接条件与前面的左联接相同，成功联接后，结果包含“销售订单”数据表和“商品信息”数据表的所有数据。

## 11.4.3 数据预处理

在日常分析中，经常会遇到需要进一步处理数据的情况，比如需要进行计算的字段中有 Null 值，需要将日期拆成年月日等。而且，数据表中含有一些特殊的数据时，Tableau 可能无法准确地识别它们。

下面介绍对空值的处理、更改数据类型、拆分字段这三种在 Tableau 中常见的数据预处理方法。

**1. 对空值的处理**

空值一般表示未知的数据，不等同于空白或零。在执行计算时，如果存在空值，可能会导致结果不准确，所以在计算之前，删除空值十分重要。

如果数据中存在空值，对聚合后的值进行加减乘除运算时，运算结果也会为空。这时可以在 Tableau 中使用 ZN() 函数或 IFNULL() 函数，将空值修改为 0。需要注意的是，ZN() 函数只能处理数值型数据，而 IFNULL() 函数还能处理字符串型数据；ZN() 函数只能将空值修改为 0，而 IFNULL() 函数可以将空值修改为任意值。

下面以“Zke”（折扣额）字段为对象，使用 ZN() 函数创建一个新的计算字段。没有数据的单元格会显示“null”，如图 11 - 35 所示。使用函数后，没有数据的单元格会显示“0.00”，如图 11 - 36 所示。

| 销售订单 Zke |
| --- |
| null |
| null |
| null |
| null |
| 5,817.24 |
| 6,874.92 |

图 11－35　未进行空值处理前的“Zke”字段

| 计算 计算 1 |
| --- |
| 0.00 |
| 0.00 |
| 0.00 |
| 0.00 |
| 5,817.24 |
| 6,874.92 |

图 11－36　对“Zke”字段使用 ZN( )函数后的新建字段

**2. 更改数据类型**

有时数据源中的日期字段会以字符串类型或者数值类型进行存储，为了便于后期的数据分析，则需要将日期字段转换为日期类型。

可以在“数据源”或“数据”窗口中，通过单击数据类型图标的方式将数据类型更改成“Date”（日期型）或“Date&Time”（日期和时间型），详见 11.3.1 节。

**3. 拆分字段**

当一个字段中包含多种信息时，可能会不利于后续的数据分析工作，此时便需要将该字段中的值拆分为多个字段。在 Tableau 中，可以使用“拆分”或“自定义拆分”功能，借助分隔符或字段中存在的重复内容来分隔数据。

销售订单表中，“Hsdj”（含税单价）字段中的数据含有单位，会导致后续的数值计算不方便，如图 11－37 所示。所以导入“销售订单表”数据源后，可以将“Hsdj”字段拆分。由于该字段中数据格式都为“数字＋元”的格式，拆分时会自动变成一列数字和一列“元”，但一列“元”没有意义，所以 Tableau 会自动删除“元”这一列，最终只留下一列数字，如图 11－38 所示。

销售订单　10 个字段 6935 行

| 销售订单 Djbh | 销售订单 Spid | 销售订单 Khid | 销售订单 Ywrq | 销售订单 Cplx | 销售订单 Hsdj | 销售订单 Xssl | 销售订单 Xsje | 销售订单 Zke | 销售订单 State |
| --- | --- | --- | --- | --- | --- | --- | --- | --- | --- |
| XSDD058652 | PRO0004 | CUST0019 | 2019/1/12 | 标准产品 | 26441.99999976元 | 1 | 26,442.00 | null | 已出库 |
| XSDD058652 | PRO0001 | CUST0019 | 2019/1/12 | 标准产品 | 21262.0000002元 | 3 | 63,786.00 | null | 已出库 |
| XSDD058652 | PRO0007 | CUST0019 | 2019/1/12 | 标准产品 | 31188.00000052元 | 1 | 31,188.00 | null | 已出库 |
| XSDD058651 | PRO0005 | CUST0019 | 2019/1/18 | 标准产品 | 21132.99999968元 | 2 | 42,266.00 | null | 已出库 |
| XSDD058651 | PRO0002 | CUST0019 | 2019/1/18 | 标准产品 | 21588.00000048元 | 6 | 129,528.00 | null | 已出库 |
| XSDD058651 | PRO0003 | CUST0019 | 2019/1/18 | 标准产品 | 18937元 | 1 | 18,937.00 | null | 已出库 |

图 11－37　拆分前的“Hsdj”数据列

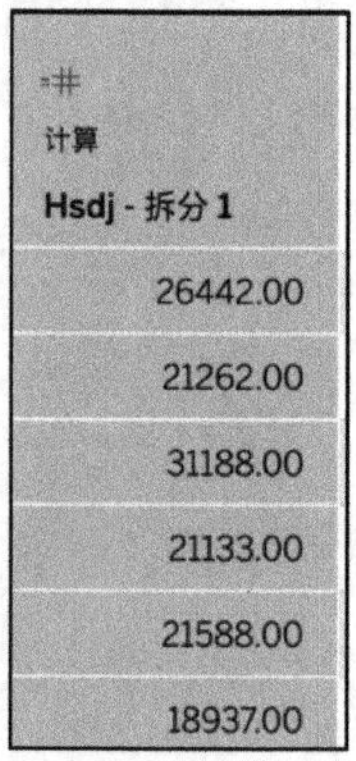


图 11-38　拆分后新生成的数据列

## 11.4.4　数据导出

数据导出是指计算机对各类输入数据进行加工处理后，将结果以用户所要求的形式输出。本小节将介绍 Tableau Desktop 的数据导出，包括数据源中的数据导出和视图中使用的数据导出。

**1. 数据源中的数据导出**

在对数据表进行联接或一些常规自定义操作后（如创建计算字段、透视字段等），可能希望在后续工作中继续使用新数据，此时可以采用以下三种方法。

（1）将数据导出为 .csv 文件。在“数据源”页面，可以通过选择“数据”选项，点击“将数据导出到 CSV”按钮的方法，将数据源中的所有数据导出为 .csv 文件；或者在工作表中，将字段拖动到行或列功能区，在“数据”窗口中点击查看数据图标，再点击“全部导出”按钮。

（2）提取数据。提取数据是指创建一个数据提取（.hyper）文件。数据提取时可以使用筛选器或进行其他设置来减少数据量，保存的是数据的子集，同时也可作为独立的数据集，使用它直接从 Tableau 中进行连接。

（3）导出数据源。数据源还可以另存为 .tds（数据源）文件或 .tdsx（打包数据源）文件。如此一来，数据连接可以导出保存到文件中，便于和其他工作簿一起使用或与同事共享。在 Tableau 中，打开一个具有数据连接的工作簿，在“数据”窗口顶部，鼠标右键单击数据源的名称，点击“添加到已保存的数据源”按钮，输入自己想设置的文件名，选择文件类型，最后单击“保存”按钮。

**2. 视图中使用的数据导出**

创建视图后，还可以只导出用于生成该视图的数据。导出的字段来自工作表功能区的字段，并且只会显示出现在“筛选器”功能区的字段。以下是用于导出生成视图所使用的数据的四种方法。

（1）将视图中的数据导出到 Microsoft Access 或 .csv。在 Tableau 中，选择“工作表”→“导出”→“数据”，选择 Access 数据库或 .csv 文件的位置，并输入其名称后，便可保存。

（2）将视图中的数据交叉表导出到 Excel。将视图导出为交叉表时，Tableau 会自动打开 Excel 应用程序并将当前视图的交叉表版本粘贴到新的 Excel 工作簿中。在 Tableau Desktop 中，选择“工作表”→“导出”→“交叉表到 Excel”；如果使用的是 Tableau Server 或 Tableau Online，则打开“视图”或“仪表板”功能，选择“下载”→“交叉表”，并从工作簿中选择目标工作表。

（3）将视图中的数据复制到剪贴板。创建视图后，选择“工作表”→“复制”→“数据”，打开其他的应用程序，鼠标右键点击“粘贴”按钮或使用快捷键“Ctrl＋V”便可以将数据粘贴到其他应用程序。

（4）将视图中的数据交叉表复制到剪贴板。即使 Tableau 中的初始数据视图未使用交叉表格式，粘贴的数据也始终显示为交叉表。复制交叉表受以下条件的限制：

1）必须复制视图中的所有记录，不能复制记录的子集。

2）此选项仅适用于聚合视图。不能对解聚的数据视图使用此选项，因为根据定义，交叉表是聚合数据视图。这就意味着为了正常复制交叉表，必须选择“分析”菜单上的“聚合度量”选项。

3）如果视图包含连续维度，比如连续日期和时间，则不能复制交叉表。

4）可能适用其他限制，具体取决于视图中的数据。

满足条件后，可创建视图，选择“工作表”→“复制”→“交叉表”，打开其他的应用程序，鼠标右键点击“粘贴”按钮或使用快捷键“Ctrl＋V”便可以将交叉表粘贴到其他应用程序。

## 11.5 Tableau 基础操作

数据字段是由数据源中的列组成的。在 Tableau 中连接数据源后，系统会自动识别出每个字段的数据类型，如整型、字符串型或日期型等，同时还会给每个字段赋予一个数据角色，其中离散维度、连续度量较为常见，连续维度、离散度量不太常见。

### 11.5.1 维度和度量

维度指的是诸如产品类型、销售日期等定量值，用户可以通过这些维度将数据分类、分段以及揭示其中的详细信息。也就是说，视图中的详细级别受维度影响。度量一般为数值类型的字段，拖入视图时，会默认进行聚合（如求和、计数、平均值等）运算。将“业务日期”和“总和（销售金额）”字段分别拖入行列功能区，Tableau 会自动对销售金额数据进行加总计算。此时“业务日期”字段为维度，“总和（销售金额）”字段为度量，如图 11-39 所示。

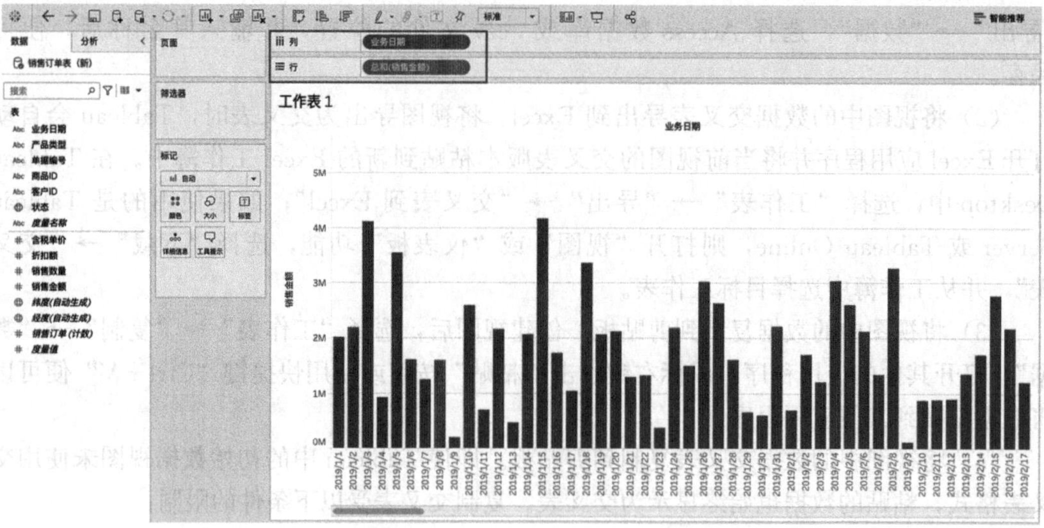


图 11-39　维度和度量

## 11.5.2　连续和离散

连续意指构成一个不间断的整体，没有中断，连续字段值被视为无限范围，连续字段会向视图中添加轴。在 Tableau 中，浅色度量和维度是连续的，如图 11-40 所示。离散意指各自分离且不同，离散值被视为有限的，离散字段会向视图中添加标题。在 Tableau 中，深色度量和维度是离散的，如图 11-41 所示。

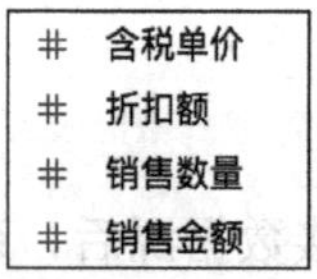


图 11-40　销售订单表中的连续字段

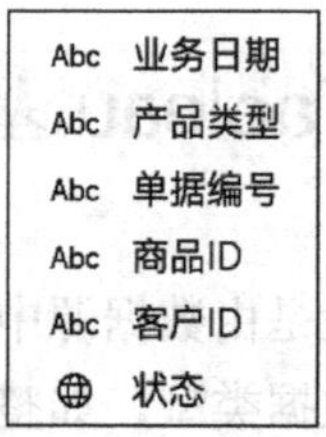


图 11-41　销售订单表中的离散字段

## 11.5.3　工作表

对 Tableau 的数据源和数据角色有一定的了解后，便可以进行工作表的相关操作。本小节主要介绍工作表的创建、复制、删除与导出，以及如何在工作表中创建一些基本的图表。在 Tableau 中，每个文件都称为工作簿，其中包含多个不同的工作表，而工作表又分为视图（也称为工作表）、仪表板和故事三种类型。这些工作表都会以标签的形式出现在工作簿底部。

**1. 工作表创建**

Tableau 的文件结构与 Excel 类似。每个工作簿可以包含不同类型的工作表，如视图、仪表板和故事。

创建工作表的方法很多，可以根据实际情况选择适当的方式在工作簿中创建多个工作表，具体方法如下：

(1) 通过工作簿底部的“新建工作表”、“新建仪表板”或“新建故事”按钮进行创建；

(2) 选择“工作表”→“新建工作表”，“仪表板”→“新建仪表板”，“故事”→“新建故事”；

(3) 右键单击工作簿中任何打开的标签，并从菜单中选择“新建工作表”、“新建仪表板”或“新建故事”；

(4) 在工具栏中单击“新建工作表”按钮，通过下拉箭头可以选择“新建工作表”、“新建仪表板”或“新建故事”。

**2. 工作表复制**

当需要基于已有工作表，对数据进行进一步的处理与分析时，可以复制工作表。复制后的工作表拥有和原工作表一样的字段和设置。

复制工作表时，鼠标右键单击工作表标签，选择“复制”选项即可完成工作表的复制；若要复制为交叉表，可选择“复制为交叉表”选项，或者在“工作表”选项卡中选择“复制为交叉表”选项。需要注意的是，不能以交叉表的形式来复制仪表板和故事。

**3. 工作表删除**

删除工作表时，鼠标右键单击工作表标签，选择“删除”选项即可删除工作表，但一个工作簿中必须至少有一个工作表。注意：在仪表板或故事中使用的工作表无法删除，但可以隐藏。

**4. 工作表导出**

导出工作表时，鼠标右键单击工作表标签，选择“导出”选项，设置好工作表导出后的存储位置以及存储的名称，单击“存储”按钮，即可完成工作表的导出。

## 11.6 Tableau 初级可视化分析

本节主要介绍 Tableau 中各类初级图表的可视化分析，包括柱形图、饼图、直方图、折线图、树状图、气泡图、圆视图、标靶图、甘特图和文本表。

### 11.6.1 柱形图

柱形图又称为条形图，是最常用的图表之一，可以通过比较不同组的柱形长度来反映不同组的数值大小。柱形图可分为垂直条和水平条，能够根据用户偏好，非常直观地呈现出不同维度下同类别或同一维度下不同类别数据的对比。在财务应用领域，柱形图可用于季度财务收支对比、年度业务部门销售收入对比等场景。

下面以销售事实表为例，展示不同业务日期销售商品的销售金额对比柱形图的创建过程。

（1）导入数据源。在 Tableau 首页，选择连接“文本文件”，在对应目录中找到销售事实表 1sale_fact. txt，选择后如图 11－42 所示。

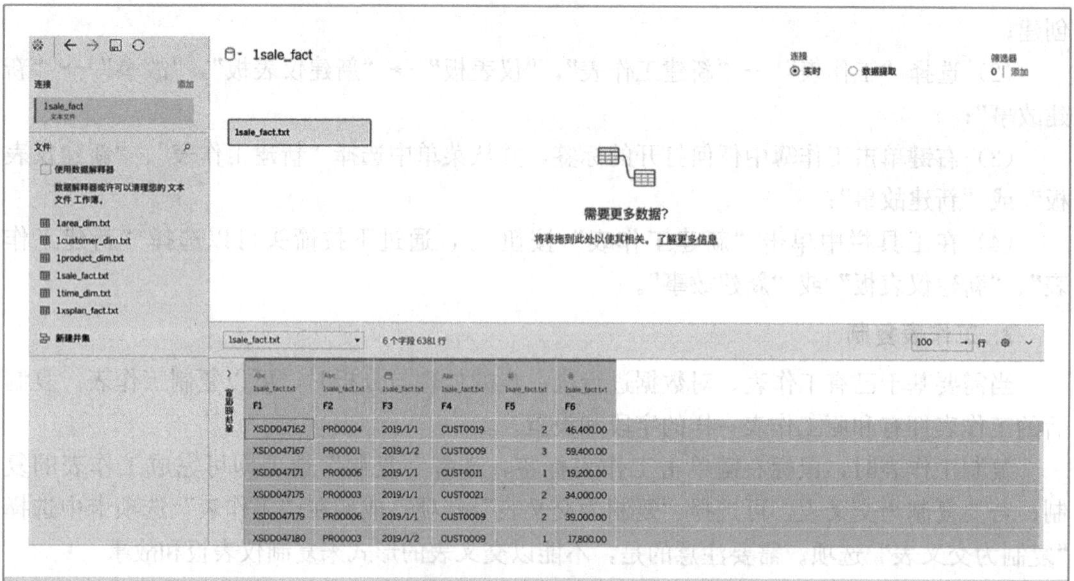


图 11－42　导入数据源

（2）修改字段名。由于从虚拟机导出的文件的字段名都是系统默认分配的 F1，F2 等，为了便于理解，需要根据其具体内容进行修改。在数据源页面双击销售事实表 1sale_fact. txt 的字段名称，便可修改字段名。操作后如图 11－43 所示。

| Abc 1sale_fact.txt 单据编号 | Abc 1sale_fact.txt 商品编码 | 1sale_fact.txt 业务日期 | Abc 1sale_fact.txt 客户编码 | # 1sale_fact.txt 销售数量 | # 1sale_fact.txt 销售金额 |
|---|---|---|---|---|---|
| XSDD047162 | PRO0004 | 2019/1/1 | CUST0019 | 2 | 46,400.00 |
| XSDD047167 | PRO0001 | 2019/1/2 | CUST0009 | 3 | 59,400.00 |
| XSDD047171 | PRO0006 | 2019/1/1 | CUST0011 | 1 | 19,200.00 |
| XSDD047175 | PRO0003 | 2019/1/1 | CUST0021 | 2 | 34,000.00 |
| XSDD047179 | PRO0006 | 2019/1/1 | CUST0009 | 2 | 39,000.00 |
| XSDD047180 | PRO0003 | 2019/1/2 | CUST0009 | 1 | 17,800.00 |

图 11－43　修改后的字段名

（3）创建工作表。在 Tableau 下方点击“新建工作表”按钮，并通过双击新建的工作表标签，将工作表名称改为“不同业务日期的销售金额对比柱形图”，操作后如图 11－44 所示。

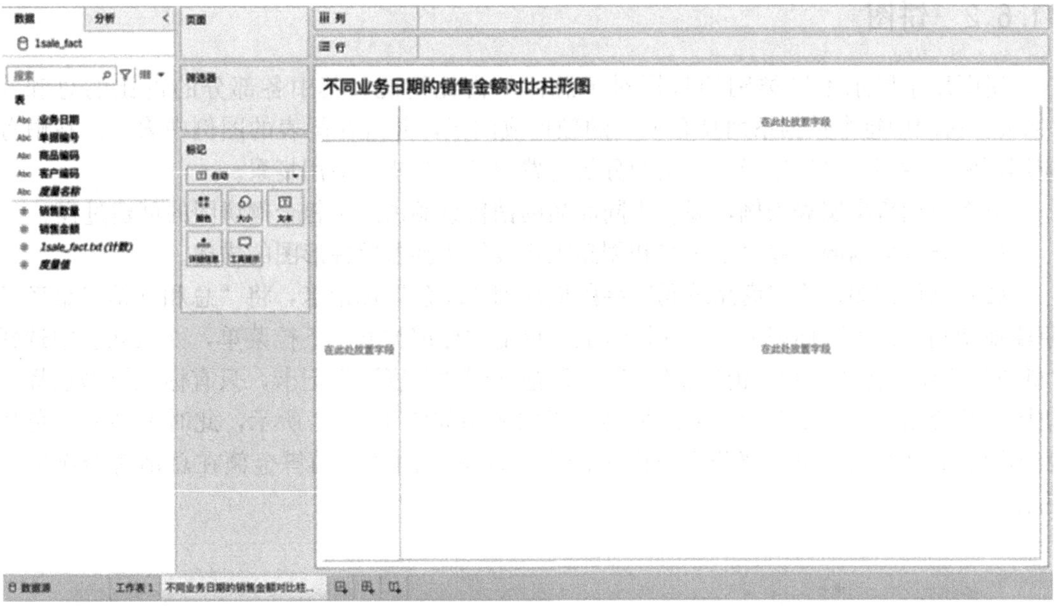


图 11－44　创建工作表

(4) 制作柱形图。将“业务日期”字段拖动到行功能区，将“总和（销售金额）”字段拖动到列功能区，Tableau 会自动根据维度和度量的数量生成推荐的图形，如图 11－45 所示。

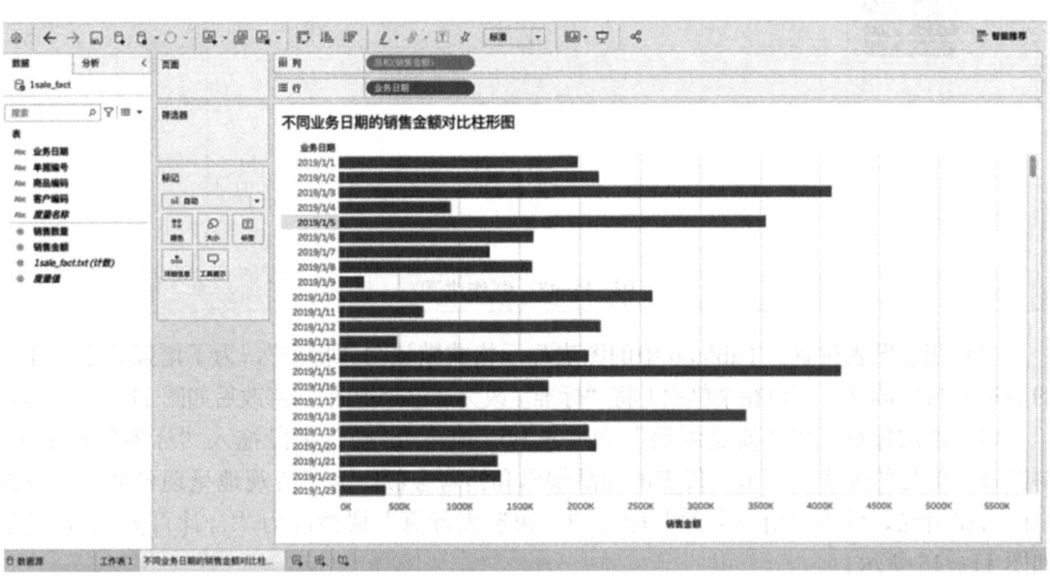


图 11－45　制作柱形图

## 11.6.2 饼图

饼图用于展示不同类别的数据对于总体的占比情况，其中各部分的占比的总和为100%。饼图中每个数据系列具有唯一的颜色或图案，并且在图表的图例中表示。在财务应用领域，饼图可以适用于资产结构分析、费用结构分析等应用场景。

下面以销售事实表为例，展示不同商品的销售金额占总销售金额饼图的创建过程。

(1) 导入数据源、修改字段名和创建工作表等步骤参照柱形图的描述。

(2) 制作饼图。将“商品编码”字段拖动到“颜色”标记卡，将“总和（销售金额）”字段拖动到“大小”标记卡。在标记卡上，单击“标记类型”下拉菜单，并从列表中选择“饼图”选项。将“总和（销售金额）”字段拖动到“角度”标记卡，只有标记类型选择了饼图，才会出现“角度”标记卡。最终生成的饼图如图 11－46 所示，此时不同的颜色代表不同的商品编码，每一部分在饼图中的占比对应不同商品销售金额在总销售金额中的占比。

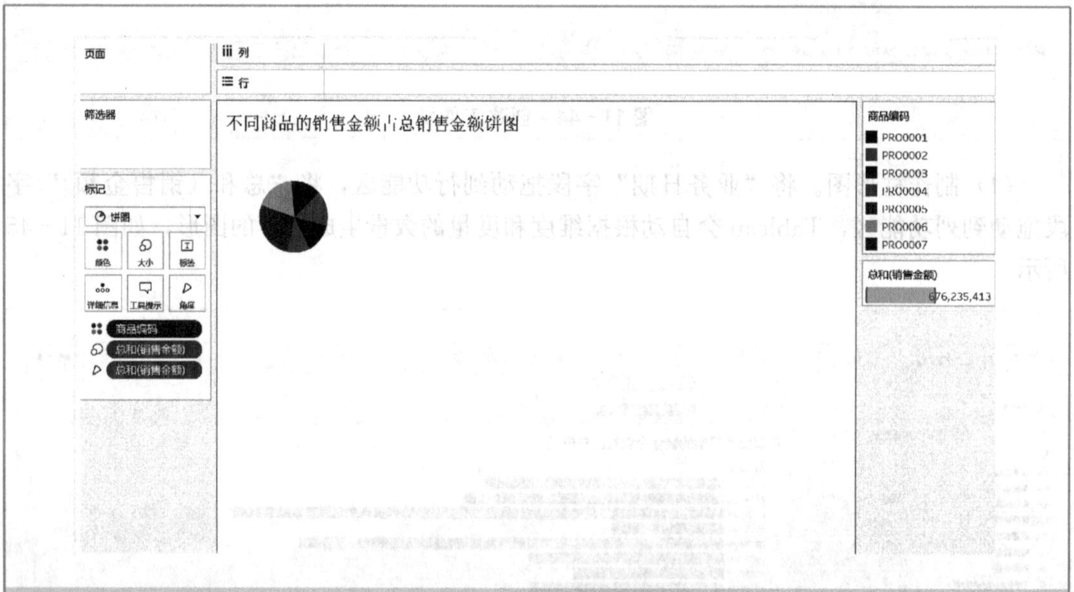


图 11－46 制作饼图

(3) 调整图表位置。Tableau 中的图表显示格式默认为“标准”，为了增强整个工作表的美观度与可读性，可以在菜单栏上将“标准”改为“整个视图”，修改后如图 11－47 所示。

(4) 添加标签。将“商品编码”和“总和（销售金额）”字段拖入“标签”标记卡，饼图每一部分的旁边会显示其代表的商品编码和销售金额。为了直观地呈现各部分在总体中的占比情况，可将“销售金额”标签的“快速表计算”属性改为“合计百分比”，结果如图 11－48 所示。

可以看出在所有销售收入中，商品 PRO0005 的销售金额最高，占比最大，达到27.19%，而商品 PRO0007 的占比最小，仅有 1.49%。通过饼图的直观呈现，可以快速地看出不同商品对销售总额的贡献，从而有助于下一步的经营管理决策。

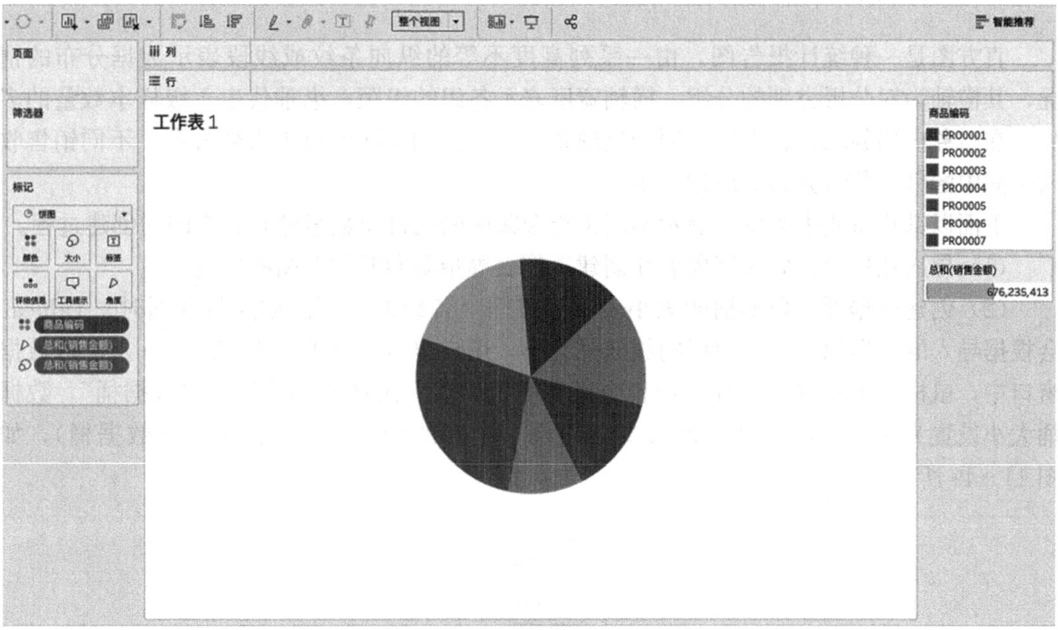


图 11 - 47　图表的“整个视图”模式

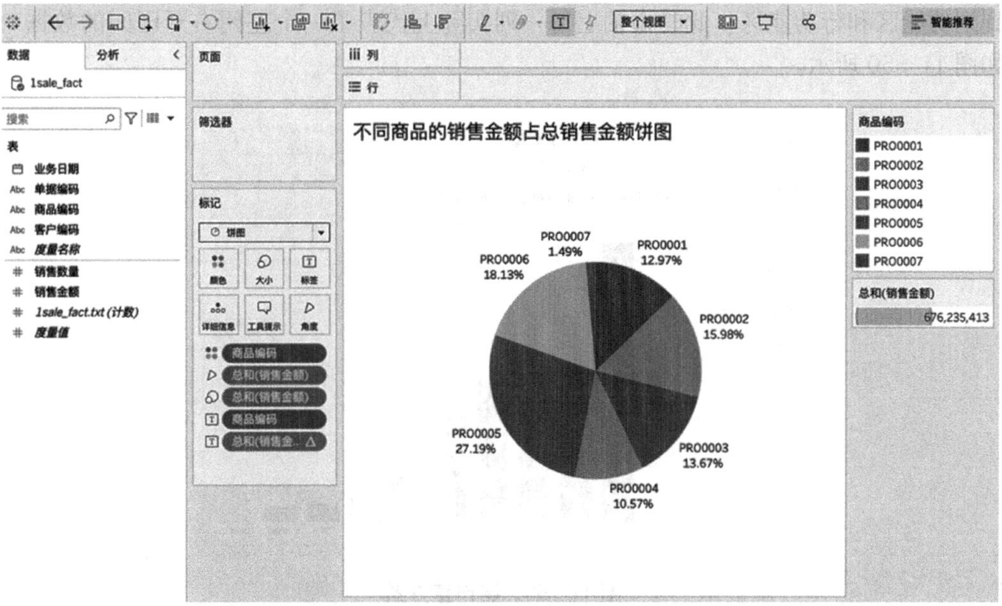


图 11 - 48　不同商品的销售金额占总销售金额饼图

## 11.6.3 直方图

直方图是一种统计报告图，由一系列高度不等的纵向条纹或线段表示数据分布的情况，其横轴为对分析类别的分组，横轴宽度表示各组的组距，纵轴代表每级样本数量的多少。在财务应用领域，直方图可用于呈现企业不同薪酬区间的员工人数分布、不同销售收入区间中的订单数量分布等应用场景。

下面以销售事实表为例，展示不同销售金额区间的订单数量分布直方图的创建过程。

（1）导入数据源、修改字段名和创建工作表等步骤参照柱形图的描述。

（2）创建数据桶。数据桶的大小表示直方图上各组的组距。创建数据桶时，Tableau会根据导入的数据源，给出建议的数据桶大小，用户也可以修改。在 Tableau 左侧的数据窗口中，鼠标单击右键后选择“销售金额”度量，然后选择“创建”→“数据桶”。数据桶大小设置为 40 000，此时数据窗口会出现一个新的维度——销售金额（数据桶），如图 11-49 所示。

图 11-49 新增的销售金额（数据桶）维度

（3）制作直方图。将“销售金额（数据桶）”和“计数（1sale_fact.txt）”字段分别拖动到列功能区和行功能区，此时横轴上每一列实际上代表了一个左闭右开区间的数据，结果如图 11-50 所示。

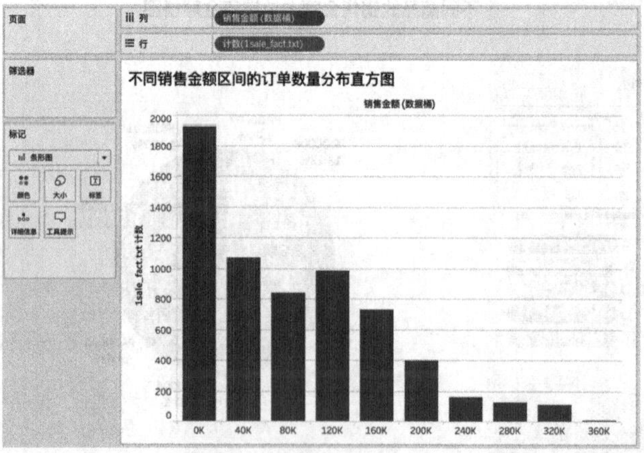


图 11-50 制作直方图

（4）添加标签。将“计数（1sale_fact.txt）”字段拖动到“标签”标记卡，可直观地看出不同销售金额区间的订单数量，结果如图 11-51 所示。

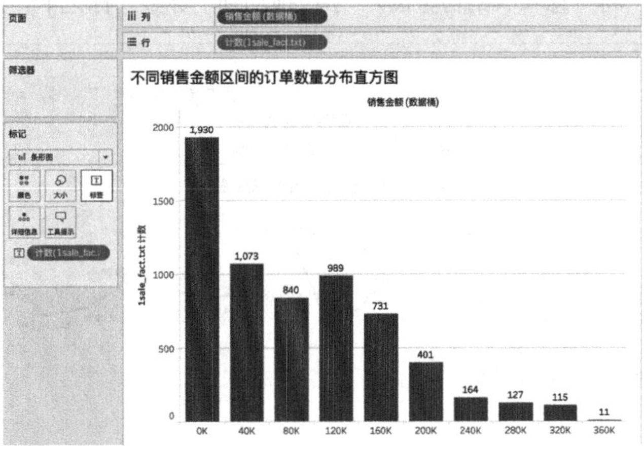


图 11 - 51　添加标签

## 11.6.4　折线图

折线图是用直线段将各个数据点连接起来而形成的图形，以折线方式显示数据的变化趋势。折线图可以显示随时间而变化的连续数据，因此非常适合显示相等时间间隔的数据趋势。在财务应用领域，折线图可用于表示企业各年份、月份的收支情况对比等应用场景。

下面以销售事实表为例，展示不同月份销售金额变化情况折线图的创建过程。

(1) 导入数据源、修改字段名和创建工作表等步骤参照柱形图的描述。

(2) 制作折线图。将“总和（销售金额）”和“业务日期”字段分别拖动到行功能区和列功能区，同时在列功能区“业务日期”字段中下拉选择“月”，结果如图 11 - 52 所示。

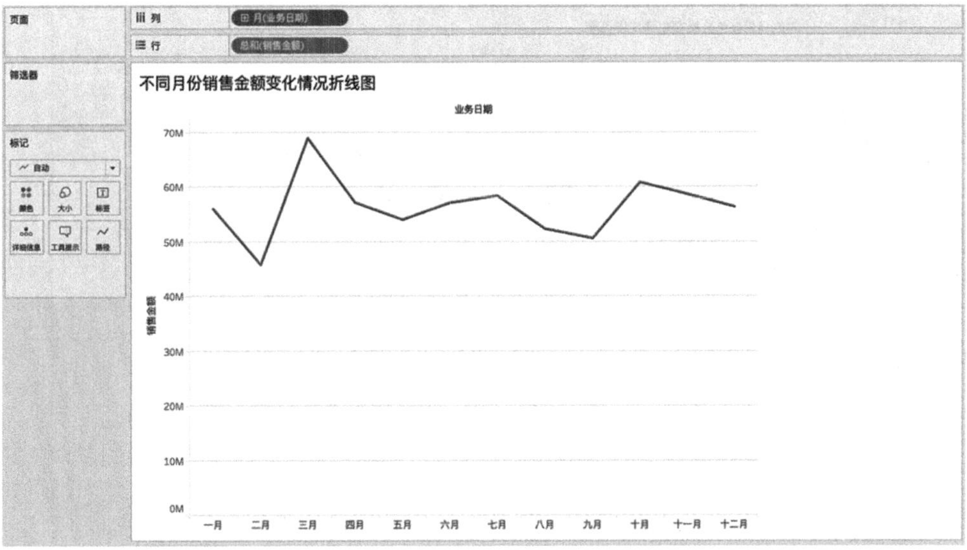


图 11 - 52　制作折线图

（3）添加标签。将“总和（销售金额）”字段拖动到“标签”标记卡，如图 11－53 所示。

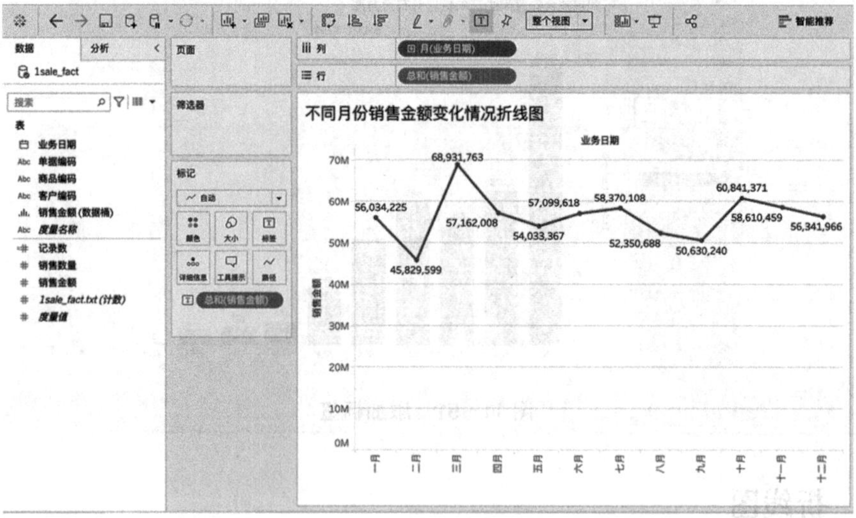


图 11－53　添加标签

（4）设置标签格式。上述折线图上标签的数字较多，不便于阅读，可以通过设置标签格式来优化数值的显示。在标记卡的“总和（销售金额）”标签字段中下拉选择“设置格式”选项，在默认值属性中将“数字”的显示单位改为“百万（M）”。此时图表纵轴刻度线若发生改变，可鼠标右键单击纵坐标轴，选择“编辑轴”选项，将主要刻度线的模式设置为“固定”，结果如图 11－54 所示。

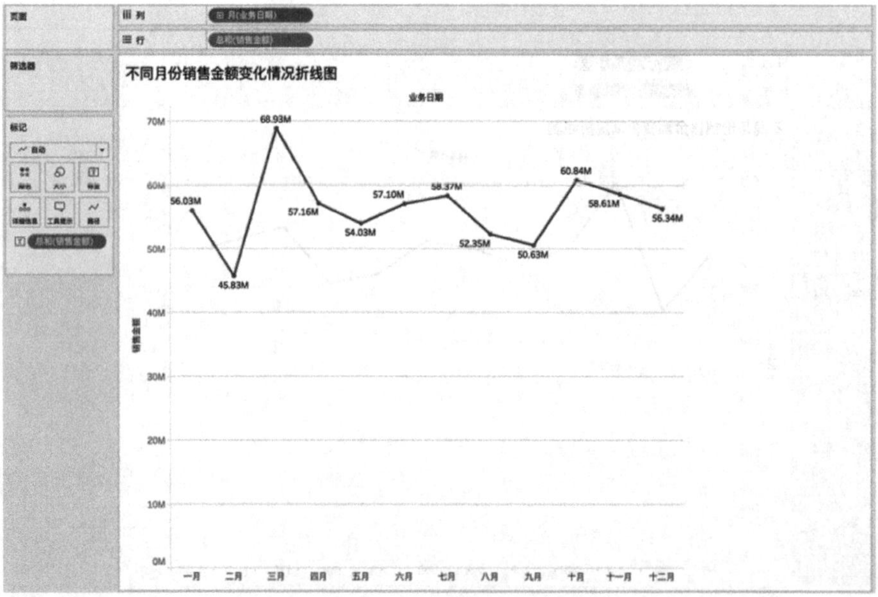


图 11－54　设置标签格式

通过该折线图，可以直观看出企业 1—12 月所有商品销售金额总计的变化情况，从而可以参考进行下一年销售情况的预测。

### 11.6.5　树状图

树状图也称树形图，使用一组嵌套矩形来显示数据，是一种突出显示异常数据点或重要数据的方法。在财务领域，树状图用来描述同一类数据的占比关系，例如在分析销售数据时，可通过面积大小显示每类产品的销售金额等。

下面以销售事实表为例，展示对不同客户销售金额树状图的创建过程。

（1）导入数据源、修改字段名和创建工作表等步骤参照柱形图的描述。

（2）制作树状图。将“总和（销售金额）”拖动到“大小”标记卡和“颜色”标记卡，将“客户编码”字段拖动到“标签”标记卡。生成的树状图如图 11－55 所示。此时不同的小块代表不同的客户。

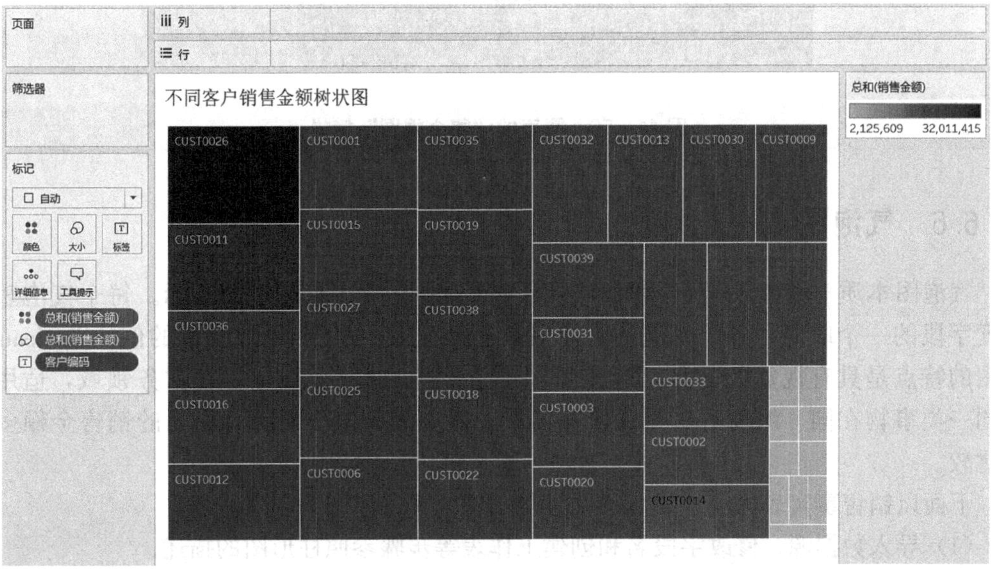


图 11－55　制作树状图

（3）调整图表位置。Tableau 中的图表显示格式默认为“标准”，为了增强整个工作表的美观度与可读性，可以在菜单栏上将“标准”改为“整个视图”，修改后如图 11－56 所示。

在图 11－56 中，矩形的大小与颜色的深浅均代表销售金额的大小。由图可知，客户 CUST0026，CUST0011，CUST0036 的年累计销售额排在前三位，从而可以对客户进行分类管理和关系维护，比如对销售金额大的优质客户进行定期回访，听取客户对产品使用的意见和建议，并反馈给产品研发部门，不断完善产品功能和提高产品质量，以此建立稳定的客户关系，并促进产品销售增长。

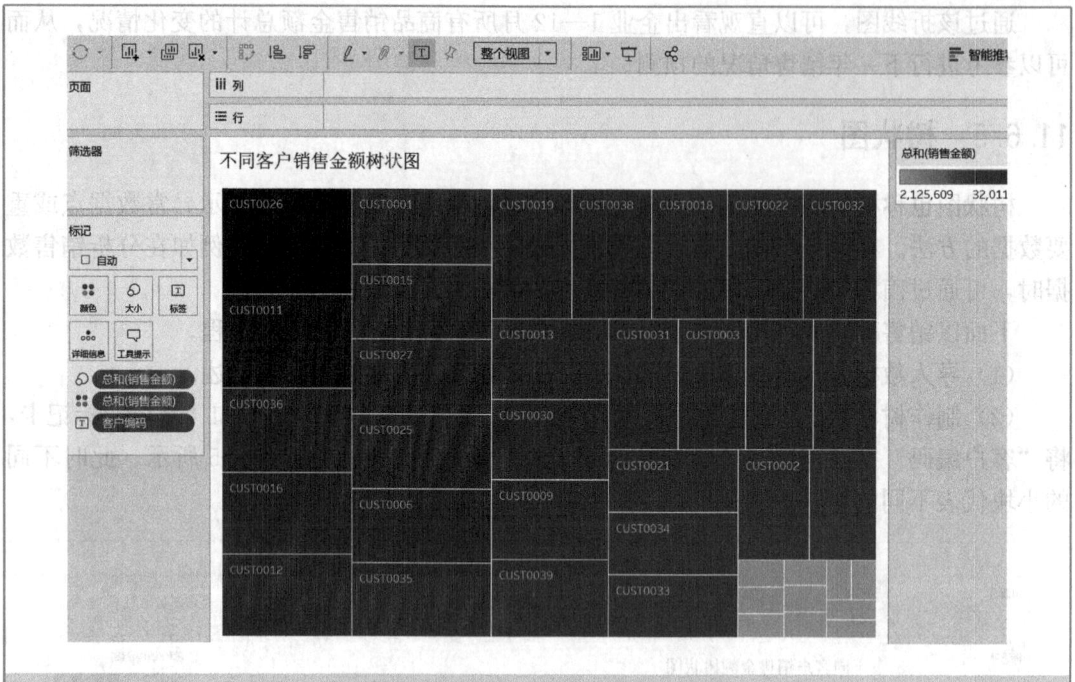

图 11-56　图表的“整个视图”模式

## 11.6.6　气泡图

气泡图本质上说并不是一种图形类别，确切地说，气泡是一种图标。每个气泡表示维度字段的一个取值，各个气泡的大小及颜色代表了一个或两个度量的值。Tableau 气泡图的特点是具有视觉吸引力，能够以非常直观的方式展示数据。在财务领域，适用于对同一类事物在同一维度下进行比较等场景，例如当年该公司所有商品的销售金额多少的比较。

下面以销售事实表为例，展示不同客户销售金额气泡图的创建过程。

（1）导入数据源、修改字段名和创建工作表等步骤参照柱形图的描述。

（2）制作气泡图。将“总和（销售金额）”字段拖动到“大小”标记卡，将“商品编码”字段拖动到“标签”标记卡。在标记卡上，单击“标记类型”下拉菜单，并从列表中选择“圆”选项，选择后如图 11-57 所示。

（3）添加标签。将“客户编码”字段拖入“颜色”标记卡，不同的颜色代表不同的客户。气泡越大代表销售金额越多，有些气泡太小无法显示客户编码，则在视图最右侧能看到不同颜色与客户编码一一对应的列表，结果如图 11-58 所示。

我们可以直观地大致辨别出，销售金额较大的客户为 CUST0026，CUST0011，CUST0036，CUST0019，CUST0035。在企业的产品宣传中可用该图向未建立合作关系的其他客户群体进行介绍，若销售金额排名靠前的企业在行业内为头部企业或者知名企业，可以达到更好的宣传效果。

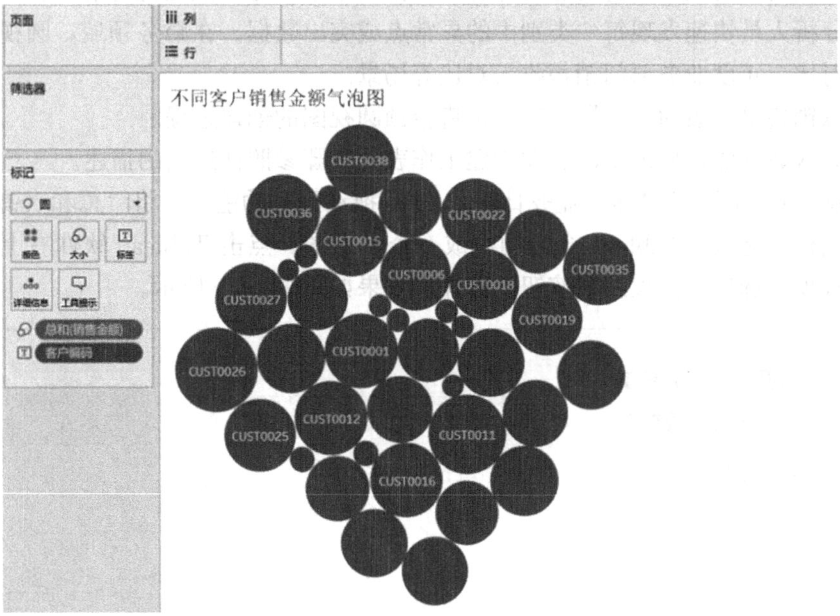


图 11－57　制作气泡图

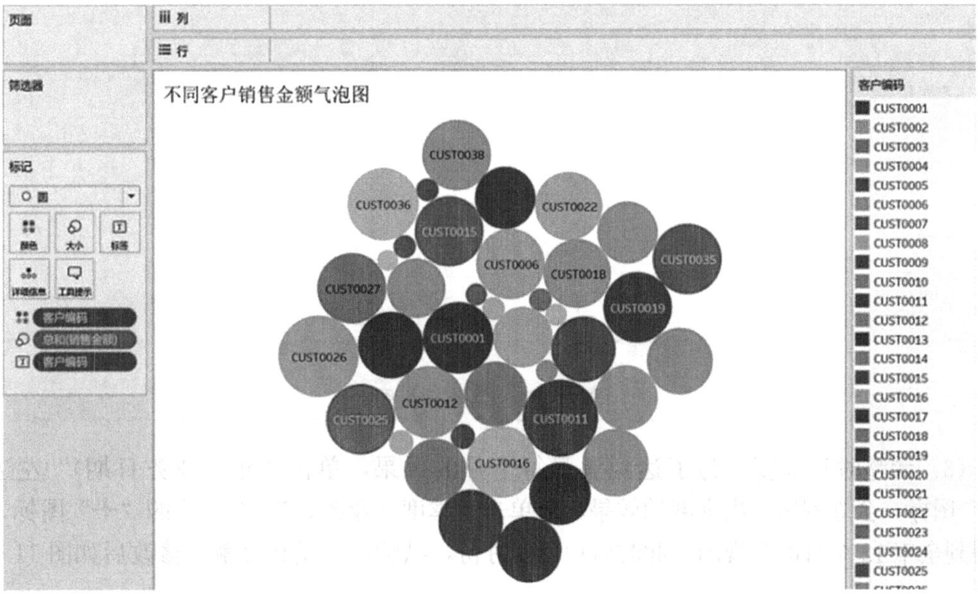


图 11－58　添加标签

## 11.6.7　圆视图

圆视图是气泡图的一种变形，通过给气泡图添加一个相关的维度，按不同的类别分析气泡，并依据度量的大小，将所有气泡有序地排列起来，比气泡图更为清晰。圆视图可以帮助数据分析人员快速发现每一类别中的异常点或突出数据。在财务领域，圆视图适用于财务收支对比、年度业务部门销售收入对比等场景。

下面以销售事实表为例，展示每月销售金额圆视图的创建过程。

（1）导入数据源、修改字段名和创建工作表等步骤参照柱形图的描述。

（2）制作圆视图。将“年（业务日期）”字段拖动到列功能区，将“总和（销售金额）”字段拖动到行功能区，Tableau会自动生成一个柱形图。点击Tableau软件右上角的“智能推荐”选项，选择“圆视图”按钮，选择后效果如图11－59所示。

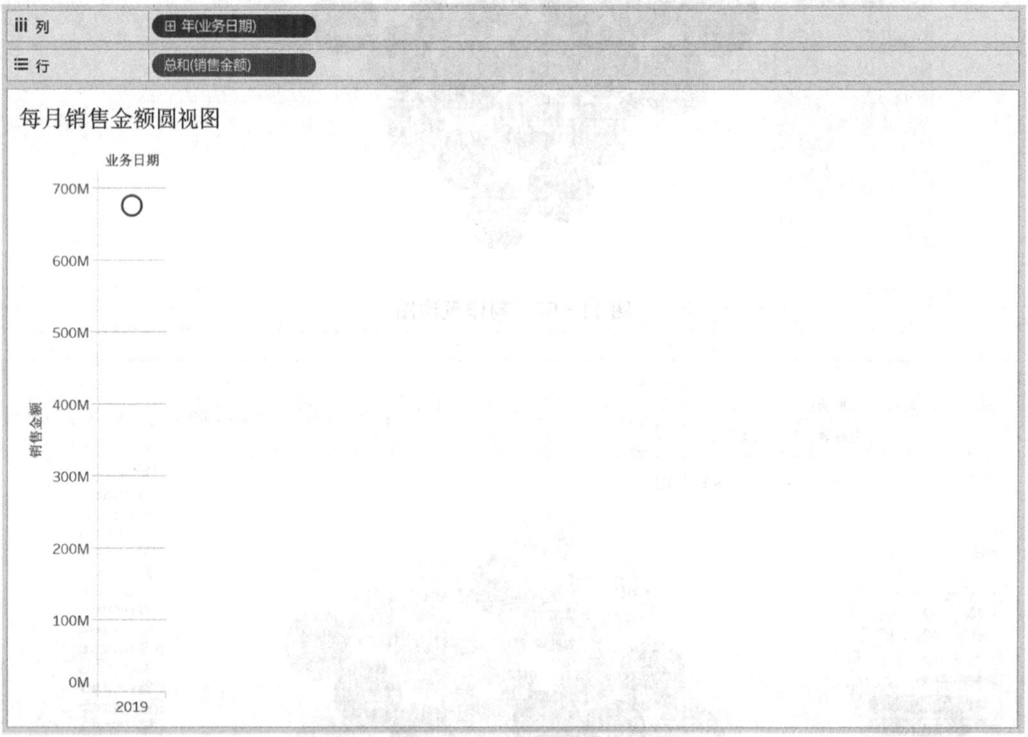


图11－59　制作圆视图

（3）调整时间维度。为了达到展示每个月的效果，单击“年（业务日期）”左边的“＋”图标，会立刻展示出季度的效果，再单击“季度（业务日期）”左边的“＋”图标，就会得到全年12个月的圆视图，此时横轴代表月份，纵轴代表销售金额，修改后如图11－60所示。

（4）添加标签。将“总和（销售金额）”字段拖入“颜色”和“大小”标记卡，圆圈的颜色越红代表销售金额越小，圆圈的颜色越蓝代表销售金额越大。[①] 此时纵轴代表销售金额的大小，圆圈的高低也可以代表销售金额的大小，结果如图11－61所示。

① 本书黑白印刷，此处所述颜色效果可自行操作查看。下同。

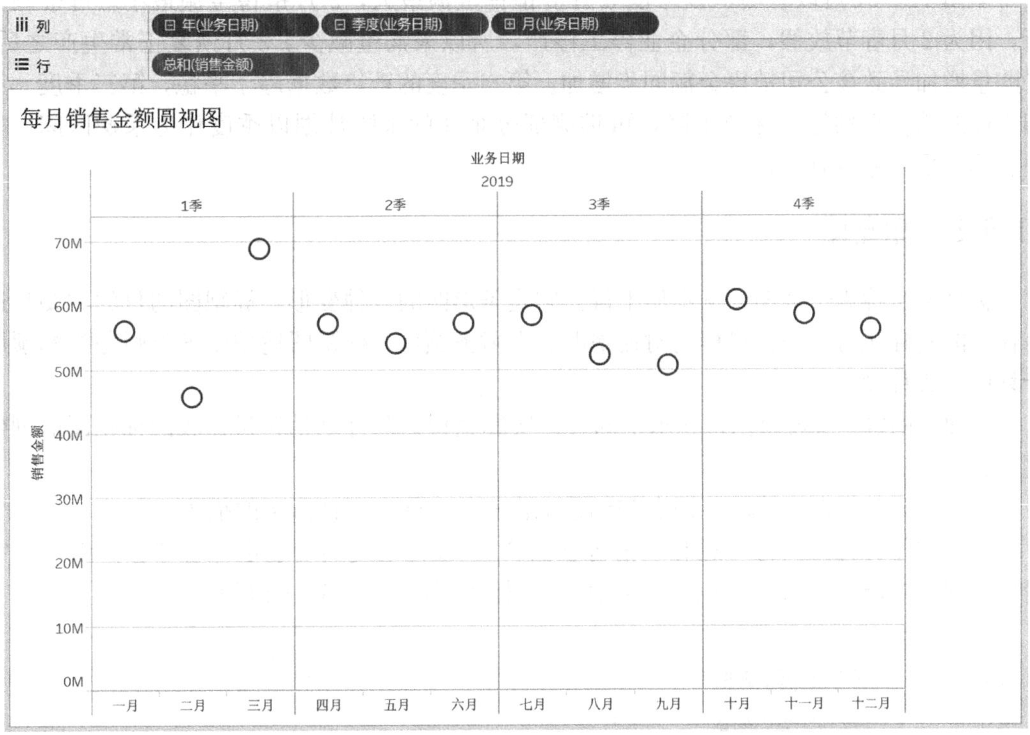


图 11-60　调整时间维度

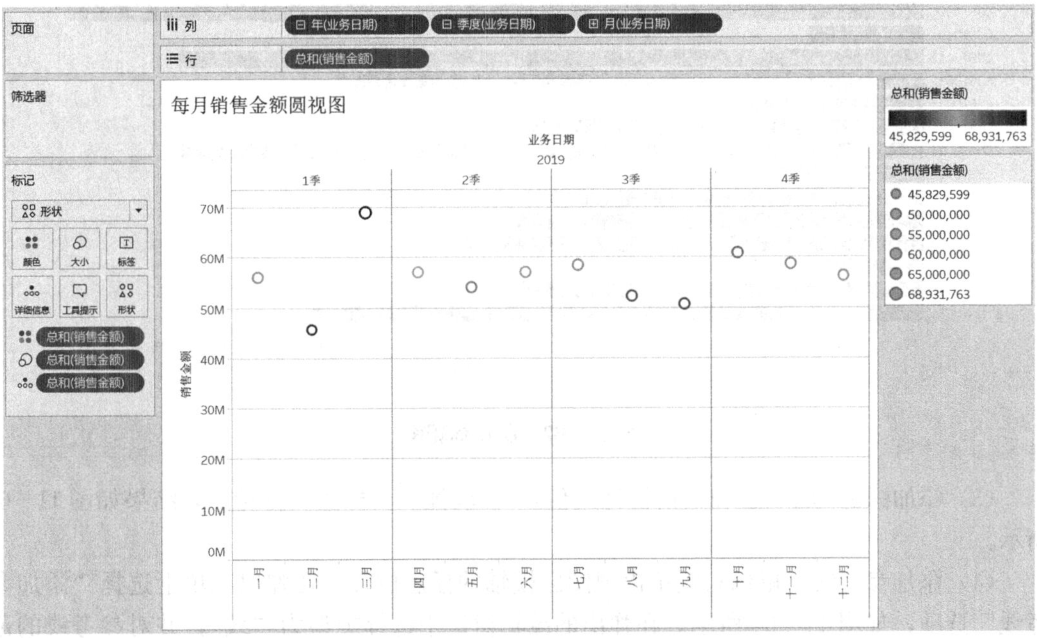


图 11-61　添加标签

从图 11-61 可以看出，该年度 3 月的销售金额最大，2 月销售金额最小。可推测分析，因为 2 月春节放假，部分企业停工停产，所以采购量减少。3 月恢复正常生产之后，采购量增加导致该公司销售金额同步增加。第二季度的销售数据趋于平稳，第三季度、第四季度的销售金额趋于逐渐下降，可推测部分企业的采购计划以季度作为采购区间，季中、季末采购量没有季初大。

## 11.6.8 标靶图

标靶图又称为子弹图，从本质上说，它是条形图的一种变形。标靶图的目的主要是追踪任务的实际执行与预设目标的对比情况。在财务领域，标靶图适用于各类财务指标预期计划的完成程度等场景。

下面以销售事实表为例，展示不同客户实际销售量与计划销售量比较的标靶图的创建过程。

（1）导入数据源、修改字段名和创建工作表等步骤参照柱形图的描述。

（2）制作标靶图。将“总和（销售金额）”字段拖动到列功能区，将“客户编码”字段拖动到行功能区，Tableau 会自动生成一个标靶图，如图 11-62 所示。

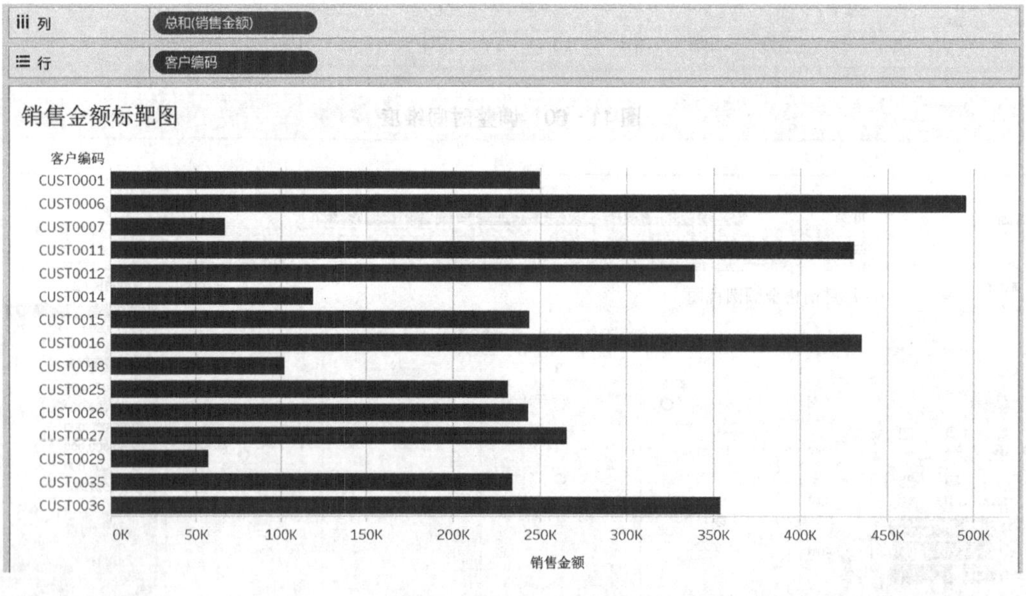


图 11-62　制作标靶图

（3）添加标签。将“总和（销售计划值）”字段拖入“标签”标记卡，结果如图 11-63 所示。

（4）添加参考线。鼠标右键单击视图区横轴的任意位置，在弹出菜单上选择“添加参考线”选项，如图 11-64 所示。在弹出的编辑窗口中选择类型为“线”，并对参考线的范围、值及格式进行设置；再对参考区间进行设置，选择类型“分布”，并对范围、区间的取值和格式进行设置，如图 11-65 所示。最后点击“确定”按钮，结果如图 11-66 所示。

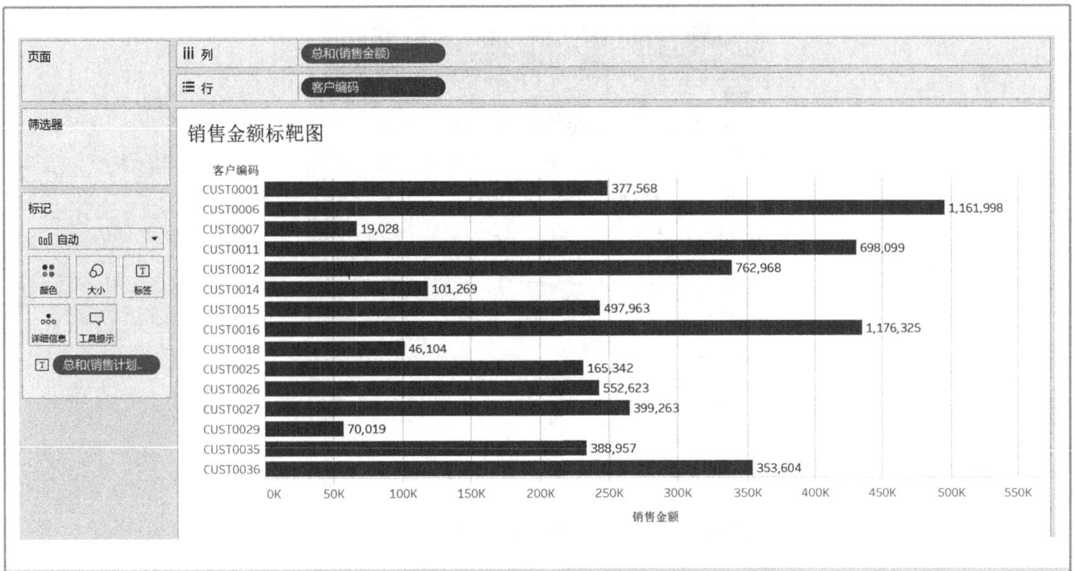


图 11-63　添加标签

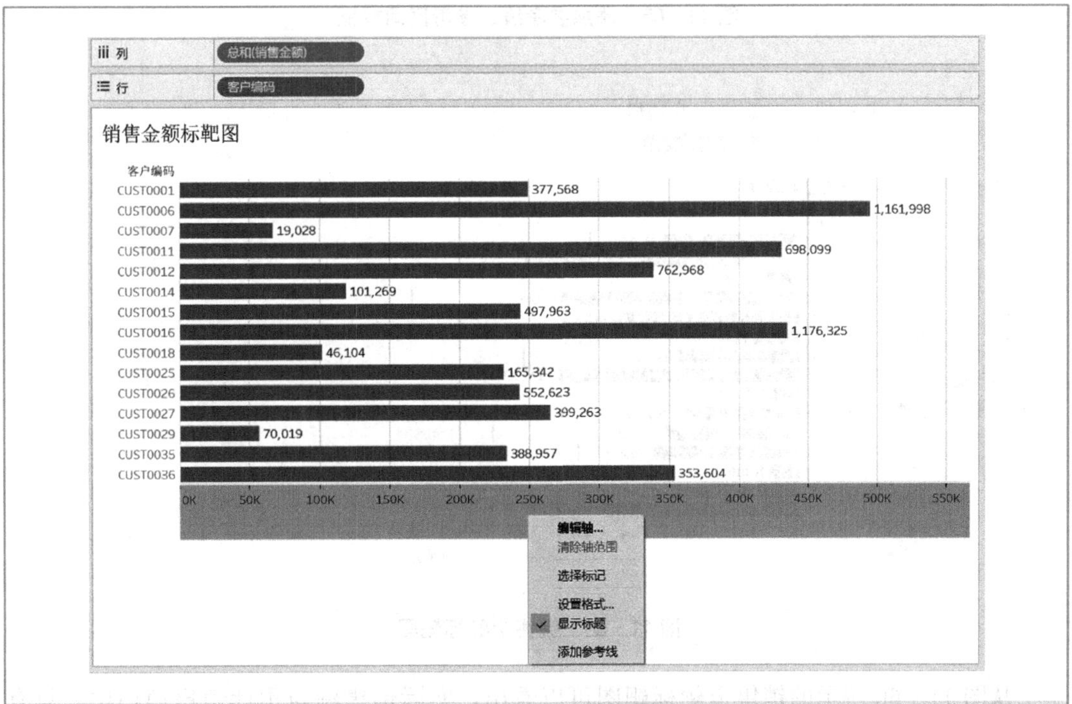


图 11-64　添加参考线

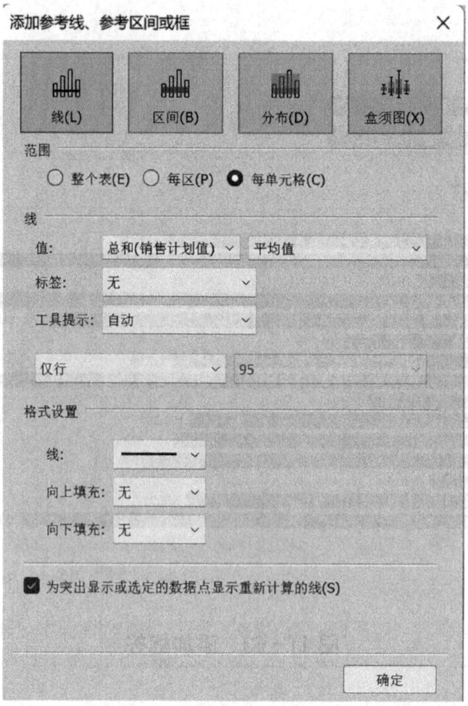


图 11-65　添加参考线、参考区间或框

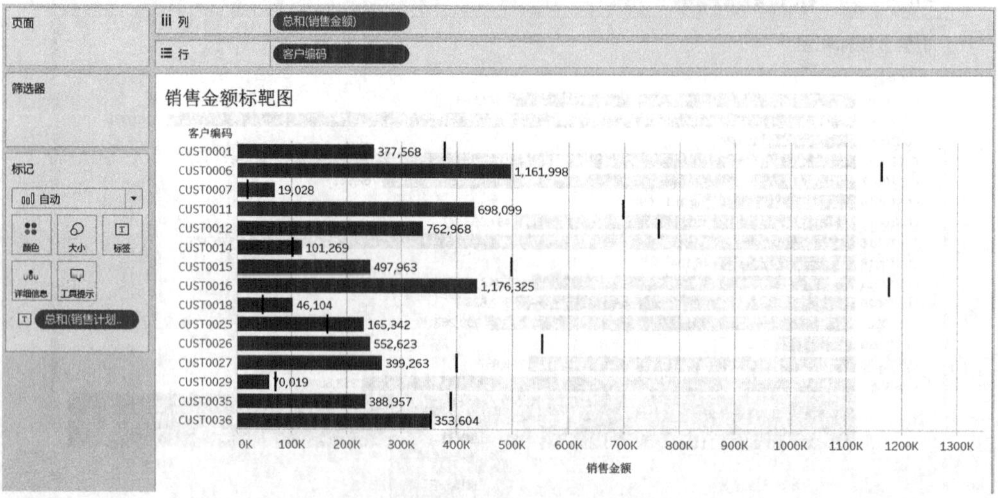


图 11-66　销售金额标靶图

从图 11-66 所示的销售金额标靶图可以看出，实际销售额与预计销售额相比，只有客户 CUST0036，CUST0007，CUST0014，CUST0018，CUST0025 达标。从达标客户可以看出，大部分客户原本的预计销售额就比较小，销售压力小，易于完成业绩。对未达标客户需进一步分析原因，适当降低预计销售额，达到合理计划生产的目标。

## 11.6.9　甘特图

甘特图又称横道图，是以图示的方式通过活动列表和时间刻度形象地表示出任何特定项目的活动顺序和持续时间。甘特图的横轴表示时间，纵轴表示活动，线条表示在整个期间上该活动或项目的持续时间，因此可以用来比较与日期相关的不同活动的持续时间长短。甘特图也常用于显示不同任务之间的依赖关系，并且普遍用于项目管理。在财务领域，甘特图适用于各类指标预期计划的完成情况与实际完成情况进行比较等场景。

下面以销售事实表为例，选取业务最频繁的五家客户分析预计交货时间与实际交货时间的甘特图的创建过程。

(1) 导入数据源、修改字段名和创建工作表等步骤参照柱形图的描述。

(2) 制作甘特图。将“年（计划交货日期）”字段拖动到列功能区，如图 11-67 所示。单击鼠标右键，选择靠下方的“天”选项，如图 11-68 所示。点击完成之后，“天（计划交货日期）”的图标将变成绿色，如图 11-69 所示。将“客户编号”“商品名称”字段拖动到行功能区，如图 11-70 所示。

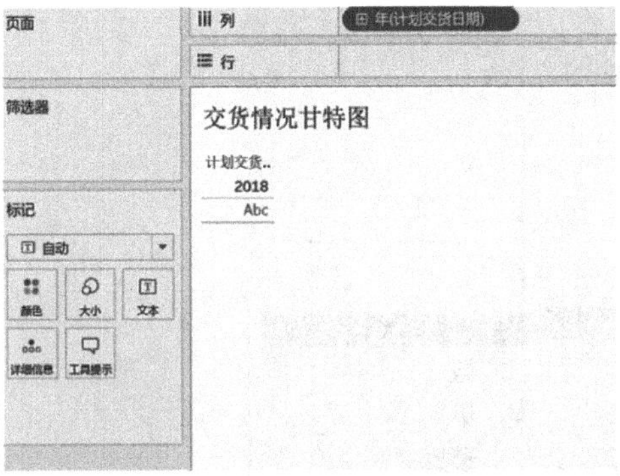


图 11-67　列功能区选择

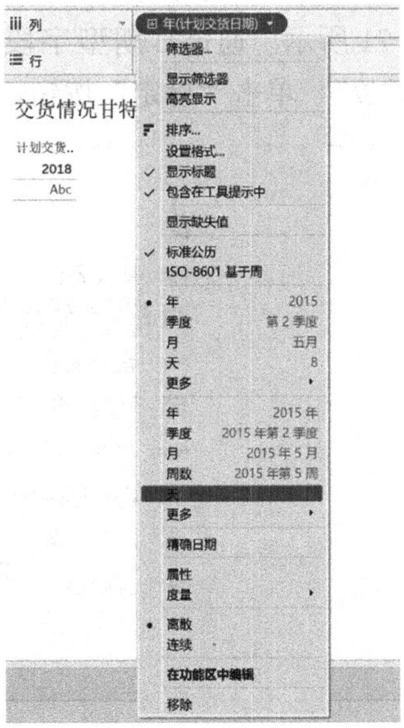


图 11-68　列功能区维度更改

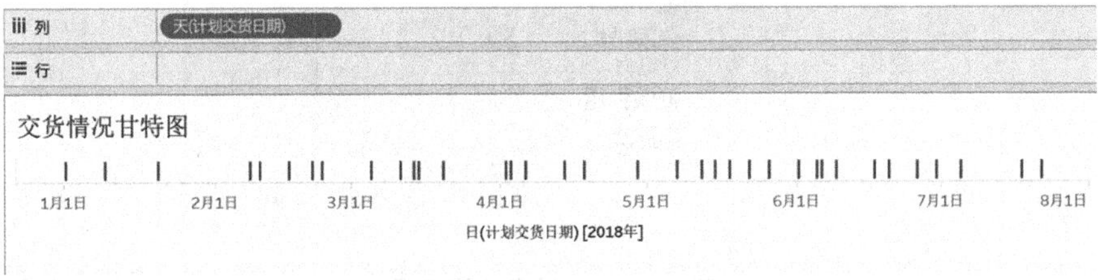


图 11-69　列功能区维度更改完成

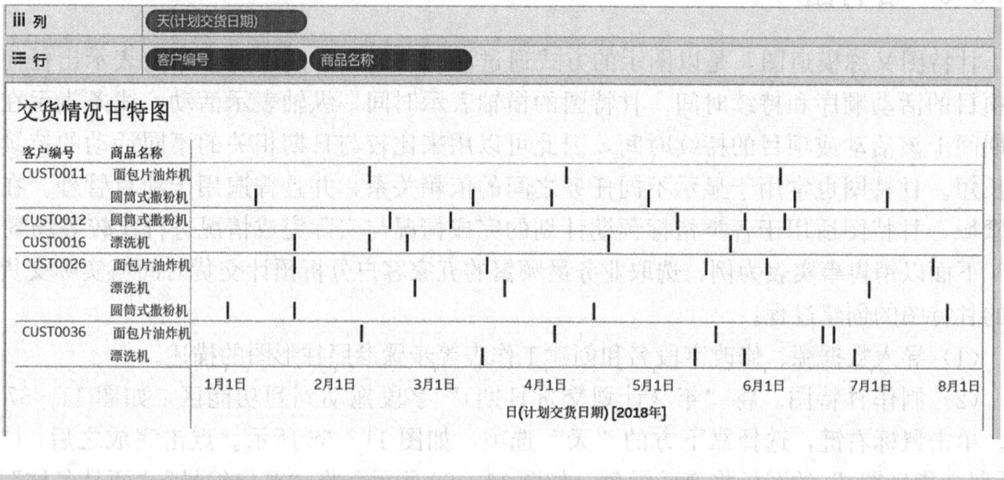


图 11-70　行功能区选择

(3) 创建计算字段。单击“实际交货日期”→“创建”→“计算字段”按钮，如图 11-71 所示。通过日期型字段“计划交货日期”和“实际交货日期”创建计算字段“延迟天数”，单击“确定”按钮，如图 11-72 所示。

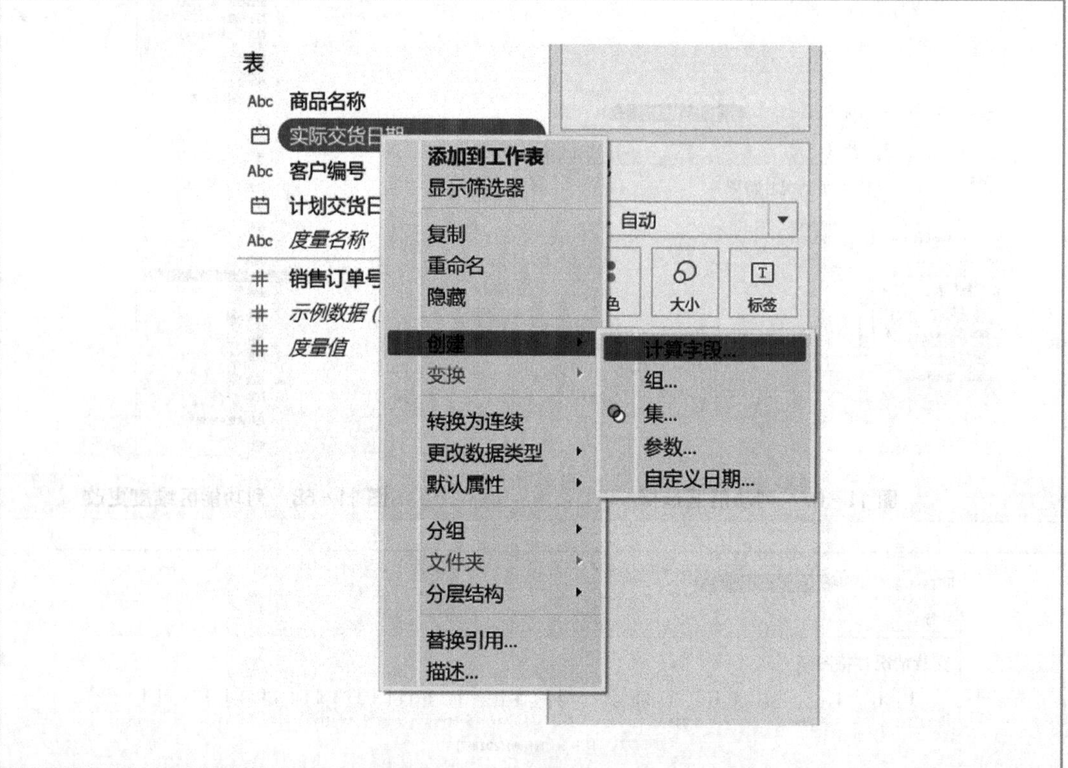


图 11-71　创建计算字段

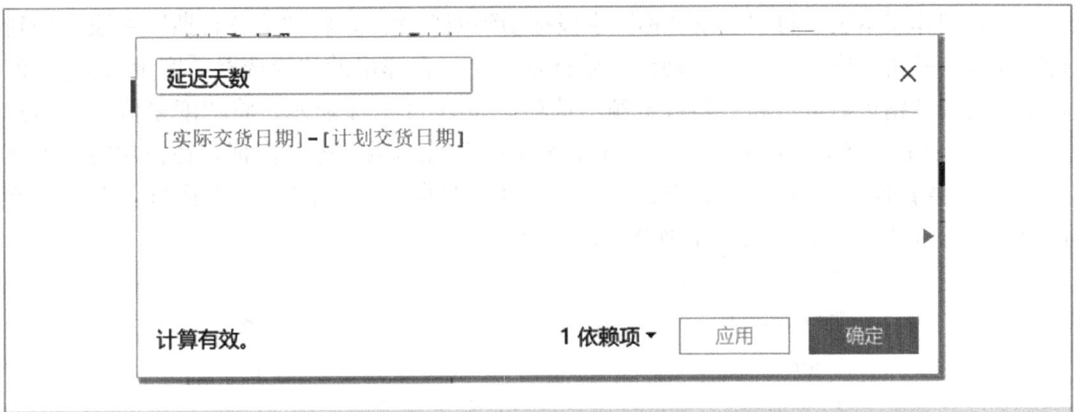


图 11-72　创建计算字段“延迟天数”

（4）添加标签。将创建的计算字段“总和（延迟天数）”拖入“颜色”和“大小”标记卡。甘特图中橙色的部分为提前交货的情况，颜色越深，提前交货的天数越长；甘特图中蓝色的部分为延迟交货的情况，颜色越深，延迟交货的天数越长，结果如图 11-73 所示。

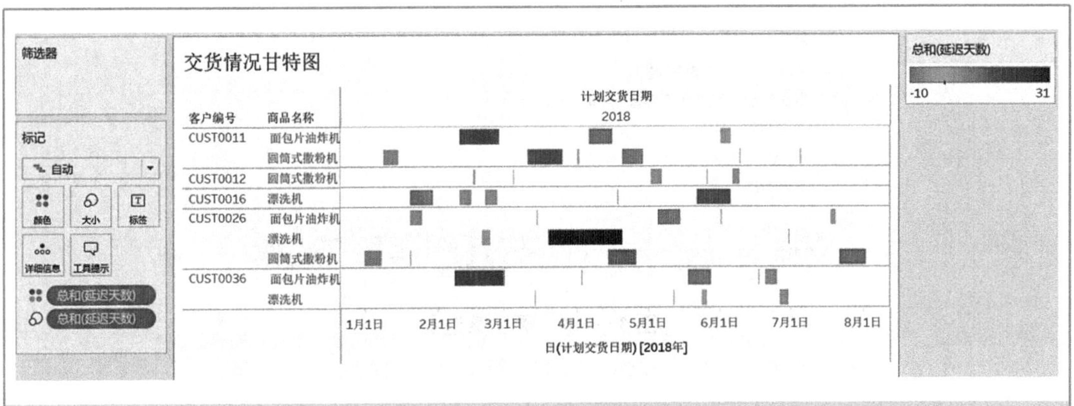


图 11-73　交货情况甘特图

从图 11-73 所示的交货情况甘特图可以看出，CUST0016 所有订单、CUST0026 圆筒式撒粉机订单、CUST0036 面包片油炸机订单存在延迟交货的情况，可以推测这些订单延迟交货是由企业本身生产能力不足导致的，所以生产部门在制定生产计划时，需对漂洗机、面包片油炸机、圆筒式撒粉机加大生产力度，以保证能够及时供应。

## 11.6.10　文本表

文本表又称作基本表、交叉表，是一种表格型的数据可视化的方式。文本表是一种最为直观的数据表现方式，在数据分析中具有不可忽视的作用。表格可以代替冗长的文字叙述，便于计算、分析和对比。但表格的缺点是不够形象，当表格中数据量较大时，分析人员很难快速定位到所需信息。在财务领域，文本表适用于各类报表数据的直接呈现等场景。

下面以销售事实表为例，展示销售数据文本表的创建过程。

（1）导入数据源、修改字段名和创建工作表等步骤参照柱形图的描述。

（2）制作文本表。将“度量名称”字段拖动到列功能区，将“业务日期”字段拖动到行功能区，并将“度量名称”拖动到“筛选器”中，在弹出的“筛选器［度量名称］”窗口中，勾选“销售数量”和“销售金额”选项，如图 11－74 所示。将“度量值”拖动到“文本”标记卡，点击行功能区上“年（业务日期）”左侧的“**＋**”图标，在行功能区出现“季度（业务日期）”字段，然后点击“季度（业务日期）”左侧的“**＋**”图标，在行功能区出现“月（业务日期）”字段，如图 11－75 所示。

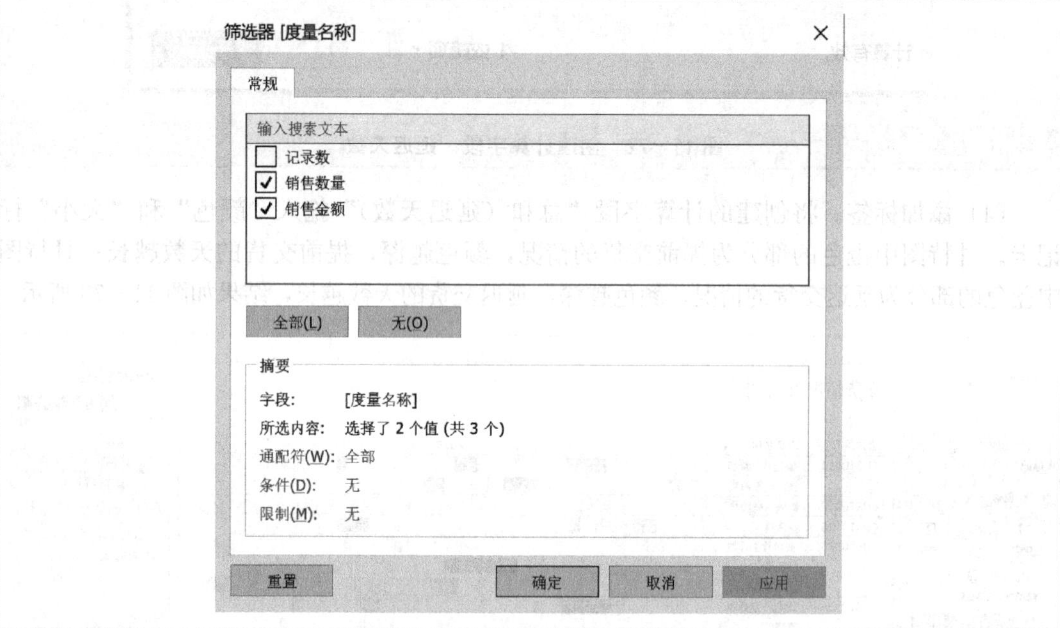


**图 11－74　添加筛选器**

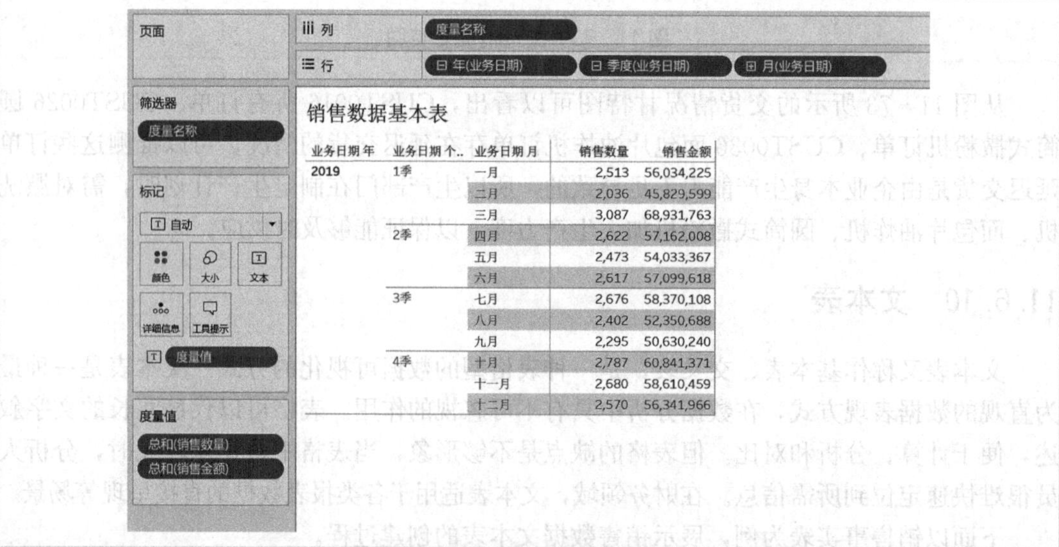


**图 11－75　制作文本表**

（3）添加列总和。选择菜单栏的“分析”选项，点击“合计”选项，再点击“显示列总和”选项，如图 11－76 所示。文本表中“销售数量”“销售金额”下方便会分别显示二者的总和，如图 11－77 所示。

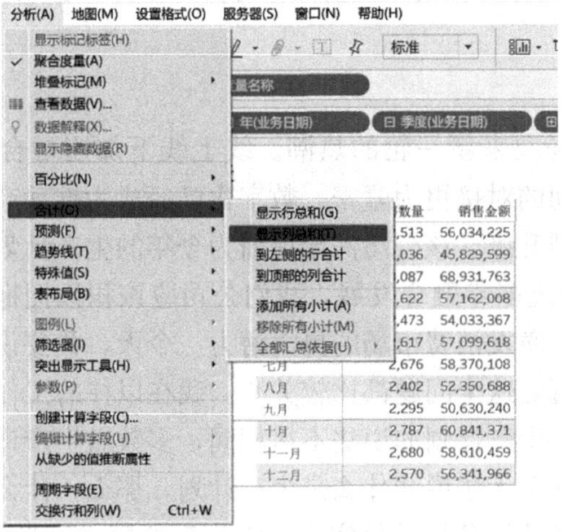


图 11－76　添加列总和

销售数据基本表

| 业务日期 年 | 业务日期 个.. | 业务日期 月 | 销售数量 | 销售金额 |
|---|---|---|---|---|
| 2019 | 1季 | 一月 | 2,513 | 56,034,225 |
| | | 二月 | 2,036 | 45,829,599 |
| | | 三月 | 3,087 | 68,931,763 |
| | 2季 | 四月 | 2,622 | 57,162,008 |
| | | 五月 | 2,473 | 54,033,367 |
| | | 六月 | 2,617 | 57,099,618 |
| | 3季 | 七月 | 2,676 | 58,370,108 |
| | | 八月 | 2,402 | 52,350,688 |
| | | 九月 | 2,295 | 50,630,240 |
| | 4季 | 十月 | 2,787 | 60,841,371 |
| | | 十一月 | 2,680 | 58,610,459 |
| | | 十二月 | 2,570 | 56,341,966 |
| 总和 | | | **30,758** | **676,235,413** |

图 11－77　销售数据基本表

从图 11－77 所示的销售数据基本表可以直观地看出每个月的销售数量和销售金额以及 2019 年累计销售数量和销售金额的值。销售数量最大的月份为 3 月，同时，3 月也是该年度销售金额最大的月份；销售数量最小的月份为 2 月，同时，2 月也是该年度销售金额最小的月份。

## 11.7　模拟实训

蛮先进公司是食品机械制造行业中的一家知名企业，主营业务为面包片油炸机、漂洗机、圆筒式撒粉机、中级油油炸机和真空油炸机等的生产、销售和研发。该公司总部设立在上海，业务遍布全国，客户多达 8 000 余家。蛮先进公司设有人事、产品、服务、采购、销售、财务、客户信管、法务、仓储等部门，各部门各司其职。蛮先进公司本年度对生产计划的制定，将采用 Tableau 对上年度的销售情况进行初步分析，进而进一步详细制定生产计划。

## 11.7.1 业务场景

新年伊始，消费市场迎来新一轮的热潮。线上线下加速融合，不断激发消费市场活力。同时，随着供需之间的对接更为紧密，数字化已经成为推动产业链智能改造的重要力量，正助力实体经济转型升级。该公司需要提前为今年的生产计划做准备，财务总监程平在部门开会时讲道："经过多年融合发展，我们公司应该积极拥抱数字化，在为消费者营造更好采购体验的同时，激发消费市场的更大潜力。今天，我要说的主题是：什么是生产计划？相信很多部门主管对这个问题都比较关心，我在以往的工作中也碰到很多做生产计划的人，但他们对什么是生产计划的说法不尽相同，多数做生产计划的人只能说出他现在所做的工作内容，有的甚至无法说清什么是生产计划。那么，什么是生产计划呢？"

销售部张菁提倡通过数据分析结果实现按需生产的模式，张菁说道："生产计划工作的主要内容包括调查和猜测社会对产品的需求，核定企业的生产能力，确定目标，制定策略，选择计划方法，正确制定生产计划，库存计划、生产进度计划和计划工作程序，以及计划实施与控制工作。在去年，我们的大部分热销产品供不应求，而少数种类的商品存在滞销，导致库存积压，耗费了大量的仓储成本。"

程平说："今年为了避免这种情况再次出现，销售部要深入分析去年的销售情况，做出合理的销售预测，将预测结果反馈给生产部，生产部制定出合理的采购计划。"

采购部李经理向程平请示："程总，我想补充一下，生产计划就是企业为了生产出符合市场需要或顾客要求的产品，以此确定的在什么时候生产、在哪个车间生产以及如何生产的总体计划。企业的生产计划是根据销售计划制定的，它又是企业制定物资供给计划、设备治理计划和生产作业计划的主要依据。每年都没有给采购部充足的时间与供应商进行议价比价，我们公司应该建立一个供应商库，与优质供应商签订长期合作协议，从而降低采购成本。"

程平连连赞同："李经理的提议不错，我们公司这几年高速发展，是应该完善我们公司的上下游关系群体资料了，不仅要建立供应商库，同时应该把优质的顾客建立一个库，还应该定期维护关系，防止优质客户流失。"

生产部的王经理突然闪出一个想法："如果我们的生产线可以与顾客直接连通，这样不仅能够节省大量仓储成本，还能按需生产，让需求直接反馈到我们公司。"

程平说："各部门的提议都不错，会议结束之后各部门将刚刚在会上提到的想法做好具体的策划，下周一前提交给我。张经理，今天下午 5 点之前我想看一下去年的销售情况，请你做一个分析报告给我。"

张经理答应道："好的，没有问题！"但是她下午已经约好西南片区的销售代理商讨相关事宜，时间冲突，心里在想怎么办才好。

散会后，张经理愁容满面地回到销售部。家桐从张经理旁边路过问道："张经理开会不顺利吗？还是我们今年的销售压力太大了？"

张经理说："今年销售压力的大小还不知道，程总今天下午想要看去年各地区各商品的销售情况分析报告，但是我今天下午约了西南片区的销售代理，没有时间做分析报告。"

家桐说："我上周用 Tableau 做了一份今年上半年销售情况的可视化分析报告给部门同事参考，同事们反馈都不错，或许我能帮到您。"

"太好了！"张经理感觉看到了希望。

但是今年刚入职的家桐还没有完全了解公司的情况，也不知道程总的具体要求，生怕在工作中出了任何纰漏，于是连忙追问道："张经理，我具体要做哪几个方面的分析呢？"

张经理和蔼耐心地解释道："要对各地区各商品的销量总量情况进行查询，并在 Tableau 中分别绘制各地区各商品的销售总量变化突出显示表，以将查询结果通过可视化方式展示。"

聪明的家桐马上就领会了张经理的需求，于是回答道："好的，我这就去做，保证完成任务！"

## 11.7.2　数据可视化流程

第 10 章详细介绍了数据可视化的流程，下面基于该流程的明晰需求、提炼数据、选定图表、设计呈现、人机交互五个步骤（见图 11－78），展示案例数据可视化分析的详细过程。

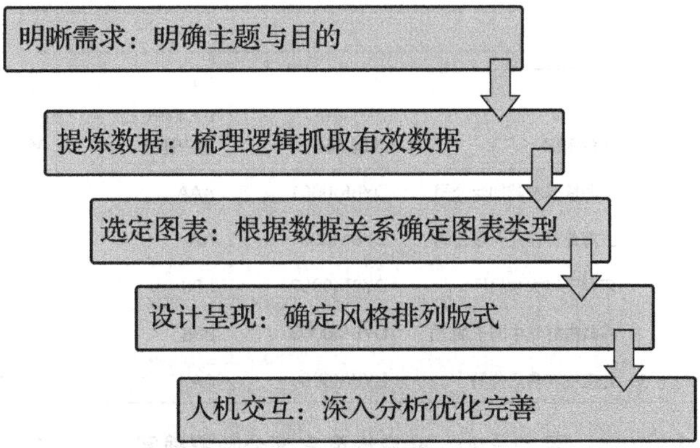


**图 11－78　数据可视化流程及关键点**

### 1. 明晰需求

根据去年的销售情况，对今年的销量情况做出更好的预测，从而在今年制定合理的生产计划。在保证及时按质按需供应的同时，不要造成产成品堆积，增加仓储压力。所以，需要了解去年各地区各商品的销售情况。

分析思路：

（1）将整个市场划分为西南、华北、华南、东北、西北、华东、华中七个地域，分析各个区域总需求量，以及是否有必要对销量过大的地域建立物流仓，以提高物流效率。

（2）分析出本公司的“明星产品”及“瘦狗产品”，判断是否有必要调整生产线及生产工人的配比，以保证产能最大化。

**2. 提炼数据**

通常情况下，原始数据存在缺失、表意不明、数据重复等多种情况，无法直接用于数据分析，所以需要先对 2019 年的销售数据进行一定的处理。通过对原始数据销售事实表的处理，将可能用到的数据进行保留，不需要的数据进行清洗。在进行数据分析之前，需要准备销售事实表、客户维度表、商品维度表、区域维度表。销售事实表中包含单据编号、商品编号、业务日期、客户编码、销售数量、销售金额，如图 11－79 所示。客户维度表包含客户编号、客户名称、地域编码、客户评级、赊销金额，如图 11－80 所示。商品维度表包含商品编码、商品名称、计量单位，如图 11－81 所示。区域维度表包含区域编码和区域名称，如图 11－82 所示。

| Abc<br>销售事实表<br>单据编号 | Abc<br>销售事实表<br>商品编号 | 销售事实表<br>业务日期 | Abc<br>销售事实表<br>客户编码 | #<br>销售事实表<br>销售数量 | #<br>销售事实表<br>销售金额 |
|---|---|---|---|---|---|
| XSDD052336 | PRO0005 | 2019/1/1 | CUST0001 | 2 | 36,000.00 |
| XSDD047202 | PRO0002 | 2019/1/2 | CUST0002 | 1 | 23,500.00 |
| XSDD049568 | PRO0005 | 2019/1/1 | CUST0003 | 5 | 100,500.00 |
| XSDD057091 | PRO0006 | 2019/1/1 | CUST0003 | 3 | 55,200.00 |
| XSDD054601 | PRO0001 | 2019/1/4 | CUST0003 | 3 | 56,400.00 |

图 11－79　销售事实表部分数据截图

| Abc<br>客户维度表<br>客户编号 | Abc<br>客户维度表<br>客户名称 | Abc<br>客户维度表<br>地域编码 | Abc<br>客户维度表<br>客户评级 | #<br>客户维度表<br>赊销金额 |
|---|---|---|---|---|
| CUST0010 | 上海快乐薯吧加盟公司 | DYBM0001 | AAA | 1,500,000 |
| CUST0012 | 上海龙祥食品有限公司 | DYBM0001 | AA | 1,000,000 |
| CUST0022 | 东莞王老大食品厂 | DYBM0002 | BBB | 0 |
| CUST0029 | 内蒙古好吃牛肉干加工厂 | DYBM0003 | BBB | 0 |
| CUST0004 | 北京桃李食品公司 | DYBM0004 | AA | 1,000,000 |

图 11－80　客户维度表部分数据截图

| Abc<br>1product_dim.txt<br>商品编码 | Abc<br>1product_dim.txt<br>商品名称 | Abc<br>1product_dim.txt<br>计量单位 |
|---|---|---|
| PRO0001 | 面包片油炸机 | 台 |
| PRO0002 | 漂洗机 | 台 |
| PRO0003 | 提升机 | 台 |
| PRO0004 | 无锈宽网带传送机（机… | 台 |
| PRO0005 | 圆筒式撒粉机 | 台 |

图 11－81　商品维度表部分数据截图

| Abc<br>1area_dim.txt<br>**区域编码** | Abc<br>1area_dim.txt<br>**区域名称** |
|---|---|
| DYBM0001 | 华东片区 |
| DYBM0002 | 华南片区 |
| DYBM0003 | 西北片区 |
| DYBM0004 | 华北片区 |
| DYBM0005 | 华中片区 |

图 11-82　区域维度表部分数据截图

**3. 选定图表**

通常情况下，同一种数据关系对应的图表类型有多种可供选择。图表的目的是更好地呈现数据中的现象和规律，可视化图表的效果也必然受到实际数据的影响。数据及其数据之间的相互关系决定了可采用的图表类型。

在本案例中，将公司所有客户的所在地划分为七个不同的区域，每个区域对销售商品的数量进行了汇总，由于分析需求是想要在可视化图表上同时展现各个地区各种商品的销售数量，还能起到同时对比的作用，因此，本案例选择用突出显示表进行展示分析，如图 11-83 所示。

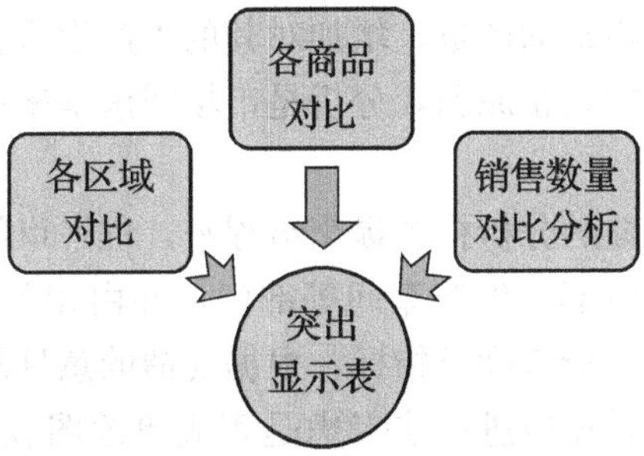


图 11-83　选定图表分析

**4. 设计呈现**

设计呈现是基于已定义的指标和维度，包括梳逻辑、定风格、排版式、精图表、调细节等五方面。根据业务需求，侧重根据区域和商品种类两个维度对商品销售量进行分析，将整个市场划分为西南、华北、华南、东北、西北、华东、华中七个地区，使用突出显示表，通过颜色来比较不同分类的数据，颜色越深代表销售数量越大，颜色越浅代表销售数量越小，如图 11-84 所示。对不同地区不同商品的销售量进行分析比较，商品销售量多少用不同的颜色进行区分，以便报告使用者对分析结果一目了然，同时为相关部门的工作计划提供参考。

2019年各地区商品销售数量情况

| 区域名称 | 面包片油炸机 | 漂洗机 | 提升机 | 无锈宽网带传.. | 圆筒式撒粉机 | 真空油炸机 | 中级油油炸机.. |
|---|---|---|---|---|---|---|---|
| 东北片区 | 416 | 409 | 417 | 239 | 715 | 24 | 559 |
| 华北片区 | 614 | 619 | 656 | 442 | 1,332 | 60 | 953 |
| 华东片区 | 1,196 | 1,226 | 1,381 | 766 | 2,291 | 85 | 1,694 |
| 华南片区 | 642 | 710 | 810 | 435 | 1,365 | 50 | 961 |
| 华中片区 | 766 | 760 | 839 | 464 | 1,417 | 53 | 1,064 |
| 西北片区 | 184 | 158 | 213 | 124 | 341 | 18 | 264 |
| 西南片区 | 416 | 509 | 459 | 268 | 814 | 32 | 528 |

（表头“商品名称”跨列于各商品名称之上）

图 11-84 案例分析设计图

**5. 人机交互**

分析结果显示，在东北、华北、华东等七大片区中，华东片区的商品销售数量最大，华北、华南、华中片区紧随其后，西北片区销售数量最小，物流运输部门可进一步考虑在华东片区建立专门的物流仓，以确保产品能准时供应。在公司主要销售的面包片油炸机、漂洗机、提升机等商品中，圆筒式撒粉机销售数量最大，真空油炸机销售数量最小，生产部可进一步提高对圆筒式撒粉机的产量，增加对其的生产投入。同时，销售部要深入市场调研真空油炸机销售数量小的真正原因，分析是市场需求本来就很小，还是市场上有其他性价比更高的竞争产品。

将分析结果形成一份完整的分析报告提交给程平，程平审阅后传送至需要使用报告的相关部门，例如采购部、销售部、生产车间等部门，并由相关部门使用者提出修改意见，判断是否需要增加或者修改分析维度及指标，根据反馈的意见对维度及指标进行修改和完善，涉及维度及度量改变时，还应进一步考虑是否应更改图表的类型，再体现在 Tableau 页面及可视化图表中。根据突出显示表是否能够清晰地了解不同区域的销售情况，对于不同区域的后续订货情况、商品投产的数量、仓储物流的优化以及广告宣传重点投放的地域起重要的决定性作用，根据不同部门新的需求提出及时更新维度及指标。

## 11.7.3 Tableau 实现步骤

明确了数据可视化流程后，就可以在 Tableau 中进行数据处理、设计呈现等操作。下面将展示 2019 年各地区商品销售数量情况突出显示表的制作过程。

**1. 导入数据**

在 Tableau 首页，选择连接“文本文件”，在对应目录中找到销售事实表 1sale_fact. txt，选择后如图 11-85 所示。

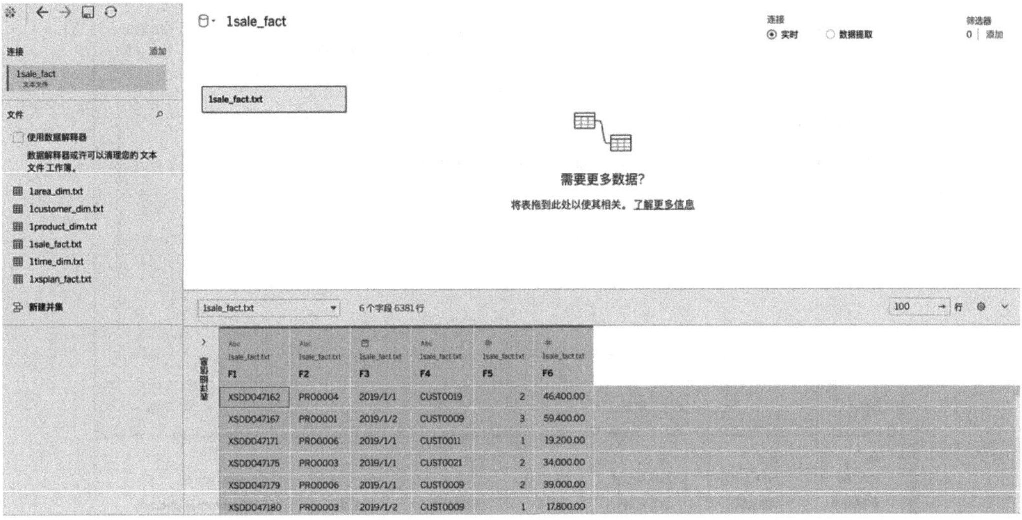


图 11-85　导入数据

**2. 修改字段名**

由于从虚拟机导出的文件的字段名都是系统默认分配的 F1，F2 等，为了便于理解，需要根据其具体内容进行修改。在数据源页面双击销售事实表 1sale_fact. txt 的字段名称，便可修改字段名，结果如图 11-86 所示。

| Abc 1sale_fact.txt 单据编号 | Abc 1sale_fact.txt 商品编码 | 1sale_fact.txt 业务日期 | Abc 1sale_fact.txt 客户编码 | # 1sale_fact.txt 销售数量 | # 1sale_fact.txt 销售金额 |
|---|---|---|---|---|---|
| XSDD047162 | PRO0004 | 2019/1/1 | CUST0019 | 2 | 46,400.00 |
| XSDD047167 | PRO0001 | 2019/1/2 | CUST0009 | 3 | 59,400.00 |
| XSDD047171 | PRO0006 | 2019/1/1 | CUST0011 | 1 | 19,200.00 |
| XSDD047175 | PRO0003 | 2019/1/1 | CUST0021 | 2 | 34,000.00 |
| XSDD047179 | PRO0006 | 2019/1/1 | CUST0009 | 2 | 39,000.00 |
| XSDD047180 | PRO0003 | 2019/1/2 | CUST0009 | 1 | 17,800.00 |

图 11-86　修改字段名

**3. 联接数据表**

双击数据源页面的“1sale_fact. txt”按钮以进入该逻辑表的物理表界面，然后双击“1customer_dim. txt”按钮，结果如图 11-87 所示。

两个表会自动联接，但此时的联接条件未必合理，可能会导致联接后无法正常显示数据，所以有时需要手动设置联接条件。查看客户维度表的源数据后，将其字段名改为具体内容，如客户编码、客户名称等。由于销售事实表和客户维度表中都有客户编码信息，故此处可选择内联接，并将联接条件设置为“客户 ID=客户编码”，设置后如图 11-88 所示。

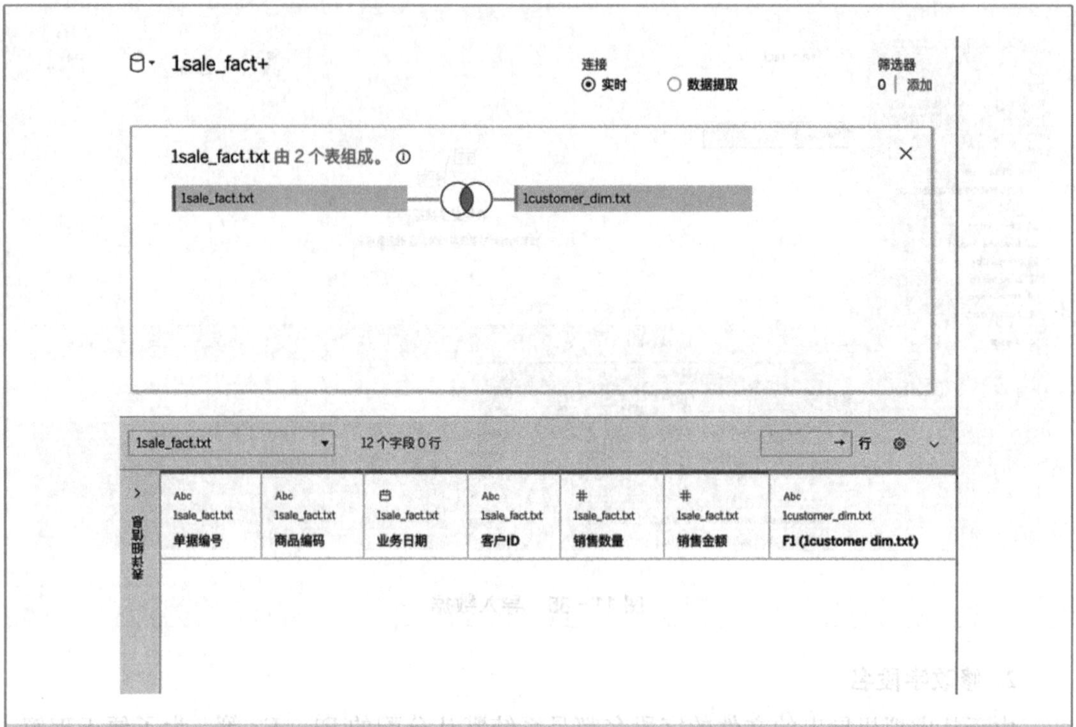


图 11－87　联接数据表（未设置联接条件）

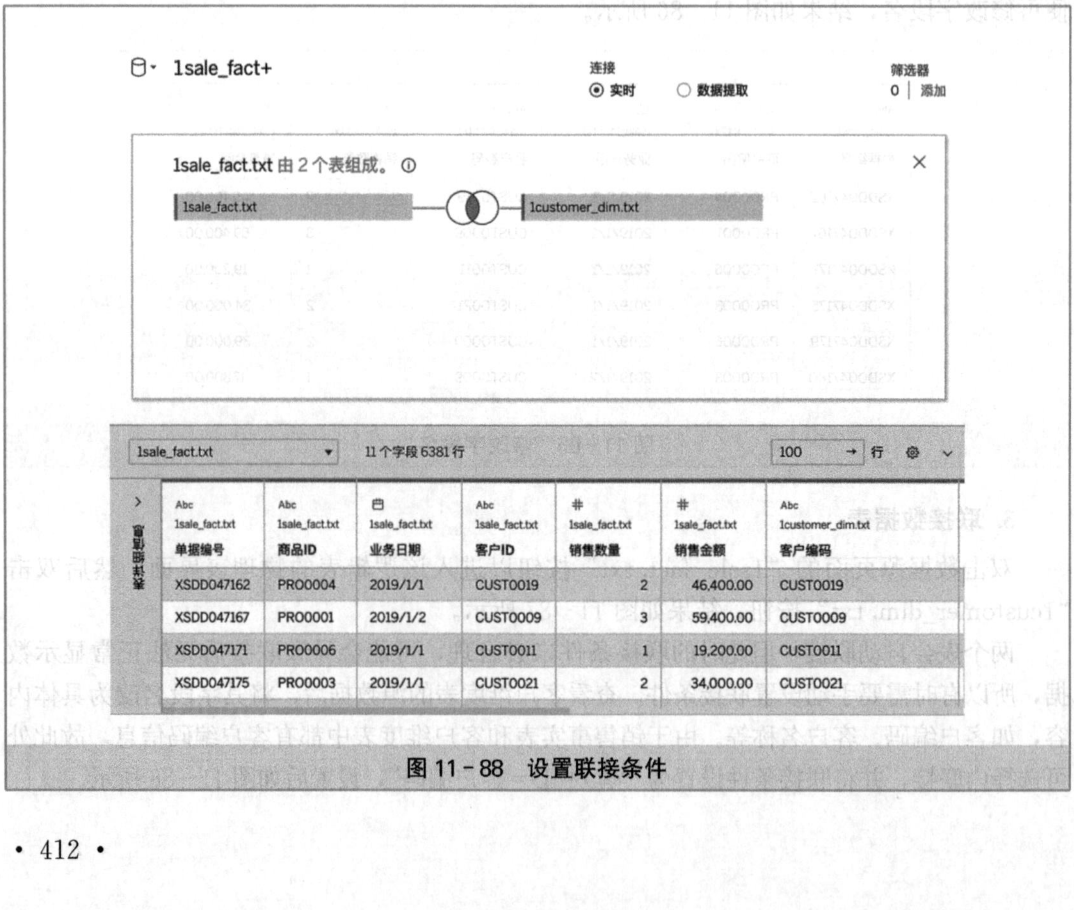


图 11－88　设置联接条件

#### 4. 修改表名称

为了便于理解，可以通过双击逻辑表页面的数据表，来修改数据表的名称，结果如图 11－89 所示。

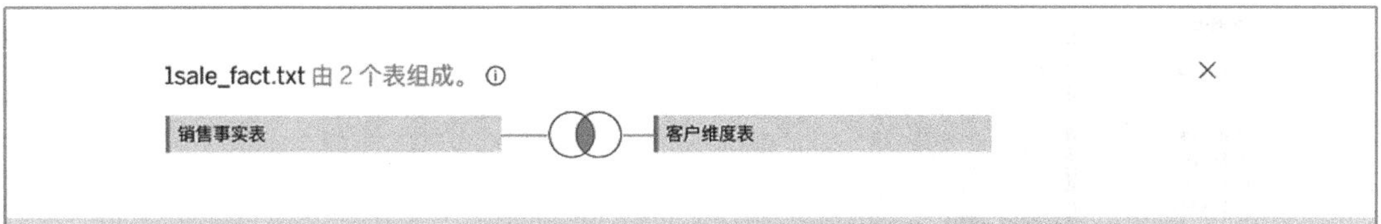


图 11－89　修改表名称

#### 5. 将区域维度表和商品维度表与销售事实表、客户维度表联接

此处操作方法同上述步骤 2～4，目的是将“1area_dim.txt”（区域维度表）和“1product_dim.txt”（商品维度表）与前面的销售事实表、客户维度表联接，结果如图 11－90 所示。

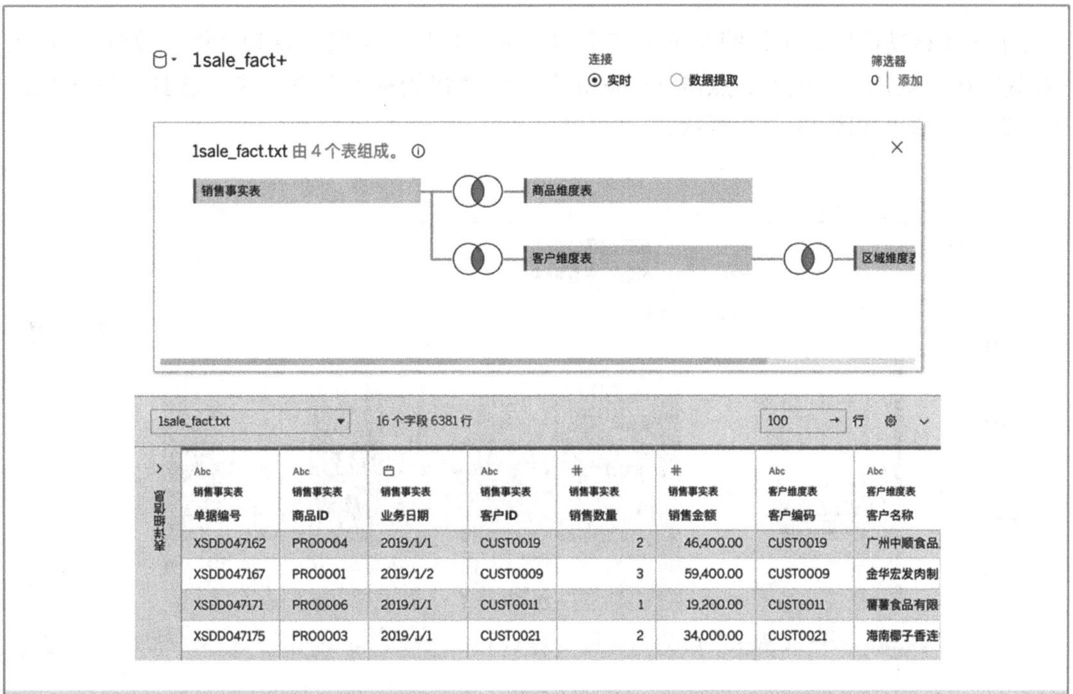


图 11－90　将区域维度表和商品维度表与销售事实表、客户维度表联接

#### 6. 新建工作表

在 Tableau 的下方的标签栏中点击“新建工作表”按钮，并双击新建的工作表，将其名称改为“2019 年各地区商品销售数量情况”，结果如图 11－91 所示。

#### 7. 新建突出显示表

将商品维度表中的“商品名称”字段和区域维度表中的“区域名称”字段分别拖动到

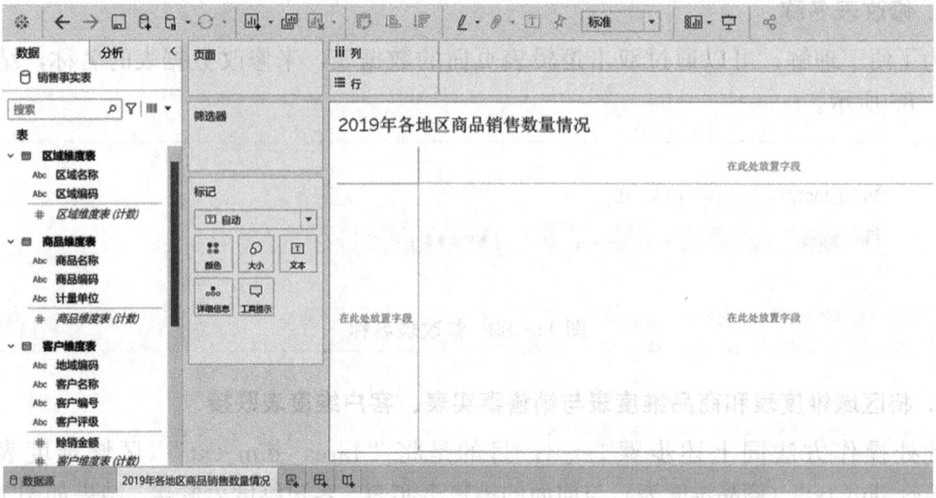


图 11 - 91　新建工作表

列功能区和行功能区，再将销售事实表中用于记录数量的字段“总和（销售数量）”拖入“标签”和“颜色”标记卡。点击 Tableau 右上角“智能推荐”选项卡，选择“突出显示表”选项，结果如图 11 - 92 所示。

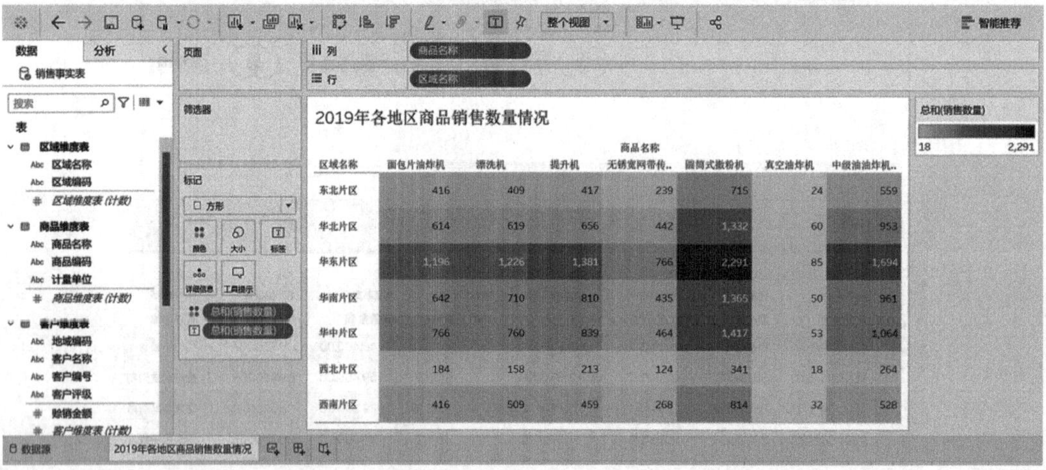


图 11 - 92　新建突出显示表

## 思维拓展

1. Tableau 的主要数据类型有哪些？
2. Tableau 的运算符有哪些？

3. Tableau 更改数据类型的步骤有哪些？
4. Tableau 的维度与度量的区别是什么？
5. Tableau 数据内联接与完全外部联接有什么区别？
6. 用 Tableau 还能进行哪些数据预处理？
7. 可快速发现异常点或突出数据的图表有哪几种？
8. 数据可视化的分析流程有哪几个步骤？每个步骤的关键点有哪些？
9. 请列举出不同的销售数据分析场景下使用哪种图表的可视化效果会更好。
10. 假如你是管理者，最希望看到数据分析报告包含哪些内容？

# 第 12 章 Tableau 数据可视化高级应用

## 学习目标

- 了解如何进行表计算、创建字段和参数
- 理解热力图、瀑布图等高级图表的使用方法
- 熟悉如何通过整合工作表来制作一个仪表板
- 掌握学习一个 Tableau 故事的制作到演示的全过程
- 创新制作一个完整的从分析到实际操作的 Tableau 数据分析模拟实训案例

## 思维导图

## 蛮有数洞

蛮先进公司作为行业内的龙头企业，在业务中和企业内部都有自己的一套理论。蛮先进公司的成功与其倡导的企业文化是分不开的，其面对新领域新事物执着的探索精神已经深深感染初入公司的实习生家桐，他也正朝这一目标努力。

一个天气阴沉的下午，在一片杂乱的工作岗位上，实习生家桐正在整理之前和销售部徐丹青前辈交流的会计大数据学习经验。家桐一会儿若有所思，一会儿又恍然大悟的样子让路过的高级数据分析师柳婷觉得既好笑又欣慰。

"年轻人好好地多学一些，是好习惯，没坏处的。"柳婷向家桐走去，拍了拍他的肩膀笑着说。

家桐点着头，突然向柳婷询问道："前辈，在 Tableau 里，如果要进行多维度财务分析，我感觉柱形图根本不够用，怎么办呢？"

柳婷看着家桐笑着说："你对 Tableau 的了解还比较少，你看看 Tableau 的高级操作中，有多少图表可以供你制作、使用和分析，仪表板、故事都可以用起来。"家桐盯着自己的屏幕，赶忙开始新一轮的操作。

过了几天，周五下午，阳光明媚，家桐还是在自己的位置上点击、翻阅、思考着，这是他第一次独自进行一个会计大数据分析的项目。财务总监程平向家桐慢慢走来拍了拍他，竖着大拇指说："家桐，年轻人拼一点是很好，但也要注意休息和适当调节一下自己。"

家桐认真地点点头："好的程总，我晚上多吃点。"

销售部副经理杨双走过来，说道："家桐，我也有好事要告诉你，你的转正申请我们团队内部已经讨论通过，这次项目任务发给你也是我们对你的考验，如果你能优秀完成，我就正式向程总推荐你加入大数据分析团队。"

程平想了想，大声地说："好！团队也需要你这样有冲劲的年轻人，如果这次你完成得好，我就批准。"家桐高兴极了，说："谢谢杨经理和程总的信任，我一定出色完成，顺利加入！"说罢，又投入了自己的工作。

又一个周一，家桐一大早就来到公司，进行最后的核对。不一会儿，公司里大家都陆续开始工作，财务总监程平、高级数据分析师柳婷、销售部副经理杨双早早就在办公室等待，家桐抱着电脑走了进来，紧张但又兴奋地说道："程总，杨经理，柳前辈！请看一下我的成果，我很有信心！"大家相视一笑，认真地研究起家桐制作的各种图表、整合的仪表板、故事的演示效果和最终的案例实践等。

十分钟后，程总高兴地站起来说："恭喜你，家桐！你出色地完成了这次的项目任务，以后就正式加入我们大数据分析团队了。"家桐兴奋得说不出话了，一直重复感谢着。

## 12.1 概 述

Tableau 作为一款定位于数据可视化的智能展现工具，可以用来实现交互的、可视化的分析和仪表板应用。在使用中，不仅可以实现基础的图像表格生成，而且拥有大量交互式图表展示，能对数据的可视化分析起到更高效的表达传递，在市场管理、医疗卫生、交通运输等诸多领域已经实现广泛应用。本章将聚焦于 Tableau 的高级运用，对 Tableau 的高级运用进行解析，并以案例实现。

Tableau 通过数据源导入调整，进行一系列表计算、字段参数的创建、趋势线与参考线的建立等高级操作，能够在数据的分析中实现表数据的透析，进一步展现数据内在的联系与逻辑，使得数据分析更具效率与效力。而进行数据字段等设置调整后，能够描绘更加高阶、更加具体的内容，其高级的可视化操作能够给使用者提供更加直观和多样性的分析数据，也更容易从中找出数据背后的业务逻辑中的痛点，从而提供有效的决策建议，促进效率提升。

Tableau 能够提供多个图表的合并操作，在一张仪表板上进行多张图表的动态数据分析，并且图表可以交互连接至其他图表、链接或地图等。除此之外，仪表板与图表也可以统一放在故事中，通过演示来展示使用者的不同逻辑故事线的数据分析，以更立体地了解数据背后的逻辑和分析思路。

Tableau 的使命是帮助人们查看并理解数据，近年来越发复杂的数据以及急需的更为精巧的图表分析，使得高级分析成为其中不可缺少的一环。

## 12.2 Tableau 高级操作

在 Tableau 中，不仅可以制作简单的工作图表来展示几个数据之间的各种关系，还可以将多个相关的图表一同展示，甚至进一步讲述其中的内在逻辑，增强数据可读性是 Tableau 强大功能的体现，接下来将简单介绍如何通过 Tableau 的各种高级操作将数据讲解得更加完美。

### 12.2.1 表计算

表计算是应用于可视化项中的值的转换。表计算是特殊类型的计算字段，主要用于在 Tableau 中计算本地数据。在计算时，主要依据当前可视化项中的内容，并且不考虑从可视化项中筛选出来的任何度量或维度。

Tableau 可以将表计算用于各种用途，包括将值转换为排名、转换值以显示汇总、转换值以显示总额百分比。

对于任何 Tableau 可视化项，都有一个由视图中的维度确定的虚拟表。此表与数据源中的表不同。具体来说，虚拟表由详细信息级别内的维度来决定，这意味着由 Tableau 工作表中任何工作区或卡上的维度来决定。

**1. 寻址和分区**

添加表计算时，必须使用详细级别的所有维度进行分区（划定范围）或寻址（定向）。用于定义计算分组方式（执行表计算所针对的数据范围）的维度称为分区字段。系统在每个分区内单独执行表计算。

执行表计算所针对的其余维度称为寻址字段，可确定计算方向。

分区字段会将视图拆分成多个子视图（或子表），然后将表计算应用于每个此类分区内的标记。计算移动的方向（例如，在计算汇总或计算值之间的差值过程中）由寻址字段来决定。因此，在从上到下对“表计算”对话框的“特定维度”部分的字段进行排序时，将通过分区中的各个标记指定计算的移动方向。

当使用“计算依据”选项添加表计算时，Tableau 会根据使用者的选择，自动将某些维度确定为寻址维度，将其他维度确定为分区维度。但是，在使用特定维度时，则由使用者来决定哪些维度用于寻址，哪些维度用于分区。

**2. 表计算的维度**

在 Tableau 中，表计算的方式、逻辑和维度较为复杂，通过表、区、单元格、特定维度都可以进行相应的表计算操作，每一种表计算都有其特殊的作用和应用场景，理解并熟练掌握表计算将为 Tableau 高阶分析打好基础。

表计算有多种类型，表、区、单元格等都可以进行计算。除了计算范围，还会有类似横穿、向下等计算方式。这里选取 Tableau 自带的“示例-超市”数据源对每一种表计算进行讲解展示。

(1) 表（横穿）。表（横穿）是沿着表的横轴进行运算，并在每个分区后重新开始运算，如图 12-1 所示。

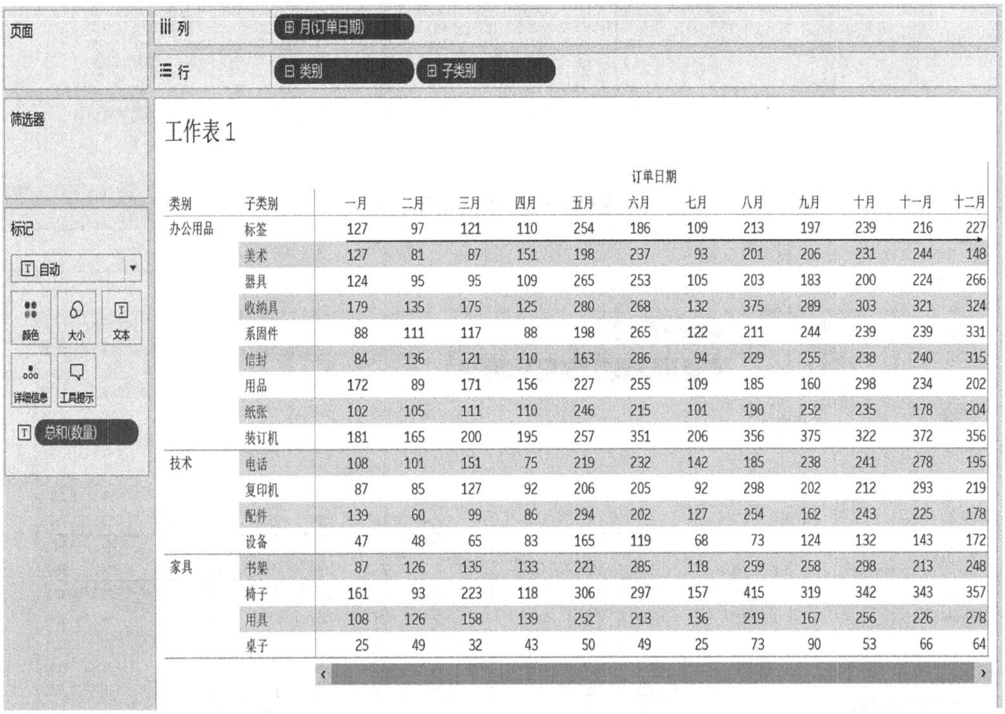


| 类别 | 子类别 | 一月 | 二月 | 三月 | 四月 | 五月 | 六月 | 七月 | 八月 | 九月 | 十月 | 十一月 | 十二月 |
|---|---|---|---|---|---|---|---|---|---|---|---|---|---|
| 办公用品 | 标签 | 127 | 97 | 121 | 110 | 254 | 186 | 109 | 213 | 197 | 239 | 216 | 227 |
| | 美术 | 127 | 81 | 87 | 151 | 198 | 237 | 93 | 201 | 206 | 231 | 244 | 148 |
| | 器具 | 124 | 95 | 95 | 109 | 265 | 253 | 105 | 203 | 183 | 200 | 224 | 266 |
| | 收纳具 | 179 | 135 | 175 | 125 | 280 | 268 | 132 | 375 | 289 | 303 | 321 | 324 |
| | 系固件 | 88 | 111 | 117 | 88 | 198 | 265 | 122 | 211 | 244 | 239 | 239 | 331 |
| | 信封 | 84 | 136 | 121 | 110 | 163 | 286 | 94 | 229 | 255 | 238 | 240 | 315 |
| | 用品 | 172 | 89 | 171 | 156 | 227 | 255 | 109 | 185 | 160 | 298 | 234 | 202 |
| | 纸张 | 102 | 105 | 111 | 110 | 246 | 215 | 101 | 190 | 252 | 235 | 178 | 204 |
| | 装订机 | 181 | 165 | 200 | 195 | 257 | 351 | 206 | 356 | 375 | 322 | 372 | 356 |
| 技术 | 电话 | 108 | 101 | 151 | 75 | 219 | 232 | 142 | 185 | 238 | 241 | 278 | 195 |
| | 复印机 | 87 | 85 | 127 | 92 | 206 | 205 | 92 | 298 | 202 | 212 | 293 | 219 |
| | 配件 | 139 | 60 | 99 | 86 | 294 | 202 | 127 | 254 | 162 | 243 | 225 | 178 |
| | 设备 | 47 | 48 | 65 | 83 | 165 | 119 | 68 | 73 | 124 | 132 | 143 | 172 |
| 家具 | 书架 | 87 | 126 | 135 | 133 | 221 | 285 | 118 | 259 | 258 | 298 | 213 | 248 |
| | 椅子 | 161 | 93 | 223 | 118 | 306 | 297 | 157 | 415 | 319 | 342 | 343 | 357 |
| | 用具 | 108 | 126 | 158 | 139 | 252 | 213 | 136 | 219 | 167 | 256 | 226 | 278 |
| | 桌子 | 25 | 49 | 32 | 43 | 50 | 49 | 25 | 73 | 90 | 53 | 66 | 64 |

**图 12-1　表（横穿）**

(2) 表（向下）。表（向下）是沿表的竖轴向下运算，并在每个分区后重新开始运算，如图 12-2 所示。

(3) 表（横穿，然后向下）。表（横穿，然后向下）是先沿表的横轴进行运算，然后沿表的竖轴向下运算，如图 12-3 所示。

(4) 表（向下，然后横穿）。表（向下，然后横穿）是先沿表的竖轴向下运算，然后沿表的横轴进行运算，如图 12-4 所示。

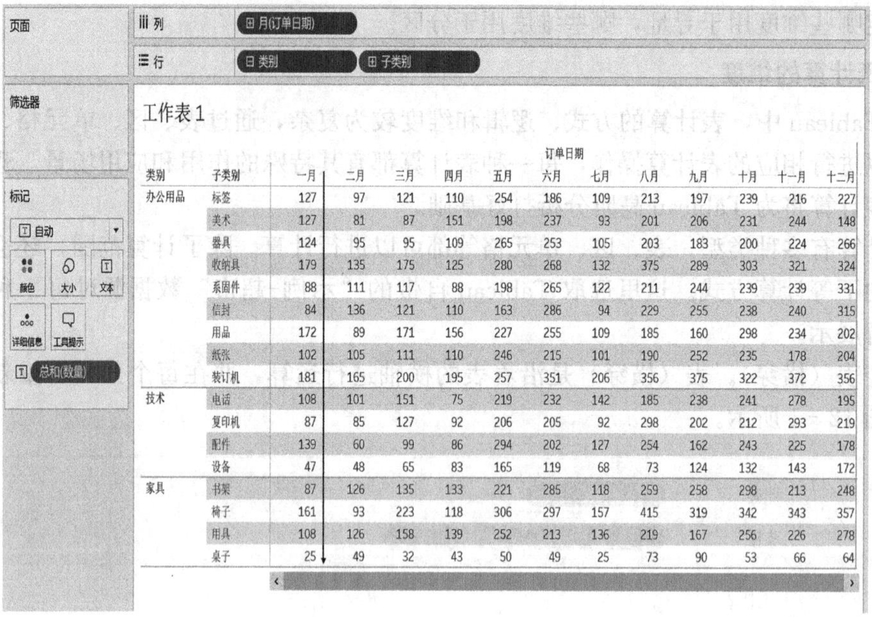


| 类别 | 子类别 | 一月 | 二月 | 三月 | 四月 | 五月 | 六月 | 七月 | 八月 | 九月 | 十月 | 十一月 | 十二月 |
|---|---|---|---|---|---|---|---|---|---|---|---|---|---|
| | | 订单日期 | | | | | | | | | | | |
| 办公用品 | 标签 | 127 | 97 | 121 | 110 | 254 | 186 | 109 | 213 | 197 | 239 | 216 | 227 |
| | 美术 | 127 | 81 | 87 | 151 | 198 | 237 | 93 | 201 | 206 | 231 | 244 | 148 |
| | 器具 | 124 | 95 | 95 | 109 | 265 | 253 | 105 | 203 | 183 | 200 | 224 | 266 |
| | 收纳具 | 179 | 135 | 175 | 125 | 280 | 268 | 132 | 375 | 289 | 303 | 321 | 324 |
| | 系固件 | 88 | 111 | 117 | 88 | 198 | 265 | 122 | 211 | 244 | 239 | 239 | 331 |
| | 信封 | 84 | 136 | 121 | 110 | 163 | 286 | 94 | 229 | 255 | 238 | 240 | 315 |
| | 用品 | 172 | 89 | 171 | 156 | 227 | 255 | 109 | 185 | 160 | 298 | 234 | 202 |
| | 纸张 | 102 | 105 | 111 | 110 | 246 | 215 | 101 | 190 | 252 | 235 | 178 | 204 |
| | 装订机 | 181 | 165 | 200 | 195 | 257 | 351 | 206 | 356 | 375 | 322 | 372 | 356 |
| 技术 | 电话 | 108 | 101 | 151 | 75 | 219 | 232 | 142 | 185 | 238 | 241 | 278 | 195 |
| | 复印机 | 87 | 85 | 127 | 92 | 206 | 205 | 92 | 298 | 202 | 212 | 293 | 219 |
| | 配件 | 139 | 60 | 99 | 86 | 294 | 202 | 127 | 254 | 162 | 243 | 225 | 178 |
| | 设备 | 47 | 48 | 65 | 83 | 165 | 119 | 68 | 73 | 124 | 132 | 143 | 172 |
| 家具 | 书架 | 87 | 126 | 135 | 133 | 221 | 285 | 118 | 259 | 258 | 298 | 213 | 248 |
| | 椅子 | 161 | 93 | 223 | 118 | 306 | 297 | 157 | 415 | 319 | 342 | 343 | 357 |
| | 用具 | 108 | 126 | 158 | 139 | 252 | 213 | 136 | 219 | 167 | 256 | 226 | 278 |
| | 桌子 | 25 | 49 | 32 | 43 | 50 | 49 | 25 | 73 | 90 | 53 | 66 | 64 |

图 12-2　表（向下）

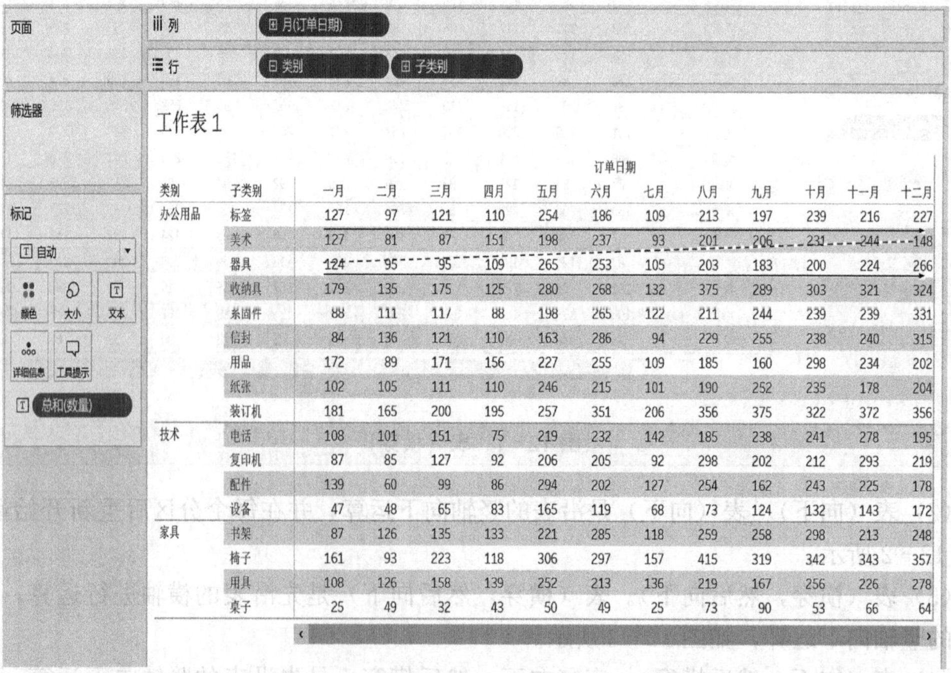


| 类别 | 子类别 | 一月 | 二月 | 三月 | 四月 | 五月 | 六月 | 七月 | 八月 | 九月 | 十月 | 十一月 | 十二月 |
|---|---|---|---|---|---|---|---|---|---|---|---|---|---|
| | | 订单日期 | | | | | | | | | | | |
| 办公用品 | 标签 | 127 | 97 | 121 | 110 | 254 | 186 | 109 | 213 | 197 | 239 | 216 | 227 |
| | 美术 | 127 | 81 | 87 | 151 | 198 | 237 | 93 | 201 | 206 | 231 | 244 | 148 |
| | 器具 | 124 | 95 | 95 | 109 | 265 | 253 | 105 | 203 | 183 | 200 | 224 | 266 |
| | 收纳具 | 179 | 135 | 175 | 125 | 280 | 268 | 132 | 375 | 289 | 303 | 321 | 324 |
| | 系固件 | 88 | 111 | 117 | 88 | 198 | 265 | 122 | 211 | 244 | 239 | 239 | 331 |
| | 信封 | 84 | 136 | 121 | 110 | 163 | 286 | 94 | 229 | 255 | 238 | 240 | 315 |
| | 用品 | 172 | 89 | 171 | 156 | 227 | 255 | 109 | 185 | 160 | 298 | 234 | 202 |
| | 纸张 | 102 | 105 | 111 | 110 | 246 | 215 | 101 | 190 | 252 | 235 | 178 | 204 |
| | 装订机 | 181 | 165 | 200 | 195 | 257 | 351 | 206 | 356 | 375 | 322 | 372 | 356 |
| 技术 | 电话 | 108 | 101 | 151 | 75 | 219 | 232 | 142 | 185 | 238 | 241 | 278 | 195 |
| | 复印机 | 87 | 85 | 127 | 92 | 206 | 205 | 92 | 298 | 202 | 212 | 293 | 219 |
| | 配件 | 139 | 60 | 99 | 86 | 294 | 202 | 127 | 254 | 162 | 243 | 225 | 178 |
| | 设备 | 47 | 48 | 65 | 83 | 165 | 119 | 68 | 73 | 124 | 132 | 143 | 172 |
| 家具 | 书架 | 87 | 126 | 135 | 133 | 221 | 285 | 118 | 259 | 258 | 298 | 213 | 248 |
| | 椅子 | 161 | 93 | 223 | 118 | 306 | 297 | 157 | 415 | 319 | 342 | 343 | 357 |
| | 用具 | 108 | 126 | 158 | 139 | 252 | 213 | 136 | 219 | 167 | 256 | 226 | 278 |
| | 桌子 | 25 | 49 | 32 | 43 | 50 | 49 | 25 | 73 | 90 | 53 | 66 | 64 |

图 12-3　表（横穿，然后向下）

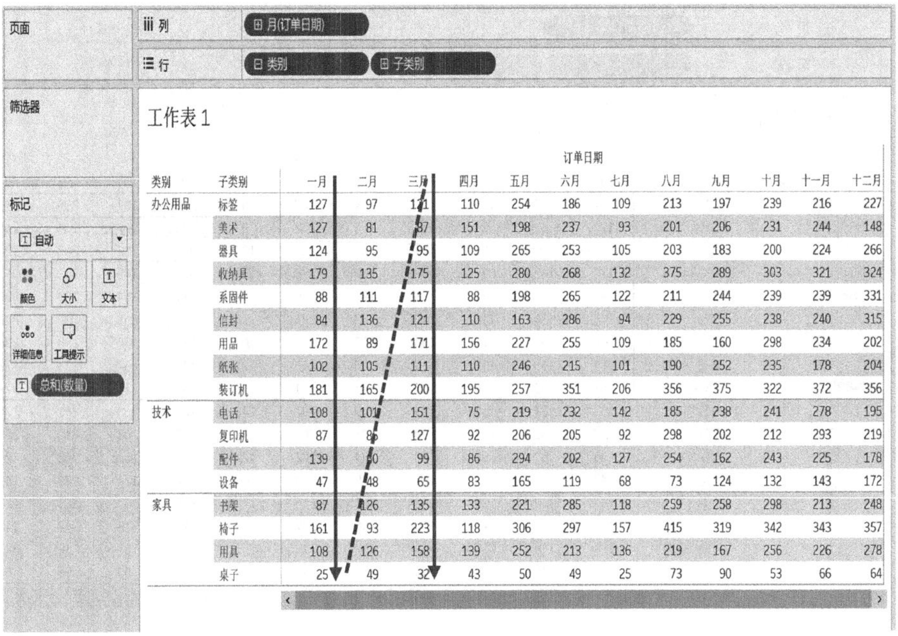


| 类别 | 子类别 | 一月 | 二月 | 三月 | 四月 | 五月 | 六月 | 七月 | 八月 | 九月 | 十月 | 十一月 | 十二月 |
|---|---|---|---|---|---|---|---|---|---|---|---|---|---|
| 办公用品 | 标签 | 127 | 97 | 121 | 110 | 254 | 186 | 109 | 213 | 197 | 239 | 216 | 227 |
| | 美术 | 127 | 81 | 87 | 151 | 198 | 237 | 93 | 201 | 206 | 231 | 244 | 148 |
| | 器具 | 124 | 95 | 95 | 109 | 265 | 253 | 105 | 203 | 183 | 200 | 224 | 266 |
| | 收纳具 | 179 | 135 | 175 | 125 | 280 | 268 | 132 | 375 | 289 | 303 | 321 | 324 |
| | 系固件 | 88 | 111 | 117 | 88 | 198 | 265 | 122 | 211 | 244 | 239 | 239 | 331 |
| | 信封 | 84 | 136 | 121 | 110 | 163 | 286 | 94 | 229 | 255 | 238 | 240 | 315 |
| | 用品 | 172 | 89 | 171 | 156 | 227 | 255 | 109 | 185 | 160 | 298 | 234 | 202 |
| | 纸张 | 102 | 105 | 111 | 110 | 246 | 215 | 101 | 190 | 252 | 235 | 178 | 204 |
| | 装订机 | 181 | 165 | 200 | 195 | 257 | 351 | 206 | 356 | 375 | 322 | 372 | 356 |
| 技术 | 电话 | 108 | 101 | 151 | 75 | 219 | 232 | 142 | 185 | 238 | 241 | 278 | 195 |
| | 复印机 | 87 | 85 | 127 | 92 | 206 | 205 | 92 | 298 | 202 | 212 | 293 | 219 |
| | 配件 | 139 | 60 | 99 | 86 | 294 | 202 | 127 | 254 | 162 | 243 | 225 | 178 |
| | 设备 | 47 | 48 | 65 | 83 | 165 | 119 | 68 | 73 | 124 | 132 | 143 | 172 |
| 家具 | 书架 | 87 | 126 | 135 | 133 | 221 | 285 | 118 | 259 | 258 | 298 | 213 | 248 |
| | 椅子 | 161 | 93 | 223 | 118 | 306 | 297 | 157 | 415 | 319 | 342 | 343 | 357 |
| | 用具 | 108 | 126 | 158 | 139 | 252 | 213 | 136 | 219 | 167 | 256 | 226 | 278 |
| | 桌子 | 25 | 49 | 32 | 43 | 50 | 49 | 25 | 73 | 90 | 53 | 66 | 64 |

**图 12-4　表（向下，然后横穿）**

（5）区（向下）。区（向下）是沿整个区向下运算，如图 12-5 所示。

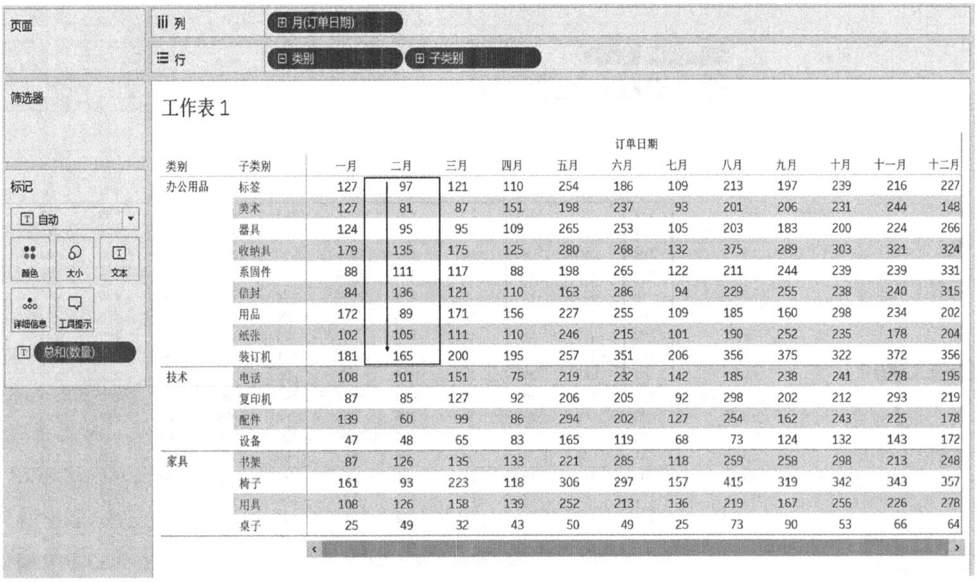


| 类别 | 子类别 | 一月 | 二月 | 三月 | 四月 | 五月 | 六月 | 七月 | 八月 | 九月 | 十月 | 十一月 | 十二月 |
|---|---|---|---|---|---|---|---|---|---|---|---|---|---|
| 办公用品 | 标签 | 127 | 97 | 121 | 110 | 254 | 186 | 109 | 213 | 197 | 239 | 216 | 227 |
| | 美术 | 127 | 81 | 87 | 151 | 198 | 237 | 93 | 201 | 206 | 231 | 244 | 148 |
| | 器具 | 124 | 95 | 95 | 109 | 265 | 253 | 105 | 203 | 183 | 200 | 224 | 266 |
| | 收纳具 | 179 | 135 | 175 | 125 | 280 | 268 | 132 | 375 | 289 | 303 | 321 | 324 |
| | 系固件 | 88 | 111 | 117 | 88 | 198 | 265 | 122 | 211 | 244 | 239 | 239 | 331 |
| | 信封 | 84 | 136 | 121 | 110 | 163 | 286 | 94 | 229 | 255 | 238 | 240 | 315 |
| | 用品 | 172 | 89 | 171 | 156 | 227 | 255 | 109 | 185 | 160 | 298 | 234 | 202 |
| | 纸张 | 102 | 105 | 111 | 110 | 246 | 215 | 101 | 190 | 252 | 235 | 178 | 204 |
| | 装订机 | 181 | 165 | 200 | 195 | 257 | 351 | 206 | 356 | 375 | 322 | 372 | 356 |
| 技术 | 电话 | 108 | 101 | 151 | 75 | 219 | 232 | 142 | 185 | 238 | 241 | 278 | 195 |
| | 复印机 | 87 | 85 | 127 | 92 | 206 | 205 | 92 | 298 | 202 | 212 | 293 | 219 |
| | 配件 | 139 | 60 | 99 | 86 | 294 | 202 | 127 | 254 | 162 | 243 | 225 | 178 |
| | 设备 | 47 | 48 | 65 | 83 | 165 | 119 | 68 | 73 | 124 | 132 | 143 | 172 |
| 家具 | 书架 | 87 | 126 | 135 | 133 | 221 | 285 | 118 | 259 | 258 | 298 | 213 | 248 |
| | 椅子 | 161 | 93 | 223 | 118 | 306 | 297 | 157 | 415 | 319 | 342 | 343 | 357 |
| | 用具 | 108 | 126 | 158 | 139 | 252 | 213 | 136 | 219 | 167 | 256 | 226 | 278 |
| | 桌子 | 25 | 49 | 32 | 43 | 50 | 49 | 25 | 73 | 90 | 53 | 66 | 64 |

**图 12-5　区（向下）**

（6）区（横穿，然后向下）。区（横穿，然后向下）是先横穿整个区进行运算，然后沿区向下运算，如图 12-6 所示。

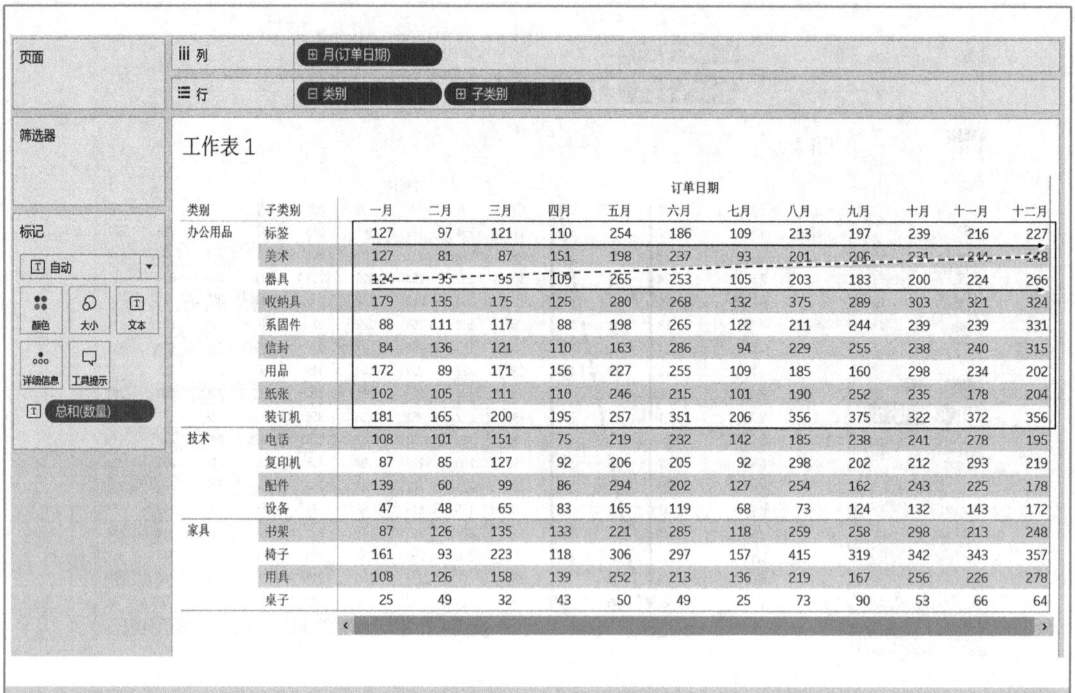


| 类别 | 子类别 | 一月 | 二月 | 三月 | 四月 | 五月 | 六月 | 七月 | 八月 | 九月 | 十月 | 十一月 | 十二月 |
|---|---|---|---|---|---|---|---|---|---|---|---|---|---|
| 办公用品 | 标签 | 127 | 97 | 121 | 110 | 254 | 186 | 109 | 213 | 197 | 239 | 216 | 227 |
| | 美术 | 127 | 81 | 87 | 151 | 198 | 237 | 93 | 201 | 206 | 231 | 244 | 148 |
| | 器具 | 124 | 95 | 95 | 109 | 265 | 253 | 105 | 203 | 183 | 200 | 224 | 266 |
| | 收纳具 | 179 | 135 | 175 | 125 | 280 | 268 | 132 | 375 | 289 | 303 | 321 | 324 |
| | 系固件 | 88 | 111 | 117 | 88 | 198 | 265 | 122 | 211 | 244 | 239 | 239 | 331 |
| | 信封 | 84 | 136 | 121 | 110 | 163 | 286 | 94 | 229 | 255 | 238 | 240 | 315 |
| | 用品 | 172 | 89 | 171 | 156 | 227 | 255 | 109 | 185 | 160 | 298 | 234 | 202 |
| | 纸张 | 102 | 105 | 111 | 110 | 246 | 215 | 101 | 190 | 252 | 235 | 178 | 204 |
| | 装订机 | 181 | 165 | 200 | 195 | 257 | 351 | 206 | 356 | 375 | 322 | 372 | 356 |
| 技术 | 电话 | 108 | 101 | 151 | 75 | 219 | 232 | 142 | 185 | 238 | 241 | 278 | 195 |
| | 复印机 | 87 | 85 | 127 | 92 | 206 | 205 | 92 | 298 | 202 | 212 | 293 | 219 |
| | 配件 | 139 | 60 | 99 | 86 | 294 | 202 | 127 | 254 | 162 | 243 | 225 | 178 |
| | 设备 | 47 | 48 | 65 | 83 | 165 | 119 | 68 | 73 | 124 | 132 | 143 | 172 |
| 家具 | 书架 | 87 | 126 | 135 | 133 | 221 | 285 | 118 | 259 | 258 | 298 | 213 | 248 |
| | 椅子 | 161 | 93 | 223 | 118 | 306 | 297 | 157 | 415 | 319 | 342 | 343 | 357 |
| | 用具 | 108 | 126 | 158 | 139 | 252 | 213 | 136 | 219 | 167 | 256 | 226 | 278 |
| | 桌子 | 25 | 49 | 32 | 43 | 50 | 49 | 25 | 73 | 90 | 53 | 66 | 64 |

**图 12-6　区（横穿，然后向下）**

（7）区（向下，然后横穿）。区（向下，然后横穿）先沿整个区向下运算，然后横穿区进行运算，如图 12-7 所示。

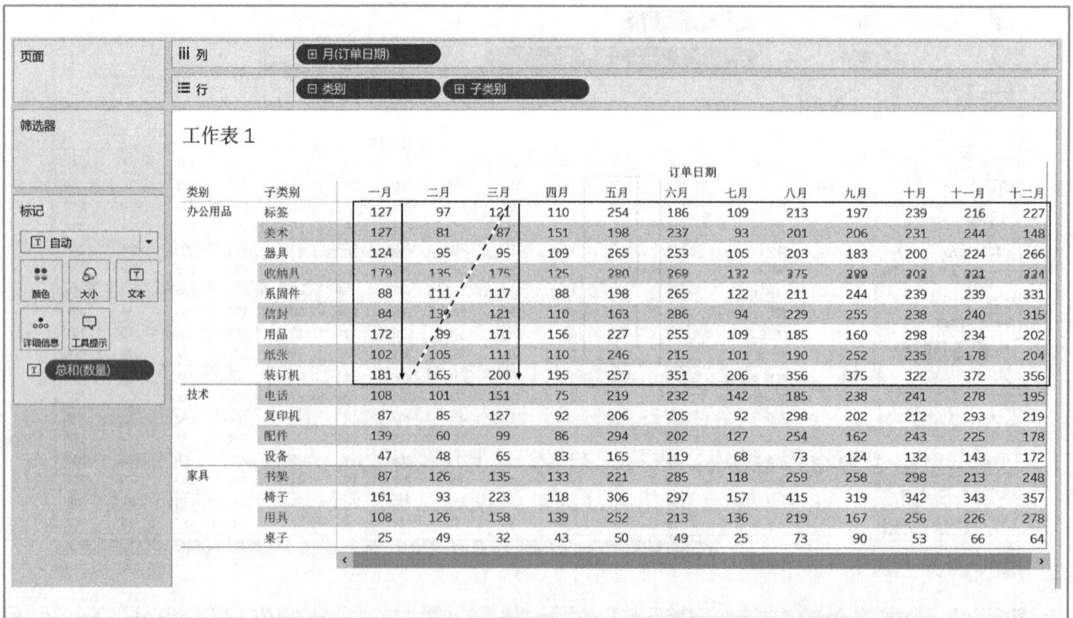


| 类别 | 子类别 | 一月 | 二月 | 三月 | 四月 | 五月 | 六月 | 七月 | 八月 | 九月 | 十月 | 十一月 | 十二月 |
|---|---|---|---|---|---|---|---|---|---|---|---|---|---|
| 办公用品 | 标签 | 127 | 97 | 121 | 110 | 254 | 186 | 109 | 213 | 197 | 239 | 216 | 227 |
| | 美术 | 127 | 81 | 87 | 151 | 198 | 237 | 93 | 201 | 206 | 231 | 244 | 148 |
| | 器具 | 124 | 95 | 95 | 109 | 265 | 253 | 105 | 203 | 183 | 200 | 224 | 266 |
| | 收纳具 | 179 | 135 | 175 | 125 | 280 | 268 | 132 | 375 | 289 | 303 | 321 | 324 |
| | 系固件 | 88 | 111 | 117 | 88 | 198 | 265 | 122 | 211 | 244 | 239 | 239 | 331 |
| | 信封 | 84 | 136 | 121 | 110 | 163 | 286 | 94 | 229 | 255 | 238 | 240 | 315 |
| | 用品 | 172 | 89 | 171 | 156 | 227 | 255 | 109 | 185 | 160 | 298 | 234 | 202 |
| | 纸张 | 102 | 105 | 111 | 110 | 246 | 215 | 101 | 190 | 252 | 235 | 178 | 204 |
| | 装订机 | 181 | 165 | 200 | 195 | 257 | 351 | 206 | 356 | 375 | 322 | 372 | 356 |
| 技术 | 电话 | 108 | 101 | 151 | 75 | 219 | 232 | 142 | 185 | 238 | 241 | 278 | 195 |
| | 复印机 | 87 | 85 | 127 | 92 | 206 | 205 | 92 | 298 | 202 | 212 | 293 | 219 |
| | 配件 | 139 | 60 | 99 | 86 | 294 | 202 | 127 | 254 | 162 | 243 | 225 | 178 |
| | 设备 | 47 | 48 | 65 | 83 | 165 | 119 | 68 | 73 | 124 | 132 | 143 | 172 |
| 家具 | 书架 | 87 | 126 | 135 | 133 | 221 | 285 | 118 | 259 | 258 | 298 | 213 | 248 |
| | 椅子 | 161 | 93 | 223 | 118 | 306 | 297 | 157 | 415 | 319 | 342 | 343 | 357 |
| | 用具 | 108 | 126 | 158 | 139 | 252 | 213 | 136 | 219 | 167 | 256 | 226 | 278 |
| | 桌子 | 25 | 49 | 32 | 43 | 50 | 49 | 25 | 73 | 90 | 53 | 66 | 64 |

**图 12-7　区（向下，然后横穿）**

（8）单元格。单元格是指在单一单元格内运算，如图 12-8 所示。

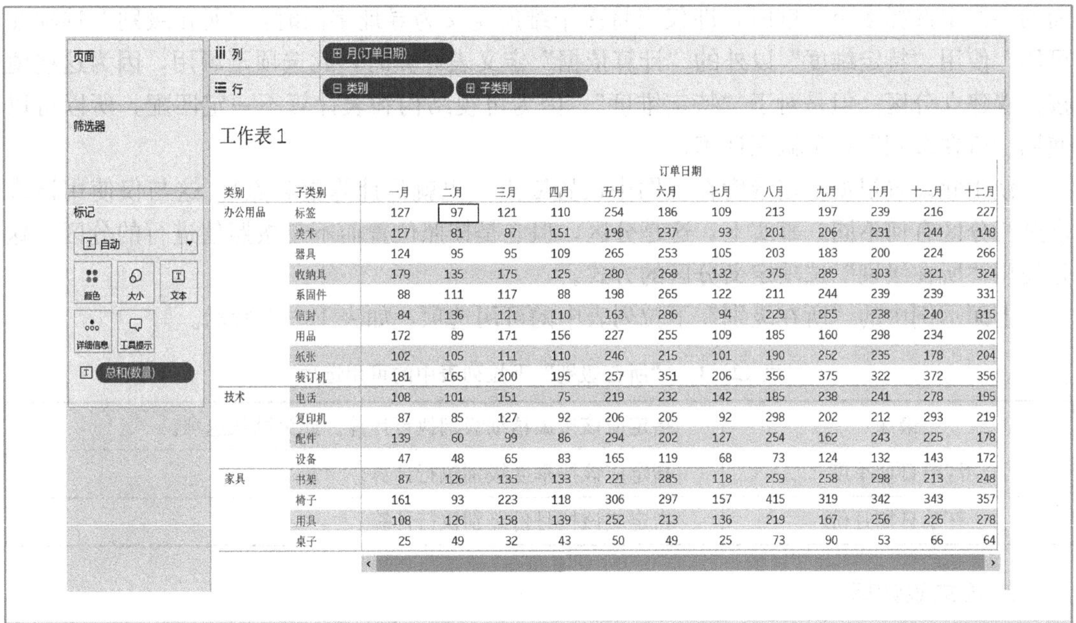


| 类别 | 子类别 | 一月 | 二月 | 三月 | 四月 | 五月 | 六月 | 七月 | 八月 | 九月 | 十月 | 十一月 | 十二月 |
|---|---|---|---|---|---|---|---|---|---|---|---|---|---|
| 办公用品 | 标签 | 127 | 97 | 121 | 110 | 254 | 186 | 109 | 213 | 197 | 239 | 216 | 227 |
| | 美术 | 127 | 81 | 87 | 151 | 198 | 237 | 93 | 201 | 206 | 231 | 244 | 148 |
| | 器具 | 124 | 95 | 95 | 109 | 265 | 253 | 105 | 203 | 183 | 200 | 224 | 266 |
| | 收纳具 | 179 | 135 | 175 | 125 | 280 | 268 | 132 | 375 | 289 | 303 | 321 | 324 |
| | 系固件 | 88 | 111 | 117 | 88 | 198 | 265 | 122 | 211 | 244 | 239 | 239 | 331 |
| | 信封 | 84 | 136 | 121 | 110 | 163 | 286 | 94 | 229 | 255 | 238 | 240 | 315 |
| | 用品 | 172 | 89 | 171 | 156 | 227 | 255 | 109 | 185 | 160 | 298 | 234 | 202 |
| | 纸张 | 102 | 105 | 111 | 110 | 246 | 215 | 101 | 190 | 252 | 235 | 178 | 204 |
| | 装订机 | 181 | 165 | 200 | 195 | 257 | 351 | 206 | 356 | 375 | 322 | 372 | 356 |
| 技术 | 电话 | 108 | 101 | 151 | 75 | 219 | 232 | 142 | 185 | 238 | 241 | 278 | 195 |
| | 复印机 | 87 | 85 | 127 | 92 | 206 | 205 | 92 | 298 | 202 | 212 | 293 | 219 |
| | 配件 | 139 | 60 | 99 | 86 | 294 | 202 | 127 | 254 | 162 | 243 | 225 | 178 |
| | 设备 | 47 | 48 | 65 | 83 | 165 | 119 | 68 | 73 | 124 | 132 | 143 | 172 |
| 家具 | 书架 | 87 | 126 | 135 | 133 | 221 | 285 | 118 | 259 | 258 | 298 | 213 | 248 |
| | 椅子 | 161 | 93 | 223 | 118 | 306 | 297 | 157 | 415 | 319 | 342 | 343 | 357 |
| | 用具 | 108 | 126 | 158 | 139 | 252 | 213 | 136 | 219 | 167 | 256 | 226 | 278 |
| | 桌子 | 25 | 49 | 32 | 43 | 50 | 49 | 25 | 73 | 90 | 53 | 66 | 64 |

**图 12-8　单元格**

（9）特定维度。特定维度是指仅在指定的维度内运算。例如，在以下维度可视化项中，“类别”和“子类别”为寻址字段（因为它们已选定），而“月（订单日期）”为分区字段（因为该字段未选定）。因此将计算一月内的所有类别转换子类别的差异。对于每个月，计算会重新开始，如图 12-9 所示。

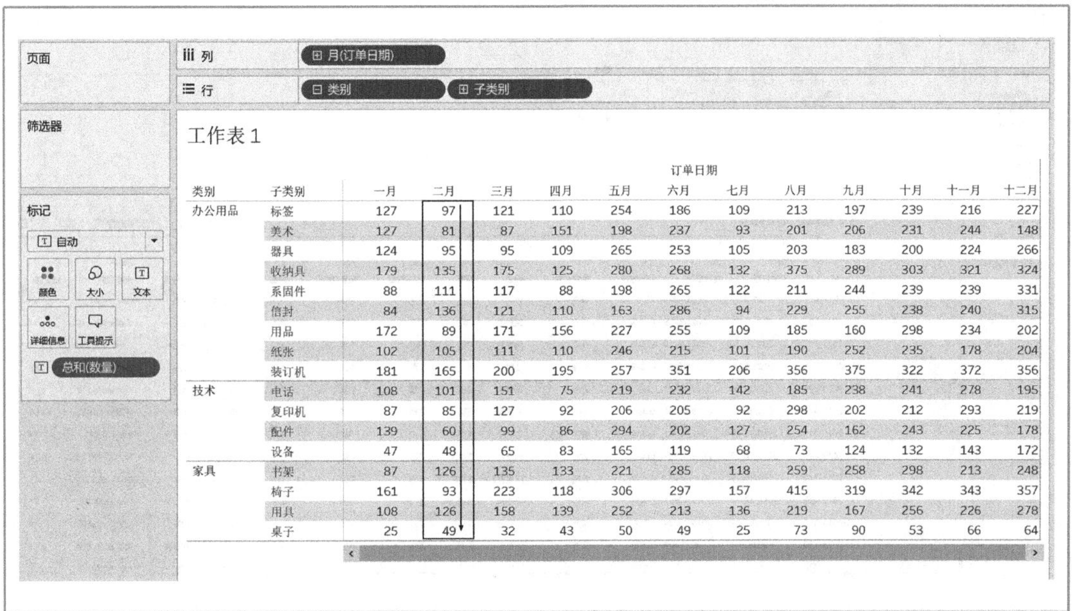


| 类别 | 子类别 | 一月 | 二月 | 三月 | 四月 | 五月 | 六月 | 七月 | 八月 | 九月 | 十月 | 十一月 | 十二月 |
|---|---|---|---|---|---|---|---|---|---|---|---|---|---|
| 办公用品 | 标签 | 127 | 97 | 121 | 110 | 254 | 186 | 109 | 213 | 197 | 239 | 216 | 227 |
| | 美术 | 127 | 81 | 87 | 151 | 198 | 237 | 93 | 201 | 206 | 231 | 244 | 148 |
| | 器具 | 124 | 95 | 95 | 109 | 265 | 253 | 105 | 203 | 183 | 200 | 224 | 266 |
| | 收纳具 | 179 | 135 | 175 | 125 | 280 | 268 | 132 | 375 | 289 | 303 | 321 | 324 |
| | 系固件 | 88 | 111 | 117 | 88 | 198 | 265 | 122 | 211 | 244 | 239 | 239 | 331 |
| | 信封 | 84 | 136 | 121 | 110 | 163 | 286 | 94 | 229 | 255 | 238 | 240 | 315 |
| | 用品 | 172 | 89 | 171 | 156 | 227 | 255 | 109 | 185 | 160 | 298 | 234 | 202 |
| | 纸张 | 102 | 105 | 111 | 110 | 246 | 215 | 101 | 190 | 252 | 235 | 178 | 204 |
| | 装订机 | 181 | 165 | 200 | 195 | 257 | 351 | 206 | 356 | 375 | 322 | 372 | 356 |
| 技术 | 电话 | 108 | 101 | 151 | 75 | 219 | 232 | 142 | 185 | 238 | 241 | 278 | 195 |
| | 复印机 | 87 | 85 | 127 | 92 | 206 | 205 | 92 | 298 | 202 | 212 | 293 | 219 |
| | 配件 | 139 | 60 | 99 | 86 | 294 | 202 | 127 | 254 | 162 | 243 | 225 | 178 |
| | 设备 | 47 | 48 | 65 | 83 | 165 | 119 | 68 | 73 | 124 | 132 | 143 | 172 |
| 家具 | 书架 | 87 | 126 | 135 | 133 | 221 | 285 | 118 | 259 | 258 | 298 | 213 | 248 |
| | 椅子 | 161 | 93 | 223 | 118 | 306 | 297 | 157 | 415 | 319 | 342 | 343 | 357 |
| | 用具 | 108 | 126 | 158 | 139 | 252 | 213 | 136 | 219 | 167 | 256 | 226 | 278 |
| | 桌子 | 25 | 49 | 32 | 43 | 50 | 49 | 25 | 73 | 90 | 53 | 66 | 64 |

**图 12-9　特定维度**

只有在“表计算”对话框中选择“特定维度”选项，并且在紧接“计算依据”选项下面的字段中选择多个维度时，即仅当将多个维度定义为寻址字段时，“所在级别”选项才可用。使用“特定维度”以外的“计算依据”定义表计算时，此选项不可用，因为这些值按位置建立分区。但是对于“特定维度”，因为可视结构和表计算不一定匹配，所以可以使用“所在级别”选项微调计算。

使用此设置根据特定维度在视图中设置断点（也就是计算重启点）。这与仅使用该维度进行分区有何不同？事实上，这是分区，但它是按照位置而不是按照值进行的分区，这是使用“所在级别”选项定义分区的方式。

上面示例中的“所在级别”下拉列表中的可用选项，如表 12－1 所示。

**表 12－1　“所在级别”下拉列表中的可用选项**

| | |
|---|---|
| 最深 | 指定应该按最精细级别执行计算。此为默认选项。 |
| 订单日期季度 | 指定应该按季度级别执行计算。 |
| 订单日期月份 | 指定应该按月份级别执行计算。 |

**3. 添加表计算**

通过表计算可以使得图表的字段增加，可描述的度量增加，增强图表的可读性。其步骤如下。

打开 Tableau 并连接到数据源“示例-超市”，在“数据源”页面将“订单”“退货”“销售人员”三张工作表从左侧拖到中间的画布中，如图 12－10 所示。

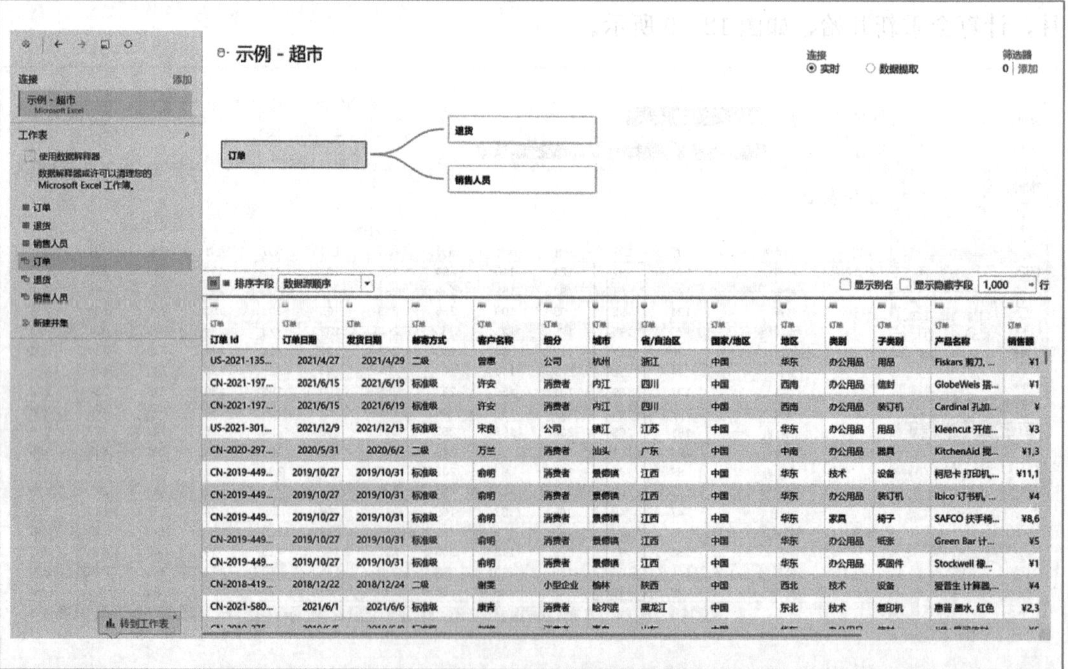


图 12－10　连接数据源

导航到新工作表，将“订单日期”字段拖到行功能区，维度将更新为“年（订单日期)”。在行功能区，鼠标右键单击“年（订单日期)”选项卡，并选择“季度”选项，如图 12－11 所示。在行功能区，单击“季度（订单日期)”上的“**+**”图标，“月（订单日期)”将添加到功能区。从“数据”窗口中的维度下，将“订单日期”字段拖到列功能区，维度将再次更新为“年（订单日期)”。将“总和（销售额)”拖到“文本”标记卡。可视化效果将更新，如图 12－12 所示。

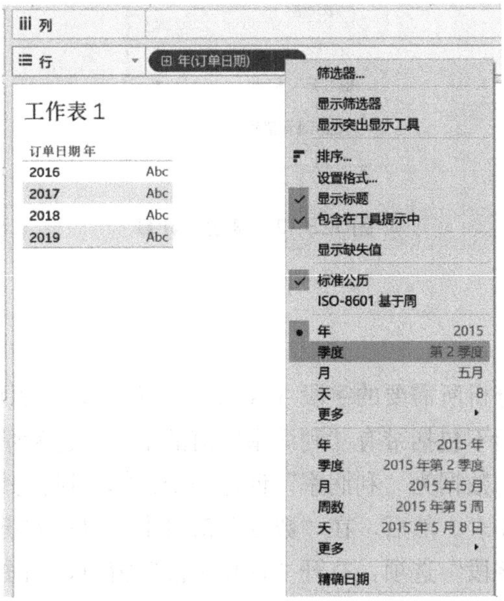


**图 12－11　更改日期**

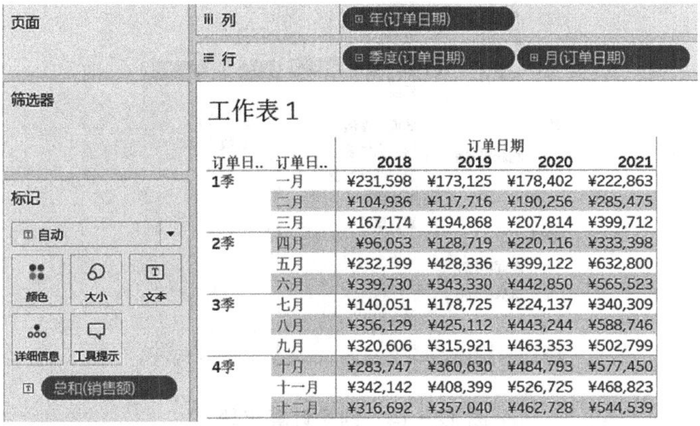


**图 12－12　创建表计算**

在标记卡上，鼠标右键单击“总和（销售额)”选项卡，并选择“添加表计算”选项。在打开的“表计算”对话框中，计算类型选择“差异”，计算依据选择“表（横穿)”，如图 12－13 所示。

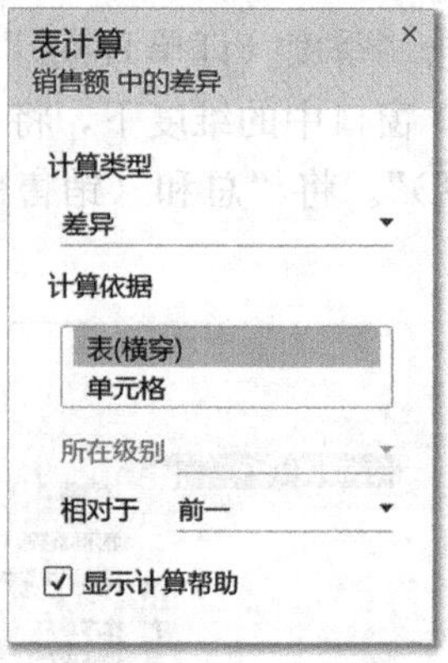


图 12-13 设置表计算

## 12.2.2 创建字段

数据源有时不包含分析所需要的字段（或列）。例如，数据源可能包含带有“销售额”和“利润”值的字段，但不包括带有“利润率”值的字段。这种情况下，可以使用“销售额”和“利润”字段中的数据为“利润率”创建一个计算字段。其步骤如下。

首先，创建一个工作表。然后，在“数据”窗口中，鼠标右键单击“数量”字段，并选择“创建”→“计算字段”选项，打开“计算字段”窗口，如图 12-14 所示。

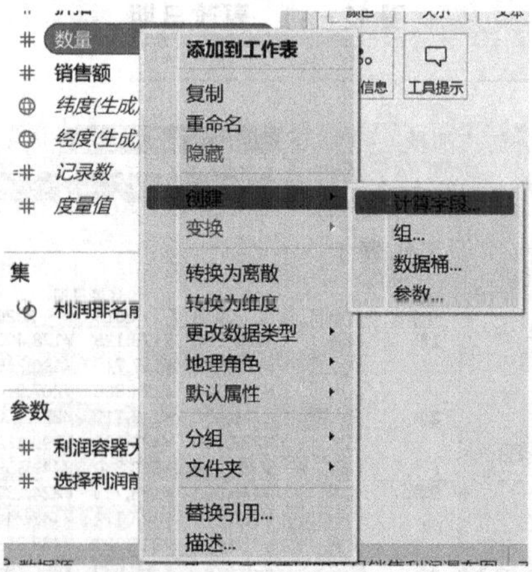


图 12-14 创建计算字段

接着，在“计算字段”窗口输入计算字段的名称“单价”。在计算字段名称下方的计算区域中写下“[销售额]/[数量]”，单击“确定”按钮，如图 12-15 所示。

“数据”窗口中将添加新的计算字段。如果新字段计算定量数据，则将其添加到度量中。如果计算的是定性数据，则将其添加到维度中。

图 12－15　设置计算公式

## 12.2.3　创建参数

参数是工作簿变量，例如数字、日期或字符串，可以替换计算、筛选器或参考线中的常量值。

例如，创建一个在销售额大于 500 000 元时返回“True”，否则返回“False”的计算字段。可以在公式中使用参数来替换常量值“500000”。然后，可使用参数控件来动态更改计算中的阈值。甚至可以创建一个动态参数，该参数设置为自动刷新其当前值（依据独立于视图的单值计算的结果）、值列表（基于数据源列）或值范围。每次打开工作簿并将 Tableau 连接到参数引用的数据源，或者从数据源的上下文菜单中选择“刷新”选项时，都会发生这种情况。

可通过在参数动作中使用参数来使参数更加动态并更具交互性。参数动作可让受众直接与可视化项交互（例如单击或选择标记）来更改参数值。

从“数据”窗口中创建新参数的操作步骤如下。

在“数据”窗口中，单击右上角中的下拉箭头，并选择“创建参数”选项，如图 12－16 所示。

在“创建参数”对话框中，为字段指定一个名称。为参数设置其值的数据类型，设置值的大小作为默认值，设置在控件中使用的显示格式。为参数设置读写值的方式（可从以下选项中选择）。

全部：参数控件是一个简单的文本字段。

列表：参数控件提供可供选择的可能值的列表。

范围：参数控件可用于选择指定范围中的值。

例如，在“创建参数”对话框中，将名称改为“交货天数”，数据类型选择“浮点”，当前值设为“1”，工作簿打开时的值选择“当前值”，显示格式选择“自动”，允许的值选择“全部”，完成后单击“确定”按钮，如图 12－17 所示。

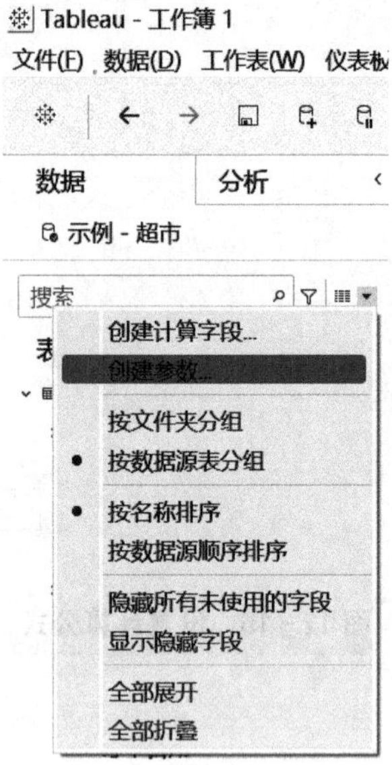


图 12-16　创建参数

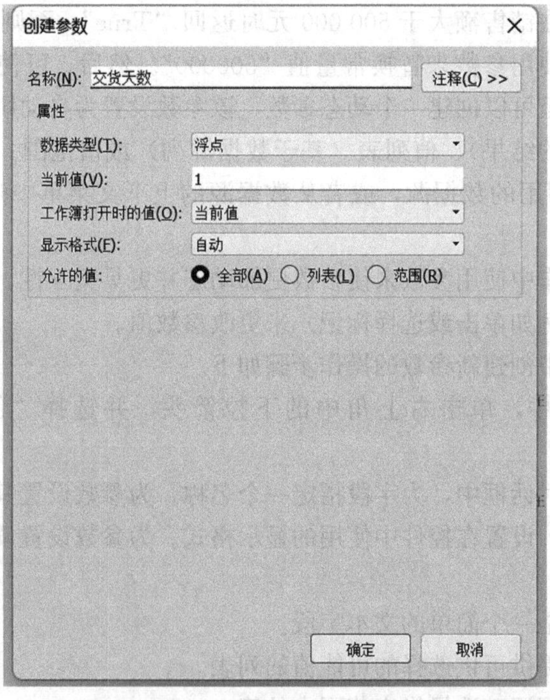


图 12-17　参数设置

参数现在列在“数据”窗口底部的“参数”部分中，如图 12-18 所示。

图 12-18　参数位置

## 12.2.4　趋势线与参考线

### 1. 趋势线

在 Tableau 中，可以通过向可视化项中添加趋势线来使得图表变化的趋势更加显而易见。趋势线有线性、对数、指数、多项式和幂次五种模型类型，添加趋势线的步骤如下。

进入“分析”窗口，将“趋势线”拖到视图中，选择“线性”模型类型，如图 12-19 所示。

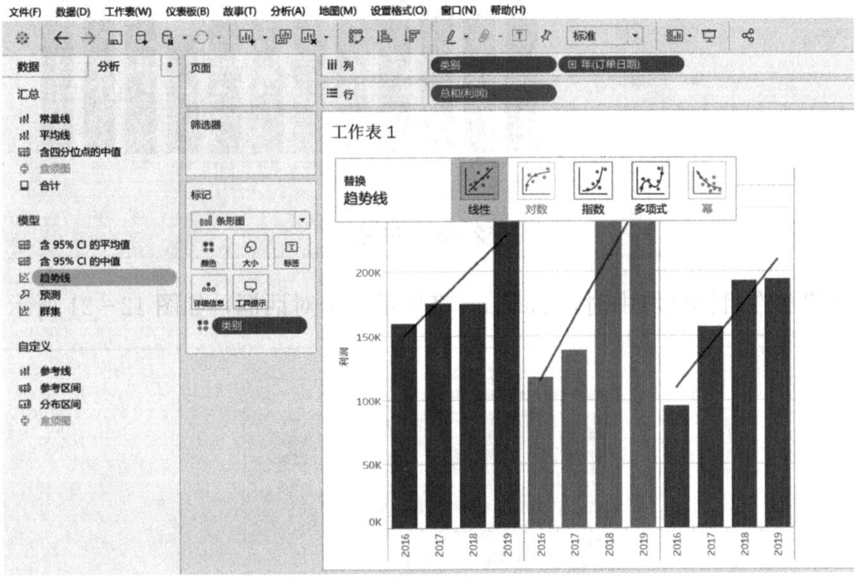


图 12-19　趋势线

注意：若要向视图中添加趋势线，两个轴必须包含一个可解释为数字的字段。对于多维数据源，数据分层结构实际上包含字符串而不是数字。因此，不允许使用趋势线。此外，所有数据源上的“m/d/yy”和“mmmm yyyy”日期格式都不允许使用趋势线。

如果启用趋势线并以不允许使用趋势线的方式修改视图，则将不显示趋势线。将视图更改回允许趋势线的状态后，趋势线会重新显示。

### 2. 参考线

在 Tableau 中，可以通过向可视化项中添加参考线来使得数据更具参考标准，帮助使用者更好地理解图表数据。添加参考线的步骤如下。

（1）将参考线从“分析”窗口拖到视图中。Tableau 将显示可能的效果图，并提供一定的选择，其选择范围因当前视图类型而异。

例如，放置目标区域将提供“表”“区”“单元格”三个选项，如图 12－20 所示。

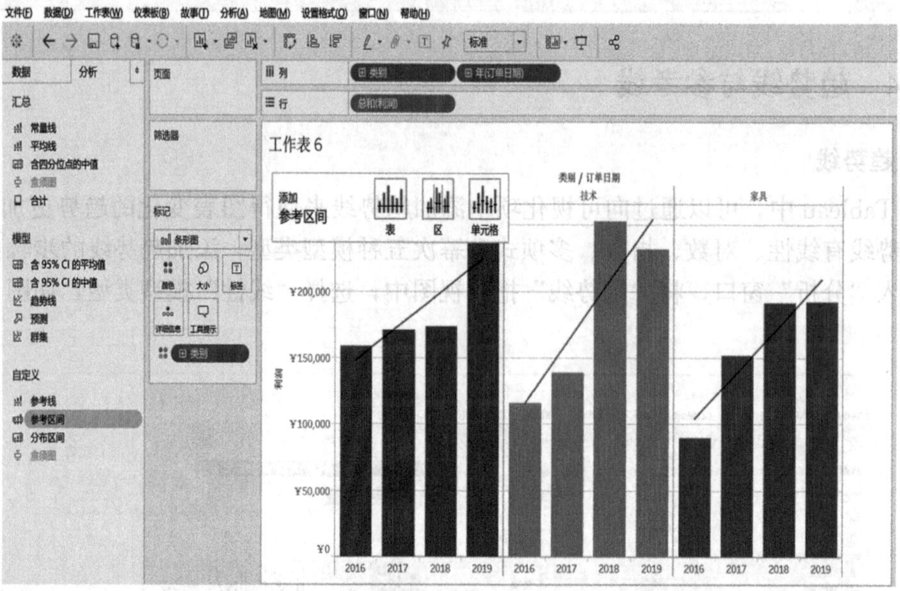


图 12－20　参考线

（2）将线放在目标区域中时，Tableau 将显示一个对话框，如图 12－21 所示。

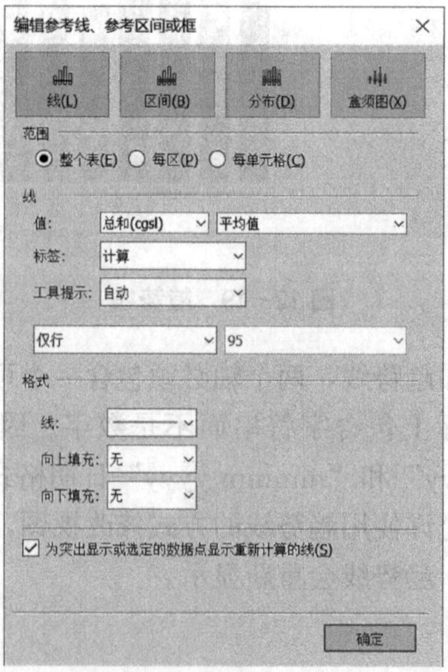


图 12－21　编辑参考线、参考区间或框对话框

参数说明：

1）从“值”字段中选择一个连续字段用作参考线的基础。除此之外，还可以选择参数。不能选择当前不在视图中的连续字段作为参考线的基础。如果要使用此类连续字段，请执行以下操作。

① 将连续字段从“数据”窗口拖到“详细信息”标记卡。

② 如有必要，更改连续字段的聚合。

③ 在视图中单击参考线，并选择“编辑”选项，重新打开“编辑线”对话框。

2）选择一个聚合。显示的聚合取决于选择的连续字段。

① 合计：在单元格、区或整个视图的所有值的聚合值位置放置一条线。在计算平均值的加权平均值而不是平均值时，此选项特别有用。当使用的计算采用自定义聚合时，它也非常有用。合计使用基础数据计算，其结果与在“分析”菜单中选择一个合计选项相同。

② 总计：在单元格、区或整个视图的所有值的总计位置放置一条线。

③ 常量：在轴上指定值位置放置一条线。

④ 最小值：在最小值位置放置一条线。

⑤ 最大值：在最大值位置放置一条线。

⑥ 平均值：沿轴在平均值位置放置一条线。

⑦ 中位数：在中位数值位置放置一条线。

3）选择线的标签。

① 无：如果选择此选项，则不为参考线显示标签。

② 值：如果选择此选项，则在轴上显示与线的值对应的标签。

③ 计算：如果选择此选项，则显示作为参考线基础的连续字段的名称以及执行的任何计算。

④ 自定义：如果选择此选项，则在文本框中生成自定义标签。可使用文本框右侧的菜单插入值（如计算或值），也可以直接在框中键入文本，以便创建一个值，如 <Field Name>=<Value>。

4）选择工具提示的显示方式。

① 无：如果选择此选项，则不为参考线显示工具提示。

② 自动：如果选择此选项，则为参考线显示默认工具提示。

③ 自定义：如果选择此选项，则在工具提示中生成自定义标签。可使用文本框右侧的菜单插入值（如计算或值），也可以直接在框中键入文本，以便创建一个值，如 <Field Name>=<Value>。

5）指定是显示带有置信区间的线、只显示线还是只显示置信区间。

6）指定线的格式设置选项，如图 12－22 所示。

7）根据需要在线的上方和下方添加填充色。

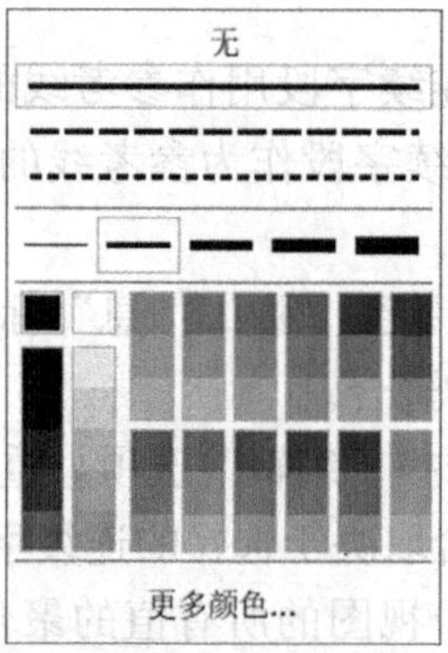


图 12-22　指定线的格式设置选项

## 12.2.5　数据聚合

数据聚合（data aggregation）是指合并来自不同数据源的数据，强调把分散在不同地方关于同一对象的不同说法合并起来，得到此对象更为完整的信息。

在 Tableau 中，可以聚合度量或维度，尽管对度量进行聚合更为常见。每当向视图中添加度量时，默认情况下都会向该度量应用一个聚合。应用的聚合类型因视图上下文而异。

**1. 度量聚合**

向视图中添加度量时，Tableau 会自动对它的值进行聚合，可以通过其上下文菜单来更改视图中度量的聚合。常见的聚合包括总和、平均值、中位数、计数、计数（不同）、最小值、最大值等。其中，计数（不同）是返回度量或维度中唯一值的个数，而计数是返回所有值的个数。

例如，将“销售额”字段添加到视图中的行功能区，会自动变为“总和（销售额）”。鼠标右键单击“总和（销售额）”，从下拉菜单中选择“度量（总和）”→“最大值”选项，即可将视图中的销售额总和更改为销售额的最大值，如图 12-23 所示。

**2. 维度聚合**

可以采用最小值、最大值、计数或计数（不同）的形式聚合视图中的维度。当聚合维度时，将创建一个新的临时度量列，使维度实际具有度量的特征。

例如，为了查看每个类别下有多少个子类别，可以通过对维度字段“子类别”进行聚合。将维度字段“类别”拖到列功能区，将维度字段“子类别”拖到行功能区。鼠标右键单击“子类别”，从下拉菜单中选择“度量”→“计数（不同）”选项，如图 12-24 所示。

**3. 数据解聚**

如果决定要以最详细的粒度级别查看视图中的所有标记，可以对视图进行解聚。解聚数据意味着 Tableau 将为数据源每一行中的每个数据值显示单独标记。

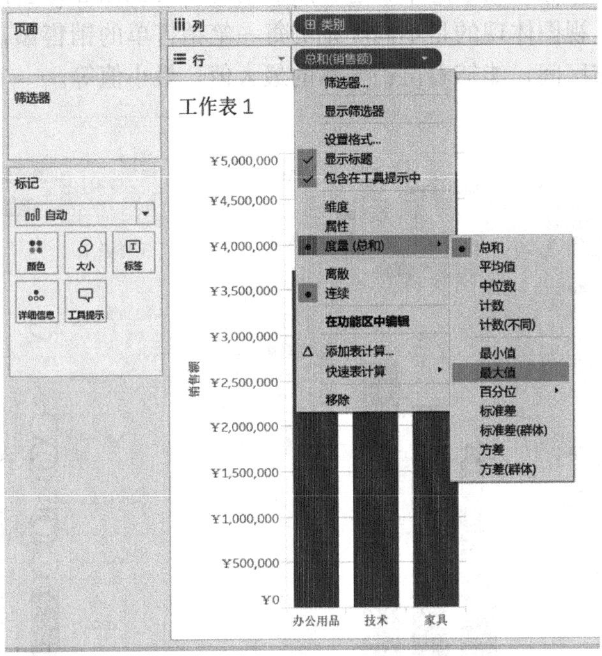


图 12 - 23　修改度量聚合

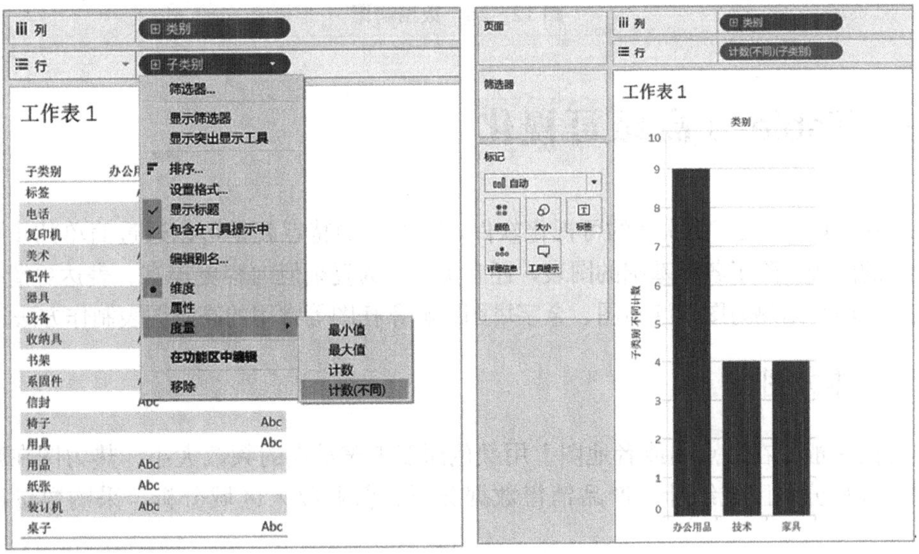


图 12 - 24　维度聚合

例如，将维度字段“类别”拖到列功能区，将度量字段“销售额”拖到行功能区，会自动对销售额进行聚合，反映的是不同类别的总销售额。单击菜单栏中的“分析”菜单，“聚合度量”选项处于选中状态，单击“聚合度量”选项将其取消选中，如图 12 - 25 所示。如果“聚合度量”选项处于选中状态，默认情况下 Tableau 将尝试对视图中的度量进行聚合。在解聚后，视图体现的是不同类别的每一笔销售单的销售额，从整体上反映出不同类别的销售额分布区间，能够看出销售额的最大值、最小值等。

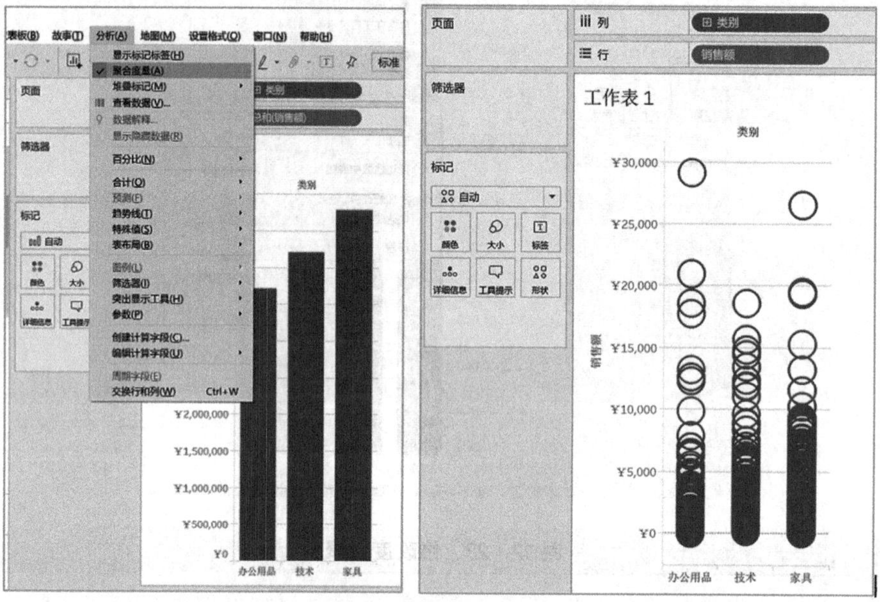


图 12-25 数据解聚

## 12.3 Tableau 高级可视化

Tableau 作为一款广受欢迎的可视化软件，其最大的特点就是可以通过简单的步骤制作各种类型的图表。除了各种基础的图表，还有更多较为复杂但内容更丰富、表达更清楚的高阶图表。下面介绍热力图、瀑布图、金字塔图、帕累托图等常用的高阶图表制作方法。

### 12.3.1 热力图

热力图一般是在散点图或者地图上用颜色深度来表示点的频数大小。热力图在财务中经常用于客户分布区域统计、产品销售数据分析、营业收入区域分析、采购数量区域分析等。

下面以各城市平均销量及平均利润热力图为例，具体介绍制作热力图的步骤。

**1. 生成单标记散点图**

首先，在 Tableau 下方点击“新建工作表”按钮，并通过双击新建的工作表的标签，将工作表名称改为“各城市平均销量及平均利润热力图”。然后，将度量字段“总和（数量）”拖到列功能区，将度量字段“总和（利润）”拖到行功能区，生成单标记散点图，如图 12－26 所示。

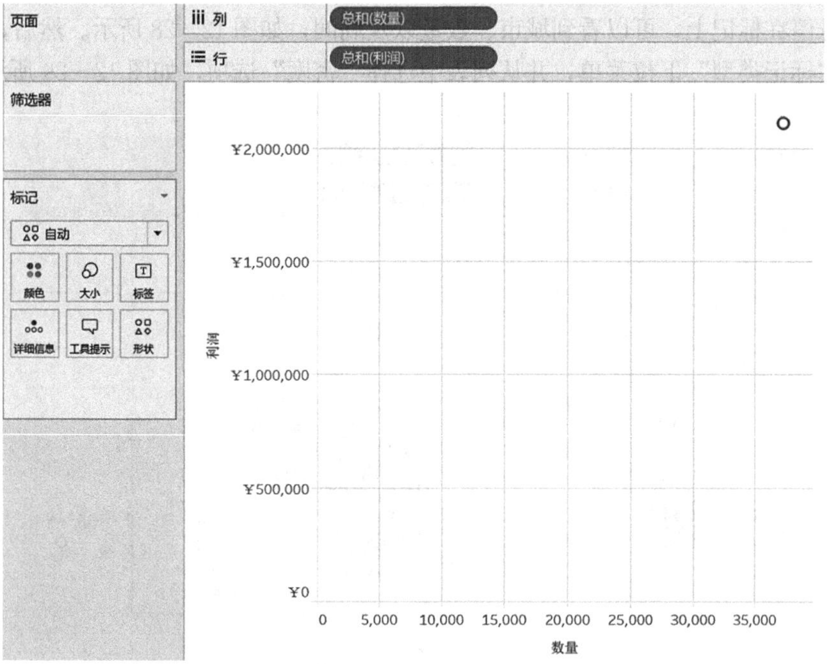


图 12－26　生成单标记散点图

**2. 更改度量**

数量和利润均以总和的形式列出。右键单击这两个度量，将“度量（总和）”选项更改为“平均值”，如图 12－27 所示。

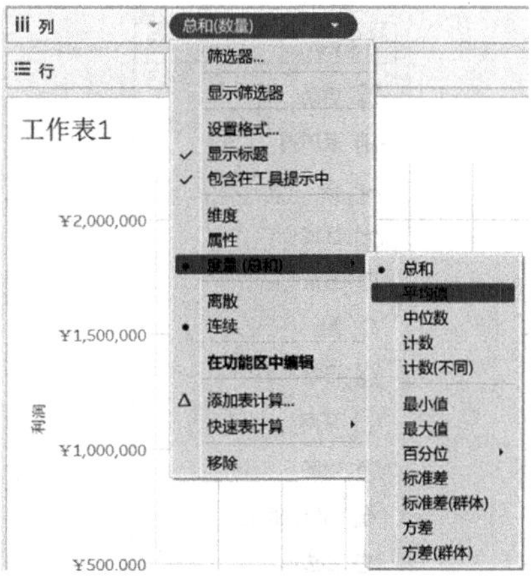


图 12－27　更改度量

### 3. 调整标记

首先，将“城市”维度字段拖到“详细信息”标记卡。现在视图中有更多标记，如果将鼠标指针悬停在标记上，可以看到城市、数量以及利润，如图 12－28 所示。然后，在标记卡上，单击“标记类型”下拉菜单，并从列表中选择“密度”选项，如图 12－29 所示。

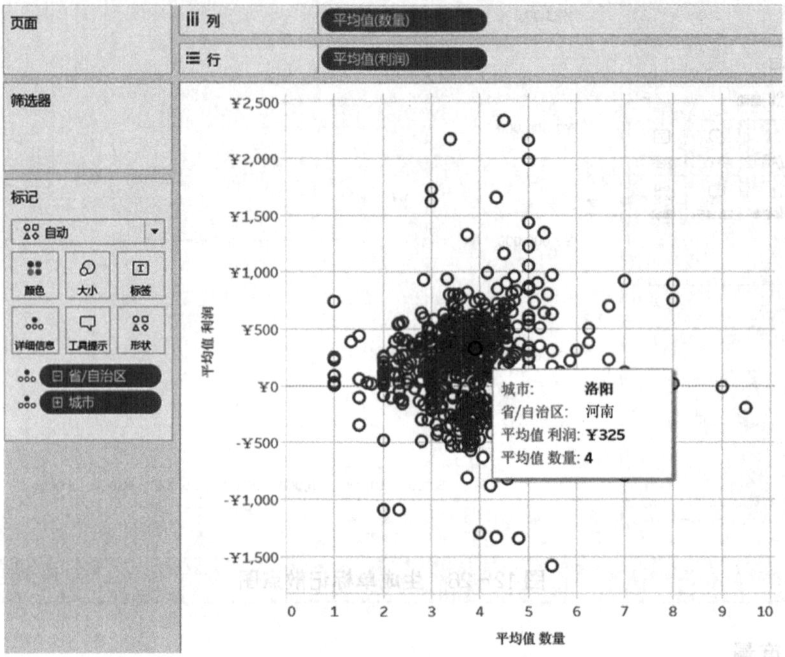


图 12－28 添加字段

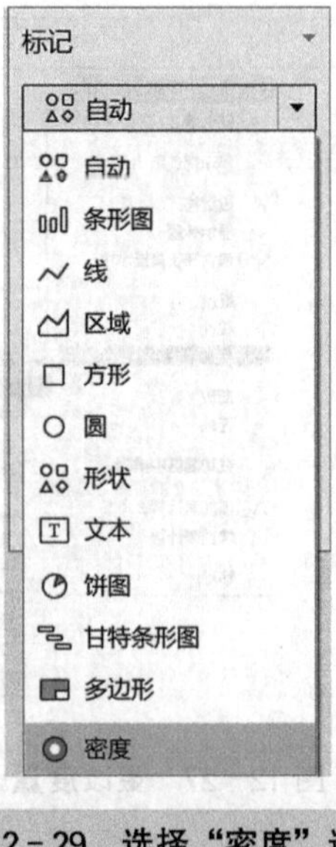


图 12－29 选择“密度”选项

**4. 生成热力图**

在完成一系列操作后，生成的各城市平均销量及平均利润热力图如图 12-30 所示。

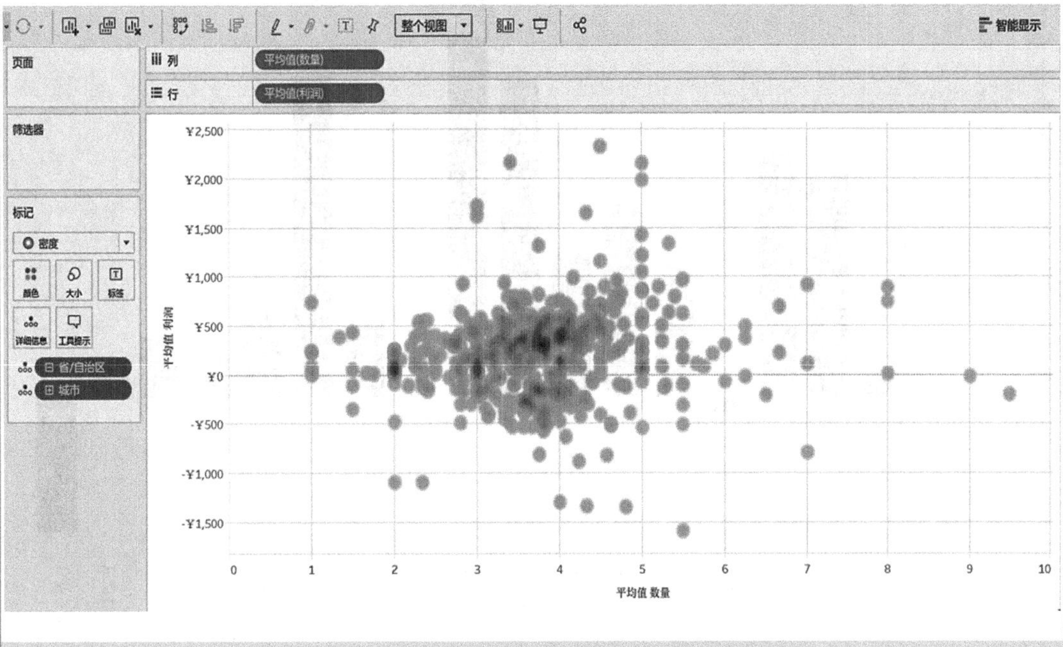


图 12-30　各城市平均销量及平均利润热力图

## 12.3.2　瀑布图

瀑布图将绝对值与相对值结合使用，能很好地表现出数据的增减变化或差异，反映数据的多少及变化情况，比柱形图展现更多维度，在财务领域适合用来展示阶段性的数据变化，如新客户的发展情况、不同商品月份维度的销售量分析等。

下面以不同子类别的产品销售利润瀑布图为例，介绍制作瀑布图的流程。

**1. 生成柱形图**

首先，新建工作表，并将工作表名重命名为“不同子类别的产品销售利润瀑布图”。然后，将维度字段“子类别”拖到列功能区，将度量字段“总和（利润）”拖到行功能区，生成柱形图，如图 12-31 所示。

**2. 创建计算字段**

用鼠标选择“数据”窗口下的度量字段“利润”，从列表中选择“创建”选项。然后选择“计算字段”选项，打开“计算字段”窗口，如图 12-32 所示。再输入计算字段的名称“-利润”。在计算字段名称下方的计算区域中写下“一[利润]”，单击“确定”按钮，如图 12-33 所示。

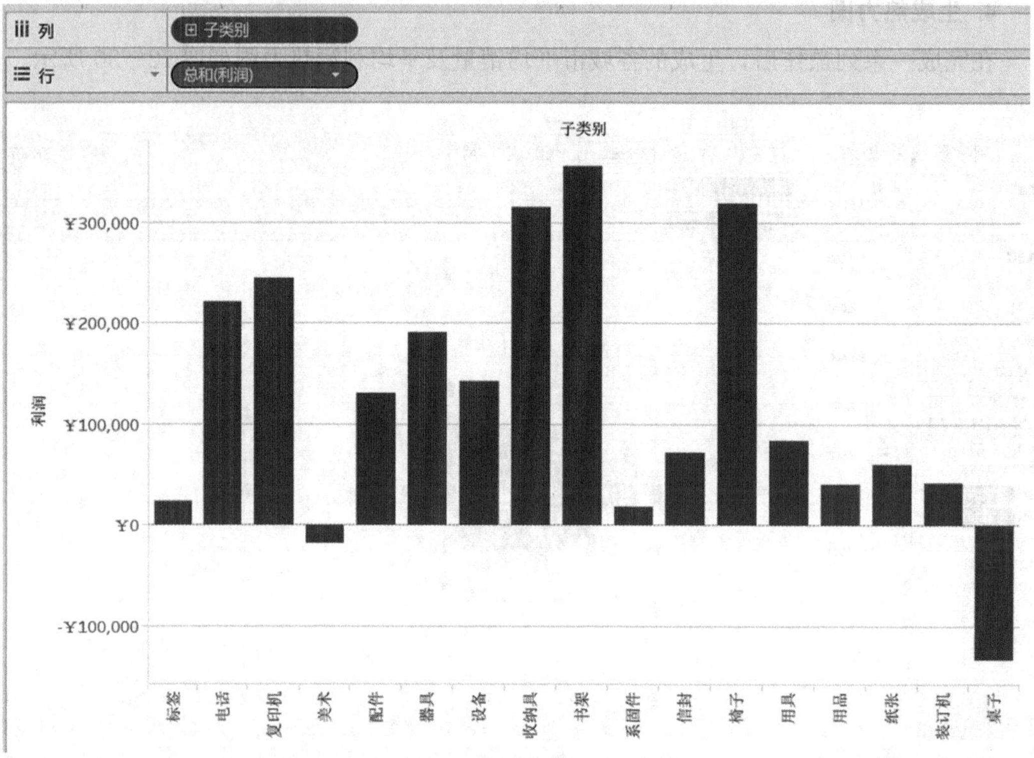


图 12-31　生成柱形图

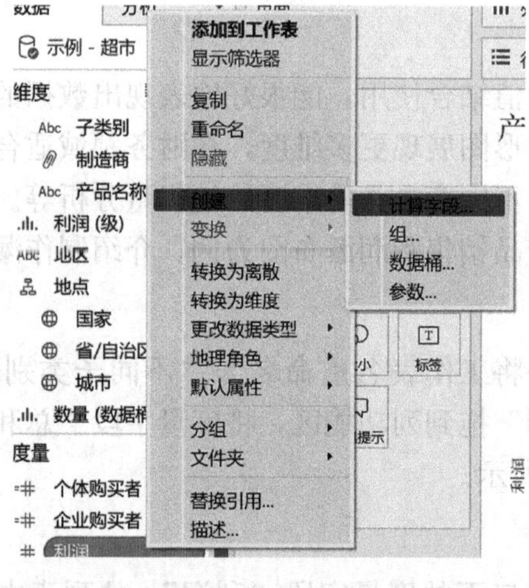


图 12-32　创建计算字段

### 3. 快速表计算

鼠标右键单击行功能区中的“总和（利润）”字段，从列表中选择“快速表计算”，然后单击“汇总”选项，如图 12-34 所示。

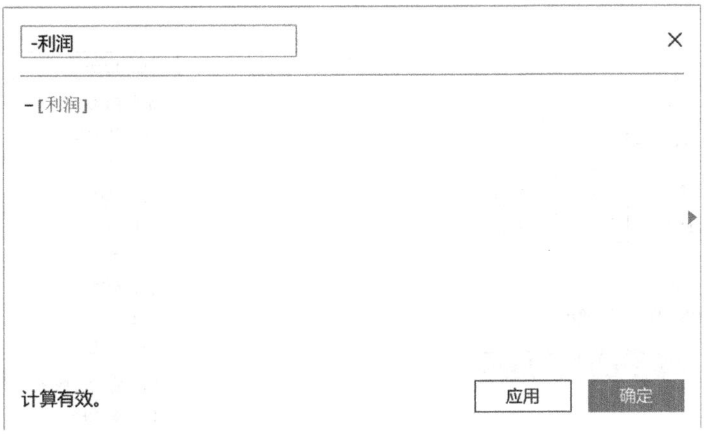


图 12-33　创建负数量

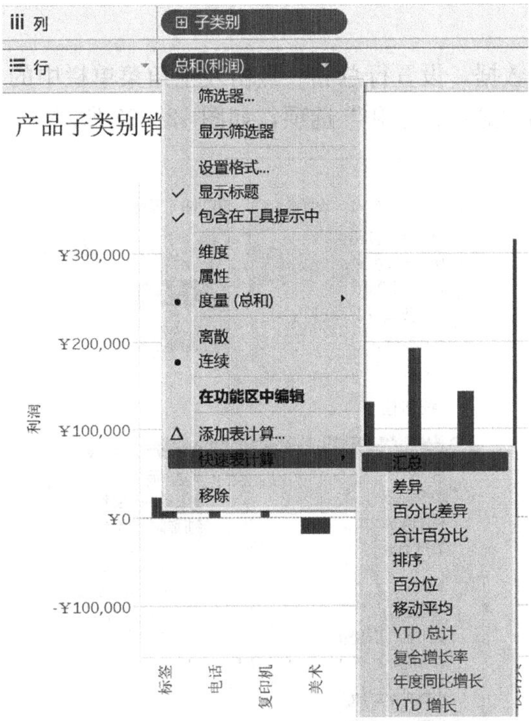


图 12-34　快速表计算

**4. 调整标记**

首先，将新建的度量字段“-利润”放入“大小”标记卡，如图 12-35 所示。然后，在标记卡上，单击“标记类型”下拉菜单，并从列表中选择“甘特条形图”选项，如图 12-36 所示。

图 12-35 调整标记

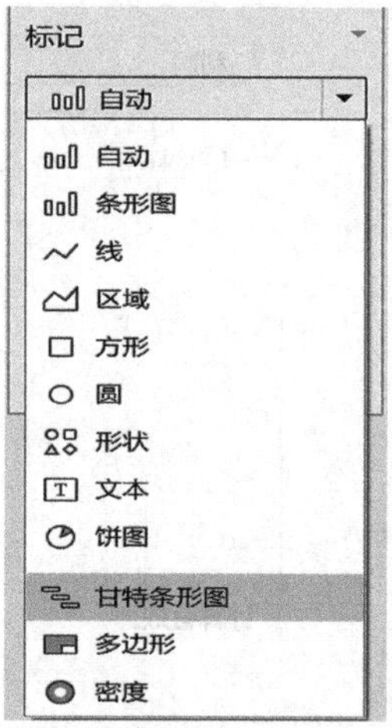


图 12-36 选择“甘特条形图”选项

**5. 分析合计**

为了更好地分析该数据，设置行总和。点击左上角菜单栏中的“分析”菜单，然后选择“合计”选项卡中的“显示行总和”选项，如图 12-37 所示。

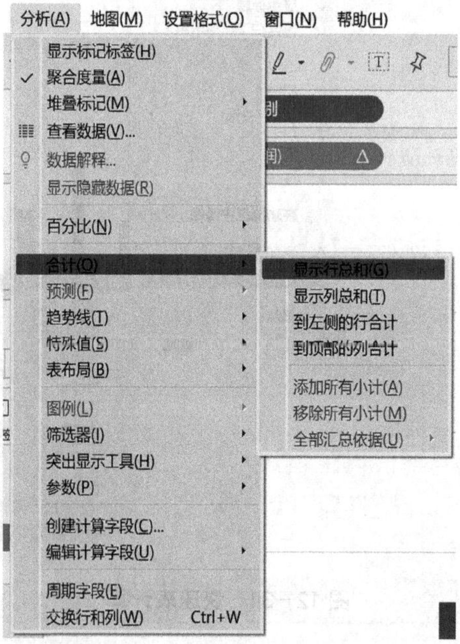


图 12-37 分析合计

**6. 生成瀑布图**

在完成一系列操作后，生成不同子类别的产品销售利润瀑布图，如图 12-38 所示。

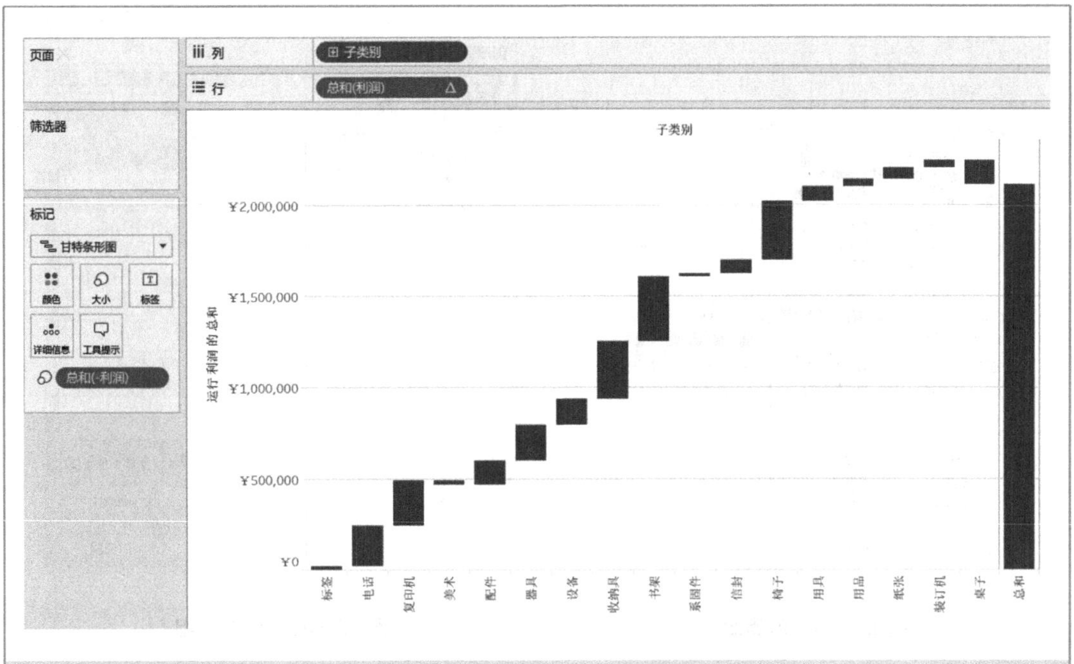


图 12－38　不同子类别的产品销售利润瀑布图

## 12.3.3　金字塔图

金字塔图是一种金字塔形状的图表，经常应用于市场分析。金字塔图具有形象、方便说明、便于理解的特点。在财务业务中，金字塔图常用于企业与消费者间的折扣比较、产品型供应商与服务型供应商带来的利润比较等。

下面以不同客户类型销量金字塔图为例，介绍制作金字塔图的流程。

**1. 创建组**

首先，新建工作表，并将工作表名重命名为“不同客户类型销量金字塔图”。然后鼠标右击“数据”窗口下的维度字段“细分”，选择“创建”→“组”选项，如图 12－39 所示。弹出“创建组 [细分]”窗口，按住“Ctrl”键点击选择“公司”和“小型企业”选项，选好后点击“分组”按钮，如图 12－40 所示。最后，将“公司”和“小型企业”取名为“企业”，将字段名称改为“客户类型”，如图 12－41 所示。

**2. 创建数据桶**

首先，在“数据”窗口中，鼠标右键单击“数量”字段，并选择“创建”→“数据桶”选项，如图 12－42 所示。然后，在“编辑级 [数量] ”对话框中，将数据桶大小设置为“1.5”，单击“确定”按钮，如图 12－43 所示。

**3. 创建计算字段**

首先，在“数据”窗口中，鼠标右键单击“数量”字段，并选择“创建”→“计算字段”选项，打开“计算字段”窗口，如图 12－44 所示。然后，输入计算字段的名称“企

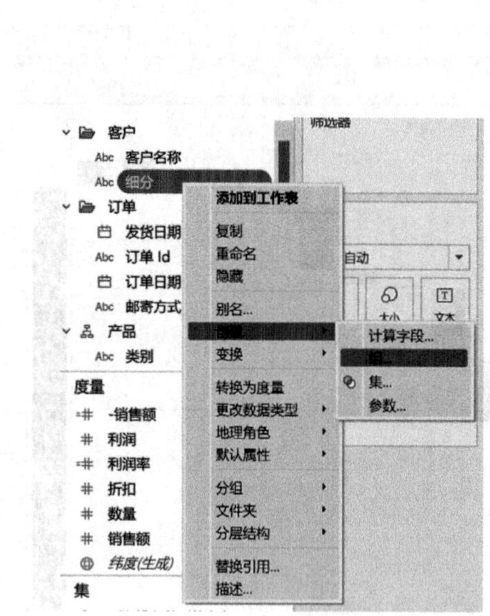


图 12-39　创建组

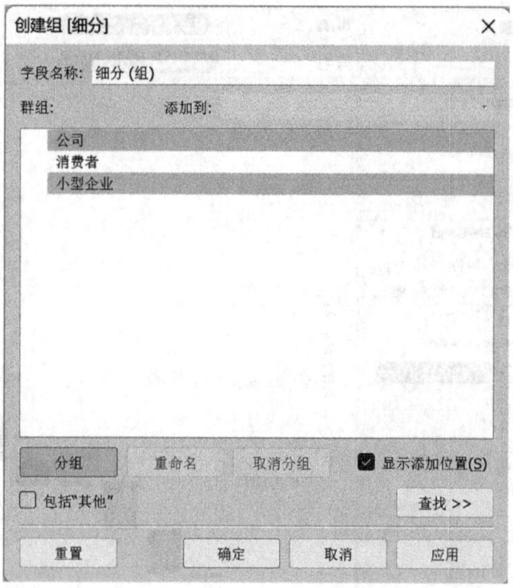


图 12-40　设置分组

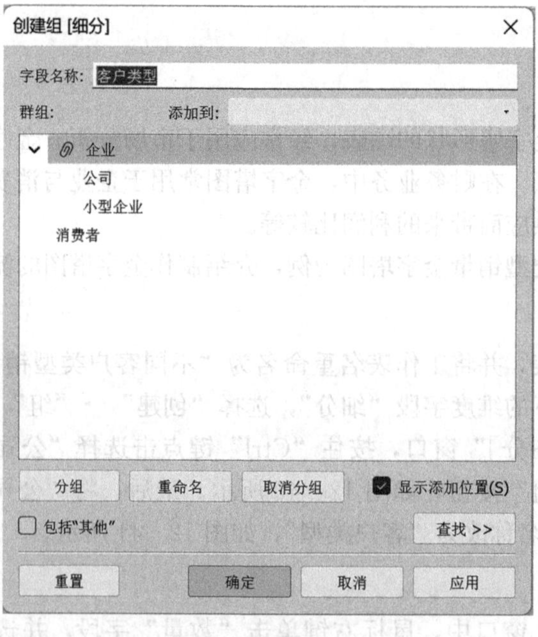


图 12-41　设置分组名

业购买者”。在计算字段名称下方的计算区域中写下“IF [客户类型]=“企业” THEN [数量] END”，单击“确定”按钮，如图 12-45 所示。同理，创建“个体购买者”计算字段，在计算区域中写下“IF [客户类型]=“消费者” THEN [数量] END”，单击“确定”按钮，如图 12-46 所示。

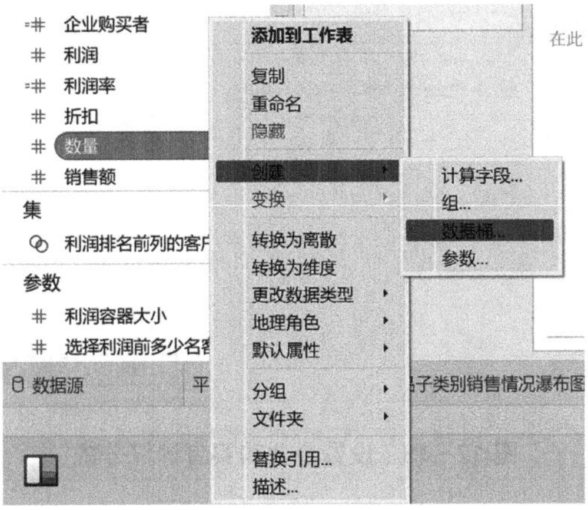


图 12-42　创建数据桶

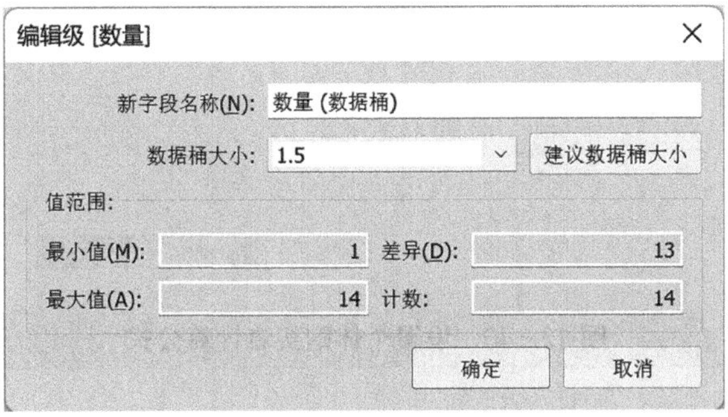


图 12-43　设置数据桶参数

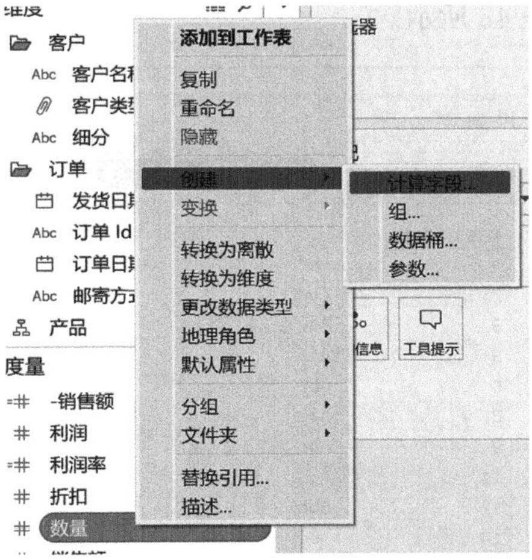


图 12-44　创建计算字段

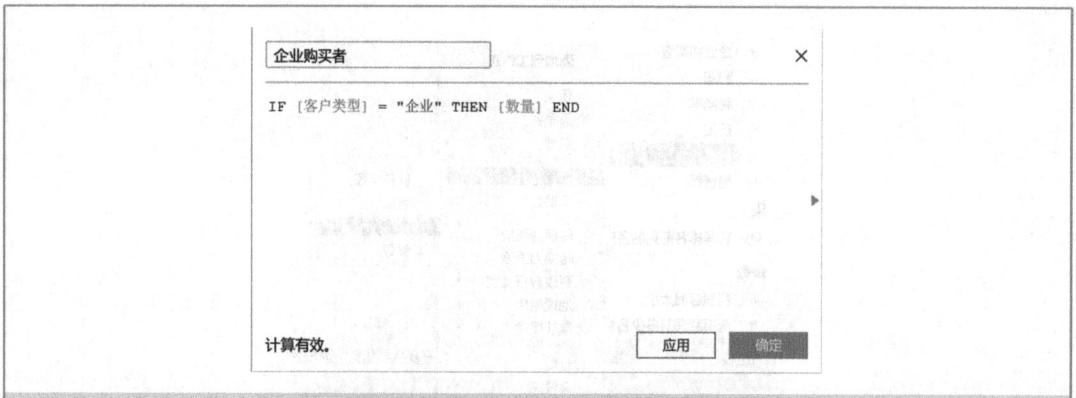


图 12-45　设置企业购买者计算公式

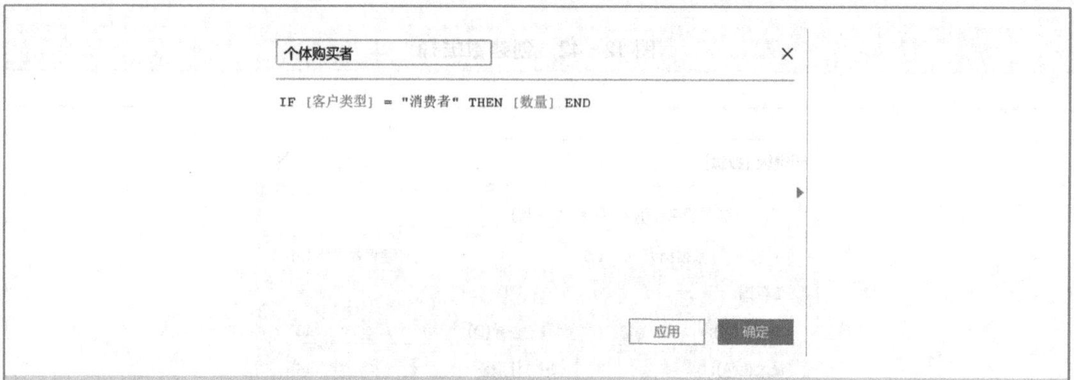


图 12-46　设置个体购买者计算公式

**4. 设置行列功能区**

将“数据”窗口中刚刚创建的维度字段“数量（数据桶）”拖到行功能区，如图 12-47 所示。将刚刚创建的“总和（个体购买者）”和“总和（企业购买者）”度量字段拖到列功能区，如图 12-48 所示。

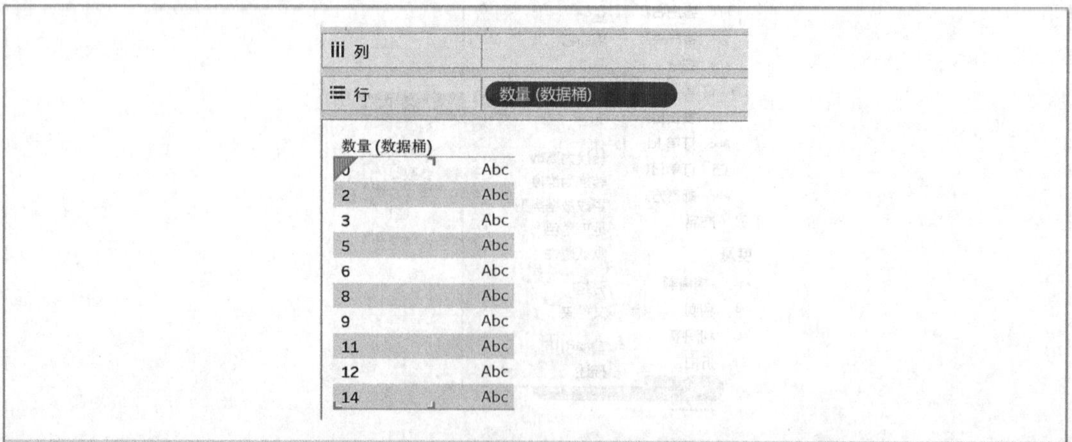


图 12-47　设置行功能区

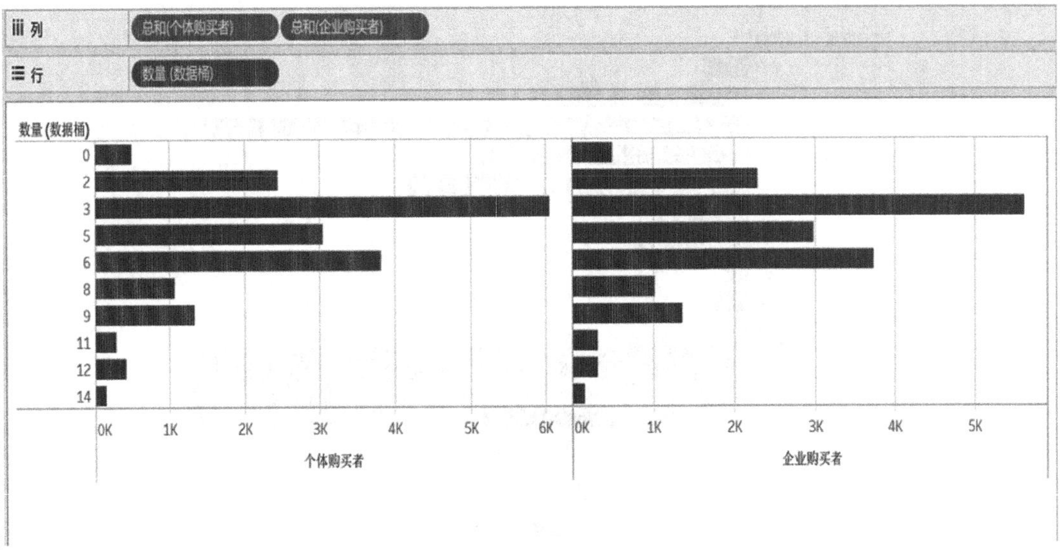

图 12-48　设置列功能区

**5. 调整标记**

将新建的维度字段“客户类型”放入“颜色”标记卡，如图 12-49 所示。

图 12-49　设置颜色

**6. 编辑轴**

鼠标右键单击表示“个体购买者”的轴，选择“编辑轴”，如图 12-50 所示。然后选中“倒序”复选框以反转轴上值的显示顺序，最后直接单击窗口右上角的“×”以退出“编辑轴”窗口，如图 12-51 所示。

**7. 生成金字塔图**

在完成一系列操作后，生成不同客户类型销量金字塔图，如图 12-52 所示。

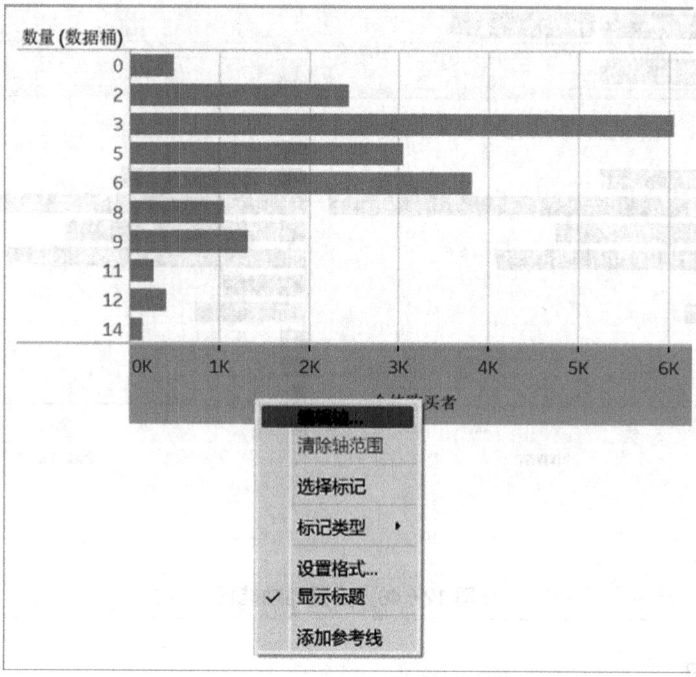


图 12－50　编辑轴

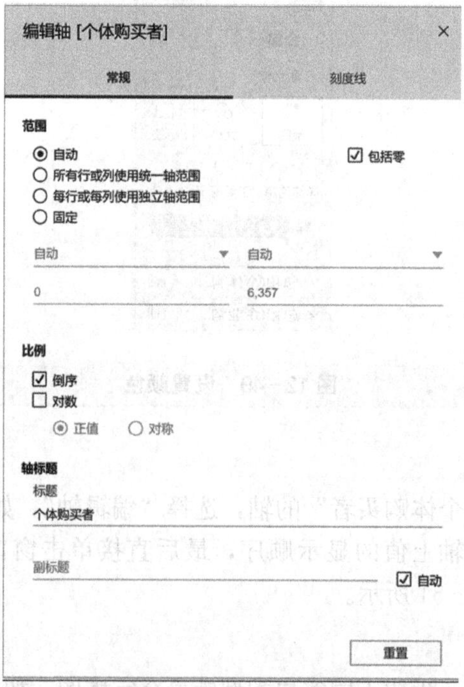


图 12－51　设置轴参数

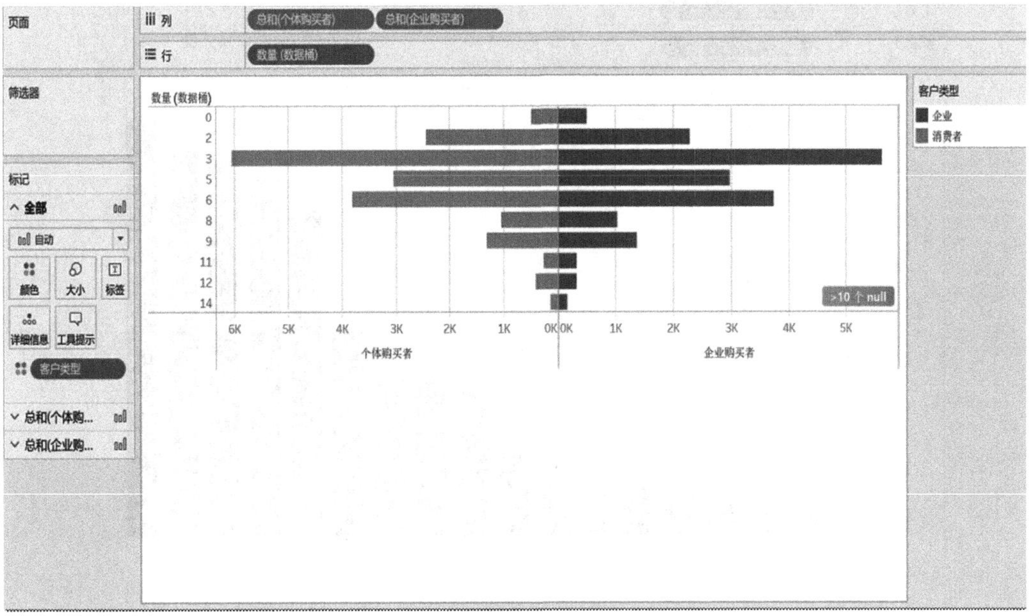


图 12-52　不同客户类型销量金字塔图

## 12.3.4　帕累托图

帕累托图是一种包含条形图和折线图的图表，其中各个值均以条形降序形式表示，上升的累计总计由线条来表示。它是为纪念意大利工程师、社会学家、经济学家、政治学家和哲学家维尔弗雷多·帕累托（Vilfredo Pareto）而命名的，其提出了帕累托原理。帕累托观测到 80%的土地通常由 20%的人口所拥有。之后，帕累托观察到他的花园中 20%的豆荚含有 80%的豌豆，从而扩展了他的原理。最终，其他人进一步推广了该原理，提出在许多事件中，大约 80%的结果由 20%的原因造成。例如，企业 80%销售额来自 20%的商品。

下面以不同子类别的产品销售情况帕累托图为例，介绍制作帕累托图的步骤。

**1. 生成柱形图**

首先，在 Tableau 中新建工作表，并将工作表名重命名为“不同子类别的产品销售情况帕累托图”。然后，从“数据”窗口中，将“子类别”字段拖到列功能区，将“总和(销售额)”字段拖到行功能区，生成柱形图，如图 12-53 所示。

**2. 字段排序**

首先，鼠标右键单击列功能区上的“子类别”字段，从列表中选择“排序”选项，打开“排序［子类别］”窗口，如图 12-54 所示。然后，排序依据选择“字段”选项，排序顺序选择“降序”选项，字段名称选择“销售额”选项，聚合选择“总和”选项，如图 12-55 所示。

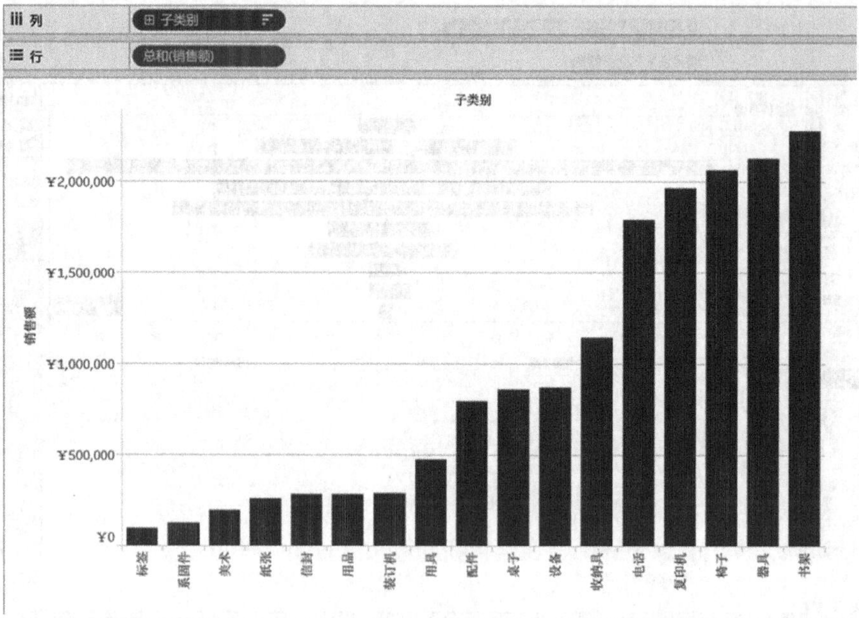


图 12-53　生成柱形图

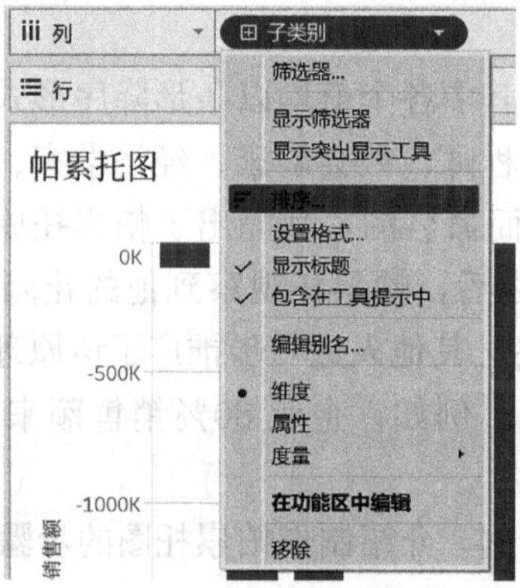


图 12-54　选择排序

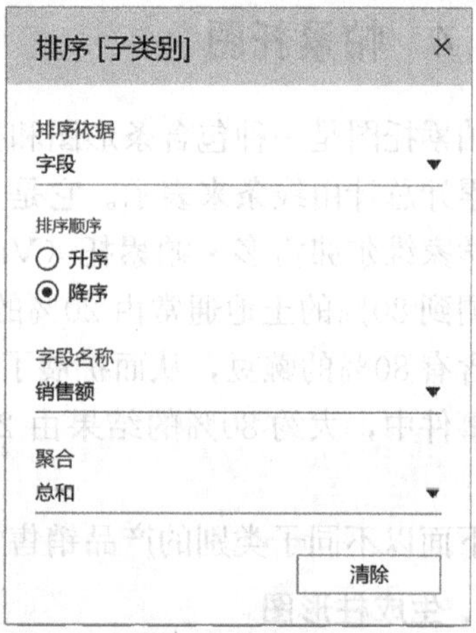


图 12-55　设置排序参数

**3. 设置双轴**

首先，再次将度量字段“总和（销售额）”拖动到行功能区，如图 12-56 所示。然后，鼠标右键单击新添加的“总和（销售额）”字段，从列表中选择“双轴”选项，如图 12-57 所示。

**4. 调整标记**

首先，在“总和（销售额）”标记卡上，单击“标记类型”下拉菜单，并从列表中选择

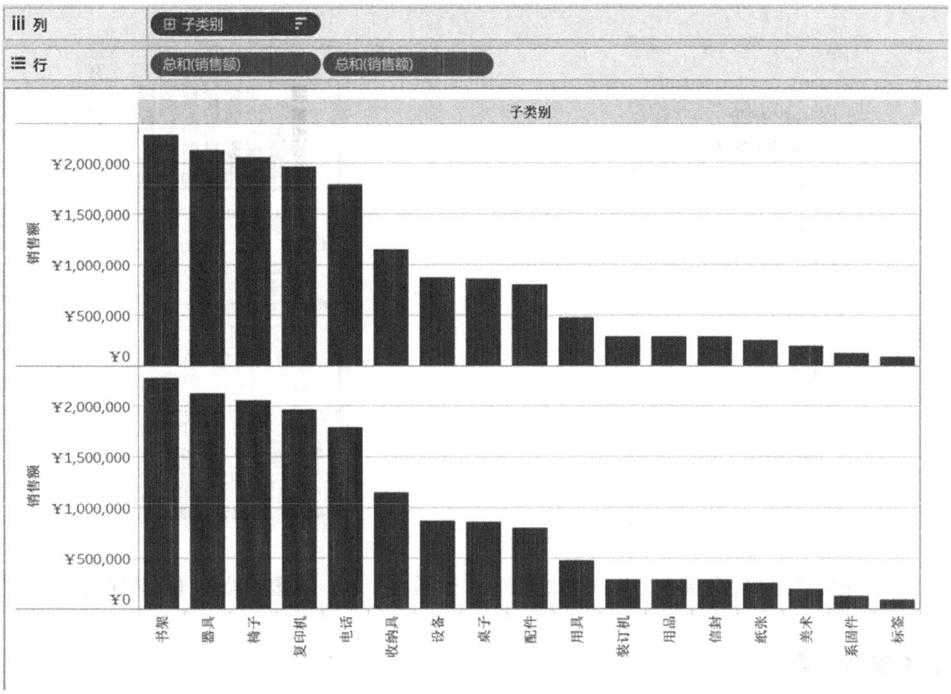


图 12-56　新增行

"条形图"选项，如图 12-58 所示。然后，在"总和（销售额）(2)"标记卡上，单击"标记类型"下拉菜单，并从列表中选择"线"选项，如图 12-59 所示。最后，在"总和（销售额）(2)"标记卡上，单击"颜色"选项卡，选择"黄色"，如图 12-60 所示。

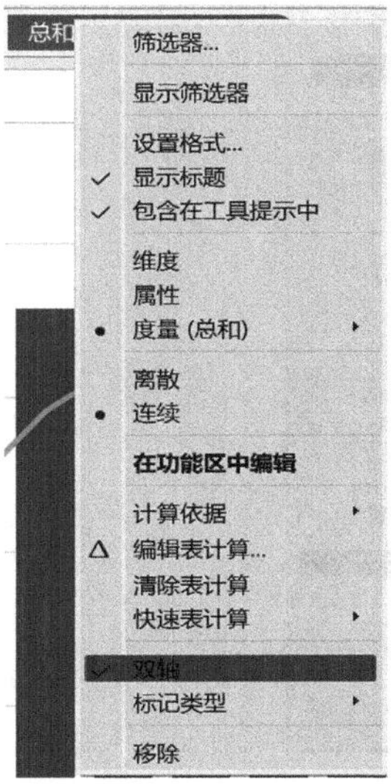


图 12-57　设置双轴

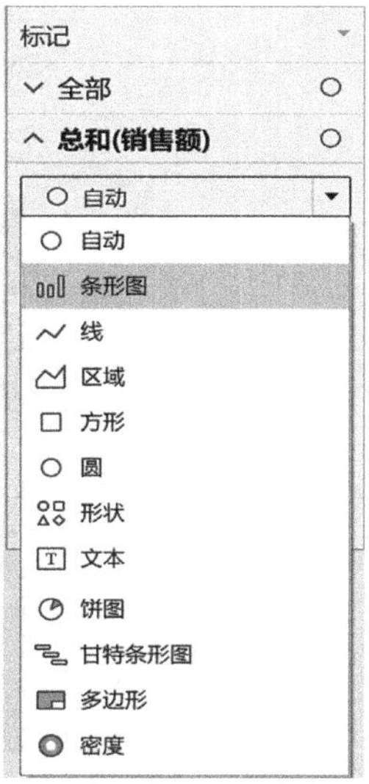


图 12-58　设置"总和（销售额）"条形图

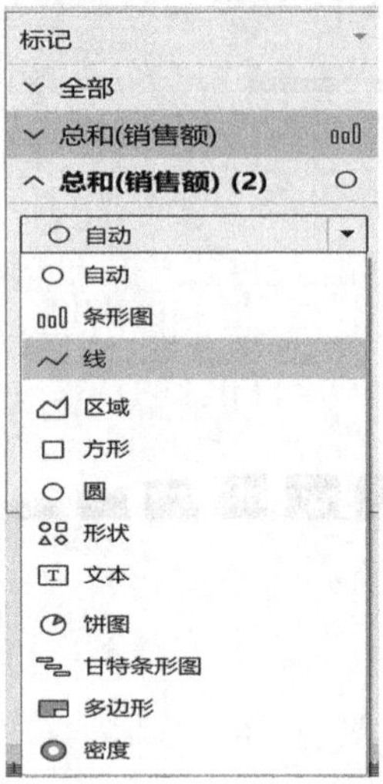


图 12-59 设置“总和（销售额）(2)”折线图

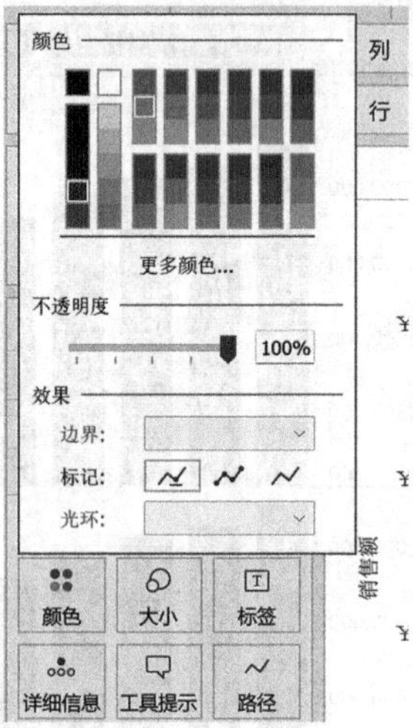


图 12-60 设置“总和（销售额）(2)”颜色

## 5. 添加表计算

鼠标右键单击行功能区上右侧的“总和（销售额）”字段，从列表中选择“添加表计算”选项，如图 12-61 所示。然后，在“表计算”窗口，选择“汇总”选项作为主要计算类型，选择“总和”选项作为聚合函数，选择“表（横穿）”选项作为计算依据，再单击“添加辅助计算”复选框，从列表中选择“合计百分比”选项，同样选择“表（横穿）”选项作为计算依据，单击“关闭”按钮，如图 12-62 所示。

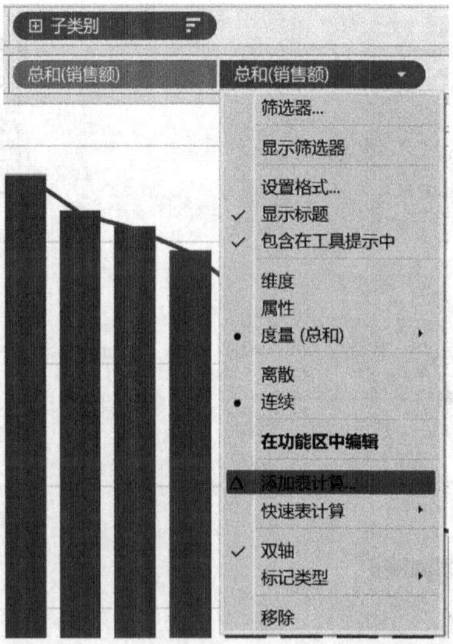


图 12-61 添加表计算

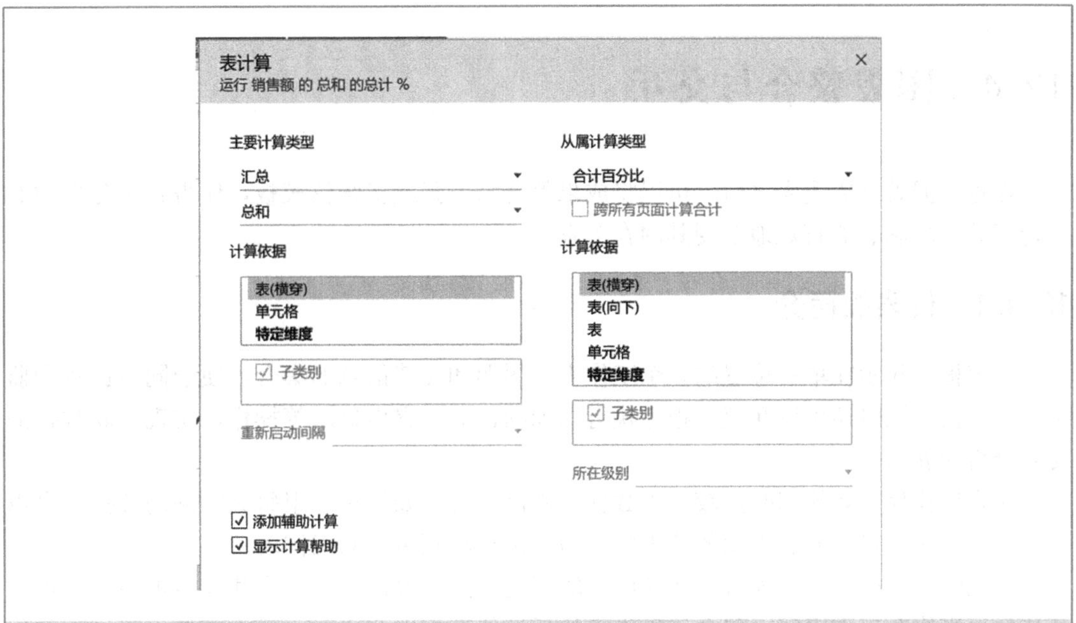


图 12－62　设置表计算参数

**6. 生成帕累托图**

在完成一系列操作后，生成不同子类别的产品销售情况帕累托图，如图 12－63 所示。

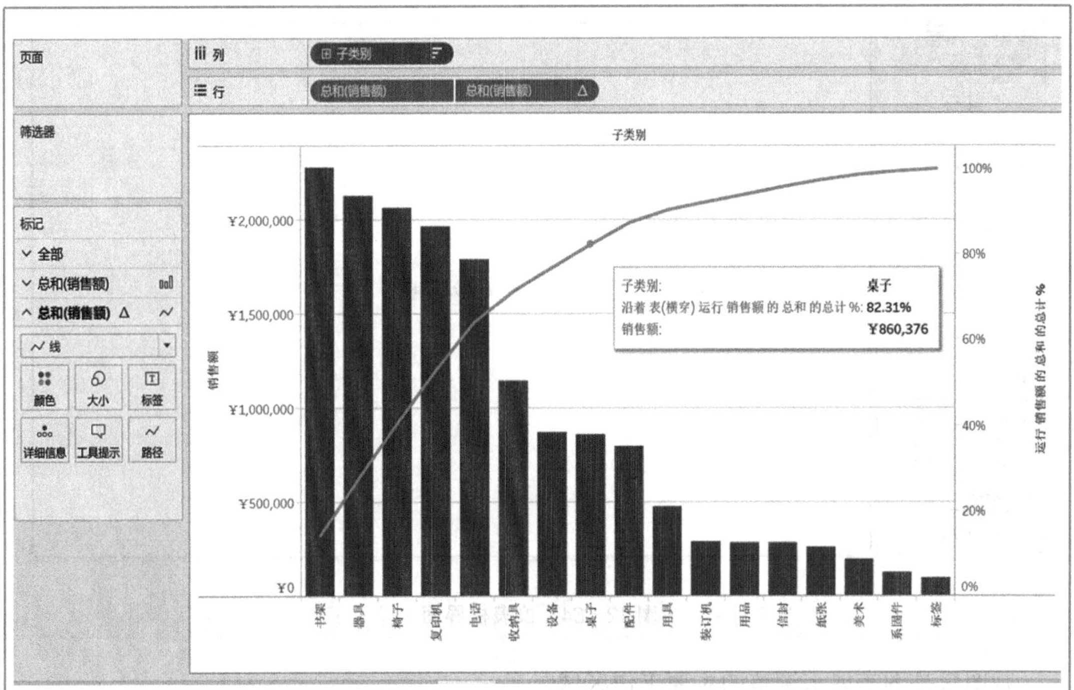


图 12－63　不同子类别的产品销售情况帕累托图

# 12.4 图表整合与交互

在将数据处理成图表之后，可以将成果整合为一张或多张仪表板，使得各个分离的有一定相关性的图表能直观地展现其内在关系。

## 12.4.1 仪表板简介

仪表板是显示在单一位置的多个工作表、图形和支持信息的集合，便于同时比较和监视各种数据，同时还可以在仪表板上执行添加筛选器、突出显示等操作，实现关联数据的交互分析和展示。

仪表板让使用者能同时比较各种数据。举例来说，如果有一组每天审阅的数据，可以创建一个一次性显示所有视图的仪表板，而不是导航到单独的工作表。

像工作表一样，可以通过工作簿底部的标签访问仪表板。工作表和仪表板中的数据是相连的；当修改工作表时，包含该工作表的任何仪表板也会更改，反之亦然。工作表和仪表板都会随着数据源中的最新可用数据一起更新。

仪表板界面大体可分为三个部分，分别为视图区、仪表板窗口、布局窗口，如图 12-64 所示。

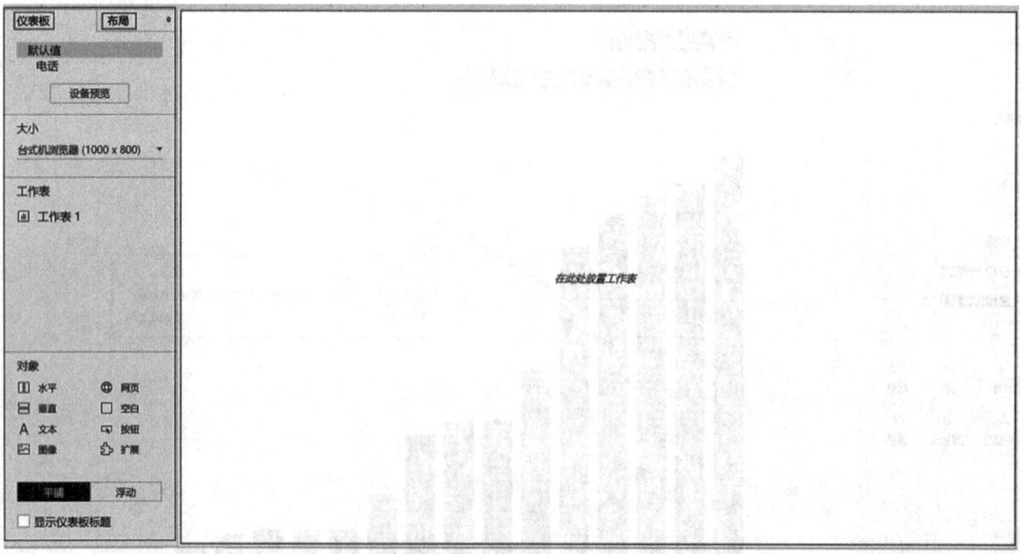


图 12-64 仪表板界面

视图区是图表展示调整的主要工作区域。

仪表板窗口包括设置大小、工作表区、对象、布局方式等内容。

布局窗口包括设置显示标题、位置、边界、背景、边距等内容。

## 12.4.2　创建仪表板

### 1. 新建仪表板

仪表板的创建方式与新工作表的创建方式大致相同，在工作簿的底部，单击“新建仪表板”图标。通过双击新建的仪表板的标签，可以修改仪表板的名称。此处将仪表板重命名为“产品子类别销售情况分析”，如图 12－65 所示。

图 12－65　新建仪表板

### 2. 放入工作表

将“不同子类别的产品销售利润瀑布图”和“不同子类别的产品销售情况帕累托图”两张工作表从左侧依次拖入视图区，如图 12－66 所示。

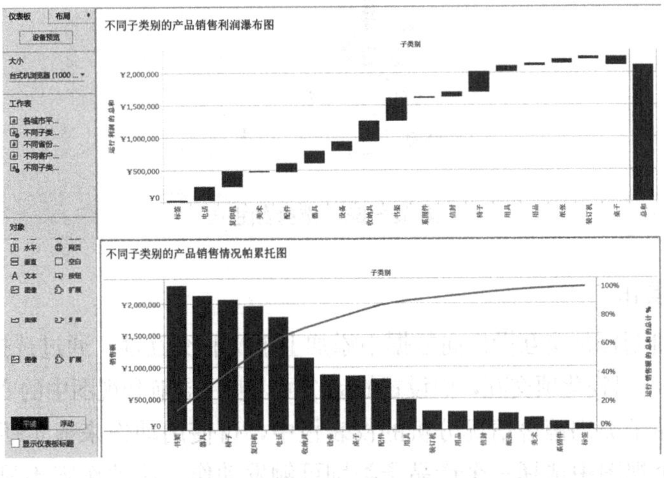


图 12－66　放入工作表

## 12.4.3 设置仪表板

**1. 调整格式**

在 Tableau 中可以对仪表板进行美化，通过设置仪表板格式实现。点击左上角菜单栏中的“仪表板”菜单，选择并单击“设置格式”选项，如图 12 - 67 所示。弹出“设置格式”界面，在该界面“仪表板阴影”处颜色选择“灰色”，如图 12 - 68 所示。为了增强用户的可读性，也可以调整工作表位置，调整图像大小，设置标注的格式等。

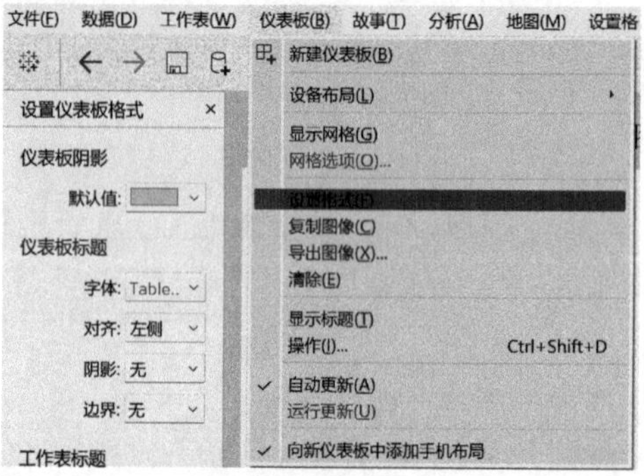


图 12 - 67　设置格式

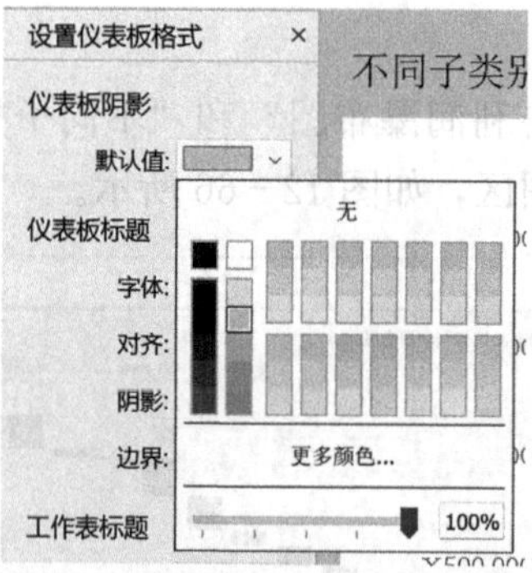


图 12 - 68　选择颜色

**2. 添加交互操作**

Tableau 可以通过添加交互操作向数据中添加上下文和交互性。通过选择标记、悬停鼠标指针或单击菜单来与可视化项交互，而设置的动作可以使用导航和视图中的变化进行响应。

例如，在产品子类别销售情况分析的仪表板中，可使用动作来显示所选产品子类别的相关信息。在一个视图中选择一个产品子类别可触发动作，该动作突出显示地图视图中相关的销售利润和销售额。

以下是使用不同类型的交互操作的方式：

（1）筛选器。使用一个视图中的数据来筛选另一个视图中的数据，从而帮助引导分析。

（2）突出显示。通过为特定标记着色，灰显其他所有标记，引起对感兴趣的标记的注意。

（3）转到 URL。创建指向外部资源（例如网页、文本或另一个 Tableau 工作表）的超链接。

（4）转到工作表。简化导航到其他工作表、仪表板或故事的操作。

（5）更改参数。使用户能够通过直接与可视化项上的标记交互来更改参数值。

（6）更改集值。使用户能够通过直接与可视化项上的标记交互来更改集中的值。

## 12.4.4　生成仪表板

通过仪表板，用户可以查看并分析产品的数据和图表，还可以通过控件来控制数据的显示、过滤等。在完成上述一系列设置后，生成的“产品子类别销售情况分析”仪表板如图 12-69 所示。

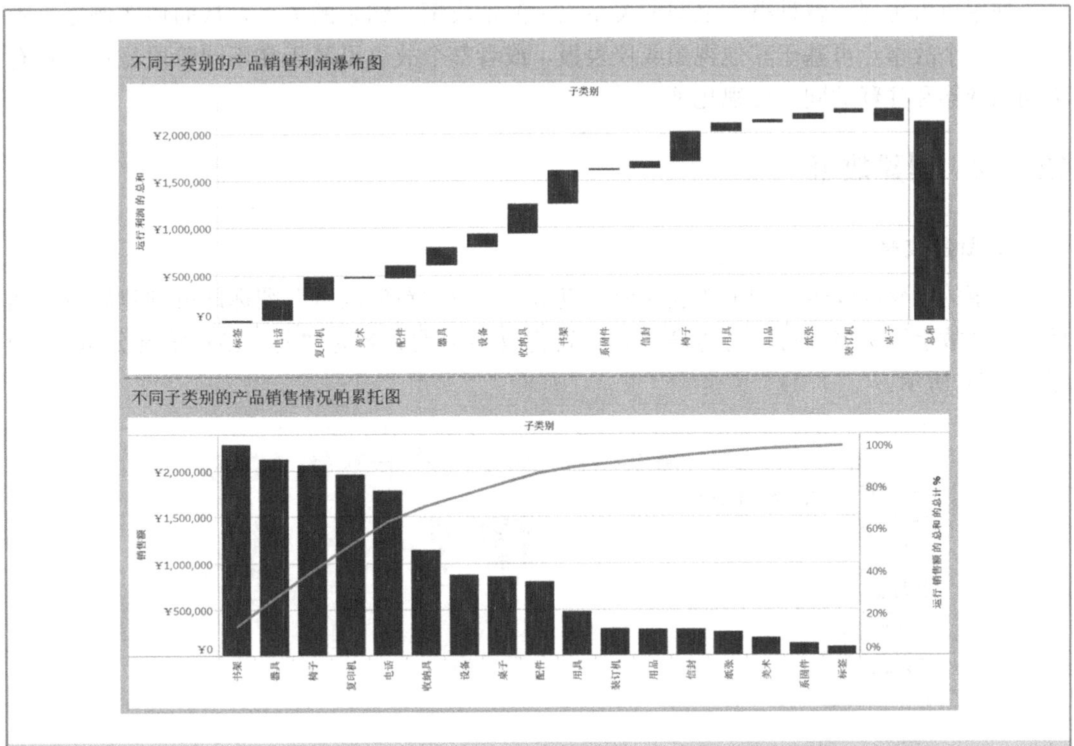


**图 12-69　“产品子类别销售情况分析”仪表板**

同理，新建仪表板并更名为“不同城市销售情况分析”。然后，将“不同省份销售情况分布图”和“各城市平均销量及平均利润热力图”两张工作表从左侧依次拖入仪表板的视图区。最后，根据界面交互性需求设置格式和添加交互操作，生成“不同城市销售情况分析”仪表板。读者可以自己操作，查看结果。

# 12.5 故　事

故事是一个包含一系列共同作用以传达信息的工作表或仪表板，类似于一个 Tableau 版的 PPT 展示，用来向数据使用者、接收者流畅地展示图表和分析过程。

## 12.5.1 故事简介

故事非常适合叙述从数据中发现的规律。其与仪表板相似，需要先创建工作表，然后将创建好的工作表拖到故事中。除此之外，还可以将仪表板也拖到故事中。

从本质来说，故事是一个工作表，因此用于创建、命名和管理工作表和仪表板的方法也适用于故事。同时，故事还是按顺序排列的工作表集合。故事中各个单独的工作表称为故事点。每个故事点都单独显示，也会按顺序显示叙述性文字，这使得使用者可以按照一定的想法演示故事，展现数据蕴含的故事。

使用故事可揭示各种事实之间的关系以及演示决策与结果的关系，从而使案例更具吸引力。每个故事点可基于其他视图或仪表板，或者整个故事可基于在不同阶段显示、具有不同筛选器和注释的同一可视化项。

## 12.5.2 创建故事

**1. 新建故事**

故事的创建与仪表板和工作表相似，点击右下角“新建故事”图标即可创建故事。然后双击“故事”标签即可进行重命名，此处将故事 1 重命名为“公司销售情况分析”，如图 12-70 所示。

图 12-70　新建故事

**2. 放入工作表/仪表板**

从左侧工作表栏中，用鼠标将“产品子类别销售情况分析”和“不同城市销售情况分析”仪表板拖到故事视图中，如图 12－71 所示。如有数据分析需要，也可以选择将工作表拖入故事。

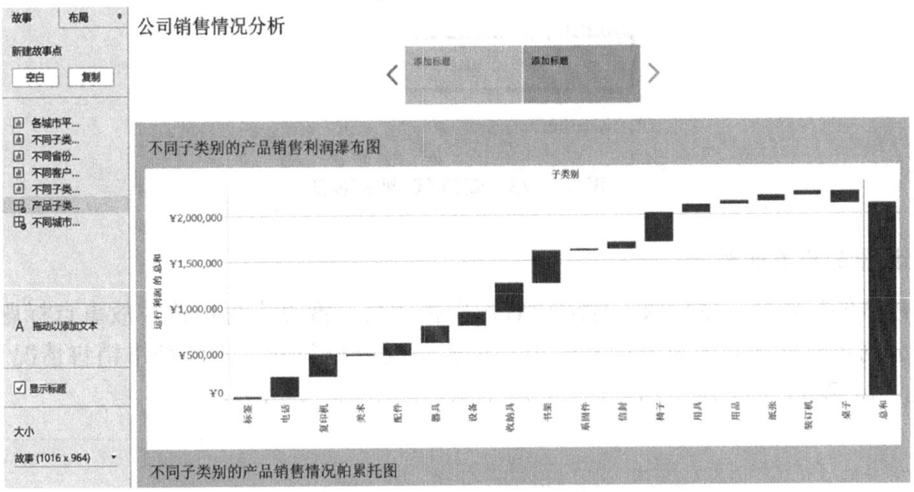


图 12－71 放入工作表/仪表板

## 12.5.3 设置故事

**1. 设置故事标题**

在新建故事之后，可以双击故事视图左上角的标题，进行标题内容、标题大小的调整，如图 12－72 所示。

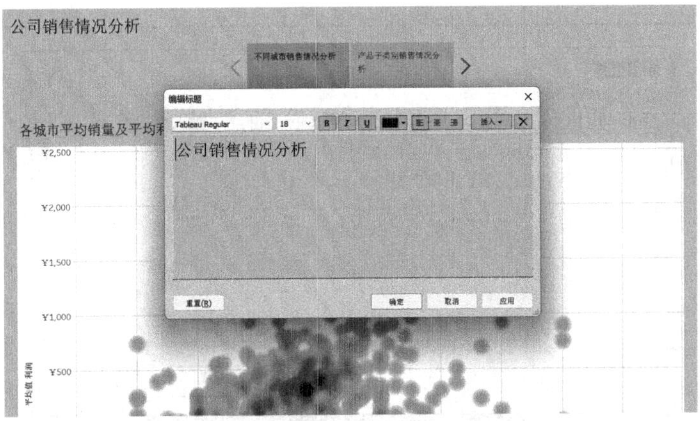


图 12－72 设置故事标题

### 2. 新建/复制故事点

在界面左侧，可以根据分析需求单击“空白”或者“复制”按钮，进行故事点的新建或复制，如图 12-73 所示。

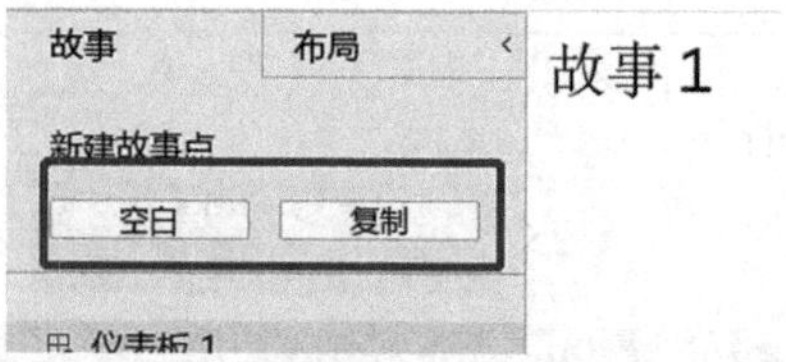


图 12-73　新建/复制故事点

### 3. 设置故事点标题

在故事的标题处，鼠标双击标题或者选中标题后右键点击可以修改故事点标题内容。此处，分别将故事点命名为“产品子类别销售情况分析”和“不同城市销售情况分析”，如图 12-74 所示。

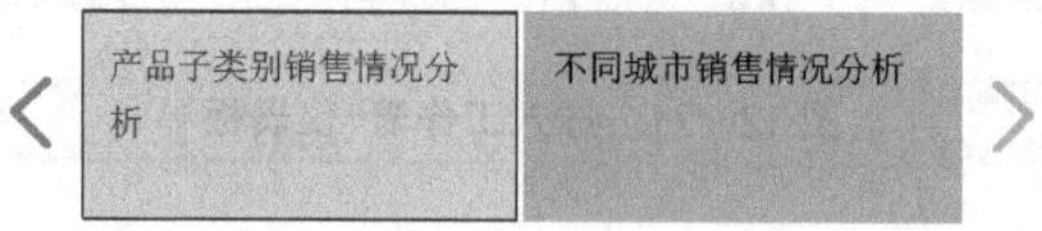


图 12-74　设置故事点标题

### 4. 添加文本

在左侧的“故事”窗口中双击“拖动以添加文本”按钮，将弹出“编辑描述”对话框，可以在对话框里输入文本内容，并进行格式设置，以在故事中添加文字注释，如图 12-75 所示。

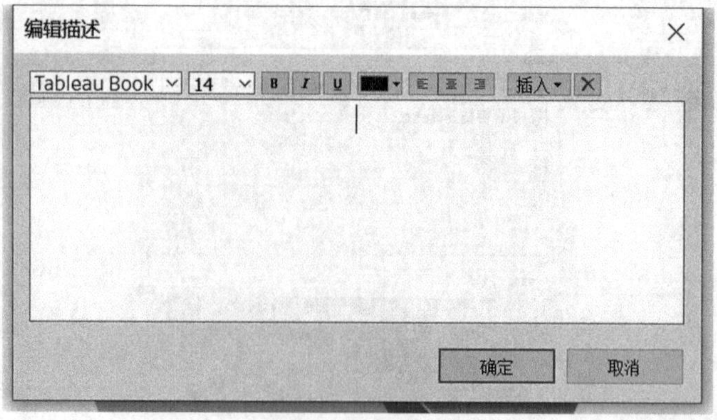


图 12-75　添加文本

**5. 调整格式**

为了增强用户的可读性，可以设置字体、颜色、对齐方式、边界等。先点击右上角“故事”窗口，选择并点击“设置格式”选项，如图 12-76 所示。然后弹出“设置格式”界面，在该界面“阴影”处颜色选择“灰色”，即可调整故事的背景色，如图 12-77 所示。其他的格式设置也在“设置格式”界面进行。

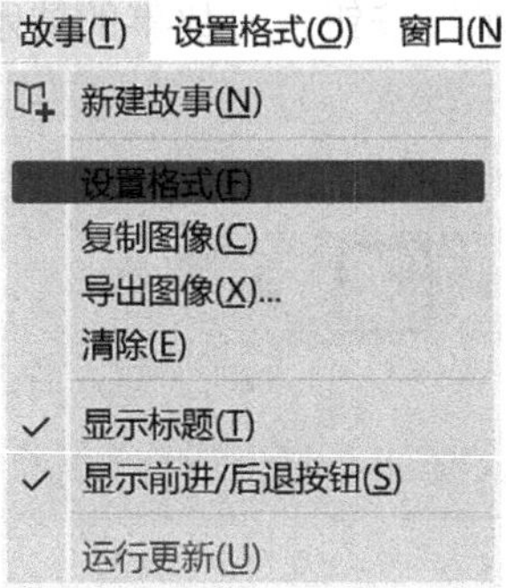


图 12-76 设置格式

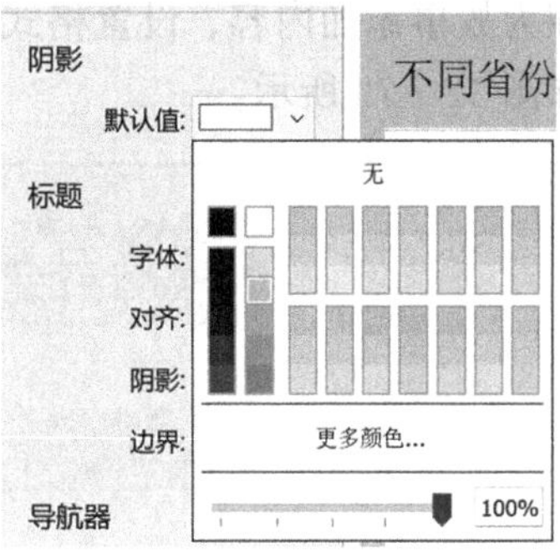


图 12-77 调整故事的背景色

**6. 设置页面大小**

在故事中，可根据展示故事的设备设置故事的大小。在“故事”窗口的左下角，选择故事的大小为“故事（1016×964）”，默认宽度值与高度值，如图 12-78 所示。

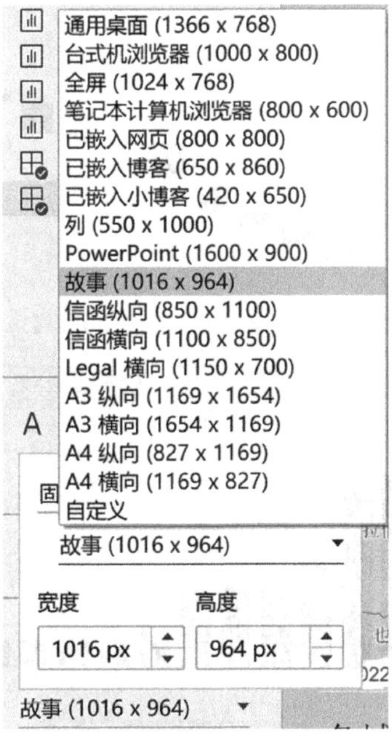


图 12-78 设置页面大小

## 12.5.4 演示故事

在通常情况下，一份可视化报告的展示需要借助辅助的 PPT 或者其他工作软件，而在 Tableau 中，使用者可以通过演示故事使制作的可视化文件得以展示。

**1. 选择演示**

在为故事添加内容、设置格式后，可以点击“演示”按钮，对故事的展示效果进行检验，如图 12-79 所示。

图 12-79 选择演示

**2. 呈现效果**

进入演示之后，在故事标题的下方会有一个导航器，通过导航器可以转到不同的故事点，利用导航器进行演示操作会使数据分析的展示更为有效，呈现效果如图 12-80 所示。

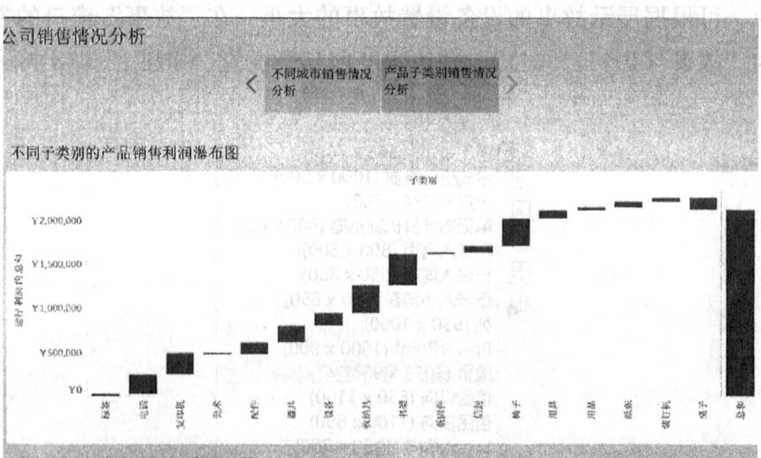


图 12-80 呈现效果

# 12.6　模拟实训

数据可视化分析场景中，往往需要使用者了解从数据到最终展示的整体分析架构，所以在此设置模拟会计大数据可视化分析场景以达到实训效果。

## 12.6.1　场景描述

蛮先进公司是一家引领财务转型、全力打造智能财务的公司，以业务财务一体化为目标。其财务部在加强现有财务工作的基础上，不断前移财务工作，向业务渗透，全面参与企业战略管理、市场营销以及资产管理等经营活动，以强化对企业经营全过程的决策支撑和价值管控。

销售商品作为企业经营活动中的一个重要环节，与其他经营活动如采购商品、支付税收等一起影响着企业的净利润。在业务下沉的背景下，财务人员对销售活动进行账务处理的过程中，应追溯到前端销售业务，从不同维度看待销售活动产生的销售收入。销售收入是财会人员填制销售商品记账凭证中主营业务收入的依据，也是财务报表的依据。于是蛮先进公司拟对销售收入进行多维分析，从商品、地域和时间等多个角度看待销售收入，以对主营业务收入有更深的理解，从而更清晰地看待利润表中的数字。

## 12.6.2　数据准备

该模拟实训的数据是基于前面对销售业务数据进行 ETL 过程后，从数据仓库导出的数据，包括销售事实表、时间维度表、区域维度表、客户维度表和商品维度表。

（1）销售事实表记录销售活动中的数值型数据，是我们要观察的值，主要是销售数量和销售金额（即销售收入），如图 12－81 所示。

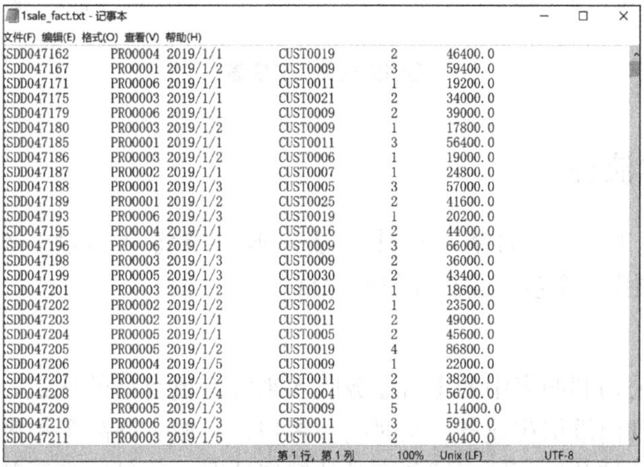
1sale_fact.txt - 记事本
文件(F) 编辑(E) 格式(O) 查看(V) 帮助(H)

| | | | | | |
|---|---|---|---|---|---|
| SDD047162 | PR00004 | 2019/1/1 | CUST0019 | 2 | 46400.0 |
| SDD047167 | PR00001 | 2019/1/2 | CUST0009 | 3 | 59400.0 |
| SDD047171 | PR00006 | 2019/1/1 | CUST0011 | 1 | 19200.0 |
| SDD047175 | PR00003 | 2019/1/1 | CUST0021 | 2 | 34000.0 |
| SDD047179 | PR00006 | 2019/1/1 | CUST0009 | 2 | 39000.0 |
| SDD047180 | PR00003 | 2019/1/2 | CUST0009 | 1 | 17800.0 |
| SDD047185 | PR00001 | 2019/1/1 | CUST0011 | 3 | 56400.0 |
| SDD047186 | PR00003 | 2019/1/2 | CUST0006 | 1 | 19000.0 |
| SDD047187 | PR00002 | 2019/1/1 | CUST0007 | 1 | 24800.0 |
| SDD047188 | PR00001 | 2019/1/3 | CUST0005 | 3 | 57000.0 |
| SDD047189 | PR00001 | 2019/1/2 | CUST0025 | 2 | 41600.0 |
| SDD047193 | PR00006 | 2019/1/3 | CUST0019 | 1 | 20200.0 |
| SDD047195 | PR00004 | 2019/1/1 | CUST0016 | 2 | 44000.0 |
| SDD047196 | PR00006 | 2019/1/1 | CUST0009 | 3 | 66000.0 |
| SDD047198 | PR00003 | 2019/1/3 | CUST0009 | 2 | 36000.0 |
| SDD047199 | PR00005 | 2019/1/3 | CUST0030 | 2 | 43400.0 |
| SDD047201 | PR00003 | 2019/1/2 | CUST0010 | 1 | 18600.0 |
| SDD047202 | PR00002 | 2019/1/2 | CUST0002 | 1 | 23500.0 |
| SDD047203 | PR00002 | 2019/1/1 | CUST0011 | 2 | 49000.0 |
| SDD047204 | PR00005 | 2019/1/1 | CUST0005 | 2 | 45600.0 |
| SDD047205 | PR00005 | 2019/1/2 | CUST0019 | 4 | 86800.0 |
| SDD047206 | PR00004 | 2019/1/5 | CUST0009 | 1 | 22000.0 |
| SDD047207 | PR00001 | 2019/1/2 | CUST0011 | 2 | 38200.0 |
| SDD047208 | PR00001 | 2019/1/4 | CUST0004 | 3 | 56700.0 |
| SDD047209 | PR00005 | 2019/1/3 | CUST0009 | 5 | 114000.0 |
| SDD047210 | PR00006 | 2019/1/3 | CUST0011 | 3 | 59100.0 |
| SDD047211 | PR00003 | 2019/1/5 | CUST0011 | 2 | 40400.0 |

第 1 行，第 1 列　100%　Unix (LF)　UTF-8

图 12－81　销售事实表

（2）时间维度表记录销售业务日期，是观察数据的时间角度。商品维度表记录商品的基本信息，如商品名称、计量单位，是观察数据的商品角度。客户维度表记录企业的购买客户信息，如客户名称、所在区域等，是观察数据的客户角度。区域维度表记录客户所在区域的具体信息，是观察销售情况的区域角度。如图 12－82 所示。

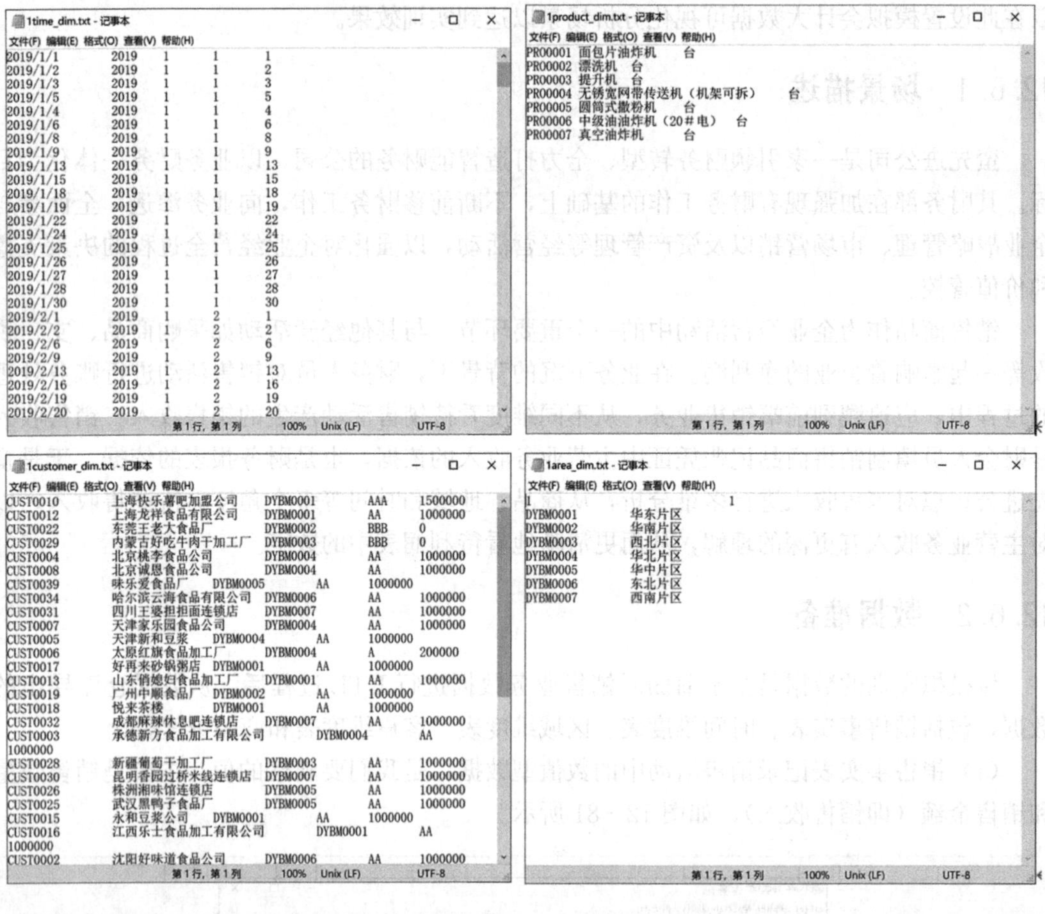


图 12－82 维度表

## 12.6.3 可视化流程

上一章介绍了 Tableau 的基础操作方法，本小节将会通过一个实例展示如何在 Tableau 中一步步制作一个包含高阶操作的故事。

**1. 明晰需求**

为了对蛮先进公司利润表中的主营业务收入来源有更清晰的认识，掌握影响主营业务收入的因素，追溯到前端销售业务，从时间、客户、区域、商品等维度分析销售金额和销售数量，通过横向比较分析不同区域各商品的销售情况，通过追溯到某客户全年的购买情况挖掘潜力客户，通过纵向比较分析不同时间维度的商品销售情况以找到淡旺季，合理安排生产、库存和销售计划。通过对销售收入的多维分析，最终得到公司的经营状况，从而为决策提供支持。

**2. 提炼数据**

对蛮先进公司的销售事实表和各种维度表进行采集、清洗与处理。从 Hive 数据仓库导出的数据以文本文件存储，且缺乏字段名称，因此需对数据的字段名称进行重命名。本小节案例数据在 11.7 节数据的基础上，增加了时间维度表，其余数据表见 11.7 节。

时间维度表包含时间编码、年、季度、月份、日，如图 12－83 所示。

| 时间维度表 时间编码 | 时间维度表 年 | 时间维度表 季度 | 时间维度表 月份 | 时间维度表 日 |
|---|---|---|---|---|
| 2019/1/1 | 2019 | 1 | 1 | 1 |
| 2019/1/2 | 2019 | 1 | 1 | 2 |
| 2019/1/1 | 2019 | 1 | 1 | 1 |
| 2019/1/1 | 2019 | 1 | 1 | 1 |
| 2019/1/1 | 2019 | 1 | 1 | 1 |
| 2019/1/2 | 2019 | 1 | 1 | 2 |
| 2019/1/1 | 2019 | 1 | 1 | 1 |

图 12－83　时间维度表部分数据截图

**3. 选定图表**

在经营销售数据中，需要对销售数量和销售金额进行不同维度分析时，可以根据不同的数据分析需求选择不同的图表进行可视化分析。

在对经营销售情况进行不同维度分析时，我们涉及的数据为销售数量和销售金额，涉及的维度较多，因此选择图表时，需要考虑多个维度的图表，例如圆视图、组合图等，在较多数据维度下依然可以有很直观的效果。而当需要分析某一维度的具体情况时，可通过筛选器选择维度数据，比如在分析每个客户的全年购买情况时，为了将数据细分到每个客户，需添加筛选器进行筛选。除此之外，在设计时选定树状图可以通过图形的大小看出该客户的购买情况。在对不同区域的销售额组成情况进行分析时，可以选择瀑布图，不仅能统计该区域的总销售额，也能分析得到由哪几种商品的销售额组成，还能看出哪一种商品的销售额更多。在从时间维度同时分析销售数量和销售金额两个度量值时，通过组合图的运用，可同步分析同一维度下的不同度量值变动趋势，使得公司经营销售情况的分析更直观，更具可视化分析效果。

**4. 设计呈现**

在蛮先进公司的经营情况数据分析中，选定图表时已经确定大致雏形，主要使用树状图、圆视图、瀑布图等图表，而根据这些图表，要使得其更加贴合数据分析的要求，需要进行一定的设计和布局，例如，在设计圆视图分析不同区域的各商品销量情况时，销售数量作为主要的分析点，自然应该作为主要的点，区域和商品都是分析的角度，而我们想要分析的是不同区域的商品销售情况，因此将区域作为横坐标，用不同颜色来表示不同的商品。除此之外，不仅在工作表中，而且在仪表板和故事中，哪项数据更具分析价值，就应该为其设计更多的版面，花更多的心思去设计。

**5. 人机交互**

需考虑使用者对于图表的接受程度，要易于观看、分析、研究；在可视化分析之后，对于整个项目要可编辑、可修改；而在移动设备端或者不同系统，也需要其分析路径正常运行。在对蛮先进公司的销售情况进行多维分析时，调节图表柱形图颜色，由浅至深；减少不必要的额外图例和文字描述，使可视化分析图表较为整洁直观，减少使用者的操作负担。

## 12.6.4 Tableau 实现步骤

在 Tableau 中实现会计数据可视化分析，离不开数据源管理和工作表设计。

**1. 工作表**

（1）管理数据源。在本书 11.7 节模拟实训的数据源基础上，添加“1time_dim. txt”（时间维度表）到逻辑表页面，并修改字段名称，如图 12-84 所示。

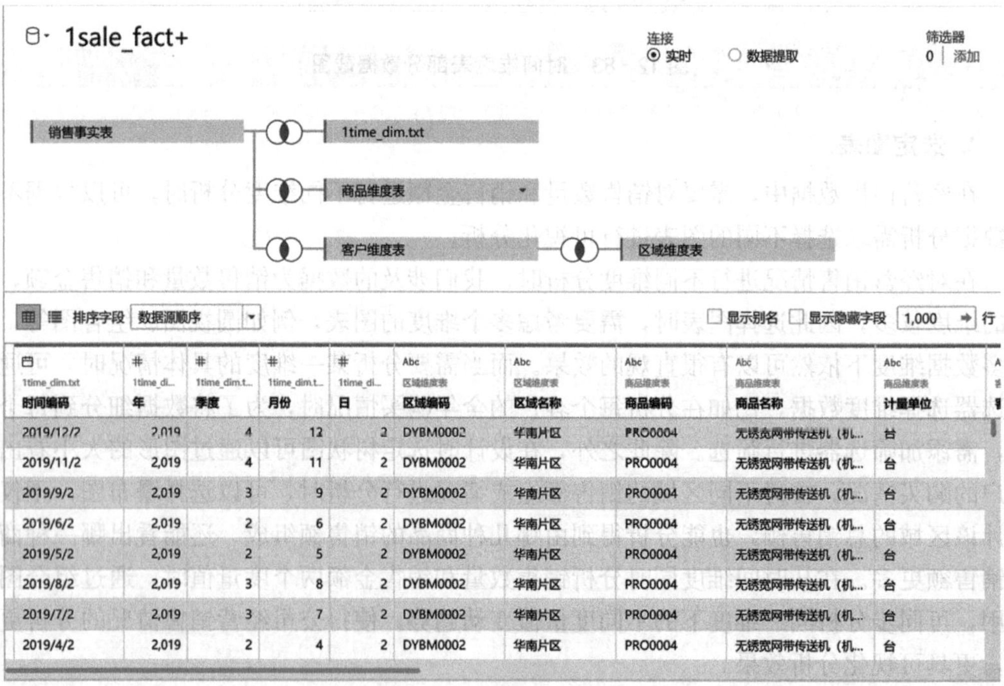


图 12-84 添加数据表

双击逻辑表页面的数据表“1time_dim. txt”，名称修改为“时间维度表”，并设置时间维度表与销售事实表的联接为“内联接”，联接条件为“业务日期=时间编码”，如图 12-85 所示。

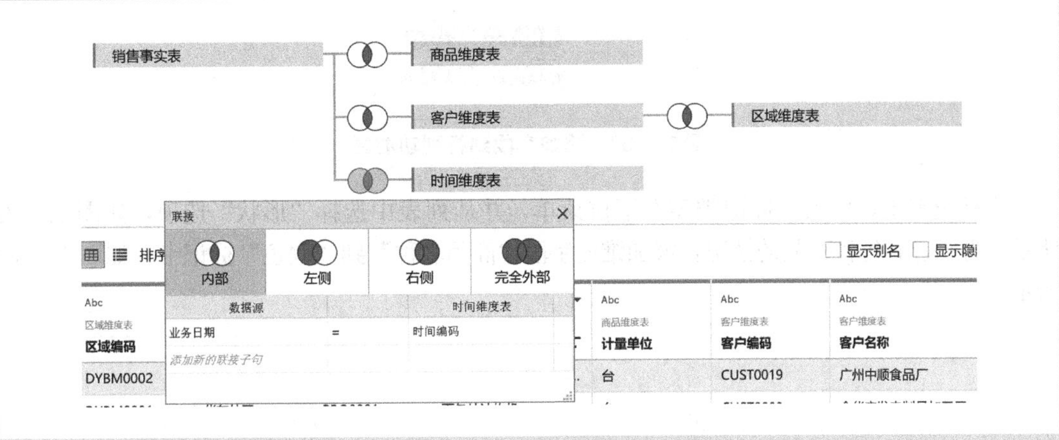


图 12-85　设置联接条件

(2)“各地区各商品的销售量情况”工作表。该工作表是对蛮先进公司全年在各个经营区域的商品销售数量的分析，从而发现销售量较好和较差的地区和商品，为销售策略提供决策支持。

新建工作表，并重命名为“各地区各商品的销售量情况”。按住“Ctrl”键在工作区左侧“数据”窗口的度量字段中，选中“季度”“年”“日”“月份”，鼠标右键选择“转换为维度”选项，将度量字段转换为维度字段，如图 12-86 所示。转换完成后，这四个字段出现在维度字段中。

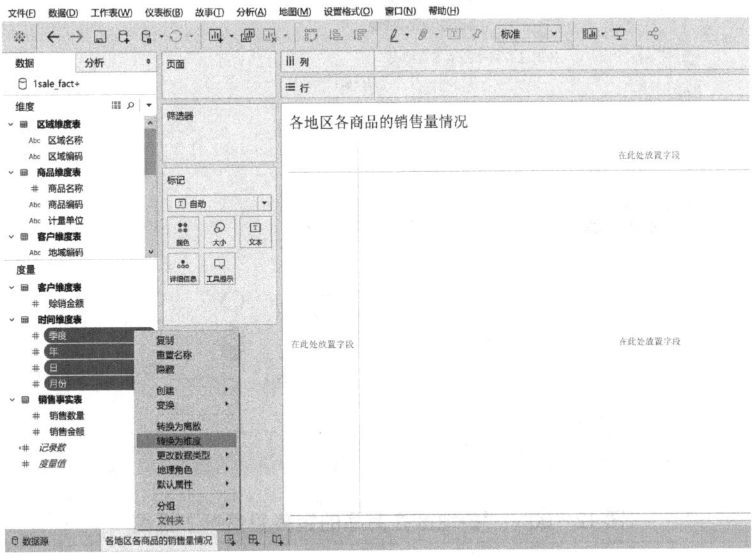


图 12-86　将度量字段转换为维度字段

拖动维度字段“区域名称”到列功能区，拖动度量字段“总和（销售数量）”到行功能区，如图 12-87 所示。

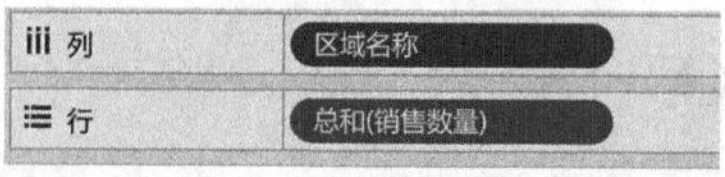


图 12-87　添加字段到行列功能区

在标记卡上，单击“标记类型”下拉菜单，并从列表中选择“形状”选项，如图 12-88 所示。为了查看每种商品的情况，添加维度字段“商品名称”到“颜色”标记卡，如图 12-89 所示。

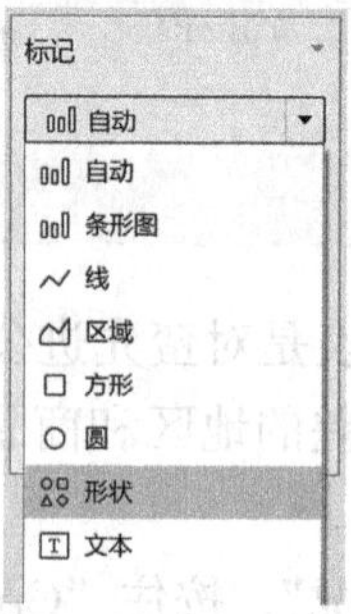


图 12-88　修改标记类型

图 12-89　添加颜色标记卡

最终呈现的“各地区各商品的销售量情况”视图如图 12-90 所示。

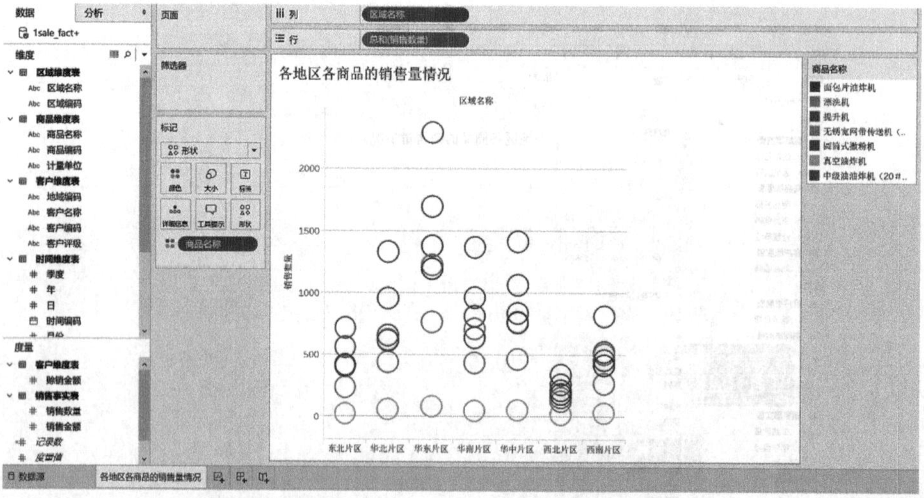


图 12-90　“各地区各商品的销售量情况”视图

(3)“各区域各商品的销售额情况”工作表。该工作表是对蛮先进公司全年在各个经营区域商品销售收入的分析，结合各地区每种商品的销售数量情况，可以发现销售收入高的原因是销售量高还是售卖单价高。

新建工作表，并重命名为“各区域各商品的销售额情况”。拖动度量字段“总和（销售金额)”到行功能区，拖动维度字段“区域名称”和“商品名称”到列功能区，如图 12－91 所示。

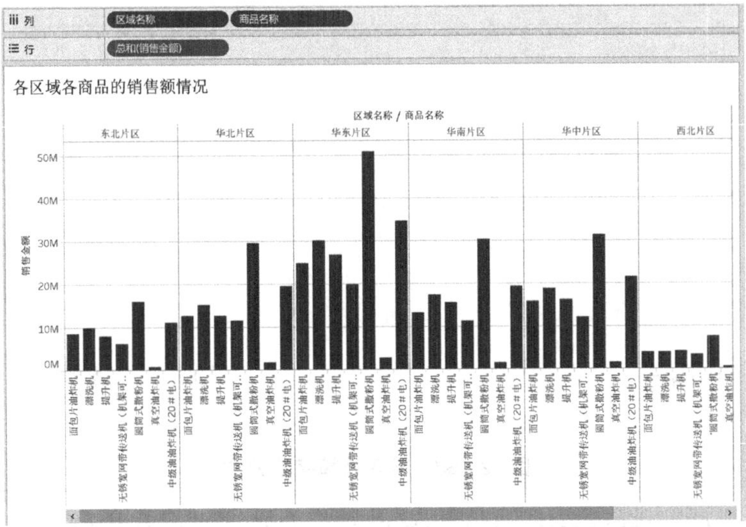


图 12－91　添加字段到行列功能区

鼠标右键单击左侧“数据”窗口下的度量字段“销售金额”，从列表中选择“创建”选项。然后选择“计算字段”选项，打开“计算字段”窗口，如图 12－92 所示。再输入计算字段的名称“-销售金额”。在计算字段名称下方的计算区域中写入“－[销售金额]”，单击“确定”按钮，如图 12－93 所示。

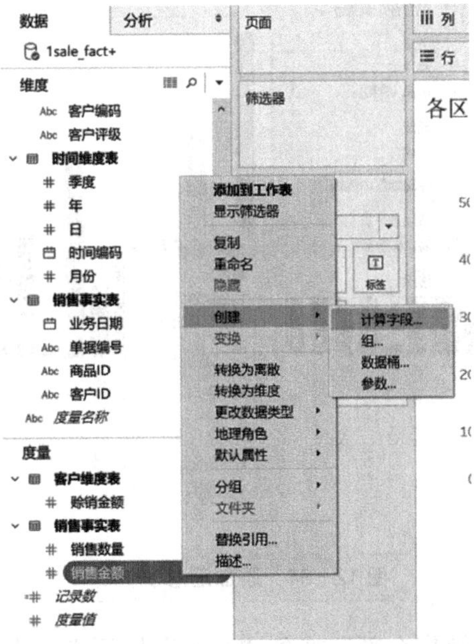


图 12－92　创建计算字段

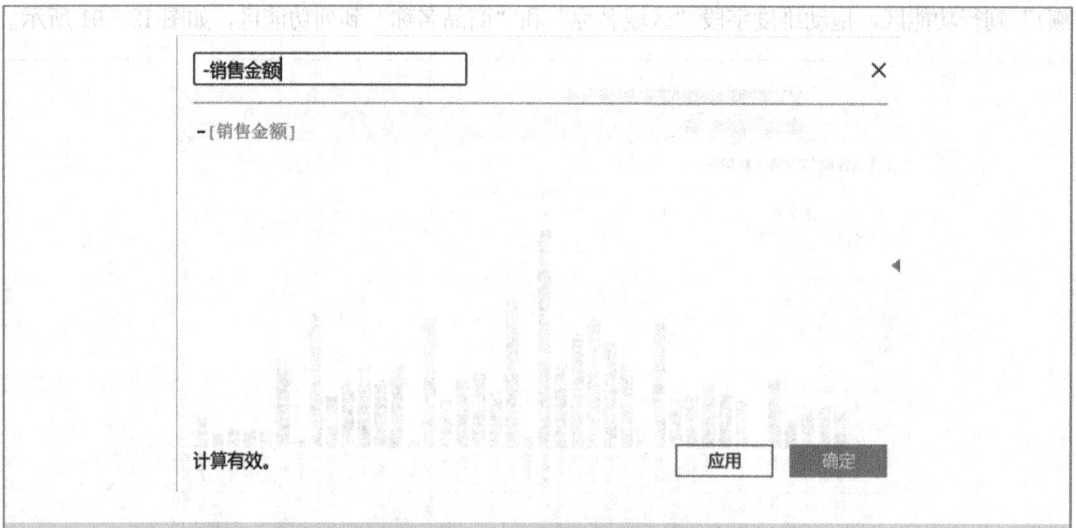


图 12-93　输入计算字段公式

鼠标右键单击行功能区中的“总和（销售金额）”字段，从列表中选择“快速表计算”选项，然后选择“汇总”选项，如图 12-94 所示。

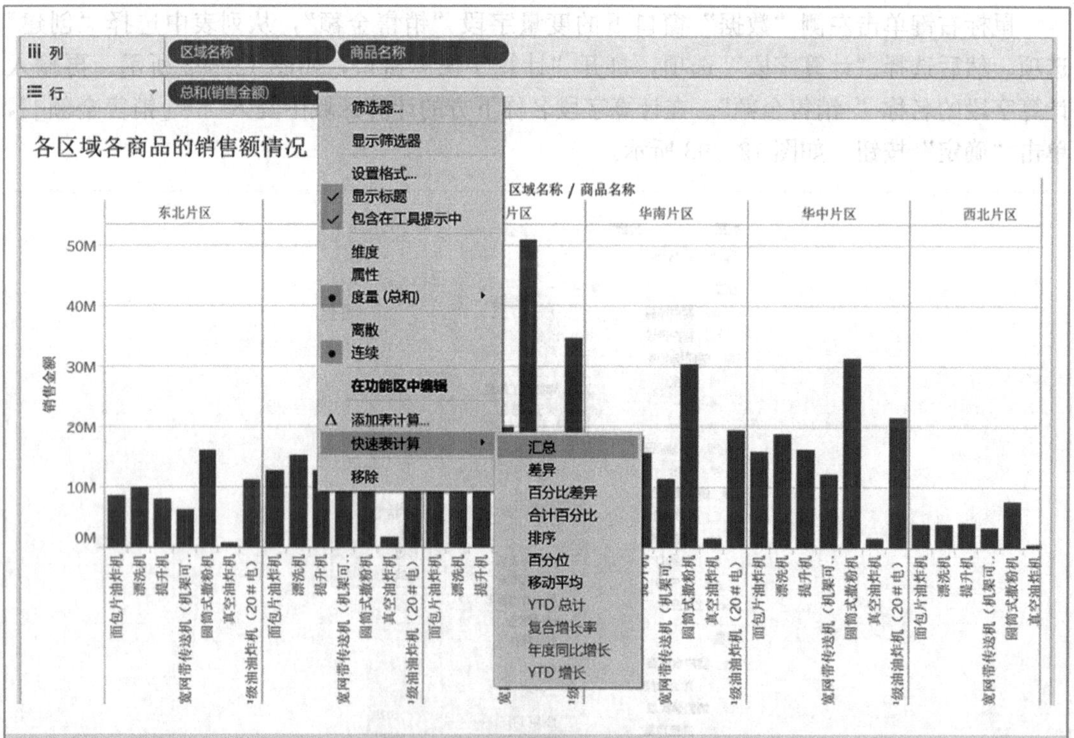


图 12-94　添加汇总表计算

将新建的度量字段“-销售金额”拖到“大小”标记卡。在标记卡上，单击“标记类型”下拉菜单，并从列表中选择“甘特条形图”选项，如图 12-95 所示。

图 12-95　添加标记

为了查看总销售额，需要设置行总和。点击菜单栏中的“分析”菜单，然后选择“合计”选项卡中的“显示行总和”选项，如图 12-96 所示。

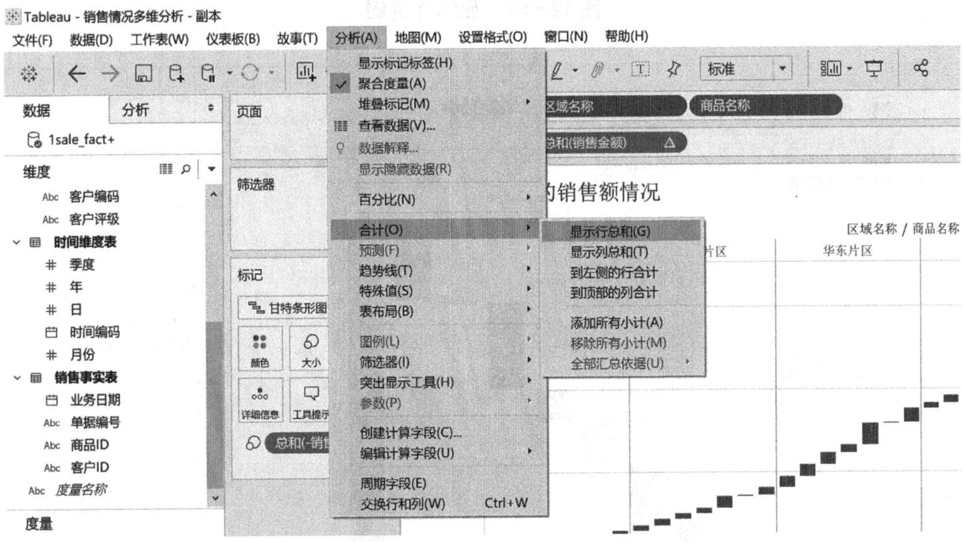


图 12-96　显示行总和

为了分析每个区域的具体销售额情况，添加筛选器以对区域进行筛选。鼠标右键单击左侧“数据”窗口下的维度字段“区域名称”，选择“显示筛选器”选项，如图 12-97 所示。

为了美观，可将度量字段“-销售金额”拖到“颜色”标记卡。在页面右侧的筛选器中，可以选择某一区域或多个区域，此处选择“东北片区”，最终效果如图 12-98 所示。

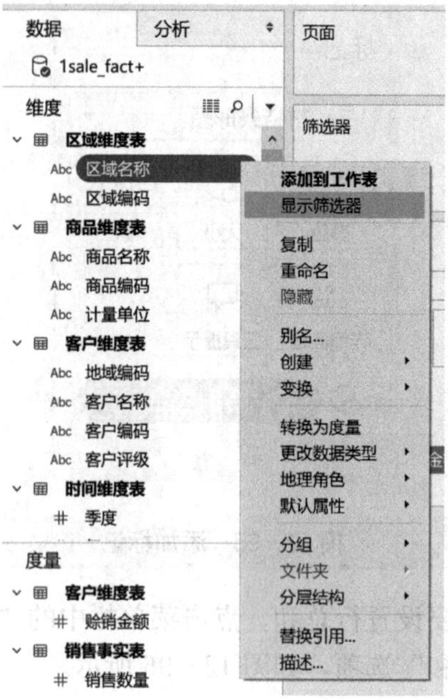


图 12-97　显示筛选器

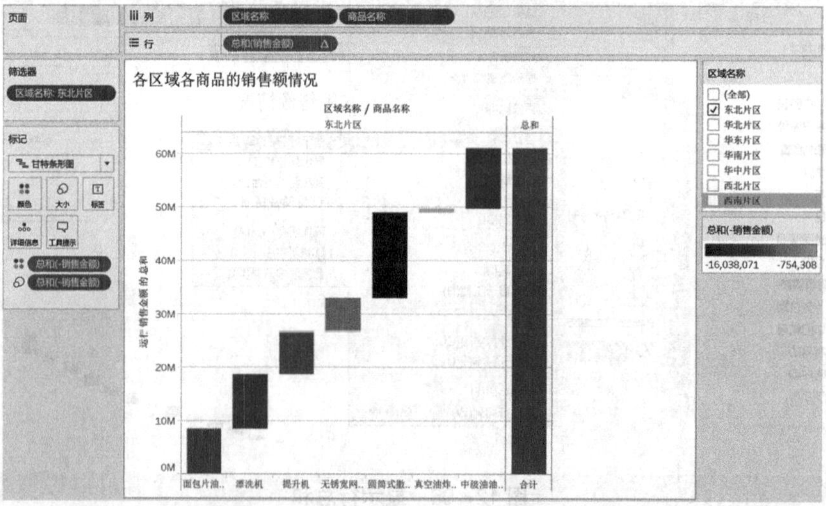


图 12-98　“各区域各商品的销售额情况”视图

(4)“各客户购买商品数量情况”工作表。该工作表分析蛮先进公司全年销售给每个客户的商品数量情况，从而可以评估每个客户的购买力，挖掘潜力客户，调整策略留住大客户。

新建工作表，并重命名为“各客户购买商品数量情况”。拖动度量字段“总和（销售数量)”到“颜色”和“大小”标记卡，拖动维度字段“商品名称”和度量字段“总和

(销售数量)”到“标签”标记卡，拖动维度字段“属性（客户名称)”到“工具提示”标记卡，如图 12－99 所示。

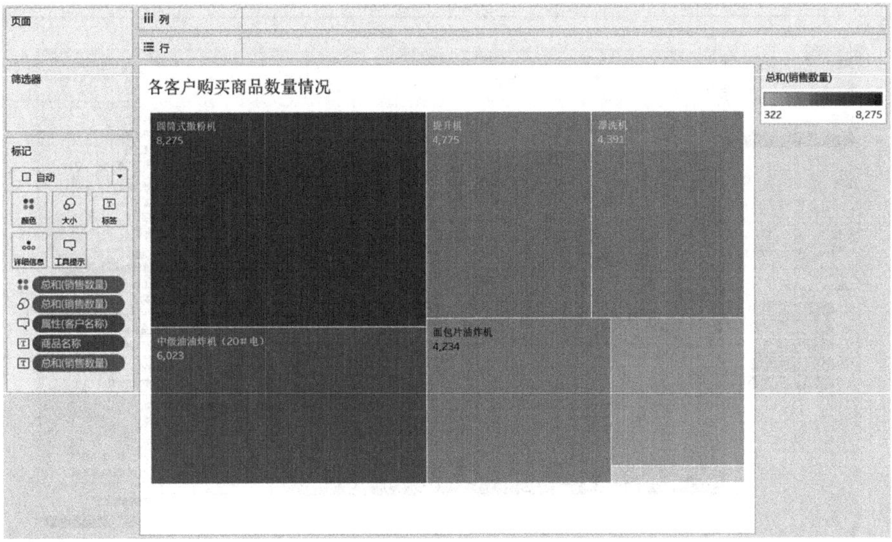


图 12－99　添加字段

为查看各客户的商品数量购买情况，添加筛选器。将维度字段“客户名称”拖到“筛选器”功能区，在弹出的窗口勾选全部选项，如图 12－100 所示。

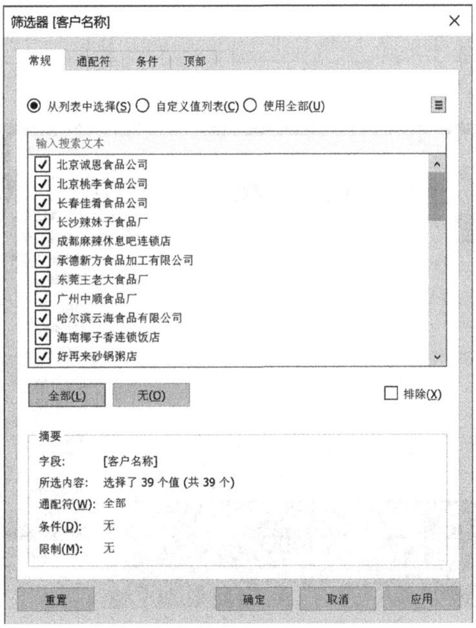


图 12－100　添加筛选器

鼠标右键单击“筛选器”功能区中的字段“客户名称”，选择“显示筛选器”选项。点击“页面”功能区中筛选器“客户名称”的下拉列表，选择“单值（下拉列表）”选项，如图 12-101 所示。

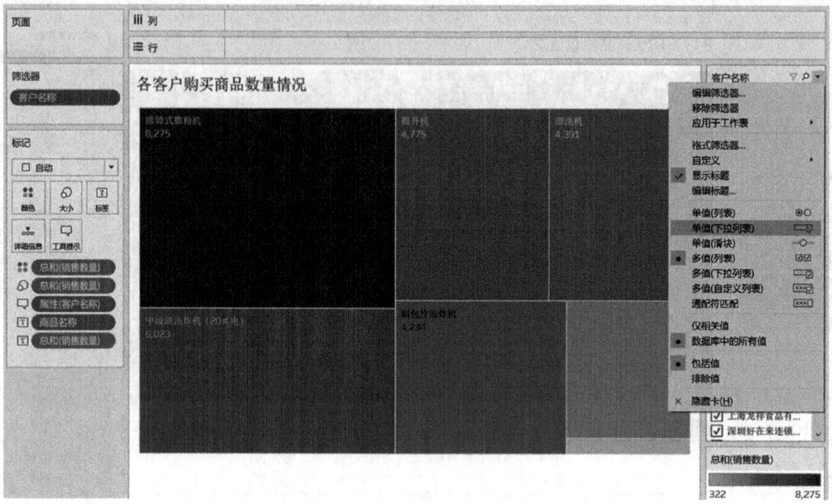


图 12-101　编辑筛选器

双击视图中的标题，删除弹出的“编辑标题”窗口中的“＜工作表名称＞”，点击“插入”选项卡，选择“属性（客户名称）”选项，如图 12-102 所示。然后在“＜属性(客户名称)＞”后继续输入文字“购买商品数量情况”，编辑完成后的标题如图 12-103 所示。

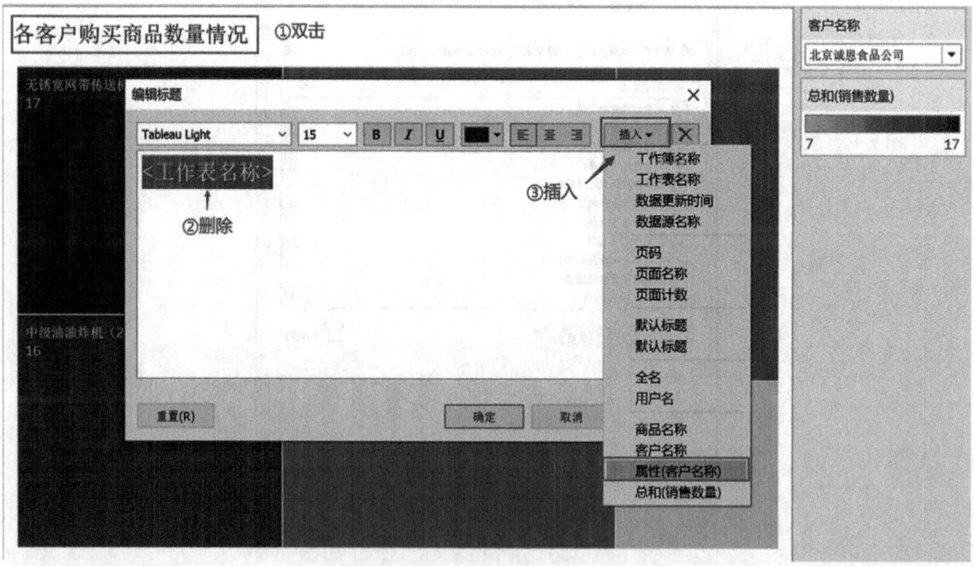


图 12-102　编辑标题

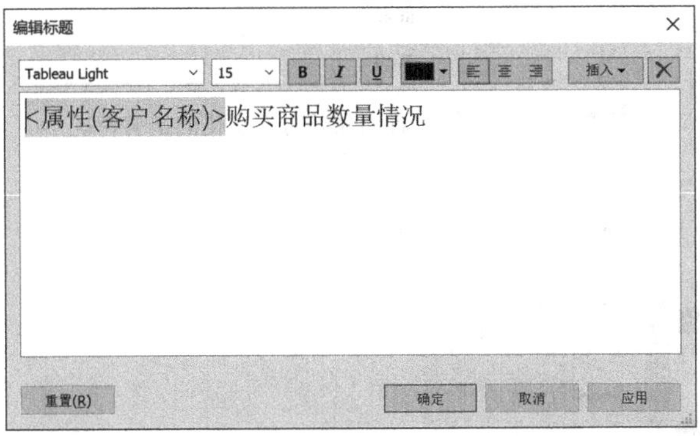


图 12-103 编辑完成后的标题

最终呈现的“各客户购买商品数量情况”视图如图 12-104 所示。

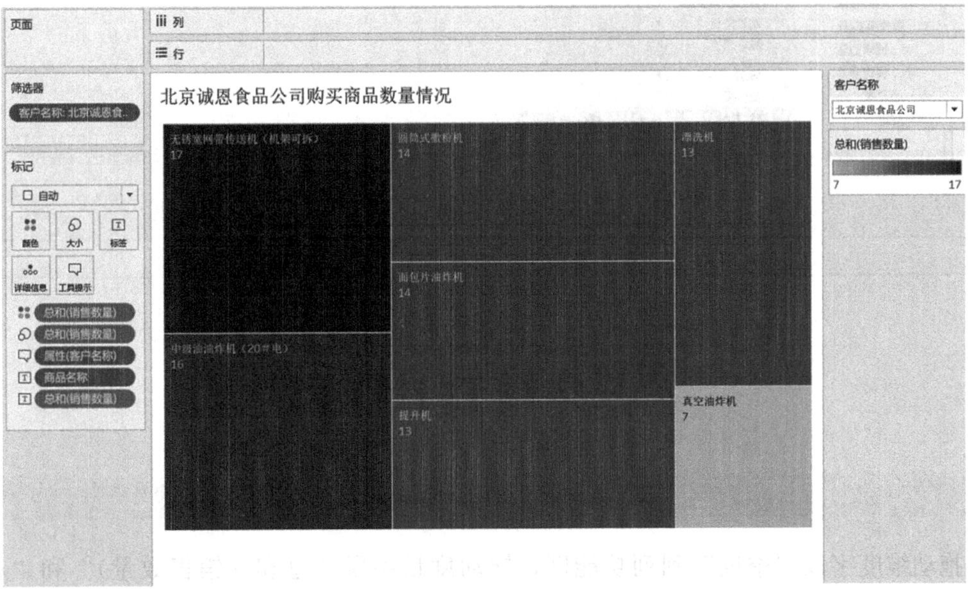


图 12-104 “各客户购买商品数量情况”视图

(5)“各商品随时间变化的销售情况”工作表。该工作表可以分析蛮先进公司销售的商品随着时间变动的情况，发现每种商品的销售旺季和淡季，为合理安排生产和销售工作提供决策支持。

新建工作表，并重命名为“各商品随时间变化的销售情况”。按住“Ctrl”键，依次选中维度字段“季度”“月份”，然后鼠标右键选择“分层结构”→“创建分层结构”选项，如图 12-105 所示。弹出“创建分层结构”窗口，保持默认名称，直接点击“确定”按钮，如图 12-106 所示。

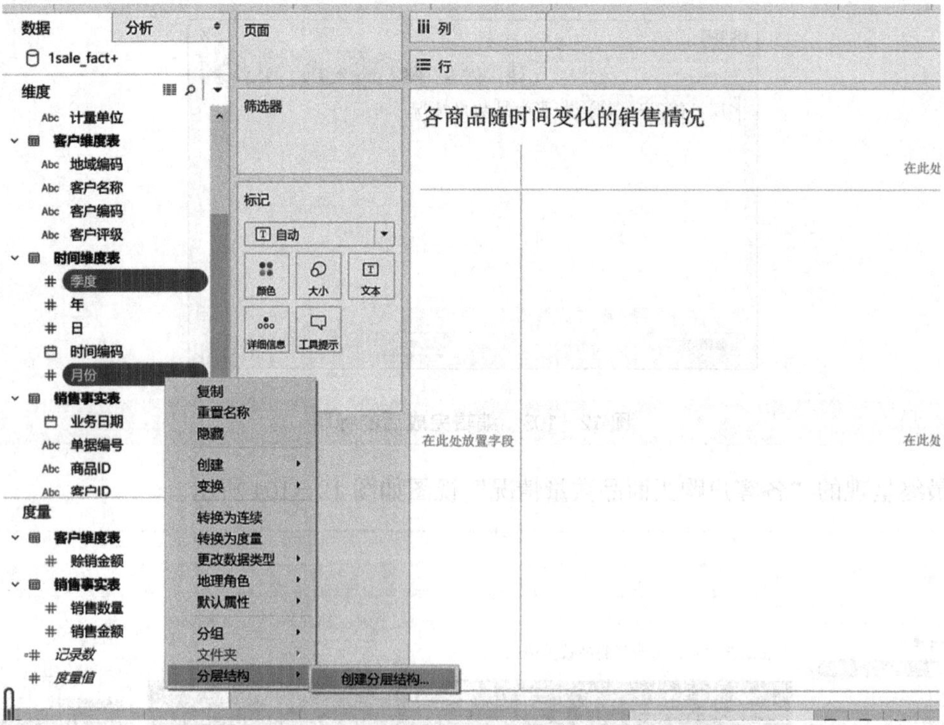


图 12-105 创建分层结构

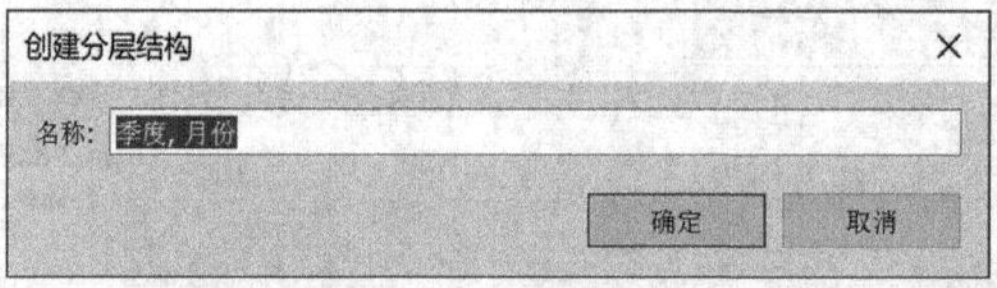


图 12-106 确定分层结构名称

拖动维度字段“季度”到列功能区，拖动度量字段“总和（销售数量）”和“总和（销售金额）”到行功能区。然后点击列功能区上字段“季度”前的“十”图标，以展开“月份”字段，如图 12-107 所示。

图 12-107 添加字段

单击标记卡中“总和（销售金额）”的“标记类型”下拉菜单，并从列表中选择“线”选项，拖动维度字段“属性（商品名称）”和度量字段“总和（销售数量）”到“工具提示”标记卡，如图 12－108 所示。单击标记卡中“总和（销售数量)”的“标记类型”下拉菜单，并从列表中选择“条形图”选项，拖动维度字段“属性（商品名称)”和度量字段“总和（销售金额)”到“工具提示”标记卡，如图 12－109 所示。

图 12－108　修改标记类型“线”

图 12－109　修改标记类型“条形图”

鼠标右键单击行功能区上的字段“总和（销售金额)”，选择“双轴”选项，如图 12－110 所示。

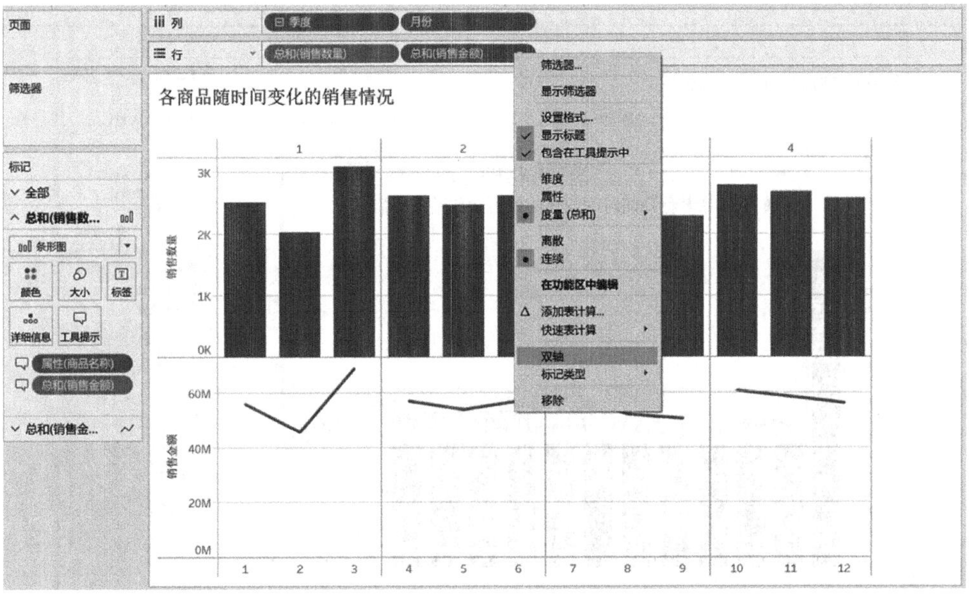


图 12－110　添加双轴

拖动维度字段“商品名称”到筛选器，在弹出的窗口勾选全部选项。鼠标右键单击筛选器中的字段“商品名称”，选择“显示筛选器”选项。点击“页面”功能区中筛选器

“商品名称”的下拉列表，选择“单值（列表）”选项，如图 12－111 所示。

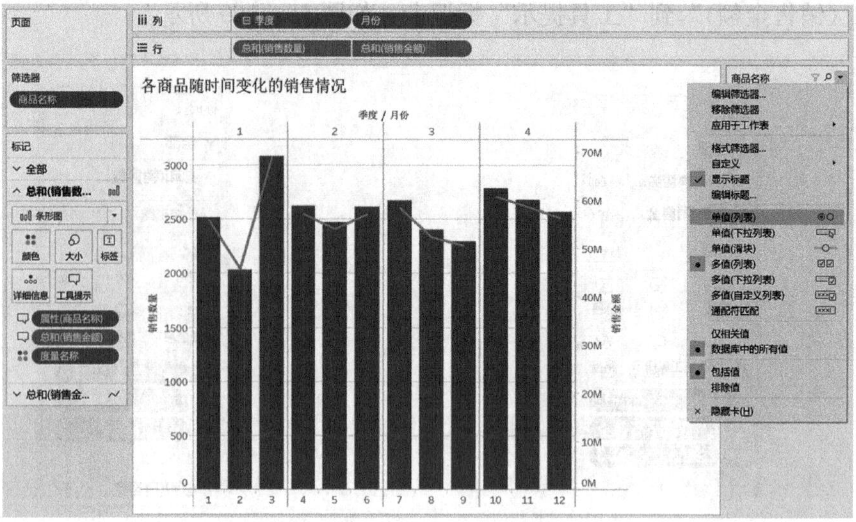


图 12－111　添加筛选器

双击视图中的标题，删除弹出的“编辑标题”窗口中的“＜工作表名称＞”，选择“插入”选项，单击“属性（商品名称）”按钮，并在“＜属性(商品名称)＞”后继续输入文字“随时间变化的销售量和销售额情况”，编辑完成后的标题如图 12－112 所示。

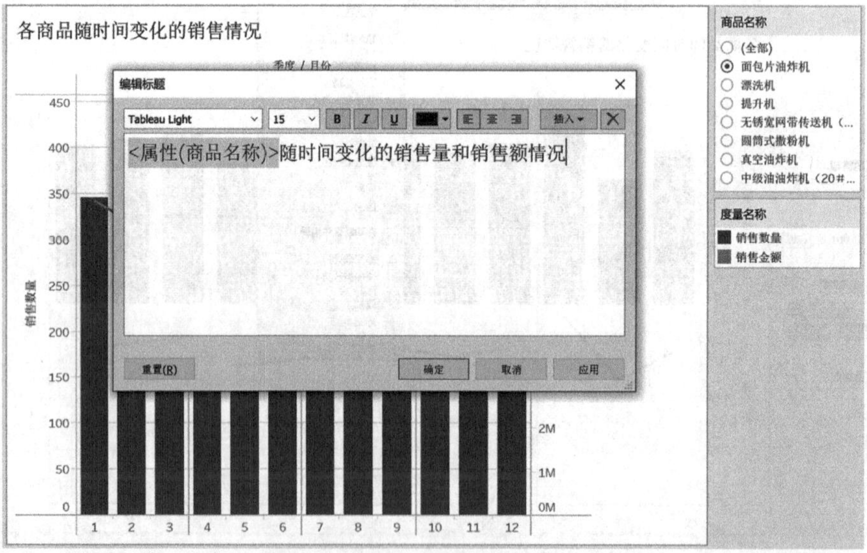


图 12－112　编辑标题

最终呈现的“各商品随时间变化的销售情况”视图如图 12－113 所示。

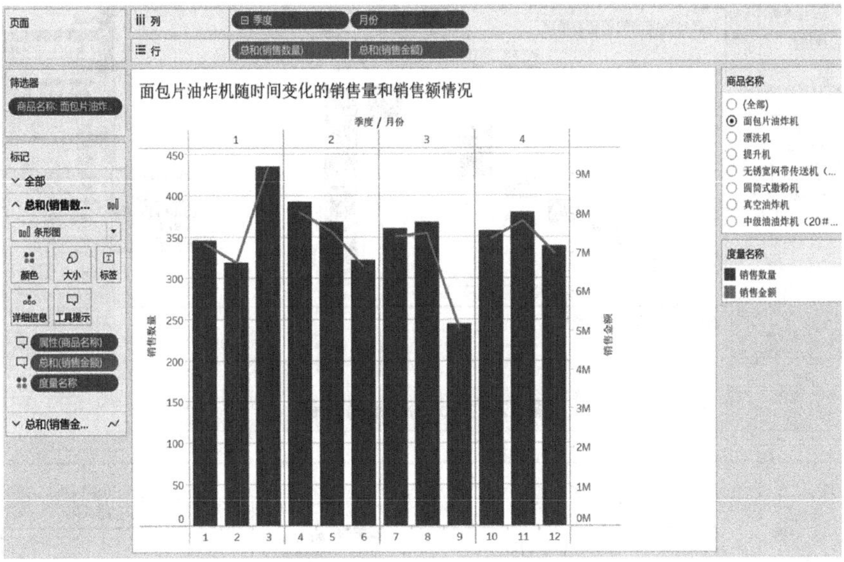


图 12 - 113 “各商品随时间变化的销售情况”视图

## 2. 仪表板

新建仪表板，将其命名为“不同区域的商品销售情况”。在仪表板中，从左侧的“工作表”列表中，将“各地区各商品的销售量情况”和“各区域各商品的销售额情况”视图拖到右侧的仪表板，如图 12 - 114 所示。

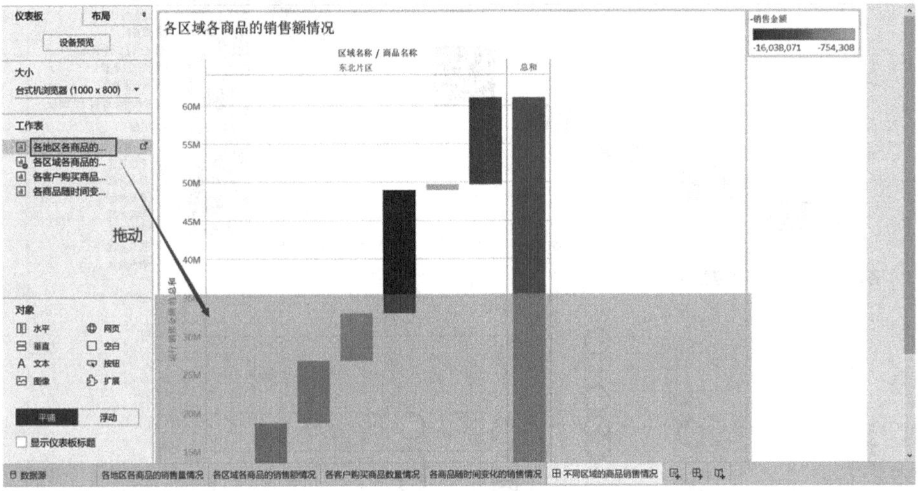


图 12 - 114 新建仪表板

单击仪表板视图中的“各区域各商品的销售额情况”工作表，点击工作表右上方出现的更多选项图标，选择列表中的“筛选器”选项，再继续选择“区域名称”选项，如图 12 - 115 所示。单击工具栏的“适合”下拉菜单，选择“整个视图”选项，如图 12 - 116 所示。

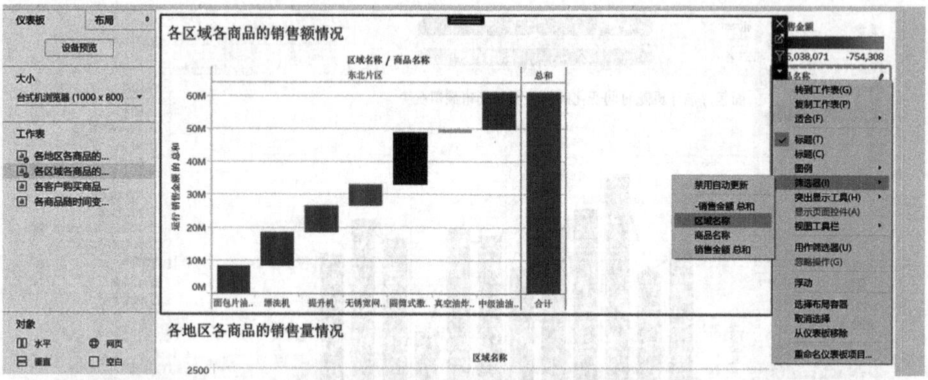


图 12－115　添加筛选器

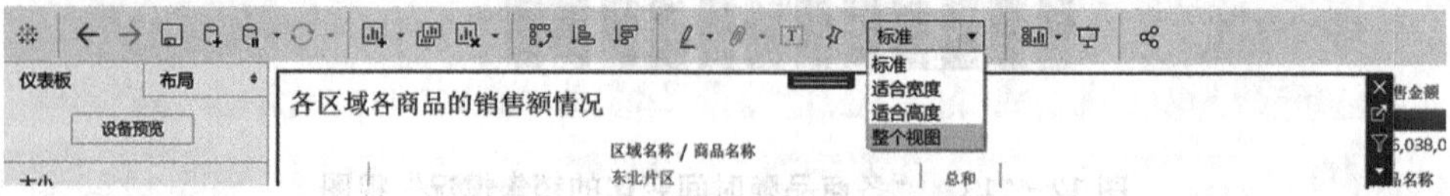


图 12－116　调整视图

“不同区域的商品销售情况”仪表板效果如图 12－117 所示。

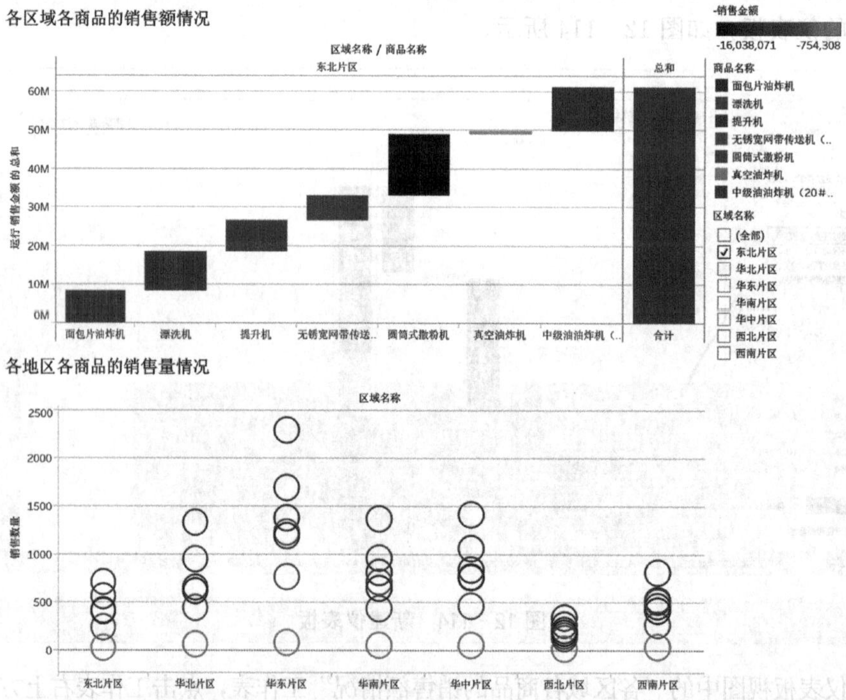


图 12－117　“不同区域的商品销售情况”仪表板

### 3. 故事

新建故事，再重命名为“经营情况分析”，在页面左侧点击“新建故事点”下方的“空白”按钮，新建三个故事点，分别命名为“区域维度”“客户维度”“时间维度”，如图 12－118 所示。

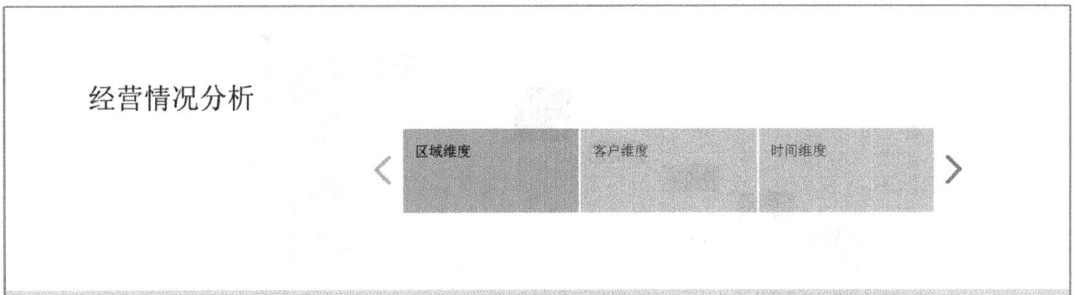


**图 12－118　新建故事点**

从故事工作区的左侧分别将“不同区域的商品销售情况”仪表板、“各客户购买商品数量情况”工作表、“各商品随时间变化的销售情况”工作表拖到“区域维度”“客户维度”“时间维度”故事点中，如图 12－119 所示。

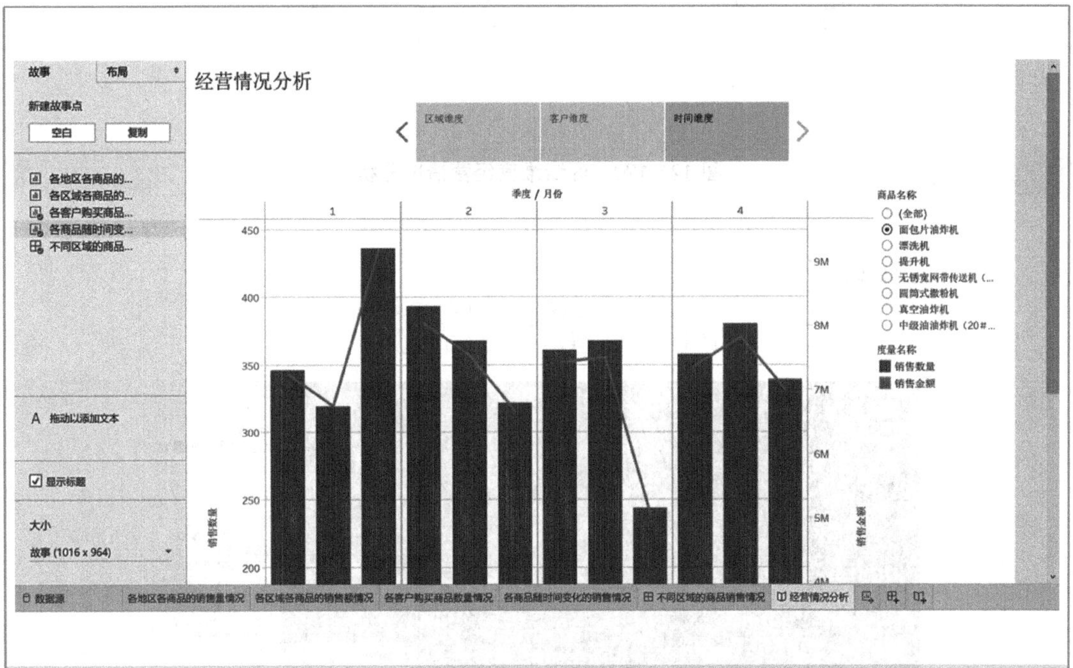


**图 12－119　添加仪表板、工作表**

为每个故事点添加说明，最终效果如图 12－120、图 12－121 和图 12－122 所示。

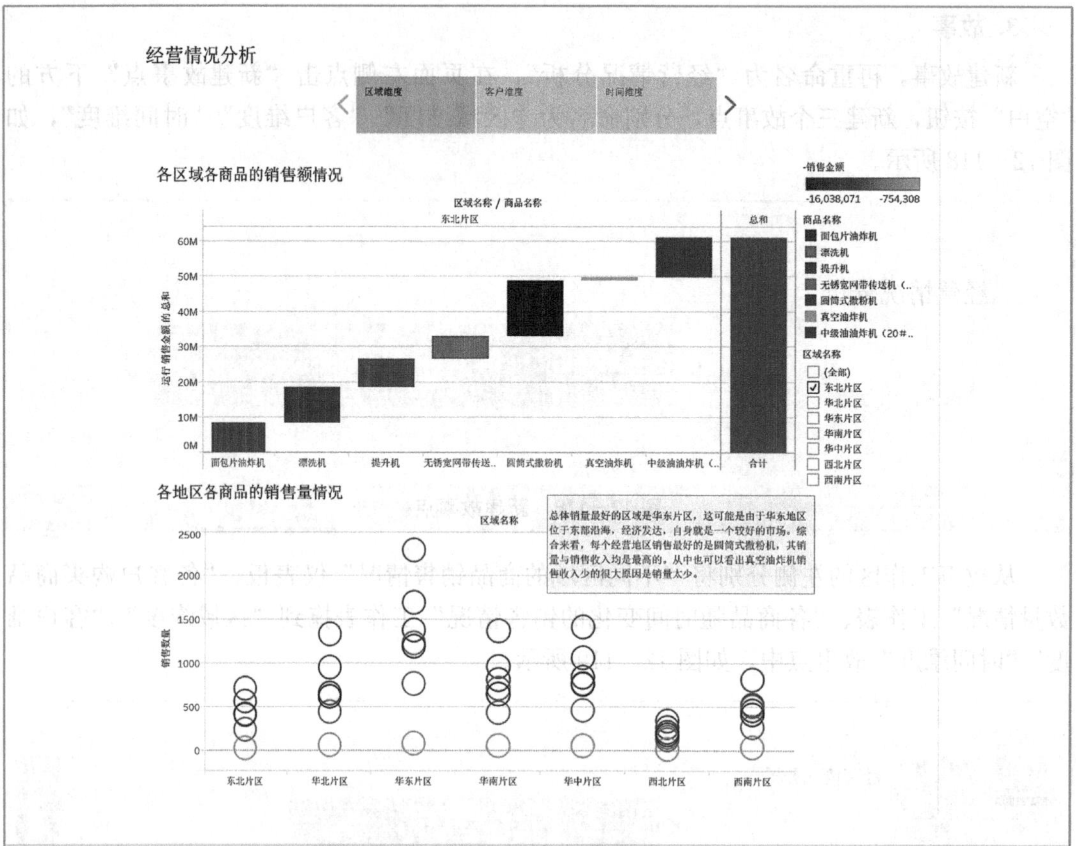


图 12-120　区域维度经营情况分析

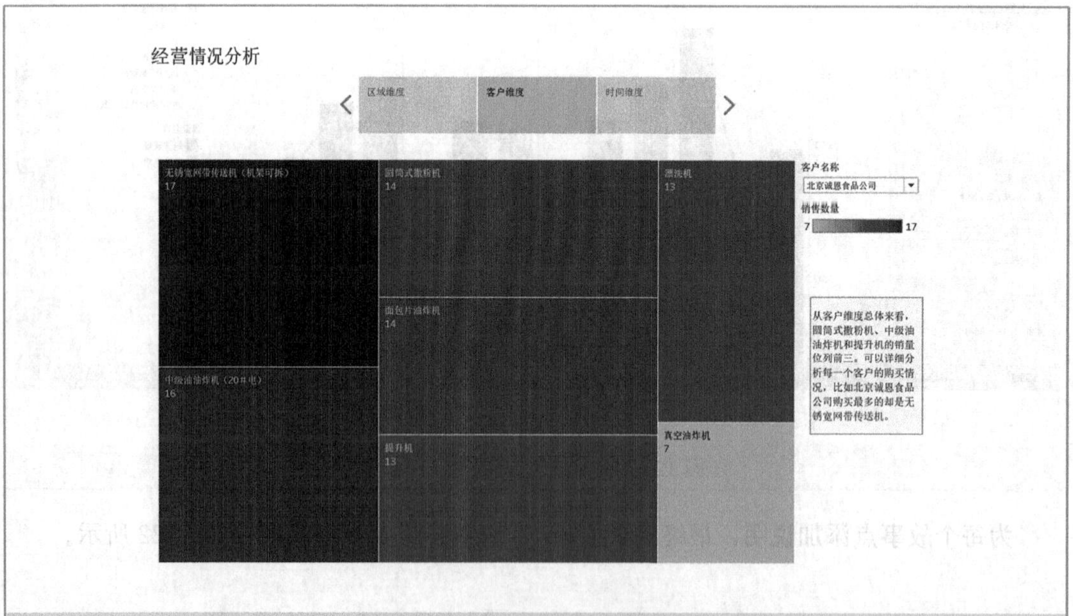


图 12-121　客户维度经营情况分析

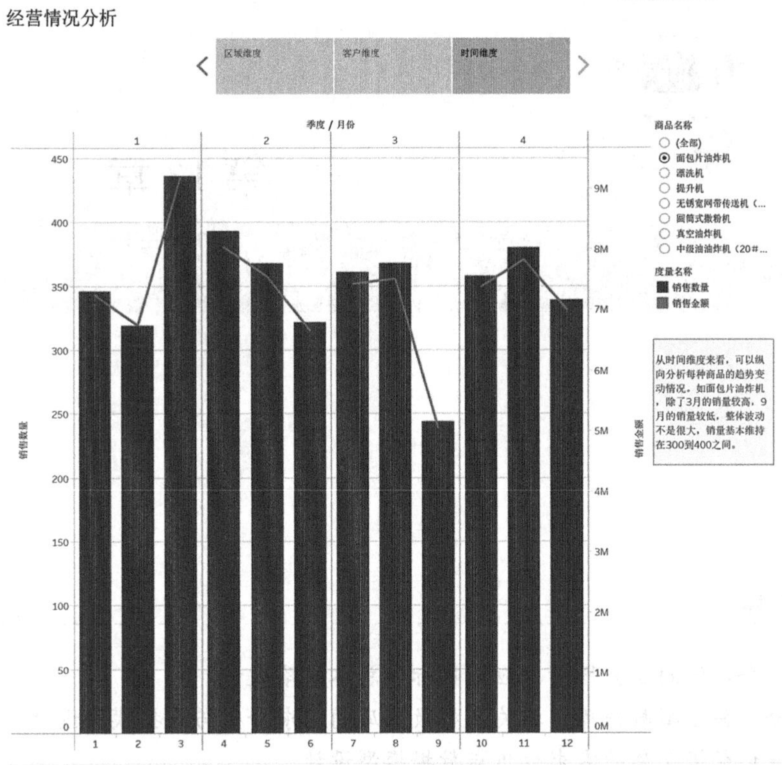


图 12－122　时间维度经营情况分析

## 思维拓展

1. 可视化高级应用技术在展示数据之间的关系以及数据分析结果方面有哪些优势？请举例说明。

2. 大数据时代，社会要求的低耗能存储及高效率计算功效，需要多种技术合作互动完成，请列举三项技术。

3. 请列举三个聚合计算在会计工作中的具体应用案例。

4. 辅助线与参考线的区别有哪些？

5. 假设你现在是 A 公司的数据分析师，要制作一份医疗行业中上市公司的 Tableau 可视化分析报告，请描述可视化流程各个步骤的具体内容。

# 第13章 会计大数据综合案例

## 学习目标

- 熟悉综合案例的业务场景、应用目标和总体思路设计
- 掌握会计关系型数据库、非关系型数据库的需求分析与数据模型设计
- 掌握会计数据仓库的需求分析与数据模型设计
- 掌握会计数据的采集与 ETL 操作
- 掌握会计关系型数据库与非关系型数据库的增删查改等基本操作
- 创新运用会计大数据原理、方法和技术对销售与采购活动进行多维数据分析
- 创新运用会计大数据的分析思维、分析方法对销售、采购与凭证主题进行可视化故事演绎

## 思维导图

## 13.1 会计大数据应用框架

### 13.1.1 场景描述

“我带着梦想与追求，来到了期盼已久的蚕先进公司，从实习第一天到现在，短暂的

项目实习经历让我更清晰地认识了自我，使我更加坚定了自我的选取，能成为蛮先进公司的正式员工，我倍感荣幸!”家桐发出一条“蛮帅气”的朋友圈。

家桐依次给公司的几位前辈发消息表示感谢，他感谢柳婷对他的耐心与严格，感谢常吉在专业知识上的帮助，感谢李岱峰在培训期间对他的夸赞，也感谢谢佳芯教会他更多的 SQL 命令。他和万梦竹、李天臣和谭智杰成了好朋友，在项目里共同进步，也和徐丹青、汤远萍成了“饭友”，平时约着一起吃饭，他拜张菁、晏露为师，平日提醒他工作上疏漏的细节。最后他还不忘感谢杨双和财务总监程平，将正式成为新员工的消息告诉他们，这些曾经与他并肩作战并在接下来的日子里还将一起战斗的同事和前辈，纷纷向他表示祝贺。他满心欢喜地躺在床上，从明天起，他将以正式员工的身份进入办公大楼。

第二天上午，家桐早早地到人事部门办理正式入职的手续，拿到工牌的时候，家桐拍了张照片发到公司群里。“家桐，来我办公室一下，送你一个入职礼物。”程平给家桐发来微信，家桐受宠若惊，连忙去程平的办公室领取这份属于他的“礼物”。

推开办公室的门，家桐更加紧张，除了程平，这个办公室里还有正在汇报工作的柳婷、杨双，以及旁边正在奋笔疾书记录会议纪要的常吉和徐丹青。“家桐，来得正好，要送你一份礼物。”程平对家桐示意坐下。

“什么礼物呢?”家桐看了一眼常吉和徐丹青，发现他们正在捂嘴笑，意识到这可能不是他想象中的礼物。

“现在由你牵头，柳婷、杨双和常吉负责协助你，共同完成采购、销售、凭证一体化的会计大数据项目，整个流程就是你在实习期间学到的内容。当然，你不用太担心，因为他们三个协助你，应该没有什么问题，这次你来做项目负责人，你要对整个项目用心，现在不是你听从前辈的安排去做事，而是你去安排他们。”程平笑着对家桐说道，轻拍家桐的背。家桐心想，原来这就是“礼物”，一个锻炼自己的“礼物”。

“你可以随意调取人员组建项目组，这次你来决定，这绝对是最好的入职礼物。”程平继续补充道。

### 13.1.2　总体框架

蛮先进公司力求从海量的会计数据中快速发现有价值的信息，为企业的经营决策提供参考，提高企业竞争力，实现价值最大化，故采用数据库、数据仓库和数据可视化先进技术对会计大数据业务进行分析。总体框架如图 13－1 所示。

会计大数据分析分为业务流程和技术流程两个部分，并用关键技术点实现每个部分的业务和技术需求。整体分析思路首先是了解分析需求，明确分析目标。其次，设计数据模型，采用数据库进行数据规范管理，按照业务需求在数据库中完成基本的、日常的事务处理。再次，设计数据仓库模型，对数据根据分析需求进行 ETL 操作，再运用 HQL 语句在数据仓库中对采购、销售和凭证业务进行数据的多维分析。最后，运用 Tableau 绘制工作表和仪表板，通过树状图、金字塔图、突出显示表等图表直观地表达数据，实现对会计大数据综合业务故事的演绎。

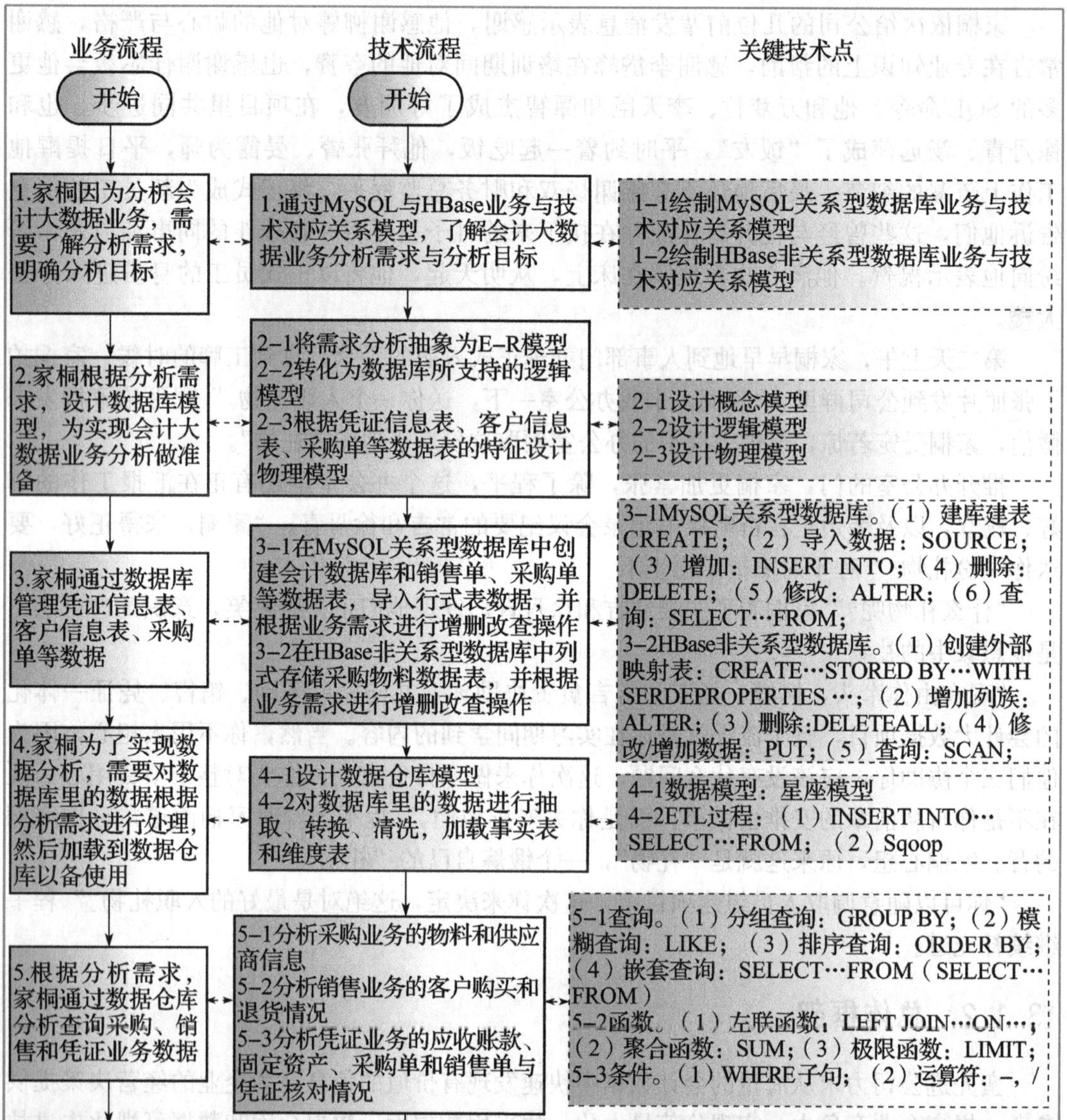


**图 13-1　会计大数据综合案例总体框架**

### 13.1.3　应用目标

本案例采用数据库进行数据管理，运用数据仓库对数据进行多维分析，再使用 Tableau 进行数据分析与可视化呈现，对采购、销售和凭证业务从会计角度、管理角度进行系统梳理，分析和评价企业的总体经营状况，为优化企业管理和经营决策提供重要信息，实现企业价值最大化的总体应用目标。案例的具体目标从数据库、数据仓库、数据分析与可视化层面描述如下。

（1）数据库层面。数据库是数据管理的传统方法和技术，它能更加合适地组织数据，更方便地维护数据，更严密地控制数据和更有效地利用数据。采用数据库技术获取采购、销售和凭证业务产生的凭证信息表、销售单、采购单、采购物料表等数据。然后，根据蛮先进公司的分析需求设计数据模型，对会计综合业务根据数据特征，采用不同的方式存储和管理数据。对于采购单、销售单、凭证信息表等采用 MySQL 关系型数据库行式存储方式管理数据，对于采购物料表采用 HBase 非关系型数据库列式存储方式管理数据。根据发生的真实业务使用 SQL 语句以及 HBase Shell 命令，对采购、销售和凭证数据进行增加、删除、修改和基本查询操作（见图 13－2），有效地保证了数据的及时性、真实性与完整性。

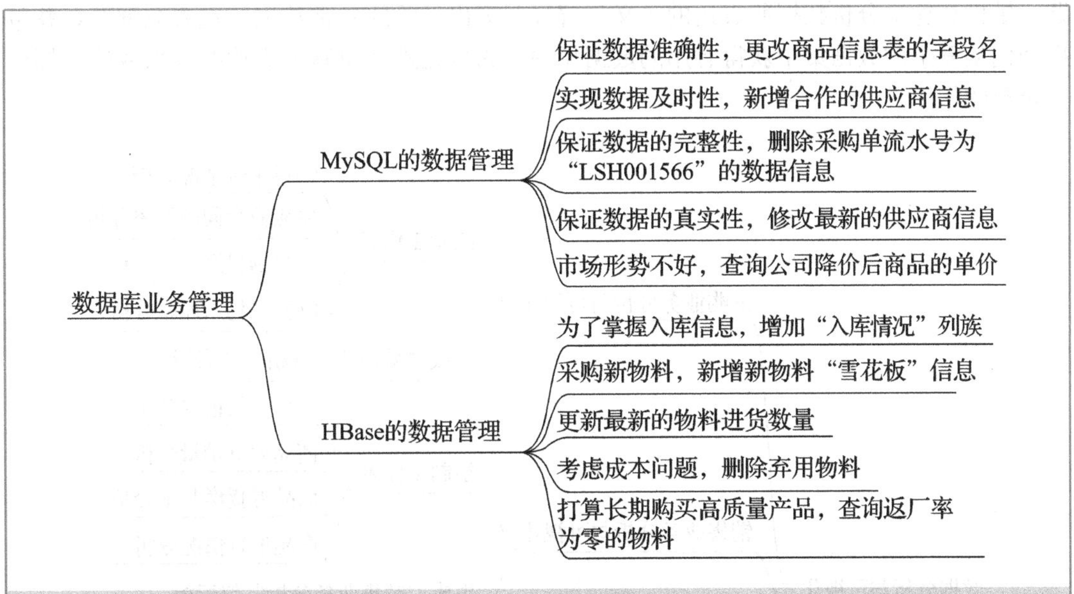


图 13－2　数据库业务管理

（2）数据仓库层面。数据仓库是蛮先进公司出于分析性报告和决策支持目的而创建的数据集合。数据仓库中采购、销售和凭证相关的事实表和维度表数据是在对数据库数据抽取、清理的基础上，经过系统加工、汇总和整理得到的。然后，根据业务分析需求对数据仓库的会计数据进行查询。例如，蛮先进公司考察年末与年初退货变化情况，以便分析调整策略实施效果，于是在 Hive 数据仓库中，从商品维度查询各商品 12 月相比 1 月的退货增长率情况，用 HQL 语句查询可以获取分析数据，有利于蛮先进公司科学决策。本章会计大数据分析查询的其他采购、销售和凭证业务如图 13－3 所示。

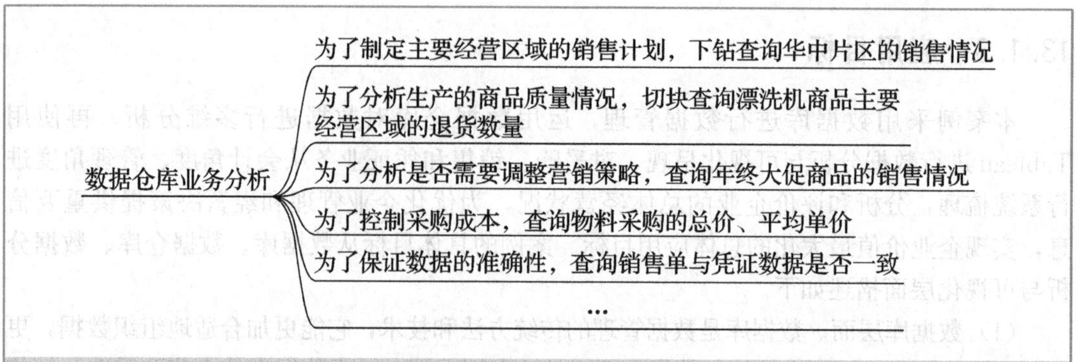


图 13-3　数据仓库业务分析

(3) 数据分析与可视化层面。数据可视化是指以可视化图表的形式来展示数据及数据分析信息。蛮先进公司为了清楚地传达数据的含义，了解会计大数据业务发展趋势，在数据仓库的采购、销售和凭证分析数据的基础上，使用 Tableau 可视化工具绘制物料返厂率和退货率分析金字塔图、采购与凭证金额分析组合图、客户购买情况树状图、客户退货情况堆叠图等图表，最后演绎会计大数据可视化故事（见图 13-4），使管理层能够理解采购、销售和凭证分析数据所表达的含义，解释其突出显示的异常数据和重要数据等，并帮助他们从复杂的数据集中获得有用的数据见解，为蛮先进公司制定成功的未来战略发挥至关重要的作用。

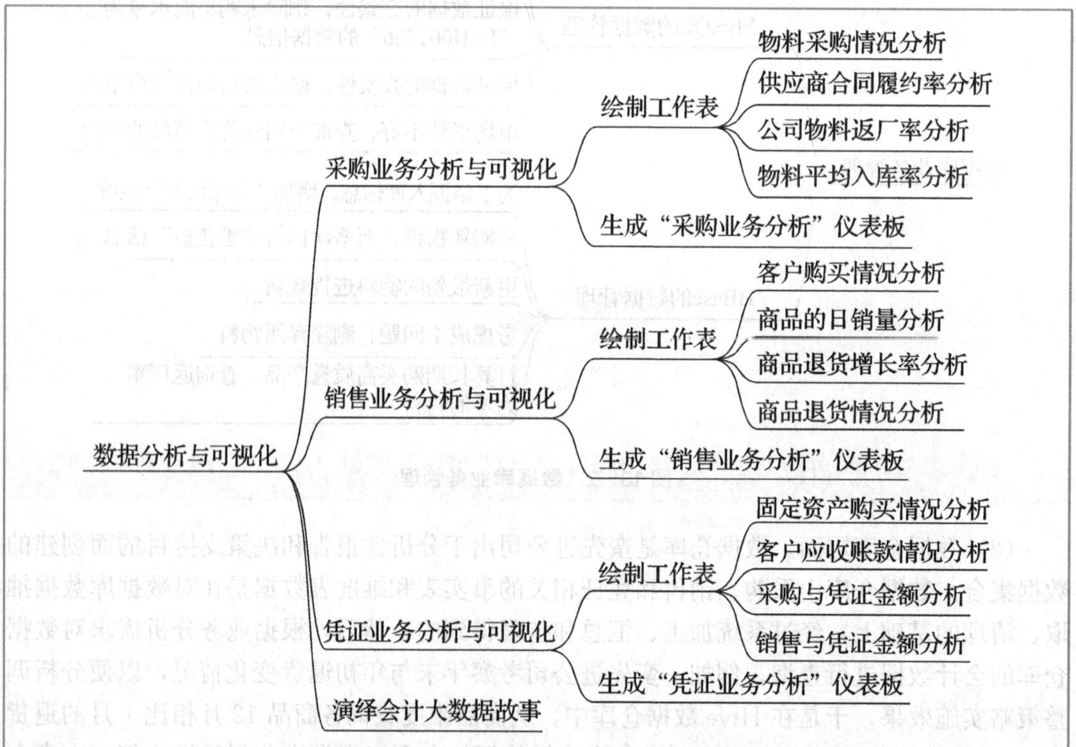


图 13-4　数据分析与可视化

# 13.2 会计数据库

## 13.2.1 场景描述

上午十点的办公室里千姿百态，有的人充满活力，有的人昏昏欲睡。

家桐正是充满活力与干劲的那一类人，坐在电脑前紧张又兴奋，心想："这是我正式入职后负责的第一个项目，一定要好好干，做出成绩!"

22 岁的家桐比同龄人要踏实、肯干一些。这次作为会计大数据综合业务的项目负责人，家桐决定还是多做点准备。于是来到晏露的工位旁，问道："露姐，你有以前关于数据库的项目资料吗？我想参考一下。"

晏露停下手上的工作，转过来看向家桐说道："有，我把资料发到你邮箱，你注意区分数据库与数据仓库。数据库重点强调的是数据的管理和维护，咱们就对问题数据做一些增删改，以及简单的查询，复杂的分析工作留给专门负责这一工作的数据仓库。另外，数据库包含关系型数据库和非关系型数据库，我们以往用的分别是 MySQL 和 HBase。"

"好的，谢谢露姐。"家桐回到自己的办公桌前，打开电脑，开始看起晏露发来的数据库案例。

"看了这些资料，似乎有了些灵感。我可以将采购物料表的数据存储到 HBase，不仅可以增删查改，而且修改的历史数据都可以保存。其余相关的数据似乎都是明显的关系型数据，比如采购单、销售单、凭证明细表等，我就可以用 MySQL 关系型数据库管理系统来实现。将数据采集好以后，理清数据模型，然后在 MySQL 里建库建表、导入数据，就能做好数据的日常管理，比如增删查改……"

不知不觉，到了下班时分。

## 13.2.2 需求分析

蛮先进公司在会计大数据环境下，数据库管理包括 MySQL 关系型数据库和 HBase 非关系型数据库，下面从这两个方面进行需求分析。

**1. MySQL 关系型数据库**

将采购数据、销售数据和凭证数据放入 MySQL 数据库进行管理，并针对日常的查询和维护的需求对数据进行增删查改的操作。MySQL 业务与技术对应关系模型如图 13－5 所示。

**2. HBase 非关系型数据库**

HBase 非关系型数据库存储的数据主要是采购物料表，能灵活变动数据结构，每个数据都可以有多个版本，也能满足海量存储。同样，可以通过对 HBase 中的数据进行增删查改等基本操作来满足公司日常的业务需求。HBase 业务与技术对应关系模型如图 13－6 所示。

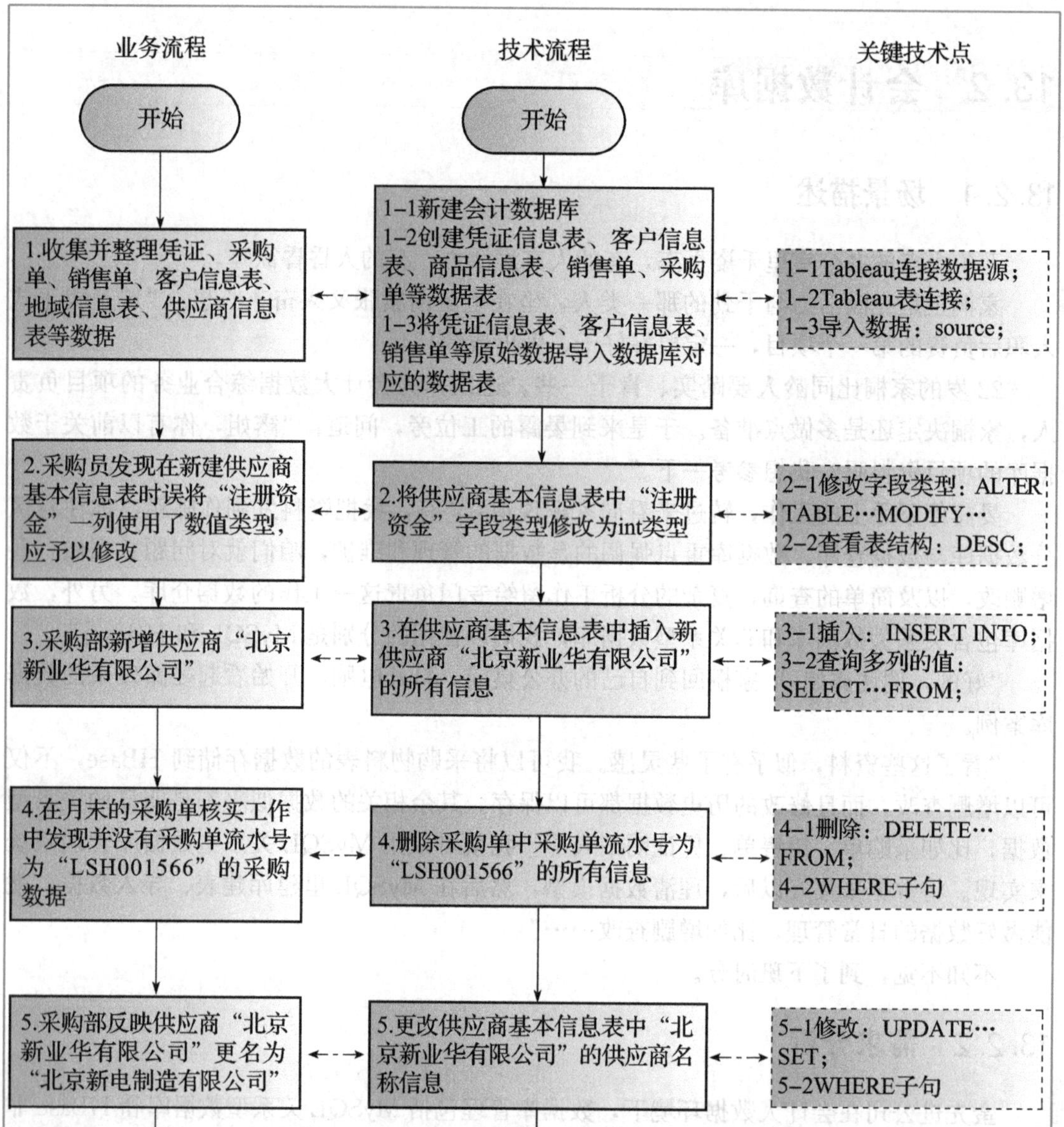


图 13－5　MySQL 业务与技术对应关系模型

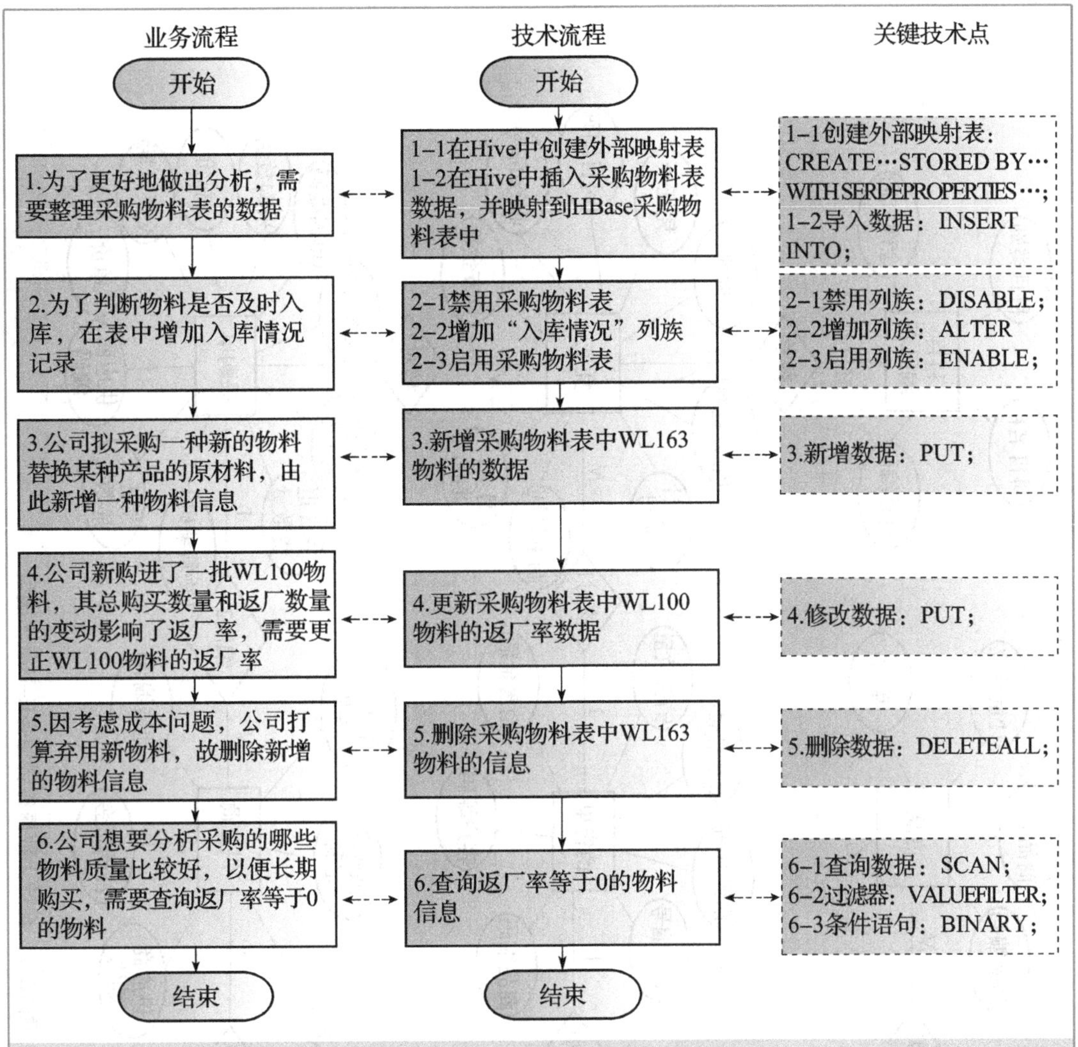

图 13-6　HBase 业务与技术对应关系模型

## 13.2.3　数据模型

在构建数据库之前，采用数据模型模拟现实世界，抽象地表示现实世界的数据和信息，理清业务数据间的逻辑关系。

**1. 概念模型**

蛮先进公司根据采购部提出的采购需求选择供应商，确认收货后生成采购单，并根据物料入库情况，了解供应商基本信用，评估供应商信用。对物料进行加工生产以后作为商品销售给客户，会产生商品与客户的基本信息，由此生成销售单。再根据客户所在的城市，可以进一步了解到该城市客户的消费情况。每月底，财务部会将采购单和销售单记录的数据与凭证数据核对。分析会计大数据综合业务需要了解业务之间的相互关系，该关系的 E-R 概念模型如图 13-7 所示。

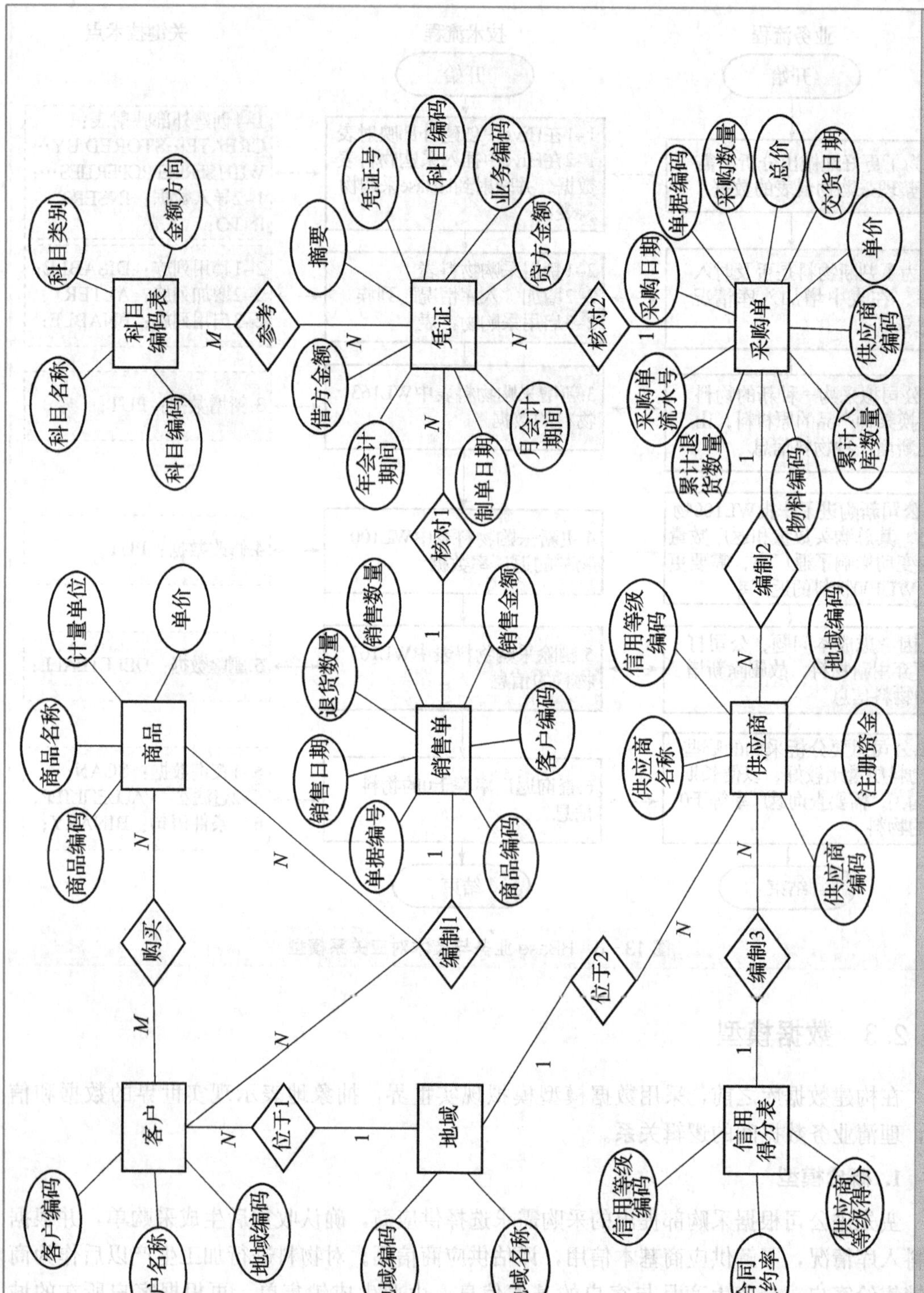


图 13-7 会计大数据综合业务E-R概念模型

由蛮先进公司会计大数据综合业务的 E－R 概念模型可知，该业务情景主要有十种联系。

(1) 客户与地域是一对多的联系。一名客户位于一个地域，一个地域可以有多名客户。

(2) 客户与商品是多对多的联系。一名客户可以购买多种商品，一种商品可以被多名客户购买。

(3) 客户与销售单是一对多的联系。一名客户可以编制一个销售单，一个销售单可以由多名客户编制而成。

(4) 商品与销售单是一对多的联系。一种商品可以编制一个销售单，一个销售单上可以有多种商品。

(5) 销售单与凭证是一对多的联系。一个凭证可以核对一个销售单的业务数据，一个销售单可以核对多个凭证的业务数据。

(6) 采购单与凭证是一对多的联系。一个凭证可以核对一个采购单的业务数据，一个采购单可以核对多个凭证的业务数据。

(7) 供应商与采购单是一对多的联系。一名供应商可以编制一个采购单，一个采购单可以由多名供应商编制而成。

(8) 供应商与地域是一对多的联系。一名供应商位于一个地域，一个地域可以有多名供应商。

(9) 供应商与信用得分表是一对多的联系。一名供应商的信用可以编制一张信用得分表，一张信用得分表可以由多名供应商编制而成。

(10) 凭证与科目编码表是多对多的联系。一个凭证需要参考多个科目编码进行编制，一个科目编码需要参考多张凭证进行设置。

**2. 逻辑模型**

蛮先进公司会计大数据综合业务关系型数据库设计的逻辑结构实体集与联系如下。

(1) 实体集。蛮先进公司的会计大数据综合业务实体集包括采购单、供应商、信用得分表、凭证、销售单、商品、客户、地域和科目编码表九个实体，下面详细介绍其属性。

1) 采购单（采购单流水号，物料编码，供应商编码，采购数量，单据编码，采购日期，单价，总价，累计入库数量，累计退货数量，交货日期）；

2) 供应商（供应商编码，注册资金，信用等级编码，供应商名称，地域编码）；

3) 信用得分表（信用等级编码，合同履约率，供应商等级得分）；

4) 凭证（业务编码，年会计期间，月会计期间，凭证号，摘要，借方金额，科目编码，贷方金额，制单日期）；

5) 销售单（单据编号，商品编码，客户编码，销售日期，销售数量，销售金额，退货数量）；

6) 商品（商品编码，商品名称，计量单位，单价）；

7) 客户（客户编码，客户名称，地域编码）；

8) 地域（地域编码，地域名称）；

9) 科目编码表（科目编码，科目名称，科目类别，余额方向）。

(2) 联系。蛮先进公司的会计大数据综合业务不同实体间存在不同的联系，下面详细介绍其联系。

1）购买（客户编码，商品编码，商品名称，客户名称，……）；

2）位于 1（客户编码，地域编码，地域名称，客户名称）；

3）位于 2（地域编码，供应商编码，地域名称，注册资金，……）；

4）编制 1（客户编码，商品编码，单据编号，销售日期，销售数量，……）；

5）核对 1（年会计期间，月会计期间，凭证号，客户编码，商品编码，单据编码，摘要，借方金额，……）；

6）核对 2（采购单流水号，年会计期间，月会计期间，凭证号，采购数量，……）；

7）参考（年会计期间，月会计期间，凭证号，科目编码，科目名称，……）；

8）编制 2（采购单流水号，供应商编码，注册资金，……）；

9）编制 3（信用等级编码，供应商编码，合同履约率，……）。

**3. 物理模型**

物理模型反映数据在数据库中的实际存放情况。在会计数据库中，采购单通过供应商编码与供应商基本信息表相连，销售单利用商品编码、客户编码作为外键，分别与商品信息表和客户信息表相连，而客户信息表又以地域编码作为外键与地域信息表相连，如图 13－8 所示。

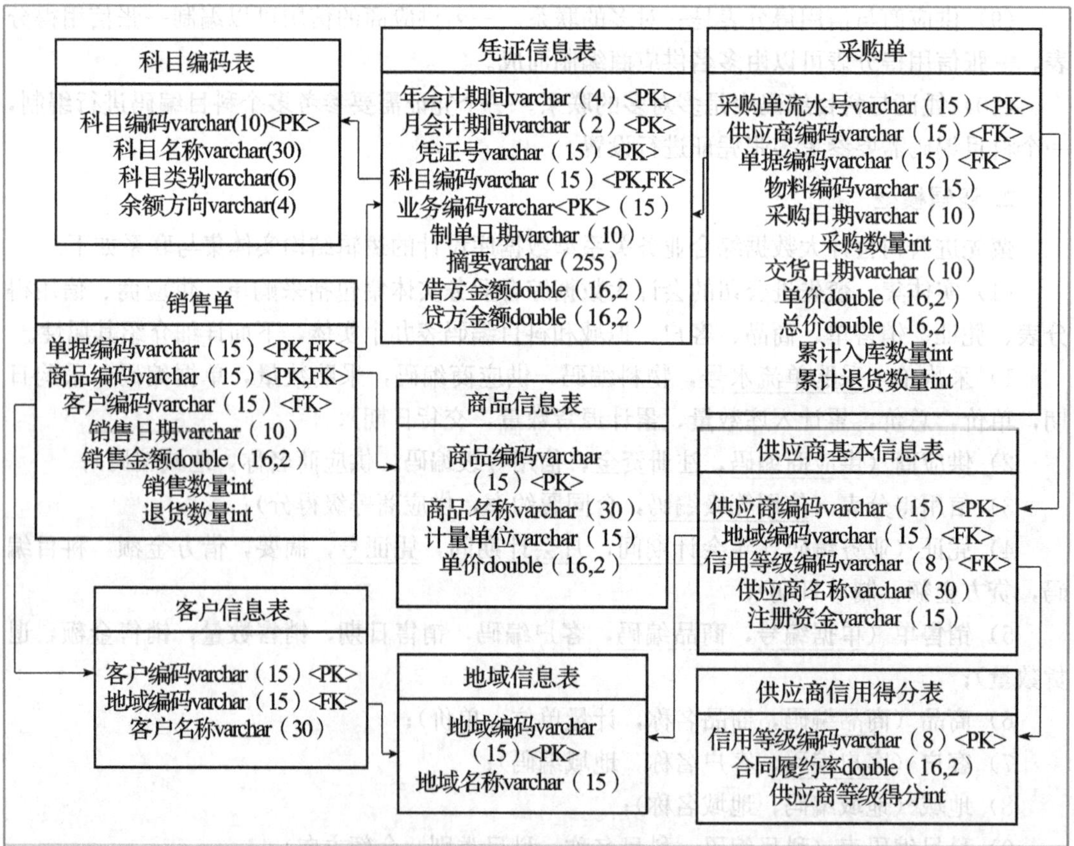


图 13－8　会计大数据综合业务物理模型

按照物理模型，分别设计和规范各个数据表。

（1）客户信息表。

1）数据表结构。客户信息表记录客户的基本信息，设置客户编码（khbm）为主键做客户数据的唯一标识，以便查询指定记录。设置地域编码（dybm）为外键，表示与地域信息表间的相关联系，如表 13-1 所示。

**表 13-1　客户信息表**

| 序号 | 字段 | 数据类型 | 字段标题 | 字段大小 | 字段说明 |
|---|---|---|---|---|---|
| 1 | khbm | varchar | 客户编码 | 15 | 主键 |
| 2 | dybm | varchar | 地域编码 | 15 | 外键 |
| 3 | khmc | varchar | 客户名称 | 30 | 客户的名称 |

2）部分数据示例。客户信息表的部分数据如表 13-2 所示。

**表 13-2　客户信息表部分示例**

| khbm | dybm | khmc |
|---|---|---|
| CUST0010 | DYBM0001 | 上海快乐薯吧加盟公司 |
| CUST0012 | DYBM0001 | 上海龙祥食品有限公司 |
| CUST0022 | DYBM0002 | 东莞王老大食品厂 |
| CUST0029 | DYBM0003 | 内蒙古好吃牛肉干加工厂 |

（2）地域信息表。

1）数据表结构。地域信息表用于记录客户以及供应商地域的相关数据，含有地域编码和地域名称信息。设置地域编码（dybm）为主键做地域的唯一标识，以便查询指定记录。同时，地域编码（dybm）作为客户信息表的外键，表示与客户信息表的相关联系，如表 13-3 所示。

**表 13-3　地域信息表**

| 序号 | 字段 | 数据类型 | 字段标题 | 字段大小 | 字段说明 |
|---|---|---|---|---|---|
| 1 | dybm | varchar | 地域编码 | 15 | 主键 |
| 2 | dymc | varchar | 地域名称 | 15 | 地域名称 |

2）部分数据示例。地域信息表的部分数据如表 13-4 所示。

**表 13-4　地域信息表部分示例**

| dybm | dymc | dybm | dymc |
|---|---|---|---|
| DYBM0001 | 华东片区 | DYBM0003 | 西北片区 |
| DYBM0002 | 华南片区 | | |

（3）商品信息表。

1）数据表结构。商品信息表记录销售商品的基本信息，包括商品名称、单价等。设置商品编码（spbm）为主键做商品数据的唯一标识，以便查询指定记录。同时，商品编码（spbm）作为销售单的外键，表示与销售单的相关联系，如表 13-5 所示。

表 13-5　商品信息表

| 序号 | 字段 | 数据类型 | 字段标题 | 字段大小 | 字段说明 |
|---|---|---|---|---|---|
| 1 | spbm | varchar | 商品编码 | 15 | 主键 |
| 2 | spmc | varchar | 商品名称 | 30 | 商品名称 |
| 3 | unit | varchar | 计量单位 | 15 | 计量单位 |
| 4 | dj | double | 单价 | 16，2 | 单价 |

2）部分数据示例。商品信息表的部分数据示例如表 13-6 所示。

表 13-6　商品信息表部分示例

| spbm | spmc | unit | dj |
|---|---|---|---|
| PRO0001 | 面包片油炸机 | 台 | 13 500 |
| PRO0002 | 漂洗机 | 台 | 16 000 |
| PRO0003 | 提升机 | 台 | 12 700 |
| PRO0004 | 无锈宽网带传送机（机架可拆） | 台 | 16 500 |

（4）销售单。

1）数据表结构。销售单记录销售业务信息，设置单据编码（djbm）和商品编码（spbm）为联合主键做交易数据的唯一标识，以便查询指定记录。单据编码（djbm）作为凭证信息表的外键与凭证信息表相互关联，客户编码（khbm）作为客户信息表的外键表示与客户信息表的联系。设置商品编码（spbm）为外键，表示与商品信息表的相关联系，如表 13-7 所示。

表 13-7　销售单

| 序号 | 字段 | 数据类型 | 字段标题 | 字段大小 | 字段说明 |
|---|---|---|---|---|---|
| 1 | djbm | varchar | 单据编码 | 15 | 主键、外键 |
| 2 | spbm | varchar | 商品编码 | 15 | 主键、外键 |
| 3 | khbm | varchar | 客户编码 | 15 | 外键 |
| 4 | xsrq | varchar | 销售日期 | 10 | 销售日期 |
| 5 | xsje | double | 销售金额 | 16，2 | 销售金额 |
| 6 | xssl | int | 销售数量 |  | 销售数量 |
| 7 | thsl | int | 退货数量 |  | 退货数量 |

2）部分数据示例。销售单的部分数据示例如表 13-8 所示。

表 13-8　销售单部分示例

| djbm | spbm | khbm | xsrq | xssl | xsje | thsl |
|---|---|---|---|---|---|---|
| XSDD058154 | PRO0001 | CUST0033 | 2019/9/9 | 9 | 181 788.75 | 0 |
| XSDD058154 | PRO0003 | CUST0033 | 2019/9/9 | 1 | 20 340.00 | 0 |
| XSDD058154 | PRO0006 | CUST0033 | 2019/9/9 | 11 | 206 226.13 | 0 |
| XSDD058154 | PRO0005 | CUST0033 | 2019/9/9 | 14 | 295 865.64 | 0 |
| XSDD058153 | PRO0004 | CUST0030 | 2019/9/9 | 3 | 77 739.48 | 0 |
| XSDD058153 | PRO0001 | CUST0030 | 2019/9/9 | 1 | 21 696.00 | 0 |

（5）凭证信息表。

1）数据表结构。凭证信息表记录采购业务和销售业务的会计分录，设置业务编码（ywbm）、年会计期间（nkjqj）、月会计期间（ykjqj）、凭证号（pzh）和科目编码（kmbm）为联合主键做凭证数据的唯一标识，以便查询指定记录。设置科目编码（kmbm）为外键，表示与科目编码表的联系。通过业务编码（ywbm）与销售单、采购单相互关联，如表 13－9 所示。

**表 13－9　凭证信息表**

| 序号 | 字段 | 数据类型 | 字段标题 | 字段大小 | 字段说明 |
|---|---|---|---|---|---|
| 1 | ywbm | varchar | 业务编码 | 15 | 主键 |
| 2 | nkjqj | varchar | 年会计期间 | 4 | 主键 |
| 3 | ykjqj | varchar | 月会计期间 | 2 | 主键 |
| 4 | pzh | varchar | 凭证号 | 15 | 主键 |
| 5 | kmbm | varchar | 科目编码 | 15 | 主键、外键 |
| 6 | jfje | double | 借方金额 | 16，2 | 借方金额 |
| 7 | dfje | double | 贷方金额 | 16，2 | 贷方金额 |
| 8 | zy | varchar | 摘要 | 255 | 摘要 |
| 9 | zdrq | varchar | 制单日期 | 10 | 制单日期 |

2）部分数据示例。凭证信息表的部分数据示例如图 13－10 所示。

**表 13－10　凭证信息表部分示例**

| ywbm | nkjqj | ykjqj | pzh | kmbm | zdrq | zy | jfje | dfje |
|---|---|---|---|---|---|---|---|---|
| XSDD047162 | 2019 | 01 | 001 | 1002 | 2019/1/1 | 销售单 XSDD047162，广州中顺食品厂 | 46 400 | 0 |
| PZLX000001 | 2019 | 01 | 001 | 6001 | 2019/1/1 | 销售单 XSDD047162，广州中顺食品厂 | 0 | 39 658.12 |
| PZLX000002 | 2019 | 01 | 001 | 22210103 | 2019/1/1 | 销售单 XSDD047162，广州中顺食品厂 | 0 | 6 741.88 |
| PZLX000003 | 2019 | 01 | 002 | 6401 | 2019/1/1 | 结转成本 XSDD047162 | 33 000 | 0 |
| PZLX000004 | 2019 | 01 | 002 | 140502 | 2019/1/1 | 结转成本 XSDD047162 | 0 | 33 000.00 |

（6）科目编码表。

1）数据表结构。科目编码表记录会计科目的信息，设置科目编码（kmbm）为主键做会计科目数据的唯一标识，以便查询指定记录。同时科目编码（kmbm）作为凭证信息表的外键，表示与凭证信息表的相关联系，如表 13－11 所示。

**表 13－11　科目编码表**

| 序号 | 字段 | 数据类型 | 字段标题 | 字段大小 | 字段说明 |
|---|---|---|---|---|---|
| 1 | kmbm | varchar | 科目编码 | 10 | 主键 |
| 2 | kmmc | varchar | 科目名称 | 30 | 科目名称 |
| 3 | kmlb | varchar | 科目类别 | 6 | 资产、负债等 |
| 4 | yefx | varchar | 余额方向 | 4 | 借方、贷方 |

2）部分数据示例。科目编码表的部分数据示例如图 13－12 所示。

**表 13－12　科目编码表部分示例**

| kmbm | kmmc | kmlb | yefx |
|---|---|---|---|
| 1601 | 固定资产 | 资产 | 借 |
| 1002 | 银行存款 | 资产 | 借 |
| 1001 | 库存现金 | 资产 | 借 |
| 2202 | 应付账款 | 负债 | 贷 |
| 1122 | 应收账款 | 资产 | 借 |

（7）采购单。

1）数据表结构。采购单记录采购物料信息，设置采购单流水号（cgdlsh）为主键做采购交易数据的唯一标识，以便查询指定记录。设置单据编码（djbm）、供应商编码（gysid）为外键，表示与凭证信息表、供应商基本信息表之间的相关联系，如表 13－13 所示。

**表 13－13　采购单**

| 序号 | 字段 | 数据类型 | 字段标题 | 字段大小 | 字段说明 |
|---|---|---|---|---|---|
| 1 | cgdlsh | varchar | 采购单流水号 | 15 | 主键 |
| 2 | gysbm | varchar | 供应商编码 | 15 | 外键 |
| 3 | djbm | varchar | 单据编码 | 15 | 外键 |
| 4 | wlbm | varchar | 物料编码 | 15 | 物料编码 |
| 5 | cgrq | varchar | 采购日期 | 10 | 采购日期 |
| 6 | cgsl | int | 采购数量 | | 采购数量 |
| 7 | jhrq | varchar | 交货日期 | 10 | 订货日期 |
| 8 | zj | double | 总价 | 16，2 | 总价 |
| 9 | dj | double | 单价 | 16，2 | 单价 |
| 10 | ljrksl | int | 累计入库数量 | | 累计入库数量 |
| 11 | ljthsl | int | 累计退货数量 | | 累计退货数量 |

2）部分数据示例。采购单的部分数据示例如表 13－14 所示。

**表 13－14　采购单部分示例**

| cgdlsh | djbm | gysbm | wlbm | cgrq | cgsl | jhrq | zj | dj | ljrksl | ljthsl |
|---|---|---|---|---|---|---|---|---|---|---|
| LSH000001 | CGDD000504 | VEN00021 | WL116 | 2019/1/1 | 321 | 2019/11/25 | 2 767.24 | 8.62 | 321 | 0 |
| LSH000002 | CGDD000504 | VEN00021 | WL134 | 2019/1/1 | 219 | 2019/11/25 | 1 887.93 | 8.62 | 219 | 0 |
| LSH000003 | CGDD000504 | VEN00021 | WL134 | 2019/1/1 | 475 | 2019/11/25 | 4 094.83 | 8.62 | 475 | 0 |
| LSH000004 | CGDD000504 | VEN00021 | WL150 | 2019/1/1 | 373 | 2019/11/25 | 3 215.52 | 8.62 | 373 | 0 |
| LSH000005 | CGDD000504 | VEN00021 | WL130 | 2019/1/1 | 1 252 | 2019/11/25 | 323.79 | 0.26 | 1 252 | 0 |
| LSH000006 | CGDD000504 | VEN00021 | WL121 | 2019/1/1 | 437 | 2019/11/25 | 113.02 | 0.26 | 437 | 0 |

（8）供应商基本信息表。

1）数据表结构。供应商基本信息表记录供应商的相关信息，设置供应商编码（gysid）

为主键做供应商信息数据的唯一标识，以便查询指定记录。同时，供应商编码（gysbm）作为采购单的外键，表示与采购单的联系。设置地域编码（dybm）、信用等级编码（xydjbm）为外键，表示与地域信息表、供应商基本信息表之间的相关联系，如表 13－15 所示。

**表 13－15　供应商基本信息表**

| 序号 | 字段 | 数据类型 | 字段标题 | 字段大小 | 字段说明 |
|---|---|---|---|---|---|
| 1 | gysbm | varchar | 供应商编码 | 15 | 主键 |
| 2 | dybm | varchar | 地域编码 | 15 | 外键 |
| 3 | xydjbm | varchar | 信用等级编码 | 8 | 外键 |
| 4 | gysmc | varchar | 供应商名称 | 30 | 供应商的名称 |
| 5 | zczj | varchar | 注册资金 | 15 | 注册资金 |

2）部分数据示例。供应商基本信息表的部分数据示例如表 13－16 所示。

**表 13－16　供应商基本信息表部分示例**

| gysbm | dybm | xydjbm | gysmc | zczj |
|---|---|---|---|---|
| VEN00001 | DYBM0003 | DJ00001 | 北京克旗电子技术有限公司 | 900 |
| VEN00002 | DYBM0003 | DJ00002 | 北京新凯小机电公司 | 1 500 |
| VEN00003 | DYBM0003 | DJ00003 | 北京兴旺热工控制设备公司 | 1 000 |
| VEN00004 | DYBM0001 | DJ00004 | 慈溪光明小设备制造厂 | 500 |

（9）供应商信用得分表。

1）数据表结构。供应商信用得分表记录供应商信用的相关信息，设置信用等级编码（xydjbm）为主键做供应商信用数据的唯一标识，以便查询指定记录。同时，信用等级编码（xydjbm）作为供应商基本信息表的外键，表示与供应商基本信息表的联系，如表 13－17 所示。

**表 13－17　供应商信用得分表**

| 序号 | 字段 | 数据类型 | 字段标题 | 字段大小 | 字段说明 |
|---|---|---|---|---|---|
| 1 | xydjbm | varchar | 信用等级编码 | 8 | 主键 |
| 2 | htlyl | double | 合同履约率 | 16，2 | 合同履约率 |
| 3 | gysdjdf | int | 供应商等级得分 | | 供应商等级得分 |

2）部分数据示例。供应商基本信息表的部分数据示例如表 13－18 所示。

**表 13－18　供应商信用得分表部分示例**

| xydjbm | htlyl | gysdjdf | xydjbm | htlyl | gysdjdf |
|---|---|---|---|---|---|
| DJ00001 | 0.94 | 82 | DJ00003 | 0.96 | 88 |
| DJ00002 | 0.94 | 83 | DJ00004 | 0.85 | 72 |

## 13.2.4　MySQL 的数据采集与处理

数据采集与处理是将会计业务中的数据上传到会计数据库中的过程。本小节将具体介绍会计数据库建库建表、导入数据和规范数据的过程，为后续的数据管理做好铺垫。

**1. 建库建表**

(1) 创建会计数据库(accounting)。在会计大数据平台虚拟机终端中输入创建数据库命令,创建结束后查看数据库是否创建成功。

```
1) 创建数据库
语句 > CREATE DATABASE accounting;
2) 查看数据库
语句 > SHOW DATABASES;
```

结果示例:

```
+--------------------+
| Database           |
+--------------------+
| information_schema |
| accounting         |
| cwfx               |
| hue                |
| kuaiji             |
| loudacre           |
| metastore          |
| mysql              |
| test               |
+--------------------+
9 rows in set (0.00 sec)
```

(2) 创建数据表。创建好会计数据库后,需要连接到会计数据库,然后创建采购单、客户信息表、供应商基本信息表、销售单等表格,创建结束后查看是否创建成功。

```
1) 连接数据库
语句 > USE accounting;
2) 创建地域信息表
语句 > CREATE TABLE dyxxb (dybm varchar(15) NOT NULL, dymc varchar
(15), PRIMARY KEY (dybm));
3) 创建供应商信用得分表
CREATE TABLE gysxydfb (xydjbm varchar(8) NOT NULL, htlyl double,
gysdjdf int, PRIMARY KEY (xydjbm));
4) 创建供应商基本信息表
语句 > CREATE TABLE gysjbxxb (gysbm varchar(15) NOT NULL, xydjbm varchar
(8), dybm varchar(15), gysmc varchar(30), zczj varchar(15), PRIMARY
KEY (gysbm), FOREIGN KEY (xydjbm) REFERENCES gysxydfb (xydjbm),
FOREIGN KEY (dybm) REFERENCES dyxxb (dybm));
5) 创建客户信息表
语句 > CREATE TABLE khxxb (khbm varchar(15) NOT NULL, dybm varchar
(15), khmc varchar(30), PRIMARY KEY (khbm), FOREIGN KEY (dybm)
REFERENCES dyxxb (dybm));
6) 创建科目编码表
语句 > CREATE TABLE kmbmb (kmbm varchar(10) NOT NULL, kmmc varchar
(30), kmlb varchar(6), yefx varchar(4), PRIMARY KEY (kmbm));
```

```
7) 创建凭证信息表
语句 > CREATE TABLE pzxxb (ywbm varchar(15) NOT NULL,nkjqj varchar(4) NOT NULL, ykjqj varchar(2) NOT NULL, pzh varchar(15) NOT NULL, kmbm varchar(15) NOT NULL, zdrq varchar(10), zy varchar(255), jfje double, dfje double, PRIMARY KEY (ywbm, nkjqj, ykjqj, pzh, kmbm), FOREIGN KEY (kmbm) REFERENCES kmbmb (kmbm));
8) 创建商品信息表
语句 > CREATE TABLE spxxb (spbm varchar(15) NOT NULL, spmc varchar(30), jldw varchar(15), dj double, PRIMARY KEY (spbm));
9) 创建销售单
语句 > CREATE TABLE xsd (djbm varchar(15) NOT NULL, spbm varchar(15) NOT NULL, khbm varchar(15), xsrq varchar(10), xssl int, xsje double, thsl int, PRIMARY KEY (djbm, spbm), FOREIGN KEY (spbm) REFERENCES spxxb (spbm) , FOREIGN KEY (khbm) REFERENCES khxxb (khbm) , FOREIGN KEY (djbm) REFERENCES pzxxb (ywbm));
10) 创建采购单
语句 > CREATE TABLE cgd (cgdlsh varchar(15) NOT NULL, djbm varchar(15) NOT NULL, gysbm varchar(15) NOT NULL, wlbm varchar(15) NOT NULL, cgrq varchar(10), cgsl int, jhrq varchar(10), zj double, dj double, ljrksl int, ljtlsl int, PRIMARY KEY (cgdlsh), FOREIGN KEY (gysbm) REFERENCES gysjbxxb (gysbm), FOREIGN KEY (djbm) REFERENCES pzxxb (ywbm));
11) 查看数据表
语句 > SHOW TABLES;
```

结果示例：

```
+---------------------+
| Tables_in_accounting |
+---------------------+
| cgd
| dyxxb
| gysjbxxb
| gysxydfb
| khxxb
| kmbmb
| pzxxb
| spxxb
| xsd
+---------------------+
```

**2. 导入数据**

创建数据表后，通过 source 函数导入数据表数据，并查询是否导入成功。

```
(1) 导入数据表数据
语句 > source /root/Downloads/accounting.sql;
(2) 查询是否导入成功(以查询供应商基本信息表为例)
语句 > SELECT * FROM gysjbxxb;
```

结果示例：

| gysbm | xydjbm | dybm | gysmc | zczj |
|---|---|---|---|---|
| VEN00001 | DJ00001 | DYBM0003 | 北京克旗电子技术有限公司 | 900 |
| VEN00002 | DJ00002 | DYBM0003 | 北京新凯小机电公司 | 1500 |
| VEN00003 | DJ00003 | DYBM0003 | 北京兴旺热工控制设备公司 | 1000 |
| VEN00004 | DJ00004 | DYBM0001 | 慈溪光明小设备制造厂 | 500 |
| VEN00005 | DJ00005 | DYBM0002 | 东莞盛祥机电公司 | 500 |
| VEN00006 | DJ00006 | DYBM0002 | 广东工业集团有限公司 | 800 |

**3. 规范数据**

经过整理，发现数据存在不规范的问题。表现为供应商基本信息表中，注册资金应该使用整数类型。现将供应商基本信息表（gysjbxxb）中“注册资金”字段类型修改为 int 类型，修改后查询是否成功。

```
(1) 修改注册资金字段类型
语句 > ALTER TABLE gysjbxxb MODIFY zczj int;
(2) 查看表结构
语句 > DESC gysjbxxb;
```

结果示例：

| Field | Type | Null | Key | Default | Extra |
|---|---|---|---|---|---|
| gysbm | varchar(15) | NO | PRI | NULL | |
| xydjbm | varchar(8) | YES | MUL | NULL | |
| dybm | varchar(15) | YES | MUL | NULL | |
| gysmc | varchar(30) | YES | | NULL | |
| zczj | int(11) | YES | | NULL | |

## 13.2.5 MySQL 的数据管理

**1. 新增合作供应商**

业务需求：家桐的办公桌上摆放着一堆文件和资料，公司最近采购业务变动，家桐忙着调整数据库的资料。这时，财务经理常吉走了过来，说道：“家桐，又有新变化了，新增一家供应商，麻烦你调整一下数据库，资料传过来了。”家桐一边答应，一边查看资料：供应商编码为“VEN00025”，全称为“北京新业华有限公司”，注册资金为“900”，所属片区的编码为“DYBM0004”，信用等级编码为“DJ00019”。

技术思路：在 MySQL 中向供应商基本信息表（gysjbxxb）插入新供应商“北京新业华有限公司”的所有信息，包括供应商编码（gysbm）、信用等级编码（xydjbm）、地域编码（dybm）、供应商名称（gysmc）、注册资金（zczj）。新增后可以查看北京新业华有限公司的全部数据。

```
(1) 新增数据
语句 > INSERT INTO gysjbxxb (gysbm, xydjbm, dybm, gysmc, zczj) values
('VEN00025', 'DJ00019', 'DYBM0004','北京新业华有限公司','900');
(2) 查看“北京新业华有限公司”的全部数据
语句 > SELECT * FROM gysjbxxb WHERE gysmc='北京新业华有限公司';
```

结果示例：

| | | | | |
|---|---|---|---|---|
| VEN00020 | DJ00020 | DYBM0001 | 上海左藤电子电气有限公司 | 90 |
| VEN00021 | DJ00021 | DYBM0003 | 天津澳航仪表厂 | 100 |
| VEN00022 | DJ00022 | DYBM0003 | 天津斯巴克有限公司 | 50 |
| VEN00023 | DJ00023 | DYBM0003 | 天津亚太电器办事处 | 100 |
| VEN00024 | DJ00024 | DYBM0003 | 天津正气科技发展有限公司 | 120 |
| VEN00025 | DJ00019 | DYBM0004 | 北京新业华有限公司 | 900 |

**2. 删除采购单错误信息**

业务需求：家桐做好数据库的更新，确认没有问题之后，准备关机下班回家，突然收到了采购部的加急业务，原来是在月末的采购单核实工作中，发现并没有采购单流水号（cgdlsh）为“LSH001566”的采购数据，请家桐同步删除数据库中该条采购单数据。家桐又迅速操作起来。

技术思路：在 MySQL 中删除采购单（cgd）中采购单流水号（cgdlsh）为“LSH001566”的所有信息。删除后查看采购单（cgd）中是否还存在采购单流水号（cgdlsh）为“LSH001566”的信息。

```
(1) 删除数据
语句 > DELETE FROM cgd WHERE cgdlsh='LSH001566';
(2) 查看采购单中采购单流水号(cgdlsh)为“LSH001566”的信息
语句 > SELECT * FROM cgdlsh WHERE cgdlsh='LSH001566';
```

结果示例：

```
Empty set (0.00 sec)
```

**3. 更改合作供应商公司信息**

业务需求：正午阳光耀眼，家桐刚忙完手里的工作。这时财务经理常吉快步走了进来，询问道：“家桐，上次新增的供应商你修改了吗?”家桐回答：“修改了，当时就新增完并查看了，没有问题，怎么了?”常吉说道：“这家公司刚刚改名了，我们这边的数据库又得麻烦你更新了。”家桐听到后说：“没问题。”供应商北京新业华有限公司更名为“北京新电制造有限公司”。

技术思路：在 MySQL 中更改供应商基本信息表（gysjbxxb）中“北京新业华有限公司”的供应商名称（gysmc）信息。更改后查看供应商基本信息表（gysjbxxb）内容。

```
(1) 更改数据
语句 > UPDATE gysjbxxb SET gysmc='北京新电制造有限公司' WHERE gysmc=
'北京新业华有限公司';
(2) 查看供应商基本信息表中的全部数据
语句 > SELECT * FROM gysjbxxb;
```

结果示例：

| | | | | |
|---|---|---|---|---|
| VEN00022 | DJ00022 | DYBM0003 | 天津斯巴克有限公司 | 50 |
| VEN00023 | DJ00023 | DYBM0003 | 天津亚太电器办事处 | 100 |
| VEN00024 | DJ00024 | DYBM0003 | 天津正气科技发展有限公司 | 120 |
| VEN00025 | DJ00019 | DYBM0004 | 北京新电制造有限公司 | 900 |

**4. 商品价格下调分析**

业务需求：受到整体行业的影响，公司预计对销售价格进行一定程度的下调。销售人员徐丹青来到家桐身边，询问道："家桐，可以帮我查一下公司销售产品降价到原来的90%之后，各种商品的单价是多少吗?"家桐说道："没问题，很快就好。"说罢，手上迅速操作了起来。

技术思路：在MySQL中查询商品信息表（spxxb）中每种商品降价后的单价（dj）。

```
语句 > SELECT spmc,dj * 0.9 FROM spxxb;
```

结果示例：

| spmc | dj*0.9 |
|---|---|
| 面包片油炸机 | 12150 |
| 漂洗机 | 14400 |
| 提升机 | 11430 |
| 无锈宽网带传送机（机架可拆） | 14850 |
| 圆筒式撒粉机 | 14130 |
| 中级油油炸机（20#电） | 12780 |
| 真空油炸机 | 18180 |

## 13.2.6 HBase的数据准备

蛮先进公司为了更好地分析物料采购情况，需要将采购部门传过来的物料信息导入HBase采购物料表。

**1. 数据表结构**

采购物料表是公司记录的采购过的物料品种表。在HBase中将行键（RowKey）设为物料编码（wlbm），列族（ColumnFamily）设为物料信息（wlxx）和返厂信息（fcxx），物料信息（wlxx）的列设为物料名称（wlmc）和基本单位（jbdw），返厂信息（fcxx）的列设为返厂率（fcl），如表13-19所示。

**表13-19　采购物料表结构**

| RowKey | wlxx | | fcxx |
|---|---|---|---|
| wlbm | wlmc | jbdw | fcl |
| WL001 | 1.5米车床 | 台 | 0.0 |
| WL002 | 20#电加热管 | Pcs | 0.0 |
| WL003 | 201发纹板 | mm2 | 0.0 |
| WL004 | 201工业板 | mm2 | 0.0 |
| WL005 | 304板网 | Pcs | 0.0 |
| WL006 | 304发纹板 | Pcs | 0.0 |

**2. 创建数据表**

在Hive会计数据仓库（accounting_dw）中创建外部映射表。首先，进入Hive，创建会计数据仓库（accounting_dw）。然后，在Hive中创建表名为物料维度表（wl_dim），字段名为 string 数据类型的物料编码（wlbm）、string 数据类型的物料名称（wlmc）、string 数据类型的基本单位（jbdw）和 double 数据类型的返厂率（fcl）的物料维度表。最后，在 HBase 中创建表名为采购物料表（cgwlb），列族为物料信息（wlxx）和返厂信息（fcxx），物料信息的列为物料名称（wlmc）和基本单位（jbdw），返厂信息的列为返厂率（fcl）的采购物料表。

```
(1) 进入 Hive
语句 > HIVE;
(2) 在 Hive 中创建数据仓库
语句 > CREATE DATABASE accounting_dw;
(3) 创建外部映射表
语句 > CREATE TABLE accounting_dw.wl_dim (wlbm string,wlmc string,
jbdw string, fcl double) STORED BY 'org.apache.hadoop.hive.hbase.
HBaseStorageHandler' WITH SERDEPROPERTIES ("hbase.columns.mapping" =
":key, wlxx: wlmc, wlxx: jbdw, fcxx: fcl") TBLPROPERTIES ( "hbase.table.
name" = "cgwlb","hbase.mapred.output.outputtable"="cgwlb");
(4) 查看 Hive 中创建成功的表
选择数据仓库 > USE accounting_dw;
查看全部表 > SHOW TABLES;
```

结果示例：

```
OK
wl_dim
```

**3. 导入数据**

在 Hive 中插入数据并映射到 HBase 中，需要在 Hive 中运行本地文件夹（cgwlb，sql）里准备好的插入语句。

```
(1) 部分插入数据
语句 > INSERT INTO wl_dim VALUES ('WL001', '1.5 米车床', '台', '0.0');
       INSERT INTO wl_dim VALUES ('WL002', '20# 电加热管', 'Pcs', '0.0');
       INSERT INTO wl_dim VALUES ('WL003', '201 发纹板', 'mm2', '0.0');
(2) 查看数据
退出 Hive 语句 > QUIT;
进入 Hbase 语句 > HBASE SHELL
查看 Hbase 数据语句 > SCAN 'cgwlb'
```

结果示例：

```
ROW                  COLUMN+CELL
 WL001               column=fcxx:fcl, timestamp=1650544668363, value=0.0
 WL001               column=wlxx:jbdw, timestamp=1650544668363, value=\xE5\x8F\
                     xB0
 WL001               column=wlxx:wlmc, timestamp=1650544668363, value=1.5\xE7\x
                     B1\xB3\xE8\xBD\xA6\xE5\xBA\x8A
 WL002               column=fcxx:fcl, timestamp=1650539971027, value=0.0
 WL002               column=wlxx:jbdw, timestamp=1650539971027, value=Pcs
 WL002               column=wlxx:wlmc, timestamp=1650539971027, value=20#\xE7\x
                     94\xB5\xE5\x8A\xA0\xE7\x83\xAD\xE7\xAE\xA1
```

## 13.2.7 HBase 的数据管理

**1. 新增入库情况列族**

业务需求：财务总监程平想要全面掌握进销存整个过程，就叫来家桐，问道："家桐，我看了采购物料的情况，想要掌握每种物料的入库情况，以便判断物料运输途中的损耗情况是否合理，你能否在物料采购表中增加入库情况呢？"家桐回答道："没问题，HBase 可以灵活地增加信息，我可以直接增加一个入库情况的列族。"

技术思路：在 HBase 数据库里先禁用表——采购物料表（cgwlb），然后增加入库情况（rkqk）列族，对表进行修改后重新启用表，最后查看采购物料表是否已经启用，通过查看采购物料表的结构确认增加列族是否成功。

```
(1) 增加列族
语句 > DISABLE 'cgwlb'
       ALTER 'cgwlb', 'rkqk'
       ENABLE 'cgwlb'
(2) 查看表是否启用
语句 > IS_ENABLED 'cgwlb'
(3) 查看表结构
语句 > DESCRIBE 'cgwlb'
```

结果示例：

```
Table cgwlb is ENABLED
cgwlb
COLUMN FAMILIES DESCRIPTION
{NAME => 'fcxx', BLOOMFILTER => 'ROW', VERSIONS => '1', IN_MEMORY => 'false', KE
EP_DELETED_CELLS => 'FALSE', DATA_BLOCK_ENCODING => 'NONE', TTL => 'FOREVER', CO
MPRESSION => 'NONE', MIN_VERSIONS => '0', BLOCKCACHE => 'true', BLOCKSIZE => '65
536', REPLICATION_SCOPE => '0'}
{NAME => 'rkqk', BLOOMFILTER => 'ROW', VERSIONS => '1', IN_MEMORY => 'false', KE
EP_DELETED_CELLS => 'FALSE', DATA_BLOCK_ENCODING => 'NONE', TTL => 'FOREVER', CO
MPRESSION => 'NONE', MIN_VERSIONS => '0', BLOCKCACHE => 'true', BLOCKSIZE => '65
536', REPLICATION_SCOPE => '0'}
{NAME => 'wlxx', BLOOMFILTER => 'ROW', VERSIONS -> '1', IN_MEMORY -> 'falsc', KE
EP_DELETED_CELLS => 'FALSE', DATA_BLOCK_ENCODING => 'NONE', TTL => 'FOREVER', CO
MPRESSION => 'NONE', MIN_VERSIONS => '0', BLOCKCACHE => 'true', BLOCKSIZE => '65
536', REPLICATION_SCOPE => '0'}
```

**2. 新增采购物料信息**

业务需求：家桐路过茶水间，听到同事说公司拟采购一种新的物料替换某种产品的原材料。家桐心中琢磨道："我应该又要有工作了。"果不其然，柳婷发来微信消息："采购部要采购一批新的物料，你在采购物料表中更新一下物料信息，物料的信息我也发给你了。名称为'雪花板 t=1.0'，计量单位为'mm2'，返厂率为'0'，入库数量为'1 694'。"

技术思路：在 HBase 中向采购物料表插入新物料的所有信息，行键为"WL163"，包括物料名称（wlmc）、基本单位（jbdw）、返厂率（fcl）和入库数量（rksl）。新增后查看行键为"WL163"的全部数据。

```
(1) 新增数据
语句 > PUT 'cgwlb','WL163','wlxx:wlmc','雪花板 t=1.0'
       PUT 'cgwlb','WL163','wlxx:jbdw','mm2'
       PUT 'cgwlb','WL163','fcxx:fcl','0'
       PUT 'cgwlb','WL163','rkqk:rksl','1694'
(2) 查看行键为"WL163"的全部数据
语句 > GET 'cgwlb','WL163'
```

结果示例：

```
COLUMN              CELL
 fcxx:fcl           timestamp=1650545696840, value=0
 rkqk:rksl          timestamp=1650545849213, value=1694
 wlxx:jbdw          timestamp=1650545680468, value=mm2
 wlxx:wlmc          timestamp=1650545621712, value=\xE9\x9B\xAA\xE8\x8A\xB1\xE
                    6\x9D\xBF  t=1.0
```

**3. 更改物料返厂率信息**

业务需求：采购部前段时间新购进了一批物料，昨天刚好到货。于是将信息发到了家桐这里：目前物料 WL100 的总购买数量为 2 814，总返厂数量为 36，因此返厂率变动为 0.012 793 176 972。

技术思路：在 HBase 数据库里向采购物料表插入一条信息，以更新 WL100 的返厂率。最后查看行键为"WL100"的信息是否更新成功。

```
(1) 更新
语句 > PUT 'cgwlb', 'WL100', 'fcxx:fcl', '0.012793176972'
(2) 查看
语句 > GET 'cgwlb','WL100'
```

结果示例：

```
COLUMN              CELL
 fcxx:fcl           timestamp=1650546041552, value=0.012793176972
 wlxx:jbdw          timestamp=1650540154613, value=Pcs
 wlxx:wlmc          timestamp=1650540154613, value=\xE7\xA2\xB3\xE9\x92\xA2\xE
                    9\x93\xBE\xE6\x9D\xA1\xE6\x8E\xA5\xE5\xA4\xB4
```

**4. 删除弃用物料信息**

业务需求：公司考虑到成本，经过调研和商讨后，决定还是用原来的物料。这一消息通过柳婷传达给了家桐，家桐立刻回复道："明白，我这就去将雪花板 t=1.0 的全部信息删除。"

技术思路：在 HBase 数据库里删除行键为"WL163"的全部信息。查询采购物料表的全部信息，查看是否还存在 WL163 的数据。

```
(1) 删除行键为"WL163"的全部数据
语句 > DELETEALL 'cgwlb', 'WL163'
(2) 查询全部信息
语句 > SCAN 'cgwlb'
```

结果示例：

```
WL161                 column=fcxx:fcl, timestamp=1650540261504, value=0.0
WL161                 column=wlxx:jbdw, timestamp=1650540261504, value=Pcs
WL161                 column=wlxx:wlmc, timestamp=1650540261504, value=\xE8\xBF\
                      x87\xE7\xBA\xBF\xE8\x83\xB6\xE7\x89\x87
WL162                 column=fcxx:fcl, timestamp=1650540324730, value=0.0
WL162                 column=wlxx:jbdw, timestamp=1650540324730, value=Pcs
WL162                 column=wlxx:wlmc, timestamp=1650540324730, value=\xE7\x9B\
                      xB4\xE9\x80\x9A\xE5\xBF\xAB\xE9\x80\x9F\xE6\x8E\xA5\xE5\xA
                      4\xB4
```

**5. 物料返厂率分析**

业务需求：家桐午休刚结束，便看到了柳婷发来的任务："家桐，我这里有几个新的任务，你一起做完再交给我吧。"家桐看到第一条便是"公司想要分析采购的哪些物料质量比较好，以便长期购买"。心想："这很简单，我去查询返厂率等于 0 的物料。"家桐不一会儿就完成了。

技术思路：在 HBase 数据库的采购物料表中查询返厂率等于 0 的物料信息。

```
语句 > SCAN 'cgwlb', {COLUMN=>'fcxx:fcl',FILTER=>"SingleColumn
ValueFilter('fcxx','fcl',=,'binary:0')"}
```

结果示例：

```
hbase(main):009:0> scan 'cgwlb',{COLUMN=>'fcxx:fcl',FILTER=>"SingleColumnValueFilter
('fcxx','fcl',=,'binary:0.0')"}
ROW                   COLUMN+CELL
 WL001                column=fcxx:fcl, timestamp=1650295858326, value=0.0
 WL002                column=fcxx:fcl, timestamp=1650295863274, value=0.0
 WL003                column=fcxx:fcl, timestamp=1650295866697, value=0.0
 WL004                column=fcxx:fcl, timestamp=1650295868346, value=0.0
 WL005                column=fcxx:fcl, timestamp=1650295870731, value=0.0
 WL006                column=fcxx:fcl, timestamp=1650295875651, value=0.0
 WL007                column=fcxx:fcl, timestamp=1650295877603, value=0.0
 WL008                column=fcxx:fcl, timestamp=1650295878967, value=0.0
```

## 13.3 会计数据仓库

### 13.3.1 场景描述

常吉合上了电脑，用手揉了揉略微疲惫的双眼，来到窗前，看着路边的行人穿着厚实的羽绒服走在街上，风吹过来，更是引起一阵战栗。

常吉叹了口气，这是他来重庆的第三年了，作为土生土长的北方人，不免有些怀念漫天大雪的河南。重庆的冷是湿冷，寒风裹着湿气仿佛要钻进人的骨头里。初来重庆时，常吉不禁怀疑天气预报是不是准确，明明重庆的冬天温度比北方高，还能让北方人冻感冒。

常吉想："是时候去吃一顿火锅祛寒了。"于是约上了晏露、张菁、柳婷、家桐等一起去南山的巴倒烫吃火锅，赏南山夜景。

看着红色的牛油翻腾，卷起刚刚倒进去的毛肚，常吉感到无比满足。这时，张菁长长地叹出一口气。众人面露疑惑，纷纷询问。

张菁眉头紧皱，缓缓开口："最近到了年底，作为销售部经理，要对业务进行汇总分析了，今年公司业务十分红火，销售业务激增，数据量大，让我甚是忧愁啊！诸位有什么好的建议帮我解决难题吗?"

柳婷面露微笑道："这有什么难的？技术能帮你解决一切！家桐最近不是在做会计大数据综合业务项目吗？说不定有你需要的销售数据分析思路和内容，你可以问问他。"说着就转头看向家桐。

家桐开口道："既然这样，我就给大家简单讲讲我负责的项目吧，看能不能帮上菁姐。我们项目包含采购业务、销售业务以及凭证的分析……"

众人看着家桐先是对需求进行分析，根据需求来设计数据模型，确定事实表和维度表，再进行数据采集。思路是先创建数据仓库和事实表、维度表，再通过 ETL 工具对数据进行抽取、转化和加载，短短烫菜的时间就可以完成数据的导入。众人叹为观止。

接下来就是对数据的分析，家桐推荐张菁使用 OLAP 方法和高级查询进行分析。家桐说道："OLAP 能够对数据进行多维分析，可以进行切片、切块、上卷、下钻等操作，多方面满足你的需求，而对于高级查询，你就可以根据具体的需求来写 HQL 语句进行查询分析。"

小插曲结束，众人又开始了愉快的火锅局……

## 13.3.2　需求分析

一方面，采购部门和销售部门需按期编制采购和销售计划，计划的编制大多根据往年的采购和销售情况。基于此，需要对蛮先进公司本年度的采购情况、销售情况进行分析，包括对采购物料的成本和质量、商品的盈利情况、客户购买情况和供应商的信用情况做统计分析，以此作为采购和销售计划的编制依据之一。

另一方面，财务部门会根据采购和销售活动的原始票据填写记账凭证，在借贷平衡的基础上，将采购单、销售单的总金额与会计凭证中对应科目的金额进行核对，比如将采购单的金额与凭证中"原材料"科目的借方金额对比，可以发现是否有漏记的采购、销售业务。通过对固定资产和应收账款等重点项目进行分析，可以为固定资产的采购和客户的赊销额度提供数据支撑。

会计数据仓库的业务与技术对应关系模型如图 13－9 所示。

## 13.3.3　数据模型

本小节先确认会计数据仓库的数据模型为星座模型，然后设计销售事实表、凭证事实表、商品维度表等事实表和维度表的表结构。

### 1. 星座模型设计

蛮先进公司根据会计数据库（accounting）从企业管理人员的需求出发，构建数据仓库（accounting_dw），如图 13－10 所示。通过主题的建立，从商品、时间、地域、时间、信用等级、物料等维度，结合采购事实表、销售事实表以及凭证事实表，构建了采购销售一体化的星座模型，经营者可以对整个企业的采购、销售状况有较为全面的了解。

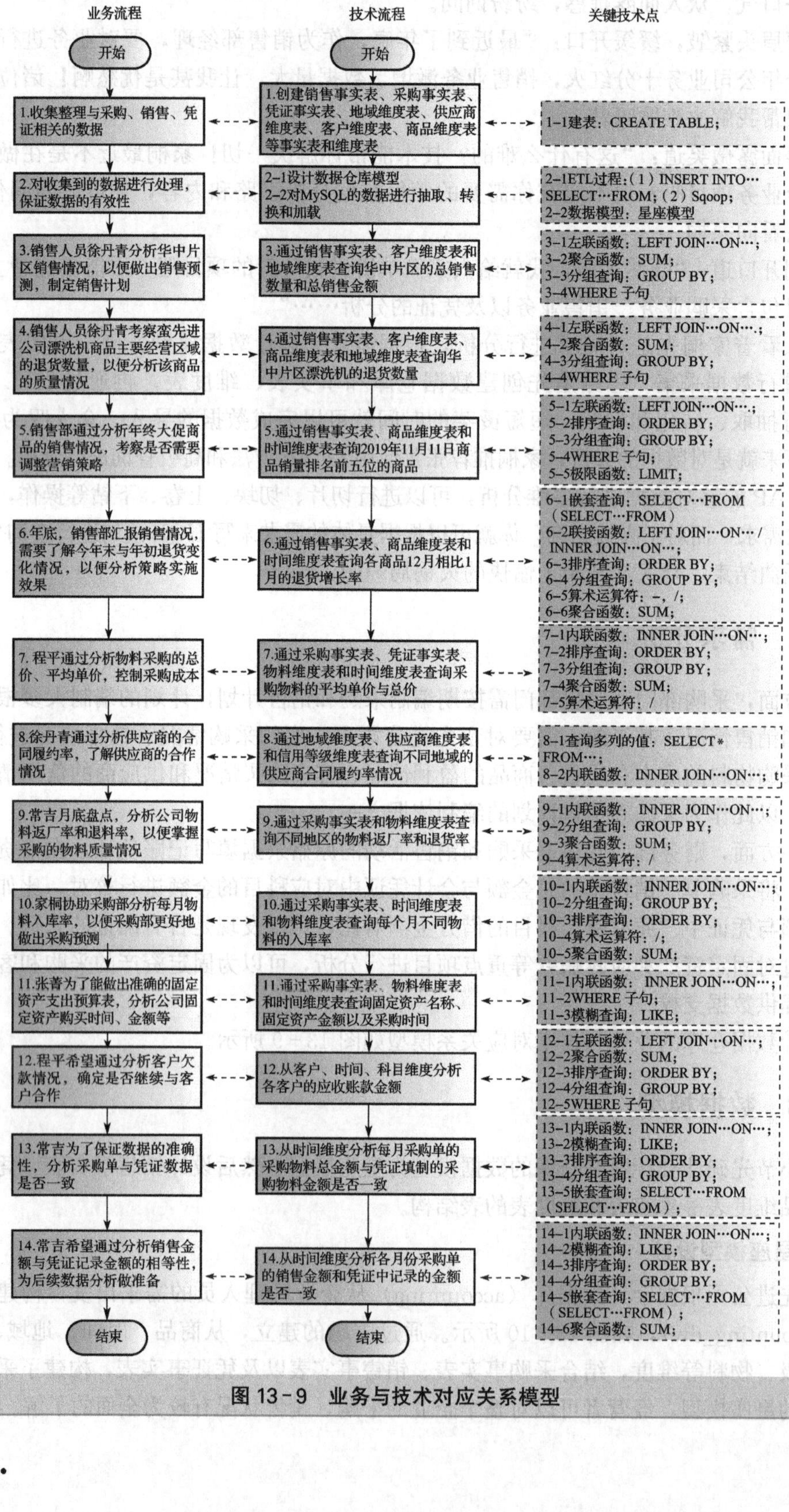


图 13-9　业务与技术对应关系模型

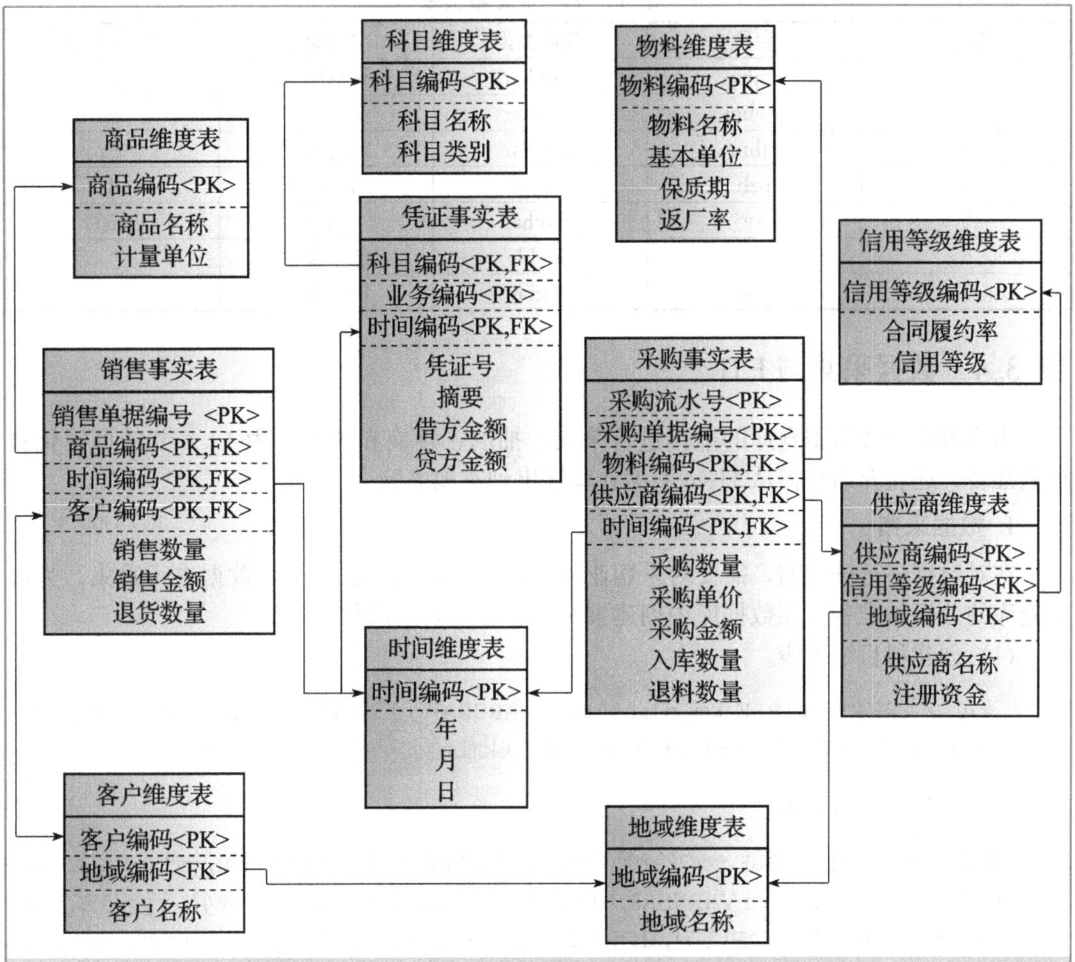


图 13 - 10　会计大数据业务星座模型

**2. 事实表和维度表结构设计**

基于数据模型建立采购事实表、销售事实表、凭证事实表、时间维度表、地域维度表、商品维度表、客户维度表、供应商维度表、科目维度表、物料维度表以及信用等级维度表 11 个数据表。科目维度表与凭证事实表的表结构示例如下。

(1) 科目维度表 (km_dim)(见表 13 - 20)。主键为 kmbm。

**表 13 - 20　科目维度表**

| 序号 | 字段 | 数据类型 | 字段标题 | 字段大小 |
|---|---|---|---|---|
| 1 | kmbm | varchar | 科目编码 | 12 |
| 2 | kmmc | varchar | 科目名称 | 30 |
| 3 | kmlb | varchar | 科目类别 | 8 |

(2) 凭证事实表 (pz_fact)(见表 13 - 21)。主键为 ywbm，sjbm，kmbm，外键为 kmbm，sjbm。

**表 13-21 凭证事实表**

| 序号 | 字段 | 数据类型 | 字段标题 | 字段大小 |
|---|---|---|---|---|
| 1 | kmbm | varchar | 科目编码 | 12 |
| 2 | ywbm | varchar | 业务编码 | 20 |
| 3 | sjbm | varchar | 时间编码 | 15 |
| 4 | pzh | varchar | 凭证号 | 4 |
| 5 | zy | varchar | 摘要 | 255 |
| 6 | jfje | double | 借方金额 | |
| 7 | dfje | double | 贷方金额 | |

## 13.3.4 数据采集与 ETL

本小节对会计数据仓库的数据进行采集、抽取、转换和加载，为 13.4 节的可视化数据做准备，还将介绍如何从 Hive 数据仓库导出到本地电脑。

**1. 数据采集**

在对数据进行分析前，需要对采购业务、销售业务以及凭证相关数据进行采集，为数据仓库的分析做准备。在数据库中创建事实表和维度表的过程如下。

(1) 创建科目维度表。

```
语句 > CREATE TABLE km_dim (kmbm VARCHAR (12) NOT NULL, kmmc VARCHAR (30), kmlb VARCHAR (8), PRIMARY KEY (kmbm));
```

(2) 创建凭证事实表。

```
语句 > CREATE TABLE pz_fact (kmbm VARCHAR (12) NOT NULL, ywbm VARCHAR (20) NOT NULL, sjbm VARCHAR (15) NOT NULL, pzh VARCHAR (4), zy VARCHAR (255), jfje VARCHAR(50), dfje DOUBLE, PRIMARY KEY (ywbm, sjbm, kmbm), FOREIGN KEY (sjbm) REFERENCES sj_dim (sjbm), FOREIGN KEY (kmbm) REFERENCES km_dim (kmbm));
```

同理，其他事实表与维度表均根据 13.3.3 节的表结构进行创建。建表完成后，查看会计数据库中的数据表是否创建成功。

```
语句 > SHOW TABLES;
```

结果示例：

```
+----------------------+
| Tables_in_accounting |
+----------------------+
| area_dim
| cg_fact
| cgd
| customer_dim
| dyxxb
| gys_dim
| gysjbxxb
| gysxydfb
| khxxb
| km_dim
| kmbmb
| pz_fact
| pzxxb
| sj_dim
| sp_dim
| spxxb
| xs_fact
| xsd
| xydj_dim
+----------------------+
```

**2. ETL 过程**

为满足后续多维分析的需要，需对采集的数据进行数据抽取、转换和加载操作，以减少数据的冗余，最大限度地保证数据的有效性。具体过程如下。

（1）抽取。

1）抽取时间维度表。

```
语句 > INSERT INTO sj_dim SELECT DISTINCT pzxxb.zdrq, YEAR (pzxxb.zdrq) AS YEAR, MONTH (pzxxb.zdrq) AS MONTH, DAY (pzxxb.zdrq) AS DAY FROM pzxxb;
```

2）抽取商品维度表。

```
语句 > INSERT INTO sp_dim SELECT spxxb.spbm, spxxb.spmc, spxxb.jldw FROM spxxb;
```

3）抽取地域维度表。

```
语句 > INSERT INTO area_dim SELECT dyxxb.dybm, dyxxb.dymc FROM dyxxb;
```

4）抽取客户维度表。

```
语句 > INSERT INTO customer_dim SELECT khxxb.khbm, khxxb.dybm, khxxb.khmc FROM khxxb;
```

5）抽取科目维度表。

```
语句 > INSERT INTO km_dim SELECT kmbmb.kmbm, kmbmb.kmmc, kmbmb.kmlb FROM kmbmb;
```

6）抽取信用等级维度表。

```
语句 > INSERT INTO xydj_dim SELECT gysxydfb.xydjbm, gysxydfb.htlyl, if(gysxydfb.gysdjdf>90,'A',if(gysxydfb.gysdjdf>80,'B',if(gysxydfb.gysdjdf>70,'C','D'))) FROM gysxydfb;
```

7）抽取供应商维度表。

```
语句 > INSERT INTO gys_dim SELECT gysjbxxb.gysbm, gysjbxxb.xydjbm, gysjbxxb.dybm, gysjbxxb.gysmc, gysjbxxb.zczj FROM gysjbxxb;
```

8）抽取采购事实表。

```
语句 > INSERT INTO cg_fact SELECT cgd.cgdlsh, cgd.djbm, cgd.wlbm, cgd.gysbm, cgd.cgrq, cgd.cgsl, cgd.dj, cgd.zj, cgd.ljrksl, cgd.ljtlsl FROM cgd;
```

9）抽取销售事实表。

```
语句 > INSERT INTO xs_fact SELECT xsd.djbm, xsd.spbm, xsd.ywrq, xsd.khbm, xsd.xssl, xsd.xsje, xsd.thsl FROM xsd;
```

10）抽取凭证事实表。

```
语句 > INSERT INTO pz_fact SELECT pzxxb.kmbm, pzxxb.ywbm, pzxxb.zdrq, pzxxb.pzh, pzxxb.zy, pzxxb.jfje, pzxxb.dfje FROM pzxxb;
```

（2）转换。

1）数据抽取完成之后，查看数据时发现销售事实表的销售数量（xssl）字段名出现命名错误，需对其进行修改，具体操作如下：

```
修改字段名 > ALTER TABLE xs_fact CHANGE xxsl xssl DOUBLE;
查询表结构 > DESC xs_fact;
```

| Field | Type | Null | Key | Default | Extra |
|---|---|---|---|---|---|
| xsdjbh | varchar(12) | NO | PRI | NULL | |
| spid | varchar(15) | NO | PRI | NULL | |
| sjbm | varchar(15) | NO | PRI | NULL | |
| khid | varchar(10) | NO | PRI | NULL | |
| xssl | double | YES | | NULL | |
| xsje | double | YES | | NULL | |
| thsl | double | YES | | NULL | |

2）在检查凭证事实表的数据时，发现其借方金额（jfje）字段类型为字符型，应该修改为数值型。修改完成后通过DESC语句查询是否修改成功。

```
语句 > ALTER table pz_fact MODIFY COLUMN jfje DOUBLE;
```

| Field | Type | Null | Key | Default | Extra |
|---|---|---|---|---|---|
| kmbm | varchar(12) | NO | PRI | NULL | |
| ywbm | varchar(20) | NO | PRI | NULL | |
| sjbm | varchar(15) | NO | PRI | NULL | |
| pzh | varchar(4) | YES | | NULL | |
| zy | varchar(255) | YES | | NULL | |
| jfje | double | YES | | NULL | |
| dfje | double | YES | | NULL | |

（3）加载。数据清洗完成后，需将数据从数据库加载到Hive数据仓库，为多维分析做好数据准备。凭证事实表与时间维度表的加载操作如下。

1）加载凭证事实表。

```
语句 > sqoop import --connect jdbc:mysql://localhost:3306/accounting --table pz_fact --username root --password training --hive-import --hive-database accounting_dw -m 1 --fields-terminated-by '\t';
```

结果示例（前7行数据）：

| | | | | | | |
|---|---|---|---|---|---|---|
| 22210103 | PZLX000014 | 2019/1/1 | 7 | NULL | 0.0 |
| 6401 | PZLX000015 | 2019/1/1 | 8 | NULL | 28400.0 |
| 140501 | PZLX000016 | 2019/1/1 | 8 | NULL | 0.0 |
| 6001 | PZLX000017 | 2019/1/1 | 9 | NULL | 0.0 |
| 22210103 | PZLX000018 | 2019/1/1 | 9 | NULL | 0.0 |
| 6401 | PZLX000019 | 2019/1/1 | 10 | NULL | 40500.0 |
| 140506 | PZLX000020 | 2019/1/1 | 10 | NULL | 0.0 |

2）加载时间维度表。

```
语句 > sqoop import --connect jdbc:mysql://localhost:3306/
accounting --table sj_dim --username root --password training --hive-
import --hive-database accounting_dw -m 1 --fields-terminated-by '\t';
```

结果示例（前 8 行数据）：

```
2019/1/1     2019   1   1
2019/1/10    2019   1   10
2019/1/11    2019   1   11
2019/1/12    2019   1   12
2019/1/13    2019   1   13
2019/1/14    2019   1   14
2019/1/15    2019   1   15
2019/1/16    2019   1   16
```

其他数据表的加载过程与上述操作相同。然后进入 Hive，查看会计数据仓库的数据是否加载成功，操作过程如下。

3）进入 Hive 环境打开会计数据仓库（accounting_dw），再查看所有数据表。

```
语句 > HIVE;
语句 > USE accounting_dw;
语句 > SHOW TABLES;
```

查询到会计数据仓库（accounting_dw）的所有表如下：

```
area_dim
cg_fact
customer_dim
gys_dim
km_dim
pz_fact
sj_dim
sp_dim
wl_dim
xs_fact
xydj_dim
```

## 13.3.5　多维分析

### 1. 华中片区的客户购买量和购买额分析

业务需求：办公室里，家桐看过柳婷的一番操作之后更加崇拜她了，现在数据仓库已经搭建完成。徐丹青说道："家桐，我想知道华中地区客户的购买情况，你能帮我查询一下吗?"家桐说："没问题。"家桐一番操作之后，就将华中地区各客户购买商品的数量和购买金额查询出来了。

分析目标：考察华中片区销售情况，以便做出销售预测，制定销售计划。

技术思路：从客户、地域两个维度分析华中片区的总销售数量和总销售金额。相关要素如表 13 - 22 所示。

**表 13 - 22　相关要素**

| | |
|---|---|
| 事实表、维度表 | xs_fact（销售事实表）、customer_dim（客户维度表）、area_dim（地域维度表） |
| 数据模型 | 星型模型 |

续表

| | |
|---|---|
| 连接字段 | khid（客户编码）、dyid（地域编码） |
| 连接结果 | 将维度表和事实表连接，获得地域维度表中的地域名称、客户维度表中的客户名称、销售事实表中的销售数量和销售金额数据 |

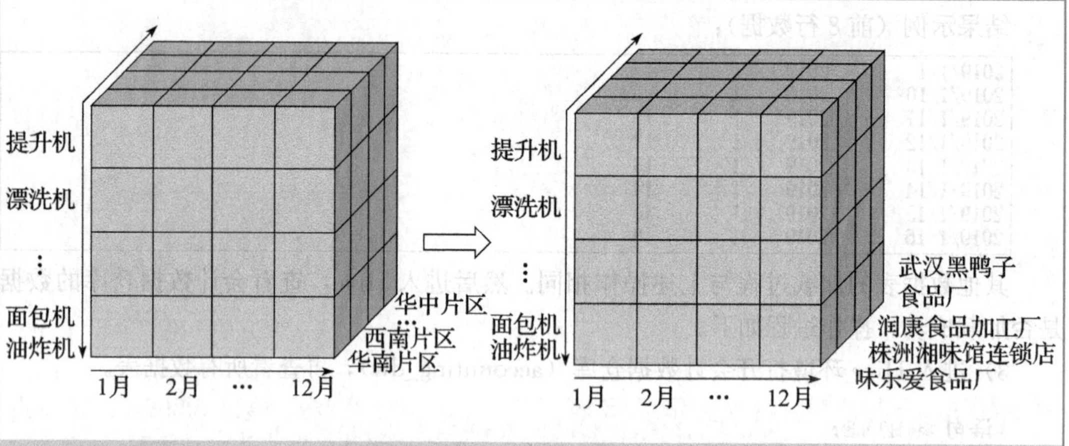


**图 13-11　华中片区各客户销售数据**

```
HQL 语句 > SELECT area_dim.dymc,customer_dim.khmc, SUM(xssl), SUM(xsje) FROM xs_fact LEFT JOIN customer_dim ON xs_fact.khid=customer_dim.khid LEFT JOIN area_dim ON customer_dim.dyid=area_dim.dyid WHERE area_dim.dymc='华中片区' GROUP BY area_dim.dymc,customer_dim.khmc;
```

结果示例：

```
华中片区      润康食品加工厂   859.0    1.8648476870000012E7
华中片区      味乐爱食品厂     958.0    2.0907103090000004E7
华中片区      武汉黑鸭子食品厂          1098.0   2.3999284720000006E7
华中片区      株洲湘味馆连锁店          1454.0   3.201141494999999E7
```

**2. 商品主要经营区域的退货量分析**

业务需求：徐丹青看了看家桐查询的结果，赞叹道："不错，家桐，进步这么大。"家桐说："这都是婷姐的功劳，都是婷姐教得好。"徐丹青说："不错，还懂得谦虚，不过现在我想知道华中片区漂洗机的退货数量，以便后续对其进行分析，你再帮我查一下吧。"家桐说："好的，没问题。"

分析目标：考察蛮先进公司漂洗机商品主要经营区域的退货数量，以便分析该商品的质量情况。

技术思路：从商品、地域维度分析华中片区漂洗机的退货数量情况。相关要素如表 13-23 所示。

**表 13-23　相关要素**

| | |
|---|---|
| 事实表、维度表 | xs_fact（销售事实表）、sp_dim（商品维度表）、area_dim（地域维度表）、customer_dim（客户维度表） |

续表

| 数据模型 | 星型模型 |
| --- | --- |
| 连接字段 | khid（客户编码）、spid（商品编码）、dyid（地域编码） |
| 连接结果 | 将维度表和事实表连接，获得商品维度表中的商品名称、地域维度表中的地域名称以及销售事实表中的退货数量数据 |

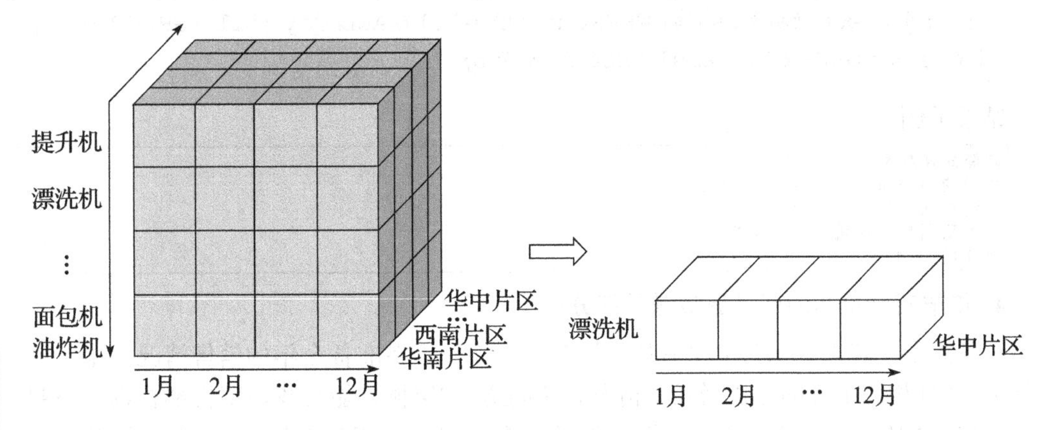


图 13－12　华中片区漂洗机退货数据

```
HQL 语句> SELECT spmc,dymc,SUM(thsl) FROM xs_fact LEFT JOIN customer_dim ON customer_dim.khid=xs_fact.khid LEFT JOIN area_dim ON area_dim.dyid=customer_dim.dyid LEFT JOIN sp_dim ON xs_fact.spid=sp_dim.spid WHERE spmc='漂洗机' AND dymc='华中片区' GROUP BY spmc,dymc;
```

结果示例：

```
OK
漂洗机   华中片区         2.0
Time taken: 6.079 seconds, Fetched: 1 row(s)
```

**3. 双十一的商品销量排名情况分析**

业务需求：2019 年双十一比往年更加火爆了，张菁想要知道双十一带来的效益有多好，便让徐丹青去请教家桐："家桐，你能帮我们查询一下，今年双十一销量在前五位的商品以及各自的销量吗?"家桐说道："我这就去查询一下。"

分析目标：考察年终大促商品的销售情况，分析是否需要调整营销策略。

技术思路：从时间、商品维度分析 2019 年 11 月 11 日商品销量排名前五位的商品。相关要素如表 13－24 所示。

**表 13－24　相关要素**

| 事实表、维度表 | xs_fact（销售事实表）、sp_dim（商品维度表）、sj_dim（时间维度表） |
| --- | --- |
| 数据模型 | 星型模型 |
| 连接字段 | sjbm（时间编码）、spid（商品编码） |

续表

| | |
|---|---|
| 连接结果 | 将维度表和事实表连接，获得时间维度表中的月份、商品维度表中的商品名称、销售事实表中的销售数量数据 |

```
HQL 语句> SELECT sp_dim.spmc, SUM(xs_fact.xssl)zxssl FROM xs_fact LEFT JOIN sp_dim ON xs_fact.spid=sp_dim.spid LEFT JOIN sj_dim ON sj_dim.sjbm=xs_fact.sjbm WHERE month='11' AND day='11' GROUP BY sp_dim.spmc ORDER BY zxssl DESC LIMIT 5;
```

结果示例：

```
圆筒式撒粉机    62.0
中级油油炸机 (20#电)   40.0
面包片油炸机    30.0
无锈宽网带传送机 (机架可拆)    18.0
漂洗机  14.0
```

**4. 年末相比年初的商品退货增长率分析**

业务需求：年末，销售部又开始忙碌起来。徐丹青在准备今年的销售情况汇报，于是想知道12月相比1月的退货增长率情况，便问道："家桐，能帮我们销售部查询一下吗？"家桐说道："因为涉及增长率，计算可能需要多点时间。不过应该10～20分钟就可以。"徐丹青说："那就麻烦你啦。"

分析目标：考察年末与年初退货变化情况，以便分析策略实施效果。

技术思路：从商品维度分析各商品12月相比1月的退货增长率情况。相关要素如表13-25所示。

**表13-25 相关要素**

| | |
|---|---|
| 事实表、维度表 | xs_fact（销售事实表）、sp_dim（商品维度表）、sj_dim（时间维度表） |
| 数据模型 | 星型模型 |
| 连接字段 | spid（商品编码）、sjbm（时间编码） |
| 连接结果 | 将维度表和事实表连接，获得时间维度表中的月份、商品维度表中的商品名称以及销售事实表中的退货数量数据 |

```
HQL 语句> SELECT a.spmc,(b.12thsl- a.1thsl)/(a.1thsl) AS thslzzl FROM (SELECT sp_dim.spid, sp_dim.spmc, SUM(xs_fact.thsl) 1thsl FROM xs_fact LEFT JOIN sp_dim ON xs_fact.spid=sp_dim.spid LEFT JOIN sj_dim ON sj_dim.sjbm=xs_fact.sjbm WHERE month='1' GROUP BY sp_dim.spid, sp_dim.spmc) a INNER JOIN (SELECT sp_dim.spid, sp_dim.spmc, SUM(xs_fact.thsl)12thsl FROM xs_fact LEFT JOIN sp_dim ON xs_fact.spid=sp_dim.spid LEFT JOIN sj_dim ON sj_dim.sjbm=xs_fact.sjbm WHERE month='12' GROUP BY sp_dim.spid, sp_dim.spmc)b ON a.spid=b.spid LEFT JOIN sp_dim ON a.spid=sp_dim.spid GROUP BY a.spmc, a.1thsl, b.12thsl ORDER BY thslzzl;
```

结果示例：

```
真空油炸机        -1.0
面包片油炸机      -0.8846153846153846
圆筒式撒粉机      -0.6153846153846154
漂洗机   -0.5
提升机   -0.46153846153846156
无锈宽网带传送机（机架可拆）      -0.4444444444444444
中级油油炸机（20#电） 0.5833333333333334
```

**5. 物料的月采购单价与月采购总价分析**

业务需求：成本是公司在对商品进行生产时重要的考虑因素。近年来价格竞争越来越激烈，程平想要对商品进行成本控制，以提高企业的竞争力。于是请家桐帮忙查询一下物料价格。

分析目标：考察物料采购的总价、平均单价，以便控制采购成本。

技术思路：从时间、物料维度分析采购的物料平均单价与总价情况。相关要素如表 13－26 所示。

**表 13－26　相关要素**

| | |
|---|---|
| 事实表、维度表 | cg_fact（采购事实表）、sj_dim（时间维度表）、wl_dim（物料维度表） |
| 数据模型 | 星型模型 |
| 连接字段 | sjbm（时间编码）、wlbm（物料编码） |
| 连接结果 | 将维度表和事实表连接，获得采购事实表中的采购数量和采购金额、时间维度表中的月份数据，并计算总额及平均单价 |

```
HQL 语句 > SELECT sj_dim.month, wlmc, SUM(cgje)/SUM(cgsl) pjdj, SUM
(cgje) FROM cg_fact INNER JOIN sj_dim ON cg_fact.sjbm=sj_dim.sjbm
INNER JOIN wl_dim ON wl_dim.wlbm=cg_fact.wlbm GROUP BY wlmc, sj_dim.
month ORDER BY sj_dim.month;
```

结果示例：

```
1        无锈蝶形螺母        0.25641434262948204        386.15999999999997
1        触电标（大）        1.7094023904382474         2574.3600000000006
1        热继电器            17.09401062416999          12871.79
1        不锈圆钢            7.815216098971724          97283.81000000001
1        304工业板           85.47008884150675          240512.83000000002
1        三角带    4.280592014685635         9327.41
1        保温棉（普通）      6.837608354460944          56635.909999999996
1        塑铜线(黄绿)        2.5641035120147873         52712.84
```

**6. 供应商的合同履约率分析**

业务需求：在对商品进行采购时，供应商是重要考虑因素，合同履约率越高，公司在采购时越有保障。看着这个月的销售情况，徐丹青叹了一口气，这一次又因为供应商违约造成产品生产不足，白白丢了几笔大单子。一旁的家桐出谋划策，不如根据供应商的合同履约率来对供应商进行选择，筛选优质供应商，减少违约率。

分析目标：考察供应商的合同履约率，以便分析供应商的合作情况。

技术思路：从地域、供应商维度分析不同地域的供应商合同履约率情况。相关要素如表 13－27 所示。

表 13-27　相关要素

| 事实表、维度表 | area_dim（地域维度表）、gys_dim（供应商维度表）、xydj_dim（信用等级维度表） |
|---|---|
| 数据模型 | 星型模型 |
| 连接字段 | dyid（地域编码）、xydjbm（信用等级编码） |
| 连接结果 | 将不同的维度表连接，获得地域维度表中的地域名称、供应商维度表中的供应商名称、信用等级维度表中的合同履约率数据 |

```
HQL 语句> SELECT dymc,gysmc,htlyl FROM gys_dim INNER JOIN xydj_dim ON gys_dim.xydjbm=xydj_dim.xydjbm INNER JOIN area_dim ON area_dim.dyid=gys_dim.dyid;
```

结果示例：

```
西北片区	北京克旗电子技术有限公司	0.94
西北片区	北京新凯小机电公司	0.94
西北片区	北京兴旺热工控制设备公司	0.96
华东片区	慈溪光明小设备制造厂	0.85
华南片区	东莞盛祥机电公司	0.85
华南片区	广东工业集团有限公司	0.95
```

**7. 物料返厂率与退料率分析**

业务需求：常吉在对采购物料进行盘点时发现，本月计划的采购数量与库存数量不一致。调查发现，一些物料由于质量原因出现返厂和退料的情况。因此，请来家桐帮忙查询公司的物料返厂和退料情况。

分析目标：考察公司物料返厂率和退料率，以便分析采购的物料质量情况。

技术思路：从物料维度分析不同地区的物料返厂率和退货率情况。相关要素如表 13-28 所示。

表 13-28　相关要素

| 事实表、维度表 | cg_fact（采购事实表）、wl_dim（物料维度表） |
|---|---|
| 数据模型 | 星型模型 |
| 连接字段 | wlbm（物料编码） |
| 连接结果 | 将维度表和事实表连接，获得物料维度表中的物料名称和返厂率，采购事实表中的退料数量和采购数量数据，并计算退料率 |

```
HQL 语句> SELECT wlmc,SUM(tlsl)/SUM(cgsl) thl,fcl FROM cg_fact INNER JOIN wl_dim ON cg_fact.wlbm=wl_dim.wlbm GROUP BY fcl,wlmc;
```

结果示例：

```
中间继电器	0.0	0.0
无锈销轴	0.0	0.0
无锈法兰	0.007546396284829725	0.0
地脚（电镀）	0.006279248859664712	0.0
无锈装饰管	0.0	0.0
无锈十字沉头螺丝	0.00739394633661201	0.0
硅胶线	0.0	0.0
圆形垫片-平L型	0.03507549361207898	0.0
保温棉（耐高温）	0.0	0.0
数字温度传感器	0.0	0.052632
```

**8. 物料的月入库率分析**

业务需求：家桐在对采购物料进行盘点时发现，每个月都会有不同程度的返厂和退料，造成了每个月库存与预计采购数量不同的现象，因此想要了解不同物料每个月的入库率，以此来对物料进行管理。

分析目标：考察物料每月入库率，以便更好地做出采购预测。

技术思路：从物料、时间维度分析每个月不同物料的入库率情况。相关要素如表 13－29 所示。

**表 13－29　相关要素**

| | |
|---|---|
| 事实表、维度表 | cg_fact（采购事实表）、wl_dim（物料维度表）、sj_dim（时间维度表） |
| 数据模型 | 星型模型 |
| 连接字段 | wlbm（物料编码）、sjbm（时间编码） |
| 连接结果 | 将维度表和事实表连接，获得时间维度表中的月份、物料维度表中的物料名称和入库数量、采购事实表中的采购数量数据，并计算入库率 |

```
HQL 语句> SELECT sj_dim.month,wl_dim.wlmc,SUM(rksl)/SUM(cgsl) rkl
FROM cg_fact INNER JOIN wl_dim ON cg_fact.wlbm=wl_dim.wlbm JOIN sj_
dim ON cg_fact.sjbm=sj_dim.sjbm GROUP BY sj_dim.month,wl_dim.wlmc
ORDER BY sj_dim.month,wl_dim.wlmc;
```

结果示例：

```
11      硅胶板  0.9318377911993098
11      硅胶线  1.0
11      碳钢链条        1.0
11      碳钢链条接头    1.0
11      筐底、筐围、舌头        1.0
11      红色带灯按钮    1.0
11      线槽    1.0
11      绿色带灯按钮    1.0
11      缠线管  1.0
11      耐耐高温塑料螺纹管      1.0
```

**9. 固定资产金额和采购时间分析**

业务需求：企业固定资产购买是一笔大支出。近期为了企业的发展，需要添置新的固定资产，但是在做预算时张菁遇到了难题。就在张菁思索时，柳婷来到了办公室。在了解张菁的困扰之后，柳婷说道："我教你在数据仓库查询固定资产之前的情况，了解之后，你就可以在以前的基础上做预算了。"学会后，张菁就开始对固定资产的情况进行查询。

分析目标：考察公司固定资产购买时间、金额等情况，为下一年固定资产支出预算做准备。

技术思路：从科目维度分析固定资产名称、固定资产金额以及采购时间。相关要素如表 13－30 所示。

**表 13-30 相关要素**

| | |
|---|---|
| 事实表、维度表 | pz_fact（凭证事实表）、km_dim（科目维度表） |
| 数据模型 | 星型模型 |
| 连接字段 | kmbm（科目编码） |
| 连接结果 | 将维度表和事实表连接，获得凭证事实表中的科目编码、时间编码、借方金额，科目维度表的科目名称数据 |

```
HQL语句> SELECT pz_fact.kmbm, km_dim. kmmc, pz_fact.sjbm, pz_fact.jfje from pz_fact INNER JOIN km_dim ON pz_fact.kmbm=km_dim.kmbm WHERE kmmc LIKE '固定资产%';
```

结果示例：

```
160109  固定资产-打印机 2019/6/24        6410.26
160106  固定资产-1.5米车床      2019/9/14        64102.56
160105  固定资产-东风货车       2019/10/22      205128.21
160104  固定资产-点焊机 2019/10/30       14957.26
160114  固定资产-笔记本 2019/1/13        5128.21
160114  固定资产-笔记本 2019/1/13        15384.62
160114  固定资产-笔记本 2019/1/13        5128.21
160114  固定资产-笔记本 2019/1/13        5128.21
160114  固定资产-笔记本 2019/1/13        5128.21
160114  固定资产-笔记本 2019/1/13        15384.62
160114  固定资产-笔记本 2019/1/13        5128.21
160114  固定资产-笔记本 2019/1/13        5128.21
```

**10. 客户的应收账款金额分析**

业务需求：最近程平对于客户所欠账款很重视，想了解客户应收账款情况，便打电话给家桐："家桐，我们急需一份客户应收账款的明细表，你能马上发给我吗？"家桐说道："没问题，马上给您传过去。"

分析目标：考察客户欠款情况，以便确定是否继续与客户合作。

技术思路：从客户维度分析各客户的应收账款金额。相关要素如表 13-31 所示。

**表 13-31 相关要素**

| | |
|---|---|
| 事实表、维度表 | xs_fact（销售事实表）、pz_fact（凭证事实表）、sj_dim（时间维度表）、customer_dim（客户维度表）、km_dim（科目维度表） |
| 数据模型 | 星座模型 |
| 连接字段 | kmbm（科目编码）、khid（客户编码）、sjbm（时间编码） |
| 连接结果 | 将维度表和事实表连接，获得客户维度表中的客户名称、科目维度表中的科目名称以及凭证事实表中的应收账款借方金额数据 |

```
HQL语句> SELECT khmc,SUM(pz_fact.jfje) AS total FROM customer_dim LEFT JOIN xs_fact ON xs_fact.khid=customer_dim.khid LEFT JOIN sj_dim ON xs_fact.sjbm=sj_dim.sjbm LEFT JOIN pz_fact ON sj_dim.sjbm=pz_fact.sjbm LEFT JOIN km_dim ON km_dim.kmbm=pz_fact.kmbm WHERE kmmc='应收账款' GROUP BY khmc ORDER BY total;
```

结果示例：

```
新疆葡萄干加工厂        5.312112703999997E7
天津新和豆浆    6.668687083999995E7
北京诚恩食品公司        7.212067667999998E7
内蒙古好吃牛肉干加工厂  7.567225697999993E7
北京桃李食品公司        7.72031017499999E7
郑州面霸食品加工厂      7.821487038999984E7
上海快乐薯吧加盟公司    8.247666333E7
哈尔滨云海食品有限公司  9.092278027999996E7
成都麻辣休息吧连锁店    1.0259683919999996E8
```

### 11. 采购金额与凭证金额对比分析

业务需求：对于会计人员来说，凭证的填制就是一份需要耐心和仔细的工作，一张凭证填制错误就会造成账务不平、年底加班的状况。此时的常吉就处于年底加班的状态。他想要了解凭证是否正确填制，于是请家桐查询采购单的物料数据与凭证数据是否一致。

分析目标：考察采购单与凭证数据是否一致，以便保证数据的准确性。

技术思路：从时间维度分析每月采购单的采购物料总金额与凭证填制的采购物料金额是否一致。相关要素如表 13-32 所示。

**表 13-32　相关要素**

| | |
|---|---|
| 事实表、维度表 | cg_fact（采购事实表）、pz_fact（凭证事实表）、sj_dim（时间维度表） |
| 数据模型 | 星座模型 |
| 连接字段 | ywbm（业务编码）、cgdjbh（采购单据编号）、sjbm（时间编码）、month（月份） |
| 连接结果 | 将维度表和事实表连接，获得时间维度表中的月份、凭证事实表中的物料金额、采购事实表中的物料采购金额数据 |

```
HQL 语句> SELECT pzhj.month, pzjfje, cgcgje FROM (SELECT month, SUM(jfje) pzjfje FROM pz_fact INNER JOIN sj_dim ON sj_dim.sjbm=pz_fact.sjbm WHERE kmbm like '1403% ' group by month) AS pzhj INNER JOIN (SELECT month, SUM(cgje) cgcgje FROM cg_fact INNER JOIN sj_dim ON sj_dim.sjbm=cg_fact.sjbm GROUP BY month) AS cghj ON pzhj.month=cghj.month ORDER BY pzhj.month;
```

结果示例：

```
1     1.311747352E7           1.3187717429999983E7
2     6839119.499999999       6880145.169999994
3     3.0259423089999977E7    3.025942305999996E7
4     9648090.340000004       9648090.400000026
5     1.3410185910000006E7    1.3456339809999995E7
6     1.0186090240000002E7    1.0643833750000013E7
7     1.0848979820000011E7    1.084897987E7
8     1.291316069999999E7     1.2913160719999993E7
9     1.0513935090000002E7    1.057803764000002E7
10    1.9233646450000033E7    1.9453732060000036E7
11    1.2698522870000005E7    1.269852294999999E7
12    4.0584852730000004E7    4.0584852659999974E7
```

### 12. 销售金额与凭证金额对比分析

业务需求：常吉一直为凭证中的各个金额是否平衡而苦恼，每次都耗费大量的人工，效率还低下。于是又找到家桐："家桐，我们想知道这一年的销售金额是否与凭证中记录的金额一致，你能帮助我们查一下吗？”家桐说道：“这个好像与之前采购的需求类似，应该是可以的，稍等一下。”家桐一番操作之后，最终得到财务部想要的结果。

分析目标：考察销售金额与凭证记录金额是否一致，以便为后续数据分析做准备。

技术思路：从时间维度分析各月份销售单的销售金额和凭证中记录的金额是否一致。相关要素如表 13-33 所示。

**表 13-33　相关要素**

| | |
|---|---|
| 事实表、维度表 | xs_fact（销售事实表）、pz_fact（凭证事实表）、sj_dim（时间维度表） |
| 数据模型 | 星座模型 |
| 连接字段 | sjbm（时间编码）、month（月份） |
| 连接结果 | 将维度表和事实表连接，获得时间维度表中的月份、销售事实表中的销售金额以及凭证事实表中的金额数据 |

```
HQL 语句 > SELECT pzhj.month, pzjfje, xsxsje FROM (SELECT month, SUM
(jfje) pzjfje FROM pz_fact INNER JOIN sj_dim ON sj_dim.sjbm=pz_fact.
sjbm WHERE ywbm like 'XSDD%' GROUP BY month) AS pzhj INNER JOIN
(SELECT month, SUM(xsje) xsxsje FROM xs_fact INNER JOIN sj_dim ON sj_
dim.sjbm=xs_fact.sjbm GROUP BY month) AS xshj ON pzhj.month= xshj.
month ORDER BY pzhj.month;
```

结果示例：

| | | |
|---|---|---|
| 1 | 5.603422512000002E7 | 5.603422512000004E7 |
| 2 | 4.5829598999999985E7 | 4.5829599000000015E7 |
| 3 | 6.893176344000001E7 | 6.893176344000006E7 |
| 4 | 5.7162007840000026E7 | 5.7162007839999944E7 |
| 5 | 5.403336707000002E7 | 5.403336706999998E7 |
| 6 | 5.709961755000003E7 | 5.709961755000002E7 |
| 7 | 5.837010818999998E7 | 5.8370108189999975E7 |
| 8 | 5.235068830999997E7 | 5.2350688309999995E7 |
| 9 | 5.063023986000001E7 | 5.063023985999996E7 |
| 10 | 6.0841370730000004E7 | 6.0841370730000004E7 |
| 11 | 5.861045919000003E7 | 5.8610459189999975E7 |
| 12 | 5.634106622E7 | 5.634106621000007E7 |

# 13.4　会计数据分析与可视化

## 13.4.1　场景描述

马上到下班时间了，忙碌了一天的家桐觉得身心俱疲，他一边收拾东西一边和婷匀讨论下班后去弹子石老街吃顿美食，顺便看一下最近展览的秀山花灯犒劳自己。这时，程平突然推开办公室的门，快步走到家桐的工位前说道：“家桐，你来我办公室一下。”家桐内心一紧，心想：“难道是我负责的这个项目在之前的工作中出现什么问题了？”

怀着忐忑不安的心情，家桐走进了程平的办公室，“程总，请问您找我有什么事？”家桐小心翼翼地询问道。程平看他紧张的样子，笑着说："不是的，别紧张，你前面的工作都做得非常好，这次就是希望你可以增加可视化分析，用 Tableau 来做。因为过两天我们要给其他部门的管理层开会，如果用可视化图表进行汇报，可以更好地展现我们的分析结果，所以要麻烦你赶工了。"原来是这样，家桐松了一口气，于是信心满满地告诉程平一定完成任务。

从程平办公室出来后，就看到婷匀望着他："又被安排什么工作了?"家桐回答道："就是之前程总让我负责的那个项目，现在需要再补充可视化分析的部分，正好你不是最近也在补习 Tableau 的相关知识吗？看来需要你的加入了。"婷匀欣然同意："没问题，正好练练手。我们要分为哪几个主题呢?"家桐说："我想了一下，我们主要分析采购、销售和凭证三个主题，里面的图表要根据分析目标绘制，比如控制成本就绘制采购物料价格图，分析物料质量就绘制物料的返厂率、退料率和入库率……"说着下班时间就到了，两人一边讨论方案，一边往办公楼外走去。

## 13.4.2　需求分析

在进行数据分析时，决策者将借助 Tableau 软件进行数据可视化展现。本小节将创建可视化图形，通过图形对采购、销售和凭证方面的内容进行分析。进行数据分析与展现的主要步骤分为选择合适的数据源、绘制可视化图形分析和生成数据分析故事，其业务与技术对应关系模型如图 13－13 所示。

## 13.4.3　数据准备

会计数据分析与可视化的数据来源为 Hive 数据仓库中的事实表和维度表，包括采购事实表、销售事实表、凭证事实表、时间维度表、地域维度表、商品维度表、客户维度表、供应商维度表、科目维度表、物料维度表以及信用等级维度表。以采购事实表为例，数据导出的具体过程如下。

(1) 将采购事实表导出至虚拟机桌面主文件夹中的 Downloads 文件夹，并在 Downloads 文件夹中将导出的"000000_0"文本文件重命名为"cg_fact"。

```
语句 > INSERT overwrite local directory '/root/Downloads ' row format delimited fields terminated by '\t' SELECT * FROM cg_fact;
```

结果示例：

打开(O)　cg_fact ~/Downloads　保存(S)

| | | | | | | | | | | |
|---|---|---|---|---|---|---|---|---|---|---|
| LSH000001 | CGDD000504 | WL116 | VEN00021 | 2019 | 1.0 | 1.0 | 321.0 | 8.62069 | 2767.24 | |
| LSH000002 | CGDD000504 | WL134 | VEN00021 | 2019 | 1.0 | 1.0 | 219.0 | 8.62069 | 1887.93 | |
| LSH000003 | CGDD000504 | WL134 | VEN00021 | 2019 | 1.0 | 1.0 | 475.0 | 8.62069 | 4094.83 | |
| LSH000004 | CGDD000504 | WL150 | VEN00021 | 2019 | 1.0 | 1.0 | 373.0 | 8.62069 | 3215.52 | |
| LSH000005 | CGDD000504 | WL130 | VEN00021 | 2019 | 1.0 | 1.0 | 1252.0 | 0.258621 | | 323.79 |
| LSH000006 | CGDD000504 | WL121 | VEN00021 | 2019 | 1.0 | 1.0 | 437.0 | 0.258621 | | 113.02 |
| LSH000007 | CGDD000504 | WL117 | VEN00021 | 2019 | 1.0 | 1.0 | 1259.0 | 0.258621 | | 325.6 |
| LSH000008 | CGDD000504 | WL123 | VEN00021 | 2019 | 1.0 | 1.0 | 581.0 | 0.258621 | | 150.26 |
| LSH000009 | CGDD000504 | WL123 | VEN00021 | 2019 | 1.0 | 1.0 | 422.0 | 0.258621 | | 109.14 |
| LSH000010 | CGDD000504 | WL087 | VEN00021 | 2019 | 1.0 | 1.0 | 231.0 | 4.310345 | | 995.69 |
| LSH000011 | CGDD000504 | WL087 | VEN00021 | 2019 | 1.0 | 1.0 | 588.0 | 4.310345 | | 2534.48 |
| LSH000012 | CGDD000504 | WL024 | VEN00021 | 2019 | 1.0 | 1.0 | 306.0 | 15.517241 | | 4748.28 |
| LSH000013 | CGDD000504 | WL040 | VEN00021 | 2019 | 1.0 | 1.0 | 952.0 | 1.724138 | | 1641.38 |
| LSH000014 | CGDD000504 | WL046 | VEN00021 | 2019 | 1.0 | 1.0 | 214.0 | 4.310345 | | 922.41 |
| LSH000015 | CGDD000504 | WL157 | VEN00021 | 2019 | 1.0 | 1.0 | 198.0 | 6.896552 | | 1365.52 |
| LSH000016 | CGDD000504 | WL157 | VEN00021 | 2019 | 1.0 | 1.0 | 243.0 | 6.896552 | | 1675.86 |
| LSH000017 | CGDD000504 | WL157 | VEN00021 | 2019 | 1.0 | 1.0 | 510.0 | 6.896552 | | 3517.24 |

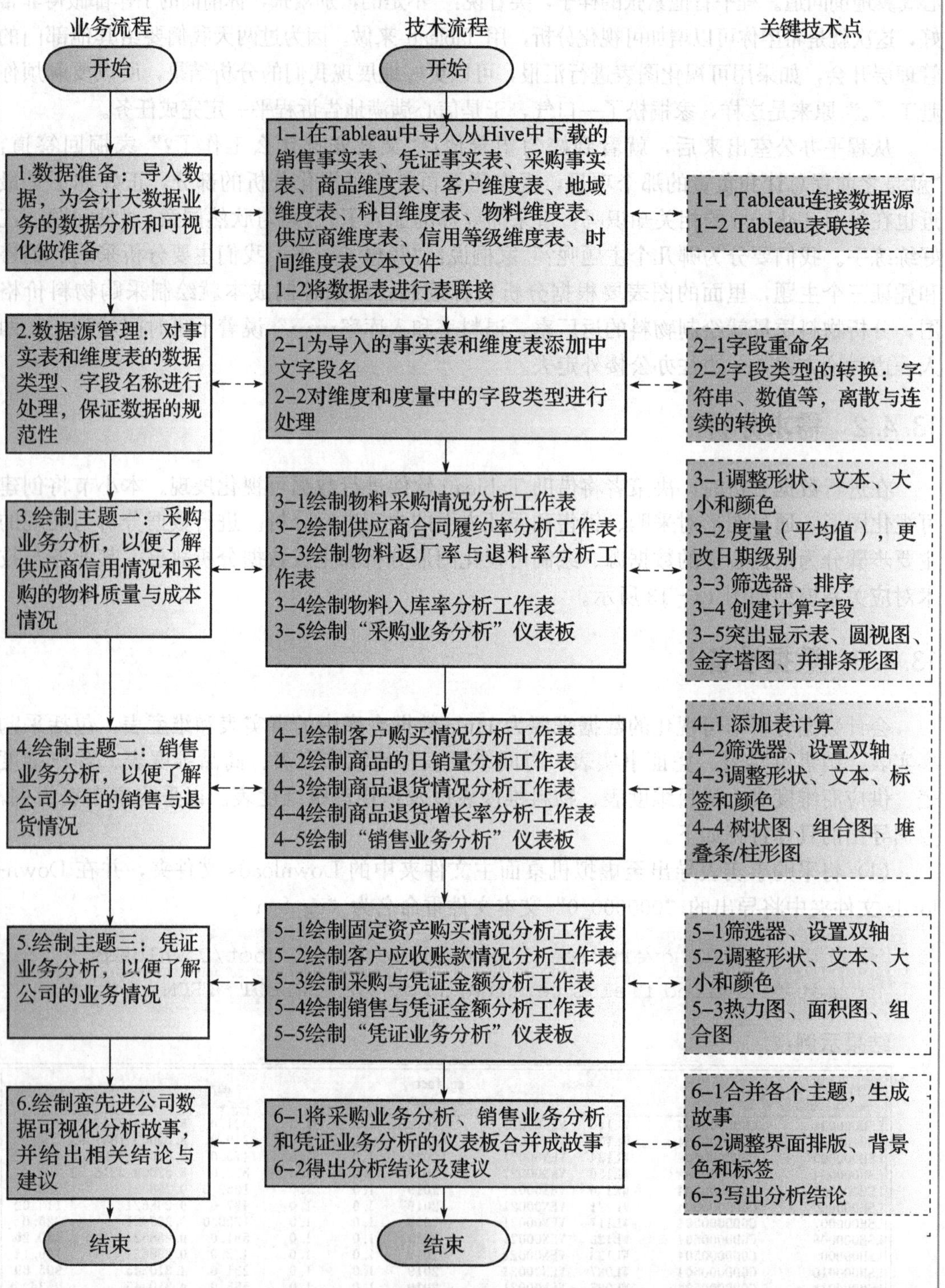


图 13-13 业务与技术对应关系模型

(2) 把虚拟机本地电脑上的“cg_fact”文件导出到服务器平台。

```
1) 退出 Hive
语句 > QUIT;
2) 上传到服务器平台
语句 > scp./Downloads/cg_fact.txt root@ 192.168.0.5:/var/www/html/
tools/kjdsjjc
3) 如果出现 (yes/no)?
语句 > yes
4) 输入密码(输入的密码不会显示出来)
语句 > training
```

(3) 把虚拟机窗口最小化，返回到本地电脑上的会计大数据平台首页，点击“软件仓库”按钮，选择 kjdsjjc 文件夹中的 cg_fact. txt 文件，单击鼠标右键保存至本机电脑，如图 13－14 所示。

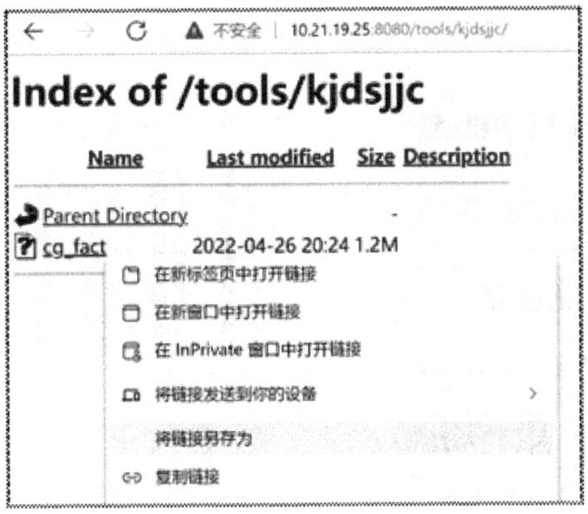


图 13－14 保存 cg_fact. txt 文件

## 13.4.4 采购业务分析与可视化

采购活动作为企业生产活动的起点，是实现企业经济利益最大化的基本利润源泉。企业通过实施有效的计划、组织与控制等采购管理活动，合理选择采购方式、采购品种、采购批量、采购频率和采购地点，以有限的资金保证经营活动的有效开展，在降低企业成本、加速资金周转和提高企业经营质量等方面发挥着积极作用，从而增强企业竞争力。

本小节对蛮先进公司的物料采购成本、物料质量以及供应商履约情况进行可视化分析，通过突出显示表、圆视图、金字塔图和并排条形图，从时间、地域等多个维度呈现公司的物料采购总额、平均单价、返厂率、退料率、入库率以及供应商的履约率；为公司今后的供应商选择和物料采购提供决策支持，如图 13－15 所示。

“采购业务分析”仪表板包含“物料采购情况分析”“物料入库率分析”“供应商合同履约率分析”“物料返厂率与退料率分析”四张工作表，如图 13－16 所示。

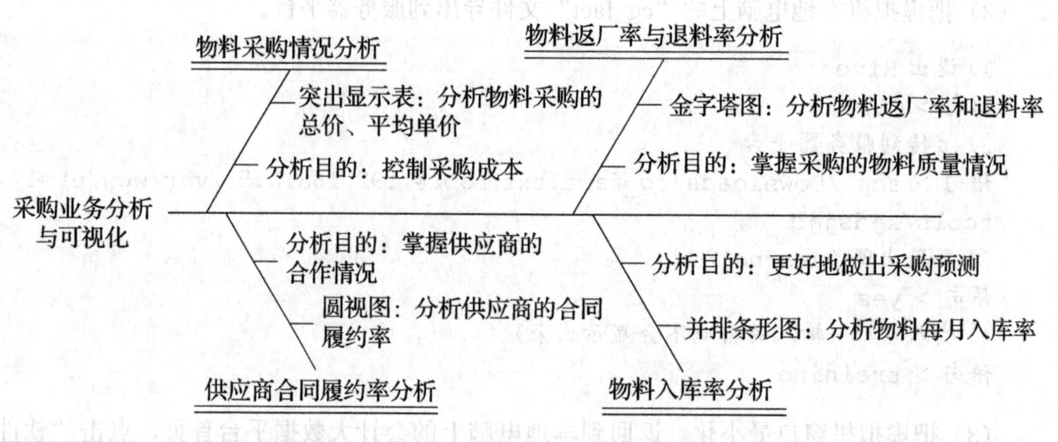


图 13-15　采购业务分析与可视化

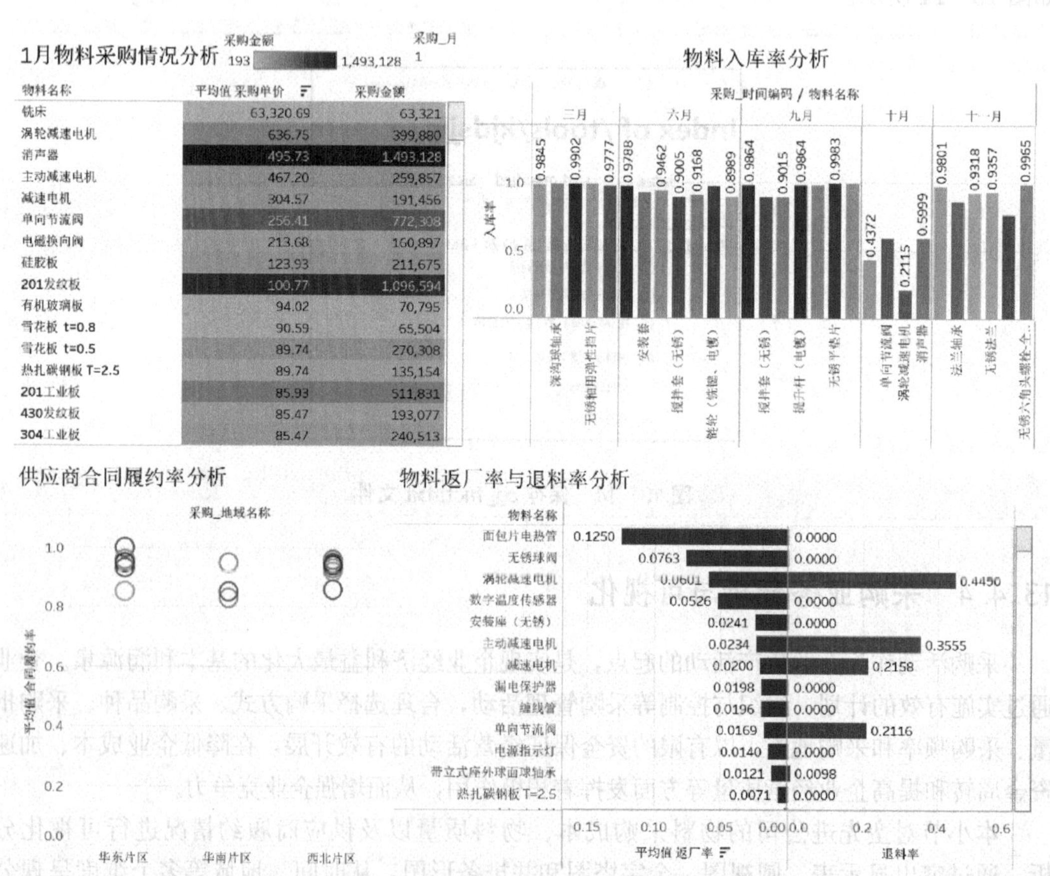


图 13-16　“采购业务分析”仪表板

通过“采购业务分析”仪表板可以直观地查看每个工作表的可视化图形并分析采购业务数据，最后得出以下分析结论：

通过“物料采购情况分析”工作表可以看出，公司的物料采购费用主要使用在单向节流阀、201 发纹板、201 工业板、涡轮减速电机、消声器这五种物料，原因在于它们的平均采购单价也比较高，公司可以与供应商议价，降低这些物料的单价，从而控制成本。

通过“供应商合同履约率分析”工作表可以看出，与公司合作的供应商合同履约率绝大部分超过 90%，总体情况较好，可以继续与这些供应商合作。

通过“物料返厂率与退料率分析”工作表可以看出，物料的返厂率虽然不高，但是品种较多。退料率相对稳定，主要是涡轮减速电机和主动减速电机较高，公司需重点关注这两种物料的质量，减少返厂和退料的发生。

通过“物料入库率分析”工作表可以看出，公司购买的物料入库率大多数都在 98%以上，只有 10 月购买的单向节流阀、涡轮减速电机、消声器入库率比较异常，公司需重点关注这几种物料，保证物料库存充足。同时，为制定采购预测表提供了一定的数据支持。

## 13.4.5　销售业务分析与可视化

企业销售活动是将生产出的符合生产标准和规定的产品销售出去，创造商品价值、实现增值的过程，是生产经营过程中的最后一个阶段，也是企业经营活动中最关键的一个环节，更是企业资金回收的重要途径。现代企业都很重视销售管理，其根本目的是提高销售额，增加企业盈利。从市场、产品等方面对销售情况进行分析，可以为企业的销售策略和市场策略等提供建议和参考。

本小节对蛮先进公司的客户购买情况、商品日销量以及退货情况进行可视化分析，通过树状图、组合图、堆叠条形图和柱形图，从客户、地域、时间、商品等维度分析公司的销售金额、销售数量、退货数量以及退货增长率，全面掌握公司销售情况，为制定生产计划和销售计划提供方向，如图 13－17 所示。

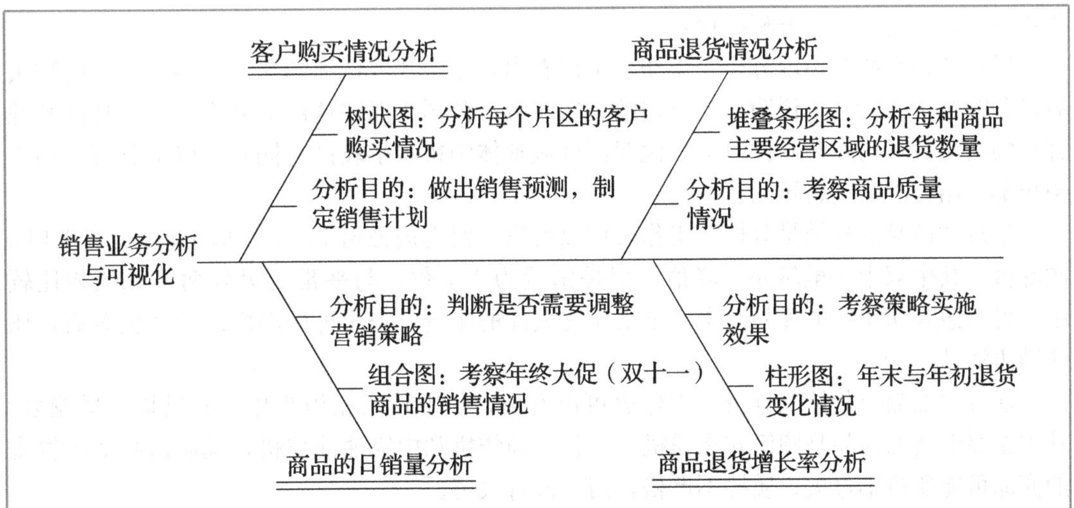


图 13－17　销售业务分析与可视化

“销售业务分析”仪表板包含“客户购买情况分析”“商品的日销量分析”“商品退货

情况分析”“商品退货增长率分析”四张工作表，如图 13－18 所示。

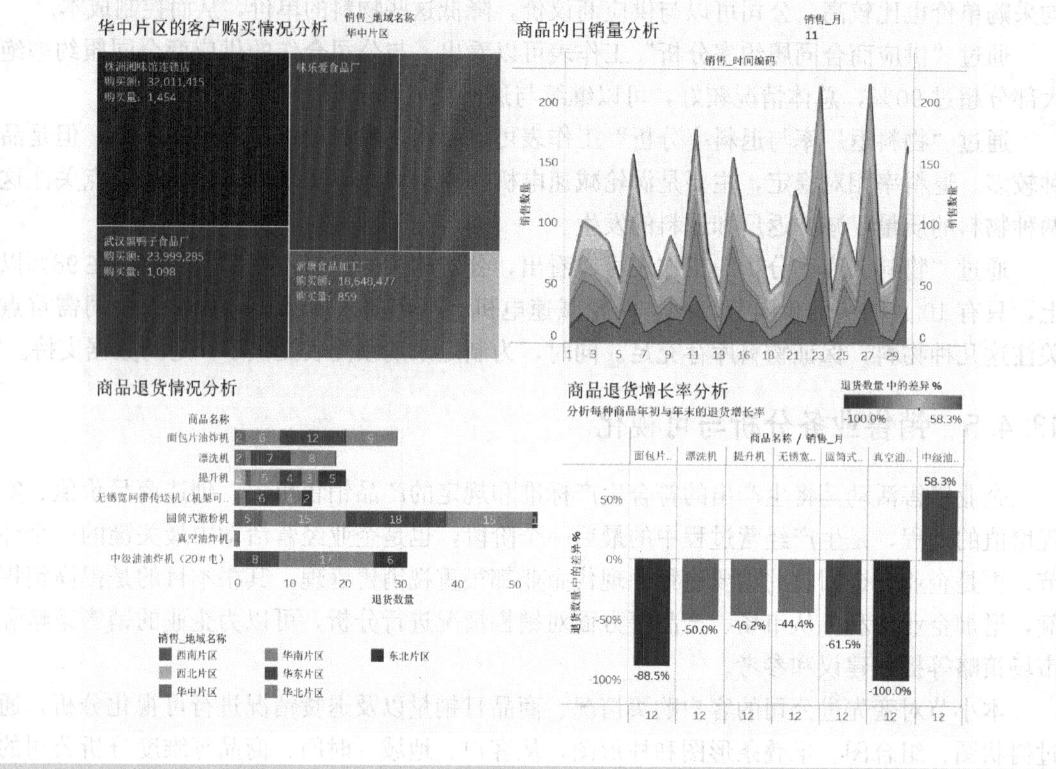


**图 13－18 “销售业务分析”仪表板**

通过“销售业务分析”仪表板可以直观地查看每个工作表的可视化图形并分析销售业务数据，最后得出以下分析结论：

通过“客户购买情况分析”工作表可以看出，华中片区株洲湘味馆连锁店当年的购买数量和购买金额最大，说明其是公司的忠实顾客，公司要抓住这部分客户。华中片区其他客户的购买数量均在 800 件以上，说明该区域整体销售水平较高。同时，以上分析有利于销售部做出合理的销售预测。

通过“商品的日销量分析”工作表可以看出，蛮先进公司 11 月出售的商品总共出现 6 次峰值，其中双十一虽然处于峰值，但是销量为 177 件，与平常的另外两次峰值相比较小，说明该公司售卖的商品双十一未受年终大促的影响，公司可以考虑改变营销策略，抓住销售活动机会。

通过“商品退货情况分析”工作表可以看出，华中片区和华北片区的退货数量较多，其中主要退货的商品是圆筒式撒粉机、面包片油炸机和中级油油炸机，说明这些地区售卖的商品可能质量不过关、质检不严格，需要进行改善。

通过“商品退货增长率分析”工作表可以看出，除了中级油油炸机，蛮先进公司的商品总体退货率呈现下降的趋势。这说明公司策略整体实施得较好，但是可能对中级油油炸机的影响不大，公司可以考虑单独调整策略。

### 13.4.6　凭证业务分析与可视化

会计以货币为主要计量单位，运用专门的方法，对企业、机关单位或其他经济组织的采购、销售等经济活动进行连续、系统、全面的核算和监督，反映企业财务状况和经营成果。会计记账凭证是由会计人员对审核无误的原始凭证或汇总原始凭证，按其经济业务的内容加以归类整理，作为登记账簿依据的会计凭证。在业财一体化的背景下，将凭证与经营活动产生的原始单据进行分析，可以更明确地掌握每一笔资金的来龙去脉，核查出是否有漏记的业务。

本小节对蛮先进公司的固定资产购买情况、应收账款情况进行可视化分析，并将采购金额、销售金额与凭证中记录的金额进行对比分析，通过热力图、面积图和组合图呈现公司的固定资产购买时间与入账价值、每个客户的应收账款发生时间与金额，以及原材料的采购金额、商品的销售金额与凭证中对应记录的金额进行对比的情况，为固定资产和应收账款管理提供数据支撑，保证会计凭证的准确性，如图 13－19 所示。

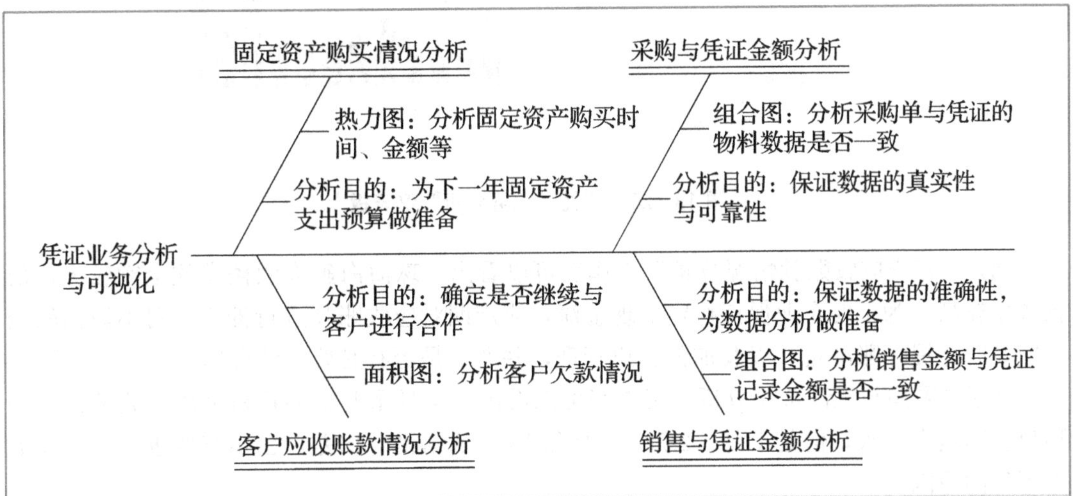


图 13－19　凭证业务分析与可视化

“凭证业务分析”仪表板包含“固定资产购买情况分析”“客户应收账款情况分析”“采购与凭证金额分析”“销售与凭证金额分析”四张工作表，如图 13－20 所示。

通过“凭证业务分析”仪表板可以直观地查看每个工作表的可视化图形并分析财务业务数据，最后得出以下分析结论：

通过“固定资产购买情况分析”工作表可以看出，本年度固定资产购买次数最多的是铣床，可能是由于公司在生产商品的时候对铣床的使用需求较大，进行了多次采购，也可能是由于每次的采购数量不合理，公司可关注该固定资产，以寻求最佳订货量。从固定资产购买的金额可以看出，公司购买金额较大的固定资产有水切割机，东风货车，折弯、剪板机，公司下一年如果购买这些固定资产，要注意做出合理的支出预算，提前预备现金，防止资金周转不灵。

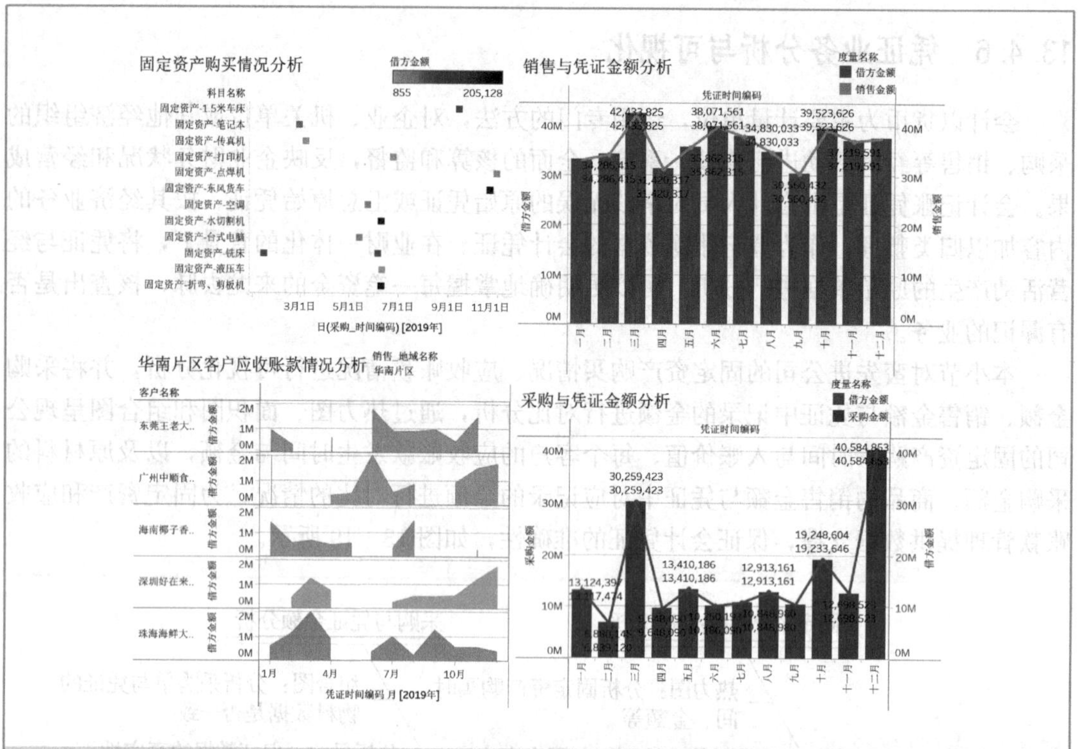


图 13-20 “凭证业务分析”仪表板

通过“客户应收账款情况分析”工作表可以看出，珠海海鲜大酒楼借款金额较大，借款频率较高，为了使企业保持稳定的现金流，应定期对应收账款进行催收，对不诚信的企业应及时计提坏账准备，以及加强客户管理，并考虑是否有必要继续合作。

通过“采购与凭证金额分析”工作表可以看出，每月采购单的物料金额与凭证记录的物料金额基本一致，但是1月、2月、6月和10月数据稍有偏差，公司需要进一步查找数据不等的原因。

通过“销售与凭证金额分析”工作表可以看出，销售单记录的金额与凭证记录的销售业务金额相等，说明销售部和财务部完全按照企业的实际业务发生情况如实进行记账处理，保证了数据的真实性和可靠性。

## 13.4.7 可视化故事演绎

蛮先进公司的会计大数据综合业务从采购业务到销售业务，最后到会计凭证，相对应的三个故事点串成一个完整的故事，为采购管理、销售管理和会计工作提供决策支持。

通过对采购业务的数据进行分析，反映出物料的采购单价、入库率以及供应商的合同履约率等信息，其故事点如图 13-21 所示。

通过对销售业务的数据进行分析，揭示了不同维度的销售金额、销售数量以及退货数量，其故事点如图 13-22 所示。

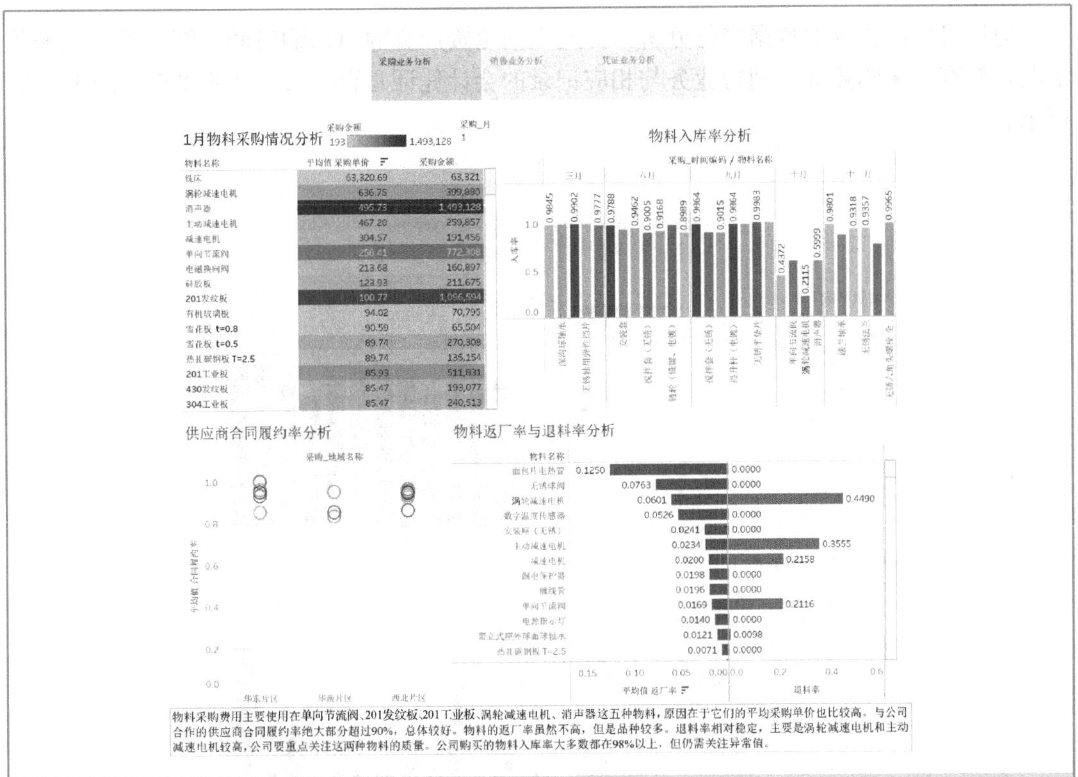


图 13 - 21　“采购业务分析”故事点

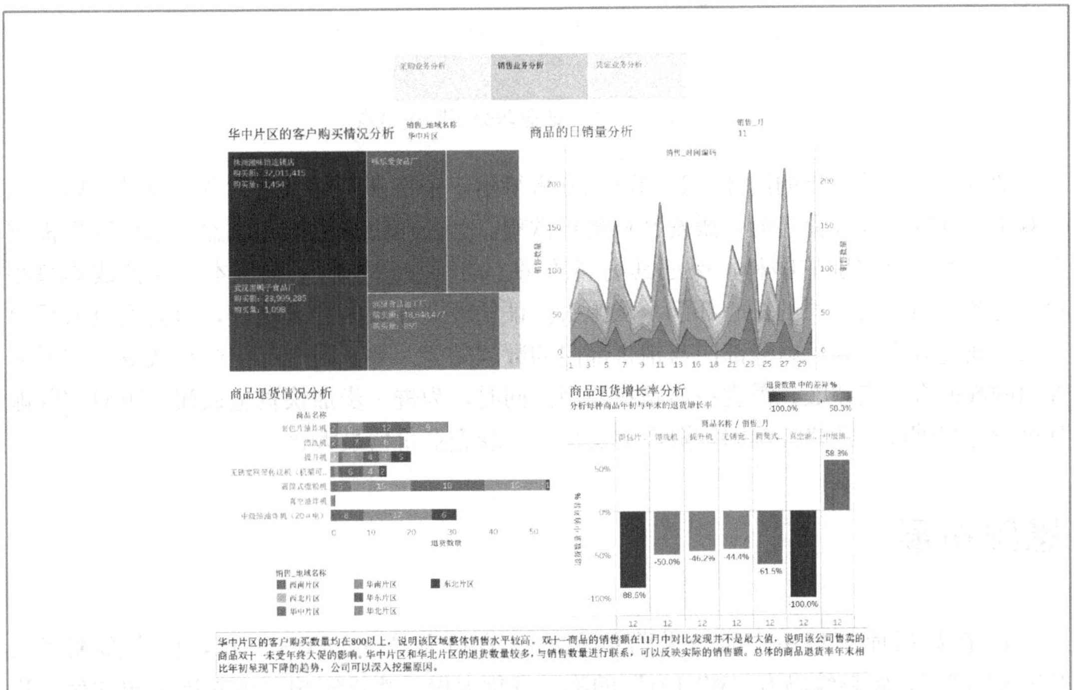


图 13 - 22　“销售业务分析”故事点

通过对凭证业务的数据进行分析，体现出固定资产金额与采购时间、客户的应收账款情况，核查出采购业务、销售业务与相应记录的会计凭证是否一致，其故事点如图 13 - 23 所示。

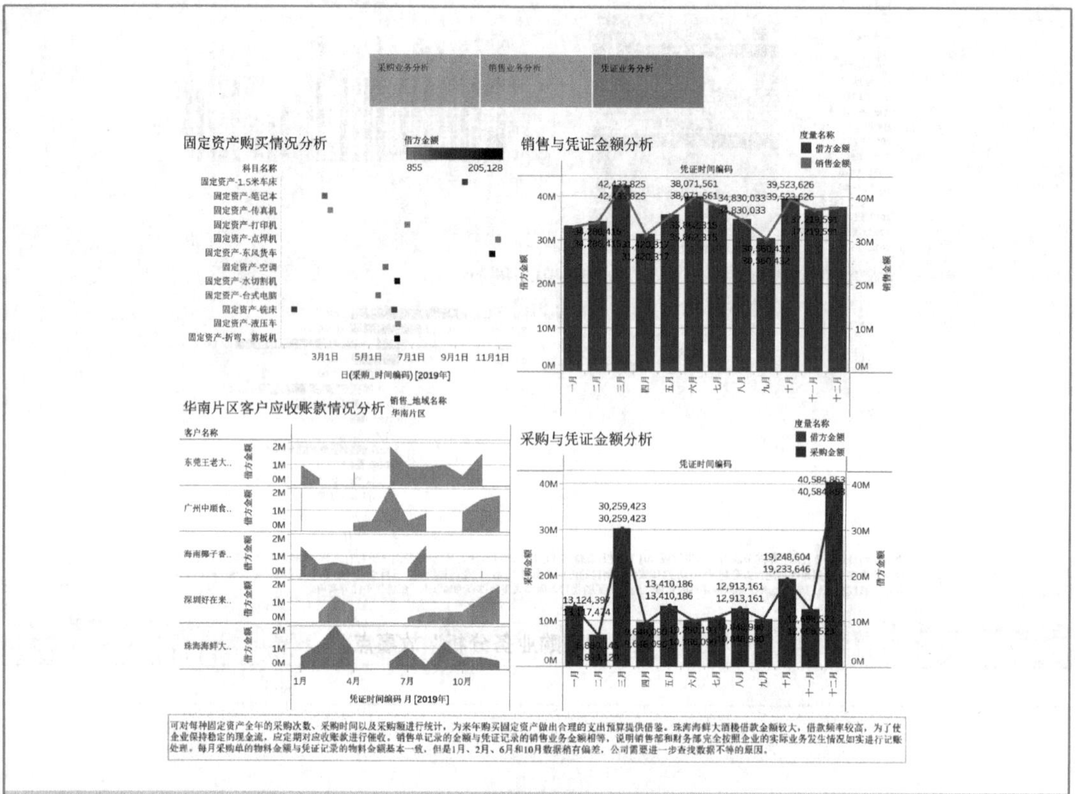


图 13 - 23 “凭证业务分析”故事点

通过对三个故事点的演绎，我们可以分析得出，销售部门可以适当调整营销策略，抓住双十一这些年终大促活动，激发客户购买欲望，为公司带来更大的收益。采购部门需重点关注减速电机类别的物料，保证其物料质量。同时注意控制采购成本，保证成本最小化。财务部门作为公司的核心部门，从源头保证凭证业务数据的准确性，对公司具有重要意义。通过分析可知，财务部门与销售部门的数据完全一致，两个部门配合较好，与采购部门的数据有一定差额，需进一步查找原因。同时，为进一步加快资金回流，可对应收账款进行适当催收，严格控制固定资产的支出，实现企业价值最大化。

## 思维拓展

1. 在数据库管理中，因为采购单中单据编码为“CGDD000504”，供应商编码为“VEN00021”，物料编码为“WL121”的物料发货太慢，严重影响了蛮先进公司的生产进度，采购部决定进行退料处理，因此需修改采购单的累计退料数量为“0”。在 MySQL 关系型数据库中应该如何实现？试写出 SQL 语句。

2. 在数据仓库的多维分析中对商品退货增长率进行分析时，只分析了年末相比年初的退货增长率。如果要分析蛮先进公司 2019 年的月退货环比增长率，应该如何实现？试写出 HQL 语句。

3. 应缴增值税按销项税额与进项税额之间的差额计算，不考虑其他业务，分析每月采购与销售业务发生的应缴增值税，并在 Tableau 中选择合适的图表进行可视化分析。

4. 企业管理者一般都比较重视投入（主营业务成本）与产出（主营业务收入）间的关系，主营业务成本与主营业务收入的比值越大，主营业务收入的盈利贡献就越低。通过分析每月的主营业务成本率是否处在合理的范围内，为合理控制成本提供依据。试用 HQL 语句写出每月的主营业务成本率，并在 Tableau 中选择合适的图表进行可视化呈现。

# 参考文献

图书在版编目（CIP）数据

会计大数据基础 / 程平主编. -- 北京 : 中国人民大学出版社，2022.8
（智能财会丛书）
ISBN 978-7-300-30823-4

Ⅰ.①会… Ⅱ.①程… Ⅲ.①会计信息－数据处理
Ⅳ.①F230

中国版本图书馆 CIP 数据核字（2022）第 127068 号

智能财会丛书
会计大数据基础
主　编　程　平
副主编　夏　会
Kuaiji Dashuju Jichu

| | | | |
|---|---|---|---|
| 出版发行 | 中国人民大学出版社 | | |
| 社　　址 | 北京中关村大街 31 号 | 邮政编码 | 100080 |
| 电　　话 | 010－62511242（总编室） | | 010－62511770（质管部） |
| | 010－82501766（邮购部） | | 010－62514148（门市部） |
| | 010－62511173（发行公司） | | 010－62515275（盗版举报） |
| 网　　址 | http://www.crup.com.cn | | |
| 经　　销 | 新华书店 | | |
| 印　　刷 | 固安县铭成印刷有限公司 | | |
| 开　　本 | 787 mm×1092 mm　1/16 | 版　　次 | 2022 年 8 月第 1 版 |
| 印　　张 | 34.25 插页 1 | 印　　次 | 2025 年 8 月第 5 次印刷 |
| 字　　数 | 804 000 | 定　　价 | 76.00 元 |

中国人民大学出版社　管理分社

# 教师教学服务说明

中国人民大学出版社管理分社以出版工商管理和公共管理类精品图书为宗旨。为更好地服务一线教师，我们着力建设了一批数字化、立体化的网络教学资源。教师可以通过以下方式获得免费下载教学资源的权限：

★ 在中国人民大学出版社网站 www.crup.com.cn 进行注册，注册后进入“会员中心”，在左侧点击“我的教师认证”，填写相关信息，提交后等待审核。我们将在一个工作日内为您开通相关资源的下载权限。

★ 如您急需教学资源或需要其他帮助，请加入教师 QQ 群或在工作时间与我们联络。

中国人民大学出版社　管理分社

**教师 QQ 群：** 648333426（工商管理）　114970332（财会）　648117133（公共管理）
教师群仅限教师加入，入群请备注（学校＋姓名）

**联系电话：** 010-62515782，82501868，82501048，62514760

**电子邮箱：** glcbfs@crup.com.cn

**通讯地址：** 北京市海淀区中关村大街甲 59 号文化大厦 1501 室（100872）

管理书社　　人大社财会　　公共管理与政治学悦读坊